自流井年鉴

ZILIUJING YEARBOOK

2012年卷

自贡市自流井区人民政府　主办
自贡市自流井区地方志办公室　编

中央民族大学出版社

自流井区年鉴. 2012/《自流井区年鉴》编纂委员会编. —北京:中央民族大学出版社,2012. 10

ISBN 978—7—5660—0152—8

Ⅰ. ①自… Ⅱ. ①自… Ⅲ. ①区(城市)—自贡市—2012—年鉴 Ⅳ. ①Z527. 13

中国版本图书馆 CIP 数据核字(2012)第 246496 号

《自流井年鉴》(2012 年卷)

编　　者　自流井区地方志办公室
封面设计　符　蓉
出 版 者　中央民族大学出版社
　　　　　北京市海淀区中关村南大街 27 号　邮编:100081
　　　　　电　话:68472815(发行部)　传真:68932751(发行部)
　　　　　　　　　68932218(总编室)　　　　68932447(办公室)
发 行 者　全国各地新华书店
装帧设计　成都市标点制版印务有限责任公司
印 刷 厂　四川经纬印务有限公司
开　　本　889 × 1194(毫米)　1/16　插页:24 页　印张:22. 75 印
字　　数　560 千字
印　　数　500 册
版　　次　2012 年 10 月第 1 版　2012 年 10 月第 1 次印刷
书　　号　ISBN 978—7—5660—0152—8
定　　价　148. 00 元

领导视察

全国政协副主席厉无畏视察雄飞假日广场

全国政协常委、教科文卫委员会副主任、卫生部原部长张文康一行莅临自流井区视察医疗卫生工作

领导视察

四川省委常委、常务副省长魏宏视察新街社区卫生服务中心

省委常委、副省长钟勉，市委书记雷洪金视察荣边镇新农村建设

四川省“城乡环境优美示范城市”考核组领导莅临自流井区视察

团省委书记张彤视察舒坪镇中心校“留守学生之家”

领导视察

四川省质监局局长刘云夏视察区质监分局

市委书记、市长雷洪金到荣边镇视察城乡环境综合治理

市委书记雷洪金一行到丹桂街方冲社区实地考察

市委副书记、市长彭琳到东方广场调研

领导视察

市委副书记陈华到舒坪镇狮湾村调研新农村建设情况

市委常委、组织部长姜怡指导区党建工作

市委常委、高新区党工委书记曹俊杰到丹桂街慰问贫困党员

市委常委、政法委书记杨家禄到丹桂街银桦社区检查指导社区社会管理创新试点工作

副市长、市公安局党委书记、局长马宏率市局全体党委成员到自流井分局督导“秋风”集中清查统一行动

市政府副市长杨征宇到自流井区调研农村工作

换届工作

龙腾鑫同志代表中共自流井区委第九届委员会作工作报告

中国共产党自贡市自流井区第十次代表大会

中共自流井区第十届委员会常委会 书记龙腾鑫(中)、副书记张序(右五)、许建平(左五)、常委黄志勇(右四)、黄如贝(左四)、冯道超(右三)、李宗辕(左三)、黄雪智(右二)、郭彧楚(左二)、赖建辉(右一)、熊珍银(左一)

换届工作

曾建民同志代表自流井区十六届人民代表大会作工作报告

自流井区第十七届人民代表大会第一次会议

区第十七届人大代表大会常务委员会 主任陈明仲(中)、副主任许力(左二)、张永清(右二)、钟南(左一)、余晓曼(右一)

张序同志在区十七届人大第一次会议上作政府工作报告

区人代会选举

清点选票

第十七届区人民政府 区长张序(中)、常务副区长黄志勇(右三)、副区长黄雪智(左三)、何永海(右二)、古荣华(左二)、曹泽均(右一)、黄敏(左一)

换届工作

陈明仲同志代表区政协第七届委员会作工作报告

区政协第八届委员会第一次会议

区八届政协委员会 主席刘茂常(右三)、副主席明崇荣(左三)、吴雄飞(左二)、邓平(右二)、张平(左一)、秘书长曹文祥(右一)

区委书记 龙腾鑫(左二)、区人大主任陈明仲(左一)、政府区长张序(右二)、区政协主席刘茂常(右一)

自流井区第十七届人大常委会主任陈明仲(中)、区人民法院院长江声华(左)、区人民检察院检察长黄卫东(右)

两化互动

美系曾祖代种猪基地建设项目开工典礼仪式在荣边镇尖山村二组举行

城乡环境整治行动

区委书记龙腾鑫到漆树乡调研

区委书记龙腾鑫到地税局视察工作

两化互动

区长张序到五星街、东兴寺街派出所检查指导功能区改造工作进展情况

区长张序深入仲权镇调研农村工作

政协主席陈明仲率法群委委员视察农村司法工作室建设情况

区人大常委会党组书记、副主任曾建民到自贡六中调研

两化互动

公安分局举行“敞开大门听民意，改进工作促发展”为主题的警营开放活动

区工商局开展食品安全检查

区地税局联合区公安分局对辖区餐饮、茶坊、娱乐等行业开展有奖发票清理整治行动

城乡环境综合治理检查

两化互动

葡萄生产喜获丰收

全区大豆高产示范片收打现场会在荣边镇举行

区民政局为百岁老人祝寿

区人社局在仲权镇举办家乡温暖活动专场招聘会

团区委关心荣边镇中心校留守学生

三八女子趣味运动会

两化互动

科技之春宣传活动

第十二届飞龙峡桃花会开幕

学苑街举行“感动学苑-道德楷模”颁奖暨第五届“学苑之春”文艺晚会

《自流井年鉴》编辑委员会

晏　珠　　高峰乡政府乡长
黄　刚　　农团乡政府乡长
胡　凡　　漆树乡政府乡长
陈　涛　　五星街办事处主任
邓云碧　　郭家坳街办事处主任
罗兴艳　　新街办事处主任
范文彬　　东街办事处主任
袁润明　　丹桂街办事处主任
舒　坦　　学苑街办事处主任

《自流井年鉴》编辑部

主　　编　杨元姜
副 主 编　李新全
编　　辑　何朝东　余德华　王晓霞（女）
彭天清（女）　杨红英（女）　严德余
陈　娟（女）　余　丹

编 辑 说 明

《自流井年鉴》2007年创刊，是自流井区人民政府主持编纂的综合性、权威性资料工具书。全面、客观、准确、真实反映自流井区委、区政府坚持科学发展观，构建和谐自流井的施政新风、全区经济和社会发展新貌. 这是主持编纂的第六部年鉴。

《自流井年鉴》反映区情，为区党政领导机关决策，为区各个部门、辖区单位，研究、咨询提供依据，为自流井区经济和社会发展服务，为续编自流井区地方志提供详实可靠的史料。

《自流井年鉴》采用分类编纂法，由类目、分目、条目为记述主体。设地理、大事记、特载、专文、中共自流井区委、区人大、区政府、区政协、民主党派、工商联、群众团体、军事、政法、城乡建设和管理、环境保护、综合经济管理、工业、农业、交通、通信、贸易、旅游、建筑和房地产、财政、税务、金融、保险、证券、科技、文体、广电新闻出版、卫生、社会生活、人物、文件选编、统计公报、图片选辑等类目，展示年度内各方面的情况。本书收录单位124个，文字记述40余万字。

《自流井年鉴》的概况概略介绍自流井区的地理位置、建制沿革、地形、气候、河流、资源等。“大事记”反映全区年度各个方面的大事纪要，以日期为序；“特载”主要刊载区主要领导人的重要报告、讲话、文章；“专文”主要刊载行业、部门或者单位一定时期的重要工作、重大事件或者工作经验；“文件选编”主要汇辑年度区委、区政府重要决策；“人物”主要刊载组织机构及负责人名单、各个方面的人物事迹和全国、省、市劳动模范、先进工作者名录。

《自流井年鉴》条目中的数据由有关部门提供，与统计资料不一致的以区统计局的统计数据为准。

编辑《自流井年鉴》，得到辖区单位、部门的大力支持，以及地情资料人员的积极配合，至此表示感谢。

《自流井年鉴》(2012年卷)目录

地 理

大事记

特 载

专 文

政　治

经 济

军 事

法 制

文教卫生

社　会

乡镇、街道

人 物

附 录

基础数据

地　理 DI LI

概　　貌

【位置 面积 人口】　自流井区,地处四川盆地南部浅丘地带。是自贡市政治、经济、文化中心,市党、政、军机关所在地。东邻沿滩区卫坪镇、兴隆镇、永安镇,南与沿滩区富全镇、贡井区莲花镇、宜宾市宜宾县接壤,西邻贡井区长土镇、建设镇、桥头镇,北与大安区凤凰乡、和平乡接壤。总面积153平方公里,其中耕地5007公顷。辖4乡、3镇、6街,50个村、62个社区。2011年末,常住人口39.83万人(其中自流井区户籍人口25.63万人)。

【建置沿革】　自流井区原属富顺县管辖。民国28年(1939年)因盐设市,富顺县第五区全部划归自贡市。其中桐档、长垣二镇即为今日自流井区政区。民国31年(1942年),桐档镇改为自井镇。民国33年(1944年)改镇为区,自井镇改为第一区,长垣镇改为第二区,直至自贡市解放。1950年3月,一、二区合并为一个区。1953年正式命名为自流井区,所辖红旗、永胜、世平、巩固4个乡合并为红旗、永胜两个乡。6月,两乡划归郊区管辖,至此,自流井区成为纯城市区。1957年1月,大安区并入自流井区,1960年两区分开设置。1960年6月,和平、凤凰和红旗3个公社先后划归自流井区管辖。1979年7月,和平、凤凰和红旗公社又划归大安区管辖,自流井区再次成为纯城市区。2005年8月1日,仲权镇、荣边镇、高峰乡、舒坪镇、农团乡、漆树乡、红旗乡划归自流井区管辖。2005年8月9日,自贡市委、自贡市人民政府决定,在新的行政区划实施后,由自流井区政府将所辖红旗乡成建制委托高新区管委会管理。2006年5月21日,经自贡市人民政府批复同意,设立丹桂街道办事处、学苑街道办事处,同时明确两街办事处由区政府委托高新区管理。是年8月,根据自贡市人民政府决定,将高峰乡龙神、考举、河山3个行政村委托自贡高新区管理。

【交通概况】　自流井区交通条件良好,内(江)广(州)铁路、重(庆)昭(通)铁路、内(江)昭(通)铁路、内(江)宜(宾)铁路、成(都)昆(明)铁路穿越境内。内(江)乐(山)公路、内(江)昆(明)高速公路连接成渝高速公路,成为辖区出海通道。辖区距成都、重庆200余公里。至2011年,由自流井区始发、过境辖区城市公交线路33条。辖区7个乡镇均建有客运站。每天始发省内外火车班次22班。辖区内有主街大道和次干道26条、背街小巷389条,县道3条、乡道9条、村道52条,辖区248.46公里公路覆盖全区城乡,形成四通八达交通网。

【自然环境】　境内地理特点为西北高,东北低,无大山。属中亚热带湿润季风气候。开春早、夏季闷热、秋季多雨、冬季暖,雨量充沛,无霜期长,年平均达323天,阴天多,湿度大,霜雪少,热量充足,四季分明。2011年,境内温差小,年平均气温17.4－17.8℃,较常年偏低0.1－0.3℃。降水分布不均,旱涝交替出现,旱情总体偏轻。全区年总降水量978.0毫米,较多年平均值偏少22.5毫米,总体属正常范围。年内大雨日数13天,暴雨日数3天,日最大降水量为67.8毫米。年总日照时数为673.4小时,较多年平均日照时数偏少410.2小时,年总日照时数为历史同期次少值。旭水河、威远河在区境内的西北双河口汇合后,由西向东蜿蜒流经区内,经沿滩、邓井关到富顺县李家湾入沱江,河面平均宽60米,平均天然流量为42.25立方米/秒,属沱江水系,全长74公里,统称为釜溪河。

【自然资源】　境内自然资源丰富,有大量天然气资源和卤水资源,中国最早进行大规模开采的气田就在境内。卤水资源中除含有大量氯化钠外,还有硼、钾、碘、锂、锶、铷、铯等30多种化学元素,为盐业和化学工业发展提供丰富物质基础。此外,还有岩盐、型砂等矿产可开采利用。

【旅游资源】　境内有国家级、省级、市级文物保护单位及文物点195处。始建于清乾隆元年(1736年)的国家级文物保护单位西秦会馆,占地面积3000平方米,为清代陕西籍盐商集资修建的同乡会馆。会馆的精美木雕、石雕、彩绘、泥塑为建筑群落增添艺术魅力。现作为自贡市盐业历史博物馆。馆内盐业历史展览,以其独特而众多的史籍,文物、实物、雕塑、模型、图表、幻灯、录像等,再现了四川井盐生产技术的演变发展和盐工的劳动、生活场景。

省级文物保护单位,人称“釜溪河第一楼”的王爷庙,是一座精美的清代中期建筑。建筑占地面积1000平方米。庙内现存戏楼为省内不多见的川剧舞台,是古建筑珍品,具有重要历史和艺术价值。

市级文物保护单位桓侯宫,又名张飞庙、张爷庙,新中国成立前为自贡屠宰行业会馆。与西秦会馆并称为清代盐场精美会馆建筑中仅存的两颗明珠。自贡市已将其规划为自贡民间工艺美术博物馆址。

市级文物保护单位小桥井,是自贡目前唯一保留下来的清乾隆时期开凿的,全国生产时间最长的天然气井。

位于石塔上后山坡的彩灯公园,林木葱郁、碧波清荡,环境美丽。是饮誉中外的“自贡灯会”的举办地。园内有全国唯一的“中国彩灯博物馆”。

处于城中心区域的龙凤山公园,山石嶙峋,林木葱郁,游道曲径通幽,亭阁、雕塑掩映于绿树丛中,是釜溪河绿带上清幽、古朴、典雅、灵秀的一方美玉,是人们闹中寻幽、休憩的好去处。

集山、水、树、庙、井、人工瀑布、古道、民居等风景要素于一体的张家沱精品景观地段,是自贡中心城区的又一处风景点。

地处自流井区五十梯的“水涯晓渡”风景点,四周以青石铺就便道,辅以风车草植物,加上修葺一新的川南民居风格民房相陪衬,使整个景点与釜溪河有机融合。显现出别具风格的渔舟唱晚美景,是游人小憩的理想之地。

整旧如旧的自流井老街景观,再现了古老盐都老街昔日风貌。具有川南古老民居特色的老街景观与滨河对岸的现代建筑遥相呼应,显出既古朴又典雅、既古老又现代的特别风味。这里民俗风情浓郁,在享誉中外的自贡扎染、剪纸、龚扇和自贡名小吃入驻这里以后,使这里的地方文化特色更加突出。

境内飞龙峡风景区是国家AA级自然生态旅游风景区和国家级水利风景区。在方圆20平方公里景区内,自然生态旅游资源保存最完好。景区水库面积达400余亩,库容量264万立方米,林地面积5.64万亩,生态宜人,风光秀丽,是游客旅游、度假、休闲的好去处。2011年辖区绿化覆盖率38.1%,森林覆盖率28.5%。

【邮电通讯】 邮电、互联网、有线电视、固定电话、移动电话覆盖辖区城乡。邮政营业窗口实现现代化,封发邮件实现机械化,报刊发行实现微机化,电信通讯实现交换程控化,信息传输实现数字化,电信、移动、联通、网通、铁通联网自动化。城乡有线电视、电话、移动通信、宽带普及率位居全市前列。

【经济社会事业】 地区生产总值223.8亿元,增幅14.4%,其中,第一产业增加值3.4亿元,增长5%;第二产业增加值131.3亿元,增长16.6%;第三产业增加值89.1亿元,增长11.7%。民营经济增加值99.4亿元,增长16.7%。粮食总产量3.5万吨,增幅4.8%;农业增加值3.4亿元,增长5%。蔬菜和瓜果产量6.5万吨,存栏生猪9.7万头。县乡村公路通车里程248.46公里,公路62条,实现区、乡、村通公路100%。社会消费品零售总额完成102.5亿元,增长18.2%。区属固定资产投资76亿元,增25%。地方级一般预算收入完成5037万元,比去年增长35.3%。城镇居民人均可支配收入1.81万元,增长2421元,农民人均纯收入7269元,增长1392元。空气环境质量指标达国家二级标准,工业二氧化硫排放达标率94.72%,工业粉尘排放达标率100%,城市生活污水集中处理率84.8%,生活垃圾无害化处理率92.79%。中小学在校生5.03万人,比去年增加了8346人。学龄儿童入学率100%,义务教育段残疾学生入学率100%。广播电视覆盖率100%。新型农村合作医疗参合率95.19%,有卫生机构226个,病床位3351张,卫生技术人员4023人。

大事记 DA SHI JI

1 月

6日　区委召开九届十五次全体（扩大）会议，审议通过《自流井区国民经济和社会发展第十二个五年规划纲要》和中共自流井区九届五次代表大会有关事项；讨论和测评了区委书记履行基层党建工作第一责任人职责述职报告；乡镇（街道）党（工）委、区级部门党组（党委、总支）书记就抓党建促发展进行述职测评；区委书记张邦举总结2010年工作，安排部署2011年及当前重点工作。

7日　区第十六届人民政府第八次全体（扩大）会议在区政府会议中心召开。区四大班子有关领导，各乡镇、区级各有关部门、各街道办事处以及部分企业、金融机构负责同志参加会议。会议由区政府常务副区长许建平主持。

10日　市政府市长雷洪金在副市长杨征宇的陪同下，率市农工委、市财政局、市城乡建设住房保障局等市级部门负责人，视察区新农村示范片建设情况。

11日至13日　区政协第七届第五次会议在区政府会议中心召开。

12日至14日　举行区十六届人民代表大会第五次会议。

15日　“华西希望集团美系曾祖代种猪暨100万头生猪产业基地项目”签约仪式在市委会议厅举行。市政府市长雷洪金、市人大常委会副主任何卫平、市政府副市长杨征宇、市政协副主席彭林等领导出席签字仪式，市级各相关部门和各区县负责人参加了仪式，仪式由市政府副秘书长左志主持。

20日至21日　区政府常务副区长许建平主持召开会议，对部分区级目标责任单位2010年度综合目标任务完成情况进行检查。各综合目标任务牵头单位和责任单位主要负责人参加会议。

25日　举行区十六届人大常委会第四十次会议。补选王朝清、汪小铭同志为自贡市第十五届人大代表。

是日　区政府副区长黄雪智在区政府农办、仲权镇相关负责人的陪同下，深入仲权镇黄家村3组对口帮扶村民黄家平家中，开展春节慰问活动。

是日　区政协主席陈明仲率队到漆树乡杨柳村走访慰问困难群众，详细了解困难户生产、生活情况，帮助解决困难。漆树乡乡长陶钢、乡党委副书记张昭赢陪同慰问。

27日　区政府区长张序在副区长古荣华的陪同下，率安监、消防、经济和信息化等部门对全区重点领域、重点企业进行安全生产大检查。

是月　《自贡市自流井区国民经济和社会发展第十二个五年规划纲要（草案）》经自流井区第十六届人民代表大会第五次会议审议通过。

是月　区承办“十大最佳自贡城市元素”评选活动。自贡灯会、城市名人酒店（檀木林宾馆）、东方广场、西秦会馆（盐业历史博物馆）、恐龙博物馆、王爷庙、釜溪河、钟云山体育公园、荣县大佛、燊海井荣膺“十大最佳自贡城市元素”，十大元素有七项在自流井区域内。

2 月

9日　自流井区飞龙峡水库筹备工作会在区委403会议室召开，会议由区政府副区长黄雪智主持，市发改委副主任宋皋及相关科室负责人应邀参加会议。

12日　全区“五十百千环境优美示范区”创建迎检动员大会在会议中心召开。

21日　省城乡环境“五十百千示范工程”考核验收组对区创全省城乡环境优美示范区工作进行检查。

22日至24日　川西南九区（市、县）政协工作第十四次联席会议在自流井区召开。

是日　举行区十六届人大常委会第四十一次会议。会议听取和审议区政府关于增加基本建设支出财政预算的报告，对区政府组成部门主要负责人、区法院副院长和区检察院副检察长2010年的履职情况进行测评。任命何永海为区人民政府副区长。

是月　组织参与“四川最美街道评选”活动，召开全区动员会议，发出倡议，动员全民参与评选，东方广场步行街最终获得“四川十大最美街道”称号。

是月　自流井区中医院南湖分院建设规划项目上报市发改委，全区48个村卫生室建设方案正式确定并上报。

3 月

1日　全市区县人大农业工作联席会在自流井区召开。

2日　由市治理办主任、市城乡管理执法局局长林元平为组长的“五十百千示范乡镇”考核验收小组到荣边镇检查验收城乡环境综合治理示范乡镇。

是日　区召开“亿万农民健康促进行动”工作启动会。

8日　区政府区长张序率区政府办、区交通运输局、区农牧林业局、区畜牧局等区及有关部门负责人现场查看永荣路建设、美系曾祖代种猪养殖基地建设等重大项目推进情况。

9日　市政府常务副市长陈吉明率队调研区“开门红”及重大项目推进工作。

11日　自流井区在荣边镇尖山广场举行自贡市第十二届飞龙峡桃花会开幕式。

是日　市区县政协经济科技委工作联席会在自流井区召开。市政协和各区县政协分管经济科技委工作的主席或副主席，经济科技委主任、副主任参加会议。区政协副主席郭彧楚致欢迎辞，市政协经济委副主任黄发琪，市政协副主席彭林讲话。

14日　区政府区长张序、常务副区长许建平、副区长黄雪智在荣边镇召开会议，专题研究乐自路（自井段）征地动迁和施工工程有关问题。

15日　自流井区召开2011年区人大代表建议和区政协委员提案办理工作会。

17日　自流井区召开打击贩卖盗版出版物专项行动工作会。

是日　区政府副区长古荣华率区安监局、区消防大队等部门对辖区公众聚集场所、娱乐场所开展春季消防安全大检查。

18日　自贡美系曾祖代种猪基地建设项目开工典礼在荣边镇尖山村2组举行。市委副书记陈华、市人大常委会副主任何卫平、市政府副市长杨征宇、市政协副主席彭林等市领导，市级有关部门负责人，区四大班子主要领导和相关领导，华西集团四川特驱投资有限公司董事长王德根等出席开工典礼。开工典礼由区政府区长张序主持，区委书记、区人大常委会主任张邦举致辞，业主就项目建设进行发言。

4 月

2日　由市城管执法局局长、市治理办主任林元平为组长的市“二二一环境优美示范工程”检查验收组一行，到区检查示范创建工作。

8日　召开2011年爱国卫生运动暨四月爱国卫生活动月动员会。

是月上旬　巴中市巴州区政协主席祝毅一行来区参观交流。

14日　区政府常务副区长许建平、副区长侯晋蜀在区政府301会议室召开会议，专题研究分析区一季度城镇职工医保基金运行情况。

27日　市委书记、市政府市长雷洪金在市委常委、秘书长谭豹，市政府副市长曹俊杰的陪同下，率市城管执法局、市城乡建设住房保障局等部门负责人到荣边镇视察城乡环境综合治理工作。区委书记、区人大常委会主任张邦举，区委副书记、区政府区长张序，区委常委、区政府副区长黄志勇陪同视察。

28日　市政府副市长辜永忠在副秘书长陪同下，率市民政局等部门负责人到区调研农村养老服务工作，区政府副区长侯晋蜀陪同调研。

28日　自流井区召开严厉打击非法添加和滥用食品添加剂专项工作会。

5 月

4日　区政府常务副区长许建平、副区长许力在区政府办、区教育局负责人的陪同下，赴汶川看望原汶川威州小学、现汶川第一小学师生。

是日　区政府区长张序在副区长黄雪智的陪同下，率区交通运输局等部门负责人检查自流井区断头公路建设情况。

9日　区委常委、区政府常务副区长许建平率区政府办、区教育局负责人到凉山州盐源县开展十年对口支教工作总结暨经验交流活动。

11日　区政府副区长古荣华率区城乡建设住房保障局、区安监局负责人，对辖区部分在建建筑工地进行专项检查。

18日　由市妇联主席周耘为组长，市目督办、市统计局、市教育局、市民政局等相关单位负责人组成的市“两纲”实施十年终期评估检查组莅临自流井区检查进行“两纲”终期评估检查。

20日　市总工会代全国总工会向自流井区总工会颁发“全国总工会职工书屋示范点达标单位”证书。

24日　在会议中心举行乡镇领导班子换届工作会议。

27日　举行区十六届人大常委会第四十二次会议。会议对区政府组成部门主要负责人和区法院副院长、区检察院副检察长2010年工作情况的测评结果进行通报。

是日　区四大班子领导分别前往光大街小学、舒坪中心幼儿园等学校，亲切看望少年儿童，送上节日的祝福。

是月　接待中央及省级媒体联合组成的城乡环境治理采访团，多家媒体对自流井区环境治理的成效和经验予以了深度报道。

6　月

1日　区政府在101会议室召开2011年深化医药卫生体制改革工作会议。

5日　由区环保局牵头，会同区教育局、区卫生局、区城管执法分局等13家单位联合举行“共建生态文明，共享绿色未来”“六五”世界环境日宣传活动。

10日　区政协主席陈明仲在区政府副区长古荣华、工业集中区管理委员会主任杨崎的陪同下，到舒坪工业集中区视察重点工业项目建设推进情况。

14日　区政府办、区政协提案委组织部分提案委委员及提案人代表督查区农牧林业局提案办理工作。区政协副主席明崇荣、崔红黎、秘书长陈有刚及政府办提案工作负责人参加督查，农牧林业局局长何昌银、漆树乡乡长陶钢陪同督查。

17日　区政府在301会议室召开1至5月经济形势分析会。

是日　区组队参加自贡市总工会庆祝中国共产党建党九十周年“与太阳同行 职工跟党走”红歌大赛，获金奖。

22日　区政府办、区政协提案委组织部分提案委委员及提案人代表督查区交通局提案办理工作，区政协主席陈明仲、副主席崔红黎及政府办提案工作负责人参加督查，高峰乡乡长晏珠、区交通局局长钟南等陪同督查。

22日　召开乐自高速公路自流井段征地拆迁协调工作会。

22日至23日　区政府副区长古荣华率队检查辖区内道路交通安全情况。

23日　区政协主席陈明仲率领区政协党支部成员到漆树乡杨柳社区村看望慰问困难党员，并和他们座谈，漆树乡党委书记陶钢等陪同慰问。

28日　区政府办、区政协提案委组织部分提案委委员及提案人代表督查区民政局提案办理工作，区政府副区长许力、侯晋蜀，区政协副主席明崇荣、崔红黎、秘书长陈有刚及政府办提案工作负责人参加督查。

29日　区在荣边镇煜东砖厂组织开展非煤矿山事故应急救援演练，包括6家非煤矿山企业在内的12家单位联合参加了演练。区政府副区长古荣华出席演练活动并进行点评，市安监局、各区县安监局负责人到现场观摩。

是月　自流井区被省委、省政府命名为2010年度“环境优美示范县城”；荣边镇被命名为“环境优美示范镇”；荣边镇干塘村、荣边镇雨潭村、高峰乡高峰村、农团乡红岩村、舒坪镇金鱼村、漆树乡杨柳村、仲权镇仲权村等7个村被命名为“环境优美示范村庄”。

是月　自流井区被中央宣传部、司法部授予“2006—2010年全国法制宣传教育先进区”称号，成为我市唯一受此表彰的区(县)。

7　月

4日　大同路西一段道路建设工程最后3栋拆迁大楼实施定向爆破，标志着工程拆迁工作结束。

7日　在区消防大队举行综合应急救援大队挂牌仪式暨召开2011年应急管理工作会议。

13日　由市政府副秘书长赵颖红为组长，市人大财经委、市目督办、市统计局、市经济和信息化委、市商务局等部门负责人为成员的统计巡查组莅临自流井区进行统计巡查。

14日 市政府副市长杨征宇在市政府副秘书长左志、市畜牧局局长李宗伟，区委书记、区人大常委会主任张邦举、区委副书记、区政府区长张序，区委常委、区政府副区长黄志勇，区政府副区长黄雪智等领导陪同下，视察“美系曾祖代生猪产业化基地建设项目”推进情况。

21日 区委书记、区人大常委会主任张邦举，区委副书记、区政府区长张序在区委副书记曹友良、区政府副区长黄雪智的陪同下，率区农办、区农牧林业局、区畜牧局等部门负责人深入舒坪镇、仲权镇视察、指导新农村示范片建设。

27日 区召开2011年度工会联席会议。区委副书记、区政府区长张序，区委副书记、区总工会主席曹友良，区委常委、区政府常务副区长许建平，副区长侯晋蜀出席会议。

28日 区政府区长张序、副区长黄雪智在区政府301会议室召集相关部门专题研究区农村断头公路建设有关工作。

28日 区政府副区长古荣华率区国土资源局、区安监局等部门负责人，深入仲权镇银河村、竹园村等地开展汛期地质灾害安全检查。

8 月

2日 市政府副市长杨征宇在市政府副秘书长左志的陪同下，率市农工委、市发改委、市财政局、市国土资源局等部门负责人调研狸狐洞水库建设情况。区委书记、区人大常委会主任张邦举，区委副书记、区政府区长张序，区政府副区长黄雪智等领导陪同调研。

3日 区政府副区长侯晋蜀在301会议室主持召开全区小额人身保险工作会。

9日 区委、区政府在会议中心召开区委九届二十次、区政府十六届九次全体(扩大)会议。

是日 召开2011年城乡环境综合治理工作大会。

11日 区政府区长张序会见来区投资考察的重庆百货大楼股份有限公司副总经理刘绪文一行。

16日 拆除天花井师专段一处40余平方米的违章建筑——“百食快餐店”。

17日 对成自泸赤高速公路自贡连接线自流井段道路建设工程涉及的4栋建筑物实施定向爆破，标志着建设工程房屋拆迁工作取得阶段性进展。区政府区长、成自泸赤高速公路自贡连接线自流井段现场指挥部指挥长张序，区政府副区长、现场指挥部常务副指挥长黄志勇指挥此次爆破。

19日 在区疾控中心举行霍乱疫情防控应急演练。区政府副区长许力出席演练仪式。

24日 市新农村建设督查组深入舒坪镇狮湾村督查新农村建设工作。

25日 市政府党组成员、市公安局党委书记马宏在市公安局指挥中心主任张毅的陪同下，到自流井区调研督导派出所工作。区政府副区长、区公安分局局长何永海，区公安分局班子成员陪同调研。

26日 区政府副区长古荣华率区卫生局、区安监局、区质监分局、区工商局、区食品药品监管局等部门负责人组成联合检查组，对辖区内食品生产、流通、消费三大重点环节开展食品安全专项检查。

29日 受区政协主席陈明仲委托，区政协法群委主任林竹到杨柳村看望慰问该村今年考上大学的三名大学新生。漆树乡人大主席张昭赢陪同参加。

是月 邀请国际知名专家、英国伯明翰城市大学建筑规划学院研究生院院长、教授、博士生导师莫森·阿布图拉比教授作《创意城市：生态观念引领未来城市规划》专题报告，推动全区干部在“两化”互动中对城市化观念的思维创新。

是月 全区48个村卫生室建设项目申报成功并获得中央资金192万元。

9 月

5日 召开“两基”迎国检工作专题会议。

6日 在101会议室举行“中国香港红十字会救护合作项目自流井区应急知识与技能培训班”开班仪式。

是日 召开自流井区换届选举委员会第一次会议，自流井区换届选举工作正式启动。

10日 市第35中学澳门红十字博爱小学落成

典礼在荣边镇举行。全国政协委员、澳门特别行政区行政会委员、澳门红十字会中央委员会主席黄如楷，区委副书记、区政府区长张序，区委常委、宣传部部长黄如贝，市红十字会副会长李茂梅，区政府副区长许力出席落成典礼。

15日　召开省级卫生城市复审迎检工作动员会。

22日　市委副书记、市政府代市长彭琳在市委常委、市政府副市长刘国庆，市政府秘书长曾嵘的陪同下，率市城乡建设住房保障局、市经济和信息化委、市商务局、市城乡管理执法局等部门负责人到自流井区调研。市委换届指导组副组长、高新区管委会主任龙腾鑫，区委副书记、区政府区长张序全程陪同调研。

29日　举行区十六届人大常委会第四十五次会议。会议听取区政府关于办理区十六届人大常委会第四十三次会议审议意见的情况报告，听取和审议区政府关于办理代表意见建议的情况报告、区政府关于“五五”普法的实施情况和“六五”普法启动情况的报告。

10　月

14日　区委召开2011年度第一次新闻发布会。区委新闻发言人、区委常委、区委办主任熊珍银通报区第十次党代表大会筹备情况和区第九次党代表大会以来的工作回顾及未来五年全区经济社会发展工作重点。

18日至21日　区第十次党代表大会隆重召开。会议审议并通过了龙腾鑫代表九届区委所作的工作报告和区纪委工作报告，选举产生了中共自流井区第十届委员会委员、候补委员、区纪委委员和自流井区出席市第十一次党代会的代表。

21日　区委召开十届一次全体会议，选举产生了中共自贡市自流井区第十届委员会常务委员会委员和书记、副书记，通过中共自贡市自流井区第十届纪律检查委员会第一次全体会议选举结果的报告，当选为区委书记的龙腾鑫讲了话。

31日　区委召开十届二次全体（扩大）会议，市委副秘书长陈川生就市第十一次党代会工作报告的深刻内涵和精神实质作深入详尽的解读。区委书记龙腾鑫就全区学习贯彻落实市第十一次党代会精神提出要求。

11　月

20日至24日　政协自流井区第八届委员会第一次会议在区政府会议中心召开。

21日至25日　举行区十七届人民代表大会第一次会议。

是日　区政府副区长曹泽均调研区卫生系统工作情况，并与卫生系统干部进行座谈。

25日　区人力资源社会保障局会同区公安、工商、工会等部门开展“2012年元旦、春节前保障农民工工资支付专项行动”。

12　月

1日　区政府副区长黄雪智率队对2010年荣边雨潭新农村巩固提升自流井区和2011年新农村扩面建设示范片的推进情况进行专项检查。

是日　由区总工会承办的市总工会文化宫俱乐部协会第二片区工作会在仙市镇召开。参会的10个单位就开展职工文体活动，促进劳动关系和谐做了交流。

8日　举行区十七届人大常委会第一次会议。会议通过任命宗润华、吴建程、丁萍等14人为人大内设机构负责人。

8日　召开区政协八届一次常委会。会议通过任命徐金燕、邹正荣等11人为政协内设机构负责人。

9日　市政府副市长杨征宇在市政府副秘书长左志的陪同下，率队到区调研农业农村及交通重大项目进展情况。

13日　区政府区长张序在副区长黄雪智的陪同下，率区城乡建设住房保障局、区国土资源局等部门负责同志到仲权镇调研新农村示范片建设工作。

14日　区商务局会同区公安分局等部门对生猪灌注水窝点开展集中整治行动。

20日　举行区十七届人大常委会第二次会议。会议通过任命张周林、邹宏等23人为政府部门负责人。

是日　区政府副区长古荣华率区政府办公室、区环保局、区经济和信息化局、区水务局等部门负责人到荣边镇检查重滩堰检查备用水源保护工作。

特 载

TE ZAI

打造三大中心 再造一座新城 奋力掀起自流井跨越发展新高潮

——2011 年 10 月 19 日,在中国共产党自贡市自流井区第十次代表大会上的报告

区委书记 龙腾鑫

各位代表、同志们:

现在,我代表中共自贡市自流井区第九届委员会向大会报告工作,请予审议。

第九次党代会以来的工作回顾

区第九次党代会以来,在市委的坚强领导下,区委团结带领全区广大党员和干部群众,深入贯彻落实科学发展观,解放思想,开拓创新,迎难而上,圆满完成了区第九次党代会确定的各项目标任务,经济社会发展开创了新局面。

*紧扣发展主题,经济持续快速增长。*坚持把发展作为第一要务,在应对危机中抢抓机遇,在攻坚克难中寻求突破,经济保持快速增长。五年来,地区生产总值实现翻番,财政总支出年均增长 36%、突破 7 亿元。坚持把工业作为经济发展的重要支撑。全力推进舒坪工业集中区建设,1.5 平方公里承载能力基本形成,久大集团、大业高容等一批骨干企业逐步做大做强,以井矿盐生产加工和节能环保装备制造为特色的产业园区初具规模,全区规模工业总产值和增加值均增长 11 倍。坚持把第三产业作为全区经济的主体,大力发展商贸物流和特色旅游业,"大东方"核心商圈巩固提升,摩尔玛、千盛百货等一批大型购物商城生机盎然,檀木林、五星街、同兴路等一批专业街区特色凸显,川南钢材市场一期工程竣工投产,火车南站扩能改造全面完成;以飞龙峡风景区为主的乡村旅游蓬勃发展,自流井老街被列为自贡世界地质公园盐业科技展示区,社会消费品零售总额实现翻番。坚持把城乡统筹作为"三农"工作的主要抓手,大力加强农村基础设施建设,加快推进农业产业化发展,农村道路、农田水利等基础设施明显改善,全市首个现代农业科技示范园启动实施,"三带一园"产业框架基本形成,新农村示范片建设初见成效。

*坚持建管并重,城乡面貌焕然一新。*坚持把城市建设和管理作为发展城市经济的环境保障。大力加强城市基础设施建设,累计投资 6 亿元,新建改造县乡村道 173 公里,火井沱大桥建成通车,城区主要道路黑化改造全面完成,风貌塑造和园林绿化全面实施,背街小巷硬化率达 100%。加快推进棚户区改造,累计拆迁 40 万平方米,檀木林国宾府、大同路西一段等重点项目开工建设,东方圣地、浙江商城、名人·世代春天等棚改项目全面竣工;省道 305 线、成自泸赤和乐自高速自流井段征地拆迁基本完成。深入开展城乡环境综合治理,全面推行城市管理进社区下乡镇,强力推进各类专项治理,健全城管长效机制,成功取缔五星街占道经营,城乡环境面貌明显改观,"全省环境优美示范区"创建成功。

*致力改善民生,社会事业协调发展。*坚持把改善民生作为加快发展的根本。千方百计保投入,全力以赴惠民生,累计投入民生工程资金 14.9 亿元,占财政一般预算支出的 67%,群众最关心的就业、医疗、住房和社会保障等问题逐步缓解,人民生活持续改善,城镇居民人均可支配收入和农民人均纯收入分别是五年前的 2 倍和 1.8 倍。科技、教育、文体、卫生等各项事业协调发展。科技创新成效明显,成功创建"全国科普示范城区"和"全国科技进步先进区"。城乡教育均衡发展,办学条件明显改善,率先通过省教育督导评估,先后被评为"全国学

前教育先进区”和“全省首批教育工作先进区”。文化体育事业繁荣发展，公共文化服务体系逐步健全，群众文化体育活动蓬勃开展，圆满完成省运会承办工作。医疗卫生改革积极推进，区中医院改扩建全面完成，在全省首创“城乡居民医疗救助基金”，医疗卫生水平和救助能力大幅提升。计划生育、食品药品、广播电视、新闻出版、档案、党史、老龄、方志、工商、国土、质监、消防等各项事业同步发展。

深化改革开放，发展活力明显增强。坚持把深化改革、扩大开放作为加快发展的活力源泉。稳步推进政府机构改革，区级部门职能调整、乡镇机构改革顺利完成，食品药品等原直管部门顺利下划。深入推进人事制度改革，公务员管理制度健全完善，机关事业单位编制管理和行政审批行为进一步规范。加快推进经济体制改革，区、乡财政体制改革顺利实施，政府集中采购行为更加规范。积极推进社会管理改革，东方小学与珍珠寺小学、高峰乡初中与中心小学顺利合并，区建筑设计所和卫生防保所改制圆满完成，区环卫站和街道城管办管理体制调整理顺。对外交流与合作日益加强，招商引资成效明显，累计到位资金75.3亿元。

注重民主团结，和谐局面持续巩固。坚持把民主法制作为发展民主政治的目标要求。支持人大及其常委会围绕发展大局依法行使三项权力，以重点领域、重大项目、重要问题为主要内容的法律监督和工作监督成效明显。支持政协围绕民主与团结切实履行三大职能，协调关系、汇聚力量、建言献策、服务大局的作用更加凸显。统一战线不断加强，全省首个县级九三学社委员会和全市首个民建基层委员会相继成立，参政议政渠道进一步拓宽。工会、共青团、妇联、残联等群团组织的桥梁纽带作用充分发挥。国防后备力量建设和双拥共建工作成效突出，军政军民关系更加密切。依法治区进程加快，司法机关依法独立行使审判权和检察权，“五五”普法荣获全国先进。群众和信访工作成效明显，成功化解信访积案28件，敏感时期重点时段无一例“非访”。社会治安综合治理深入推进，安全生产切实加强，突发事件妥善处置，连续五年未发生重特大安全事故，未发生有重大影响的群体性事件，群众安全感不断增强，社会保持和谐稳定。

突出改革创新，党的建设不断加强。坚持把加强执政能力和先进性建设放在党建工作首位。深入推进思想政治建设，学习实践科学发展观和创先争优活动扎实开展，干部学习考评制度更加健全完善，学习型党组织建设取得新进展。深入推进领导班子和干部队伍建设，坚持正确用人导向，积极创新干部选任工作机制，健全完善干部评价体系，规范科级领导干部调整动议暨初始提名办法，选人用人公信度不断提高，连续三年在全国、全省组织工作满意度调查中均达到一等次。深入推进基层党组织建设，全面落实党建工作责任制，“三级联创”、“四好四强”等基层党建活动有效开展，村级组织活动阵地标准化建设和村(社区)“两委”换届圆满完成，离职村干部待遇全面落实。深入推进党内民主建设，在全省首创乡镇党委书记代理制，全面推行党代表常任制、普通党员旁听制，试点启动基层党组织班子成员“公推直选”，基层党内民主进一步扩大，党员主体地位和民主权利得到保障。深入推进党风廉政建设，在全省率先建立村级廉勤督报站，创新建立“三书告知”等廉政制度，深入开展“四评四问”等廉政活动，切实加强政府采购、工程招投标等重点领域专项治理，深化党员干部作风整顿建设活动，严肃查处各类违纪违法案件，广大党员干部廉洁自律意识和拒腐防变能力不断增强，全区上下呈现出风清气正、共谋发展的良好局面。

同志们，过去五年是全区上下团结一心、奋力拼搏的五年，是全区人民收入增加、安居乐业的五年，也是全区发展基础不断夯实、发展环境不断优化的五年。五年的成绩凝聚艰辛，来之不易；五年的发展令人鼓舞，催人奋进。这些成绩的取得，是市委正确领导的结果，是全区广大党员干部群众辛勤努力的结果，也是社会各界鼎力支持的结果。在此，我谨代表中共自流井区第九届委员会，向全区各级党组织和广大党员干部群众，向各位老领导、老同志，向各民主党派、人民团体、工商联、无党派人士，向各驻区单位、部队官兵、公安干警，向所有关心、支持我区改革发展稳定的同志们、朋友们，表示衷心的感谢，并致以崇高的敬意！在肯定成绩的同时，我们必须清醒地看到我区经济社会发展中存在的困难和问题，主要表现为：发展空间狭小，发展规划滞后；要素支撑乏力，发展后劲不足；困难群体较多，稳定压力较大；少数干部抓发展干劲不足、作风不实、执行力不强等等。对这些困难和问题，我们必须在今后的工作中切实加以克服和解决。

今后五年奋斗目标

今后五年是自流井拓展发展空间、聚集发展要素、提升产业优势、实现追赶跨越的重大战略机遇期。纵观国内发展形势，国家实施新一轮西部大开发和打造成渝经济区，为我们乘势而上提供了重大发展机遇。省委、省政府提出打造川南经济区新的增长极和加快推进两化互动，对我们优化空间布局、扩大对外开放、加强区域交流合作创造了有利条件。市委、市政府提出建设成渝经济区西南部区域中心城市，打造川南经济发展次高地，加快城市功能区建设，对我们突出产业特色，加快发展大物流、大市场，必将起到重要的推动作用。我们必须牢牢抓住这些利好机遇，主动对接，超前谋划，奋发有为。作为自贡中心城区，我们拥有得天独厚的区位优势和丰富的历史人文资源。自流井区商贸服务业历史悠久、门类齐全，为建设川南商贸中心奠定了坚实基础；舒坪货运站作为全市铁路货运枢纽，为发展大物流、大市场提供了独特条件；飞龙峡作为自贡近郊唯一的“城市之肺”，为打造城市后花园提供了良好的自然资源。既然有实现加快发展的有利因素和比较优势，我们就应该坚定信心，借势而为，找准突破，跨越发展。

今后五年工作的总体要求是：

高举中国特色社会主义伟大旗帜，深入贯彻落实科学发展观，以解放思想、开放合作为动力，以两化互动、产城共融为主线，突出特色、错位发展。着力突破“三大瓶颈”，保障可持续发展；着力建设“三大中心”，增强产业发展活力；着力拓展发展空间，再造一座产业新城。全面加强党的建设，夯实组织基础，努力改善民生，创新社会管理，确保和谐稳定。凝心聚力，抢抓机遇，奋力掀起自流井跨越发展新高潮。

今后五年的发展目标是：

*经济实力大幅提升。*经济总量突破400亿元，财政总支出突破20亿元，全社会固定资产投资突破200亿元。瓶颈制约全面突破，发展活力显著增强，全区经济迈入持续发展快车道。

*社会事业全面进步。*教育、卫生、就业等各项事业加快发展，科技创新能力不断增强，文化体育设施更加完善，公共服务体系建立健全，社会管理水平不断提升，社会事业与经济建设协调发展。

*城乡面貌大为改观。*基础设施不断完善，全面完成53万平方米棚户区改造，城市品位大幅提升，环境治理再上台阶，城市功能更加完善，承载能力明显增强。

*人民生活明显改善。*城镇居民人均可支配收入和农民人均纯收入实现翻番。社会保障体系健全完善，群众文化生活丰富多彩，社会秩序良好，社会关系和谐，人民群众幸福感不断增强。

*党的建设显著加强。*党组织的凝聚力、创造力、战斗力进一步提升，引领发展、推动发展的能力不断增强，各级党组织和党员干部先锋模范作用充分发挥，党群干群关系更加融洽。

同志们，再过五年，我们将欣喜地看到：传统商贸服务业脱胎换骨，城市品位大幅提升，历史文化焕发青春，四方客商云集，一座新城崛起，农村欣欣向荣，产业转型升级，一个经济社会繁荣、文明开放和谐、人民幸福安康的全新自流井必将展现在我们面前。无论关山重重，无畏艰难险阻，只要我们团结一心，奋力拼搏，我们的宏伟蓝图一定会实现，自流井的明天一定会更加美好！

今后五年工作重点

为确保美好蓝图实现，全区上下一定要振奋精神，鼓足干劲，把思想和行动统一到科学发展观的要求上来，统一到未来五年的奋斗目标上来，统一到区委的战略决策上来，争分夺秒抢机遇，千方百计破难题，同心协力促发展，奋力掀起自流井跨越发展新高潮。

一、坚持解放思想，聚力突破发展瓶颈

解放思想是促进发展的根本动力，是决定一个区域能否抢占发展先机、破解发展难题的关键因素。解放思想，就是要有探索新思路的热情，在善于变通中求得新发展；就是要有追求新目标的激情，在打破常规中创造新业绩；就是要有克服新难

题的豪情，在攻艰克难中夺取新胜利。

积极调修规划，全力突破空间瓶颈。发展空间不足是自流井当前最突出的问题，空间不足导致产业布局无法展开，经济增长缺乏后劲。我们必须变被动规划为主动规划，抓住总规调修、全市产业布局和功能定位调整的契机，利用优势，服务大局，争取新的发展空间。坚持战略决定规划，规划引领发展，高起点、高标准做好全域规划，指导区域发展。在全市两化互动的大潮中认真做好城镇、村庄、圈外用地规划，抢占发展资源，保持规划弹性，为自流井长期可持续发展做好准备。

积极改革创新，全力突破用地瓶颈。在宏观政策紧缩的形势下，土地成为地区发展的宝贵资源。我们必须认真分析政策，吃透区情，挖掘潜力，争取更多发展资源。包装整合建设项目，争取用地指标；盘活存量资源，提高利用效益；加快土地整理，储备用地指标。积极引导建设项目集约节约用地，用好保障房建设政策，加快旧城改造，增强承载能力。积极推动工业进园、住宅成片、产业集群；扩大增量，盘活存量，提高效益，全力突破用地瓶颈，为加快发展提供要素保障。

积极转变思路，全力突破资金瓶颈。当前，区域发展已由早期的滚动投入转变为效益更高的集中投放，高增长需要大投入，投入速度决定资源增值速度。我们必须要有算长远账、算整体账的观念，在紧缩政策背景下，区域经济更是抢先一步，就会领先几年。我们必须抓住转瞬即逝的发展机遇，善用金融工具，善用民间资金，善用项目融资，善用国家政策，争取上级支持，全面整合资源，取得投融资新突破。大力引导民间资金和企业投入，做大投资总量；认真分析政府投入的轻重缓急和投资效益，确保良性运转，突破资金瓶颈，解决好发展的先导性问题。

二、建设三大中心，增强经济发展活力

产业是关键，定位是基础。未来五年，我们要紧紧围绕建设辐射川南的现代商贸中心、全市最大的综合物流中心、独具特色的休闲旅游中心的目标定位，发挥优势，突出特色，加快转变发展方式，着力构建支撑有力的现代产业体系，增强经济发展活力，全域提升经济综合实力。

加快建设辐射川南的现代商贸中心。充分发挥城市中心区的商贸优势，面向川南市场，深度挖掘商贸潜力，全面建设立足自贡、辐射川南的现代商贸中心。积极整合商贸资源，改善商业环境，提升商业品牌，聚集人气，造旺商气，巩固提升“大东方”核心商圈地位。深度打造同兴路美食、檀木林电子通讯、自由路家具等特色街区，努力提高知名度、美誉度。改造中华路西段，打通十字口至东方广场商业通道，促进商圈互动，逐步形成功能互补的大型城市综合体，促进传统商业换代升级。培育发展金融信息、中介咨询、文化创意等生产性服务和文化教育、医疗保健、休闲娱乐等生活性服务，发展壮大现代服务业。全面提高服务水平，提升消费舒适度、满意度，增强服务软实力。积极推进商贸配套设施建设，精心打造商圈节点，全面改善商贸环境，努力增强辐射力，提升竞争力。实现商贸业的更新换代、提档升级，把商贸经济做大做强，做优做精。到2016年，服务业增加值达到200亿元。

加快建设全市最大的综合物流中心。充分依托舒坪铁路货运枢纽的独特优势和舒坪产业园的物流基础，立足服务全市，科学超前规划，把舒坪产业园区建设成为全市最大的综合物流中心。大力培育发展川南钢材市场、粮油批发市场、农产品批发市场等一批大型专业市场；积极发展壮大南方凯路物流，引进一批大型仓储物流企业；积极发展电子商务地区中心、连锁配送中心、第三方仓储物流等新型物流业态；加快推进交易信息中心、金融结算中心、综合服务中心等物流配套平台建设。经过五年的发展，初步建立集仓储、运输、加工、配送等多功能于一体的综合物流配套体系，形成规模化、集团化、品牌化、专业化的物流产业集群，集聚人气，打造物流、信息流、资金流“黄金走廊”，建成与经济发展相适应、与生态环境相协调、服务全市经济发展的自贡最大、辐射川南的综合物流中心。到2016年，交易总额达到500亿元。

加快建设独具特色的休闲旅游中心。充分利用飞龙峡作为全市近郊唯一的国家2A级风景区、国家级水利风景区的独特优势，高起点、大手笔规划建设飞龙峡风景区，大力发展旅游产业，培育新的经济增长点，打造立足自贡、辐射川南的休闲度假旅游中心。坚持保护与开发互动，做好景区45

平方公里总体规划和核心景区控制性详细规划，合理布局空间，促进全面开发。加快建设景区基础设施，以狸狐洞水库开发建设为契机，打通省道305线至尖山的快速通道，完善景区旅游道路。深度开发旅游资源，着力打造自然生态旅游景点，建设特色风情小镇，完善旅游配套设施。合理布局高端低密度住宅、生态住宅区和康乐休闲度假酒店，新建和改造提升一批星级农家乐，形成以休闲度假、康乐服务、水上游乐、农业观光为特色的核心景区。围绕核心景区发展观光农业和休闲农业，扩大景区规模，促进农业和旅游业互动发展。以桃花会、石榴花会等特色文化旅游活动为载体，提升知名度，增强吸引力。探索创新景区管理模式，提高服务水平，提升景区形象。努力把飞龙峡风景区建成川南地区山水相依、特色突出的城郊型生态休闲度假旅游中心。到2016年，旅游总收入达到80亿元。

三、再造一座新城，加快两化互动发展

紧紧抓住自贡火车南站扩能改造和国际旅游区规划建设契机，拓展自流井未来发展空间，在抓好旧城提档升级的同时，开辟自流井发展第二战场。到2016年，再造一座优势突出、特色鲜明、充满活力的产业新城，培育新的经济增长极，促进区域经济社会可持续发展。坚持统筹规划，错位发展。拓展舒坪组团发展空间，与舒坪现有城镇空间连成一体，统筹规划，开发建设一座10平方公里以上的产业新城。坚持规划先行、规划统筹和规划控管，通过规划整合产业新城内人口、土地、资源、环境等生产生活要素，搞好产业功能与城市功能对接，形成产业与城市共融相生、协调发展的格局。充分利用园区资源集中优势，主动对接全市工业和物流业发展空间布局的总体思路，扬长避短，发挥优势，错位发展，推动园区工业转型升级，把产业新城建成两化互动发展示范区。

*转变发展模式，集群发展。*调整全区工业空间布局，通过“退二进三”，促使老城区工业企业入驻园区，集聚发展，实现老城区工业由散乱向集群发展模式转变。做大做强久大集团、大业高容等骨干企业，利用园区仓储物流优势，有针对性地引进大企业、大集团，并围绕大企业、大集团发展关联产业，延伸产业链条，增强协作配套，促进园区工业大体量、关联性、集群化发展，实现物流业与工业相互促进、共同提升。到2016年，区属工业总产值达到200亿元。

*发展配套服务，产城共融。*以物流市场为支撑，利用背靠国际旅游区的地理优势，围绕物流发展需要拓展空间，优化城市布局，全面开发物流服务配套区。加快新城道路、管网、通讯等基础设施建设，抓好商贸、旅游、餐饮、住宅、酒店等生产生活服务配套设施建设，完善城市功能，做牢基础，做大产业，做优城市。以资源要素的合理流动和优化配置为导向，创新体制机制，实施充分开放合作战略，提高资源要素配置效益，有序推进两化互动发展，促进产城共融。

四、突出优势特色，推进城乡一体发展

充分发挥城市近郊的比较优势，坚持围绕城市发展农村，把城市需求作为农村发展的持续动力，把农村发展作为城市供给的重要保障，整体规划，统筹推进城市和农村互动发展。

*大力发展休闲观光农业。*打破乡镇行政区域界限，突出生态、绿色、环保、健康理念，以发展城郊型和生态观光型农业为方向，突出特色，整体规划，建成国家级休闲农业乡村旅游示范区。加快环城现代农业产业示范带建设，集中连片，整体推进新农村示范片和农村综合体建设，提高农业集约经营水平，促进农业增效、农民增收。

*大力加强农村基础建设。*坚持“一主导、三补充”的投入机制，加快农村路、水、田“三网”建设，改善农村生产生活条件。以乐自和成自泸赤高速公路建设为依托，优化城乡路网，全面贯通断头公路，升级改造省、县、乡道，为农业农村加快发展提供便利快捷的交通保障。加强农田水利基本建设，建成狸狐洞中型水库，配套抓好水利渠系、水库整治和农村安全饮水工程，建立“三防”长效机制，提高农业综合生产能力。大力实施“金土地”工程，推进测土配方施肥，实现田成方、土成块，提高耕地质量，全面增强农业农村发展能力。

*深化城乡综合配套改革。*用足用活用好涉农政策，大力推进农村产权制度改革，完成农村土地、林权确权登记。大力实施土地增减挂钩项目，盘活农村土地资源，加快土地合理流转，激活农村生产

要素，优化农业资源配置。稳步推进扩权强镇试点，科学配置乡镇事权、财权，激发乡镇发展活力。

大力推进农村小城镇建设。坚持因地制宜，统筹规划，突出各乡镇优势特色，围绕服务乡村旅游，按照规模适度原则，加快推进中心镇、中心村建设，大力实施景观改造，发展新型社区、休闲小区，配套完善餐饮、娱乐、服务设施，建成一批梯次鲜明、功能完善、服务优质的特色风情小镇。

五、加强城市建管，全面提升城市品位

坚持高起点规划、高标准建设、高效能管理，优化空间布局，挖掘文化内涵，完善城市功能，提升管理水平，彻底改变老城区旧貌，建成环境优美、文化厚重、宜居宜业的中心城区。强力推进基础设施建设。大力实施路网改造，加快推进马吃水至光大街、釜溪东路、光风路等道路建设，打通关键节点，形成畅通的城市内环公路网。大力加强市政设施建设，加快推进能源供给管网系统改造，完善城区污水收集处理、环卫清洁、亮化照明等市政设施，提升城市功能。大力加强公共服务设施建设，积极推进市场、医院、学校、文体场馆、避难场所的配套建设和升级改造，增强城市综合服务能力。加快旧城改造和景观建设。以檀木林片区、中华路西段、釜溪河沿线为重点，加快推进棚户区拆迁，整体设计，成片开发，全面完成棚户区改造，全面完成“退二进三”。深度挖掘历史文化资源，整体设计釜溪河沿线，升级改造自流井老街，加大滨河绿地景观建设，形成独具特色的釜溪河盐业历史文化长廊。结合旧城改造，打造特色突出的历史文化商业街区，促进历史文化与城市经济相互提升、共同发展。大力塑造城市风貌，将城市人文和环境有机结合，新建改造一批山林公园、社区公园、文化广场，精心打造一批精品建筑、精品街道、精品组团，构建山、水、城和谐交融的城市形态，全面提升城市品位。

深入推进环境综合治理。以市容市貌、环境卫生、经营秩序为重点，深化各类专项治理，大力开展示范乡镇（街道）、示范村庄（社区）创建工作，巩固提升“全省环境优美示范区”创建成果，城区主街大道全部建成“环境优美示范街道”。全面实施城市精细化、规范化、常态化管理，以科技助推城管，完成数字化城市管理网络体系建设，健全城管长效机制，全面提升城市秩序化、优美化、整洁化水平。

六、坚持民生优先，统筹发展社会事业

牢固树立以人为本、惠民富民理念，加大民生投入，增加居民收入，完善保障体系，发展社会事业，让全区人民共享改革发展成果。千方百计改善民生。加快社会保障体系建设，逐步提高保障标准，居民最低生活保障覆盖率达100%。加快保障性住房建设，建成保障性住房4.5万平方米，切实解决低收入困难群体住房问题。加快发展社会慈善和福利事业，建立完善多形式、多元化的救助机制，提高社会救助能力。加快就业服务体系建设，大力实施积极的就业创业政策，动态消除“零就业”家庭，城镇登记失业率控制在4.2%以内。

加快发展社会事业。突出自主创新能力建设，着力构建以企业为主体、市场为导向、产学研相结合的技术创新体系。坚持教育优先，大力发展学前教育，均衡发展义务教育，积极发展特殊教育，提高教育质量，推动城乡教育均衡发展。深化医药卫生体制改革，加强医疗卫生队伍建设，健全城乡公共卫生服务体系，提高医疗卫生服务水平。大力发展文化体育事业，完善城乡文化体育设施，广泛开展群众性文化体育活动，加快文化遗产保护开发，形成一批特色文化产业，推动文化体育事业大发展大繁荣。协调发展计划生育、广播电视、新闻出版、档案、党史、老龄、方志、工商、国土、质监、消防等各项事业。

大力加强生态建设。严格控制工业污染，实施“全防全控”工程，达标排放率达98%以上。加大釜溪河流域和饮用水源综合治理，全面改善水环境功能区水质，达标率达90%以上。大力实施园林绿化工程，加强绿地、绿道、绿园建设，城区绿化覆盖率达33%以上。深入开展生态细胞创建活动，大力实施天然林保护和退耕还林工程，积极推进农村沼气建设和节水改厕工程，全面改善城乡人居环境和生态环境，建成“天蓝、地绿、水清、城美”的山水园林城市。

七、突出民主法制，确保社会和谐稳定

按照科学执政、民主执政、依法执政要求，大力推进社会主义民主政治的制度化、规范化，实现社

会发展与民主建设协调并进。深化民主政治建设。加强和改进党对人大、政协工作的领导，全力支持人大、政协依法履行职能，积极为人大、政协围绕中心工作发挥职能作用创造良好条件，努力营造和衷共济、共谋发展的良好政治环境。正确处理政党关系、宗教关系、民族关系、阶层关系和海内外同胞关系，凝聚人心，汇集力量，巩固发展爱国统一战线。支持工会、共青团、妇联等群团组织积极参与社会管理和公共服务，充分发挥桥梁纽带作用。坚持党管武装，关心支持国防建设，深入开展双拥共建活动，巩固发展军政军民团结。加强基层政权建设，扩大基层民主，深化政务、村(居)务公开，畅通社会民主监督渠道。深入开展普法教育，全面推进行政机关依法行政。支持人民法院、人民检察院依法独立行使审判权和检察权。

深化精神文明建设。以创建省级文明城区为目标，大力开展《公民道德建设实施纲要》教育，提高城市公共文明指数。以社会主义核心价值体系为引领，切实加强未成年人思想道德建设，开展爱国主义、集体主义和社会主义教育。以创建诚信和优质服务的现代商贸中心为主线，全面开展百城万店无假货、优质服务争一流活动，推进文明行业创建工作。以提升市民文明素质为根本，将文明建设与城市管理有机结合，培养市民文明行为，塑造中心区文明新形象。

深化社会管理创新。建立健全多元化、多层次的社会管理服务机制，细化、实化“党委领导、政府负责、社会协同、公众参与”的社会管理创新工作体系。充分发挥村(社区)在社会管理中的基础性作用，加强社会组织和社工队伍建设，倡导志愿者服务，引导广大群众积极参与社会公益活动。深化“大调解”工作，建立完善人民调解、行政调解、司法调解联动体系，畅通群众诉求、利益协调和权益保障渠道，完善社情民意收集反馈、矛盾纠纷排查调处、应急快速反应处置等工作机制，及时疏导化解矛盾纠纷，妥善处置群体性和突发性事件。高度重视安全生产，坚决杜绝重特大安全事故。加强食品药品监管，完善来源可溯、去向可查、责任可究的责任链条，保障人民群众消费安全。深入推进平安建设，加强社会管控，严厉打击各类违法犯罪，增强人民群众安全感。

八、夯实执政基础，全面加强党的建设

坚持把执政能力和作风建设放在更加突出的位置，加强干部培养，提升执政能力，深化作风建设，增强各级班子和党员干部的凝聚力、创造力、执行力，为实现宏伟蓝图提供坚强的政治保证。

大力加强思想政治建设。深入推进学习型党组织建设，加强和改进各级中心组学习，创新形式，丰富内容，努力提升思政水平和理论素养。坚持用科学的理论武装干部，理论联系实际引导干部，面向经济建设主战场激励干部，提升各级干部在工作中创新思路、破解难题、推动发展和驾驭复杂局面的能力。加强正面宣传和舆论引导，开展档次高、规模大、有渗透力的外宣活动，努力为自流井跨越发展提供智力支持和舆论氛围。

大力加强干部队伍建设。坚持正确用人导向，加大干部人事制度改革，建立完善能上能下的干部用人机制，大力选拔一批工作务实、成绩突出、群众公认的干部，坚决调整一批能力不强、作风不实、混天过日的干部，真正让想干事者有机会、能干事者有舞台、干成事者有地位。强化干部培养锻炼，注重在全区中心工作、重点工作、难点工作中培养、发现、识别干部。有针对性地培训干部，加大干部轮岗交流、上挂下派力度，努力提高干部专业水准和谋发展、破难题、增实效的工作能力。坚持严格管理与关心爱护相结合，加大治懒治庸力度。坚持人才强区战略，引进、培养、选拔一批高层次、复合型人才。

大力加强干部作风建设。以密切联系群众、增强服务意识为目标，以治理“庸、懒、散、浮”为重点，深入持久地开展机关作风整顿建设活动，大力弘扬求真务实、开拓创新、雷厉风行的作风，认真解决机关干部特别是党员领导干部在思想、作风、纪律等方面存在的突出问题，切实增强执行力。进一步改进文风会风，简化办事程序，做到讲实情说短话、快执行求实效，真正把精力集中在抓落实、促发展上。建立健全软环境建设工作考评机制，把软环境建设与干部使用和绩效考核挂钩，充分激发广大党员干部有为进取、干事创业的热情。

大力加强基层组织建设。以创先争优为主线，全面落实基层党建工作责任制，着力构建党建工作新格局。以社区党建为重点,务实推进城市党建区域化建设,不断扩大"两新"组织党建工作覆盖面。充实党建工作力量,强化工作保障,夯实基层基础。充分发挥党员现代远程教育站点作用,加快推进基层党建工作信息化建设。积极探索扩大党内基层民主的多种实现形式,强化基层民主建设。按照守信念、讲奉献、有本领、重品行的要求,努力打造一支高素质基层党组织带头人队伍。高质量做好党员发展工作,强化党员教育管理,增强党员队伍活力。积极创新党内互帮互助机制,力促基层党组织变貌升位。深入推进党建富民惠民工程,全面提升基层党组织解决复杂问题、处置突发事件、推动社会和谐的能力。

大力加强党风廉政建设。认真落实党风廉政建设责任制,巩固和深化《廉政准则》学习成果,加强党员干部廉政教育和日常管理。以健全完善惩防体系为重点,深入开展廉政风险防控机制建设,强化对权力运行的监督制约,努力从源头上预防腐败。围绕重要部署、重点工作和重大项目开展执法监察和效能监察,确保政令畅通。深入开展专项治理,坚决纠正行业不正之风,切实维护群众利益。加大惩治腐败力度,严肃查处违纪违法案件,以反腐败斗争的实际成效取信于民。

同志们,美好蓝图令人鼓舞,宏伟目标催人奋进。未来五年,我们的事业任重而道远,我们的任务光荣而艰巨。让我们团结一心,奋力拼搏,倍加珍惜当前面临的难得机遇,倍加珍惜和谐奋进的大好局面,倍加珍惜全区 40 万人民的信任与重托,以更加坚定的信念,更加昂扬的斗志,更加务实的作风,更加扎实的工作,解放思想抢抓机遇,勇于担当迎接挑战,齐心协力加快发展,为建设美丽繁荣和谐自流井而努力奋斗!

自贡市自流井区人民代表大会常务委员会工作报告

——2011 年 11 月 23 日,在自流井区第十七届人民代表大会第一次会议上

区人大常委会副主任 曾建民

各位代表:

我受自流井区第十六届人民代表大会常务委员会的委托,向大会报告工作,请予审议。

过去的五年,是我区全面实施"十一五"规划、改革开放和全面建设小康社会取得重要成效的五年,也是我区民主法制建设和人民代表大会制度建设取得重大进展的五年。五年来,我们始终坚持以邓小平理论、"三个代表"重要思想为指导,始终坚持党的领导、人民当家做主和依法治国的有机统一,始终坚持以科学发展观统领人大工作,确保了正确的政治方向;五年来,我们始终坚持围绕中心,服务大局,突出重点,务实创新,依法履职,监督和支持"一府两院"有效开展工作,充分发挥地方国家权力机关的作用,全面完成各项工作任务,开创了人大工作新局面;五年来,我们始终坚持从实际出发,关注民生,一切为了群众,一切依靠群众,真诚为群众办事,切实维护人民群众的根本利益,为促进全区经济社会事业又好又快发展作出了重要贡献。

一、依法行使职权,促进了经济社会持续健康发展

围绕中心,决定重大事项工作更加稳步推进。坚持抓大事、议大事,重热点、解难点的原则,紧紧围绕全区国民经济和社会发展计划执行、财政决算和预算的执行、调整等事关全局的重大事项,依法作出决议、决定,使党的主张与人民意志有机统一,增强了全区重大事项决策的民主化、科学化。五年

来，区人大常委会充分发扬民主，依法履行职责，共召开常委会议48次，主任会议46次，听取和审议“一府两院”工作报告67次，形成调查报告67篇，提出审议意见256条，依法作出《关于深化城乡环境综合治理 创建全省“五十百千示范工程”的决议》、《关于同意区政府增加财政预算对基本建设支出报告的决议》等决议、决定33项，并督促“一府两院”认真落实，确保了区人民代表大会批准的国民经济和社会发展计划以及财政预算任务的完成，促进了“十一五”规划目标的圆满实现和“十二五”规划的良好开局。

突出重点，监督工作更加扎实有效。坚持服务大局、服务科学发展的原则，紧紧抓住全区经济建设、政治建设、文化建设、社会发展和人民群众普遍关注的问题，精选审议议题，确定监督重点，通过视察、听取和审议专项工作报告、发送审议意见书、对审议意见办理落实情况进行表决等形式，进一步加强法律监督和工作监督，不断充实监督内容，改进监督方式，完善监督程序，加大监督力度，增强监督实效，推进了“一府两院”依法行政、公正司法。一是着力加强对法律法规执行情况的监督，重点对《行政许可法》、《劳动合同法》、《人口与计划生育法》、《环境保护法》、《食品卫生法》、《安全生产法》等20余部法律法规执行情况进行执法检查，抓好规范性文件的备案审查，帮助政府及职能部门进一步规范行政执法行为，推进了“五五”普法工作任务的全面完成，保证了法律法规的正确实施。二是着力加强对经济社会发展情况的监督，重点对“十一五”规划实施情况和“十二五”规划编制情况、财政税收、民营经济发展、工业集中区建设、三产业发展、科技教育、文化体育、医疗卫生等工作进行视察，完善对计划和财政预算的审查监督，确保了区委重大决策部署的贯彻执行，推动了重点工作和重点项目的落实。三是着力加强对城市建设管理的监督，重点对城维费收支执行情况、城乡环境综合治理、棚户区改造等工作进行视察和督查，促进了城乡环境质量的改善，提升了城市形象。四是着力加强对民生工程的监督，重点对就业再就业、社保、医保、低保、住房、食品卫生等工作进行视察，督促和支持政府解决了事关群众切身利益的问题，促进了群众生活质量的提高。五是着力加强对“三农”工作的监督，重点对集体林权制度改革、特色农业、“金土地”项目、农田水利基本建设、农村计划生育服务站建设、动物防疫体系建设、农村公路建设、新农村示范片建设、饮用水安全和农产品质量安全等工作开展调研，促进了新农村建设，改善了农村基础设施和农民生活条件。六是着力加强对司法工作的监督，重点对区法院行政审判工作情况、民商事审判工作情况、刑事审判工作情况，对区检察院刑事检察工作、民事行政监督工作、监所检察工作、三项重点工作、查办和预防职务犯罪情况、渎职侵权犯罪情况以及基层“两所一庭”建设等工作开展调研，及时处理涉法信访件，组织人大代表旁听区法院公开审理案件，促进了法检两院工作的有效开展。区公、检、法、司充分发挥职能作用，全面落实司法为民举措，大力加强司法能力建设，切实保护公民和法人的利益，为全区经济社会发展和社会和谐稳定提供了强有力的司法保障。七是着力开展工作评议，重点对8个政府组成部门进行依法评议，对其他政府组成部门和法检两院负责人进行满意度测评，提高了政府部门执政为民的理念和正确履职的能力。

严格程序，人事任免工作更加规范有序。坚持党管干部与人大依法任免干部的有机统一，坚持把实现党委意图与体现人民意志有机统一，完善《任免国家机关工作人员办法》，规范任前法律知识考试、任中使用电子表决器、颁发任命证书、举行新任命人员就职宣誓等程序，充分发扬民主，强化任后监督，不断完善人事任免工作，确保了任免质量，增强了被任命人员的法律意识和公仆意识，调动了工作的积极性和创造性，为改革发展提供了有力的组织保障。五年共任免国家机关干部170人次，其中：任命133人，免职37人。接受辞职13名。补选17名市人大代表。

二、努力抓好代表工作，发挥了代表作用

认真办理代表意见建议，办理质量明显提高。高度重视代表意见、建议的办理工作，确定重点督办件，通过视察、检查、听取专题汇报、表彰奖励等形式，加大督办力度，做到件件有着落，事事有回音，使代表们在人代会及闭会期间提出的306件议案、意见、建议得到了及时有效办理，办理质量和办

到率逐年提高,解决了群众关心的一些热点难点问题,群众得到了实惠,代表对办理工作的满意率和基本满意率达100%。

*加强和改进代表工作,代表作用有效发挥。*积极拓宽代表知情知政渠道,完善代表工作制度,坚持邀请代表列席人大常委会议,组织代表参加执法检查、调研等,进一步丰富了代表参政议政的方式和内容。认真组织市、区代表集中视察,围绕全区中心工作和群众关心的问题,有计划有重点地开展视察活动200余次,代表提出意见、建议300余条,受到被视察单位的重视和采纳,增强了活动实效,发挥了代表在推进经济社会发展中的突出作用。积极探索人大工作新途径,坚持开展人大常委会主任接待日和代表接待选民日等活动,设立全区首个街道人大代表工作办公室,搭建了为基层和群众服务的平台。切实抓好代表的学习培训,提高了代表的素质和依法履职的能力。积极发挥代表的优势和作用,调动了代表关心支持经济社会发展的积极性。为支持抗震救灾和灾后重建,代表们主动捐款捐物,献计出力;为解决基层和群众困难,代表们伸出援助之手,奉献爱心;为绿化环境和美化城市,代表们积极行动,贡献力量。

三、切实加强指导,促进了乡镇人大工作新发展

坚持常委会领导分工联系制度,进一步加强了对乡镇人大工作的指导帮助。坚持乡镇人大主席联席会议制度,指导乡镇开展人大换届选举工作和召开乡镇人代会,指导乡镇开展代表述职评议工作,加强基层民主监督,促进了基层民主法制建设。按照区委的要求,合理配置乡镇人大主席团班子,解决了干部职级待遇。加强对乡镇人大主席和代表的学习培训,提高了乡镇人大干部和代表的素质,促进了乡镇人大工作的有效开展。五年来,各乡镇围绕富民惠农政策的落实、农业产业结构调整、农村基础设施改善、乡村旅游环线打造、新农村建设等开展视察、调研,提出建议意见,促进了农业发展、农村变貌、农民增收。

四、高度关注民生,推进了社会和谐稳定

牢固树立群众观念,坚持以人为本,为民惠民,汇集民意,集中民智,调动各方力量,全力支持民生改善,让改革发展成果惠及广大的人民群众,推进了和谐社会建设。通过开展就业再就业、医疗卫生、劳动保障、文化教育等群众普遍关心问题的视察、调研,促进了“惠民工程”的有效落实。通过开展人大常委会主任接待日和代表接待选民日活动,督促政府相关部门解决了事关群众切身利益的突出问题50余个。通过办理代表意见、建议,解决了代表提出的涉及经济建设、环境保护、社会治安等方面的急难问题200余个。通过抓好代表和群众来信来访工作,依法妥善处理群众反映的疑难问题380余件,努力化解社会矛盾,维护了群众的合法权益。通过开展“领导挂点、部门包村、干部帮户”和扶贫送温暖捐款活动,积极协调资金60余万元,帮助村、社区改造办公室,解决饮用水、天然气、电器设备等问题80余个,缓解了部分困难群众的疾苦,受到群众的好评。通过协调自贡电信免费搬迁永荣路电信通讯设施,加快公路建设,为促进旅游经济和群众致富奔小康作出了贡献。

五、不断加强自身建设,提高了人大工作水平

*加强班子和队伍建设,不断增强整体合力。*坚持“举旗帜、抓班子、带队伍、促发展”,深入开展领导班子创“四好”活动,充分发挥班子的整体效能,提高了班子的凝聚力和向心力。扎实开展学习实践科学发展观和创先争优活动,完善理论学习制度,组织参加各类培训共200余人次,坚持理论联系实际,努力建设学习型机关,提高了人大干部的综合素质和业务水平。加强思想组织作风建设,抓好精神文明建设工作,抓好老干部工作,改进工作作风,提高了服务保障能力。顾全大局,齐心协力,开拓创新,勤政务实,形成了风清气正、团结和谐、充满活力的集体。区人大县级、科级班子分别被评为市、区“四好”班子。区人大机关连续五年被命名为区最佳文明单位。

*加强制度和廉政建设,不断提升人大形象。*完善各项工作制度,规范工作程序,改进审议方式,努力提高常委会审议质量,推进了人大工作制度化、规范化建设。认真落实党风廉政建设责任制,严格执行《廉政准则》,加强经常性的廉政教育,牢固树立廉洁意识,自觉接受群众的监督,促进了领导干部廉洁从政。区人大机关连续五年被评为区党风

廉政建设一等奖。抓好人大宣传工作，有200余篇稿件被《人民权力报》、《四川新闻网》、《自贡日报》等新闻媒体采用，树立了人大机关的新形象。

六、认真落实选举法，完成了人大代表选举工作

按照中央、省、市、区委关于人大换届选举工作的安排部署，区人大常委会始终坚持党的领导，充分发扬民主，严格依法办事，领导和主持了区第十七届人大代表和乡镇第二届人大代表的同步换届选举工作。经过充分准备，精心组织，周密安排，规范程序，有序开展，于2011年10月18日依法投票选举出区人大代表189名、乡镇人大代表342名，体现了选民意愿，实现了组织意图，圆满完成了选举任务。回顾五年来的工作，我们主要有以下体会：

一是必须始终坚持党的领导，才能确保正确的政治方向。人大必须要在党的领导下开展工作，牢固树立党的观念、政治观念、大局观念、群众观念和法治观念，不折不扣地执行区委的各项决定、决议。主动争取区委对人大工作的领导和支持，使党的主张通过法定程序变为国家意志和人民群众的自觉行动，使党组织推荐的人选经过法定程序成为国家政权机关的领导人员，确保党的路线、方针、政策的贯彻落实。只有紧紧坚持和依靠党的领导，人大才能更好地开展工作。

二是必须始终坚持依法按程序办事，才能更好地体现人民的意志。人大及其常委会主要是通过会议形式，按照民主集中制原则，依照法定程序，集体行使职权，集体决定问题。人大履行职责，必须充分发扬民主，认真听取意见，集思广益，依法表决，严格按程序办事。正确处理与“一府两院”的关系，正确处理监督与支持、监督与服务的关系，做到到位不越位，履职不失职，监督并支持“一府两院”依法行政、公正司法，保障国家机关协调有效地开展工作，共同促进各项事业的健康发展。只有这样，才能使人大作出的决议、决定更好地体现人民的共同意志，更具有科学性和权威性。

三是必须始终坚持围绕大局开展工作，才能更好地促进经济社会事业持续协调发展。人大工作是党的工作的重要组成部分，涉及经济建设、政治建设、文化建设、社会建设各个方面，关系到经济社会各项事业全面协调可持续发展。人大工作只有服从服务于全区中心工作，紧紧围绕全面建设小康社会的奋斗目标，紧紧围绕改革发展稳定的重大问题，紧紧围绕人民群众普遍关心的热点难点问题，依法有效地开展人大工作，才能保障宪法和法律的正确实施，保障改革开放和现代化建设顺利进行。

四是必须始终坚持群众利益至上，才能更好地为群众服务。人大最大的优势是密切联系人民群众。要坚持以人为本，把最广大人民的根本利益作为人大一切工作的出发点和落脚点，尊重人民主体地位，发挥人民首创精神，保障人民各项权益。只有保持同人民群众的血肉联系，发挥代表的作用，更好地代表人民意愿，着力保障和改善民生，认真督促有关方面及时解决人民最关心、最直接、最现实的利益问题，自觉地接受人民监督，才能保持人大工作旺盛的生命力。

各位代表，过去的五年，是人大工作不断加强、不断取得新成效的五年，是全力推动科学发展、促进和谐社会的五年。成绩的取得，离不开区委的坚强领导和市人大常委会的有力指导，离不开人大代表、常委会组成人员和人大各委室的辛勤工作，更离不开“一府两院”和全区人民的大力支持。在此，我谨代表区十六届人大常委会，向所有关心支持人大工作的各级领导和各界人士表示衷心的感谢，向为人大工作作出努力和贡献的人们表示崇高的敬意。五年来，虽然我们努力的工作，也取得了一定成效，但离全区人民的期望和要求还有差距，还存在一些不足和薄弱环节，特别是在监督的力度、深度和实效性上，在提高代表素质和充分发挥代表作用上还需要进一步加强和改进。

对今后工作的建议

“十二五”时期，是我区深入贯彻落实科学发展观、全面建设小康社会的关键时期。今后五年，新的形势、新的任务给人大工作提出了新的更高的要求，人大工作任重道远。建议新一届人大常委会要坚持以邓小平理论和“三个代表”重要思想为指导，坚持以科学发展观统领全局，认真贯彻落实党的十七大、十七届五、六中全会和区第十次党代会精神，坚持党的领导、人民当家做主、依法治国有机统一，

深入实施《监督法》，围绕中心，突出重点，关注民生，服务发展，依法行使宪法和法律赋予的职权，不断提高发展社会主义民主政治的能力，切实维护人民群众的根本利益，努力推进全区经济社会事业又好又快发展。

一要坚持党对人大工作的领导，确保区委决策部署的落实。党的领导是人民当家做主和依法治国的根本保证，也是坚持和完善人民代表大会制度、做好新形势下人大工作的根本保证。要牢固树立党的观念，自觉接受党的领导，把党的领导贯穿于人大依法履职整个过程、落实到人大工作各个方面，确保区委的主张经过法定程序变为人大常委会的决议、决定，确保党组织推荐的人选经过法定程序成为国家政权机关的领导人员。要坚持和完善重大事项向区委请示报告制度，主动争取区委的领导和支持。要坚持围绕全区中心工作，确定人大工作重点，自觉服从和服务于改革发展稳定大局。要充分发挥人大党组的核心保证作用，凝聚智慧，调动各方力量，促进人大工作不断取得新成效。

二要坚持依法行使职权，确保经济社会事业科学发展。依法行使决定权、监督权和任免权是宪法和法律赋予区人大及其常委会的重要职权。要围绕全区工作大局和“建设三大中心、再造一座新城”目标，抓住关系改革发展稳定大局和群众切身利益、社会普遍关注的重点问题，听取和审议“一府两院”工作报告，依法决定重大事项。要围绕推进民主法制建设，加强对法律法规执行情况的执法检查，加强对权力的监督和权利的保护，扩大公民有序的政治参与，提高全民的法律意识，维护法制统一和法律尊严，保障人民当家做主的民主权利，推进依法治区进程。要围绕中心工作，突出监督重点，监督和支持“一府两院”开展工作，确保监督工作规范有效运行，促进“十二五”规划的顺利实施。强化对经济社会发展情况的监督，重点开展对区国民经济和社会发展计划执行情况、产业新城建设、现代商贸中心、综合物流中心和休闲旅游中心建设等方面工作的视察，听取和审议有关专项工作报告，确保区委重大决策部署的贯彻执行，推动重点项目和重点工作的落实；强化对城市建设管理的监督，重点开展对旧城改造、城维费执行情况、环境综合治理等方面工作的视察，促进城市管理水平的提高和城市品位的提升；强化对“三农”工作的监督，重点开展对农村产权制度改革、农业产业化发展、休闲观光农业、农田水利基本建设等方面工作的调研，推进新农村建设，促进农民增收致富；强化对民生工程的监督，重点开展对就业再就业、社会保障、医疗卫生、保障性住房建设等方面工作的调研，促进民生改善，提高群众的生活质量；强化对司法工作的监督，重点开展对审判、检察工作的调研，维护社会公平正义，促进社会和谐稳定。要围绕高质量任免干部，坚持党管干部和人大依法任免有机统一，进一步完善干部任免制度，严格程序，依法任免地方国家机关工作人员，督促被任命人员正确履行职责。要重视抓好信访工作，切实维护群众的合法权益。

三要坚持抓好代表工作，确保代表作用充分发挥。做好代表工作是常委会的重要责任。要认真贯彻落实《代表法》，不断加强和改进代表工作。要密切联系群众，完善常委会组成人员联系代表、代表联系选民等制度。要坚持邀请代表参与执法检查、集中视察、专项调研等活动，不断拓宽代表知情知政渠道，保障代表依法行使职权，维护代表的合法权益。要有计划地开展市、区代表小组视察活动，丰富活动内容，创新活动方式，增强活动实效，提高代表履职意识。要抓好代表建议、意见的办理工作，严格办理程序，加大督办力度，进一步提高办理质量。要加强对代表的学习培训，提高代表依法履职的能力。要充分发挥代表的优势和作用，积极鼓励代表为经济社会发展贡献力量。

四要坚持有效指导，确保乡镇人大工作健康发展。抓好乡镇人大工作是常委会的一项重要工作。要重视加强对乡镇人大主席团工作的指导与联系，指导乡镇召开人代会。要抓好对乡镇人大主席和人大代表的学习培训，提高代表综合素质，调动代表服务“三农”工作的积极性。要帮助解决乡镇人大工作面临的困难和问题，充分发挥乡镇人大在加强基层民主政治建设、巩固基层政权、促进新农村建设等方面的重要作用。

五要坚持抓好自身建设，确保人大工作水平不断提高。加强自身建设，对于充分发挥常委会职能作用尤为重要。要切实加强常委会班子和干部队伍建设，增强班子的战斗力和影响力，提高干部整体素质和依法履职的能力，建设一支政治坚定、作风过硬、业务精良、务实高效的干部队伍。要切实抓好组织建设，强化履职保障，着眼于优化结构、提高素质、增强活力、推动工作，保证常委会依法行权、务实创新、履职有力。要切实抓好思想作风建设，树立大局意识、发展意识、创新意识、履职意识，增强政治责任感和历史使命感，保持斗志昂扬的精神状态，发扬无私奉献精神，主动作为，奋发有为，努力为基层和群众排忧解难。要切实加强理论武装，增强学习动力，努力培养学习毅力，不断提高学习能力。要切实落实民主集中制原则，坚持集体行使职权，充分发扬民主，严格依法按程序办事，提高会议质量和办事效率。要切实加强管理，完善工作制度，改善办公条件，增强履职行权的规范性、权威性和保障力，提高服务水平和执行力。要切实加强精神文明建设，认真落实党风廉政建设责任制，增强凝聚力和向心力，树立公仆意识和清正廉洁形象。要切实抓好人大宣传工作，树立执政为民理念，弘扬亲民为民作风，推动民生改善，维护社会和谐稳定，努力把人大工作提高到一个新的水平。

各位代表、同志们，本届人大常委会已顺利完成宪法和法律赋予的历史使命。加强人大工作，推进社会主义法制建设是一项长期而重大的战略任务。区人大常委会肩负神圣使命，也将面临新的形势和更加繁重的任务。我们坚信，新一届人大常委会在区委的坚强领导下，一定会高举中国特色社会主义伟大旗帜，坚持以邓小平理论和“三个代表”重要思想为指导，深入贯彻落实科学发展观，同心同德，务实创新，依法履职，促进发展，不断开创人大工作新局面，奋力掀起自流井跨越发展新高潮，为建设更加美丽、繁荣、和谐的自流井作出新的更大的贡献！

政府工作报告

——2011年11月22日，在自流井区第十七届人民代表大会第一次会议上

区人民政府区长　张　序

各位代表：

现在，我代表区人民政府向大会作工作报告，请予审议，并请各位政协委员和其他列席会议的同志提出意见。

过去五年的工作回顾

本届政府任期的五年，在市委、市政府和区委的坚强领导下，在区人大、区政协的监督支持下，区政府坚持以科学发展观统领经济社会发展全局，抢抓机遇，开拓进取，攻坚克难，国民经济持续快速增长，社会事业长足进步，全区经济社会发展取得显著成绩，圆满完成区十六届人大历次会议确定的各项任务。

——过去五年，我们坚持抓投资、扩总量，综合实力明显增强。紧紧抓住国家扩大内需和灾后重建等历史机遇，把加快发展作为第一要务，保持了经济持续快速发展。预计全区地区生产总值由2006年的98.4亿元增加到2011年的220亿元，连续跨越100亿元、200亿元台阶，年均增长14%；人均生产总值由2.4万元增加到5.9万元，年均增长19%。区属固定资产投资由14.4亿元增加到76亿元，同口径比较年均增长39%。地方财政总收入由1.95亿元增加到7.1亿元，年均增长29.2%；财政总支出突破7亿元，年均增长36%，创历史新高，连续5年实现财政收支平衡；累计争取上级补助资金22.8亿元。区属规模以上工业总产值、增加值均为五年前的11倍。社会消费品零售总额、服务业增加值等指标比2006年翻一番。“十一五”计划圆满完成，“十二五”规划开局良好。

——过去五年,我们坚持调结构、上水平,产业规模发展壮大。全力建设舒坪产业园区,基本形成1.5平方公里承载能力,累计征地2100余亩,拆迁各类房屋约12万平方米,入驻项目28个,其中竣工投产14个。全区规模以上工业企业净增34户、达到65户,21户重点企业主营业务收入超亿元。强化自主创新,实施各类科技项目104项,新增产值达30亿元。商贸旅游繁荣发展,"大东方"核心商圈吸引和辐射带动能力进一步提升,同兴路美食、五星街精品服饰等街区特色凸显,成功引进摩尔玛特、大商集团、苏宁电器等知名企业。完成尖山特色景观打造,飞龙峡风景区被省政府批准设立为"飞龙峡省级森林公园",自流井老街被列为自贡世界地质公园盐业科技展示区。打造特色农业,发展稻田综合水产养殖10000亩、水果9500亩、花卉2500亩,初步形成了生态园林、环城花卉、畜禽水产等6大特色农业产业带。培育省、市级重点农业龙头企业10户、专合组织18户,新增销售收入3.2亿元,辐射带动农户2.5万户,助农增收3600万元。

——过去五年,我们坚持强基础、优环境,城乡面貌显著变化。累计投入8亿元,建成火井沱大桥等一批重大基础设施。升级改造5条主街大道和8条支道,主次街道黑化率达98%,背街小巷硬化率达100%。改建5个农贸市场,天花井、灯杆坝市场被评为全省"三化"示范市场。启动各类拆迁项目20个,拆除面积40余万平方米,大同路西一段、沟坝片区等重点拆迁项目全面完成。实施67个重要节点绿化改造及500余栋建筑物立面整饰。建设通乡公路37.4公里、通村公路105公里,建成五级农村客运站6个、港湾式车站16个。实施农房"一建五改"500户,建成雨潭寺等农民集中居住区6个,以村级阵地建设为基础的"1+6"公共服务体系进一步健全。新建社区绿化小广场14个,新增城市绿地14.5公顷,城区绿化覆盖率达29.2%,建设公益林2.16万亩,退耕还林2000亩,建成全国绿化模范单位1个、省级园林式单位2个,城市环境综合整治定量考核连续5年全市第一。

成功创建全省2010年度环境优美示范区。在全省率先创新推行城管进社区、进乡镇模式,探索实行城管执法人员"五定"管理、"门前双五包"责任制等长效机制。强化城管力量,开发公益性岗位1700个,新聘城管协管员、环卫保洁员、环卫监察员500余名。集中开展环境专项治理,彻底根除五星街持续10年的占道经营等一大批城市顽疾,打造出檀木林街、塘坎上路等11条环境优美示范街。

——过去五年,我们坚持抓改革、促开放,发展活力明显增强。抓住城乡综合配套改革试点契机,着力破解发展难题。流转土地9000余亩,农村土地承包经营权确权登记和换证工作基本完成,为1365名被征地农民办理户籍迁移。完成林权制度主体改革工作。合并原东方小学等4所学校,接收原市属自贡六中等4所学校,教育结构趋于完善。深化医药卫生体制改革,政府举办的基层医疗卫生机构和村卫生室基本药物全面实行"零差率"销售。政府机构改革全面完成,职能职责进一步理顺。完成区建筑设计所、区卫生防保所等单位改制,理顺区环卫站和街道城管办管理体制。

扩大开放合作,累计引进项目197个,其中5亿元以上项目11个、亿元以上项目69个、3000万元以上项目117个,到位资金75.3亿元,年均增长56.4%。

——过去五年,我们坚持惠民生、促和谐,人民生活持续改善。把保障和改善民生作为根本出发点,努力提高城乡居民收入水平和生活质量。累计投入14.9亿元用于民生工程支出。城镇居民人均可支配收入由8939元增加到17700元,农民人均纯收入由3605元增加到6700元,年均分别增长14.6%和13.2%。治理病险水库16座,完成红层找水打井4368口,解决农村2.5万人饮水安全。整理土地2.36万亩,新增耕地3094亩。建设廉租房821套、安置房344套、经济适用房814套,共计12万平方米,发放住房保障性资金近1000万元,惠及群众5万余人。全面落实义务教育经费保障机制,免除义务教育阶段5.86万名学生学杂费近1000万元。促进城乡教育均衡发展,大力实施城乡中小学共同体建设。完成整建制接收代管原汶川威州小学震后复课工作。在全市率先接受省政府教育督导评估,获优秀等次,被评为全省首批教育工作先进区。新建区中医院综合门诊大楼,改扩建6个乡镇卫生院,建成12个社区卫生服务机构,新街社区卫生服务中心创国家级示范单位。开展群众性文体活动863场,乡镇综合文化站和村级"农家书屋"实现全覆盖。39个城市社区基本完成标准化建设,村、社区干部待遇明显提高。完成区计划生育指导站、2个乡镇中心服务站、4个社区服务中心和52个村服务室标准化建设。完成第二次全国经济普查和第六次全国人口普查工作。国防后备力量建设和双拥工作得到加强,军政军民团结进一步巩固。"五五"普法工作圆满完成,被评为全国法制宣传教育先进区。认真抓好安全生产及食品药品、交通、消防安全工作,安全形势保持平稳,连续5年未发生重特大安全事故。严厉打击各类刑事犯罪,社会保持平安稳定,未发生一起有重大影响的群体性事件。

工商、质监、档案、地方志、妇女儿童、残疾人事业、精神文明建设等各项工作全面推进。

——过去五年,我们坚持转作风、促效能,自身建设不断加强。认真贯彻落实人大及其常委会的决定、决议,自觉接受人大的法律监督、工作监督,主动接受政协的民主监督,广泛接受社会舆论监督。累计办理人大代表议案、建议306件,政协委员提案502件,满意和基本满意率达100%。深化行政审批制度改革,行政许可和审批事项由379项削减到288项。区政务服务中心完成迁建,建成区电子政务大厅,"两集中、两到位"全面落实,行政事务现场办结率、限时办结率、承诺件提前办结率均达100%。严格落实党风廉政建设责任制,深化行政效能建设,惩防体系制度框架基本形成。加大政府采购和招投标监管力度,强化重点工程审计,审减政府建设工程投资2586万元。加强行政事业及各类专项资金审计,查处和纠正管理不规范资金5684万元。

各位代表,在即将过去的2011年中,我们积极实施富民强区战略,坚持抓保障促发展、抓调整促转变、抓改革促活力、抓统筹促和谐,努力推动经济社会又好又快发展。初步预计,全区地区生产总值比上年增长13%;地方级一般预算收入增长35%;区属固定资产投资增长25%;区属规模以上工业增加值增长32%;社会消费品零售总额增长16%;服务业增加值增长12%;农业增加值增长5%;城镇居民人均可支配收入增长13%、农民人均纯收入增长14%;万元GDP综合能耗下降3%。

一年来,我们针对发展中的新情况、新问题,主要做了以下方面工作:

一是项目建设实现新突破。制定出台自流井区领导干部推进重大项目工作制度,强力推进项目实施。预计116个重大项目完成投资12.68亿元,其中11个市级重大项目完成投资7.02亿元,争取上级项目资金1.05亿元。二中压阀门精密铸造技改等26个项目开工建设,千业环保双机絮凝剂、大业高容CNG移动加气站等22个项目建成并投入使用,财富水岸、东方尚城等房地产项目全面竣工。

二是产业发展取得新成效。舒坪产业园区新增承载能力500亩,A区、B区道路建设和水、电、气、通讯等杆管线搬迁及重新铺设工作基本完成,启动实施C区征地拆迁,园区内规模以上企业实现主营业务收入30亿元。"大东方"核心商圈地位巩固提升,东方广场被评为"四川十大最美街道"。川南钢材市场一期正式投入运营,新玛特购物广场正式营业。成功举办第十二届飞龙峡桃花会,接待游客26.7万人次,实现旅游综合收入2150万元。落实粮食直补和综合直补面积4.66万亩,兑现补助资金548.8万元。新农村示范片和新农村综合体建设加快推进,项目开工率达100%。投资近1亿元的美系曾祖代种猪基地完成主体工程建设,狸狐洞水库建设项目前期工作进展顺利。

三是城市面貌发生新变化。升级改造滨江路、解放路、交通路、五星街、石缸井路等主次街道,全面完成东延线和乐自高速自流井段征地拆迁任务,启动实施二中压阀片区、釜溪东路南段、沙湾片区等拆迁项目。持续开展"三乱"、"六乱"治理,集中整治背街小巷、校园周边、夜市摊点、S305沿线、金鱼河沿岸环境,规范店招店牌约3000平方米,清除"牛皮癣"8万余处,拆除违法建(构)筑物1.1万平方米,顺利通过省级卫生城市复审验收。完善"12319"热线服务平台,基本建立起数字化城管体系。

四是民生状况得到新改善。全面实施九项民生工程,全区新增财力主要用于改善民生,人民群众从发展中得到更多实惠。建成凤鸣苑安置房344套和廉租房一期148套,新开工建设廉租房三期267套、公租房100套。完成永荣路、伍富路、叶桥路等路面改造工程。新改建校舍面积1.2万平方米，完成中西部特教建设项目，东方小学运动场开工建设，“校校通”教育信息网络工程实现全覆盖。新农合参保人数达6.9万人，参合率95%。城乡居民人均医疗救助标准提高到140元。动态消除“零就业”家庭，城镇新增就业8165人，城镇登记失业率控制在4%以内。城乡低保应保尽保，发放低保金3000余万元。为2000余名未参保集体企业退休人员提供基本养老保障。农村”五保”集中供养率达65%，居全市首位。低生育水平保持稳定，人口自然增长率为1.48‰。

各位代表！本届政府任期的五年是不寻常的五年。五年来，我们经历和遭受了“5·12”汶川特大地震、甲型H1N1流感、自贡“8·22”洪灾等多起自然灾害和突发事件，努力克服社会转型时期的各种矛盾。在挑战面前，全区人民迎难而上、奋力拼搏，谱写了富民强区的新篇章。这些成绩的取得，是市委、市政府和区委统揽全局、正确领导的结果，是区人大、区政协有力监督、大力支持的结果，是全区人民齐心协力、奋力拼搏的结果。在此，我代表区人民政府，向在各领域辛勤劳动、做出贡献的全区人民，向给予政府工作支持和监督的人大代表、政协委员，向所有关心和支持自流井建设发展的各民主党派、工商联、无党派人士和各界朋友表示衷心的感谢，并致以崇高的敬意！在肯定成绩的同时，我们也清醒地看到存在的矛盾和问题：发展空间狭小，发展规划滞后，资金、土地等要素的瓶颈制约较为突出；传统服务业档次不高，现代服务业发展滞后；城市建设管理和征地拆迁的难度不断加大；部分低收入群众生活还比较困难；政府职能有待进一步转变。我们要高度重视这些问题，采取更加有效的措施，努力加以解决。

今后五年的主要目标任务

未来五年，是我们深入贯彻科学发展观、推进自流井跨越发展的关键时期。随着新一轮西部大开发战略的深入实施，自贡积极融入成渝经济区发展、建设川南经济发展次高地，新一届政府大有可为。面对新形势新任务，我们必须进一步强化机遇意识、责任意识，抢抓发展先机，争创发展优势，切实在科学发展道路上迈出更大的步伐，肩负起时代和全区人民赋予的重任！

根据区第十次党代会作出的部署，今后五年政府工作的总体要求是：高举中国特色社会主义伟大旗帜，深入贯彻落实科学发展观，坚持统筹规划、错位发展、突出特色，加快经济发展方式转变，全力推进两化互动发展，着力突破三大瓶颈，建设三大中心，再造一座产业新城，全面实施旧城改建，更加重视保障和改善民生，加强和创新社会管理，促进社会和谐，努力实现自流井发展新跨越。

总结我们改革开放以来特别是过去五年的实践经验，要实现跨越赶超的目标，必须坚定不移地以科学发展观统领经济社会发展全局。

——要始终坚持解放思想，切实转变不适应不符合科学发展观的思想观念，加强改革创新，以思想大解放促进各项事业大发展，以改革开放突破体制机制障碍，为自流井发展注入蓬勃生机和活力。

——要始终坚持又好又快，牢牢扭住经济建设这个中心，立足稳中求进、好中求快，全力突破制约发展的空间、土地、资金三大瓶颈，大力推动产业结构调整，促进速度、质量、效益相协调，人口、资源、环境相协调，改革、发展、稳定相协调。

——要始终坚持统筹兼顾，统筹推进新型工业化、新型城镇化和新农村建设，统筹推进经济社会发展、人与自然和谐发展，统筹处理各种利益关系。

——要始终坚持以人为本，把实现好、维护好、发展好最广大人民根本利益作为政府一切工作的出发点和落脚点，更加注重发展成果的普惠性，切实保障社会公平正义，做到发展为了人民、发展依靠人民、发展成果由人民共享。

按照区第十次党代会提出的目标要求，今后五年要在以下方面有新作为，努力建设经济社会繁荣、文明开放和谐、人民幸福安康的全新自流井。

聚力建设三大中心，促进产业优化升级，增强经济发展活力。以调整经济结构和转变增长方式为主线，围绕全市产业发展空间布局，立足于自流井区位优势，把发展服务业作为结构调整的战略重点，围绕提升中心城区要素配置和综合服务功能，做大总量、优化结构、提升档次。具体路径是：充分发挥传统商贸优势，建立布局合理、特色突出、功能完备的现代商贸网络体系，全面建设立足自贡、辐射川南的现代商贸中心；加快建立集仓储、运输、加工、配送等多功能于一体的综合物流配套体系，建设与经济发展相适应、与生态环境相协调、服务全市经济发展的自贡最大、辐射川南的综合物流中心；利用飞龙峡风景区独特优势，大力发展休闲旅游产业，积极争创国家级3A风景区，把风景区建成川南地区山水相依、特色突出的城郊型生态休闲旅游中心。同时，调整优化工业空间布局，发展壮大优势企业，加快实施“退二进三”，促进工业经济向集约模式转变。进一步探索具有自流井特点的农业现代化道路，重点发展城郊型和生态观光型农业，创建国家级休闲农业乡村旅游示范单位。通过三次产业优化调整，促进全区经济加速转型升级，综合实力、区域竞争力和可持续发展的能力明显增强。经过五年的努力，全区地区生产总值达到400亿元、财政总支出达到20亿元、区属固定资产投资达到200亿元、服务业增加值达到200亿元、综合物流中心交易总额达到500亿元、旅游总收入达到80亿元、区属工业总产值达到200亿元。

再造一座产业新城，两化互动产城共融，新旧城区联动发展。进一步解放思想，千方百计解决长期以来制约经济社会发展的空间、土地、资金等瓶颈问题，以推进两化互动发展、促进产城共融为主线，紧紧抓住自贡火车南站扩能改造和国际旅游区规划建设契机，开辟自流井发展第二战场。拓展舒坪综合物流中心发展空间，与舒坪现有城镇空间连成一体，统筹规划，构建科学的城镇体系，促进土地、资金、人才等各类要素整合聚集，合理布局产业结构，再造一座优势突出、特色鲜明、充满活力的产业新城。统筹推进新城与旧城共同发展，系统整治、美化旧城区，注重历史遗存的保护和利用，打造“宜居、宜业、宜品”的精品城市。经过五年的努力，新城基础设施配套、综合功能完善、产业发展初具规模，建成区面积达到10平方公里以上；旧城改建基本完成，建成具有现代化水平的城市综合体。通过新城与旧城联动发展，城市综合竞争力得到显著提升。

传承历史文化精髓，塑造现代城市精神，引领文化发展前沿。紧紧围绕“文化自贡”建设，突出提升软实力，以崭新的视角审视传统文化，以全新的理念培育优秀文化，让历史文化焕发青春，推动文化大发展大繁荣。坚持把社会主义核心价值体系融入国民教育和精神文明建设全过程，培育和塑造城市精神，汇聚起同心同德加快发展的共同价值取向，凝聚起蓄势突破的强大精神力量，使热爱自流井、建设自流井成为全区人民的自觉行动。深入研究城市文脉和历史遗存，充分挖掘”盐、灯”文化内涵，丰富城市人文底蕴，塑造高品质的城市文化形象，把同兴路、五星街、东方广场、自流井老街、釜溪步行街等打造成为特色突出的文化街区，把釜溪河两岸打造成为风格独特的亲水盐史文化景观长廊，加强西秦会馆、王爷庙、桓侯宫、川主庙等文物保护单位和“自贡扎染”、“自贡剪纸”等非物质文化遗产保护，以文化标识彰显城市之魂。大力发展文化事业和文化产业，培育新型文化业态，完善公共文化设施尤其是基层文化设施，建设区文化信息资源共享工程，推进文化艺术中心建设，文化产业收入年均增长20%以上。广泛开展群众性文化体育活动，实施大众文化品牌工程。加强社会公德、职业道德、家庭美德、个人品德建设，促进精神文明建设与现代化城市管理相结合，创建文明小区和文明社区，推进文明行业创建工作。经过五年的努力，形成与经济社会发展相协调的文化发展格局，基本建立覆盖城乡的公共文化服务体系，逐步形成资源优化配置、运行健康有序的文化市场体系，城乡居民文明素质进一步提高，建成省级文明城区。

高度重视民生保障，统筹发展各项事业，努力构建和谐社会。更加关注和着力解决关系民生的根本问题，切实加大对困难群体的帮扶倾斜力度，认真落实各项为民富民举措。完善城乡一体的教育服务体系，调整优化中小学校点布局，推进学校标准化建设，大力发展学前教育，政府举办的幼儿园实现乡镇、街道全覆盖。公共服务体系和基本医疗服务更加健全，群众享有更好的医疗卫生服务，推进区中医院创建二甲医院。切实做好就业和再就业工作，提高社会救助能力，社会保障体系覆盖城乡、更趋完善。坚持计划生育基本国策，提高人口素质，争创国家级计划生育优质服务先进区。高度重视生态建设和环境保护，创建省级生态示范区。大力加强和创新社会管理，维护公平、公正，建设平安自流井。经过五年的努力，城乡居民生活显著改善，全社会基本公共服务均等化程度明显提高。城镇居民人均可支配收入超过3.6万元，农民人均纯收入超过1.3万元;新增城镇就业3.4万人以上,城镇登记失业率控制在4.2%以内;建成保障性住房4.5万平方米;居民最低生活保障覆盖率达到100%;年人口自然增长率控制在1.5‰以内。

2012年的主要工作

2012年是全面贯彻落实区第十次党代会战略部署的第一年,也是新一届政府的开局之年。做好2012年各项工作,保持经济社会发展的良好势头,意义重大。

综合分析考虑各种因素,建议2012年经济社会发展的主要预期目标为:全区地区生产总值增长13.5%;地方级一般预算收入增长15%;区属固定资产投资增长23%;区属规模以上工业增加值增长25%;社会消费品零售总额增长16%;服务业增加值增长11%;农业增加值增长3.5%;建筑业增加值增长12%;城镇居民人均可支配收入、农民人均纯收入均增长15%。

实现上述目标,要着重做好以下工作:

一、突出项目建设总领,提升经济综合实力

开展"项目建设提速年"活动,推动大项目建设、大项目谋划、产业调整升级、发展环境优化等与项目建设有关的重点工作提速,以项目建设提速增效促进经济快速增长。

*围绕中心狠抓项目建设。*全面落实项目工作责任制,重点抓好具有带动性、战略性、全局性的重大项目建设。全年计划实施重大项目60个,年度投资20.5亿元,其中市级重大项目21个,年度投资15亿元。全年新开工项目26个,竣工项目16个,确保大业高容污泥甲烷成套设备产业化、千业环保双机絮凝剂二期工程、九信钻机仿生自动掘进装备制造等一批项目建成投产,尽快实施火车站路安置房、区法院审判法庭及附属设施建设等一批项目。把握好政策导向,积极寻找新的项目源,谋划和包装一批生产型、税源型项目,争取更多的项目列入上级计划,积极推进"明君·亿城"、重庆天友20万吨乳制品生产线等一批项目。

*拓宽渠道强化招商引资。*健全招商引资工作激励机制和项目引进建设奖惩机制,进一步完善招商引资信息库,创新招商形式,围绕三大中心、产业新城、特色农业等重点领域,力争在招商引资总量和引进大项目上取得新突破。全年力争签约项目25个,引进5亿元以上项目两个、亿元以上项目8个、3000万元以上项目15个,到位资金45亿元。

*多措并举加强财源建设。*加强银政、银企合作,创新贴息贷款和担保方式,大力引进和培育新型投融资主体,打造和完善政府融资平台,组建小额贷款公司。积极采用BT、BOT等融资模式,鼓励和引导社会资本广泛参与城市建设、社会事业发展等重点领域。加大综合治税力度,确保主体税种稳定增长,抓好中小税源和零散税源管理,做到应征尽征。培育新的财税增长点,新增税收超1000万的企业2户。强化非税收入管理,增强财政调控能力,争取上级财力性补助和各类专项补助比上年增长20%以上。

二、加快建设三大中心,打造经济新增长极

紧扣建设三大中心的目标定位,着力提升服务业发展水平,激发经济发展活力,打造新的经济增长极。

*加快建设现代商贸中心。*紧紧围绕"大东方"核心商圈,整合现有商贸资源,完善购物、休闲、娱乐、美食等综合功能,升级改造东方广场精品专卖、同兴路美食、自由路居家饰品等传统特色商业街区。尽快打通中华路西段关键节点,加快建设浙江商城、紫檀国际广场等大型商贸设施,培育发展一批现代化购物商场和大企业集团。突出品牌经营,形成名店与名牌经营格局,培育主业突出、核心竞争力强、年销售额10亿元以上的大型商贸企业1至2户。推进各类市场向规模化、规范化、专业化、品牌化、信息化方向发展,发挥规模效应,建立跨地区的市场集团和重点要素市场。积极支持金融信息、中介咨询、电子商务、家政服务等现代新兴服务业发展。

*加快建设综合物流中心。*完善综合物流中心功能,建成舒坪一级汽车货运站。配合做好自贡火车南站扩能改造,新建货运线2条,货运能力达到300万吨左右。完成综合物流中心丹阳大道北段及火车南站连接线建设。积极争取开设乐自高速出口,增强综合物流中心运输能力。培育壮大现有物

流企业，引进一批大型仓储物流企业，发展电子商务、连锁配送、第三方仓储物流等新型业态，全面完成川南钢材市场建设，推进川南现代粮食物流基地、农产品冷链物流城等重大物流项目建设。

加快建设休闲旅游中心。高起点、大手笔规划建设飞龙峡风景区，编制景区45平方公里总体规划和核心景区控制性详细规划。依托飞龙峡风景区，以生态观光、休闲体验、红色文化、特色风情等为重点，大力发展乡村旅游，构建乡村旅游带，打造一批川南乃至全省知名的特色景观旅游乡镇。加速S305线至尖山的快速通道建设前期工作，构建旅游"快车道"。改建尖山水库索桥，完善景区基础设施，扩大接待容量，提高接待水平。高标准整体规划改造自流井老街。编制完成自流井区盐文化休闲旅游规划。办好自贡市第十三届飞龙峡桃花会、第六届飞龙峡石榴花会和第五届金秋旅游节，创新载体，打造具有丰富文化内涵的川南知名品牌。全年接待游客500万人次，实现旅游综合收入36亿元。

三、全力建设产业新城，拓展城市发展空间

突破瓶颈束缚，拓展空间，高起点、大思路统筹规划，高水平、高标准实施建设，全力加快构建产业新城。

高起点规划建设产业新城。以两化互动发展和全市总规调修、产业布局和功能定位调整为契机，依托铁路货运枢纽优势和综合物流中心发展基础，拓展发展空间，科学编制全域规划。突出将城市建设、产业发展、生态建设、资源利用统筹起来，优化布局，推进经济社会发展规划、城镇总体规划、土地利用总体规划"三规合一"，规划区面积约12平方公里，确保控制性详细规划覆盖率达到100%。明确规划区功能定位，搞好产业功能与城市功能对接，形成产业与城市共融相生、协调发展格局。加快完善新城道路、管网、通讯等基础设施。全面完成综合物流中心A区、B区配套设施建设，做好C区新增用地征地拆迁、安置补偿工作，着力推进西环路等骨干道路建设，积极配合实施舒坪汽车客运站、汇西变电站改造。同步规划建设教育、医疗、文化、商业、住宅、酒店、餐饮等生产生活服务配套设施。

突出发展优势骨干企业　发展壮大优势产业，重点培育久大集团、大业高容等骨干企业，打造一批具有核心竞争力的产业龙头。围绕新城建设、产业定位，大力引进关联度高、互补性强的大企业、大集团，推进大西洋中国焊接产业园建设。积极发展中小企业特别是民营企业，强化协调服务，落实财政奖励、融资担保等政策措施，争取政策扶持资金500万元以上用于支持企业发展，着力解决企业融资难、流动资金缺乏问题。鼓励企业实施技术改造，提高自主创新能力，加快推进福星饲料10万吨生物饲料生产线技改等项目。加快"退二进三"步伐，力促工业阀门等企业迁建。

有效促进资源要素整合　充分发挥市场配置资源的基础性作用，高度重视土地、资金、人才等生产要素和资源的整合与配置，努力破除瓶颈制约，抢占发展资源。用好用足城乡建设用地增减挂钩等政策，积极向上争取用地指标，最大限度地盘活存量土地，抓好仲权镇宏伟等3个村土地整理。挖掘土地资源潜力，协调增加年度用地指标1至2平方公里。加大行政管理力度，抓好土地使用监管。盘活国有资产，管好用好资金，认真分析政府投入的轻重缓急和投资效益，充分发挥财政资金"四两拨千斤"的作用，解决城市建设和产业发展的先导性问题。科学合理安排支出，规范支出行为，将有限的财力集中起来办大事、促发展。努力营造有利于各类人才脱颖而出、施展才华、快速成长的良好氛围，吸引高层次的经营管理人才和科技人才来区创业。加强企业家队伍建设，提高企业家素质。

四、大力实施旧城改建，精心打造中心城区

着眼推进城市功能升级，提升城市品位，高起点、高标准实施旧城改建，全面加快城市现代化进程。加快实施旧城改建 编制完成旧城区控制性详细规划。加快棚户区改建，全年新开工10万平方米，竣工8万平方米。实施中华路西段、原东锅子弟校地块等项目房屋征收工作，积极包装推介新华印刷厂地块、光大街片区改造等项目。加快城市基础设施建设，重点实施釜溪东路南段、光凤路车行道改造等建设项目。全面实施城市风貌塑造，扮靓全部主街大道，体现"一街一景，步移景换"的不同风格。综合整治旧城区交通拥堵，建设交通智能监

控系统。加强市政设施管护，确保城区道路完好率达到92%以上，路灯亮灯率达到98%以上，城市排水畅通率达到98%以上。

提高城乡管理水平　加强城区主街大道日常管理，精心打造22条主街，全部达到省级清洁化、秩序化、优美化、制度化标准，继续推进示范乡镇（街道）、村庄（社区）创建活动。深化数字化城管建设，积极运用新兴网络和信息技术，推进城市管理和公共服务信息化，全面实现管理对象、管理过程、监控手段、绩效评估数字化。建立健全农村生活垃圾“五级”收集处理体系，建成完善的农村垃圾收集设施，强化卫生保洁队伍，形成常态化的垃圾清运模式。有针对性地持续集中开展城乡结合部、集贸市场、废旧物品回收站（点）、公路铁路河道沿线、校园周边、夜市摊区等重点、难点区域的专项治理，进一步向基层延伸、向盲点死角延伸，实现城乡环境治理全域覆盖。

五、全面深化各项改革，促进城乡均衡发展

着力打破城乡二元结构，注重围绕城市需求调整农村产业发展方向，打造特色农业，促进农村经济社会转型和城乡协调发展。

积极发展优势特色农业。突出发展城郊型和生态休闲观光农业，大力推进“三带一园”建设，继续打造培育铁皮石斛基地、生态肉鸡生产基地、沿旅游环线水产养殖基地、荣边至仲权果蔬产业带，确保美系曾祖代种猪基地建成投产，新发展规模产业5000亩，其中特色规模水产1000亩、果蔬及花卉1000亩、标准化产业园区3000亩。认真落实各项强农惠农政策，粮食产量稳定在3.7万吨以上。

改善农村生产生活条件。强化基础设施建设，抓好农村路、水、田、林综合治理。完成农漆路、贡芝路等断头公路以及竹园村、双院村、磨刀岭村通村公路改造，全面实现村村通水泥（油）路。加快狸狐洞水库建设项目前期工作，力争2013年初开工建设。突出抓好农村小微型水利设施建设，治理病险水库2座，完成荣边、仲权场镇生活污水处理设施及配套管网建设。积极实施农民集中居住区建设，完善水、电、气、通讯等配套设施。实施农房改貌260户，新建农村沼气池200口，完成农村改厕100户。

深化城乡综合配套改革。巩固提升已建新农村示范片和综合体试验区，选择一批村庄、场镇，新启动一批突破片区。加快农村小城镇建设，突出城镇特色，精心规划好中心镇、中心村，科学编制完成所有城镇规划，综合实施景观改造和环境整治，完善公共配套服务设施。探索扩权强镇试点，强化试点镇公共服务和管理职能，增强试点镇经济社会发展活力。稳步推进农村产权制度改革，培育农村产权流转市场，支持农村土地承包经营权依法自愿有偿流转。抓好林权制度配套改革，促进林业经营权规范有序流转。深化户籍制度改革，同步完善落实社保、教育、医疗等方面的配套政策。深化医药卫生体制改革，在政府举办的基层医疗机构推行基本药物制度，积极探索公立医院改革。加快推进文化市场综合行政执法改革，大力发展新兴文化业态。分类推进事业单位改革。深化财政管理体制改革，逐步推行公务卡结算制度。

大力加强生态环境建设。继续抓好节能减排，大力发展循环经济，推进清洁生产和废物综合利用，工业污水达标排放率达到98%以上，水环境功能区水质达标率达到90%以上，万元GDP综合能耗下降3%。大力加强生态区建设，巩固退耕还林成果，完成植树造林30万株，治理水土流失面积14平方公里，城区绿化覆盖率达到32.5%以上，森林覆盖率达到28.8%以上。

六、更加注重改善民生，促进社会和谐稳定

加快推进以改善民生为重点的社会建设，优化公共服务，创新社会管理，实现公平正义，努力满足人民群众改善民生的新期待，进一步提高人民群众的幸福感。

千方百计推进民生工程。深入实施就业促进、扶贫解困、教育助学、社会保障、医疗卫生、百姓安居、基础设施、生态环境、文化体育等民生工程建设。调整优化支出结构，财政资金更多向为群众办实事、解决基层实际问题倾斜，民生工程支出突破5亿元。努力扩大就业，做好高校毕业生、就业困难人员和“零就业”家庭的就业援助，培训农民工2000人次以上，动态消除“零就业”家庭，城镇登记失业率控制在4.1%以内。强化社会保障，重点做好乐自高速、舒坪综合物流中心建设被征地农民的

社会保障工作。构建和谐劳动关系，保护劳动者合法权益，全面推行工资集体协商制度。全面启动新型农村养老保险和城市居民养老保险工作，推进养老服务社会化工作，完成舒坪敬老院改扩建，加快实施区基本养老服务体系建设项目，农村“五保”集中供养率达到70%。整治背街小巷10条，建成社区小广场3个。续建廉租房673套、公租房100套、安置房90套。

繁荣发展各项社会事业。实施全民科学素质行动计划，提高城乡居民科学素质。促进科技成果转化，实施各类重点科技项目18项。促进教育均衡发展，巩固“两基”成果，全面推进素质教育，加强城乡中小学共同体建设。大力实施校安工程，完成东方小学运动场建设。积极实施学前教育三年行动计划，完成国家中西部农村学前教育推进工程试点项目，新创建市级示范幼儿园1至2所。稳步实施高中课程改革，推进标准化考点建设。健全基层医疗卫生服务体系，提升社区卫生服务综合能力，实现每个行政村都有村卫生室。全面推进农村医疗救助与新农合补偿同步结算”一站式”服务工作，提高新农合最高支付限额，新农合参合率稳定在95%以上。加大食品药品安全监管，严厉打击食品药品制假售假行为。完善基层文化设施，尽快完成区文化馆迁建，免费开放区文化馆、区图书馆以及乡镇综合文化站。举办第二届群众文艺汇演、第五届乡镇社区秧歌赛等群众性文体活动120场以上，放映农村电影850场。加强和谐社区建设，探索社区工作运行新机制，争创全国和谐社区建设示范区。完善社会救助体系，城乡低保应保尽保。稳定低生育水平，人口自然增长率控制在1.5‰以内。提高应急处置能力，高度重视防灾减灾工作，健全救灾指挥体系，完成区救灾避难场所建设。深入开展双拥共建活动，巩固发展军政军民团结。

进一步抓好工商、质监、消防、档案、地方志、妇女儿童、残疾人事业等工作。

加强和创新社会管理。积极推动社会管理体制机制创新，健全民主制度，建立健全“党委领导、政府负责、社会协调，公众参与”的社会管理格局。加强社会管理基层基础建设，推动乡镇、街道职能转变，强化村、社区自治和服务功能，把社会管理服务的触角延伸到社会末梢。进一步加强和完善流动人口、特殊人群的管理和服务，引导各类社会组织加强自身建设、增强服务社会能力。深入推进法治自流井、平安自流井建设，全面实施“六五”普法，有效化解社会矛盾，保障公共安全。全面落实安全生产责任制，强化安全监管，严厉打击各种违法生产经营行为，坚决防止重特大安全事故发生。

建设更加奋发有为的人民政府

站在新的历史起点，新一届政府承载着党和人民的重托，肩负着富民强区的重任。我们要进一步提高推动科学发展的能力，进一步提高构建和谐社会的能力，进一步提高依法行政的能力，为人民服务，对人民负责，受人民监督，让人民满意。

牢记宗旨，努力建设情系群众的为民政府。始终坚持群众路线。在推进经济发展上，更多地关注民计民生。在加快城市建设中，更多地考虑民利民意。在强化社会管理时，更多地体现人文关怀。对事关经济社会发展全局的重大事项，坚持社会公示和听证制度，广泛征询群众意见。继续抓好政务公开和政府信息公开，大力加强政府网站建设，高度关注网上微博等新兴媒介，畅通区长信箱等群众诉求表达渠道，保障公民的知情权、表达权、参与权和监督权。

善谋实干，努力建设创新求进的务实政府。进一步解放思想，锐意改革，敢于突破，勇于担当，倡导精准、务实的工作作风，主动深入一线了解情况，更多地现场办公解决问题，努力使发展思路、工作部署和政策措施符合实际、顺应民意、富有创新。进一步精简会议、文件，改进会风、文风，把心思用在干事业上，把精力放到抓发展上。强化目标责任考核，以目标倒排进度，以督查推动落实，确保各项决策部署落到实处。

提升效能，努力建设勤政快捷的高效政府。积极转变政府职能，把工作重点转移到为市场主体服务和创优发展环境上来，大力开展机关作风整顿活动，严肃整治“庸、懒、散、浮”等弊病，着力解决影响行政效能的突出问题。深化行政审批制度改革，深入推进行政权力公开透明运行。加强部门协作和效能问责，坚决克服推诿扯皮、作风散漫、效率低下等现象。

从严治政，努力建设风清气正的廉洁政府。把依法行政贯穿于政府决策、执行、监督的全过程，严格按照法定权限和程序履行职责，规范政府重大决策行为。自觉接受人大及其常委会的法律监督、工作监督，主动接受政协的民主监督，广泛接受社会舆论监督。认真落实党风廉政建设责任制，坚持重大事项报告制度、行政问责制度。坚持艰苦奋斗、厉行节约，倡导勤俭、节约办事。加大行政监察和审计监督力度，加强对项目资金及工程建设的监督，严肃查处违法违纪行为，坚决纠正损害群众利益的不正之风。

各位代表！成绩催人奋进，蓝图鼓舞人心。40万人民的殷切期盼是我们不懈奋斗的力量源泉，40万人民的共同努力是我们成就事业的坚强保障。让我们高举中国特色社会主义伟大旗帜，深入贯彻落实科学发展观，在市委、市政府和区委的坚强领导下，紧紧依靠全区人民，解放思想，凝心聚力，奋力拼搏，坚定不移地走富民强区之路，为建设美丽繁荣和谐自流井而努力奋斗！

中国人民政治协商会议
自贡市自流井区第七届委员会常务委员会
工 作 报 告

——2011 年 11 月 21 日，在政协自流井区第八届委员会第一次会议上

陈明仲

各位委员，同志们、朋友们：

我受自流井区政协第七届常务委员会的委托，向全会报告工作，请予审议，并请列席会议的同志提出意见。

五年工作回顾

自流井区政协自 2006 年换届以来，在中共自流井区委的领导和市政协的指导下，高举中国特色社会主义伟大旗帜，全面贯彻落实科学发展观，坚持和完善中国共产党领导的多党合作和政治协商制度，牢牢把握团结和民主两大主题，紧紧围绕区委、区政府的中心工作，广泛团结政协委员和各族各界人士，认真履行政治协商、民主监督、参政议政职能，充分发挥协调关系、汇聚力量、建言献策、服务大局的作用，为建设美丽繁荣和谐自流井做出了积极贡献。

一、围绕中心，服务大局，积极开展政治协商

五年来，区政协密切关注全区改革发展大局，坚持和完善全委会集中协商、常委会重点协商、主席会专题协商的协商格局，提高政治协商质量和水平。共进行各类协商 63 次，协商内容 125 项，提出意见、建议 170 条，被区委、区政府采纳 89 条。

（一）认真参与区委、区政府高层次协商。政协领导分别参加区委书记联系会、常委会、政府常务会和人大常委会，参与对区委、区政府重大决策、城乡基础设施建设、重大项目引进、干部任用、社会事业发展、“十二五”规划等重大问题的协商讨论，协助区委、区政府科学决策。

（二）坚持全委会整体协商。每年政协全委会议坚持对区委书记讲话、“一府两院”工作报告、常委会和提案工作报告进行广泛讨论和整体协商。五年来，在全委会上共有 23 位委员进行了大会发言。委员们以饱满的政治热情和求真务实的协商

态度，紧扣自流井区情，对全区发展定位、发展规划、社会事业、民生改善等方面进行了深入协商讨论，有针对性地提出建议、意见，供区委、区政府决策参考。

（三）积极开展专题协商和重点协商。充分发挥政协常委会和主席会作用，坚持围绕中心议大事，把贯彻落实科学发展观，促进自流井区发展作为协商的出发点，对我区中长期经济与社会发展规划、财政预算执行情况、城乡总体规划、提案办理情况等问题进行重点协商和专题协商。先后协商审议通过了零散税收基本情况、统筹城乡教育、加强城市管理、农村集体土地流转及农村养老保险、老街特色街区打造等21个专题协商报告。

二、关注民生，反映民意，切实加强民主监督

坚持以关注民生、体现民意、促进和谐为落脚点，积极探索民主监督的有效形式，加大民主监督力度，提高民主监督效果。

（一）对职能部门开展民主测评。为加大对职能部门民主监督力度，提升职能部门的履职和服务水平，区政协分两次对区人力资源和社会保障局、区城乡建设和住房保障局、区经济和信息化局等十个主要职能部门开展了民主测评。测评组通过走访调查、发放测评表、召开座谈会等多种形式，广泛征求服务对象、相关联系单位（部门）、基层群众代表、民主党派人士、区人大代表和政协委员的意见和建议，对职能部门依法行政、工作业绩、服务质量、工作效率、办事程序、廉政建设、队伍建设等方面进行全面测评，最终根据发放的1000份测评表汇总统计形成客观测评报告，提出整改意见48条，全部被部门采纳。将测评报告报送区委、区政府及相关部门，有力地促进了各职能部门改进作风、提高效率。

（二）关注民生反映社情民意。关注民生、反映社情民意是政协履行职能的重要内容，也是贯彻落实科学发展观和“三个代表”重要思想，促进社会和谐的需要。我们特别注重反映群众的困难和基层需要解决的问题，积极鼓励和引导广大政协委员、各民主党派、工商联和人民团体着眼大局，贴近实际、贴近群众，挖掘、收集社情民意，帮助基层和群众解决实际困难。本届累计编发《社情民意》72期，报送社情民意118条，反映问题150多个，解决了基层和群众反映的许多实际问题，受到社会各界的赞扬和好评。政协委员主动与57名贫困学生结为帮扶对子；为农团乡杨泽波换肾捐款上万元；区政协帮助解放路中学协调解决了体育场地问题；协调解决了新街社区服务中心建设选址问题；帮助舒坪镇金鱼村97户村民安装了天然气；帮助解放桥社区和高峰乡肖家村改扩建办公用房400平方米；帮助大湾井社区安装了社区广播，三台寺社区装修办公室，道生灏社区修建健身广场等。

（三）充分发挥特邀监督员作用。选派48名政协委员分别担任法院、检察院、监察局、地税局、交警等单位的特邀检察员、廉政监督员和行风评议员等。参与全区惩防体系和党风廉政建设责任制建设和考核工作。委员们认真履行监督职责，广泛听取意见，反映群众呼声，积极提出批评、意见、建议，为促进部门政风、行风建设发挥了积极作用。

三、深入调研，建言立论，着力搞好参政议政

参政议政是政协三大职能之一，区政协积极作为，参与区委、区政府中心工作、重点工作。深入开展视察调研，建言立论。主动“找题”，请区委、区政府“交题”，努力做到参政参在点子上，议政议出水平来。

（一）切实搞好委员视察活动。委员视察是委员了解情况、研究问题、学习提高的重要方式，也是委员履职的重要渠道。区政协十分重视搞好委员视察，通过专委会和6个委员活动团，积极组织委员开展视察活动。视察内容围绕全区重点工作和老百姓关心的热点、难点问题开展。五年来，共开展包括舒坪工业园区建设、公房经营管理、法院行政审判、食品药品监督管理、计划生育、农业产业化、未成年人思想道德建设等内容的视察220次，参加委员2640人次，提出意见建议近980条。

（二）深入开展专题调研。充分发挥政协人才荟萃、智力密集的优势，当好“智囊团”。围绕区委、区政府中心工作，有针对性地选择具有战略性、全局性的重大课题开展调研。五年间，有组织地开展各类调研活动85次。形成了《关于加强城市管理的调研报告》、《关于自流井区大东方商圈现状和建设进展情况的调研报告》、《关于自贡市飞龙峡风景

区发展情况调研报告》、《关于自流井区农贸市场建设和管理调研报告》等20个高质量的调研报告，并汇编成册。通过调研报告提出意见、建议123条，转化为党政决策61条。这些调研报告是广大政协委员参政议政的丰硕成果，体现了政协委员高度的参政热情和议政智慧。许多报告得到区委、区政府的高度重视，区委主要领导多次批示肯定，调研成果得到有效落实，效果良好。

（三）扎实做好提案工作。区政协十分重视提案工作，努力调动委员撰写提案的积极性，加大提案督办力度。五年来，共收到提案519件，经提案委审查立案502件，占提案总数的96.72%；转作意见处理17件，占3.28%。其中：区级各民主党派、工商联、政协各专委会提出集体提案52件，委员联名及委员个人提出提案450件。按照分级负责、归口办理原则，由区政府转有关部门办理420件，请市政协委员转市政协立案办理82件。截止到2011年6月底，立案办理的502件提案已全部办理完结，委员满意和基本满意率达100%。为促进提案办理，实行了主席督办重点提案制度，届中还在全委会上对20件优秀提案进行了表彰和奖励。

（四）积极参与区委、区政府中心工作。一是积极开展城乡环境综合治理巡查工作。成立了两个巡查组，参与巡查320人次，共发督查通报75期，提出整改意见937条。二是积极参与城市洁美行动和风貌整治工作，共报送督查通报58期，提出整改意见260条。三是抽调政协机关多名干部，全力参与张家沱、大同路和成自泸赤高速公路自贡连接线的拆迁工作。政协干部克服困难，承担的3个拆迁组都较好地完成了任务。四是根据区委统一部署和要求，区政协积极开展了领导挂点、部门包村、干部帮户活动。

（五）积极搭建平台，协调关系。为推动全区经济发展，2008年主持召开了自流井区工业发展座谈会，邀请辖区企业家代表与四大班子领导、区级相关部门负责人座谈，听取企业家对改善投资环境、落实优惠政策、发展配套产业等方面的意见、建议。政协将企业家的发言进行梳理、归纳，共整理出26条有价值的意见、建议，为破解我区经济发展难题起到了积极作用。为克服金融危机影响，2009年主持召开了银企专题联系会，邀请沿滩区信用联社和辖区部分中小企业代表及地区商会负责人座谈。信用联社负责人和企业代表介绍了信用联社和公司基本情况，双方对相关业务和需求进行深入交流、咨询，达成合作协议。为中小企业融资和发展搭起了平台，促进了企业发展。

四、广泛联系，凝聚力量，努力增进民主团结

联系各界、增进团结是政协坚持民主和团结两大主题的重要内容。五年来，区政协协调关系，汇聚人心，凝聚力量，努力营造和谐稳定的政治局面。

（一）广泛加强联系。充分发挥人民政协的桥梁、纽带作用，不断加强同区级各民主党派、工商联和人民团体的广泛联系合作。坚持与民主党派、人民团体负责人进行座谈协商工作制度，通报情况、研究工作。加强与委员及所在单位联系，帮助委员排忧解难，为委员知情明政、履行职责创造条件。组织各界人士参与我区重大决策的协商讨论，欢迎民主党派和无党派人士多提意见和建议，邀请民主党派和无党派人士中的专家学者参与调查研究。坚持政协同党外干部联系、非公经济人士联系、企业联系、特困户联系制度，及时了解情况，听取意见。

（二）成功举办川西南九区（市、县）政协工作联席会。2011年2月，承办了川西南九区（市、县）政协工作第十四次联席会议。市政协主席梁国定到会作了重要讲话，区委、区政府主要领导在会上致辞。来自川西南八个地区的政协组织以“政协界别作用的实践与探索”为主题，就做好政协界别工作进行了广泛深入的交流和探讨，通过了由自流井区政协设计的大会会徽作为联席会的永久会徽。本次联席会的成功举办，促进了地区交流，推动了政协工作，树立了自流井区政协的良好形象。

（三）重视对外交流和联谊。一是积极参加历届川西南九区（市、县）政协工作联席会，做好大会交流。二是到外地学习、考察。先后赴雅安雨城区、隆昌县、内江市中区、宜宾市翠屏区、泸州市江阳区、峨眉山市、西昌市等地政协学习先进经验。三是热情接待外地区县政协来我区交流、访问。共接待外地政协来访11次，积极向他们介绍自流井区情风貌和自流井区政协工作，交流了经验、建立了感情，增进了友谊。

五、改进作风，提高效能，大力加强自身建设

（一）坚持党的领导。认真贯彻落实中央两个五号文件（中发〔2005〕5号、〔2006〕5号）和省、市、区委关于进一步加强人民政协工作的实施意见，贯彻落实省、市、区委政协工作会议的有关要求。对《中共自贡市自流井区委关于进一步加强人民政协工作的实施意见》进行了分解落实，细化了责任，对落实情况进行了督促检查。

（二）加强学习。利用主席会、常委会、办公会、机关学习会和委员分片学习等多种形式，组织委员和机关干部职工认真学习邓小平理论、"三个代表"重要思想、科学发展观、党的十七大和十七届三中、四中、五中全会及胡锦涛总书记的"7·1"讲话精神，学习中国特色社会主义民主政治理论、中央两个五号文件精神。开展了创先争优活动和"强化管理、务实执行"教育活动，提高了政协委员和政协机关工作人员的理论水平和履职能力。

（三）加强政协"三化"建设。一是建章立制。换届初即制定了《主席会议工作规则》、《常务委员会会议制度》、《委员视察工作规则》、《机关形象建设规范》等32项规则和制度，并汇编成册，委员人手一册，及时组织了学习。二是定期召开主席会、常委会，重大事项均提交会议集体讨论决定，不断增强领导班子的凝聚力和战斗力。三是给每个委员建立履职档案，对委员参加会议、撰写提案、反映社情民意、办实事好事等履职情况进行登记考核。本届有22名委员在全委会上得到了表彰。

（四）重视信息宣传工作。加强对政协工作经验的总结，2010年1月《四川政协报》对自流井区政协的特色工作进行了专版宣传介绍，扩大了自流井区政协影响。据不完全统计，五年来，报送宣传稿件310篇，120多篇稿件在省、市、区相关报刊上刊发。政协委员写的稿件有20多篇获得全国和省、市大奖，有的获得全国时代文艺家殊荣。区政协五次被省、市政协评为新闻宣传工作先进单位，三人次被评为新闻宣传工作先进个人。

（五）认真做好文史资政工作。通过辛勤细致的工作和缜密的编撰，付梓完成《自流井区政协志》，全书共22万余字。五次全会资料也分别汇编成册。这将为政协在存史、资政、团结、育人方面发挥重要作用。

（六）加强机关队伍建设。一是强化政协班子建设。坚持民主集中制和交心谈心制度，定期召开民主生活会，政协党组有两个年度被市委评为"四好"领导班子。二是坚持每月一次办公会，切实加强理想信念教育。三是加强培训和学习，提高机关干部综合素质。一名同志赴清华大学培训，五名同志赴省内外参加政协业务培训。四是着力培养锻炼年轻干部。先后派出3名干部到街道、村挂职锻炼。五年来共有4人次得到了晋升提拔使用。五是积极组织和参加各类文体活动，增强机关干部凝聚力。组织职工参加趣味运动会；参加全市政协系统拔河比赛，获一等奖；积极参加市、区组织的篮球、乒乓球比赛，迎新长跑；参加"迎奥运、展未来"诗歌朗诵演唱会和建国60周年红歌会。六是积极争取区委、区政府支持，逐步改善机关办公条件，适应现代办公需要。

（七）努力做好政协离退休老同志的服务。建立了政协退休老干部活动室，落实专职工作人员，强化服务工作。保持经常联系，坚持重大节日走访慰问和每月组织一次退休干部活动，为退休老干部老有所学、老有所为、老有所乐创造条件。

在肯定成绩的同时，我们也深深感到政协五年来的工作还有许多不足。一是界别作用发挥得还不够好，五年来除全会发言体现界别外，其余未能更好地体现界别。二是政协委员调查、视察、参观活动的组织形式不适应发展需要，目前按地区组织委员活动的形式不能很好地把委员们的专业智慧集中起来。三是委员的参政议政能力和综合素质需要进一步提高。相信在区委的领导下，通过广大政协委员和机关干部职工的共同努力，这些问题必将在新一届得到解决。

主要工作体会

回顾政协七届委员会五年来走过的历程，我们感到，许多在实践中探索出来的经验值得认真总结，并在今后的工作中继续坚持和完善。主要有以下几个方面：

一、努力打造开展政协工作的良好环境，是做好政协工作的首要前提

中国共产党领导的多党合作和政治协商制度是我国的一项基本政治制度，人民政协是中国人民爱国统一战线的组织，是我国政治生活中发扬社会主义民主的重要形式。在《政协章程》的基础上，中央在2006年又下发了关于进一步加强人民政协工作的意见，省、市、区委下发相应实施意见。这些是政协履行职责、开展工作的理论前提和良好条件。

人民政协要开展好工作，必须要有良好的外部环境和内部环境。一是要争取区委的全力支持。利用区委中心组学习会，专题学习政协章程、中央两个五号文件和省、市、区委关于进一步加强人民政协工作的实施意见。二是要对区级中层干部进行政协理论培训，提高区级中层干部的政协意识。三是要对政协委员进行政协理论和政策的全面培训，使每一名政协委员明确自己的权利、义务和履职程序。四是要加强政协内部建设和管理，使政协建立起适应工作需要的制度和硬件支持，使机关干部具备开展工作的知识和能力。

二、服从和服务于党政工作大局和经济社会发展，是做好政协工作的基本要求

政协作为四大班子之一，与党委、政府、人大是一个整体。政协开展工作必须要与党委、政府的工作安排、发展目标相一致。政协要根据当前的发展态势，主动选择具有战略性、前瞻性的问题进行调查研究，为区委、区政府决策提供参考意见和建议。要积极参与区委、区政府的中心工作、重点工作，为区委、区政府分忧解难。政协要认真对区委、区政府各项工作的推进、落实情况进行跟踪，及时发现执行过程中的问题，提出整改建议。要以服务经济社会快速发展为目标，凝聚力量、助推发展。充分发挥政协联系广泛、协调各方的优势，一方面搭建起各方沟通的平台，畅通交流的渠道，促进辖区企业发展；另一方面，发挥智力密集优势，为我区经济建设把脉问诊，建言献策，推动全区经济社会的快速发展。

三、正确把握政协工作的角度和力度，是做好政协工作的重要方法

人民政协是我国政治体制中进行政治协商、民主监督、参政议政的机构，它的工作性质和工作内容不同于党委、人大、政府。这就决定了政协从事的是民主政治建设，是协商而不是决定，是参政而不是行政。本届政协一直注意正确地把握好政协工作的性质和着力点，无论在协商、监督还是议政中，都处于建议角度，在围绕发展、服务中心工作中，也注意从助推发展的角度开展工作，做到“到位而不缺位，尽职而不越位”。

四、充分发挥团队优势，是做好政协工作的根本保障

团结出凝聚力，团结出战斗力。要做好政协工作，离不开政协各参加单位和广大政协委员、机关工作人员的团结协作。五年间，正是由于我们注意把政协丰富的人力和智力资源转化为政协履职能量，形成良好的协作氛围和合作精神，注重发挥集体优势，政协才能办成一件又一件实事。譬如汶川大地震后区政协组织的捐款，几天内达到22万多；为奖励优秀学子和帮助贫困学生完成学业，政协副主席王杰一次性捐资100万元，在蜀光中学建立了“王杰奖学金”；区政协经过两年的调研论证，首次提出建立我区大东方商圈的概念，迅速成为提升我区三产业发展的推手；利用人才优势，集中为舒坪工业园区的街巷命名等实事，无不是政协坚持发挥团队优势的体现。

各位委员、同志们，区政协七届委员会取得的成绩，是中共自流井区委正确领导，区人大、区政府和社会各方面大力支持的结果，是政协各参加单位和全体政协委员团结合作、开拓进取的结果。在此，我代表区政协第七届常委会，向所有关心支持政协工作的各级领导和社会各界人士，向为政协事业辛勤工作、默默奉献的全体委员和政协工作者表示衷心的感谢！

今后工作建议

各位委员，政协自流井区第七届委员会已经届满,完成了历史使命。新一届委员会即将产生。今后的五年,政协自流井区第八届委员会将在党的十七届六中全会和中央两个五号文件精神指引下,按照自流井区第十次党代会要求,团结各民主党派和各界人士,坚持“长期共存、肝胆相照、荣辱与共”的方针,切实履行政治协商、民主监督、参政议政三大职能,奋力助推实现三大突破,建设三大中心,再造一座产业新城,为实现中国共产党自流井区第十次党代会提出的奋斗目标而努力工作。建议政协第八届委员会重点关注和做好以下几方面的工作:

一、进一步巩固人民政协的共同思想政治基础

人民政协作为大团结大联合的组织,涵盖各党派、各团体、各民族、各阶层和各界人士。实践证明,政协团结联合的范围越宽,程度越紧密,越需要坚持中国共产党的领导,坚持团结和民主两大主题,在尊重多样性中保持一致性。要以中国特色社会主义理论体系增进共识,在思想上同心同德,在目标上同心同向,在行动上同心同行。为推动科学发展,促进社会和谐汇聚力量。

二、进一步关注民生,履职为民,积极促进社会和谐

以人为本、履职为民是人民政协固有属性的体现,是政协履行职能的应有之义。因此必须把关心群众、服务群众的工作切实做好,把履行职能的实践与最广大人民的根本利益紧密联系起来,以群众利益为重,以群众期盼为念。坚持走群众路线,深入了解民情,充分反映民意,广泛集中民智,促进社会和谐。

三、进一步服务大局,全力助推经济社会发展

今后五年是我区加快转变经济增长方式、抢抓机遇、实现突破、加快发展的关键时期。中共自流井区第十次党代会提出了“着力突破‘三大瓶颈’,保障可持续发展;着力建设‘三大中心’,增强产业发展活力;着力拓展发展空间,再造一座产业新城”的总体要求。区政协要全力以赴,尽其所能地助推发展,促进中共自流井区第十次党代会制定的目标实现。一是要围绕 区委制定的发展思路和目标任务,深入开展政治协商。二是要围绕经济社会全面快速发展,确定重点课题,搞好视察调研,开展好民主监督。三是要围绕保障和改善民生,积极参政议政;四是要围绕提高政协工作科学化水平,开展探索创新。

四、进一步完善和发挥好界别作用

政协界别是政协产生、存在和发展的社会基础,是人民政协性质的集中体现,是人民政协履行职能的有效途径和重要载体。要将“体现界别特点”作为加强政协自身建设的重点,根据界别的特点和要求开展活动,充分调动各界别参政议政的积极性,积极探索充分发挥界别作用的方法和途径。七届政协期间已经对界别设置进行了调查研究,提出了设立 15 个界别,分为 7 个界别活动小组的建议。八届政协应根据七届政协的建议,组织委员参政议政、视察调研、开展活动。

五、进一步完善委员管理,发挥委员主体作用

针对目前委员管理的薄弱环节,进一步健全完善委员管理机制,继续设置委员履职档案,充分尊重委员的主体地位,维护委员民主权利,强化委员的责任意识,激发委员履职尽责的积极性,议政建言的主动性。要进一步为各党派、团体、界别和委员在政协履行职能、发挥作用创造条件。鼓励、支持政协各参加单位和政协委员,利用政协会议、视察、调研、提案、反映社情民意等方式,对方针政策和法律法规的贯彻落实情况提出意见和建议。要更加重视提案工作,加大提案办理力度,增强提案办理实效。

各位委员,朋友们:宏伟的发展蓝图催人奋进,政协工作任务艰巨,服务大局使命光荣,政协履职大有可为。让我们更加紧密地团结在以胡锦涛同志为总书记的中共中央周围,高举中国特色社会主义伟大旗帜,在中共自流井区委的坚强领导和自贡市政协的指导下,围绕中心,凝聚共识,汇聚力量,开拓创新,扎实工作,为建设美丽繁荣和谐自流井而努力奋斗!

专　文

ZHUAN WEN

关于零散税收基本情况的调研报告

为了进一步建立和完善适合我区的协税护税机制，堵塞零星税源征管漏洞，挖潜增收，营造公平、公正的依法治税环境，不断创新零散税收征管的工作思路、政策措施和运行机制，促进自流井区税收征管工作的新发展。根据区政协主席会确定的调研课题，区政协经科委汇同法群委成立了调研组，自三月份开始，通过座谈、走访、听汇报等多种形式，针对辖区零星税源的现状与特点，认真分析当前税收征管的政策和形势，解剖零散税收征管工作的薄弱环节，开展了多渠道、全方位的调查研究。现将调研情况报告如下：

一、零散税收征管基本情况

零散税收是纳税人已办理税务登记，产生的税额较小，不易征管的税收或未办理税务登记从事临时性销售货物，提供应税劳务的单位和个人发生纳税的税收。自流井区管辖7个乡镇（舒坪镇、荣边镇、仲权镇、红旗乡、高峰乡、农团乡、漆树乡），6个街道办事处（新街、五星街、东街、郭街、丹桂街、学苑街），共50个村、62个社区，常住人口约40万。近年来，我区财税部门针对零散税收涉及面广、流动性大、行业繁多、税额较小的特点，本着"抓住大户，管好中户，规范小户，监控散户"的原则，着重加强和规范个体零星税收征收管理，不断改进管理手段和管理方式，初步建立起一套适合零散税收的管理制度，取得了较明显的成效：

（一）地税系统零散税收征管基本情况

1. 纳入日常管理的个体工商业户。现有管户2898户，2010年各项税收入库1514万元。采取的是核定营业额的征收方式，纳税人主动到税务机关申报纳税缴纳税款。

2. 个人从事运输业的零星税收。主要包括出租车的客运和小型货车的货运服务，由于运输业的纳税人处于流动状态，税务机关管理难度大，采取的由自流井区交管站委托代征，2010年各项税收入库82.8万元。

3. 家庭装饰装修业零星税收。税源小、分散广、隐蔽强，面对的是装修游击队居多，需要业主的配合，上门征收的难度最大。现阶段采取的征收方式是通过物业管理公司委托代征。

4. 集贸市场的零星税收。主要涉及集贸市场和背街小巷的不固定业户和小摊点，属于"抓抓税"，收到一个是一个。现阶段采取的征收方式是通过自贡市市场开发服务中心自流井分中心委托代征，2010年各项税收征收入库72万元。

5. 个人房屋租赁业的零星税收。该部分税收的征收管理一直以来是地税征管的难点和重点，也是当前个体零星税收中最具有税源潜力的行业。个人房屋出租包括营业房的出租和住房出租，涉及房屋点多面广、形式多样、分布广泛，潜力较大，该部分零星税收的征收管理直接由局本部负责，2010年各项税收入库110万元。

（二）国税系统零散税收征管基本情况

1. 个体工商户征收管理情况。2010年末已办理税务登记的个体工商户2103户。其中，通过规定的程序评定，达到个体工商户起征点的1237户，未达到个体工商户起征点的866户。征税面58.82%，户月平税额406.63元，实现并缴纳增值税603.6万元。

2. 小规模纳税人征收管理情况。2010年末小规模纳税人348户，实现并缴纳增值税183.4万元，实现并缴纳企业所得税28.2万元。

3. 集贸市场和临时性税收。2010年末，我区共有集贸市场5个，经营户约1300户，对发生经营行为需要开具发票的单位或个人以及发生的临时性销售货物、提供应税劳务需要开具发票的单位或个人，按照国家税务总局的规定，在办税服务厅专门开设了“代开发票”服务窗口，为纳税人代开增值税专用发票和普通发票，并依法征收税款。2010年通过”代开发票”服务窗口为纳税人代开增值税专用发票749份，代开普通发票746份，共计征收增值税46.41万元。

（三）、关于零散税收的政策情况

近年来税收政策变化较大，增值税起征点提高，优惠增大：

1.增值税起征点提高

随着我国社会经济的发展，社会弱势群体日渐显现，弱势群体的经营呈现出以生计为目的、经营资本少、经营规模小的特征。为了体现税收政策对弱势群体的扶持与照顾，增值税起征点呈现出不断提高的态势。我市增值税起征点的规定如下：

（1）销售货物的，为月销售额5000元；

（2）销售应税劳务的，为月销售额3000元；

（3）按次纳税的，为每次（日）销售额200元。

我区作为自贡市的中心区，对国税部门管辖的2103户个体工商户中，征税1237户，免征866户，征税面58.82%，远高于全市其他区县的征税面。既较好地加强了零散税收的征收管理，又体现了对弱势群体的扶持与照顾。

2.涉农税收优惠政策增大

为贯彻落实《中共中央、国务院关于促进农民增加收入若干政策的意见》（中发〔2004〕1号）国家税务总局制定出台了一系列涉农税收优惠政策。并就有关政策发出了《致农民朋友的一封信》。在涉农税收优惠政策中规定：

（1）农业生产者销售自产农业产品免征增值税。

（2）对农民专业合作社销售本社成员生产的农业产品，视同农业生产者销售自产农业产品免征增值税。

（3）对市场内的经营者和其经营的农产品，如税务机关无证据证明销售者不是“农民”的和不是销售“自产农产品”的，一律按照“农民销售自产农业产品”执行政策。

对在集贸市场和其他场合经营农产品的经营者，基层国税机关无法取得经营者的身份证明，更重要的是无权鉴别其“农民”身份，对其经营的农产品，没有能力和精力去鉴别是否是“自产农产品”。因此，对在集贸市场和其他场合经营农产品的经营者，只能采取较为稳妥和宽松的对策，视同农业生产者销售自产农业产品免征增值税。

二、零星税收征管中存在的主要问题

通过对我区零星税收工作的调查分析，总体来看我区零星税收征管还存在以下问题：

（一）经营户纳税意识淡薄

个体零星经营户文化水平参差不齐，税收知识比较匮乏，加上经济利益驱动，造成其纳税意识普遍较低；有的为下岗再就业职工，经营小摊，维持生计；有的业主不办理税务登记，不主动申报纳税；有的业户实际销售额远远超过核定销售额却不如实进行申报。总之，诚信纳税的观念在他们中还没有主动形成。

（二）税收征管力量严重不足

科学管理与粗放经营的矛盾加重了税收管理的两难选择。个体零星经营户是个体工商户多元化经营主体，占个体经营户的比重不少，其粗放经营特征，受人力、成本、效率等多种因素制约，税收管理只能停留在上门催收和委托代征相结合的“初级阶段”。个体零星经营户经营模式制约了税收监控模式的转换和现代化管理方式，要实现税收精细化、科学化管理较难。

（三）税收征收成本不断增高

据有关部门统计增值税国税征收后区级只占0.8125%，所得税地税征收后区级只占0.13%。但税务部门所需各种委托代征经费已经超过5%。因而，税收征收成本增高导致零星税征收困难重重。

（四）税管员对征管有畏难情绪

零星税收点多面广，税源隐蔽，加之少数纳税人钻税法空子，有意偷漏税收；还有一部分是下岗再就业职工，也有两劳释放人员，做生意是为生计，征税容易引起社会的不稳定，因此在税务部门部分工作人员有畏难情绪。

（五）经营情况形成税源监控难

根据自流井区的现状，主要存在以下几个问题：

1.个体零星经营户都未办理税务登记，税源难以监控；

2. 多数都没有设账簿或账簿设置不全，交易都以现金形式进行，资金流难以监控，再加上消费者基本不索取发票，税务机关要想准确掌握税源的情况就更难；

3. 向税务机关提供阴阳合同，如个人房屋出租，提供给税务局是一个租金很低合同，给承租人是真实合同，造成计算依据偏低；

4. 存在各职能部门的放任和规范的双重难题，下不了决心，治不愈顽疾，相应的税收管理就难以到位。

（六）征管手段落后，税款流失严重

1. 城乡大小集贸市场税收主税种为增值税，地税只按征收增值税征收城建税及附加，且由于增值税起征点提高，多数集贸市场经营者达不到起征点，就不缴纳增值税，也无地税的附税附加，只能征收百分之一的个人所得税。

2. 个体运输户、从事家庭装修户、服务业中小炒店、小吃店、美容美发点、个人房屋出租，其服务对象由于自身利益考虑，比如要发票没有优惠等，不主动索取发票，因此造成了税收流失；

3. 法律赋予的执法手段不强，造成税款流失。如税务机关没有上路检查权，没有搜查权等；

4. 信息没有得到共享，如税务部门与工商、银行、政府的其他部门等。

（七）发票管理需进一步强化

1. 许多个体零星经营户出于偷税的目的，不主动给消费者开具发票。

2. 由于消费者怕麻烦或者打折优惠等原因，维权意识淡漠，购物或接受劳务不索取发票的现象普遍存在。如购买商品、个人房屋出租、家庭装修等；

3. 由于税务机关宣传有缺位，消费者索要不到发票时往往不知道向谁投诉，如何投诉，助长了业户不开票的风气。

4. 存在买卖、转借发票的现象。现在个体工商户中推广使用定额发票，有的个体散户可以不再税务机关购票，就向周围经营户买取或转借，给以票控税带来了很大难度。出现买取或转借发票的情况处罚的少，打击力度小，震慑力不强，不足以打消部分经营户偷逃税的侥幸心理。

（八）收征经费偏低，难以调动积极性

税务机关按照国家规定支付代征单位的手续费比例偏低，如2010年市场中心代征集贸市场税收72万，代征单位只得到3.5万（占4.85%）代征手续费，交管站2010年代征交通运输税收25万元，只得到1.35万元手续费（占5%），这些手续费还要支付请的代征人员的工资，单位所留无几，根本没法调动代征单位的协税护税积极性。

三、加强零星税收征管的建议

坚持组织收入“既抱西瓜，又捡芝麻”的思路，切实加强个体零星税收征管，力争在个体零星税收征管这一薄弱环节上做出好文章，取得新突破。为此，我们提出以下建议，供区委，区政府在决策时参考：

（一）政府高度重视，共同协税护税

区委、区政府要按照市人民政府印发《自贡市税收征管保障办法》的通知精神，把个体零星税收征管提到重要议事日程，全区上下形成“西瓜芝麻”都要抓的共识。克服工作畏难的情绪，树立挖潜堵漏、迎难而上的观念，依法管理个体零星税收清查和征收工作。此外还要学习成都市、达州市的个人房屋税收征管的经验，以求达到“它山之石，可以攻玉”的践行效果。

（二）以管理为主线，强化工作机制

1. 健全机构。进一步充实个体税收征管力量，自流井区位于市中心，三产业发展迅速，个体税收每年都以两位数增加，管户越来越多，应该有管理个体税收的专门机构，进一步充实征管人员。

2. 明确重点。完善相关征收管理办法，突出抓好个人房屋出租、家装、集贸市场税收以及个人运输税收征管。

3. 严格把关。对集贸市场进一步规范税务登记、征税公开、发票管理等相关程序；对个人出租的房屋要摸清家底，建立数据库，公正，合理的确定房屋出租最低计税价格标准，严格依法进行税收征收管理；对家装税收要搞好宣传，由物业公司委托代征；对个体交通运输税收委托车管理机构在车辆年审时，统一征管征收。

4. 完善机制。对集贸市场税收要继续搞好国税窗口代征城市维护建设税、教育费附加及个人所得税，在国地税合作上实现新突破。

5. 落实经费。个体零星税收征管难度大，税源分散，易流失的特点，为调动主管税务机关和代征单位的积极性，参考外地的先进经验，比如成都市和达州市的做法，建议政府实行征收经费激励机制：

一是对代征单位，按相关法律、法规的规定付给代征手续费外，再由同级政府对代征任务完成好的单位予以奖励。

二是主管税务机关以上年个体零星税收实际入库数为基数，基数内地方级部分按 10% 的比例（建议市级也应按 10%）由同级政府作为预算安排给主管税务机关；超基数部分的地方级（市、区两级）按五五的比例（50%）安排给地税务机关和代征单位，以弥补各单位征管经费的不足。

（三）规范纳税人管理，扩大收入规模

小规模纳税人均为取得组织机构代码、进行工商注册登记和税务登记的小型企业。由于经营资本少，经营规模小，现阶段小规模纳税人大多数无建账能力，税务机关应对采取"定期定额"管理。随着社会法制体系的不断完善和税收管理要求的不断提高，要求小规模纳税人从无能力建账向规范建账正规核算转变，零星税收征管的管理方式也将从"定期定额"管理，改变为查账征收。小规模纳税人的税收贡献将明显提高。

（四）部门齐抓共管，全民综合治税

为搞好个体零星税收征管工作，各部门要形成齐抓共管的氛围更。对集贸市场税收，要恢复由乡镇、街道聘请协税员代征模式；对交通运输税收，交管所要切实负起责任；对家装税收要搞好物业公司代征税款的培训，物业公司代要切实履行代征业务；同时加强了对协税护税工作的绩效考核和责任追究。针对个体零星税收工作，征收单位要积极向当地政府汇报，提高各相关单位抓税收的主动性和责任感，最大限度地发挥部门协作、齐抓共管的作用。

（五）加强税法宣传，营造诚信氛围

根据个体零星税收特点，按照征管实际需要，编印精练简洁的个体零星税收宣传资料，广泛地发放到纳税人手中，使个体零星税收政策深入人心。同时，要求税管员在日常征收过程中加大税收宣传和对税收政策的讲解，从而提高纳税人的自觉纳税意识，在全社会营造依法诚信纳税的良好氛围。

（六）建立规章制度，强化联合监督

按照自贡市人民政府印发《自贡市税收征管保障办法》的通知精神，政府要制定国税、地税关于加强个体及零星税收社会化征管工作意见，实现个体税收及社会分散税源信息共享、联合监控、委托代征，最大限度地将税源转化为税款，公平税收负担，壮大地方财力，营造全市良好的税收发展环境。

（区政协）

公安分局"清网行动"卓有成效

为了认真贯彻落实全国、全省公安机关开展网上追逃专项督察"清网行动"电视电话会议精神，按照"四对照、二查清"的要求，认真对照上网时间、对照抓获时间、对照羁押时间，尤其是对照变更强制措施取保候审、监视居住时间，查清被取保、监视居住人员去向，查清被跨省抓获的行动前网上在逃人员战果的真实性。分局迅速部署，措施到位，初显成效。行动开展以来，2011 年 5 月 26 日前上网逃犯 51 名（其中盗窃逃犯 10 人、诈骗逃犯 5 人、贩卖毒品逃犯 9 人、故意杀人逃犯 3 人、故意伤害 6 人、抢夺逃犯 4 人、抢劫逃犯 4 人、敲诈勒索逃犯 3 人、其他类逃犯 7 人），公安部撤销 2 人。抓获 2011 年

5月26日前本地上网的逃犯49名,完成率达100%,其中命案逃犯3人、盗窃逃犯6人、抢夺逃犯3人、抢劫逃犯4人、贩卖毒品逃犯8人,其他25人,包括省督逃犯6人、市督逃犯4人。

专项行动开展以来抓获外省市上网逃犯共计15人,其中包括外省逃犯5人、应上网未上网外省逃犯5人、外市逃犯3人,本市外区上网逃犯2人。

一、动员迅速,部署到位

6月15日,市局召开全市刑侦工作会,部署网上追逃专项督察“清网行动”后,分局立即召开党委会研究制定全区“清网行动”工作方案,成立网上追逃“清网行动”工作领导小组,组长由副区长、分局局长何永海担任,分管装财、刑侦及分局纪委书记担任副组长,办公室主任由纪委书记兼任,刑警大队长及警务保障室主任任办公室副主任,分管装财的副局长担任副组长及警务保障室主任任副主任。各实战部门、派出所负责人召开“清网行动”动员部署会议,迅速将行动精神传达到各个部门及全体民警。

二、目标明确,落实到人

为使“清网行动”贯彻落实到位,分局将全区的26个追逃任务分成两个阶段,分解到各个实战部门及派出所;对本区上网、户籍地为本区外单位上网的在逃人员进行认真细致地清理,分解在逃人员名单下发到各个部门。建立追逃档案制度,实行“一逃一档”,要求刑侦大队、五个城区派出所及舒坪派出所成立领导小组,明确部门“一把手”为追逃责任领导,设立追逃小组,由1名所队领导和2名民警组成,使“清网行动”落实到位。

三、明确分工,各警种联动追逃

在“清网行动”中,分局各部门、各派出所牢固树立全警“一盘棋”思想,立足“本地、本职、本岗”,既各司其职、各负其责,又密切配合、通力协作,健全警种之间、区域之间、上下之间的协作机制,实现情报信息互通共享,做到整体联动,合力攻坚。分局从刑侦大队和派出所抽调专人,负责全局的通讯资料调取和信息分析研判,统一为各部门服务。

分局党委高度重视命案追逃工作,由政委张弘亲自挂帅“追逃小组”组长,副局长陈坚任副组长,分局从人力、物力及资金等方面全额保障命案追逃工作。“明祥国追逃小组”先后往返广东省、云南省、福建省等省市,行程6000公里,历时六个月,通过架网布控、跟踪守候,连续战斗14个昼夜,在福建省福州市警方和市局情报信息支队、网监支队的信息支持和行动技术支队的大力协助下,最终于12月2日凌晨1时40分在福建省福州市连江县黄岐镇海建街新城路68号,将潜逃10年的故意杀人命案上网逃犯明祥国成功抓获。

四、一把手下沉基层,规劝逃犯自首

为了迅速贯彻落实市局“10·8”网上追逃“清网行动”推进会议精神,成立了由一把手组成的上门规劝逃犯自首工作小组,不断熟悉在逃人员基本情况。下沉基层,亲自安排部署、亲自督导、亲自上门规劝,会议召开后不到四天,成功规劝舒某某、杨某某、林某、陈某某等四名逃犯自首。通过一把手负总责,亲自上门规劝,细化追逃措施,深入基层,分析研判,分局上门规劝逃犯自首取得较好战绩。

高峰派出所专门成立由派出所所长牵头的上门规劝工作小组,一方面不断熟悉在逃人员基本情况,细化追逃措施,另一方面多次走进在逃人员亲属家中,动之以情、晓之以理,耐心进行法律法规宣传。通过派出所长期不懈努力,成功规劝上网逃犯何某某(女,46岁,自流井区高峰乡人)、李某某(女,45岁,自流井区高峰乡人)从新疆、杭州赶回自贡,并于10月24日下午先后到派出所投案自首。

五、强化督导检查、密切协调配合

行动开始后、党委一班人对分管联系的单位坚持每月周次检查、每日督导,对抓捕、规劝,布控及时进行分析研判。分局纪委书记、督察长、清网行动办公室主任幸伯良带领下,组织“清网行动”全面检查督察26次,对重点单位、重点逃犯、重点案件以及逃犯档案进行专门督导10余次,同时对《通告》的张贴、《致逃犯亲属一封信》的发送情况进行了检查。要求警种协同作战。

刑警部门发挥主力军作用,切实做好追逃信息的梳理、建档,对49名在逃人员信息核查,深挖线索,为抓获上网逃犯提供强有力的技术支持。经侦部门包案定人,逐案分析,因案施策,6名上网逃犯已经全部归案。禁毒部门充分利用网络资源进行数据比对,加大对查获涉毒对象的审查,上追下缉,成功抓获涉毒上网逃犯4人。

六、建立"清网行动"追逃奖励制度,经费保障到位

分局建立追逃专项资金,全额确保追逃专项经费的落实,提高了全局民警追逃积极性。分局行动期间,每追回一名一般逃犯奖励500元(5月26日前上网的逃犯),追回一名省督逃犯奖励3000元,市督逃犯奖励1000元,命案逃犯奖励3000元,外省逃犯奖励2000元,省内外市逃犯奖励1000元,并将此次追逃专项行动的成绩纳入分局年终目标考核。10月13日分局将一般逃犯奖励标准提高到1000元(5月26日前上网的逃犯)。10月19日分局党委会再次提高奖励标准,每追回一名一般逃犯奖励3000元(5月26日前上网的逃犯),追回一名命案、禁毒大队贩卖毒品逃犯奖励2万元。11月15日分局党委会再次提高奖励标准,一般逃犯奖励经费增加为每名5000元(5月26日前上网的逃犯)。

10月17日和10月31日分局共计发放追逃奖励金费10.2万元,发放市局追逃奖励金费1.04万元。

七、成功抓获省厅督捕贩卖毒品逃犯、省厅督捕命案逃犯

(一)抓获省厅督捕贩卖毒品逃犯

禁毒大队在分局清网办统一指挥下,精心部署,禁毒民警攻坚克难、锲而不舍,于10月19日在成都市金牛区将省厅督捕的贩卖毒品犯罪嫌疑人舒国文抓获归案。

2009年1月20日,犯罪嫌疑人舒某某伙同陈某某、李某某携带毒品麻古到自贡市自流井区电力宾馆205房间贩卖毒品麻古,被分局禁毒大队当场抓获,缴获毒品麻古351.8克。但由于犯罪嫌疑人舒某某极其狡猾,在到达自流井区电力宾馆楼下时,舒某某下车安排陈某某、李某某上楼交易,自己躲在宾馆附近观察,而未被我公安民警抓获,侥幸逃脱。当晚,舒某某的所有通讯工具全部关机,一直未使用。两年多来,分局禁毒大队一直坚持不懈的开展追捕工作,但始终杳无音信。

2011年5月"清网行动"开展以来,自流井区分局党委高度重视,禁毒大队迅速行动,制定清网行动方案,确定目标,落实责任,把舒某某等历年逃犯作为"清网行动"追逃工作的重点。同年10月,经禁毒大队民警缜密侦查和走访,获得舒某某可能躲藏在成都市金牛区的重要线索。为了尽快将其抓捕归案,10月14日,禁毒大队指导员王凯亲自带领民警前往成都市全力开展追捕工作。追捕民警历时6天的不懈调查、追击,锁定犯罪嫌疑人舒某某在成都市金牛区洞子口北街的落脚点。经周密布控,于10月19日在成都市金牛区洞子口北街6号将省厅督捕逃犯舒某某抓获归案。

(二)抓获省厅督捕命案逃犯

1999年5月3日晚11点30分左右,犯罪嫌疑人张某某经同余某、刘某某(两人均已抓获)预谋后,窜至自贡市自流井区荣边镇新房村5组(又称麻柳场团结桥),抢走一摩的司机侯某某嘉陵125型摩托车一辆,并将其杀害后潜逃至今。

"清网行动"开展以来,自流井分局多次对辖区的命案逃犯研究部署,人力物力超额保障命案追逃工作,始终坚定不追回誓不罢休的信念,保持必胜的信心。终于,11月7日,自流井分局刑侦大队云南命案追逃组在市局情报信息支队的信息支持及行动技术支队的大力协助下,辗转三个省份,行程2000公里,历时两个月,在云南省昆明市西山区马街昆明市微特电机厂厂区通过架网布控、跟踪守候,连续战斗八个昼夜将潜逃12年的抢劫杀人命案上网逃犯张某某(男,37岁,贡井区桥头镇曾产村12组人)成功抓获,11月8日依法执行逮捕,实现"清网行动"命案逃犯零的突破。

(三)抓获命案逃犯

2007年2月份,陈某某(已判决)、何某某(已判决)、颜某某(已判决)与自贡张某某等人产生纠纷,张某某邀约人员将何某某暴打并要求陈某某等人赔偿损失,陈某某提出1.5万遭张某某拒绝,陈某某、何某某、颜某某赶赴成都找到陈某某的哥哥陈某说明此事,陈某遂邀约张某某(已判决)、严某某携(已判决)带2只枪支、9发子弹与其弟陈某某一起回自贡处理此事(张某某交代枪支在喻某某手

中购买)。2007年3月4日晚,陈某某将张某某邀约至自贡市第一人民医院门口人行道上,何某某、颜某某、张某某、严某某将张某某暴打,何某某用刀将张某某杀死,杀死之后陈某某、何某某、颜某某赶赴成都,张某某、颜某某等由陈某某找出租车送至成都,在成都与陈某汇合之后大家各自逃窜。案发后,作案成员先后悉数落网,但是狡猾的陈某,由于长期居住在成都市,反侦察能力极强,经过长期追捕,采用多种手段将其抓获。

自流井分局党委高度重视命案追逃工作,由副区长、分局局长何永海亲自挂帅任"陈某某追逃小组"组长,副局长张伟任副组长,分局从人力、物力及资金等方面全额保障命案追逃工作。"陈某某追逃小组"先后往返成都十余次,行程5000公里,历时六个月。通过架网布控、跟踪守候,连续战斗27个昼夜,在市局情报信息支队的信息支持和行动技术支队的大力协助下,最终于11月28日晚22时许在成都市绕城高速三圣乡路口,将潜逃4年的故意杀人命案上网逃犯陈某(男、40岁、户籍地:大安区大山铺镇光明村)成功抓获,至此自流井区公安分局"清网行动"下网率已达到92.16%。

11月28日22时50分,在追逃小组负责人、刑侦大队大队长顾雨,在驾车抓捕过程中发生车祸英勇负伤后,顾雨带着伤痛仍驱车七十余公里,最终在成都市绕城高速三圣乡路口将命案逃犯陈某某抓获。因公负伤后市局副局长徐明远在分局副局长林春的陪同下,安排四医院120急救车在内江市将因公负伤的顾雨送上急救车。

八、宣传发动、突出重点地区,提高追逃质量

明确了五星街、东兴寺、舒坪等三个派出所作为追逃专项行动重点督察地区。分局要求各部门、派出所召开专题会议进行宣传部署,使每名民警,做到人人知悉、人人行动、人人参与;同时采取新闻媒体和张贴标语,张贴《敦促在逃人员投案自首通告》、分发《给在逃人员家属的一封信》等方式开展集中宣传活动。设立并公布举报电话(4703110),对群众提供重要线索直接抓获在逃人员的将根据案情情况进行奖励。

(区公安分局)

自流井区乡镇党委换届工作圆满完成

按照省、市委关于乡镇党委换届工作的统一部署和要求,自流井区紧紧围绕"为推进科学发展、促进社会和谐选好干部、配强班子"的总体目标,科学谋划、统筹安排、稳妥推进,截至6月30日,全区6个乡镇均已圆满完成党委换届工作。现将有关情况报告如下。

一、统一思想认识,精心安排部署,以高度的政治责任感和使命感强化换届工作保障

(一)强化组织领导,落实工作责任。成立由区委书记任组长的"乡镇换届工作领导小组"和"严肃乡镇换届纪律保证换届风清气正领导小组",建立区级领导包乡(镇)制度,分别派出6名党员区级领导定点联系指导6个乡镇换届工作。同时,进一步明确和落实乡镇党委书记作为乡镇党委换届直接责任人的职责,迅速在全区形成了区委书记亲自抓、组织部长具体抓、班子成员共同抓、乡镇党委书记直接抓,一级抓一级、层层抓落实的责任体系。

(二)科学制订方案,规范操作流程。在对全区乡镇领导班子运行情况深入调研的基础上,根据省、市关于乡镇党委换届的政策要求,认真研究制定了《关于做好乡镇领导班子换届工作的意见》、《关于做好乡镇党委换届有关工作的通知》等文件,明确了乡设委员7名、镇设委员9名等有关政策规定和程序步骤。同时，专门对区严肃换届纪律督导组成员、各乡镇党委书记、乡镇长、党委副书记、党办主任进行全面系统的换届业务培训，督促其准确把握政策规定，熟练掌握程序流程，增强做好换届工作的能力。

（三）深入宣传发动，广泛凝聚共识。采取层层召开动员会、政策宣讲、短信告知、悬挂横幅、开辟换届宣传栏等多种形式，主动向社会公开省、市、区委关于乡镇党委换届的主要精神、总体要求和目标、方法步骤和日程安排等，并对有关政策规定、纪律要求进行宣传解读，让广大党员干部群众了解换届、支持换届，全区上下逐渐形成了通过换届选出组织放心、群众满意的好班子，形成科学发展、加快发展新局面的思想共识。

二、严格选任标准，拓宽选人渠道，积极运用干部人事制度改革成果选干部配班子

（一）坚持“三推一选”，确保好中选优。换届工作中，区委牢牢抓住初始提名这一关键环节，扩大民主，完善办法，着力提高干部选任质量。采取组织推荐、会议推荐和干部自荐三种提名方式，共产生乡镇正职、副职初始提名建议人选267人，并综合运用三种提名结果确定初始提名人选或人选产生的范围。特别是在选拔乡镇党政正职时，专门制定并实行“全区干部大会定向推荐、区委委员定向推荐、乡镇干部大会定向推荐、党代表大会选举”的“三推一选”方式，让多数人在多数人中选人，实现了多中选好、好中选优的目标。新一届乡镇党委班子结构更趋优化合理：48名党委委员平均年龄38.58岁，较上届降低0.68岁。其中35岁以下的委员占31.25%，较上届增长12.77%；大专及以上文化层次的占93.75%，较上届增长2.67%。

（二）坚持“三个注重”，鲜明用人导向。始终坚持重基层、看实绩、凭公论的用人导向，努力把善于推动科学发展、促进社会和谐，群众公认度高的干部选进乡镇党委班子。一是注重基层一线。换届中，区委进一步完善了基层干部培养选拔链，对长期扎根基层、埋头实干的干部特别关注，对在乡镇干事创业的老实人格外关心，本次换届提拔的18名干部，14名来自乡镇（含2名乡镇党委书记），占比近80%。二是注重工作实绩。坚持把工作实绩作为干部选拔的基本尺度，在干部的年龄、身份上不搞“一刀切”。此次换届，保留了2名实绩突出、群众基础好的老同志，并面向优秀村支部书记、乡镇事业编制人员选拔了9名党委委员，其中2名事业编制人员还将提名进入乡镇领导班子，较好地鼓舞了基层干部士气，凝聚了人心。三是注重群众公认。始终把群众认可作为干部选任的第一标准。换届中，通过民主推荐、民主测评、民主评议、个人谈话等方式，全面考察干部的群众基础和在群众中的口碑，大胆使用德才兼备、群众公认度高的干部，并对5名因各种原因在乡镇全额定向民主推荐中得票未过半的原班子成员不再继续提名。

（三）坚持阳光操作，突出公平公正。公开才能公信。换届中，区委始终坚持透明公开原则，广泛运用会议宣讲、发放信函、党建网公告、张贴公示等方式，主动向社会发布换届工作信息，不仅使党员群众了解了换届工作的主要程序、工作步骤及有关要求，而且使党员群众知道了在换届工作中监督什么和怎样监督，为党员群众有序参与、监督换届工作创造了良好条件。据统计，仅在换届考察中，就有1200余人次的乡镇机关干部、村组干部、“两代表一委员”、辖区单位代表参与、监督了换届工作，为实现公平公正换届提供了有力保障。

三、规范工作程序，推进方法改革，把充分发扬党内基层民主贯穿换届全过程

（一）“两推一选”提高党代表质量。制定下发了《关于认真做好乡镇换届党代表选举工作的通知》，明确规定采取“两推一选”公推竞选方式产生乡镇党代表的程序步骤，并进一步扩大了党代表推荐人选、初步人选、预备人选和正式候选人的差额比例，党代表人数比上届增加了10%。同时，积极改进代表候选人介绍方式，全面推行代表候选人竞职演讲和“双诺”制度，在广大农村党员中旗帜鲜明地喊响了“我要当代表”的口号，进一步尊重和保障了党员的主体地位和民主权利。

（二）“三上三下”汇聚民智民意。坚持把“代表记得住、群众听得懂、干部好操作、工作能落实”作为党委工作报告的基本要求，明确要求乡镇党委书记亲自审定报告提纲、亲自下基层调研走访、亲自听取意见建议、亲自主持修改报告。在充分调研

基础上形成初稿，在组织党员干部群众讨论修改后形成征求意见稿，在广泛征求区级相关领导和部门意见后形成讨论稿，经乡镇党委集体讨论通过后形成审议稿提交党代会审议，使起草和审议党委工作报告的过程，成为了深入研究乡情、明确发展思路、统一思想认识、凝聚发展力量的过程。

（三）“双承诺”强化履职责任。在乡镇换届选举大会上，组织新当选的乡镇党委书记面向全乡（镇）党代表，公开作出履职目标承诺和完不成目标任务辞职承诺的“双承诺”，自加压力、强化责任，既为党员群众提供了一个监督、约束乡镇党委书记的途径，同时也给乡镇党委书记戴上了一个“紧箍咒”，督促其认真履行职责，践行承诺。同时，区委还将进一步建立健全乡镇党委书记年终向基层干部群众和区委进行专项述职的“双述双评”制度，评议满意率达不到有关要求的，将进行相应组织处理。

四、全方位宣传，立体式监督，以惩治不正之风的高压态势保证换届风清气正

（一）坚持“三在先”，把严肃纪律教育贯穿始终。坚决贯彻落实教育在先、警示在先、预防在先的要求，区委常委会和区委中心组先后2次集体学习“五个严禁、十七个不准和五个一律”等换届纪律要求，二级中心组平均学习1次以上；扎实开展严肃换届纪律谈心谈话活动，各级领导干部谈心谈话达300余人次；及时开通短信平台定期不定期发送换届纪律要求、制作换届纪律楼宇视频在区政府机关大楼滚动播放、编发《严肃换届纪律警示教育案例选编》开展警示教育，切实做到了预防针提前打、警钟提前敲。同时，及时印发了《关于严肃换届纪律的通知》、《关于加强违反换届纪律问题查处工作的通知》，发放《换届纪律明白卡》985份；坚持在每次推荐测评前对参会人员进行换届纪律问卷调查、发放换届纪律文件及材料，做到了换届纪律知晓率达100%后，才开展推荐测评工作。截至目前，全区共发放严肃换届纪律保证风清气正学习材料693份，中纪委、中组部文件和调查问卷各729份，全区副科级以上领导干部、后备干部、乡镇干部、村社干部、区（乡）党代表、人大代表、区政协委员换届纪律知晓率实现全覆盖。

（二）实行“六级承诺”，把违纪问责监督贯彻始终。本次换届，全区实行了“六级承诺”制，确保换届纪律责任到人。区委书记、组织部长、组工干部、区委换届考察组、区委督导组、乡镇党委书记均在不同场合，做出严肃换届纪律、保证风清气正公开承诺110余条。为落实工作责任，加大对乡镇严肃换届纪律工作监督检查力度，区委派出了6个以县级干部为组长、纪检干部为成员的换届纪律督导组，负责定点督导检查6个乡镇的换届风气，并在区纪委、区委组织部分别开通了换届监督举报电话，确定专人值守。同时，将考察对象有无违反换届纪律行为列为考察预告的一项重要内容，把考察对象遵守换届纪律情况作为个别谈话的必问事项，并坚持做到干部任前征求纪检监察、检察审计、综治维稳、群工计生机关意见，实现了违纪监督全方位。

（三）坚持“四必查、四处理”，把从严从快查处贯穿始终。在严格贯彻省委组织部“四必查”要求的基础上，进一步明确了“四处理”的规定，即：对经查确有拉票行为的，先取消考察人选资格，再按照有关规定处理；对经查确有拉票行为，但没有被确定为考察对象的，记录在案，两年内不得提拔使用；对群众有反映但没有查实的，一律进行提醒谈话；对帮助别人拉票或以拉票名义陷害他人的，按照有关规定严肃处理。同时，专门建立了《自流井区违反换届纪律案件查核专办制度》，确保对违反换届纪律的举报、案件进行及时有效的查核处理。截至年底，全区未发现一起有关违反换届纪律的行为，乡镇党委换届风气测评总体评价“很好、好”达99.69%。

（区委组织部）

区、乡(镇)人大代表换届选举工作顺利结束

自2011年8月正式启动区、乡(镇)人大代表同步换届选举工作以来,区选举委员会在区委的领导和市人大常委会的指导下,通过精心组织、周密安排,于10月18日依法选举出区人大代表189名、乡镇人大代表342名,圆满完成了选举任务。

一、领导重视,措施得力

区委、区人大常委会高度重视本次换届选举工作,从7月初起,就着手进行认真准备,并结合省、市要求和本区实际,科学制订方案,精心组织实施,做到了"四早四全"。一是调查摸底进行早,基本情况掌握全面。为切实搞好区、乡(镇)人大代表同步换届选举,区人大常委会从8月起,组建了4个由常委会领导带队、各委室负责人参加的调查组,20余次深入乡镇、街道和有关单位、部门,采取问卷调查、召开座谈会等各种形式,对换届选举工作进行详细的调查摸底,重点掌握人口数量、流动人员分布情况等基础数据,做到基本情况、重点、难点和建议对策等"四个清楚"。二是前期工作布置早,各项准备充分全面。在认真调查摸底的基础上,区人大常委会及时向区委进行专题汇报,并向区属部门布置换届选举的各项准备工作,要求各部门、各单位在思想、工作人员、经费等方面提前做好准备。在全面收集反馈意见的同时,区人大常委会抽调工作人员,结合以往的档案资料和当前的实际,提前测算工作经费、拟定初步方案、提出相关建议名单,并根据上级的新要求及时进行修改完善,为顺利开展换届选举工作奠定坚实的基础。三是正式启动工作早,工作制度健全。7月份,省、市明确本次换届选举的指导思想、工作方法和原则以后,区人大常委会及时修改完善工作方案,并于9月7日召开动员会,启动、布置换届选举工作。从区选举委员会到基层选区,层层建立领导联系制度、联络员分片包干制度、培训制度、督查制度、值班制度,形成一级抓一级、层层抓落实的换届选举工作格局。特别是联系乡镇、街道的16名县级领导干部,坚持深入基层具体指导,以自身的示范作用推动换届选举工作顺利进行。四是选办人员进入状态早,全方位开展各项工作。区委为区选举委员会办公室抽调近100名工作人员,组成4个组;各级选办也层层落实联络员、宣讲员、登记员等工作人员近3000人。工作中,各级选办抽调的人员克服困难、迅速进入状态、积极投入工作,较好地完成了各自的任务,有力地推进了各项工作。

二、突出重点,有序推进各环节工作

区选举委员会注重加强对各环节工作的具体指导,坚持细化日程安排、细化工作要求、细化具体措施,以印发工作问答、"一阶段一培训"、强化督促检查等方式,对宣传发动、选民登记、初步候选人提名、协商正式代表候选人、投票选举等各环节的工作提出明确要求,并认真组织实施。一是广泛宣传发动。全区统一印发区选办编印的《换届选举问题解答》800册,翻印宣传提纲3000余份,张贴标语口号近4000条,并通过报纸、电视台、简报、墙报、黑板报等多种形式广泛宣传换届选举的意义、目的和工作安排,营造浓厚的选举氛围。二是层层培训骨干。为有条不紊地推进各环节的工作,区选办分4次集中培训各选区的牵头单位负责人、联络员、宣讲员、登记员、主持人、监票员和计票员,培训骨干1100余人次。各选区也按要求进行层层培训,确保了各项工作要求得到正确贯彻执行。三是强化工作督导。区选委会办公室抽调部分工作人员,由4名人大常委会副主任带队,成立4个专门的检查组,围绕4个法定日前后的重点工作,坚持在动员部署、重大工作安排、各阶段结束前、法定日期间、

上级有新要求时“五下基层”检查指导工作，及时了解情况、发现和解决问题，促进各项工作的顺利进行。

三、依法开展工作，圆满完成选举任务

在换届选举的整个过程中，区选举委员会始终坚持严格依法办事，依法开展各项工作，确保了整个换届选举过程和结果合法有效。一是依法宣传。工作中，区选委会始终坚持正确的宣传导向，坚持做到“两个统一”，即：区选办宣传组统一制作宣传提纲和标语口号；对正式代表候选人尤其是参选代表候选人，由选办组织组统一宣传口径，保证了宣传工作的合法性。二是依法进行选民登记。按照不重、不漏、不错的原则，从9月中旬到10月18日，全区共登记选民25.68万人，做到应登尽登。三是依法提名和协商正式代表候选人。在协商过程中，我们严格按照“三上三下”的原则进行，经过民主协商，依法产生了278名正式代表候选人。四是依法组织投票选举。经过精心准备，10月18日选举日当天，全区分82个选区选举区第十七届人民代表大会代表；同时，7个乡镇分122个选区同步选举新一届乡镇人民代表大会代表。整个选举过程秩序井然，安全稳定，并于当晚12时以前依法收回了全部选票和选举结果报告，顺利完成了全部选举任务。

经过全区上下近4个月的共同努力，全区共82个选区，登记的选民总数为25.68万人，参加投票选举的选民总数为24.51万人，参选率为95.45%，比上一届上升0.35%（2006年换届的参选率为95.10%）；应选举区人大代表189名，依法选举出代表189名，其中男代表127名，占代表总数的67.2%；女代表62名，占32.8%；中共党员代表150名，占79.37%；非中共党员代表39名，占20.63%。全区7个乡镇共122个选区，应选举乡镇代表342名，依法选举出代表342名，其中：男代表239名，占69.88%；女代表103名，占30.12%；中共党员代表219名，占64.03%；非中共党员123名，占35.97%。整个选举过程中，各单位积极支持，群众踊跃参与，工作进展有序，结果合法有效。但是，也存在一定的不足：极个别选区牵头单位负责人重视不够，在选举过程中存在工作滞后的情况，需要今后努力加以克服，确保下一次的人大换届选举工作取得圆满成功。

（区选委会）

纪检监察工作综述

一、围绕中心工作，确保政令畅通

全区各级纪检监察组织认真学习贯彻市、区党代会和上级纪委全会精神，紧紧围绕区委、区政府中心工作，切实将党风廉政建设和反腐败工作融入自流井经济社会发展大局，认真履责，靠前监督，注重预防，保证了政令畅通和各项政策措施落实到位。今年，针对全区重点工程、重点项目多，专项资金、大额资金使用多的实际情况，紧抓重点领域、突出关键环节，加强了对发展战略落实情况、依法行政情况、机关效能作风建设情况等方面的检查监督。通过开展领导干部作风整顿，城乡环境综合治理专项监察，工程建设领域、扩大内需、加快灾后重建专项监督等，推进阳光政务，提升行政效能，有力地推动了全区重点工作的顺利开展。今年以来，对政府采购、国有产权转让和工程招投标实施监督131次，共节约资金1654余万元；开展专项治理、专项监察52次，提出纪检监察建议32余条，纠正问题132个，有效推进了全区中心工作的顺利进行。

二、突出重点工作，扎实推进惩治和预防腐败体系建设

严格执行党风廉政建设责任制，全力推进惩防体系框架构建工作，切实将惩防体系框架构建作为区委区政府全年反腐倡廉工作重心。区纪委切实履行组织协调职能，在牵头抓好区级层面框架构建的同时，采取纪委常委分组的方式，加强对基层各单位工作的跟踪督促和业务指导。目前，已清理区级已有制度120余项，针对区及区级部门重要环节制度建设提出修订、补充建议80余个，全区各单位框架构建进入修订完善阶段。

扎实推进党务公开工作，根据基层组织的特点，分类制定党内公开目录，同时，确定区法院、舒坪镇等7个单位为工作示范点进行重点指导，逐渐形成以点带面的示范效应。全区各单位、各部门充分利用会议、文件、信息简报、设置公开栏等多种形式，构建了多形式并进、利于全方位监督的立体公开网络，努力实现"公开什么，群众就看什么"向"群众关注什么，就公开什么"转变。

狠抓工作载体，有效推进基层党风廉政建设。切实加强"廉勤督报站"规范化建设，今年，在对廉勤督报站2009年成立以来的工作情况进行考核的基础上，对金鱼社区廉勤督报站等8个获得考核一、二等次的廉勤督报站予以通报表扬和奖励。加大了对《廉政准则》的学习力度，加强了对换届纪律要求的学习宣传，认真落实《关于领导干部报告个人有关事项的规定》。继续开展"廉政巡回讲堂"活动，加大了工作延伸的范围和层级。继续推行了"三书告知"、"廉政三谈"制度。今年，全区各级纪检监察组织共发放党风廉政任务要求告知书200余份，区纪委开展日常廉政谈话120余人次、任前廉政谈话50余人次、廉政诫勉谈话1人次，有效遏制了违反党纪政纪的苗头性倾向，及时纠正了干部的轻微违纪行为。

三、强化案件查办，保持纪检监察办信办案工作强劲势头

高度重视信访工作，注重对线索的追踪排查，切实将以人为本的执纪理念融入案件查办工作当中。通过案件检查、审理、监督管理等工作既坚持惩处腐败，又保护党员干部的合法权益。在查办案件工作做到了案件线索统一管理，办案力量统一调剂，重大案件查办统一组织。通过案件的查办，切实加大了警示力度和治理力度。今年以来，区纪委、监察局共受理群众来信来访电话举报32件（次），初核违纪案件12件，立案11件，结案11件。

四、纠正不正之风，切实维护人民群众利益

继续加大了对教育、医疗、惠民政策落实情况的监督检查，着力解决人民群众长期以来关心关注的突出问题。继续开展了对学校开学收费情况的专项检查，加大了对强农惠农、征地拆迁等工作的监督检查。针对损害群众利益的新情况、新问题，集中开展公车管理、"小金库"整治、企业减负、安全生产、环境保护、食品药品安全等方面群众反映强烈问题的专项治理。重点开展了对区社保局的民主评议政风行风活动，办好了行风热线。积极推进了纠风工作长效机制建设，区纠风办会同财政、农牧林业部门，联合开展了对粮食直补、综合补贴等政策落实情况检查。抽查乡镇2个、村6个、农户30余户，确保了全区粮食、综合补贴面积共4.6565亩、资金483.6万元的及时足额兑现。

五、狠抓效能监察，切实规范机关行政行为

切实加强效能建设，加大政务服务中心的规范化建设，落实"三项制度"，加大电子监察力度，促进办事效率的提升。全年受理6.48万件，办结6.48万件，同去年相比增幅都在125%以上，按时办结率、现场办结率、办结同意率、提前办结率均为100%，无超时件发生，实现承诺提速60.87%、办理提速97.91%。高度重视行政效能投诉，及时调查核实、快速有效解决反映问题。今年，效能监察室及时处置效能投诉7件，对城乡环境综合治理工作不到位的15个责任人实行了效能追究，进一步规范了机关工作人员的行政行为。

六、加强自身建设，不断提升纪检监察队伍整体素质

进一步完善纪检监察干部任用管理工作制度和派出机构管理工作制度，通过制度建设努力把纪检监察机关建设成学习型的组织、创新型的机关、

攻坚型的团队、廉洁自律的楷模。今年，区纪委将调查研究与工作推动相结合，开展纪检监察"大调研"，着力营造纪检监察系统的主动思考之风、调查研究之风，促进纪检监察干部凝心聚力推动工作开展，不断促进工作向纵深发展。加强对基层纪检监察组织的指导，充分发挥基层纪检组织的作用。大力培养纪检监察干部，今年，全区纪检监察系统提拔交流科级领导干部10名。

（区纪委）

"两化"互动综述

自流井区"十一五"乡镇经济发展回眸

五年前，行政区划调整将7个乡镇整体划入，结束了自流井纯城区的历史。

乡镇兴，村民富。从舒坪工业集中区建设到中国最大的井矿盐制造基地的雏形初显，从飞龙峡城乡统筹演绎基地建设到新农村建设的整体推进，从尖山风景区开发到都市近郊旅游产业的呼之欲出……五年间，自流井各乡镇因地制宜，各显神通，不仅让那些散落在市郊的村庄变美了，更让越来越多的农民腰包鼓了，腰板硬了，日子更有盼头了。

高举"工业强区"大旗　村民摇身变工人

虽是初冬，但舒坪工业集中区里的华瑞特公司却一派热火朝天，和料的、封袋的、装车的工人们就像生产线上的一个个快乐的音符，来回穿梭，忙得不亦乐乎。

刘富贵一直认为自己是这批工人中最幸运的。"几年前，因工业用地的扩张，我家的宅基地被征用了，我们村也被变成了社区，我们也被变成了市民。去年还被镇政府安置进了新小区呐！"刘富贵一连说了几个"被"字，谈话中流露出"富贵"对于他来说来得有些突然，"如今，我和老婆都在这里当工人，就近就业很方便，几乎每月都能存2500元。"采访中得知，像刘富贵一样，从村民摇身变工人的现象较为普遍，仅华瑞特、华信伟业、大业高容等龙头企业吸纳农民工就逾1000人。

"实现工业反哺农业，以城带乡，破除城乡二元结构，让农民在家门口上班，关键在于大力发展乡镇工业。"自流井区把握机遇，出台了促进乡镇工业发展的实施意见，将发展规模和质量

纳入目标考核　力促乡镇工业"又好又快"发展

2006年年初，依托交通枢纽火车南站，一个按"集中布局，集群发展"思路，高起点、高标准启动规划建设的工业集中区在舒坪镇应运而生。落实机构、编制规划、征地拆迁、园区配套工作向纵深推进……贡舒路、马舒路建成通车，水、电、气、通信等杆管线搬迁基本到位，管网改造工程开工建设，一系列筑巢引凤的举措，让这片曾经荒漠的土地变成了企业投资的热土，这块4.3平方公里的工业主战场擂响了乡镇工业发展的激越鼓点，开启了乡镇工业发展的"大合唱"。据统计，2006年该区乡镇规模以上工业企业仅14户，实现总产值3.22亿元，增加值0.86亿元。至2009年底，乡镇辖区内规模工业企业达36户，实现产值22.2亿元，增加值6.7亿元，成为自流井区工业经济发展的重要力量。目前，乡镇辖区内规模工业企业户数已达40户，预计全年可实现规模工业总产值33亿元，增加值10亿元。"乡镇是工业发展的大舞台，工业发展也有力地推动了农村城镇化的进程。"目前，"工业重镇"舒坪镇城镇化率已达45%，位居全市乡镇前茅。

巧调农业产业结构　村民摇身变股东

“农民只有成为合作社股东才能真正赚大钱。”就连64岁的杨婆婆也加入了荣边水果专业合作社，这让小富则安的金大姐再也按捺不住了，她不希望自己在干塘村里落伍。一大早，记者见干塘村大大小小的“股东们”忙着搭建钢架大棚，便凑上去了解行情。“这是用来栽培优质葡萄。你放心，反正比拿钱存银行强好多倍。”荣边水果专业合作社的发起人之一、干塘村主任杨富贤介绍说，他们走精品果蔬之路，已发展优质柑橘350亩，19亩钢架大棚用于“红太阳”葡萄、秋辣椒等高品质果蔬种植，明年就能让村民们分红利。

这是自流井区发展专合组织，让农民直接获得受益的一个缩影，专农合组织为自流井农民架起了一座致富金桥。该区通过拓宽渠道，减少环节，开展“农超对接”、“农校对接”、“农企对接”、“社企对接”、“农市对接”，让农团乡的小蘑菇尽占大份额，漆树乡的小家畜显露大效益，仲权镇的小白菜赚回大收入……目前，累计发展省、市级重点农业龙头企业8户，新增省、市级重点专合组织3户，各类种养大户达300余户，农村经纪人100余人，实现销售收入近3亿元，实现利税约5000万元，辐射带动农户2万余户，农户年均获纯收入1万元以上，助农增收年均600多万元，农民人均纯收入年均增幅12.7%。

“农业的总量不大，我们更要注重特色和品质。”各乡镇大力调整农业产业结构，实施精品化、标准化和品牌化战略，通过政策、项目引导龙头企业、专合组织发展，创新利益连接机制，带动农户生产发展，全区流转土地约8000亩，累计发展水产1万亩、花卉2000亩、水果9000亩；形成了生态园林、环城花卉、无公害蔬菜、优质水果、优质花椒、畜禽水产等六大特色农业产业带；仲权镇大棚蔬菜种植、农团乡菌类大棚种植、荣边镇和仲权镇双孢蘑菇、漆树乡浅泥藕、高峰乡和舒坪镇精细菜和叶片菜种植等特色产业初具规模；飞龙峡现代农业科技示范园兼具科技、绿色、生态、休闲为一体的城乡统筹演绎基地也已破茧而出……几年时间内，自流井区突出“小而精，小而特，小而优”思路，实现了农业“从无到有，从有到优”的“三级跳”。中国经济网、中国农业网、大成网、四川日报等媒体相继予以报道。

做大旅游经济文章　村民摇身变老板

清新优美的田园风光，各具特色的农家乐园，发展迅速的特色农业，丰富多彩的节会活动……迎合了市民对绿色、环保、健康的追求，受到都市人的青睐。

村民杨大爷的家位于飞龙峡风景区内尖山村，近些年，他一改祖祖辈辈靠种地为生的传统，用窗明几净的新居、野味浓郁的饭菜办起了“农家乐”、种果树，吸引了一拨又一拨城里人前来度假休闲，今年收入有望突破10万元。

可就在几年前，他一家四口还住在半山坡上的几间土房里，水电不通，交通不畅，除了粮食全家一年收入不到2000元。杨老板对记者说：“通过政府的扶持、引导，没想到如今的小山村‘靠山吃山，靠水吃水’，竟搞起‘跨市经济’，有好多宜宾、内江、乐山的外地客人都慕名而来。”

2006年，为配合全市打造旅游目的地战略，该区围绕“三产立区”战略，提出”整体规划，统一管理，凸显特色，丰富内涵”的思路，将尖山、农团风景旅游区整合为自贡市飞龙峡风景区。旅游资源最为丰富的荣边镇和农团乡抓住机遇，迅速发展乡村旅游，借助“飞龙峡桃花会”和“金秋旅游节”，不断扩大农家乐的知名度，相继推出游园、登山、体验田园风光、暴走等乡村旅游套餐活动。农家乐由过去的自发式、粗放式经营不断向着规范化、精品化方向发展。

目前，旅游经济已成为自流井区农村新的经济增长点，全区像尖山村一样的借助乡村旅游发展起来的村庄不胜枚举。伍富路沿途别具一格的农家乐星罗棋布，可看花赏景，可垂钓品茗，可休闲娱乐。“过去的农家乐除了吃饭就只能打牌。现在的农家乐不仅改善了环境，有的还增添了休闲设施，周末来放飞心情，真的很舒服。”塘边垂钓的市民李云静说。

五年来，全区各乡镇加大招商引资力度，引进有实力的业主，投资上亿元对农团度假山庄、松涛山庄、亭园度假村等大型接待休闲、度假山庄进行升级改造，打造上档次的农家乐40余家，乡村旅游总人数逾800万人次，旅游综合收入达12亿元。

"往年过了国庆节,基本上就没有游客了,可今年不一样,每到周末,仍有不少游客。"杨老板对未来充满信心。

(范雪松、范爱婷、尚永高)

建设美丽繁荣和谐自流井中心城区

曾是全国仅有的两个纯城市区之一的自流井区,区划调整后,经济社会和城市建管齐头并进,产业集聚区与城镇建设互动发展,工业化、城镇化水平明显提升。但承载空间仍然狭小,基础设施陈旧落后,如何在新一轮的"两化"互动发展中定位高人一筹,行动先人一步,步伐快人一拍。产业发展和城市建管并重,全域提升中心城区品质,全力加快工业园建设步伐,全面提高服务业档次,倾力打造美丽繁荣和谐的城市中心区这是自流井区个性化的答案。

全域提升城区品质　凸显深厚历史文化内涵

"规划好、建设好、管理好城市就是市中区最大的惠民工程。"自流井区区委书记张邦举感慨地说,要让老城区焕发新气象,必须在规划设计中融入城市文脉和历史遗存,全域提升城区品质,彰显深厚的历史文化内涵。在"两化"互动发展中,该区将重点对釜溪河两岸,特别是自流井老街城市风貌进行整体设计和改造;对川主庙、桓侯宫、王爷庙、西秦会馆、法藏寺等周边环境进行综合改造;精心打造釜溪步行街、同兴路美食街、五星街、东方广场、檀木林街等专业特色街区,体现"一街一景,步移景换"的不同风格;重点推进大同路西一段、釜溪东路南段、光凤路等道路和其他基础设施建设,加快推进张家沱、中华路西段及光大街片区棚户区改造。同时,对自宜路、伍富路、红肖路、永荣路沿线农房结合新农村建设进行整体风貌改造,高质量实施全线绿化、美化;把舒坪镇建设成为城市环境优美、基础设施完善、产业发育充分、产城结合的城市组团;到2015年,把仲权镇、荣边镇建设成城镇聚集人口达6000人和3000人规模的中心城镇;高起点规划、高标准建设飞龙峡自然风景区和独具特色风情的农团街镇,使之成为自贡(微博)独有、川南知名的休闲、健身、度假、旅游观光区。

全力推进工业园区　夯实"两化"互动发展基石

这是2005年自流井区划调整后最新的一组数据:规模工业总产值59.3亿元,累计增长1311.9%,年均增幅69.81%;增加值18.69亿元,累计增长1395.2%,年均增幅71.77%;规模工业企业79户,净增61户;工业园区从无到有,现已入驻项目28个,竣工投产9个,在建项目13个。实践证明,没有强大的经济做后盾一切都是空谈。该区以"制盐及含盐日化、节能环保、装备制造、仓储物流"为功能定位,完善各项基础设施建设;以"延伸产业链,提高聚集度、增强竞争力"为目标,形成龙头企业带动、关联企业集中、协作配套紧密的链式产业集群,将老城区9户区属工业企业搬迁至园区;力争年新引进投资2000万元以上的工业项目5至8个,投资5000万元以上项目3至5个,投资1亿元以上项目2个。力争到"十二五"末,完成工业园区4.36平方公里开发,经济总量超100亿元,打造成中国最大的井矿盐制造基地、西部最大的CNG设备制造中心和独具特色的仓储物流基地。

全面提高服务业档次　构建区域商贸物流中心

思路一变天地宽。该区工业的集中发展为狭小的主城区发展腾出了位置,也为产业与城市融合、拓展现代服务业增长点、构建区域商贸物流中心赢得了空间。"两化"互动发展中,该区将川南粮油批发市场等重大物流项目建设作为龙头,加快引进发展第三方物流、电子商务等,尽力引进上海渤海商品交易所入驻;大力发展规范、高质量、门类丰富的中介服务平台;积极为驻区金融、保险、通信、电子信息等单位提供快捷、优质、高效的政务服务;提升、规范宾馆饭店、餐饮娱乐、购物场所服务环境、质量,创造优良的商务环境;积极开展劳务培训和就业指导,扩大、提升就业服务平台,加强驻区科研、设计单位、高等院校的联系协调,构建与企业交流沟通的平台,为促进“两化”互动发展提供人力、智力支持。预计到“十二五”期末,该区城乡固有的二元结构将被打破,城镇居民人均可支配收入达31400元,农民人均纯收入达到11400元,年均增长均超过15%,真正让“两化”互动发展为老百姓带来更多的归属感、幸福感。

(范雪松)

自流井区新农村建设纪实

自流井区仅7个乡镇,驱车从市区出发半天就能逛上一圈。“小而精,小而特,小而优”的发展思路给该区新农村建设带来了哪些变化?连日来,记者深入农家进行了采访。

农家“堂屋”变“客厅”

顺着水泥道路,记者走进雨潭村村民彭秀兰的小院,山茶花簇拥着川南民居风貌的庭院四周。“客厅里坐,客厅里坐!”见有来客,彭秀兰忙着沏茶。

“没想到屋内也如此漂亮。”步入彭秀兰豪华的农家,记者为屋内的装修陈设而惊讶:欧式风格的简洁吊顶,粉色的墙面壁纸,棕色的木质长椅,一应俱全的现代电器,俨然一个城市版的接待大厅,难怪彭秀兰把农村的“堂屋”称为客厅。

据该区农委办主任张维刚介绍,为了把农房改貌工作做得更实,该区推行区级部门“1+1”结对帮扶农房改貌工作。第一批29户农房改貌分别由29个区级部门进行对口帮扶援建,并成立督查组检查验收,确保了沼气池、改水、改厨、改厕、改圈、改院坝“一建五改”不走样。

“以前,只要有砖瓦房能遮风挡雨就满足了。如今讲究的是生活品质。”彭秀兰向记者介绍,几年前修建的房屋已经过时了。今年,政府推行农房改貌政策,她家就获补贴1.1万元。

今年,自流井区财政投入300余万元,对300多户农房进行了改造。同时,加快了城乡建设用地增减挂钩项目建设,在新农村示范片重点突破区荣边镇雨潭村和农团乡红岩村实施农民集中居住区建设,新增耕地面积160余亩。在雨潭村新建农民集中居住区4个点200余户,首期36户已开工建设。同时,农团乡红岩村增减挂钩项目正在进行项目规划、测绘和编制。

农村“老土”操“时尚”:新闻联播一结束,干塘村村民刘志祥匆匆忙忙赶往新村广场。这里已经响起了欢快的华尔兹,几盏耀眼的大灯将广场照得亮如白昼,男女老少跟随着音乐娴熟地跳起了“蹦擦擦”。

新建的健身广场,为我们提供了舞龙灯、演小品、唱京剧的好去处。66岁的刘志祥告诉记者:“农村居住环境发生了巨大的变化,做梦也没想到啊!就是‘出门穿皮鞋,进屋就脱鞋’,还真有点不习惯。”

会编小品的陈婆婆说话像背台词,她接过话说:“你看,水泥路修到家门口,名贵树栽到院坝里,垃圾池建到公路边,园区内还有保洁员,讲究文明卫生的习惯不习惯也要习惯啊!”

记者正为村民的时尚感慨时,村主任杨富贤笑着说:“新农村的时尚还远不止这些呢!”

在杨主任的带领下,记者见村民房顶上安太阳能热水器和屋门前建起沼气池的还真不少,这已成为农民扮靓新生活的新追求。经营农家乐的胡老板说:“一个8立方米的沼气池,年均能产沼气300多立方米,相当于600公斤标准煤。彻底改变了烧柴做饭烟熏眼,粪水蚊蝇满庭院的不卫生状况,农民的生活习惯和条件都有了极大的改善。”

截至2010年年底,自流井区提前三年实现乡乡通水泥路(油路)、村村通公路目标,在全市各区县名列第一;实现15个20户以上自然村通电话,农户水电等网络实现了全覆盖;实施“文化惠民”和

“农民健身”工程,新建农民健身工程11个、群众体育健身路径4条、群众文化活动场地2个,建成乡镇综合文化站6个、“农家书屋”45个,提前实现行政村农家书屋全覆盖。世代庄稼人变“股东”,入股分红,在常人眼里似乎是大公司、大企业的职工才能享受的。2008年7月12日下午,荣边镇团结村村民郑子清成为了一名“股东”,他拿到了由市牧天种植养殖专业合作社核发的编号为“080011”的股权证书,证书上详细记录了他所持有的股额情况。如今的郑子清成了股东:“每月按股享受分红,与领工资没两样。”

“荒山闲地也能变废为宝。”荣边水果专业合作社“股东”张大爷指着对面的山地告诉记者:“这里荒了多年,自村上成立了专合社,我就流转出去了,现在种上了优质的柑橘,明年将大量挂果,到时荒山也能产金子了。”

与张大爷一样通过土地流转,参股加入专合社变成“股东”的干塘村民达90多户。该村以转包出租的方式流转田地走精品果蔬之路,现已发展优质柑橘350亩,19亩钢架大棚用于“红太阳”葡萄、秋辣椒等高品质果蔬种植,明年4月就能让村民们分红利。“过去祖祖辈辈靠着几亩田地种庄稼,哪想到现在是坐在家里也能发财。”张大爷感慨专合组织为农民架起了一座致富金桥。

通过拓宽渠道,减少环节,开展“农超对接”、“农校对接”、“农企对接”、“社企对接”、“农市对接”,让农团乡的小蘑菇尽占大份额,漆树乡的小家畜显露大效益,仲权镇的小白菜赚回大收入……目前,自流井区累计发展省、市级重点农业龙头企业8户,新增省、市级重点专合组织3户,各类种养大户达300余户,农村经纪人100余人,实现销售收入近3亿元,实现利税约5000万元,辐射带动农户2万余户,农户年均获纯收入10000元以上,助农增收年均600多万元,农民人均纯收入年均增幅12.7%。

(范雪松)

走特色农业发展之路

2005年8月,荣边镇等7个乡镇划归自流井区管辖,结束了二十六年无农村的历史。耕地面积仅有5.5万亩、农业人口只有8万的自流井区可谓弹丸之地。即使这样,由于红旗乡和高峰乡的三个村由高新区代管,它实际上仅有5个半涉农乡镇,因此,它的农业注定与众不同。2012年2月23日,记者走进自流井区,探寻这个特殊地区非同寻常的特色农业之路。

科技引领新品种强势敲开市场

2月23日,在荣边镇雨潭村自贡飞龙峡现代农业科技示范园,自贡天健生物科技公司偌大的现代化组培车间基本竣工,老板邓华正把刚收到的第一批10万个组培瓶搬进车间。

这位昔日某上市公司走出的青年人首次选择从农业里掘金。他瞄准了“中华九大仙草”之首的铁皮石斛这味中药材中科技含量响当当的“贵族”。从其价格就可见一斑:石斛苗能卖1.5元/株—1.8元/株,而鲜枝条售价为1000元/公斤—1500元/公斤,加工后的干品“铁皮枫斗”售价则高达5000元/公斤,难怪号称“植物软黄金”。

“我们与四川理工学院合作,育种采用的是克隆技术,前期需要的营养液属于技术机密,而培育期对洁净度、温度、湿度都有极高要求,要求全部是无菌车间。”邓华说,整个基地投资已近2000万元,一个组培车间就高达1000多万。

据邓华介绍,该基地初期以种苗销售为主,设计产能是一年3000万株种苗,年产值则高达2亿元。下一步通过“学院+专业合作社+基地+农户车间生产”模式,带动农户发展种植面积在500亩以上。

在新品种上做致富文章的还有牧天专业合作社理事长张莜。“这些都是去年从省畜科院引进的经过10年培育的川猪地方改良品种川黑F03。”正准备给嗷嗷“喊饿”的“黑珍珠”们喂食的张苠告诉记者，别看这猪样子黑，价格却一路飙红，由于肉质优、风味独特，在成都超市能卖到19元/公斤。2010年，作为省级专合社的牧天就被家乐福确定为国内首家提供风味干肉的直采基地。张苠嗅出了高品质肉品的商机，毅然选择了新品种，试养阶段就得到了家乐福的高度认可。

而舒坪镇狮湾村的村民宋德成尝到甜头后，再次来到天野农业公司的基地拿了20只雁湖土蛋鸡回去养。学医出身的年轻人张霞投资承包了200多亩山地，漫山遍野放养起两万多只“英俊”的广东清远土鸡，还专门注册了“草堂山”商标，在自贡开设的两家专卖店也即将开业，今年底，天野专合社的500户社员每户存栏鸡量要达到800只—1000只。

做强精品产业化助农稳定增收

“铁皮石斛、川黑猪新品种以及跑山鸡只是我们近年来特色农业发展的一个缩影。”自流井区区委农办主任张维刚告诉记者，由于区情诸多“小”的特点，因此坚持发展“小而精、小而特、小而优”的精品农业成为近年主攻方向，但是每一个“小”精品却几乎都是“大手笔”。

据张维刚介绍，去年该区还引进华西希望特驱集团投资9500万元建立美系曾祖代种猪基地，引进业主组建自贡市玉兔养殖专合社，发展年出栏商品兔20万只、种兔5万只的精品肉兔养殖基地。此外，舒坪镇狮湾村打造水上精品养殖园；仲权镇着力打造“仲权精品脐橙之乡”；黄家村着眼精品蔬菜下功夫；狮湾村还围绕天竺桂、紫薇等80余种精品花木做园艺市场的大文章。而精品农业的真正意义则是农民充分尝到了农业科技的甜头。“农民不仅在公司打工赚工资，还能学到铁皮石斛的种植技术。”自贡天健生物科技公司邓华告诉记者，将来农户用10平方米种植3000株就能收入3万多块，其中40%是净利润。而牧天专业合作社理事长张苠表示，他们合作社拥有社员722户，靠养川黑猪就能赚800元－1000元一头，为以前普通白猪的两倍。

“我们是保证回收，农户拿回去后，一只鸡年产蛋200枚，售价一元一枚，两年后淘汰后还能将鸡卖给公司，估计有60元上下，这样算下来，农户从一只鸡身上就收益500多元。”天野农业公司的张霞告诉记者，正是看到了增收的“钱景”，仅23日当天，就有11个农户慕名前来购鸡。

正是像天健、牧天和天野这样的企业和专合社组织将精品农业与农民紧紧绑在了一起。据记者了解，目前自流井区已累计发展农民专合社23户，发展农业龙头企业12户，形成了“龙头企业＋专合社＋农户”、“专合社＋农户＋市场”、“龙头企业＋基地＋农户＋市场”等利益联结合作机制，农业产业化经营带动作用成效初显。

“2011年，全区农民人均纯收入同比增加823元，达到6700元，增速14%。”张维刚预计，今年农民人均纯收入将增长12%以上。

（奉友湘、李　森、尚永高）

发展乡村旅游业

国家AA级旅游风景区，拥有20平方公里内保存最完好的自然生态旅游资源，水库面积达400余亩，库容量264万立方米，森林覆盖率达70%以上。

面对丰富的资源，自流井区把乡村旅游作为新兴产业来抓，以飞龙峡风景区为龙头，使自流井区乡村旅游独具魅力。“提升农家乐档次，因地制宜地将乡村游与农业产业化相结合，这样才能使乡村游出大市场。”该区外事侨务和旅游局副局长谭朝霞表示，自流井区乡村旅游已有良好的开端，但总的来看，仍处于刚刚起步阶段，尚需进一步规划、整合、建设和发展。

绿色天地:吸引游客的眼球

2006年,为配合全市打造旅游目的地战略,该区围绕"三产立区"战略,将尖山、农团风景旅游区整合为飞龙峡风景区。旅游资源最为丰富的荣边镇和农团乡抓住机遇,迅速发展乡村旅游,借助"飞龙峡桃花会"和"金秋旅游节",不断扩大农家乐的知名度,相继推出游园、登山、体验田园风光、暴走等乡村旅游套餐活动。农家乐由过去的自发式、粗放式经营不断向着规范化、精品化方向发展。由于景区道路和环境的进一步改善,外地游客到飞龙峡自驾游明显增加。据统计,第十二届飞龙峡桃花会期间,接待游客26.7万人次,同比增长33.5%,旅游总收入达2150万元,同比增长34.3%,创历史新高。

此外,为促进景区农家乐改善经营环境,提升服务水平和档次,该区于2007年启动了星级农家乐打造项目,重点扶持打造湖滨园等4个三星级农家乐。目前,景区共有25家农家乐为游人提供良好的餐饮、住宿环境,解决了附近500余名村民的就业问题,发挥起"以旅促农"的作用。

在尖山景区的平安林秀山庄,老板郑平安告诉记者,在2008年,农家乐完成软硬件设施升级换代,具备了三星级农家乐标准后,生意一年比一年好。在今年桃花会期间,生意最好的时候,一天要接待游客2000余人,占地600平方米的农家乐被挤得满满当当。"今年的生意非常火爆,最红火的时候我要请30多名员工。"

"恋乡"情愫:催生消费大市场

通过观察发现,市民一般早上九十点钟从市区驱车向周边乡村进发,有的直奔目的地,也有的哪里风景秀美,就在哪里"安营扎寨",午餐消费成了乡村游消费中最大的亮点。到下午三四点钟,游人疲乏了,开始陆续返回城里。

在尖山景区内,前来游玩的私家车一辆接一辆开进景区,一到中午,附近的农家乐家家生意火爆。"乡村游虽然舒心,但美中不足的是,好像总是逃不脱吃一顿就往回跑的模式。我想,除了吃,还应该有许多好玩的项目。"市民刘先生带着家人在尖山风景区游玩时感叹道。刘先生还说,他在网上看到有人骑马逛山,一玩一整天,非常向往。他觉得,在自贡类似这样的新颖项目并不多,也没形成市场。

"很多农家乐都是由当地村民兴办的,不了解大旅游市场的他们大多无心提升农家乐的规模和档次。"谭朝霞表示,农家乐的档次现在还不高,而且乡村游并非仅仅是农家乐,还应该包括观光、度假、休闲、农耕体验等,如何结合新农村建设,进行资源整合是目前亟待解决的问题。

塑造特色:"土得掉渣"+"让人舒心"

乡村游是集合了旅游、餐饮、娱乐等多种业态的综合体。乡村旅游要发展壮大,既要"土得掉渣",又要"让人舒心"。"土得掉渣"是指要"农、俗、情、趣、真",体现农家特色,而"让人舒心"则是指乡村旅游要以良好的服务和环境让游客玩得愉悦和舒心。

在2009年,飞龙峡景区开始陆续推出4条乡村徒步游线路,特别是"南环路口－荣边镇－尖山－农团度假山庄－桃花岛－草堂寺入口－长恩寺"线路,全长约20公里,用时约5小时,贯穿整个飞龙峡风景区,路况良好,沿途植被茂密,阡陌纵横,尽显乡村田园风貌。由于途经荣边、农团两个农村街市,游客还可购买到土鸡、野菜等地道的农家土特产,十分适合家庭及团体出游。

在今年桃花会期间,还首次将投资达1.5亿元的飞龙峡现代农业科技示范园观光、体验并入系列特色活动之中,让游人观赏精品特色农业,体验"绿色"、"生态"魅力。"好看"风光的背后更是"殷实"的数据:据统计,自桃花会开园以来,示范园特色农产品销售额达5万余元。到2012年,示范片内将发展特色产业4200亩,其中特色水产养殖园1400亩,果蔬及花卉苗木特色产业园2400亩,优质畜禽规模养殖产业园400亩;新发展农民专合组织3户,培育7户,壮大龙头企业5户;农民人均纯收入增长60%,高于全区平均水平30%以上。

此外,为全面提升接待能力和服务水平,该区在今年组织从业人员,学习管理、礼仪、食品安全控制与环境卫生等知识,开展"农家招牌菜大赛"、"乡村旅游服务人员技能大赛"等行业比拼活动,并结合新颁发的《省农家乐旅游服务质量等级划分与评定》标准,进行等级评定工作。

（周　姝）

荣边镇雨潭村新农村综合体试验区见闻

8月3日上午,晨雾缭绕,记者在自流井区荣边镇雨潭村看到,一条条蜿蜒的水泥公路缠绕在青山绿水间,一座座川南风貌的民居错落有致,一排排整齐的大棚一望无际,一块块特色水产养殖塘波光粼粼……一个现代农业高地、新农村综合体正在展现她的无限魅力。

产业支撑——特色产业托起致富梦

荣边镇党委书记郑彬尚告诉记者,雨潭村被列入全市现代农业及新农村综合体试验区后,镇党委、政府围绕"打造现代农业高地和生态宜居乡村"定位和发展思路进行了大胆探索。

探索之一:土地换投入。试验区产业化发展注重在"特色"上做文章,为解决资金投入难题,利用土地招商换投入。目前,全村已流转土地近1000亩,引进金汇科技公司投入250万元,规模发展泥鳅、白乌鱼繁育养殖基地200多亩,带动周围农户集中成片发展特色水产养殖500亩,直接带动农户50户,每户人均年增收1.5万元;引进四川理工学院投资1400万元,建成占地20亩的组培车间,用于名贵中药植物铁皮石斛的栽培和研究,带动周边农户发展标准化的种植铁皮石斛150亩,当前国内市价每公斤8000元,国外市价每公斤3000美元,是中药材中的"软黄金";引进业主投入250万元,规模发展精品大棚果蔬,栽植李子700亩、桂圆50亩、血橙50亩,带动农户106户,盛果期后,全村人均年增收1450元;引进业主投入100万元,建成200亩五彩观赏鱼基地,带动农户40余户,打造全市最大五彩鱼观赏和育苗基地;引进业主投入建成20万只生态肉鸡和10万只林下生态肉鸡养殖基地,带动250余农户养殖生态肉鸡,年出栏100万只,纯收入300万元左右。

探索之二:宅基地换新房。依托城乡建设用地"增减挂钩"项目,农民以老宅基地换新房,对老房进行补偿,农民只补少量的钱就能在小区置换一套连体别墅。目前,四个农民集中居住区全面开工,实施156户,雨潭寺农民集中居住点预计10月底交房,12月底41户农户能搬进新房,其余三个点预计11月底交房,农户搬进新房过年。农民小区水、电、气、闭路、网络"五通",配套有文体广场和娱乐活动中心,农民生活质量显著提高。

探索之三:项目资金变股份。为让农民获得长久的收益,解决农民集中居住后有稳定收入,把国家投入项目资金折算成股份,使农民在每年获得土地流转后的租金外,还可通过股份参与企业或业主年终效益分红,农民既是"公司"员工,又是股东,极大地提高了农民的积极性和参与经营管理的热情。目前,全村600余青壮年外出务工,300余名中老年在"公司"上班,随着产业规模扩大,当地务工村民将大幅度增加,逐步实现农民"在车间上班,在小区居住"的目标。

百姓故事——我要当养鱼"状元"

来到雨潭村6组,水产养殖大户赖麒麟的鱼塘波光粼粼,今年只有20岁的赖麒麟原来和父亲赖新华一起在市区做装修工程,去年底家乡实施新农村示范片建设后,他回家流转20多亩土地养殖特色水产。赖麒麟一边给鱼儿投料,一边跟记者拉起了家常,金黄色的鲤鱼、红色的观赏鱼等争相夺食,甚是喜人。他告诉记者,他家用180平房老房子和宅基地在农民集中居住小区置换了一套151平方米的连体别墅,每平方米698元,老房子国家补助75600元,自己实际只出了不到3万元。现在父亲赖新华仍在市区做装修工程,妹妹在浙江打工,他和母亲李桂英在家养鱼,预计全家年收入10万元以上。在小区居住水、电、气、闭路、网络五通,而且,生活环境改善了,人际交往方便了,文体生活丰富了,和城市小区生活一样安逸。下一步,赖麒麟计划扩大养殖规模,多向专家请教,向专合社同仁学习,立志当养鱼"状元"。

数字看板——基础设施全面改善

为改善农民生产生活条件,积极争取上级支持和吸引社会投资,加强了道路、水利等农村基础设施建设。目前,已完成村主干道路总长8.1公里,其中:荣桥路3公里,园区公里5.1公里,村内公路两旁共栽植小叶榕5000株。江心岛接待中心道路、广场、绿化及主体工程已经完成,6个观光亭已全面完成。村办公室、党员活动室、就业培训基地、卫生室、警务室、调解室、计划生育服务站和文化广场等基础设施建设已全面完成。另外,在全区29个部门"1+1"对口帮扶下,对户农房全部按川南民居改貌统一设计,建沼气池、改自来水、改厨房、改厕所、改院坝,使小区外农民生产生活环境显著改善。预计今年全村农民人均纯收入将超过7000元,增收20%以上。

(曹湘黔)

仲权镇打造区域"商贸中心""红色旅游"示范镇

9月9日上午,秋风送爽。记者来到自流井区仲权镇全胜村"湘雨农庄",几百亩鱼塘波光粼粼,鱼跃人欢笑,成为市民休闲垂钓的好去处。随后,记者又来到占地65亩的龙虾养殖基地,沟垄纵横,水生植物郁郁葱葱,大大小小的龙虾正在水里觅食。"我的三个孩子原来都在浙江打工,2009年听说家乡搞新农村示范片,就共同投资20多万搞起了这个龙虾养殖场。我们的龙虾大部分销往省外,预计亩产值可达9000元以上,亩纯收入5000元左右,我们自己增收的同时也给邻居发展特色水产树立了榜样。"68岁的金永宽老人边给龙虾喂食边跟记者摆龙门阵。

镇党委书记吕泉告诉记者,仲权镇是省级小城镇示范镇、市扩权强镇示范试点镇,又是革命烈士卢德铭、李仲权的故乡,红色旅游文化底蕴深厚。为促进"两化"互动发展,镇党委政府提出了"规划建镇、商贸活镇、旅游兴镇"的总体思路,着力打造"两带一区一园",即:以黄家村、全胜村100户以上农民集中居住区、132户川南民居风貌改造项目、双石铺场镇700套商品房开发项目、占地30亩商贸中心建设项目为依托,打造自宜路商贸房产业带,力争2015年场镇集聚人口达1万人,达到商贸活镇的目的;以革命烈士卢德铭故居、李仲权烈士墓为依托,挖掘红色旅游元素,丰富红色旅游景点。按照"山上种果,田里养鱼"的思路,配套发展巩固优质水果3000亩,稻田养鱼1000亩,休闲垂钓鱼塘1000亩,无公害蔬菜基地2000亩,其中休闲观光为一体的大棚蔬菜示范基地1000亩,形成永荣路仲权镇至荣边镇,涉及全胜、黄家、仲权、竹园、建设、朱山、白胜等村的红色旅游及观光休闲生态农业产业带,以红色旅游促进乡村旅游的发展,达到旅游兴镇的目的;充分发挥城市近郊优势,以全胜村湘雨休闲山庄为中心,做大休闲水产项目,扩大面积到1000亩,打造全市第一个水产主题公园,为红色乡村旅游增添新亮点。

为提升特色农业的档次和促进农民增收,该镇组建了优质水产、优质水果、无公害蔬菜等农民专合组织,提高农民的组织化成度,积极开展土地流转平台建设,提供流转土地信息,加大农业项目招商力度,引进有实力的业主集中开发,实现规模化经营,标准化生产。充分发挥政府农技推广队伍的骨干作用,实施农技人员"四包",即包点、包项目、包示范片、包效果,同时建立起以农民为主体的农业技术社会服务体系,开展稻田养鱼、柑橘管理等各类农业技术培训,为农民增收致富提供"技术保姆"。

(曹湘黔)

舒坪镇打造自流井区新型工业化桥头堡

9月22日上午，记者来到自流井区舒坪镇工业集中区，宽阔的大道车水马龙，一座座现代化企业建成投产，一派欣欣向荣的景象。“只有树立‘全域舒坪’的理念，根据舒坪在自贡大城市中的定位和功能规划，以工业化为主导，以城镇化为载体，全力建设‘一区、一园、一镇’，才能推进新型工业化和新型城镇化互动发展”，镇党委书记王世华对记者说。

一区：“十二五”时期，舒坪镇将通过狠抓项目落地，使工业集中区产业承载能力进一步提升，配套服务能力进一步增强，基础设施进一步完善，产业关联度进一步加深。按照明确主导产业、发展特色产业、引进核心企业、发展终端产品，打造产业链条，培育产业集聚区的思路，重点打造制盐及盐业深加工产业集群、CNG移动加气站产业集群、传统机械制造产业集群、环保产品制造产业集群。建成“以制盐业为主的特色集中区”和“100亿产业园区”。

一园：充分依托毗邻自贡火车南站的货运物流优势，依托周边的川南汽贸城、皮革城、川南家具市场及集中区在建的川南钢材市场和规划建设的川南粮油批发中心、川南农副产品批发市场、川南干副产品批发市场、川南机电市场，积极发展现代物流，为工业企业原辅材料和产成品提供方便、快捷的物流平台，形成招商引资、企业发展和物流产业共同促进、共同发展的良好态势，逐步分片分区建设起规划整齐，管理规范，信息畅通，物流顺畅的仓容区，成为自贡地区货物聚散的中转站。

一镇：高度重视城乡规划建设和治理工作，对城镇建设进行重新修编。打破现有杂乱的城镇布局，在现有建成区基础上拓展城镇骨架，对工业集中区和居民居住区进行功能划分。以居民区和生产区的功能定位来规划城镇建设，围绕提高城镇档次品味做文章。拓宽过境公路，对新建成区道路实施硬化，适时启动老街道路和房屋的改造，按照川南民居风格对舒坪过境公路沿线农房实施改貌，全面改造提升舒坪整体形象。调整镇域内杂乱的排水、供电、燃气、通讯等管网分布，提高公共设施与城镇配套发展水平。加大对城镇绿化、亮化的投入，重点打造具有乡镇特色的景观节点，全面提高城镇发展水平、绿化水平、场镇特色和文化特色。力争“十二五”期末，全镇工业化率达到55%，地区生产总值超过10亿元，人均GDP达到4万元，农民人均纯收入超过10000元，非农就业比重达到70%；场镇建成区面积扩大一倍，城镇化率达到60%。

（韩莹莹、曹湘黔）

政　治　ZHENG ZHI

中共自流井区委

【九届十五次全体(扩大)会议】 1月6日,区委召开九届十五次全体(扩大)会议,会议审议通过《自流井区国民经济和社会发展第十二个五年规划纲要》和中共自流井区九届五次代表大会有关事项;讨论和测评区委书记履行基层党建工作第一责任人职责述职报告;干部选拔任用工作报告及民主评议;乡镇(街道)党(工)委、区级部门党组(党委、总支)书记抓党建促发展述职测评;总结2010年工作,安排2011年及当前重点工作。区委委员、候补委员、区纪委委员、党外县级领导干部、各乡镇、区级各部门、各街道主要负责人、部分辖区企业负责人和村(社区)代表参加了会议。

【区九届五次党代会】 1月9日至10日,中共自流井区第九届代表大会第五次会议召开,区委书记张邦举代表九届区委作题为《坚持科学发展 描绘宏伟蓝图为建设美丽繁荣和谐自流井而努力奋斗》的报告,全面总结2010年区委工作,安排部署2011年区委工作任务。会议认为:2010年,在市委的正确领导下,区委始终坚持以科学发展观为指导,全面贯彻落实党的十七大及十七届中央全会精神,牢牢把握"巩固回升、加快发展"工作基调,突出"投资拉动、产业支撑"两个重点,团结带领全区人民,奋力拼搏,开拓创新,脚踏实地,负重前行,全区经济快速健康发展,社会保持和谐稳定,党的建设全面加强,人民群众安居乐业,圆满完成区九届四次党代会确定的各项目标任务。坚持科学发展,经济实力持续增强;坚持综合治理,城乡面貌明显改善;坚持以人为本,各项事业协调发展;坚持民主法制,社会保持和谐稳定;坚持从严治党,执政能力不断增强。会议要求以党的十七大和十七届五中全会精神为指针,深入贯彻落实科学发展观,以发展为第一要务,以民生为第一目标,以稳定为第一责任,以和谐为第一追求,努力转变经济发展方式,加快经济结构战略性调整,突出工业园区建设、新农村示范片打造、"大东方"核心商圈升级、城乡建设管理等重点工作,全力以赴推进项目建设,凝心聚力,攻坚破难,开拓进取,扎实工作,全面完成2011年各项目标任务,为顺利实施"十二五"规划起好步、开好局。以项目建设为核心,努力增强经济发展后劲;以工业集中区建设为重点,促进工业加快发展;以现代服务业为主导,巩固提升第三产业主体地位;以统筹城乡为载体,推动农村经济社会加快发展;以建设高品位宜居城区为目标,不断美化人居环境;以改善民生为根本,着力提高人民群众幸福指数;以民主法制为基础,加快推进依法治区进程;以提升执政能力和先进性为主线,全面加强党的建设。区纪委书记钟淳作区纪委2010年工作报告。正式代表和列席代表250余人参加会议。

【乡镇领导班子换届工作】 5月24日,区委召开换届工作大会,印发《关于做好乡镇领导班子换届工作的意见》,明确此次乡镇领导班子换届工作的人事安排政策、规定和要求,推进方法改革,扩大党内基层民主。区委书记张邦举提出四点要求:一要统一思想,提高认识,全区上下要从全局和战略的高度,充分认识做好这次换届工作的重要意义,增强政治责任感和历史使命感,做好这次影响全局、关系长远的换届工作;二要充分发扬党内民主,要形成一个好报告、选出一个好班子,要把换届作为加强党内民主建设的生动实践,在发扬民主过程中努力取得两大成果;三要坚持"四必查",用铁的纪律保证换届风清气正。各级党委和组织、纪检部门要以坚决的态度、有力的措施,抓好严肃换届纪律各项工作的落实;四要切实加强领导,确保乡镇换届圆满成功。各乡镇党委要高度重视,周密安排,把乡镇换届作为当前工作的重中之重,抓紧成立换届领导机构,迅速进入工作状态,切实做到"人心不散、工作不断、换届不乱",确保换届工作顺利进行。会上,乡镇党委和乡镇党委书记代表做了"公开承诺",签订乡镇换届工作目标责任书,为下一步全区乡镇领导班子换届选举顺利开展创造了良好条件。

【"强化管理,务实执行"大讨论活动】 为进一步推进学习型党组织建设,切实提高各级机关、企事业单位的管理执行能力,推动自流井区经济社会科学发展,根据市委要求,6月8日,区委印发《关于开展"强化管理,务实执行"大讨论活动的实施意见》，活动的主要内容为：学习讨论名仕领袖学院院长、名仕硕学管理顾问有限公司董事长、上海交通大学海外教育学院国际领导力研究所所长余世维博士所作的“强化管理，务实执行”专题报告，联系自流井区和各乡(镇)、各街道、各部门的实际，围绕如何提升执行力、如何提高管理水平、如何增强管理实效等主题展开讨论，并对现有的管理机制和管理过程中的情况进行梳理，查找存在的问题，通过整改提高，建章立制，把学习讨论体会转化为改进管理和推动工作的具体行动。

【党务公开工作】 6月20日，区委印发《关于党的基层组织实行党务公开的实施意见》，确定区党务公开的主要内容：党组织决议、决定及执行情况；党的思想建设情况；党的组织管理情况；制度建设及落实情况；领导班子建设情况；干部选任和管理情况；联系和服务党员、群众情况；党风廉政建设情况；其他事项。明确了公开程序：制定目录；内容审核；实施公开；收集反馈；归档管理。

【九届二十次全体(扩大)会议】 8月9日，区委召开九届二十次全体(扩大)会议，会议总结2011年上半年工作，安排2011年下半年工作；传达全市新型工业化新型城镇化工作会议精神；安排部署全区新型工业化新型城镇化互动发展工作；通报全区严肃换届纪律工作开展情况。区委委员、候补委员、区纪委委员、党外县级领导干部、各乡镇、区级各部门、各街道主要负责人、部分辖区企业负责人和村(社区)代表、普通党员代表参加了会议。

【水利改革发展工作】 8月22日，区委、区政府印发《关于加快水利改革发展的实施意见》，分析自流井区水利建设存在的薄弱环节：自流井区工程型缺水和水质型缺水问题仍然严重，水资源分布不均，供需矛盾突出；骨干水利工程不足，农田水利基础设施滞后，城乡供水保障能力不足，农田保灌率低，防洪减灾能力弱；水污染治理和水生态环境保护任务艰巨；生活、生产、生态用水调配机制和污水处理运行机制不完善。明确自流井区水利改革发展的奋斗目标，通过5至10年的努力，从根本上扭转自流井区水利基础设施薄弱、农田水利建设滞后的局面，基本建成安全的水资源供给体系、牢固的防洪减灾保障体系、良好的水环境保护体系、强大的产业发展体系、高效的管理服务体系。农村供水得到全面保障，水利防灾能力显著增强，严格的水资源管理制度基本建立，水利投入稳定增长机制进一步完善，有利于水资源节约、合理配置的水价机制和水利工程良性运行机制基本形成。

【“两化”互动发展】 9月26日，区委、区政府印发《关于推进新型工业化新型城镇化互动发展的实施意见》，明确自流井区推进新型工业化新型城镇化互动发展的目标：到2015年，全区工业化率达到55%，城镇化率达到88%。地区生产总值达到333亿元，地方财政一般预算收入突破7446万元，人均GDP达到6万元，人均财力达到7万元，城镇居民人均可支配收入达到3.14万元，农民人均纯收入达到1.18万元，非农就业比重达到70%。主动对接自贡建设成渝经济区西南部区域中心城市目标，充分发挥区位优势，促进特色优势产业、战略新兴产业、现代服务业协调发展。基本形成新型工业化、新型城镇化互动发展格局，建设成为商贸物流繁荣、城市功能完善、社会事业发达、城乡一体发展、人民生活殷实的全省丘陵经济强区和美丽繁荣和谐的城市中心区。确定了推进新型工业化新型城镇化互动发展进程的措施：以全域提升中心城区品质为龙头，为“两化”互动发展提供优美环境；以全力加快工业集中区建设为载体，为“两化”互动发展提供有力支撑；以全面提高服务业水平为重点，为加快“两化”互动发展提供配套；以全面构建平安和谐自流井为目标，为“两化”互动发展创造良好的社会环境。

【中共自流井区第十次代表大会】 10月18日至21日，中共自流井区第十次代表大会会议召开，龙腾鑫代表九届区委作题为《打造三大中心 再造一座新城 奋力掀起自流井跨越发展新高潮》的报告，《报告》全面总结了九届区委五年来的工作情况。过去五年，在市委的领导下，区委带领全区广大党员和干部群众，深入贯彻落实科学发展观，解放思想，开拓创新，迎难而上，圆满完成区第九次党代会确定的各项目标任务，开创了经济社会发展新局面。全区经济、政治、文化、社会、生态建设和党的建设都取得令人瞩目的成就，迈上一个崭新的台阶，特别是在产业结构调整、工业发展突围、城市建设管理等方面取得突破性进展，为下一个五年继往开来、再铸辉煌奠定坚实的基础。《报告》提出全区今后五年工作的总体要求：高举中国特色社会主义伟大旗帜，深入贯彻落实科学发展观，以解放思想、开放合作为动力，以两化互动、产城共融为主线，突出特色、错位发展。着力突破“三大瓶颈”，保障可持续发展；着力建设“三大中心”，增强产业发展活力；着力拓展发展空间，再造一座产业新城。全面加强党的建设，夯实组织基础，努力改善民生，创新社会管理，确保和谐稳定。凝心聚力，抢抓机遇，奋力掀起自流井跨越发展新高潮。《报告》明确提出全区今后五年八个方面的工作重点：1. 坚持解放思想，聚力突破发展瓶颈；2. 建设三大中心，增强经济发展活力；3. 再造一座新城，加快两化互动发展；4. 突出优势特色，推进城乡一体发展；5. 加强城市建管，全面提升城市品位；6. 坚持民生优先，统筹发展社会事业；7. 突出民主法制，确保社会和谐稳定；8. 夯实执政基础，全面加强党的建设。《报告》号召，全区上下要紧密团结起来，倍加珍惜当前面临的难得机遇，倍加珍惜和谐奋进的大好局面，倍加珍惜全区 40 万人民的信任与重托，以更加坚定的信念，更加昂扬的斗志，更加务实的作风，更加扎实的工作，解放思想抢抓机遇，勇于担当迎接挑战，齐心协力加快发展，为建设美丽繁荣和谐自流井而努力奋斗。赖建辉同志代表中国共产党自贡市自流井区第九届纪律检查委员会作了题为《健全完善惩防体系 深入推进反腐倡廉 为自流井跨越发展提供坚强纪律保障》的工作报告。区委组织部向大会提交《关于全区党费收缴、使用和管理情况的报告》，区提案审查委员会向大会提交了九届区委实行党代会常任制以来提案办理工作的报告。

【十届二次全体（扩大）会议】 10 月 31 日，区委召开十届二次全体（扩大）会议，区政府区长张序传达市第十一次党代会精神，市委陈川生副秘书长就市第十一次党代会工作报告的深刻内涵和精神实质作了深入详尽的解读。区委副书记、常务副区长许建平、区商务局局长顾映桥、区工管委主任杨崎，结合工作实际，紧紧围绕区第十次党代会提出的建设“三大中心，再造一座新城”作了大会发言，区委书记龙腾鑫就全区学习贯彻落实市第十一次党代会精神作了重要讲话。区委委员、候补委员、区纪委委员、区委中心组成员、各乡镇、区级各部门、各街道主要负责人、部分辖区企业负责人和村（社区）代表参加会议。

（区委办　范雪松、林杨华、雍　迪）

区委办

【办文工作】 做好文件、领导讲话材料、汇报材料及各类综合性材料的起草、审核工作，为区委领导特别是区委主要领导提供优质高效的服务，全年起草各类文稿 200 余篇。全年审核办理自井委文件 69 件、自井委办文件 71 件、自井目督通文件 38 个、区委常委会议纪要 29 件。全面完成 2011 年度中央、省委文件清退工作；公文交换速度明显加快，运行质量显著提高。

【办会工作】 加强重大会议协调，高质量完成区委第九届代表大会第五次会议、中国共产党自贡市自流井区第十次代表大会的筹备、省市领导到区调研等会务工作，完成区委民主生活会、区委区政府迎春团拜会、九届区委十五次全体（扩大）会、二十次全体（扩大）会、十届区委一次全委会、二次全委会和 16 次大型会议的会务工作。完成重要接待的组织、筹划和服务工作 10 余次。

【目标督查工作】 将区委重点工作逐项细化，层层落实责任。全年跟踪督促检查城乡环境综合治理、民生工程、校安工程等市区重点工作进展情况 40 余次。编发《督查工作》12 期。推动中央、省委、市委、区委重大决策和部署的全面落实。

【信息工作】 编发《信息与综合》26 期、《社情民意》4 期，采用信息 500 余条，上报市委信息 600 余条，被采用 200 余条，市委办下达目标分 700 分，完成 763 分，超额完成目标任务。

【其他】 做好党政机关厉行节约工作，各类耗费均明显减少；认真开展党政机关公务用车问题专项治理工作；加强车辆管理，全年安全行车无事故；抓制度建设，办公室工作进一步规范；加强职工思想教育、理论学习和素质提升，干部队伍凝聚力、战斗力增强。

（区委办　范雪松、林杨华、雍　迪）

保密工作

【新《保密法》宣传】 利用板报、文件、会议等载体，开展保密知识讲座，举办《保密法》知识考试、保密知识竞赛等活动；与全区普法教育相结合，通过悬挂横幅、图片展览、发放宣传单等形式，到乡镇、街道、社区巡回宣传新《保密法》以及与群众相关的保密常识，发放宣传资料1000余份，展览图片20余张；组织重点涉密人员参加省、市保密局举办的保密培训，参观"全国窃密泄密案例警示教育展"；依照自贡市"六五"保密法制宣传教育规划，结合区实际，科学制定了《自流井区"六五"保密法制宣传教育规划》。

【保密检查】 按照完善涉密电文管理、落实相关保密措施、摸清存在问题、提出解决办法的总体要求，组织开展各类保密检查5次，切实加强对保密要害部门部位、涉密文件资料、计算机网络等保密管理和防范措施。抓好重点项目、重要会议和重大活动的保密监督检查。完善重大泄密事件信息通报机制和合作办案机制。认真执行泄密事件报告、查处制度，全年全区未发生一起失泄密事件。

【党政机关保密管理】 开展保密要害部门部位再次清理核定工作，严格落实保密要害部门部位管理规定。健全党政机关保密工作台账。完善对涉密人员的分类管理，进一步明确涉密人员资格和范围，完善涉密人员上岗、在岗、离岗和因私出国（境）管理制度。健全保密承诺长效管理机制，将涉密人员保密承诺执行情况列入干部年度考核内容。

【涉密载体保密管理】 贯彻落实《国家秘密载体保密管理的规定》和《国家秘密载体销毁管理规定》，确保涉密载体各环节不出问题；开展保密专项检查，严格涉密文件资料和信息的报送、发放工作及涉密电子文档的保密管理；做好全区涉密文件信息资料的销毁工作和个人持有的涉密文件信息资料及电子文档清理工作；组织区委保密委员会全体成员及相关涉密单位主要负责人深入学习领会省委书记刘奇葆重要批示精神，并结合工作实际，狠抓各项贯彻落实工作。

【国家统一考试保密管理】 强化对国家教育统一考试保密工作的组织领导。成立领导小组，健全各项保密工作制度；加强考务人员的保密培训，以会代训方式4次对相关考务人员进行保密教育；加大保密管理力度，实行保密工作责任制，挑选思想政治可靠、保密观念强的公务人员负责试卷的领运、保管、交接，严格按照规定程序办理各个环节工作；严格执行回避、封闭、试卷交接签字、持证上岗、手机保密管理制度，确保全年国家教育统一考试保密工作万无一失。

（区保密办　刘　丽）

党史编研

【整理党史资料】 发挥"征、研、宣、编"作用，完成自流井区2011年部门大事记资料收集、归档工作，确保自流井区党史资料的延续性和完整性，积极开展征文活动，受到市委党研室肯定。

【党史课题调研】 开展建党90周年宣传，与组织部、宣传部、共青团联合举行"与党同心、与太阳同行的党史职数竞赛"及征文。开展革命红色遗址普查8处：新华日报自贡分销处、中共自流井特别支部机关住地、中共自贡中心市委机关住地遗址、卢德铭烈士故居、"还我河山"石刻遗址、自贡市解放纪念塔、李仲权烈士故居、李筱亭塑像。

（区党史办　李　勇）

纪检监察

【党风廉政宣传教育】 宣传党的十七大精神和十七届中央纪委六次全会、省纪委九届七次全会及市纪委十届七次全会精神。将《廉政准则》的学习纳入宣传思想教育工作总体部署,把反腐倡廉教育列入干部教育培训规划,多形式开展岗位廉政教育,充分发挥党校、廉政巡回讲堂作用,以"廉政三谈"、"廉政测试"、"廉政党课"等为载体,不断增强反腐倡廉教育的针对性、实效性,进一步提升干部的廉洁从政意识。加强廉政文化"七进"活动规范性制度建设,多形式开展廉政文化"七进"活动。加大与组织、人事等有关单位领导和承办人员的沟通与联系,定期监督检查,保证处分执行到位。开展回访教育工作,所有回访人员均建立《受处分人员回访教育登记表》,并及时入案件档案。加大法规工作力度,突出对重要法规的宣传贯彻。全年深入乡镇、街道开展法制宣传,举办法制讲座和培训20余场次,开展宣传活动16次,散发各类法规宣传资料2万余份,现场接受咨询1000余人次。认真开展"会前讲法"工作。全年共开展政府常务会"会前讲法"12期。全面开展基层"巡回讲法"活动。采取"条规+案例"的模式,深入各乡镇、街道、村(社区)和基层站所开展"巡回讲法"60余场次,学法人数近3000人次。

【落实党风廉政建设责任制】 认真落实党风廉政建设责任制工作,严格执行新修订的《关于实行党风廉政建设责任制的规定》,协助党委政府切实抓好责任分解、责任提示、情况反馈、日常督促检查和服务工作,进一步完善考核评价办法。开展对《廉政准则》贯彻执行情况检查,抓好全区党政机关公务用车专项治理及"小金库"专项治理。落实领导干部讲廉政党课、任前廉政谈话、领导干部述职述廉、诫勉谈话、函询、民主生活会等制度,大力开展"廉政三谈"、"三书告知",全年发放党风廉政任务要求告知书200余份,开展日常廉政谈话120余人次、任前廉政谈话50余人次、廉政诫勉谈话1人次。全面推进党务公开工作。严肃换届工作纪律,出台关于严肃换届纪律的通知,印发"5个严禁、17个不准、5个一律"学习资料,加强对干部选拔任用工作的监督。全年,共参与7批29人次新提拔干部的考察,回复任用干部党风廉政情况意见110人次,拟表彰人员的党风廉政意见179人次,其他党风廉政意见20人次。深化"勤廉双优"争创,强化农村基层民主监督组织建设,扎实推进农村基层党风廉政建设工作,在全区51个村(社区)、39个城市社区全面推行廉勤督报站工作制度,并对2009年以来廉勤督报站的工作情况进行专题调研、考核,对考核一二等次的8个廉勤督报站进行通报表扬,并发给800-1000元的工作经费。

【构建惩防体系基本框架】 强化反腐倡廉信息网评工作,加强网上舆论引导,做到人员到位、培训到位、质量到位。积极构建惩防体系基本框架,及时召开全区惩防体系基本框架构建大会,印发《自流井区构建惩治和预防腐败体系基本框架实施方案》,12月底,区级以及区级部门、乡镇街道惩防体系基本框架建成。

【案件查办工作】 全年受理案件11件,审结11件,受党纪政纪处分11人,通过案件的查处,达到查处一案,教育一片,治理一线的目的。一是注重线索的搜集。围绕案件查处的工作重点,在执法监察、信访、纠风工作中查找线索,重视网络舆论作用,充分利用新闻媒体曝光率高、涉及面广的特点,对群众关心的热点、难点、焦点问题进行线索搜集,扩大案源。区纪委、监察局受理信访举报32件次,其中群众来信24件次,电话举报1件次,来访6人次,其他举报1件。二是注重在案件查办中整合力量。充分发挥纪委组织协调作用,强化办案协作制度,与区检察院、区法院、区公安分局、区审计局和区工商局等部门加强联系,畅通信息交流渠道。坚持依法依纪办案。区纪委、监察局在案件查办过程中,坚持程序与实体并重,严格执行办案程序,正确使用办案措施,进一步规范线索受理、初核、立案、调查、审理、处分等各个环节。坚持办案与关心干部相结合,在案件查处中支持改革者、保护创业者、鼓励实干者、教育失误者、惩处腐败者,进一步激发党员干部的工作热情。全年共为8名受到诬告、错告的党员干部澄清了是非,恢复了名誉。全年共抽调人员3人3次,共247天,参与市纪委的有关案件调查工作。

【效能建设及监察】 加大电子效能监察力度,进一步规范办事程序,提高办事效率。全年受理6.48万件,办结6.48万件,同上年相比增幅都在125%以上,按时办结率、现场办结率、办结同意率、提前办结率均为100%,无超时件发生,实现承诺提速60.87%、办理提速97.91%。开展城乡环境综合治理专项监察36次、提出整改措施69条次,纠正问题115件次,对工作不到位的9个单位及12个相关责任人进行问责,促进全区城乡环境综合治理工作取得实效。开展重大项目推进、政务公开、干部履职情况等专项监察,为区被评为"四川省城乡环境优美示范区"做出积极贡献。不断健全完善行政效能投诉中心,研制施行《投诉处理工作制度》,共受理投诉7件(其中有效投诉6件),结案6件,回访群众满意率达100%。

【执法监察】 加强对节能减排和环境保护政策措施落实情况的监督检查。加强对优化产业发展政策落实情况的监督检查。加强对规范和节约用地政策措施落实情况的监督检查,2010年共查处违法用地3宗,面积9940.78平方米,实现重点区域动态巡查覆盖率99%,国土资源违法案件查处结案率100%。加强对《中共中央国务院关于加快水利改革发展的决定》落实情况的监督检查。继续深化工程专项治理,着力解决工程建设领域突出问题,全年共排查审批、备案项目共56个,其中政府性投资项目有41个,企业投资项目有15个。进一步强化工程建设、政府采购、国有土地和矿权出让、国有产权交易等公共资源交易活动监督检查,参与区工程建设项目招标共90宗,工程预算金额7508.67万元,实际中标金额5898.86万元,节约资金1609.81万元,节约率为21.44%;政府采购项目40项,预算金额605.84万元,实际中标金额561.73万元,节约资金44.11万元,节约率为7.3%;国有产权转让1宗,出让底价为11万元,最终成交总价12万元,增值资金1万元,增值率为8.3%。加大对安全生产法律法规和安全生产责任制落实情况的监督检查。深化和巩固执法监察专项工作成果。

【纠风工作】 加强强农惠农资金监管,全年兑现粮食直补和综合补贴资金483.6万元。协助市纪委纠风室开展对某医院违规收取农民费用的清退工作,清退乡镇6个、农民1.59万人,为农民挽回直接经济损失23.9万元;以清理涉企乱收费和各种摊派为重点,积极落实减负工作。以控制和规范庆典、论坛活动为重点,清查单位对65个单位庆典等活动进行清查,清查保留庆典活动2个、涉及财政预算资金7万余元。加强治理医药购销和医疗服务中的不正之风,医药购销和医疗服务行为进一步规范。加强对教育乱收费行为的监管。加强民主评议政风行风工作,充分发挥党风监督员、政风行风评议员、特邀监察员三支队伍的整体联动作用,开展对区社保局的政风行风民主评议工作。配合做好"行风热线"工作,区政府班子成员上线率100%,直播活动共接听热线电话21个,属职责权限范围内的21件,已全部办结,群众满意率为100%。

【自身建设】 健全机关内部学习制度,使学习教育逐步走上经常化、制度化、规范化的轨道。加强纪检监察法规政策、业务知识和办案能力的学习培训;加强对基层纪检监察组织的指导,纪检干部的业务能力明显提高。进一步加强内部监督管理和制度建设,不断提升纪检监察干部用心想事、用心谋事的务实精神和创新精神。

(区纪委、区监察局 黄 鑫)

组织工作

【乡镇领导班子换届】 按照省、市统一部署,坚持干部队伍"四化"方针和德才兼备、以德为先的用人标准,加强领导,精心指导,严格程序,发扬民主,圆满完成乡镇领导班子换届工作,选举产生乡镇党委委员48名,书记6名,人大常委会主席6名,副书记12名(含乡镇长6名),副乡镇长16人,班子结构进一步改善。换届中,注重打破身份限制,大力选拔长期扎根基层、埋头实干、实绩突出、群众公认的干部，提拔的18名干部中有14名来自乡镇；选拔两名优秀村支部书记、7名乡镇事业人员为党委委员，其中两名事业人员被选为副乡镇长，并对5名因各种原因在乡镇全额定向民主推荐中得票未过半的原班子成员不再继续提名。

【区级领导班子换届】 按市委组织部要求，配合做好区级班子换届的推荐、考察等基础工作。采取"两推一选"、"公推竞选"方式选举产生出席市、区党代会代表。圆满完成区党代会组织组各项工作，区第十次党代会顺利选举产生新一届区委、区纪委领导班子，做好新一届区人大代表政党提名、政协委员协商及区人代会、政协会组织组各项工作，"两会"选举产生新一届人大、政府、政协领导班子。派出3个考察组，采取个别谈话、民主测评的方式，逐个考察全区52个区级部门和街道领导班子运行情况，逐一了解干部想法，为区级部门调整奠定基础。

【严肃换届纪律】 坚决贯彻落实"三在先"要求，通过组织集中学习、公开承诺、编发短信、制作视频、印发《明白卡》、组织测试、开展"四必谈"活动等形式，实现相关人员换届纪律知晓率全覆盖；建立由区委书记任组长的换届风气领导小组，派出6个由在职或退休区级领导带队的换届风气督导组定点督导各乡镇换届风气。换届过程中，未发现一起违反换届纪律的行为，乡镇党代表、人大代表对乡镇党委和人大、政府换届风气测评总体评价"好"以上分别达99.7%和98.0%，严肃换届纪律"好"以上评价达96.9%。

【干部选任公信度】 坚持干部调整动议、初始推荐提名、民主推荐、组织考察、酝酿讨论和票决等程序，全面推行干部选任工作纪实制度、群众计票员制度。2011年全区共提拔科级领导干部25名，其中正科9名、副科16名，公开选拔干部4名，交流干部69名。通过调整，启用一批年轻干部，交流一批不胜任或群众反映较大的干部，重用一批真抓实干、实绩突出的干部，领导班子结构进一步优化。

【创先争优活动】 制定下发2011年活动实施意见、4个分类实施方案及开展公开承诺、做好领导点评等系列文件，并采取召开部署会、推进会、实行领导联系等措施，加强组织领导、督办检查和考评考核等工作。全区1.09万名党员，承诺率达97%，区委常委开展联系点评80余次，各基层书记点评500余次。东街党工委创新试行党员"奉献积分卡"制度受到中央、省、市创争办肯定。围绕庆祝建党90周年，扎实开展机关"迎建党90周年，展巾帼风采"三八女子趣味运动会、"庆'五一'，迎接建党90周年"红歌会、"学党史、知党情、跟党走"知识竞赛及"党员奉献日"、"党员群众关爱月"等系列庆祝活动。评选表彰20个先进基层党组织和80名优秀个人，多层次宣传先进典型。

【党组织建设】 坚持实行基层党组织书记抓党建述职制度，组织19名区委直属党组织（部门党组）书记在全委会上公开述职、测评，优秀率均达到80%以上。认真落实"一定三有"政策，着力强化新建村级组织活动场所规范化建设。着力扩大党的组织和工作覆盖面，积极实施"两新"组织建立党组织、工作基本覆盖的"双基工程"，继续深入开展"三融入"活动，积极开展街道"大工委制"、社区"大党委制"试点。狠抓带头人队伍建设，探索建立乡镇党委书记"双述双评"、"双诺"及村党组织书记履诺退出机制，扎实开展学习推广文建明工作法及党组织分类升级活动，会同区民政局完成新一届村（社区）干部培训工作，会同区人事局完成新一轮大学生村官选聘、续聘、培训、考核、评优等工作。2011年3月，自流井区被省委组织部授予"县级城区基层党建示范单位"称号。

【党员队伍建设】 全年培训入党积极分子117名，新发展党员107名，预备党员转正158名。研究制定《"十二五"发展党员规划》。继续推行开放式发展党员模式，坚持发展党员社会评价制度。深化"双向培养"。认真解决农村发展党员工作滞后的问题。坚持"群团推优"工作。开展党员发展工作专项检查。制定《党员教育培训"十二五"规划》，抓好经常性学习教育和集中培训。改进党组织活动方式，不断提高组织生活的吸引力和针对性。探索实行组织关系网上接转办法。继续做好党内慰问帮扶工作。认真落实党员权利，推进党务公开，全面推行“四议两公开一监督”、“一事一议”工作法和党员旁听党内会议制度,积极推进非党员列席城市基层党组织会议制度,开展基层党建工作社会评价活动。继续实行区党代会常任制。

【党内民主建设】 继续实行区党代会常任制,召开区九届五次党代会,组织143名代表对26名区委委员2010年履职情况进行民主测评,优秀率平均达88.3%。全面推行开放式发展党员模式和发展党员社会评价制度,培训入党积极分子119名,发展新党员83名,预备党员转正92名。坚持加强宣传、强化指导、规范管理,认真推广“四议两公开一监督”工作法,全年45个村采取“四议两公开一监督”工作法进行决策达94次,其中,最多的达7次,最少的也在1次以上,共解决包括村级阵地选址、环村公路建设等村内重大事项240多个,初步实现了基层组织和群众满意的目标。扎实开展社区“一事一议”和党员旁听党内会议工作,采取“两推一选”公推竞选方式选举乡镇党代表、“三推一选”方式产生乡镇党委书记,并组织210名党代表进行公开承诺,承诺事项700余条。

【党内扶贫工作】 全面落实离任村(社区)干部生活补助,按照“扩大保障对象覆盖面、提高基础补贴标准”原则,会同区民政局、区财政局采取“一套标准考量、三种方式补助、三级组织联审”方式进行阳光操作,认真开展离任村(社区)干部清理、登记、审核及补助发放工作。仅2011年前三季度对离职村(社区)干部发放一次性或季度生活补助共计34.36万元。开展党内慰问帮扶工作,春节、七一期间,采取区级领导上门走访、召开座谈会等形式,慰问老党员、困难党员557名,市拔尖、优秀人才3名,离退休老干部、老领导遗孀93名,发放慰问金11.3万元。

【农村远程教育】 指导7个村完成远程教育站点搬迁工作,送培、自培远教骨干80余人次,拍摄、制作新闻视频12期、党建专题片3个,农科片1个。加强对站点“建、管、用”情况的督办检查,完善现代远程教育站点学用考核评价机制,进一步提升远程教育站点规范化建设水平。舒坪镇金鱼村被省委组织部命名为“四川省党员干部现代远程教育示范站点”。仲权镇全胜村等8个村被命名为市级示范站点,舒坪镇上阳村等9个村社区示范点被命名为区级示范站点。扎实开展远程教育示范站点创建工作,努力推进远程教育“双创双争”活动,充分利用文化信息资源共建共享工程,不断提升远程教育工作整体水平,为26个村配备了投影仪、音响等文化共享工程设备。

【干部人才服务】 协助市委组织部完成31名市管干部年度考核工作,完成270名科级领导班子和领导干部年度考核工作,58名科级领导干部被评为优秀等次,212名科级领导干部评为称职等次。办理59名干部职务任免、调动、退休、提高享受待遇或提高享受待遇提前退休、因公(私)出国等相关手续。为6名援助藏区工作干部购买人身意外保险,向12名符合条件的干部发放硕博津贴4.02万元;推荐上报的5人被评为市第一批示范人才、1个村被评为市第三批人才开发示范村。

【干部教育培训】 审批通过15个培训班,组织7名干部报考2011年省委党校研究生、2名干部报名拟任县处级干部任职资格理论考试,送培19名领导干部参加全市村镇规划建设专题培训,抽调4名年轻干部到群工局挂职锻炼。坚持在一线培养锻炼干部,先后抽调100余名科级和科级后备干部参与招商引资、城乡环境整治、征地拆迁、信访维稳等重点工作。

【干部监督管理】 坚持从严管理干部,开展“一报告两评议”工作,组织120名干部对2010年干部选任工作情况和新选任的33名干部进行评议,2010年度干部选拔任用工作满意度达98.67分;指导乡镇、街道、系统等32个单位开展2010年干部选任“一报告两评议”工作。结合换届,积极完善干部监督工作联席会议制度,坚持邀请上级组织部门派员列席区委讨论决定干部会议制度,认真落实领导干部个人有关事项和重大事项报告制度。

【部门自身建设】 按照“三从严”要求,坚持以“讲党性、重品行、做表率”为抓手,组织职工干部积极践行“五个坚持、九个决不”换届承诺，严格执行首问负责、限时办结、责任追究等制度，不断提升组工干部廉洁自律意识和部机关工作效率。结合乡镇换届及区级部门调整，深入开展“组工干部下基层”活动，广泛与基层干部群众面对面交流，进一步转变了工作作风。全面完成大组工网建设任务，并顺利通过省、市的检查。注重网络舆情分析和引导，继续实行组织部门新闻发言人制度，明确10名网宣员开展组工网宣工作，坚持利用《组工动态》和区党建网加强组织工作对外宣传，网站发布信息400余条、图片1000余张、视频110条，网站点击率达到20多万次，营造推进党的建设和组织工作改革创新的良好环境。

（区委组织部　陈　祥）

老干部工作

【基本情况】 全区有离退休老干部85人。其中离休干部16人，享受副厅级待遇退休干部2人，县级退休干部67人。涉老工作部门有老龄工作委员会、老干部局、组织部及人力资源和社会保障局。全区共有专职工作人员3人，兼职工作人员36人，大专以上文化36人，其中中共党员35人，平均年龄39岁。新建老干部活动中心1个，配置空调6台、电脑3台、音响设备、投影仪各1套及老干部活动器械。坚持围绕“让党委放心，让老干部满意”为目标，不断创新活动载体，丰富活动内容，老干部政治生活待遇进一步落实。2011年，争取区财政资金用于老干部开展各种学习活动、重大节日慰问金、体检等达10万余元；完成29名新中国成立初期参加革命工作退休干部享受生活困难补助报批手续，经市委组织部、老干部局审核批准后，有22名退休干部符合条件，其补助全部落实到位。围绕庆祝建党90周年和建国62周年，组织开展“与党心连心、同呼吸、共命运”征文活动，撰写征文4篇，其中1篇被市级刊物选登；组织50余名老干部参加省、市、区党史知识竞赛活动，其中8名老干部获竞赛参与奖；举行保健知识讲座3次；定期组织开展老干部文娱、学习、体检等活动，新建成离退休老干部活动中心，并投入使用。

【区领导联系老干部】 区委、区政府党员县级领导联系4至5名离退休老干部制度，对涉及老干部的重大活动和重要问题，区委、区政府主要领导亲自做出批示；老干部的重大节日活动，主要领导都参加或到会看望；老干部生病住院或家里发生重大事情，联系领导都及时上门慰问；对老干部反映的问题，责成相关部门及时给予办理；老干部学习活动及个人待遇所需经费，区政府及时划拨。全年，老干部各项学习、参观、慰问、报刊、体检、护理费及老干部活动中心装修、设施配置等经费共计70余万元，全部按时到位。

【建立“六项”制度】 坚持区委、区政府重大会议和重要活动邀请老干部代表参加。党代会、人代会、政协会以及区委召开的团拜会、县级干部测评会、干部推荐会等都邀请老干部代表参加。坚持情况通报制度。全年举行情况通报会4次。区委副书记、区长张序、原区委常委、组织部部长刘茂常以及区纪委、组织部领导都分别为老干部通报相关情况。坚持参观考察制度。组织全体离退休老干部参观川南钢材市场、千业环保和阀门厂等工业企业，老干部了解工业园区发展。坚持定期学习制度。全年组织老干部进行有关的时事政治学习2次。提供各种学习资料200余份。坚持走访慰问制度。对年老体弱、生病住院的老干部，联系领导上门看望慰问，并对老干部反映的实际困难及时协调解决。全年看望生病住院和慰问老干部50余人次，慰问金2万余元。坚持订阅“两报一刊”和赠阅《党课》杂志制度。除单位为老干部订阅《自贡日报》、《晚霞报》、《晚霞》杂志外，区委还为老干部赠阅《自贡晚报》和《理论热点面对面》等刊物。

【落实“八个”待遇】 落实“三个保障机制”，确保老干部离退休金每月按时足额发放，离休干部的医药费实报实销。落实好老干部的各种正常津贴、补助按时足额发放。落实好省、市老干部相关政策。办理1名退休老干部提高享受相关待遇手续，上报29名新中国成立初期参加革命工作的退休干部享受生活困难补助申报表，经市委组织部、老干部局审核批准，有22名符合条件的退休干部补助已全部落实到位。落实好老干部特殊困难的关心帮扶工作。为2名离休干部协调报销住院期间护理费1万余元;对1名因病暂时困难的离退休老干部给予帮助和慰问,协助解决慰问、帮扶金3000余元。落实好节日慰问工作。利用春节、国庆节、重阳节等重大节日进行集中慰问老干部。全年,召开老干部座谈会1次,向老干部寄送新春贺卡80余份,发放节日和生日慰问金4万余元。落实好一年一度的老干部健康体检工作。针对老干部的身体状况,体检增加了骨密度和甲胎蛋白测试等两个科目,每人提高体检经费86元。落实好对老干部的关心照顾。区级相关部门坚持对年老体弱的老干部参加有关会议、活动进行车辆接送,确保老干部出行安全。落实好老干部活动阵地建设工作。9月,区委、区政府在房源、经费都十分困难的情况下,将地处自流井区老城区繁华地段的釜溪步行街500平方米的地方,确定为老干部活动中心,装修经费30余万元,购置活动设施近20万元,年底投入使用。全年,为离退休干部办理享受相关政治生活待遇、提高护理费(含解决住院期间护理费)、家庭生活困难补助、子女就业等困难和问题20余件次。

【老有所乐】 根据老干部的特点,围绕庆祝建党90周年和建国62周年,合理安排老干部学习活动。举办各类讲座。根据老干部身体现状,举行政治理论学习、保健知识讲座3次。原政协副主席、政协退休支部书记饶仁华在学习宣传市区党代会工作中,宣讲报告2次,受到有关媒体的专题采访。围绕庆祝建党90周年开展"五个一"活动。撰写"与党心连心、同呼吸、共命运"征文4篇,其中离休老干部祁吉生的"没有共产党就没有我今天的幸福生活"被《自贡党建》刊登;组织50余名老干部参加全市老干部歌咏活动获二等奖;8名老干部获省、市、区党史知识竞赛参与奖;组织区四大班子成员和离退休老干部参加"我们的生活充满阳光"红歌会,制作老干部幸福生活专题片,举行承诺"永远跟党走"宣誓仪式;组织老干部为江姐故居植树筹集捐款495元。开展棋牌活动3次,参观1次。安排老干部参加市区各类老干部培训班、报告会等20余人次。

【发挥余热】 区委、区政府注重发挥离退休老干部优势,在全区政治、经济、文化建设和构建和谐等方面发挥作用。依托老年组织发挥余热。区委、区政府及相关部门积极为关工委、老体协、扶贫办提供相关政策和必要的办公用品、场地、经费等,为老干部发挥老有所为创造条件,全年政府为关工委、老体协、扶贫协会划拨各类工作经费20余万元。区关工委充分发挥"五老"优势,建立健全以老干部为主体的组织网络、发挥其关爱青少年、加强网吧监督的作用。区老年体协组织开展各类竞技、健身等比赛活动10余场次,覆盖城乡居(农)民,参与人数上万人次,为落实全民健身、丰富老年群众生活作出了贡献。充分发挥自我管理、自我服务作用。老干部威望高、大局意识强,在居住社区、单位及广大离退休干部中起到表率作用。特别是老干部自管委员会的成员,他们克服自身困难,利用各自优势,协助做好老干部思想政治工作,团结全体老干部关心支持全区政治、经济、文化发展,帮助老干部局组织开展好每月一次的老干部学习活动,受到领导和老干部的好评。参与重点工作。2011年启动乡镇换届工作以来,老干部参加全区各类干部推荐、干部测评、征求意见等会议30余人次,3名老干部应邀担任乡镇换届指导组组长,指导乡镇换届工作。离退休党支部建设取得新成效。全年结合创先争优活动,在老干部中组织开展创"五好支部"和"三好"老干部工作,有两名老干部分别获区委表彰的优秀基层党组织书记和优秀党员,两名老干部被推选为区党代表。参与社区工作,按照老干部工作进社区的要求,区老干部积极参与社区政治经济文化活动,指导社区党建工作和社区文化建设,为老干部发挥余热、实现老有所为拓展空间。参与编写区志。区方志办和各部门利用老干部的认真负责的工作态度和丰富的工作经历及熟悉自流井区的情况等优势,邀请10余名老干部帮助撰写区志,区志进入最后审稿阶段。

(区老干局 陈兴英)

党校工作

【积极分子培训】 举办入党积极分子培训班一期,

143名计划在2011年发展入党的学员参加培训，通过培训，学员系统了解党的基本知识，深化对党的认识，经考试，全部达合格要求。

【村(居)干部培训】 举办自流井区村(居)干部培训班一期，参加培训学员150人。通过培训，学员对农村村级干部和城市社区居委会干部的工作内容及其相关知识有了较系统的了解，经考试，全部达合格要求。

【学历教育】 中共四川省委党校11名2008级大专学员、17名2009级本科学员在自流井区党校函授辅导站毕业。

【理论研究】 组织撰写理论文章7篇，分别在自贡市纪念中国共产党成立90周年理论研讨会和自贡市党校系统纪念辛亥革命100周年暨中国共产党成立90周年理论研讨会上交流，其中1篇文章获三等奖，4篇文章获优秀论文奖。

【低碳经济培训】 举办自流井区"低碳经济"骨干培训班一期，参加培训学员72人，通过培训，学员对推广、发展低碳经济的重大意义和途径有了深刻的认识和了解，经考试，全部达合格要求。

【大学生村(社区)干部培训】 举办大学生村(社区)干部培训班和公务员《中华人民共和国保险法》知识骨干培训班各一期，参加培训学员分别为40人和50人。通过培训，村(社区)学员系统了解村、社区等基层工作的相关知识，公务员学员对保险法的相关知识，有了较系统的了解。经考试，两个班学员全部达合格要求。

【调研科研活动】 在自贡市党校系统调研课题结项时，自流井党校的调研课题"自流井区开展创先争优活动、创新城市社区党建工作"被评为优秀课题。12月在全区党校年度考核中，自流井区党校获教学、科研及信息化工作的综合排名第二位，获一等奖，科研工作获单项排名第一。

(区党校　谢回川)

宣传工作

【理论教育】 健全理论学习考勤、档案、通报、调查研究、经验交流、督学导学、考核等制度，区委中心组全年开展党的十七届五中、六中全会精神、市区党代会精神和总书记胡锦涛七一讲话等内容集中学习12次。组织好市委常委联系指导自流井区党委中心组学习工作，坚持做到学前请示、学后汇报，健全县级党员领导联系二级中心组制度，对二级中心组的指导、督促和考核面100%。积极组织党员领导干部参加全市"文化与发展"、中共十七届六中全会精神等学习培训活动。

【学习型党组织建设】 研究制定《关于加强自流井讲坛管理的实施办法》，精心打造自流井讲坛，积极创建学习型党组织建设品牌，先后邀请邱德峰、莫森阿布图拉比、陈川生等专家教授作专题讲座。组织参与自贡市学习明星评比活动，区政协秘书长陈有刚和区友谊养鸡专业合作社社长罗界两人被评为"盐都学习之星"。做好理论教材征订工作，征订发行《中心组理论学习》、《理论热点面对面》、《胡锦涛总书记七一讲话辅导读本》等书籍1000多册。精心组织学习型城区宣传周活动，以庆祝建党90周年为契机，组织开展"学党史、知党情、跟党走"知识竞赛及"重温党史 以史鉴今"专题学习。

【理论成果】 组织参加全市庆祝建党90周年理论研讨会征文活动，收到征文50多篇，其中6篇文章获奖，包括二等奖1篇。全区副科级以上领导干部，撰写学习市、区党代会《报告》心得体会文章320多篇。

【爱国主义教育】 加强自贡市德铭中学、自流井区档案馆、尖山风景区等爱教基地的基础设施改造建设，广泛开展参观卢德铭烈士陈列馆和"网上祭英烈"、"建设幸福中国"读书教育等爱国主义教育活动。开展中共十七届五中全会、市区党代会精神、"思政讲台——辉煌的历程"巡回互动报告等形势教育活动5场。积极宣传推荐先进典型，《自贡"王大妈热线”情暖妇女心》、《反扒民警“领头羊”高卫华 不辱使命添彩警徽》等重大先进典型人物事迹先后在省、市媒体刊登，全年宣传先进典型达40余人次。

【社会宣传活动】 深入开展“以郭明义为榜样做新时期雷锋”、“做一个有道德的人”、“讲文明、树新风、争三好、做主人”系列教育活动；继续加强社会公德、职业道德、家庭美德、个人品德教育，大力构建社会主义核心价值体系。围绕纪念建党90周年、辛亥革命100周年、“5·12”汶川特大地震3周年等重要节点，组织开展“与太阳同行、唱红歌奋进”、“我们的队伍向太阳”、“红色电影伴我行”、“历史的选择”有奖征文、纪念“5·12”汶川特大地震3周年“感恩 奋进”歌咏比赛、“社区文化进村”、“三下乡”、“四进社区”等系列活动140余场次。

【新闻外宣制度建设】 完善《新闻外宣发布会制度》、《新闻协调会制度》、《新闻通气会制度》等外宣制度，抓好公共突发事件新闻应急工作。健全完善《中共自流井区委新闻发言人制度》，提高新闻发布水平，全年共召开新闻发布会3次，及时将区党代会、飞龙峡桃花会等重大工作安排进行发布。

【新闻外宣主要成效】 充分利用各级新闻媒体和《自贡日报》自流井专版、自贡电视台《区县视窗》、自贡电台《区县传真》、自流井新闻外宣网站等平台开展宣传。全年在中央、省、市各级媒体发稿3500余条次，其中在人民网、中央电台等国家级媒体发稿30篇次；四川日报、四川电视台、四川在线等省级主流媒体发稿100多篇次。在全区掀起解读“十二五”规划、庆祝建党90周年、纪念辛亥革命100周年、城乡环境综合治理等宣传热潮。

【党报党刊发行】 采取“四个挂钩”措施，提前超额完成2012年党报党刊征订发行任务。全区党报党刊共征订4894份，其中人民日报137份，求是杂志112份，光明日报22份，经济日报84份，四川农村日报466份，四川日报596份，自贡日报3068份，自贡晚报409份。

【群众文化活动】 以庆祝建党90周年为契机，制定《自流井区“与太阳同行”系列重大文化活动实施方案》，组织开展“与太阳同行、唱红歌奋进”庆“五一”、迎建党90周年红歌会、“我们的队伍向太阳”文艺汇演、“永远跟党走”第四届乡镇社区秧歌比赛、“红色电影伴我行”等活动。利用抗震救灾恢复重建3周年、辛亥革命100周年、国庆62周年、市区党代会等重大节庆，组织开展“欢天喜地迎新春”文艺汇演、“社区文化进村”、自流井区发展成就摄影展等文化活动130余场。

【文化惠民工程】 挂牌成立自流井区图书馆。积极推进乡镇街道综合文化站建设，为四个街道文化站、12个社区文化活动室配送数码办公设备和音响设备16套，总价值100余万元。加快推进石缸井歌舞娱乐一条街文化产业发展，改扩建歌城、网吧、电玩城5家。积极实施农村广播电视村村通和电影放映工程，送电影下村542场。结合“三下乡”、“四进社区”和“社区文化进村”等活动，深入开展送书、送戏、送展览、送讲座等文化下基层活动，全年开展文化下基层活动40余次。

【文化市场管理】 开展网吧、歌舞娱乐、音像制品、出版物等专项整治行动，组织专项检查10次，日常巡查70次，出动执法人员210人次，出动车辆46台次，检查网吧46家、歌舞娱乐65家、音像制品35家、出版物14家，处罚违规经营网吧2家，查处歌舞娱乐场所超时经营3家、取缔无证电子游戏场所3家，查缴非法音像制品8000余张，非法出版物1000多册(本)。

【网站建设】 自流井新闻外宣网站进行网站改版升级，结合中心工作，开辟《理论武装》、《廉政建设》、《环境治理》、《党代会专题》等专栏。全年发布新闻信息2200余条，其中图片新闻700多条，视频新闻25条，累计访问人数达12余万人次。

【网络舆论引导】 健全网络文化建设领导小组，完善区、乡镇(街道)、村(社区)三级工作网络，发展网评员30余名，实行QQ群管理。根据自流井区突发事件、重要舆论引导等现实需求，按照市网管办安排，积极主动开展网络评论工作，完成宣传市第十一次党代会精神等指定的网络评论工作，全年发布并报送网络评论380余篇，其中热评采用18篇，排名全市第一。做好网上舆情监看、研判和整理上报，以及网络舆情动态预警和涉及自流井区网络舆情的处置反馈等工作。全年上报省委宣传部舆情信息1300多条，单条采用282条，在全省直报点排名第二，报送市委宣传部网络舆情2900多条，其中采用134条，占全市总采用条数的一半以上。

【自身建设】 健全以常委部长为组长的宣传文化系统人才工作领导小组，对照中宣发〔2010〕14号文件要求，扎实推进宣传文化队伍建设，结合换届工作在各乡镇配备专职党委宣传委员，按要求配备乡镇、街道综合文化站专职人员，纳入全额拨款事业编制。加强硬件建设，为《自流井》编辑部配备价值3万余元的照相器材一套。积极参加中央、省、市宣传系统培训教育，积极指导社区、村配备宣传文化人员，组织开展理论、文艺、舆情信息、新闻宣传等内容基层宣传文化工作人员培训30余次。

【刊物创办】 2010年5月，《自流井》编辑部挂"自流井区新闻中心"牌子，机构事业编制由原来的3名增加为5名。6月，范雪松任《自流井》编辑部副总编。

（区委宣传部　易仕源）

精神文明建设

【文明单位创建】 创建市级最佳文明单位3个（区人民检察院、区国税局、区地税局），市级文明单位9个（区人民法院、区人民检察院、区工商行政管理局、自流井公路段、区环境卫生管理站、市交警支队自流井区大队、自流井区供电局、中国人民财产保险股份有限公司自贡市自流井支公司），市级文明村4个（区仲权镇全胜村、区荣边镇团结村、区荣边镇新房村、区舒坪镇金鱼村）。

【公共文明指数测评】 建立区城市公共文明指数测评工作领导小组，将精神文明建设纳入城市发展规划和年度目标考核，对照《2011年四川省城市公共文明指数测评体系》，制定全区迎检工作方案，下发《自流井区迎接全省城市公共文明指数测评责任分工表》、"致市民的一封信"等资料，落实相关部门责任分工，财政积极投入资金，为测评工作的开展提供保障。

【公民思想道德建设】 深入学习贯彻《社会主义核心价值体系建设实施纲要》，开展"以郭明义为榜样做新时期雷锋"、"做一个有道德的人"、"讲文明、树新风、争三好、做主人"系列教育活动。继续加强社会公德、职业道德、家庭美德、个人品德教育，大力构建社会主义核心价值体系。以庆祝中国共产党成立90周年和纪念辛亥革命100周年为契机，开展"爱国歌曲大家唱"活动，加强爱国主义教育基地建设，打造卢德铭故居，发展红色旅游，继续推进公共博物馆、纪念馆、图书馆、美术馆等向全社会开放。不断丰富"公民文明素质教育养成月"和"公民道德宣传日"活动内容，动员组织干部群众积极参与道德实践，进一步促进良好社会风气的形成。

【未成年人思想道德建设】 组织开展"乡村学校少年宫"、"做一个有道德的人"主题实践活动示范单位和"心海护航"示范单位建设工作，舒坪镇和仲权镇中心小学被列为首批"自贡市乡村学校少年宫"示范学校；檀木林小学、仲权镇中心小学校命名为首批自贡市"做一个有道德的人"主题实践活动示范单位；育英小学、舒坪镇中心小学被评为首批自贡市"心海护航"未成年人心理健康教育工程示范单位。积极组织校园及周边治安环境整治行动，全年检查网吧、电玩城等文化场所200多家次，未发生网吧接纳未成年人现象。在全市未成年人思想道德工作会上，自流井区被评为自贡市未成年人思想道德建设先进区县。

（区文明办　彭　聪）

统战工作

【概述】 支持民主党派组织建设工作。协助、指导民盟总支完成换届,全区5个民主党派圆满完成换届选举工作。通过换届选举,各民主党派班子结构更加合理。5个民主党派总支委员会设总支委员11名,其中主委1名,副主委4名。除民建和九三是支部升格到总支外,对比上届总支委员会,民革自流井总支增加委员3名,其中副主委2名;民盟自流井总支增加委员4名,其中副主委1名;农工自流井总支增加委员1名,其中副主委1名。现任总支委员平均年龄44.83岁,其中最小的32岁,最大的53岁。总支委员中具有专业技术职务的有49人,其中具有高级职称的有27人。新一届领导班子工作经验丰富、年龄结构、知识结构和专业结构更加合理,得到各党派成员一致认可。严把民主党派成员发展关,参与考察和发展民主党派成员15人。协助指导民主党派活动有序开展。统战部派员参加民主党派总支和支部活动12次,引导民主党派进一步规范支部活动制度,建立完善财务管理、党派生活会等制度3个。积极开展社会主义核心价值体系学习和爱国主义教育活动,开展唱红歌、征文等主题活动。各民主党派按照区委统战部年初"五个至少"要求,积极开展调研视察、建言献策、社会实践等活动。党派成员提出提案、建议、意见80余条,集体提案6件。

【党外干部工作】 贯彻落实《自流井区党外干部培养选拔管理工作的意见》,推荐提拔正科级党外干部1名,副科级党外干部1名。完成科级党外后备干部的推荐、考察工作,确定3名正科级党外后备干部和3名副科级党外后备干部。召开党外"三副"及党外干部恳谈会,区委书记和区长认真聆听党外干部的发言,区委书记代表四大班子对党外"三副"和党外干部对全区经济、社会发展做出的贡献表示感谢,并提出要求。

【经济统战工作】 完成工商联换届选举工作,选举产生新一届执委会和主席会,推选吴雄飞为主席,张永辉等12人为副主席。广泛团结和吸纳非公有制经济人士,发展新会员9个,组织企业家为自流井区"家乡助你上大学"活动捐款2万元,开展送温暖、光彩就业工程等活动。

【民族宗教工作】 推进"民族团结进步"与"和谐寺观教堂"创建活动,全面完成"和谐寺观教堂"创建工作。积极引导宗教与社会主义社会相适应,协助基督教、天主教、佛教市级宗教团体完成换届工作。

【台侨工作】 开展政策宣传,组织学习台侨政策法规,积极实施侨心工程,对台胞彭荫刚资助10名贫困小学生善举进行了落实。

【"两新"党建工作】 在区"两新"组织党工委直属总支和支部中广泛开展创先争优活动,以"发挥堡垒作用,彰显党员风采"为主题,结合各企业实际,开展"三个一"活动。党员挂牌上岗246名,建立党员示范岗30个,组建党员服务队2支。被表彰为市级优秀党务工作者1名,区级优秀基层党组织2个,区级优秀党务工作者2名,区级优秀党员2名。有针对性的培养党员,使党组织的党员结构更趋合理。全年新建党支部1个,新发展党员8名,2012年党员发展计划24名。探索"两新"组织的特点,根据企业实际情况逐步建立党组织的活动制度、信息报送制度和监督考核制度。进一步规范"两新"直属党组织的活动制度,对生产经营正常的企业党组织提出活动和学习要求。在雄飞等部分具备条件的单位党组织建立党员网络信息平台,把党务工作实时在平台上发布,加大宣传范围,提高信息的时效性。把党务工作成效作为党组织表彰评先的重要依据。

(区委统战部 王旭波)

编办工作

【政府机构改革】 按照区委、区政府印发的《自流井区人民政府机构改革方案和自流井区人民政府机构改革方案实施意见》要求,认真履行职责,加强沟通协调,强化服务保障,全力推进区政府机构改革,扎实做好部门"三定"审批工作。按照"先易后难、分批开展、定时完成"的工作思路,组织培训,制作印发"三定"规定模板,规范"三定"文稿的内容格式和文字要求,明确职责调整、内设机构设置、人员编制和领导职数核定的政策规定，采取深入到部门或把部门请到编办交换“三定”方案意见的方式，经过“几上几下”，并送分管领导审核，24个政府工作部门及编办、畜牧局“三定”方案已经区委、区政府正式批准印发，自流井区政府机构改革工作全面完成。

【乡镇机构改革】 推进经济发达镇行政管理体制改革试点工作，指导乡镇建立健全精干高效的行政管理体制和运行机制，巩固农村税费改革特别是乡镇机构改革成果，配合市委编办对仲权镇的试点改革建设情况进行跟踪督查。摸底调研全区乡镇财政机构基本情况，依据《中共四川省委机构编制委员会关于加强乡镇财政队伍建设的意见》（川编发〔2011〕61号）文件精神，结合区实际情况，提出《关于加强贡井区乡镇财政队伍建设的报告》，待编委会研究决定后实施。

【事业单位分类改革】 做好分类前期工作，重点是清理规范事业单位，目前已经全面铺开、进展情况良好。各单位对所属事业单位的机构编制现状进行认真清理（包括机构名称、增挂牌子、职责任务、人员编制、领导职数、内设机构、经费形式等），并提出部门所属事业单位清理情况和规范建议报告；编办根据各单位的建议以及调研掌握的情况，结合清理规范的政策提出拟撤销、整合和保留的规范建议，并按机构编制管理程序和权限报批。目前清理规范的基础数据信息收集基本结束，全区139个事业单位的基础数据信息全部收集完毕，已经形成综合分析报告待编委会审定。

【综合执法体系】 设立自贡市自流井区文化市场综合执法大队，撤销原来在区文体广电和新闻出版局设立的区文化市场稽查中队，核定行政执法类事业编制8名，履行文化新闻出版（文物）、广播影视等处罚以及相关的行政强制、监督检查等职责。

【卫生服务体系】 按照区医药卫生体制五项重点改革2011年度主要工作任务目标的要求，推进卫生体制改革工作，依据《四川省乡镇卫生院机构编制管理暂行办法》，结合自流井区实际，按照编制核定标准（农业户籍人口的1‰－1.5‰），并结合各乡镇地理位置及业务量等情况重新核定了自流井区乡镇（中心）卫生院编制，核定后自流井区乡镇卫生院编制总量为99名，同时明确了乡镇卫生院的公益性事业单位性质，将经费供给形式由核定收支，定额补助（差额）调整为核定收支，定额补助（全额）。根据《中共自贡市委机构编制委员会关于自贡市社区卫生服务中心机构设置和人员编制的通知》（自委编发〔2011〕2号），区设立了由政府举办的公益性社区卫生服务中心4个，即五星街社区卫生服务中心、新街社区卫生服务中心、郭街社区卫生服务中心、东街社区卫生服务中心，核定编制180名。经费形式明确为“核定收支，定额补助（全额）”。

【规范机构设置】 根据《中共自贡市委机构编制委员会关于规范区县政协专门委员会机构设置建议的复函》（自委编发〔2011〕10号）文件精神，将区政协专门委员会由原来的五个规范设置为现在的6个，即提案委员会、学习文史联谊委员会、经济委员会、教科文委员会、法制群团委员会和人口资源环境委员会。

【管理工作】 加强对机构编制的控制和管理。认真贯彻落实中办、国办《关于进一步加强机构编制管理工作的通知》精神，强化对机构编制管理工作重要性的认识，加强对机构编制的控制和管理，始终坚持机构编制管理“三个一”审批制度，严肃机构编制纪律。积极消化党政机关超编人员，确保全区党政机关人员总量不突破。开展全区机关事业单位实名制工作。为强化全区机构编制管理，对全区机构编制实名制管理工作采取统一部署、统一软件系统、统一基本数据采集内容、统一工作步骤的“四统一”方式进行。通过建立本级机构编制实名制管理信息库，做好数据收集汇总工作，并将核准后的数据报市编制部门，全区机关事业单位数据汇总工作将于2011年12底前完成。做好转业士官安置工作。经公开考试和审查，完成市下达2010年冬季安置2名退役士兵任务，分别安置到仲权镇机关、舒坪镇机关工作。为公务员队伍和专业技术人才队伍建设的结构调整及时提供机构编制保证。

向上争取到编制层级调整(乡镇行政编制调整为区级行政编制)6名,增加区级行政编制总量。加强台账管理,及时高效完成机构编制的统计年报工作。在机构编制日常管理中,结合年初的机构编制统计年报,将机关、事业单位机构编制统计报表制定成编制一览表,对机构设置、编制分类、人员情况进行台账管理,同时每个季度进行动态更新。为人员的调配和领导决策提供了可靠依据。

【事业单位管理】 按照《事业单位登记管理条例》的规定,在办理事业单位法人登记时,严格按照受理、审核、核准、发证等程序予以办理,对提交的材料严格把关,对材料不齐、内容不实的要求补齐材料再予以登记。凡事业单位登记事项发生变更的,都要求提交相关文件或证明材料。涉及事业单位法定代表人变更的,要求其必须提供有关文件依据。为符合登记条件的单位办理设立登记3件,办理变更登记35件。完成全区2010年度的事业单位年检工作。共完成已登记事业单位年检数135件,年检率97%。

【自身建设】 加强学习,提高自身素质。每周组织全体职工学习科学发展观、业务知识等。同时集中组织职工学习市、区党代会工作报告,并结合自身工作实际,展开讨论。使大家工作责任感明显增强,工作作风明显改善,工作效率明显提高。强化机关人事和党建工作,切实提高领导班子和干部职工队伍建设。认真落实首问负责制,全面推行限时办结制,严格实行责任追究制,切实转变作风,提高行政效能。认真落实党风廉政建设责任制和廉洁自律各项规定,健全监督制约机制,加大监督检查力度,坚决纠正损害群众利益的不正之风,树立机构编制部门的良好形象。

(区编办 李 勇、黄 欢)

农办工作

【农村经济】 全区农业增加值3.4亿元,同比增长5%;农民人均纯收入达到7269元,年增加1392元。粮食作物以水稻、玉米、小麦为主,2011年,生产粮食3.84万吨,人均89千克,其中水稻1.90万吨,小麦4117吨。油料作物种植面积1.22万亩,产量1690吨,其中花生324吨;蔬菜种植面积3.76万亩,产量6.16万吨,主要品种有辣椒、黄瓜、豇豆、莴笋等,其中辣椒5120吨,黄瓜5320吨,莴笋4920吨。全区畜牧业以生猪、山头、肉牛等为主,2011年出栏生猪11.1万头、山羊3.1万只、肉牛0.4万头、家禽畜291.6万只、肉兔157.7万只。2011年完成肉类总产量1.56万吨、禽蛋产量3953吨、牛奶产量2052吨,牧业总产值达3.2亿元,占农业总产值50%以上。年末存栏生猪4.4万头、牛0.2万头、羊1.534万只、禽91.8万只、兔36万只。截至2011年末,累计造林2万亩,其中防护林2000亩,经济林15000亩,竹林3000亩,农民住宅四旁树木59万株,林木覆盖率28.5%,活立木蓄积量14.2万立方米。2011年水果种植面积1.3万亩,产量1850吨,主要品种有塔罗科血橙、中岩早柑、爱媛22号、优质李,其中,柑橘1100吨,伏季水果750吨。

【"领导挂点、部门包村、干部帮户"活动】 责任落实,明确帮扶方式。按照市委、市政府的工作部署,自流井区"挂包帮"活动在区委、区政府的高度重视下,由区委、区政府主要负责人亲自抓,区委、区政府分管负责人具体抓,包村部门、帮扶干部负责落实。区委、区政府主要负责人和分管负责人坚持每月为帮扶村解决实际问题;到村挂职的帮扶干部坚持每周到帮扶村开展1次相关工作;帮户干部经常性和帮扶困难户保持联系,定期实地上门入户开展帮扶活动。完善帮扶体制机制。自流井区紧紧围绕统筹城乡、"四位一体"科学发展的要求,认真清理现有的帮扶规章制度,切实做好废、改、立工作。建立健全包村帮户规划承诺制度、帮扶工作制度和帮扶干部工作纪律,精心组织,努力构建充满活力、富有效率、具有特色、更加开放和有利于活动开展的体制机制。加强督促检查,严格帮扶考核奖惩,采取日常催办、集中检查等形式,对帮扶工作进行经常性的督促检查和指导。将帮村干部和帮户干部的工作业绩考核结果纳入2011年个人年度考核,并作为评先树优的重要依据。强化帮扶措施、务求实效。深入调查研究,明确工作重点。全区45

个帮扶部门和7名县级挂点领导，采取“自上而下、上下结合”的方式，深入帮扶村，调研经济发展现状、农民增收渠道、资源优势和发展潜力等，明确今后经济发展和产业结构调整方向；深入党员、村干部家中，了解换届后村“两委”班子建设情况，明确搞好村级组织建设的主要任务；深入示范户、文明户家中，了解文明村、文明户的创建以及社会主义思想宣传教育和科学知识、实用技术、法规法纪教育情况，明确农村精神文明建设和民主法制建设的工作重点。加强沟通协调，促进项目实施。充分发挥好协调服务作用和职能作用，真正关心和了解帮扶村项目进展情况，及时协调相关部门解决项目建设遇到的审批核准、信访矛盾等困难和问题，确保帮扶村再建和拟建项目按进度有序推进。2011年，在各帮扶部门的共同努力下，全区开展农村项目建设23个，项目建设资金达到680万元。其中，产业发展项目8个，农村基础设施建设项目6个，民生及社会事业项9个。坚持结对帮扶，解决群众困难。帮扶干部定期深入帮扶村，采取“结对子、一帮一、几帮一”等帮扶方式，加强与群众的联系，了解群众所思、所盼、所忧，帮助解决具体困难和问题。2011年全区帮扶部门慰问特困农户786户，慰问困难群众1869名，发放困难群众补助金25万元，发放慰问物资折价4.2万元。

【统筹城乡工作】 基础设施建设。积极申报新建库容为1300万立方米，占地600亩规划灌溉5万亩，项目总投资约为4亿元的狸狐洞水库建设，提高农业灌溉和人畜饮水的供应能力；加快永荣路（荣边至富全段）13.5公里后期硬化工程建设，完成飞龙峡至八斗丘“断头路”的建设，实现全区乡镇公路网络分布合理。农民集中居住点建设。按照经济、舒适、方便、配套、适用的原则，进行“统一规划、统一设计、统一基础设施配套（包括水、电、气、电话、电视等基础设施建设等方面）、统一风格、统一管理”，建设农村新型社区，加强农村新型社区的基础设施建设、不断完善公共服务，开展农村社区化管理。实施建设的荣边镇雨潭村“雨潭寺、小屋基、保管室、雨潭二组”16000平方米农民集中居住小区，于2010年下半年正式开工建设。雨潭寺集中点41户5656平方米农房和小屋基集中点9户1241平方米农房全部竣工，11月中旬已交付农民；雨潭2组集中点28户3862平方米农房基础全面完成，保管室集中点38户5421平方米农房，完成12幢24户，农民集中居住区建设规范化达到100%。农村产权制度改革。成立自流井区农村产权确权颁证工作领导小组，由区政府区长任组长，区委副书记、区政府分管副区长为副组长，区级相关部门负责人、各乡镇长为成员组成，下设办公室在区农牧林业局，具体负责农村产权确权登记颁证的日常工作。各乡镇、村建立相应的工作组，落实专兼职工作人员。全区投入农村产权确权登记颁证工作经费145万元。已完成林权制度改革、农村集体建设用地使用权的确权登记工作和农村集体土地所有权等登记颁证工作。农村土地承包经营权确权登记在完成荣边镇、农团乡2个乡镇涉及17个村、150个村民小组、5822户包地农户土地承包经营权确权登记和换证试点。巩固提升区综合体。实施综合体内产业发展，全面建成200亩观赏鱼养殖、350亩泥鳅苗繁育和泥鳅示范基地、300亩水果示范种植基地、30亩大棚葡萄示范种植基地等项目；完成综合体内200平方米村级阵地建设，配套完成了“1+6”公共服务一体化建设；完成农户住房改貌建设300户，新建农家乐5家。社会保障和公共服务体系建设。扩大农村低保范围，新合医疗保持在98%以上，城镇登记就业率控制在4.15%以内；实施“亿万农民健康促进行动”，完成基层医疗卫生服务体系，促进基层公共卫生服务均等化；争创“省级敬老模范区”建设，构建城乡一体的社会救助、养老服务及适度普惠的社会福利体系。广泛开展群众性文体活动，促进城乡文化体育服务一体化。农村最低生活保障累计救助7.6万人次，发放低保金456万元，年人均补助水平达到60元。实行农村医疗救助一站式服务，对农村救助对象中的五保户、低保户住院救助实行与新型合作医疗同步计算，减少了审批程序，缩短了救助时间，按低保人口计算预计2011年人均补助达到200元。加强农村敬老院建设及五保供养工作，完成了区社会救助中心附楼工程建设，新增床位50张；完成全胜村敬老院维修，舒坪镇敬老院已完成平基工作，建成后可新增床位80张，全区五保户集中供养率达到62%以上。深入开展平安创建活动，搞好社会治安综合治理;做好农村信访工作,加强人民调解,及时化解矛盾纠纷。村警务室、调解室均达到100%。

【农村扶贫开发】 争取到扶贫道路及人畜饮水工程省级扶贫项目经费100万元,在荣边镇尖山村投入财政扶贫资金35万元,农户自筹35万元新建连接尖山村5、7组至农团乡红岩村1组村道2.5公里。在荣边镇拱桥村投入财政扶贫资金40万元,农户自筹65万元,新建连接拱桥村5组至6组村道3.75公里。在荣边镇雨潭村投入财政扶贫资金18万元,农户自筹20.5万元,新建连接1、2、5、6、8、9、10组等7个组饮水管道7.5公里。强化宣传,扎实推进。积极加强中央、省、市区有关扶贫项目政策宣传,让老百姓及时了解有关扶贫政策。2011年,开展扶贫项目政策咨询活动15次,向老百姓宣传政策法规5000人次;开展扶贫培训2次,培训扶贫人员100人次;向报刊和广播电台发送有关新闻60条,采用40余条,有效地宣传了国家扶贫政策,为扶贫项目顺利开展打下坚实的基础。明确责任,制度完善。对《扶贫解困公示制度》进行了进一步完善,要求各项目所在乡镇、村组,按扶贫工程项目建设实施方案,对各实施项目内容、资金等情况进行严格公示,接受社会和群众监督。完善《扶贫解困责任追究制度》,落实扶贫项目责任制。制定《自流井区加强扶贫专项资金监管工作实施方案》,成立区扶贫专项资金监管工作领导小组,项目的指导、管理、实施和监测都落实到相关部门和责任人,有效地杜绝各种违法违规行为的发生。加强监督管理,保障项目资金安全。对扶贫项目资金的使用坚持按照《四川省财政扶贫资金管理办法(试行)》和《四川省扶贫资金县级财政报账制实施办法(试行)》的规定,实行财政专户专项管理和县级财政报账制,做到严格审查、严格监管,确保了扶贫资金专款专用。效益显著。群众生活质量得到提高。通过2010年扶贫项目的建设,贫困村的水利、道路等基础设施得到有效改善,群众生产积极性和生活质量得到进一步提高。促进产业发展。通过对高峰乡高峰村开展新村扶贫项目扶贫项目建设,在贫困户和困难户中发展蔬菜种植户30户,促进了当地的产业结构调整,提高了农户发展生产的积极性和主动性。

(区农办 罗选财)

人 大

代表大会

【区十六届人民代表大会第五次会议】 1月12日至14日举行,出席代表177人,列席人员92人。会议听取和审议区人民政府工作报告、2010年国民经济与社会发展计划执行情况和2011年国民经济与社会发展计划(草案)报告、2010年财政预算执行情况和2011年财政预算(草案)报告、区人大常委会工作报告、区人民法院工作报告、区人民检察院工作报告,通过相应的决议。

【区十七届人民代表大会第一次会议】 11月21日至25日举行,出席代表189人,列席人员64人。会议听取和审议区人民政府工作报告、2011年国民经济与社会发展计划执行情况和2012年国民经济与社会发展计划(草案)报告、2011年财政预算执行情况和2012年财政预算(草案)报告、区人大常委会工作报告、区人民法院工作报告、区人民检察院工作报告,并通过相应决议。会议选举陈明仲为区第十七届人大常委会主任,许力、张永清、钟南、余晓曼为区第十七届人大常委会副主任,丁萍、王俊、卢从琥等22人为区第十七届人大会常委会委员。选举张序为区人民政府区长,黄志勇、黄雪智、何永海、古荣华、曹泽均、黄敏为区人民政府副区长。选举江声华为区人民法院院长。选举黄卫东为区人民检察院检察长。选举龙腾鑫、张序、陈明仲、许建平、曾建民等71人为市第十六届人大代表。

常委会议

【区十六届人大常委会第四十次会议】 1月25日举行。会议补选王朝清、汪小铭为自贡市第十五届人大代表。

【区十六届人大常委会第四十一次会议】 2月25日举行。会议听取和审议区政府关于增加基本建设支出财政预算的报告,对区政府组成部门主要负责人、区法院副院长和区检察院副检察长2010年的履职情况进行测评。通过人事任免议案,任命何永海为区人民政府副区长。

【区十六届人大常委会第四十二次会议】 5月27日举行。会议听取和审议区人大常委会2011年工作要点(草案)、区政府关于自流井区城维费2010年执行情况和2011年计划安排情况的报告、区人民检察院关于查办和预防渎职侵权犯罪工作情况的报告。会议对区政府组成部门主要负责人和区法院副院长、区检察院副检察长2010年工作情况的测评结果进行通报。通过人事任免议案。

【区十六届人大常委会第四十三次会议】 7月27日举行。会议听取区政府关于办理区十六届人大常委会第四十二次会议审议意见的情况报告。会议听取和审议区政府关于增加财政基本建设支出预算的报告、区政府关于自流井区2010年财政预算执行情况和其他财政收支审计情况的报告、区政府关于自流井区2010年教育经费预算执行审计情况的报告、区政府关于自流井区2011年上半年国民经济和社会发展计划执行情况的报告、区政府关于教育"两基"迎国检工作情况的报告。通过人事任免议案。

【区十六届人大常委会第四十四次会议】 9月7日举行。会议传达上级换届选举工作有关精神,汇报自流井区换届选举工作有关准备情况。会议审议通过区人大代表选举时间的决定(草案)和建立区选委会的决定(草案),通报区第十七届人大代表总名额和新一届区人大常委会组成人员名额,审议通过乡镇选委会的决定(草案)和乡镇新一届人大代表总名额的决定(草案)。

【区十六届人大常委会第四十五次会议】 9月29日举行。会议听取区政府关于办理区十六届人大常委会第四十三次会议审议意见的情况报告,听取和审议区政府关于办理代表意见和建议的情况报告、区政府关于"五五"普法的实施情况和"六五"普法启动情况的报告。会议任命岳康、邱琳等8人为区人民检察院检察员。

【区十六届人大常委会第四十六次会议】 10月13日举行。会议免去:张邦举区第十六届人大常委会主任职务,侯晋蜀、李佐德区人民政府副区长职务,李庆区文体广电和新闻出版局局长职务,杨熙琳区人民检察院检察长、检察委员会委员、检察员职务;任命:曹泽均为区人民政府副区长,黄卫东为区人民检察院检察员、检察委员会委员、副检察长。龙腾鑫辞去区选委会主任职务,张序、陈明仲、曾建民、彭学能辞去区选委会副主任职务,罗辑、宗润华、丁萍、王俊辞去区选委会委员职务,王世华辞去区舒坪镇选委会主任职务,邓志君、曾学明辞去区舒坪镇选委会副主任职务,刘忠群、王岗、易佳辞去区舒坪镇选委会委员职务,吕泉辞去区仲权镇选委会主任职务,杨小珉辞去区仲权镇选委会副主任职务,郑彬尚辞去区荣边镇选委会主任职务,晏晓东辞去区荣边镇选委会副主任职务,肖慈良、马明辞去区高峰乡选委会委员职务,赵义全辞去区农团乡选委会主任职务,兰宗保、宋司元辞去区农团乡选委会副主任职务,郭厚平辞去区农团乡选委会委员职务,陶钢辞去区漆树乡选委会主任职务,张昭赢、黄凯辞去区漆树乡选委会副主任职务,兰明华辞去区漆树乡选委会委员职务,舒诚芳辞去区红旗乡选委会主任职务,黄树明辞去区红旗乡选委会副主任职务,陈义恩辞去区红旗乡选委会委员职务。

【区十六届人大常委会第四十七次会议】 10月13日举行。会议决定黄卫东为区人民检察院代理检察长。

【区十六届人大常委会第四十八次会议】 11月4日举行。会议讨论研究区十七届人大一次会议相关事宜。听取和审议区政府关于农田水利基本建设情况的报告。会议免去曾德培区人民检察院副检察长、检察委员会委员、检察员职务。

【区十七届人大常委会第一次会议】 12月8日举行。会议通报区人大常委会主任、副主任分工情况,集中学习有关法律法规。会议任命:宗润华为区人大办公室主任,吴建程为区人大人代工委主任,丁萍为区人大财经委主任,李江明为区人大法工委主任,罗钢为区人大城乡委主任,张祖坤为区人大教科文卫委主任,周建新为区人大农工委员主任,林竹为区人大办公室副主任(保留正科级待遇),彭莹为区人大办公室副主任,刘正祥为区人大人工副主任,陈智秀为区人大人代工副主任,张淑蓉为区人大常法工委副主任(保留享受正科级待遇),邓志君为区人大城乡委副主任(保留正科级待遇),卢从琥为区人大教科文卫委副主任,罗瑛为区人大农工委副主任。

【区十七届人大常委会第二次会议】 12月20日举行。会议任命:顾映桥为区人民政府办公室主任,邹宏为区发展和改革局(物价局、粮食局)局长,吴家英为区经济和信息化局(中小企业局)局长,黄激为区教育局局长,宋涛为区科学技术和知识产权局局长,艾世庆为区监察局局长,张承琼为区民政局局长,丁小桃为区司法局局长,张周林为区财政局局长,沈成明为区人力资源和社会保障局(公务员局)局长,李慎康为区交通运输局局长,何昌银为区水务局局长,王其凯为区农牧林业局局长,贾小龙为区商务局局长,甘建平为区文体广电和新闻出版局局长,王忆章为区卫生局局长,汤琪为区人口和计划生育局局长,陈静为区审计局局长,舒国良为区环境保护局局长,钟艺为区统计局局长,申旭红为区外事侨务和旅游局局长,林茂明为区安全生产监督管理局局长,尤国荣为区食品药品监督管理局局长。

主任会议

【区十六届人大常委会主任会议】 2011年,召开主任会议11次。听取和审议"一府两院"工作汇报4次,重点听取和审议了区政府关于新农村示范片建设进展的情况报告、关于国土资源有效利用的情况报告、关于加快科技成果转化、促进新兴产业发展的情况报告、区人民法院关于法官队伍建设的情况报告等,提出审议意见17条,形成调查报告4篇,促进了政府工作。

重大事项决定

【决议决定】 2011年共依法作出决议、决定7项。2月25日,自贡市自流井区第十六届人大常委会第四十一次会议作出《关于同意区政府增加财政预算对基本建设支出报告的决议》。7月27日,自流井区第十六届人大常委会第四十三次会议作出《关于同意区政府增加财政预算对基本建设支出报告的决议》、《自贡市自流井区第十六届人大常委会关于2010年自流井区教育经费预算执行审计情况报告的决议》。9月7日,自流井区第十六届人大常委会第四十四次会议作出《自贡市自流井区人大常委会关于自流井区第十七届人民代表大会代表选举时间的决定》、《自贡市自流井区人大常委会关于成立自流井区选举委员会的决定》、《自贡市自流井区人大常委会关于设立舒坪镇等七个乡镇选举委员会的决定》、《自贡市自流井区人大常委会关于乡镇人民代表大会代表总名额的决定》。

【干部任免】 任免国家机关干部65人次,其中,任命53人,免职12人。接受辞职两名。补选两名市人大代表。

监督工作

【监督内容】 围绕全区经济建设、政治建设、文化建设、社会建设和人民群众普遍关注的问题,确定审议议题。通过听取和审议专项工作报告、视察、调查、检查等多种形式,加强对国民经济、社会发展计划和财政预算的审查监督,加强对人民群众普遍关注问题的监督,加强对新农村建设的监督,加强对司法工作的监督,加强对《国土资源保护法》、《农业技术推广法》、《动物防疫法》、《安全生产法》等法律法规实施情况进行执法检查,加强对规范性文件的备案审查,增强了监督实效,促进"一府两院”依法行政、公正司法。

【信访】 受理各类来信来访78件次144人次(其中来信32件次、来访40件),信访登记率100%,办结率100%。

代表工作

【代表建议意见办理】 抓好代表建议、意见的督办工作。区第十六届人大第五次会议期间提出的37件议案、意见、建议得到了及时有效办理,办理质量明显提高,解决了群众关心的一些热点难点问题,群众得到了实惠,代表对办理工作的满意率和基本满意率达100%。

【代表视察】 组织区人大代表对雨潭片区新农村示范片建设情况;区人民检察院工作进行情况;区城市维护费2010年执行情况和2011年计划安排;全区安全生产工作;光大街小学、22中、荣边小学及全区“两基”迎国检的准备工作;区国土资源有效利用;荣边镇干塘村新葡萄品种种植情况,区科技成果转化、促进新兴产业发展工作情况;区村级动物防疫体系建设;区水利基础设施建设进展情况;区政府保障性住房建设情况进行考察,并提出意见、建议。

【工作监督】 对全区经济建设、政治建设、文化建设、社会建设和人民群众普遍关注的问题,确定审议议题。通过听取和审议专项工作报告、视察、调查、检查等多种形式,加强对国民经济、社会发展计划和财政预算的审查监督,加强对人民群众普遍关注问题的监督,加强对新农村建设的监督,增强了监督实效,促进了“一府两院”依法行政、公正司法。

【法律监督】 着力加强对法律法规执行情况的监督。重点对《国土资源保护法》、《农业技术推广法》、《动物防疫法》、《安全生产法》等法律法规执行情况进行执法检查,抓好规范性文件的备案审查,帮助政府及职能部门进一步规范行政执法行为,推进“五五”普法工作任务的全面完成和“六五”普法工作的顺利启动,保证法律法规的正确实施。着力加强对司法工作的监督。重点对区法院审判工作情况、法官队伍建设情况,对区检察院查办和预防渎职侵权犯罪工作情况等工作开展调研,及时处理涉法信访件,促进法检两院工作的有效开展。

(区人大办 宗润华、林 竹、彭 莹、周友芬、尹 航、漆星普)

政 府

【概述】 全区地区生产总值由2006年的98.4亿元增加到223.8亿元,连续跨越100亿元、200亿元台阶,年均增长14%;区属固定资产投资由14.4亿元增加到76亿元,同口径比较年均增长39%。地方财政总收入由1.95亿元增加到7.1亿元,年均增长29.2%;财政总支出突破7亿元,年均增长36%,创历史新高,连续5年实现财政收支平衡;累计争取上级补助资金22.8亿元。区属规模以上工业总产值、增加值均为五年前的11倍。社会消费品零售总额、服务业增加值等指标比2006年翻一番。“十一五”规划圆满完成,“十二五”规划开局良好。

【项目建设】 制定出台自流井区领导干部推进重大项目工作制度,推进项目实施。116个重大项目完成投资12.68亿元,其中11个市级重大项目完成投资7.02亿元,争取上级项目资金1.05亿元。二中压阀门精密铸造技改等26个项目开工建设,千业环保双机絮凝剂、大业高容CNG移动加气站等22个项目建成并投入使用,财富水岸、东方尚城等房地产项目全面竣工。

【工业经济】 工业总产值81.67亿元,占计划115.02%,同比增长46.9%;工业增加值24.97亿元,占计划113.46%,同比增长36.6%;利润2.02亿元,占计划118.73%,同比增长25.96%;主营业务收入71.92亿元,占计划105.76%,同比增长53.79%。

【第三产业】 预计自流井区完成社会商品零售总额105亿元，同比增长18.2%，预计完成服务业增加值增辐12.2%。完成外商投资到位资金1150万美元，占目标任务的115%。

【第三产业发展规划】 制定服务业各项专业规划，分别是《自流井区服务业十二五发展规划》、《自流井区物流业十二五发展规划》、《自流井区冷链物流业十二五发展规划》《自流井区专业市场十二五发展规划》、《自流井区医药产业发展规划》、《自流井区物流业中长期(2012—2020)发展规划》。其中《自流井区物流业十二五发展规划》、《自流井区冷链物流业十二五发展规划》两项规划已通过专家评审。筹备《自贡市商贸中心发展规划》。

【农村经济】 农业农村工作扎实推进，粮食总产量3.83万吨，落实粮食直补和综合直补面积4.66万亩，兑现补助资金548.8万元。新农村示范片和新农村综合体建设加快推进，项目开工率达100%。完成舒坪镇狮湾村花卉苗木基地1000米供排水渠道、生产便道、旅游道路等产业基础设施建设任务。完成舒坪镇狮湾村2公里、仲权镇黄家村1.8公里道路加宽建设任务。完成舒坪镇狮湾村到吉林村800米村道平基工作。实施完成舒坪镇狮湾村精养鱼池150亩。完成花卉苗木200亩土地流转。完成黄家村标准化竹架大棚蔬菜100亩建设。完成农房改貌146户。

【财政保障】 全年地方财政区级一般预算收入完成5037万元，比上年增长35.3%；基金预算收入完成8671万元，比上年增长-17.4%。2011年全区预算总支出7.51亿元，增长13.9%。其中，一般预算支出完成6.63亿元，比上年增长19.5%，上解支出169万元；基金预算支出完成8671万元，比上年增长-17.4%。积极争取上级财政支持力度，争取一般性转移支付4.29亿元，比上年增加1.37亿元，增强区财政实力。

【城市建设】 至2011年，五年间累计投入8亿元，建成火井沱大桥等一批重大基础设施。升级改造5条主街大道和8条支道，主次街道黑化率达98%，背街小巷硬化率达100%。改建5个农贸市场，天花井、灯杆坝市场被评为全省"三化"示范市场。启动各类拆迁项目20个，拆除面积40余万平方米，大同路西一段、沟坝片区等重点拆迁项目全面完成。实施67个重要节点绿化改造及500余栋建筑物立面整饰。建设通乡公路37.4公里、通村公路105公里，建成五级农村客运站6个、港湾式车站16个。实施农房"一建五改"500户，建成雨潭寺等农民集中居住区6个，以村级阵地建设为基础的"1+6"公共服务体系进一步健全。新建社区绿化小广场14个，新增城市绿地14.5公顷，城区绿化覆盖率达29.2%，建设公益林2.16万亩，退耕还林2000亩，建成全国绿化模范单位1个、省级园林式单位2个，城市环境综合整治定量考核连续5年全市第一。

【城市建设管理】 升级改造滨江路、解放路、交通路、五星街、石缸井路等主次街道，全面完成东延线和乐自高速自流井段征地拆迁任务，启动实施二中压阀片区、釜溪东路南段、沙湾片区等拆迁项目。持续开展"三乱"、"六乱"治理，集中整治背街小巷、校园周边、夜市摊点、S305沿线、金鱼河沿岸环境，规范店招、店牌约3000平方米，清除"牛皮癣"8万余处，拆除违法建(构)筑物1.1万平方米，顺利通过省级卫生城市复审验收。完善"12319"热线服务平台，基本建立起数字化城管体系。在全省率先创新推行城管进社区、进乡镇模式，探索实行城管执法人员"五定"管理、"门前双五包"责任制等长效机制。强化城管力量，开发公益性岗位1700个，新聘城管协管员、环卫保洁员、环卫监察员500余名。集中开展环境专项治理，彻底根除五星街持续10年的占道经营等一大批城市顽疾，打造出檀木林街、塘坎上路等11条环境优美示范街，成功创建全省2010年度环境优美示范区。

【城乡统筹】 推进统筹城乡试点示范，实施荣边镇综合体为重点推进统筹城乡工作。推进村级阵地建设及农民集中区建设。以村级阵地建设为基础的"1+6"公共服务建设基本完成，"七化十二有"目标可望实现。农民集中居住区建设启动了"雨潭寺、小屋基、保管室"三个点，并完成规划88户，已建41户。雨潭寺居住点绿化、美化、亮化工程已开工建设,幼儿园建设项目正式启动。产业发展项目更上一个台阶。铁皮石斛项目投入1200万元,基地水电气得到落实,基地平基、挖方、建基脚等基础性工程项目已完成。自流井区友谊养鸡专业合作社争取到国家级项目补助资金77万元,用于该专合社养殖基地的扩大在生产建设。金汇科技完成水产基地周边栽植银杏树2000株(每株200元)、香樟树1万株(每株300元)的种植,并沿湖实施游亭、环湖游道等绿化及环境美化工程。

【社会事业】 把保障和改善民生作为根本出发点,努力提高城乡居民收入水平和生活质量。至2011年,五年间累计投入14.9亿元用于民生工程支出。城镇居民人均可支配收入由8939元增加到1.77万元,农民人均纯收入由3605元增加到6700元,年均分别增长14.6%和13.2%。治理病险水库16座,完成红层找水打井4368口,解决农村2.5万人饮水安全。整理土地2.36万亩,新增耕地3094亩。建设廉租房821套、安置房344套、经济适用房814套,共计12万平方米,发放住房保障性资金近1000万元,惠及群众5万余人。全面落实义务教育经费保障机制,免除义务教育阶段5.86万名学生学杂费近1000万元。促进城乡教育均衡发展,大力实施城乡中小学共同体建设。完成整建制接收代管原汶川威州小学震后复课工作。在全市率先接受省政府教育督导评估,获优秀等次,被评为全省首批教育工作先进区。新建区中医院综合门诊大楼,改扩建6个乡镇卫生院,建成12个社区卫生服务机构,新街社区卫生服务中心创国家级示范单位。开展群众性文体活动863场,乡镇综合文化站和村级“农家书屋”实现全覆盖。39个城市社区基本完成标准化建设,村、社区干部待遇明显提高。完成区计划生育指导站、2个乡镇中心服务站、4个社区服务中心和52个村服务室标准化建设。完成第二次全国经济普查和第六次全国人口普查工作。工商、质监、档案、地方志、妇女儿童、残疾人事业、精神文明建设等各项工作全面推进。

【民生工程】 全面实施九项民生工程,全区新增财力主要用于改善民生,人民群众从发展中得到更多实惠。建成凤鸣苑安置房344套和廉租房一期148套,新开工建设廉租房三期267套、公租房100套。完成永荣路、伍富路、叶桥路等路面改造工程。新改建校舍面积1.2万平方米,完成中西部特教建设项目,东方小学运动场开工建设,“校校通”教育信息网络工程实现全覆盖。新农合参保人数达6.9万人,参合率95%。城乡居民人均医疗救助标准提高到140元。动态消除“零就业”家庭,城镇新增就业8165人,城镇登记失业率控制在4%以内。城乡低保应保尽保,发放低保金3266.53万元。为2000余名未参保集体企业退休人员提供基本养老保障。农村“五保”集中供养率达65%,居全市首位。低生育水平保持稳定,人口自然增长率为1.48‰。

【社会稳定】 国防后备力量建设和双拥工作得到加强,军政军民团结进一步巩固。“五五”普法工作圆满完成,被评为全国法制宣传教育先进区。认真抓好安全生产及食品药品、交通、消防安全工作,安全形势保持平稳,连续5年未发生重特大安全事故。严厉打击各类刑事犯罪,社会保持平安稳定,未发生一起有重大影响的群体性事件。

【效能建设】 贯彻落实人大及其常委会的决定、决议,自觉接受人大的法律监督、工作监督,主动接受政协的民主监督,广泛接受社会舆论监督。至2011年,五年间累计办理人大代表议案、建议306件,政协委员提案502件,满意和基本满意率达100%。深化行政审批制度改革,行政许可和审批事项由379项削减到288项。区政务服务中心完成迁建,建成区电子政务大厅,“两集中、两到位”全面落实,行政事务现场办结率、限时办结率、承诺件提前办结率均达100%。严格落实党风廉政建设责任制,深化行政效能建设,惩防体系制度框架基本形成。加大政府采购和招投标监管力度,强化重点工程审计,审减政府建设工程投资2586万元。加强行政事业及各类专项资金审计,查处和纠正管理不规范资金5684万元。加强电子政务建设,全面推行政府信息公开,政府工作的透明度不断提高。

(政府办　孙　旭)

政府办

【目标管理】 建立健全目标督查工作责任体系和目标管理组织体系，制定考核方案，严格执行目标考核。目标设置科学，分解及时，科学确定目标任务依据、分解目标并确定目标分值。严格考核，组织人员在各单位自查的基础上开展目标检查考核，起草对区级各部门，乡镇，街道考核分值、等次的相关文件，分别给予目标考核等次奖励。

【公文处理】 全年收到并送传中央、国务院、省委、省政府、市委、市政府公文1585件，其中，机要件98件，无一差错。严格按照《国家行政机关公文处理办法》及《四川省国家行政机关公文处理实施细则》和《国家行政机关公文格式》的要求制发公文，报送市政府的各类文件均符合有关规定，全年无退文；严格按规定渠道报送请示、报告，按照规范要求报送代拟稿；办理市政府交办的请示性文件并按规定时限回复，办结率100%。办理市政府及市政府办公室交办的各项工作，按规定时限回复，办结率100%。区政府发文131件，区政府办公室发文115件，上报请示报告类文件183件。制定《督查通报》、《督查专报》等47期，《常务会议纪要》19期。

【政务督查】 进一步完善督查工作制度、规范督查工作程序。抓好督查督办工作，政府决策和领导批示有效贯彻落实。2011年，重点就民生工程、十件实事、重大项目建设、集中区建设、新农村示范片建设、固定资产投资等重点工作开展专题督查，做到事事有落实、件件有回音，推进了各项工作。

【政务信息】 抓好政务信息工作，力求紧贴中心、围绕大局，集中反映领导关注、群众关心的热点和难点问题，向各级领导报送了大量有价值的信息，为领导掌握情况、指导工作、科学决策提供了较好的信息服务。坚持网上均衡、持续向市政府报送信息，每天上报信息不少于2条，超额完成了市上政务信息报送和采用目标任务。全年上报信息1107条，占目标任务的276.75%；采用信息114条，占目标任务的162.86%。与工作实际相结合，编辑区《政务信息》51期，增强了政务信息的可读性、指导性和时效性。

【政务公开】 加强政务公开，围绕重大项目建设、民生工程、城乡环境治理、推动工程建设领域公开等重点工作，坚持“公开为原则，不公开为例外”，通过严格审核进行公开。通过区政府信息公开报送平台，搜集各部门上报的信息878条，通过门户网站面向社会主动公开区政府信息达1143条，平均每季度公开286条。

【电子政务】 推行电子政务。进一步完善区政务外网网络平台，将网络覆盖到机关大楼所有办公室、会议室，并延伸到各乡镇、街道和机关大楼外办公的具有行政职能的部门。设立区政府门户网站，开展政府信息公开、互动交流、在线办理等栏目，并对栏目内容进行及时更新和维护，确保外网平台发布内容及时有效，故障率在1%以内。目前，已开发公告、办件查询、办事指南、政策法规等办事服务栏目4个。加强区政务外网协同办公系统、政务信息报送系统、政务信息公开报送系统和协同办公系统的运用，配合省、市建设视频应用系统，提高工作效率，推行无纸化办公，减少资源浪费。通过自贡电子政务外网门户网站进行信息报送，与市政府及市级相关部门进行非涉密公文交换。完成机构改革后部门电子政务建设相关工作。对全区所有乡镇、部门和街道的政务系统使用情况进行梳理和整合，对政府机构改革后新建、合并的部门特别是办公室调整部门及时联通政务外网，设置公文收发账户，确保网络平台畅通、信息及时传送。全年对电子政务工作人员实行专业培训5次，组织专业人员进行技术交流和基础知识普及，通过各种措施加强网络安全保密系统建设，对上网信息严格审核把关，未发生任何泄密事件。

【应急管理】 加强应急管理工作。全面贯彻应急管理工作“一岗双责”责任制，保证了及时、准确、规范将突发事件信息报告市政府应急办，相关预案达到启动条件时及时启动，处置突发事件工作有力、有序、有效开展，及时按程序报告了进展情况和结果。进一步加强应急管理体系建设，各乡镇、街道和相关部门均实行24小时专人值班，领导带班，发生突发事件即时报告，相关人员及时到位，做到“有机构管事，有人员办事”。认真开展应急管理宣传培训，年初召开全区应急安全会议，传达全市应急安全会议精神。按时报送应急管理工作信息，开展校园地震避险、公共场合消防安全、危化品泄漏、公共卫生突发事件等应急演练，全面完成目标任务。四是保质保量完成市政府交办的应急处置事项，积极配合上级或其他区县处置突发事件。

【协调服务】 服务工作和后勤管理。以服务机关、服务职工、服务群众为宗旨，积极探索强化后勤管理与服务的新路子，在扩大服务范围、提高服务档次、水平上下功夫，形成规范的服务管理工作制度，服务质量与经济效益同步提高，被评为2011年度全市接待工作先进单位；安全保卫工作。加强安全生产教育，组织后勤服务的司机、电工等人员进行专题学习，提高安全生产意识，增强安全生产能力，确保安全工作的万无一失，保证机关的安全正常运行；财务管理。严格按照财务规定办事，使每一笔开支合法合理，既节约资金又保证工作的顺利开展，行政后勤保障能力进一步增强，做好办公用品的采购保管和发放。

【法制工作】 加强组织领导，推进行政复议规范化建设，专门配备行政复议接待室、审理室、档案室，达到行政复议机构、职能履行、人员资格、制度建设、经费保障、办案场所规范化。规范行政执法行为，深化行政执法责任制，深入开展行政执法案卷评查，积极创新执法模式。有效化解争议纠纷，提高应对突发事件能力，全区共受理行政调解557件，调处成功549件，调处成功率98%。开展执法队伍日常培训，组织全区270余名行政执法人员参加法律知识培训考试，组织全区20余个执法单位参加IC卡行政执法证件软件管理系统培训，办理新式IC卡执法证件。全区各街道(乡镇)、区直各单位及各企事业单位共举办法制讲座200余场次，参加听课达2.8万人次；开展法律咨询活动300余场次，接受法律咨询达1.8万人次；组织开展大型普法活动75场次；开展了法律知识竞赛、演讲比赛活动60场次；编发普法宣传资料、实物宣传品10万份(册)。被评为2011年度全市依法行政先进单位。

【建议提案办理】 完成人大代表建议、政协委员提案办理工作。办理市人大代表建议3件、市政协委员提案13件，代表和委员满意率达100%。配合市城乡建设住房保障局、市城乡管理执法局做好1件综合类市人大代表建议(第56号建议)和2件市政协委员提案(第150号、第185号)的办理工作。区及时将协助办理情况反馈至市城乡建设住房保障局、市城乡管理执法局，促进了该办理工作的落实。加强督促，办理区人大代表建议38件、区政协委员提案65件，满意和基本满意率100%。圆满完成各级代表、委员的视察检查工作。被评为自贡市2010至2011年代表建议政协提案办理工作先进集体。

【帮扶工作】 与仲权镇黄家村结成对子，多次深入帮扶村，调研该村的经济社会发展情况，结合3年帮扶规划，围绕农业发展、农民致富两大重点，在改善村容村貌，发展水产、养殖产业，资助贫困学生等方面加强了对接、理清了思路。积极与畜牧部门联系，培育养殖大户。与水务部门联系，为水产养殖户免费提供沟鲶、黄蜡丁等经济鱼苗6400尾，帮助水产项目做大做强。与农牧林业部门联系，争取到大棚蔬菜种植补助及物资支持共3万余元。与交通部门联系，确定帮扶村通村公路指标，是年实施帮扶村主道拓宽工程。争取帮扶村阵地建设经费5.5万元，推进村办公场地标准化建设。加强走访慰问工作。慰问特困群众，发放补助金16人次共3200元，发放物资价值1800元；慰问困难老党员4名共800元。走访慰问帮扶村和联系社区困难党员、老党员19人，发放慰问金3800元，慰问贫困家庭17户，慰问金3400元。

【自身建设】 加强党风廉政建设。贯彻中央、省、市党风廉政建设工作的要求，围绕中心，服务大局，坚持党风廉政建设工作和日常工作两手抓。认真开展专项治理工作，加强了对相关文件的学习，廉洁自律意识不断增强，抵制收送现金、有价证券行为，并在职工大会上集体承诺，接受群众监督。按照党风廉政建设要求，出台一系列制度，并对已有的制度进行了完善，班子成员带头遵守廉政制度，没有到部门报销过1分钱。认真开展首问负责制，切实转变工作人员作风，整顿“门难进，脸难看”成效明显，没有出现对部门“吃、拿、卡、要”现象，对办事、上访群众做到热情接待，耐心解释，认真疏导。发挥党支部的战斗堡垒和共产党员模范带头作用，推进创先争优活动，抓好干部队伍建设。先后制作了政府办公室创先争优活动公开栏，公开了活动方案和党员承诺书，接受群众监督。在综合秘书室设置了“团结、务实、高效、争先”的标识，重新确定政府办公室“青年文明号”成员，并设置橱窗公示，样式新颖、醒目夺人，既鼓舞了士气，又展示了创先争优的决心和信心，以更好的精神面貌为区领导、全区各单位和群众提供更加优质的服务。党支部加强对党员的教育和管理，注重入党积极分子的培养教育，有两名同志成为入党积极分子，两名党员获创先争优先进称号。坚持周会学习制度，集中开展业务知识、工作技能的培训和学习，努力把干部职工培养成为能够适应不同工作的“多面手”。明确职责，既分工明确，又相互协作，急难工作落实专人牵头，共同完成，办公室工作始终保持高效快速有序运转。加强制度建设，办公室各项工作更加规范。重新修订完善了办公室办文、办会工作制度，制定更加严格的操作程序。健全和完善各项制度，促进办公室工作规范化、制度化、科学化。开展政府办高效、务实、创新、争先、文明风尚先进及行政内务、优秀驾驶员先进评选活动。开展机关工会活动，参加市、区组织的文体活动，丰富了干部群众的业余生活，提高了办公室的工作活力，增强了工作人员的凝聚力。

（政府办　孙　旭）

信访和群众工作

【群众信访】 贯彻落实新时期信访和群众工作各项方针政策，围绕构建美丽繁荣和谐自流井，按照《信访条例》有关规定，进一步完善信访事项受理、转（交）办、督办等程序，坚持“以人为本”，热情接待群众来信来访，切实加大督查跟踪力度，确保信访问题及时解决。2011年，受理信访1155件（次），其中受理来信77件，接待来访群众303批1078人次。受理省长信箱41件，人民网给市委书记、市长和区委书记、区长留言14件，市政府便民呼叫中心网上交办件60件，市热线电话65件，区便民呼叫中心受理群众来电109件，市以上交办信访件29件，区委、区政府领导阅批处理群众来信51件，按期办理回复率均达100%。

【信访维稳】 建立健全区、乡镇（街道）、部门联动的信访维稳及突发事件应急处置机制，制定应急维稳专项预案。实行突发信访问题信息随查随报制度。在全国、省、市“两会”和建党90周年等重大政治活动等特殊敏感时期，全区未发生一起上省进京非访事件和群体性上访事件。

【完善大信访工作体系】 建立区群众工作中心，落实了接待场所、添置了设施设备等，区级机关20个部门入驻中心，抽调业务骨干专门负责群众来访接待，中心做到天天有部门值班，天天有县级领导接访。进一步完善区、乡镇（街道）、村（社区）、村（居）民小组四级群众工作网络，形成分级负责、经常排查、随查随报、联动调处的工作机制。进一步完善信访代理制度，做到乡镇（街道）有群众工作站，村（社区）有民情工作站，拓宽信访渠道，便捷了群众信访。整合矛盾纠纷调处手段，充分发挥信访部门与乡镇、街道和区级部门协调联动机制，运用各方力量，形成合力，形成乡镇、街道和部门齐抓共管的信访和群众工作机制。

【信访积案化解】 组织开展“信访积案化解领导包案活动”，将全区梳理排查出来的重大信访积案，按照“谁分管、谁包案”和“谁主管、谁负责”的原则，落实了县级领导和乡镇、街道、部门领导包案，实行包掌握情况、包思想教育、包解决化解、包稳控管理、包依法处理的“五包”责任制。

【群众工作月活动】 按照市委办公室、市政府办公室《关于认真开展群众工作月活动的通知》要求，自流井区开展了以“走基层、暖民心”为主题的群众工作月活动。一大批群众期盼的突出困难和问题得到妥善解决，进一步增进党群干群关系，提高行政效能，畅通了社情民意渠道，各类信访案件明显下降，人民群众满意度明显提高，非正常、越级、集体信访明显减少，实现“群众顺气、干部顺心、工作顺利”的目标。

（区群众工作局　雷丽平）

人事工作

【党建工作】 结合人力资源和社会保障工作实际，不断加强系统党的建设，全体干部职工的政治理论素质有明显提高，班子建设、作风建设、阵地建设等有明显加强。加强政治理论学习；加强班子建设；加强作风建设；加强干部队伍建设。加大入党积极分子的培养力度，从思想、工作、学习等多方面进行综合培养，提高了党员队伍的凝聚力和战斗力。进一步完善党课学习制度等一系列规章制度，认真执行“三会一课”制度，把局党总支的党组织生活纳入制度化、规范化、经常化的轨道。

【精神文明建设】 重视精神文明建设工作，大力开展为民服务树形象活动。认真开展为民服务行动；认真贯彻落实“双定双争”行动和迎接省政府教育督导评估工作任务；加强干部职工素质教育；加强社会治安综合治理，全力维护社会稳定；认真办理人大代表、政协委员的建议、提案。

【党风廉政建设】 始终把党风廉政建设工作作为一项重要工作来抓。局领导班子成员带头学习党风廉政建设有关文件、制度，坚持做到执政为民，为政清廉。认真落实各项廉政制度；层层签订党风廉政建设责任书；加强内部监管；认真开展政风行风民主评议活动，积极整改存在的问题，全系统政风行风进一步好转。

【就业再就业工作】 全区城镇新增就业 8165 人，下岗失业人员实现再就业 4000 人，“4050”及就业困难对象实现再就业 1300 人，城镇登记失业率控制在 4% 以内，落实就业扶持政策。创业培训 450 人，发放小额担保贷款 462 万元，农村劳动力技能培训 1550 人，高校毕业生就业见习 31 人，促进高校毕业生实现创业人数 15 名。

【社会保障保险工作】 企业在职职工扩面 2.16 万人，城镇基本医疗保险覆盖率 95%，城镇居民医疗保险覆盖人数 9.95 万人，失业保险参保人数 4860 人，工伤保险参保人数 9418 人（其中农民工 1189 人），生育保险参保人数 6305 人，参加新型农村社会养老保险人数 4650 人。

【基金征缴】 城镇养老保险征收基金 0.9 亿元，城镇职工基本医疗保险征收基金 0.21 亿元，失业保险征收基金 140 万元，工伤保险征收基金 135 万元，生育保险征收基金 42 万元。社会保险基金的现场监督覆盖面达 60%。

【维权工作】 主动监察用人单位户 383 户，集体合同覆盖率达 92%，小企业劳动合同签订率达 84%，城镇企业劳动合同签订率达 96%，劳动人事争议案件结案率 100%。

【劳动保障】 企业退休人员纳入社区管理服务率为 100%，保质保量地完成养老保险、失业、工伤保险数据上传工作。

【落实惠民政策】 实现农村超龄低保人员参加养老保险 4650 人；城镇职工超龄人员参加养老保险 3500 人；被征农民参加养老保险 397 人，参加失业保险 358 人，参加医疗保险 394 人。

【公务员管理】 严格执行公务员录用规定，积极做好公务员招录工作，全年招录公务员 15 名，乡镇司法助理员 6 名。对部分公务员开展《社会保险法》培训。完成 2010 年度公务员考核工作，对当年确定为优秀等次的 103 名公务员进行嘉奖，对连续 3 年确定为优秀的 39 名公务员记三等功。牵头完成公务员第二步规范津补贴。

【事业单位管理】 2011 年 10 月底，建立全区专业技术人员聘用情况数据库；完成全区事业单位补充工作人员工作，全年公招17名事业单位工作人员，选聘8名大学生到村任职，招募13名“三支一扶”志愿者，充实事业单位专业技术人员队伍，优化了人才结构；牵头完成基层医疗卫生和公共卫生实施绩效工资及统筹考虑其他事业单位补贴的审批，完成已实施绩效工资的事业单位第二步绩效工资的审批。

【人才开发队伍建设】 同组织部门一道开展全区党群机关、事业单位专业技术人员和农村人才的调查。组织1500余名专业技术人员参加低碳经济继续教育。

【劳务开发】 培训农民工5120人(其中在岗培训2010人，品牌培训510人，农村劳动力技能培训1500人，新型农民培训1100人)。开展农民实用技术培训4万人次，实现农村劳动力转移3.61万人(其中就地转移1.81万人，向外劳务输出1.8万人)，实现劳务收入2.01亿元。

【富士康招募】 按省市要求，积极开展富士康招募工作，共成功输送员工1090人，完成全年目标任务的100%。

【信访维权】 开展劳动保障年检工作，检查用人单位186家，涉及劳动者1.06万人，其中合格181家，共督促35家用人单位补办社会保险登记手续，社会保险扩面1250人，补交社会保险费148万元。补签劳动合同3580份，补发职工工资196万元，清退风险抵押金6.7万元。开展劳动保障监察执法大检查，涉及劳动者人数6472人。接待来信来访217件，结案率100%。

(区人社局 邹 海)

政务服务

【平台建设】 开展电子政务大厅建设，进一步清理入驻的行政审批服务事项和优化审批流程，投资20多万元购买服务器、监控器等设备和网络建设，申请开通了独立域名，完成了开通运行前的各项对接及测试，12月底前电子政务大厅正式投入运行，电子政务大厅建设工作全面完成。指导乡镇、街道便民服务中心对已入驻事项的办理流程进行梳理，提出优化和压缩的建议。继续完善公开事项和标识统一规范工作。全面完成全区45个村、45个社区代办点建设工作。实现“十个一”(一个场所、一块牌子、一套制度、一本台账、一部电话、一台电脑、一个公示栏、一名代办员、一套办事须知、一张便民服务卡)的标准化建设目标。

【政府采购】 围绕节约资源、提高效率的工作目标，严格遵守和执行采购政策，规范采购运行机制，严格按采购管理部门批准的计划组织政府采购，圆满完成政府采购任务。全年组织采购45次，采购预算金额736.9万元，实际采购资金677.1万元，资金节约率8.1%。

【惠民帮扶】 抓好区惠民帮扶中心组建设，根据市委领导对自流井区惠民帮扶中心建设的要求，按照区政府的决定，参照市惠民帮扶中心组建的模式，经与相关部门共同努力，完成惠民帮扶中心组建并正式运行。在政务服务大厅设置独立的惠民帮扶窗口，有关惠民帮扶事项全部在窗口办理。区惠民帮扶中心的机构设置、人员配置、职能职责等在政务服务中心“三定”方案中予以明确。

【效能建设】 继续推进“两集中、两到位”(两集中：将部门行政审批职能向一个类设部门集中，将该类设机构向政务中心集中；两到位：部门将行政审批权向政务中心窗口授权到位，行政审批事项在政务中心办理到位)。提高审批效率，按照审批服务事项全部进政务服务中心的要求，对照机构改革职能调整情况，对进驻事项进行认真清理，整合职能实现“两集中”，充分授权实现“两到位”。

【内部管理】 完善窗口设置，调整窗口工作人员。根据各入驻单位的业务变化情况，及时调整窗口设置，确保中心工作有序进行，尽力提高场地利用率。加强进驻人员培训，完成业务培训、综合培训6次，综合素质进一步提高、业务能力进一步增强。严格日常管理，通过推行指纹考勤管理方式，强化上下班、请假、挂牌服务等制度。严格执行有关的考核管理制度,保证人员到岗率。强化投诉平台建设,加大对办件过程中服务水平、服务质量、服务态度的检查,较好地解决了懒散、拖沓的问题。共接受投诉3件,全部当场处理。严格执行相关告知制度,通过电子显示屏、触摸机等设施,及时告知各类信息,方便群众办事。

（区政务中心　万红英）

地方志工作

【区志送审】 完成续编区志送审稿。根据区政府常务会议要求,区地方志编纂委员会办公室组织编辑人员再次对续编区志进行修改,针对政治卷、经济卷、文化卷、地理卷、社会卷、附录及图片资料作小规模修改,修改后上报送审稿文字总数达100万字;修改完毕又对志稿进行串稿、编排、核实,并将送审稿交印务公司精心排版印刷,2月初报送市地方志办公室审查。

【区志修改】 根据市地方志办公室审查续编区志提出的修改意见,区高度重视,针对修改意见专门制定修改实施方案,确定2011年为续编区志修改年。根据方案要求,重新聘请6名编辑人员继续修志,同时落实修改篇目分工和目标责任制。对市地方志办公室提出的修改意见,组织编辑人员用一个月的时间进行消化吸收,结合送审稿存在的问题,详细拟制每一篇的终审修改意见;以区委、区政府督查办公室名义,分别召开相关单位参加的志稿修改专题会,并下发具体修改意见,要求全区各承编单位再次组织修改;在承编单位返回修改志稿的基础上,从5月下旬开始,组织总编室编辑人员继续对续编区志进行逐篇逐章修改。修改过程中,编辑人员克服各种困难奔波于各承编单位调整篇目,核实数据,补充资料,潜心修志,使续编区志力求精益求精。截至12月,经过全体编辑人员的努力,续编区志送审稿第二次大规模修改工作全部结束,顺利完成区政府确定的修改目标任务。

【完成省市年鉴编纂】 根据年鉴编纂要求,认真制定省市年鉴编纂实施计划,召开主任办公会议,专题落实年鉴编纂分工,明确目标任务和完成时间;按期完成《四川年鉴》、《自贡年鉴》(2011年卷)自流井区篇资料的搜集、组稿、编辑和上报工作。其中《四川年鉴》收录条目10条,总字数2200字;《自贡年鉴》收录一级类目7个,二级类目98个条,总字数3.54万字。

【《自流井区年鉴》编纂】 针对2010年承编单位上报年鉴资料质量问题,从年初开始,组织编辑人员再次对《自流井区年鉴》(2009年卷)出版稿进行全面修改补充。修改后收录一级类目18个,二级条目895条;大事记图片48张,专题图片36张,宣传企业图片16张。全书出版总字数48.5万余字;从4月起启动实施《自流井区年鉴》(2011年卷)编纂工作,通过编制篇目设计方案,落实分工,搜集资料,组稿编纂,截至10月31日,全面完成初稿编辑。11月开始进入责任编辑审稿阶段,2012年上半年出版发行。

【年鉴出版】 根据志书年鉴出版要求,严格按照出书程序申办出版手续,精心挑选出版社,落实有资质印务企业承接年鉴印制;为实现文字年鉴全国发行和图片年鉴按期出版目标,主动加强与印务企业保持联系,对年鉴文字排版、图片编辑、封面封底设计、出版印刷等程序实施全过程监督,有效提高出版质量。2011年区地方志办公室共出版地方综合年鉴1部,图片年鉴1部,圆满实现一年一鉴目标任务。

（区方志办　陈　娟、余　丹）

档案工作

【档案馆基础管理】 根据自贡市档案局《关于开展档案工作"基础业务建设年"活动的通知》精神,5月份以来,先后组织3次全面档案馆基础清理工作,强化档案实体管理,确保档案馆基础准确,管理规范、完整、安全,提升全区档案管理水平和服务能力,促进区档案事业科学发展。规范档案实体管理。认真开展区档案馆(库)藏及全宗名册的清理工作。对全区全宗入馆单位进行清理，共接收85个全宗单位，接收1950－2010年度永久档案8298卷、4952件，接收1950－2010年度长期档案1.76万卷、822件。对清理中发现的问题，有针对性的加大档案行政执法检查和督促指导力度。加强未进馆档案监督指导。开展即将入馆（库）的档案情况调研，制定档案入馆接收计划；制发各立档单位档案基础数据统计表。对即将入馆（库）的档案门类进行规范和科学指导。严格档案（馆）库制度管理。强化借阅制度，坚持档案利用制度。加强档案安全保密制度，全局工作人员签订保密责任书。切实加强对档案（馆）库规范管理，科学管理，标准化管理，确保馆（库）温湿度。确保馆（库）的清洁卫生，抓好“八防”措施。强化档案安全保护意识。被区列入2011年重点安全保护单位。构建区档案查阅禁烟窗口单位。加强安全防范措施，经常检查防盗设施和灭火器，确保档案安全。

【创新档案管理】 继续开展创新家庭特色档案的推广工作和宣传工作，印发家庭档案宣传资料，并相机向社会宣传和推广家庭建档工作，不断促进家庭重视档案，科学规范管理自己的民生档案。指导帮助鸿化厂职工陈述琪完成其家庭档案的规范化科学化管理。11月7日，档案局对陈述琪、余仲全两户家庭建档情况进行考评验收，均达到规范化整理要求，并向其颁发家庭档案规范化整理合格证书。

【民生档案接收】 按照市档案局要求，根据区委、区府目标督查办公室关于2011年档案工作规范化管理目标任务。开展民生档案接收进馆前的指导检收工作，并先后接收五星街、郭街《婚姻档案》和区民政局1991年－2009年《军退人员档案》以及五星街1996年－2003年、郭街2001年－2003年的永久、长期婚姻档案的入馆工作。

【规范化管理】 根据区委、区府目标督查办公室关于2011年档案工作规范化管理目标任务。对区达省档案工作规范化管理一级标准的单位：区公安分局、区人民法院；二级标准的单位：区人大常委会办公室、区食品药品监管局；三级标准的单位：区财政局、区投资促进局，按照档案工作规范化管理标准进行复查。11月，6个单位完成复查任务。

【建设项目档案】 全区重大建设项目116个。其中：续建项目37个、开工项目32个、储备项目47个。确定11个省、市重大建设项目作为重点督查指导对象。开展重大建设项目档案登记管理工作；加大省、市重大建设项目档案的督查指导和服务工作。7月，与市局指导科对二中压和川南钢材市场两个省级重大建设项目档案进行检查，同时对项目文件资料的收集、归档、整理进行业务指导；加强重大建设项目档案人员的业务培训。并输送7名重大建设项目档案业务人员参加市档案局组织的业务培训。区仲权镇中心卫生院申请达省三级标准科技事业档案规范管理考评工作，于11月全面完成。

【档案执法检查】 加大档案法制建设和法规宣传，拟定区档案法制年工作计划。加强档案行政执法检查，先后对区发改局、东街、区社保局等8个单位开展行政执法检查。档案执法坚持依法治档与业务指导培训相结合、发现问题与行政督查相结合。加强《档案法》的宣传学习，相机开展业务培训指导服务，对个别问题严重的部门提出限期整改要求。

【业务培训】 加强治档培训，提升管档素养。全年组织参加3期档案培训活动。组织区13个部门14人参加6月20至24日自贡市档案局的档案工作规范化管理培训；组织7个民营企业12人参加6月9至10日份自贡市档案局的民营企业档案人员业务培训。组织6个乡镇12人次参加7月11日和10月21日区档案局的土地承包确权登记档案人员业务培训。

【档案信息利用】 制定区档案2011至2015年信息化建设规划，推进区档案为社会公众提供方便快捷的档案信息资源服务。建立和完善区《婚姻档案》查询数据库。完成郭街（1978年4月－2003年3月）、五星街（1975年12月－1996年1月）、区民政局（1957年6－1977年11月）《婚姻档案》的数字化录入。东街、新街《婚姻档案》已在数字序录中。坚持档案借阅和查阅制度，不断完善查阅室服务等措施，快捷高效为机关部门、群众提供档案优质服务。

（区档案局　张淑平）

地震工作

【概述】　市防震减灾局以最大限度减轻地震灾害损失为根本宗旨，以全面提升防震减灾综合防范应对能力为工作目标，以加强能力建设、健全工作体系、增强防范意识为工作主线，切实加强地震监测预报、震害防御和紧急救援三大体系建设，着力提高社会管理和公共服务的能力和水平，全面完成各项目标任务。获四川省防震减灾四十周年先进集体、防震减灾工作综合评比三等奖、中国地震局信息网络评比综合优秀奖、全省地震灾情信息系统ADSL＋SDH信息节点工作质量评比第二名、自贡遥测地震台网观测资料质量评比第二名、地震分析预报工作第二名、应急救援工作先进单位、法制建设先进单位、科普宣传教育先进单位、公文质量评比三等奖。

【地震监测】　自贡遥测地震台网记录中心实行双机双系统备份运行，运行率达99.8%。全年，台网记录地震3392次，分析处理自贡行政区内地震267次，其中，0～0.9级地震172次，1.0～1.9级地震92次，2.0～2.9级地震3次。向市委、市政府快报地震4次，发送地震信息手机快报17期，编辑报送《地震周报》52期、《地震旬报》36期、《地震月报》12期、地震观测报告12期，及时通报市内2.5级以上地震、省内5级以上地震信息。

【地震分析预报】　制定和实施《自贡市2011年短临震情跟踪方案》，加强区域联防，强化短临跟踪，建立预警机制，跟踪监视地震活动情况，做好震情趋势分析研判工作。全年召开震情趋势周会商40次，月会商12次，双月会商6次，半年、年度会商各1次，紧急（加密）会商4次，收集整理地震目录1.5万条、前兆数据600余万条，编写上报趋势意见62篇。成功申报《自贡及邻区注水诱发地震监测预警平台建设》纳入自贡市重点科技计划项目。

【抗震设防监管】　依法对“自贡—隆昌高速公路建设工程”、“自贡—隆昌高速公路连接线工程”、“自贡牛佛沱江二桥工程”、“恒大绿洲工程”、“友华·紫藤公寓工程”、“南湖国际社区工程”、“都市尚城工程”、“大西洋·汇东一品工程”8个建设工程进行抗震设防监管。开展地震安全性评价监控工作，做到接件率、办结率和业主满意率达100%，重要工程监管率达100%。制定和实施《自贡市防震减灾依法行政第二个五年规划》，修改完善《自贡市防震减灾行政处罚自由裁量权暂行规定》，推进防震减灾法制建设。

【防震减灾科普宣传】　开展以“科学认识地震，理性应对灾害”和“防灾减灾，从我做起”及“关注地震灾害、提高防震意识、创建平安家园、构建和谐社会”为主题的防震减灾宣传教育活动。据不完全统计，全市共组织近450名防震减灾工作者和科普宣传志愿者参与活动，发放宣传资料17万余份、科普书籍1.5万余本、宣传光碟2千余张，悬挂大型宣传标语、宣传广告150余幅，利用社区科普画廊、农村黑板报、学校橱窗张贴挂图3千余张，举行街头宣传30场次，出动宣传车30辆（次），举办知识讲座3场次，开展学校避震应急演练13场次，录制防震减灾宣传节目2期，接受科普知识咨询1.5万余人，受益机关干部、企业职工、学校师生、社区居民、农村群众13万余人。制定和实施《自贡市防震减灾科普示范学校考核管理办法（试行）》，完成11所防震减灾科普示范学校和3个防震减灾科普示范社区防震减灾素质教育工程项目，实现总投资100余万元。新创建市县级防震减灾科普示范学校2所、示范社区2个、农村民居地震安全工程1个，完成年初目标任务的200%。

【地震应急救援】　加强对基层地震应急预案修订工作的督促、检查、指导。全市已制定市、县区、乡镇政府级地震应急预案116件，机关部门、企事业单位、学校、医院等地震专项预案200余件。做好调整充实市、区（县）、乡镇（街道）3级抗震救灾指挥部成员及办公室准备工作，加强全市108个乡镇

(街道)“三网一员”制度建设。加强《自贡市地震应急指挥与决策辅助系统》维护和运行,推进自贡市信息节点和灾情速报点建设,完成16个重点乡镇地震灾情速报信息节点工作,确定25名灾情速报员。加强地震应急队伍建设。10月,市政府批准成立一支以地震专业技术人员为主,编制为30人的自贡市地震应急救援分队,主要承担地震灾害预警监测、地震及其次生灾害、地震趋势研判等任务。2011年,已完成自贡市地震应急救援分队组建任务。学习贯彻落实《地震应急工作检查管理办法》。8至9月,在全市各级政府和部门、企事业单位开展地震应急工作自查的基础上,联合市发改委、市民政局、市安监局、市政府应急办对全市五区两县(含高新区)和18个重点部门、示范学校、示范社区、医院、危化品生产经营企业、生命线工程等重点单位的地震应急工作进行了重点抽查。坚持“一岗双责”,加强地震应急管理工作,强化震情应急值班,补充购置应急装备,做好地震应急准备工作。

(地区单位·自贡市地震局)

气象工作

【气温】 2011年,荣县、市区、富顺县年平均气温分别为17.6℃、18.0℃、18.1℃,均属正常范围;年极端最高气温分别为37.6℃、39.5℃、40.6℃,其中富顺县极端最高气温为历史同期次高值;年极端最低气温分别为-1.1℃、-1.0℃、-1.4℃。

【降水】 2011年,荣县、市区、富顺县年总降水量分别为600.1毫米、605.2毫米、587.5毫米,分别较多年平均值偏少37%、偏少39%、偏少43%,均为有气象记录以来的最少值。年内≥25.0毫米的日数荣县、市区、富顺县分别为6天、3天、3天,≥50.0毫米的日数分别为0天、1天、1天,日最大降水量分别为47.9毫米、71.3毫米、75.2毫米。

【日照】 2011年,荣县、市区、富顺县年总日照时数分别为1256.9小时、969.2小时、1094.4小时,分别较多年平均日照时数偏多28.5小时、偏少106.5小时、偏少71.1小时。各地1月份总日照时数创历史同期最少值。

(地区单位·自贡市气象局)

政 协

全体会议

【区政协七届五次会议】 1月11日至13日,区政协第七届第五次会议在区政府会议中心召开。会议听取区政协第七届常务委员会工作报告,关于提案工作情况报告,通过区政协七届五次全会决议;中共自流井区委书记张邦举作讲话;列席区人大第十六届第五次会议开幕式,听取政府工作报告及其他报告;通过区政协第七届委员会提案工作委员会关于七届五次会议期间提案审查情况的报告。

【区政协八届一次会议】 11月20日至24日,区政协第八届第一次会议在区政府会议中心召开。会议听取区政协第七届常务委员会工作报告、关于提案工作情况报告,通过区政协八届一次全会决议;中共自流井区委书记龙腾鑫作讲话;列席区人大第十七届一次会议开幕式,听取政府工作报告及其他报告;通过区政协第八届提案工作委员会关于八届一次会议期间提案审查情况的报告。会议选举产生政协自流井区第八届委员会常务委员会,选举王蓉等37人为政协自流井区第八届委员会常务委员,选举刘茂常为政协自流井区第八届委员会主席,选举明崇荣、吴雄飞、邓平、张平为政协自流井区第八届委员会副主席,选举曹文祥为政协自流井区第八届委员会秘书长。

常委会议

【区政协七届二十二次常委会】 1月13日,召开区政协七届22次常委会,会议听取和审议:1.审议通过有关人事任免事项,任命邹正荣为提案委员会主任;2.听取大会秘书长汇报各活动团讨论和协商情况;3. 审议通过区政协第七届提案委员会《关于七届五次会议期中提案审查情况的报告》(草案,报告人:明崇荣);审议通过区政协七届五次会议《决议》(草案,宣读人:王杰)。

【区政协七届二十三次常委会】 5月23日,召开区政协七届23次常委会。会议审议通过《关于自流井区政协界别设置及作用发挥的调研报告》和关于井区零散税收基本情况的调研报告》;审议通过有关任命事项,任命林竹为自流井区政协法制群团委主任。

【区政协七届二十四次常委会】 7月12日,召开区政协七届24次常委会。会议审议通过《关于自流井区城乡建设改造拆迁工作情况调研报告》;审议通过有关人事任免事项,任命李显德为提案委副主任。

【区政协七届二十五次常委会】 11月3日,召开区政协七届25次常委会。会议听取和审议通过中国人民政治协商会议自贡市自流井区第八届委员会第一次会议于2011年11月20至24日召开;会议协商通过区政协第八届一次会议议程(草案),协商通过:1. 自流井区委统战部关于政协自流井区第八届委员会参加单位名额设置及常务委员会构成的建议;2. 政协自流井区第八届委员会委员协商人选初步人选名单;3. 自流井区政协第八届一次会议主席团、主席团常务主席及召集人建议名单;4. 自流井区政协第八届一次会议执行主席分组建议名单;5. 自流井区政协第八届一次会议秘书长、副秘书长建议名单;6.《中国人民政治协商会议自贡市自流井区第八届委员会主席、副主席、秘书长、常务委员选举办法》(草案)。协商通过自流井区政协第八届常务委员会组成人员建议名单。协商通过《自流井区政协第七届委员会提案工作情况报告》(报告人:崔红黎)。协商通过《自流井区政协第七届委员会常委会工作报告》(报告人:陈明仲)。会议听取区政府办公室主任黄敏对2011年度提案办理情况的通报。会议听取区政协经科委主任陈正福对2011年度自流井区国民经济发展运行情况和财政预算执行情况的通报。

【区政协八届一次常委会】 12月8日,召开区政协八届一次常委会。会议听取和审议通过有关人事任免事项,任命徐金燕为政协自流井区第八届委员会副秘书长兼办公室主任,任命邹正荣等11人为政协自流井区第八届委员会各专门委员会主任、副主任;听取秘书长曹文祥关于八届区政协主席、副主席、秘书长工作分工;集体学习了《政协章程》及有关制度。

主要工作

【政协工作联席会】 2月22日至24日,川西南九区(市、县)政协工作第十四次联席会议在自流井区召开。成都市双流县政协、内江市市中区政协、眉山市东坡区政协、泸州市江阳区政协、宜宾市翠屏区政协、峨眉山市政协、西昌市政协、雅安市雨城区政协、自流井区政协出席会议。市政协主席梁国定到会祝贺并讲话。市政协秘书长陈富康、区委书记张邦举、区长张序、区委副书记曹友良、常务副区长许建平参加会议。会议围绕"发挥政协界别作用的实践与探索"主题进行交流发言,会上当届承办地区与下届承办地区会旗交接仪式,商讨并确定川西南九区(市、县)政协工作联席会议会徽。

【政协经济科技工作联席会】 3月11日,市区县政协经济科技委工作联席会在自流井区召开。市政协和各区县政协分管经济科技委工作的主席或副主席,经济科技委主任、副主任参加会议。区政协副主席郭彧楚致欢迎辞,市政协经济委副主任黄发琪和区经济科技委主任陈正福分别介绍2010年工作。市政协副主席彭林讲话。

【开展视察工作】 区政协各工作委员会围绕全区经济社会发展的重要课题进行考察。区政协人口资源环境委对水资源保护情况进行考察;区政协法制群团委考察新农村司法工作室建设;区政协五星街活动团考察自贡市燃气有限责任公司;区政协乡镇活动团考察区城乡环境综合治理及"五十百千环境优美示范工程"创建工作;区政协学教文卫体委考察区国家基本药物制度实施情况；区政协新街活动团对区飞龙峡现代农业示范园建设情况进行考察；区政协法制群团委考察区民营企业发展工作；区政协提案委考察区财政局、区农牧林业局、区交警大队、区民政局、区交通局提案办理工作；政协郭街活动团对区计生工作进行考察；区政协学教文卫体委考察区未成年人思想道德建设情况；区政协经济科技委考察区国家税务局工作；区政协人口资源环境委考察区人力资源和社会保障局劳务开发工作情况；区政协乡镇活动团组织部分委员，对自流井区涉农案件审理情况进行考察，区政协乡镇活动团对区法院涉农案件审理情况进行考察；区政协郭街活动团对区计生工作进行考察。

【"七一"慰问困难党员】 6月23日，在庆祝建党90周年前夕，区政协主席陈明仲率领区政协党支部成员到漆树乡杨柳社区村看望慰问困难党员，并和他们座谈。

【学习胡锦涛总书记七一讲话】 7月11日上午，区政协党组召开二级中心组学习会议，认真学习领会胡锦涛总书记在庆祝中国共产党成立90周年大会上的重要讲话精神。

【看望资助杨柳村贫困大学生】 8月29日，受陈明仲主席委托，区政协法群委主任林竹到杨柳村看望慰问该村2011年考上大学的3名大学新生。

【政治协商】 密切关注全区改革发展大局，完善全委会集中协商、常委会重点协商、主席会专题协商、专委会对口协商的格局，为区委、区政府决策提供依据和参考。七届四次全会期间，组织政协委员认真听取并讨论政府工作报告及其他报告，围绕重大问题进行协商讨论，积极提出意见和建议。搞好重点协商，执行各项通报制度，全面听取区政府、区法院、区检察院、区纪检监察机关及政府办提案办理等工作情况的通报。制定政协建议案工作规则，作出具体部署，提升重点协商实效。抓好会议协商，全年召开5次常委会、5次主席会，坚持主席、副主席列席区委常委会、区人大常委会、区政府常务会，组织主席会成员和专委会主任参加区委、区政府及部门的专项工作会。

【民主监督】 全面开展城乡环境监督巡查工作。成立城乡环境综合整治工作巡查组，深入街道、乡镇、社区查找和发现工作中存在的问题和不足，提出整改意见；选派40多名政协委员分别担任法院、检察院、监察、地税、工商、交通等单位的特邀检察员、行风监督员，为促进部门政风、行风建设发挥了应有的作用。

【社情民意】 建立起反应快捷、渠道畅通的信息网络。鼓励和引导广大政协委员围绕全区经济社会发展重点工作和关系群众切实利益的实际问题，认真收集和真实反映基层单位和广大群众反映的问题和意见，为党委、政府决策提供参考。共上报、编发《社情民意》14期，反映问题20多个，帮助基层单位和广大群众解决实际问题，受到社会各界好评。

【召开2011年提案工作总结会】 11月上旬，区政府办、区政协提案委联合召开2011年提案工作总结会，区政协主席陈明仲，区委副书记、区政府常务副区长许建平，区政协副主席明崇荣、崔红黎，区政府办主任黄敏，区政协提案委主任邹正荣、副主任李显德，区政府办提案工作负责人熊剑，区政协提案委成员、提案人代表、承办单位代表参加会议。

【提案办理】 七届五次全会共收到提案84件，经认真审查，立案66件，作为意见和建议处理的6件，作为社情民意反映的1件，请区的市政协委员代为向市政协提交的11件。在办理提案过程中，坚持领导督办和联合督办制度，确保提案的办理和落实。立案的66件提案，全部办理落实，委员基本满意和满意率为100%。

【专题调研】 围绕区委、区政府工作重点，精心选择课题。通过专题视察、走访、座谈等形式，深入了解实情，认真思考对策，形成《关于零散税收基本情况的调研报告》、《关于区政协界别设置及作用发挥的调研报告》、《关于自流井区城乡建设改造拆迁工作情况的调研报告》三个调研报告，区委、区政府高度重视并给予充分肯定，促进了全区经济社会发展。

【关注民生】 开展对口帮扶工作。区政协主要领导挂点漆树乡，区政协办对口帮扶杨柳村，协调解决对口帮扶中的具体工作事宜。组织政协机关干部深入到村和农户家中调查研究，访贫问苦，送需救急，帮助解决实际困难；资助贫困儿童、大学生读书就学，帮扶困难群众和党员生产生活，2011 年积极组织政协委员参与送温暖和捐资助学活动 4 次，帮扶困难党员、群众，资助大中小学生 32 人次，送去资金 9000 元。

【自身建设】 加强政协机关思想建设、组织建设和作风建设，切实加大对机关干部的教育、管理和考核。加强干部的培养锻炼，派出三批次 4 名干部到省市学习培训。在政协机关深入开展创先争优活动和庆祝建党 90 周年系列活动。开展“强化管理、务实执行”学习大讨论活动，增强机关的凝聚力和战斗力。保持与老同志的经常联系，认真做好政协老干部工作。

【宣传工作】 进一步加大信息宣传工作力度，建立了反应快捷、渠道畅通的信息网络。共编发工作简报 32 期，多篇稿件在省、市相关报刊上发表和被市政协采用，被四川省政协办公厅评为新闻宣传报道先进单位，1 人次被评为新闻报道宣传先进个人。

（区政协办　李德强）

民主党派·工商联

民革自流井总支

【基本情况】 民革自流井总支辖 8 个支部，有党员 189 名，全年新建立法制支部，新发展党员 14 名。党员中有各级人大代表 5 名，其中两人担任市人大常委会委员，1 人担任区人大常委会副主任；有各级政协委员 18 人，其中 1 人担任市政协副主席职务，4 人担任市政协常委，3 人担任区政协常委。

【参政议政】 总支围绕中共自流井区委“保持增长，转变方式，改善民生，促进和谐”工作主线，围绕全区“十二五”规划编制和开好局，积极建言献策，在区政协会上提出《关于打造全区省级普遍性示范高中的建议》，围绕舒坪工业园区、城乡统筹、城市建管、教育、卫生等工作提出提案、意见 30 条。

【学习教育活动】 总支按民革市委部署，深化政治交接学习教育活动，认真学习中共十七大、十七届三中、五中、六中全会精神和民革中央十届四中全会精神。开展庆祝中国共产党建党 90 周年和纪念辛亥革命 100 周年为主题的学习教育活动，发动党员参加辛亥革命书画展，聆听专题报告会。

【社会服务】 各支部坚持开展科技咨询、医疗、法律下乡、扶贫帮困等活动。总支组织党员中的教育教学专家为全区中学中考主科教师开展中考备考培训，支持山水名苑塘坎上分校办学，帮助教育共同体建设。

（民革自流井总支　许　力）

民盟自流井总支

【基本情况】 2011 年，有盟员 237 名盟员，其中新发展盟员 16 人（东锅支部 1 人；教科所支部 1 人；蜀光中学支部 3 人；文艺支部 1 人；一中支部 2 人；中专支部 2 人；汇东支部 2 人；医卫支部 2 人；釜溪职高支部 2 人）。

【民盟自流井总支第五次大会】 5 月 13 日下午，在区政府会议中心召开民盟自流井总支第五次盟员大会。高宗全主委代表第四届委员会做题为《加强自身建设 提高履职能力 圆满完成政治交接任务》的工作报告，从自身建设、本职工作、参政议政、社会服务等四个方面全面、深入总结过去五年的工作。大会选举产生何德华、高宗全、陈谋德、伍恒峰、钟丽、冯弟权、黎晓莉、谢玉莲、李方儒、吴书华、缪永忠 11 人组成的民盟自流井总支第五届委员会。

【民盟自流井总支第五届第一次会】 民盟自流井总支第五届委员会第一次全体会议选举何德华为主委，选举高宗全、陈谋德、伍恒峰为副主委。何德华主委代表民盟自流井总支第五届委员会新班子做了《任重道远 不辱使命》发言，表达诚心诚意感谢信任，全力以赴承担责任，身体力行肩负大任，协力同心完成重任是新班子共同的心声。中共自流井区委副书记、区长张序、民盟省委副主委、民盟市委主委、市政府副市长石岷嘉、市政协副主席、市委统战部部长钟长安在大会上发表重要讲话，肯定民盟自流井总支的成绩并提出希望。出席大会领导还有市委统战部副部长李维、民盟市委副主委、市教育局副局长张力、民盟市委驻会副主委朱莉、区政协主席陈明仲、区人大党组书记、常务副主任曾建明、区政府副区长黄志勇、区政协副主席、区委统战部部长郭彧楚、民盟市委老领导刘极常、蔡幸孚以及市委统战部的林选明科长、区委统战部的丁萍副部长、申旭红副部长。

【民盟自流井总支第五届第二次会】 6月1日下午，在自流井区政府大楼302会议室，召开民盟自流井总支第五届委员会第二次全体会议，区委统战部郭彧楚部长、丁萍副部长到会指导工作。何德华主委就委员会委员分工、经费使用和管理情况、委员会会议安排、换届工作总结及今后工作做了发言。郭彧楚部长从自流井意识、总支班子构成、支部与总支关系、组织建设等六个方面发表讲话。

【总支盟员当选市民盟第十三届委员会委员】 8月，中国民主同盟自贡市第十四次代表大会在自流井区会议中心胜利召开，总支主委何德华当选为民盟自贡市委副主委。总支盟员王武、王书伟、冯弟权、石岷嘉、朱莉、伍恒峰、张力、李茂梅、何德华、陈谋德、钟丽、高宗全、曾永贵共13人当选为民盟自贡市第十三届委员会委员。在民盟自贡市委十三届一次全会上，汇东支部盟员石岷嘉继续当选为主任委员，蜀光支部盟员张力、医卫支部盟员朱莉继续当选为副主任委员，总支主委何德华新当选为副主任委员。在中共自贡市委为庆祝大会圆满成功而举办的招待会上，总支主委何德华代表基层盟员做了《受民盟之恩 得中共之惠》的发言，让全体与会代表深受教育和鼓舞。

【纪念中国民主同盟成立70周年表彰会】 8月18日，民盟自贡市委举行庆祝中国民主同盟成立70周年纪念表彰大会。会上表彰了8个“先进集体”，其中自流井总支3个支部获此殊荣，他们是民盟蜀光中学支部、民盟汇东支部、民盟医卫支部。会上表彰了60名“先进个人”，其中自流井总支盟员24人获此殊荣，他们是：东锅支部吴书华、王新文；教科所支部毛粒莎、何华杰、何永平、蔡平；蜀光支部郑义勇、曾跃鲜、王庆、许成林；文艺支部蔡恩佳、缪德龙；一中支部杨祚彬、肖教宁；中专支部高宗全、张志强；汇东支部冯弟权、熊开智、郑贵勇；医卫支部王书伟、刘世坤、张进；釜溪支部魏莉娟、张毅。

【庆祝中国民主同盟成立70周年活动】 为庆祝中国民主同盟成立70周年，民盟自贡市委在全市盟组织中开展了“我与民盟同成长”征文及演讲比赛活动。在征文比赛中，总支主委何德华以《我与民盟的不解之缘》，医卫支部委员、民盟市委组宣部副部长张进以《在温暖的大家庭里锻炼成长》勇夺一等奖（其中《我与民盟的不解之缘》获得第一名）；教科所支部副主委毛粒莎、釜溪职高支部主委李方儒、蜀光中学支部副主委邓静、宣传委员郑义勇获得二等奖；总支盟员胡金凤、缪德龙、肖教宁、王新文获得三等奖。在演讲比赛中，文艺支部缪德龙勇夺一等奖（第一名），民盟汇东支部肖宇获得二等奖，总支盟员张进、邓静、肖教宁获得三等奖。在8月18日民盟自贡市委举行的庆祝中国民主同盟成立70周年纪念大会上，对上述获奖者进行隆重的颁奖。

【总支盟员当选区人大代表政协委员】 11月，自流井总支盟员陈谋德、冯弟权、曹泽均当选为自流井区第十七届人民代表大会代表，其中陈谋德、冯弟权还在区十七届人大一次会议上当选为区人大常委；是年11月，总支盟员何德华、高宗全、伍恒峰、李方儒、吴书华、张志强、刘世坤、缪永忠、陈洁、缪德龙、郑义勇、蔡平、孙晓云出任自流井区第八届政协委员，其中何德华、伍恒峰、缪永忠在区政协八届一次会议上当选为区政协常委。

【送医送教到基层】 经民盟医卫支部与蜀光支部的充分酝酿，两支部于2011年11月14日送医送教到沿滩镇，实现为镇上的百姓送去健康、为十四中的学子送去智慧的心愿，完成了又一次“盟沿合作”。民盟医卫支部主委、市四医院眼科主任、副主任医师谢玉莲亲自为沿滩百姓义诊；民盟自流井总支主委、民盟市委副主委、省特级教师何德华也走上讲台，为十四中师生上了一堂示范课；民盟蜀光支部主委、自贡市名教师黎晓莉到十四中现场座谈交流；民盟蜀光支部盟员赵小川老师、魏春翔老师也分别为十四中学生上了英语课和物理课。

【荣誉表彰】 2011年2月，民盟自流井总支委员、蜀光支部主委黎晓莉被自贡市教育局评为“自贡市名教师”。11月，总支主委何德华被市教育局、市妇联表彰为自贡市家庭教育先进个人。

（民盟自流井总支　何德华）

民建自流井总支

【概况】 截至2011年底，民建自流井基层委员会辖6个支部，有会员230人，平均年龄53岁，其中女会员74人。全年发展新会员20名，平均年龄39岁，其中女会员6人，大专及以上人员15人、经济界人士18人、中高级职称6人。担任市区特邀“四员”3人。

【参政议政民主监督】 开展城市房屋拆迁工作、工业集中区建设等重点工作的调研。在市政协五次会议上，委员提交个人提案20件。在区政协七届五次会议上，大会作题为《关于城市房屋拆迁中应重点解决的几个问题的建议》的发言，提出集体提案1件，委员个人提案13件，其中1件集体提案被列入区政协重点督办案。在“十二五”规划、区委工作要点、区政府工作报告等征求意见和区重要人事安排民主协商会等各类协商会、通报会上，先后提出意见、建议20余条。积极反映社情民意，全年报送社情民意9篇，3篇被市政协采用。积极组织会员中的人大代表、政协委员、特约“四员”参加各种考察、检查、评议活动。

【市区换届会员的政治安排】 在市区换届中，有29名会员做了人大代表和政协委员政治安排（其中市人大代表3人、市政协委员8人；区人大代表4人、区政协委员14人），比上届增加11人。其中担任市政协常委1人、区人大常委1人、区政协常委3人。张平当选为第八届区政协副主席。

【学习教育活动】 开展“纪念中国共产党成立90周年、辛亥革命100周年”为主题系列教育活动。参加建党90周年为主题的征文活动，共收集理论文章和心得体会20余篇，其中主任委员杨荣春《坚定信念跟党走 薪火相传续新篇》的文章获民建中央优秀作品奖、中共四川省委统战部二等奖。组织支部负责人及骨干会员参加民建市委组织的赴革命摇篮井冈山等革命圣地“重温建党历史、继承革命传统”学习活动；组织参加全市统战系统“风雨同舟跟党走”演讲比赛，会员陈彦代表民建市委获得二等奖。

【社会服务活动】 争取民建市委的支持，实施民建中央思源工程“天使计划”、“扬帆计划”等公益性项目。选送德铭中学10名贫困优秀中学生参加在北京的夏令营活动。对3名贫困大学新生进行每人2000元就学资助。三十五中等10所农村学校纳入长期受捐图书学校，全年受捐2000余册；组织三支部会员协助市委会开展“三下乡”活动，进行义诊和农业、林业、医疗、法律等咨询，对村委会、10户困难村民进行慰问。鼓励会员及会员企业开展公益活动，不完全统计，全年向敬老院、贫困家庭等捐款近10万元。

（民建自井总支　杨荣春）

农工民主党自流井总支

【政治学习】 开展“树立和践行社会主义核心价

值体系活动”。结合纪念辛亥革命运动100周年和中国共产党成立90周年，在全区党员中开展“重温历史，同心同行”活动征文，向区委统战部提交7篇文章；组织党员学习观看《中国农工民主党》电视专题片和省委刘奇葆书记在国防大学所做的报告《从悲壮走向豪迈》；各支部采取多种形式学习中共中央十七届六中全会、中共自贡市第十一次党代会精神；向各支部主委和全体总支委员传达中共自流井区党代会工作报告。

【组织建设】 根据《中国农工民主党章程》新发展党员1名，列入发展考察对象1名；在2011年8月召开的中国农工民主党自贡市第七次党员代表大会上，总支有10名党员当选为第七届市委委员。

【参政议政】 在2011年区人大、政协换届中，有4名党员当选为区人大代表、14名党员考察推荐为区政协委员；总支委员参加区委、区政府工作报告征求意见会，提出的建议得到有关领导的高度评价；在年初的区人大、政协会上，区人大代表和政协委员提交意见、建议和提案6篇，其中集体提案两篇（关于进一步加强自流井区社区卫生服务的建议，关于进一步加强自流井区农产品质量安全监管的建议），得到区领导的高度重视。

【社会服务】 加强与荣边镇、区农牧林业局、区卫生局的对口联系工作。为荣边镇“自流井区现代农业科技示范基地”提供价值2000元的西瓜种子和育苗营养钵，派专人负责技术培训和田间技术指导，起到很好的示范带动作用；帮助“铁皮石斛克隆技术示范基地”业主解决了组织培养实验室问题，培育铁皮石斛组培苗近20万株，为科技示范基地产业的发展奠定重要基础；与区农牧林业局、区水务局合作，举办水产、瓜菜种植等技术培训班4期，培训人员260多人；在全市举办水产、畜牧、种植等技术培训20多期，培训2000余人次，发放技术资料2500余份，建立水产、畜牧、瓜菜新品种新技术示范基地28个，帮助四个区争取水产项目资金800万元、科技富民强县专项资金110万元，为自贡市优势特色种养业发展提供科技支撑。开展专题调研。就自流井区城郊型休闲旅游中心建设、新农村示范片建设进行专题调研，撰写题为“加快发展休闲观光农业，全面推进新农村建设”的调研文章，并作为区政协会大会发言材料和总支集体提案。

（农工自井总支　曾玉清）

工商业联合会

【组织建设】 加强组织建设，健全规章制度；积极吸纳会员，充实商会队伍，并注重一、二、三产业和乡镇企业的发展，全年共吸收企业会员15户；自流井区工商联辖舒平、仲权两个乡镇商会，有会员316名。

【参政议政】 区工商联合会人大代表、政协委员提出建议、提案60余条。内容涉及自流井区产业结构调整、工业园区建设、第三产业发展、新农村建设等方面。区工商业联合会的集体提案《让文化成为盐都城市的灵魂》，得到区委、区政府的高度评价。

【开展光彩事业活动】 非公有制经济代表人士致富不忘国家，以实际行动回报社会、奉献人民。开展光彩事业活动，募集善款3万余元，给贫困家庭送去温暖；开展“家乡助你上大学”活动，募集资金2万余元，资助贫困学生8人上学。

（区工商联　李冰）

社会团体

工　会

【基层慰问】 1月24日，召开“自流井区2011年春节送温暖慰问大会”，会上向60名困难职工代表发放慰问品、慰问金，会后区四大班子领导分成两组，走访慰问两户困难职工，慰问舒坪镇、荣边镇7名困难市级劳模。2011年送温暖活动筹集38.5万元，慰问1931名困难职工和19名市级困难劳模。

【工会活动】 3月4日,在檀木林体育场举办"自流井区迎建党90周年 展巾帼风采三八女子趣味运动会"。来自机关各单位的近200名女职工参加拔河、乒乓托球接力等4个项目和市歌咏赛。2月21日,由区教育局抽选6名歌手组成的自流井区演唱队,在市工人文化宫参加"自贡市时代风采女职工歌咏比赛"获一等奖。4月27日,在市彩灯公园,与区委组织部、区委宣传部、区委统战部联合举办"自流井区庆'五一',迎建党90周年红歌会"。区乡镇、街道、企事业21个单位1000余名职工组成的方队现场演唱,区工商局代表队、五星街代表队获演唱特等奖。6月14日上午,举行自流井区"当好主力军,建功'十二五'"职工主题教育暨劳模事迹宣讲首场报告会。出席会议的有区委、区政府、市总工会领导以及市劳动模范邓云霞。参加会议的职工代表、工会干部120名。

【推进"两个普遍"工作】 3月,区工会召开自流井区"推进两个普遍"工作会(两个普遍:普遍建立工会组织、普遍开展工资集体协商。),推进"两个普遍"工作启动。8月4日,区政府召开自流井区加快推进"两个普遍"工作动员大会。会议传达省市"两个普遍"工作会议精神,通报区"两个普遍"工作情况;大会交流发言;签订目标责任书;会后,参会人员到九鼎集团公司现场观摩四川九鼎集团公司推进工资集体协商工作情况。接着五星街办事处召开"自流井区街道推进'两个普遍'工作现场会",九鼎集团、舒坪镇相应召开推进"两个普遍"工作现场经验交流会。9月初,全区在舒坪镇召开推进"两个普遍"工作现场会。推进"两个普遍"工作开展,至年底,新建工会111个,完成市总工会下达任务数70个的158.57%;法人单位建会率达到82.10%,完成市总工会下达的80%以上的目标;职工入会率达到99%,完成市总工会下达的87%以上的目标。企业单独签订工资集体协商协议101份,完成市总工会下达的80份目标任务126.25%;完成区域性工资集体协商协议8份,完成市总工会下达的4份目标任务200%,覆盖企业427个,覆盖率95.08%,超额完成市总工会下达的覆盖率85%的目标。

【开展"六个一"活动】 围绕中心、服务大局,团结职工、帮扶职工、服务发展、构建和谐企业劳动关系方面发挥工会作用,组织各级工会开展"六个一"活动,其中,读一本好书2045人次,读书2083本,完成心得748篇,推荐书目96本;提一条好建议参加730人,提建议680条,被采纳110条;做一件好事参加846人,做好事1481件;联系一个女职工集体参加87人次,联系女职工集体76个;帮助一个困难职工家庭460人次,困难职工家庭226个,农民工家庭87个。认真抓好工人先锋号创建活动,2009至2011年在全区选树各类工人先锋号30余个,并推荐自贡市华刚硬质合金新材料有限公司参加市工人先锋号评选。

【关心职工】 8月16日,中共自流井区委副书记、区总工会主席曹友良率区总工会全体人员,载着防暑药品和纯净水,前往舒坪工业园区,慰问冒着高温热浪,坚持战斗在生产一线的职工。

【工会社会化】 10月12日,4名工会社会化工作者到区总工会报道,分别安排到舒坪镇、东兴寺街、新街、自贡市职工学校从事工会社会化工作。

(区工会　熊开卷)

妇女联合会

【"三八节"活动】 以"纪念三八国际劳动妇女节"101周年为主题,营造妇女儿童事业发展的良好氛围。组织机关干部女子趣味运动会。开展"三八"维权周活动,围绕家庭婚姻、财产纠纷等涉及妇女权益方面的问题深入推广到妇女群众中,让妇女群众更懂法,更知法,更能保障自身权益。组织"春风送岗位"女性就业专场招聘会,为广大妇女提供400余个工作岗位,吸引800余名妇女前来求职,126人在招聘会上达成意向性协议。组织"情系飞龙峡、结缘桃花会"相亲活动,为广大单身青年提供交友平台,同时提高桃花会的知名度和影响力。开展"三八"送温暖活动,走访慰问部分基层妇女干部及农村贫困妇女,使扶贫帮困工作落在实处。开展"三八"送健康活动,组织妇幼保健院医生到乡镇开展义诊,为妇女送健康。

【"妇女之家"建设】 以基层"妇女之家"建设为主题,加强妇联阵地建设。在全区108个社区(村)全面挂牌建立"妇女之家",统一建章立制、规范管理,目前已实现全区108个社区(村)"妇女之家"全覆盖和规范化管理。加强妇联内部资源整合,将基层组织建设、妇女发展、妇女权益维护及儿童工作等方面的资源整合起来,共同打造、打响妇联基层工作品牌。按照省、市妇联制定的统一规范,在标牌、室内主墙面及上墙的功能规范等布置上,均使用全市统一的标识、统一的主基色及内容。将"妇女之家"建设列入全区妇联重点工作年度考核内容。承担全市妇联系统"妇女之家"建设工作现场会,区妇联主席朱俊英在市妇联联系会上做了区"妇女之家"建设情况和取得实效的经验交流。7月1日,在全市首先开通"妇女之家热线"——"王大妈热线"。让热线作为自流井区特有的品牌,在服务妇女、帮助妇女、引导妇女、维护妇女权益上发挥积极作用,丰富基层"妇女之家"内涵,夯实基层妇女组织。

【维权活动】 以加强维权为活动主题,保障妇儿合法权益。在全市首批成立"自流井区巾帼基层人民调解员"队伍。全面开通"妇女之家热线"。开展"零家庭暴力村(社区)"创建活动、"平安家庭"创建活动、"送法到家"活动、"维护妇女儿童权益先进个人评选"活动。在妇女中加大《妇女法》的宣传活动力度,做好"三八"法制宣传维权周活动,联合科技局、卫生局、司法局等到单位到乡镇、社区以《妇女法》为主开展法律法规宣传。深入开展"平安家庭"创建活动,推动妇联系统社会治安综合治理工作,自流井区"平安家庭创建"参与率达100%,创建率达80%以上。

【"两纲"终期评估】 发挥妇儿工委办的协调作用,抓住"两纲"(两纲:妇女发展纲要、儿童发展纲要)达标中的重点难点问题,集中优势资源,加大攻坚力度,推动重点难点问题的解决。研究制定"两纲"终期评估工作方案,进一步完善监测统计指标体系,认真开展终期评估培训,按时上报两纲终期评估报告,做好评估督导各项准备工作,将妇儿工委办资料和成员单位资料分类分年度装档,5月顺利通过市"两纲"考核领导小组考核,对区妇儿工委"两纲"工作充分肯定。2011年,区妇儿工委办"两纲"工作分别被省政府、省妇儿工委办表彰为先进单位,

【"六一"儿童节慰问活动】 "六一"前夕,区四大班子领导到光大街小学等四所学校进行慰问。区妇儿工委多方筹措资金1万余元,为全区22所学校购买慰问品。

【巾帼创业就业促进行动】 区妇联组织全区150名农村妇女开展"玫琳凯母亲小额循环项目水果种植培训"。"双学双比"活动中,农团乡红岩村创建成为市级"巾帼文明示范村"。

【免费婚前医学检查】 7月1日开始,区实行"婚姻登记、婚检一站式服务",婚前医学检查率明显上升,年底婚检率从上半年的1.3%上升到25%。

【民生工程】 实施"小额担保贷款财政贴息政策",全年发放贷款41万,超额完成任务,并帮助9位妇女实现创业梦想。区妇联年度目标任务被市妇联考核为特等奖。

(区妇联 徐 静)

共青团

【思想教育工程】 开展以爱国主义和传统道德教育为核心的主题教育活动,受教育青少年2500余人次。组织青少年1000余人次,开展传唱团歌,在团旗下宣誓,为革命烈士扫墓等活动,唱响爱国主义主旋律,弘扬民族精神和时代精神。团区委以纪念"建党90周年"、"辛亥革命100周年"为契机,精心策划开展以"党旗辉映团旗红"为主题的十大系列活动,号召各基层团组织结合实际开展活动。深入推进"创先争优"活动,在广大团干部中营造"人人争当先进,人人赶超先进"的氛围。以纪念建团89周年为契机,成功举办"争当让党放心、青年满

意”团干部演讲比赛。引导广大团员青年自觉、自愿的深入学习政治理论知识，激励广大团员青年树立远大的社会主义和共产主义理想，将青春投入到创建美丽繁荣和谐自流井事业中。

【关爱工程】 团区委开展助学助困活动，使青少年感受到团组织的关心和温暖。开展关爱留守学生活动。向上级团组织争取经费项目2万元，在舒坪小学建立共青团留守学生之家。帮助四川理工学院生物工程学院青年志愿者服务队和以六中校为主体的青年志愿者组织与自流井区荣边小学、舒坪小学两个留守学生之家开展“大结对”活动，结对帮扶留守学生130余人；开展慰问活动，在春节期间，团区委筹集社会资金和物资共计4万余元，向辖区内的100余名贫困青少年送温暖、贺新年。并在“六一”节邀请区领导到舒坪小学、仲权小学，看望慰问少年儿童。和关工委老同志到市盲哑校同盲聋哑孩子们共庆六一，向他们赠送慰问品，教孩子们唱歌，让盲聋哑孩子们感受到温暖。继续开展“拥抱团旗、爱心助学”活动，联系爱心企业家对9名考上大学，家庭经济困难的大学新生进行资助，新增资助金额近20万元。自2007年开展此项活动以来，已联系爱心企业家资助自流井区31名贫困学子上大学，资助金额达到60余万元。

【创业就业工程】 成立自流井区青年创业、再就业指导工作领导小组，积极帮助广大青年群众创业致富。举行青年创业贷款工作培训会，帮助创业青年成功贷款65万元，实现了他们的创业梦。与区就业局联合，新建成青年就业见习基地、青年就业创业基地3个，帮助60余名青年解决就业。与区就业局合作，组织开展以农村青年为主要对象的美发美容定向就业专场培训，参加培训学员60人，经过培训的学员100%被推荐就业。

【青年文明工程】 大力弘扬志愿精神。依托新街便民服务中心，成功建立区青少年服务中心和青年志愿者服务站，推行窗口式服务体系，使志愿者服务规模不断扩大。组织开展青年志愿者行动20余次，在生态环保、大型赛会、扶贫救弱等领域发挥了积极作用，弘扬“奉献、友爱、互助、进步”的志愿精神。“12·5”国际志愿者日，理工学院志愿者服务队与新街富台山社区举行志愿者服务大结对活动启动仪式。组织20余名青年志愿者为自贡市第十二届飞龙峡桃花会开幕式服务；开展“万人签名”，车辆引导等志愿服务。组织志愿者先后在五星街珍珠寺社区、高峰乡隆雅路至双院村水泥路段和舒坪镇开展城乡环境清洁志愿服务“集中行动日”活动。围绕城乡环境综合治理工作，开展植树造林和保护母亲河活动。3月，组织机关工作人员到高峰乡双院村1组同区有关部门一起开展爱绿护绿植绿活动。

【创新乡镇街道团组织建设】 全区4个街道、6个乡镇90人通过“公推直选”形式建立新一届基层团委领导班子。领导班子成员中，书记10人，由乡镇（街道）党（工）委直接任命。公推选举产生副书记30名，委员50名，其中乡镇（街道）行政事业编制外委员47名。新班子成员涉及领域包括：农业、工业、医务、金融等行业。乡镇（街道）团组织格局创新后，拓宽了联系青年的渠道，丰富了工作资源。推进“两新”组织团建工作，建立共青团自流井区委驻北京市工作委员会等11个驻外团工委和自贡市天王眼镜有限公司团支部等10个企业“两新”团组织。

【其他工作】 完成关工委的各项工作和任务。完成全区关心下一代工作大会的筹备及关工委联系会、“五老”（“五老”：老干部、老战士、老党员、老专家、老劳模）网吧义务监督工作先进表彰暨经验交流会等。全年编辑《自流井区团情》68期，超额完成区委、团市委下达的信息任务。

（区团委　李冬梅）

残疾人联合会

【残疾人组织】 巩固基层残疾人组织规范化建设成果，完善相关档案资料。完成50名残疾人专职委员的考核、续聘和规范管理。对110名残联工作者和残疾人专职委员进行专业培训。加强完善乡镇、（街道）残联、村（社区）残协组织建设。

【残疾人康复】 围绕残疾人"人人享有康复服务"的目标,完成以下重点康复项目。视力残疾康复:为143例贫困白内障患者实施免费复明手术;聋儿康复:聋儿家庭训练1户;精神病防治康复:对104名精神病患者进行救助(服药100名,住院4名);为13名肢体残残疾人捐赠轮椅;完成2例普及型小腿假肢装配登记,为20名残疾人提供用品用具;大力推进残疾人的社区康复,在富台山、三台寺等社区开展规范化社区康复服务;新建磨子井、大缺口社区残疾人康复站。

【残疾人教育就业】 对在特殊学校就读的区30名残疾少年儿童每月给予80元的生活补助;对3名考取大学专科(含)以上贫困残疾考生予以一次性资助;培训盲人按摩师3人。推荐安置75名残疾人就业;召开残疾人就业专场招聘会1次,达成就业协议48余人;举办残疾人实用技术培训200人次:与区地税局配合做好2011年征收2010年度残疾人就业保障金的征收工作,征收残疾人就业保障金313万元。

【扶贫济困】 扶持180名农村贫困残疾人基本解决温饱(其中重点筹资扶持舒坪镇1户残疾人成为养黑山羊专业户);扶助15户农村贫困残疾人完成危房改造。配合民政部门,将780名城乡贫困残疾人纳入最低生活保障,做到"应保尽保";开展"阳光家园"活动,为80名一级残疾人提供每人每月50元的补助。

【维护残疾人权益】 实施残疾人维权案件5件,处理残疾人信访12件,全年未发生上省、进京集体上访事件。

【慰问残疾人活动】 春节区四大班子领导8人,分别到乡镇、街道、社区、残疾人家中、特殊教育学校看望慰问贫困残疾人,分别送上400元慰问金和价值200余元的大米、菜油、棉被等春节慰问品。区残联在春节慰问期间共向全区贫困残疾人送上价值3万余元的慰问金和物资。

【关心残疾人文化活动】 为残疾人专职委员订阅《三月风》、《中国残疾人》、《爱心杂志》、《自贡日报》50份,分发到乡(镇、街道)及社区。

(区残联 林 玲)

科学技术协会

【科技项目】 实施国家级科技项目两项(中国科协"科普惠农兴村计划"项目、科技部中小型企业科技创新基金),省级科技项目3项,市级科技项目6项,争取上级项目资金305万元,比2010年增长50万。通过项目的实施,增强企业获取、推广和应用科技成果的能力,拓宽先进技术的转移渠道,提高科技水平和市场竞争力,企业经济社会效益明显。

【知识产权保护】 组织企业参加市科技和知识产权领导小组办公室主办的"2011年自贡知识产权宣传周暨世界知识产权日活动"启动仪式,举行"保护知识产权、拒绝盗版,做诚信公民"签字活动和"侵权盗版及非法出版物集中销毁"活动。开展集中宣传和现场咨询、有奖知识问答等活动,发放专利、商标、版权、技术标准和海关知识产权保护等相关宣传资料并接受企事业单位和群众的咨询。组织区企事业单位参加知识产权公需科目继续教育培训,加强了企业知识产权保护意识,进一步提高企业运用和保护知识产权的能力。对百盛、沃尔玛等卖场、超市,开展流通环节知识产权执法专项行动,检查小家电、副食品、洗化用品、酒类等各类商品700余件,对10余种商品专利号进行法律状态检索,向企业传授知识产权登记、法律状态查询的办法,向群众讲解专利、商标等知识产权知识,增强了商家和群众知识产权保护意识。

【科技富民强区项目】 实施四川省"科技富民强县"专项重点项目,以百味斋食品有限公司为主体,以四川理工学院为主要技术依托单位,由区生产力促进中心牵头,市级农业技术部门、科研机构及区农林局等业务单位参与共同实施。项目根据区域调味品产业发展需要,采取"公司+高等院校+专业合作社+农户"的产业化运作模式,将新型调味品原料生产基地同龙头企业调味品生产、市场开发紧密结合起来，延长产业链、做大做强调味品产业，促农增收、促企增效，推进富民强区。

【科技兴村示范村】 在荣边镇干塘村开展自贡市统筹城乡发展科技兴村示范村工作。实施“小红椒无公害栽培技术集成与示范推广”项目和“优质杂柑爱媛22号引进试验”，并以此为载体加强科技成果转化，培育特色辣椒产业；强化技术集成应用；建立农村科技服务平台，提升科技服务能力；运用现代信息技术，提高农村信息化水平；培育新型农民，提高农村劳动者素质。

【科技合作交流】 邀请市科技局领导及专家到自流井区千叶环保、第二中压阀门厂、民天养殖场等企业视察、调研、指导项目工作。组织区百味斋、大业高容、华气等企业参加科技贷款贴息会议，拓宽企业融资渠道，支持中小科技型企业进行产品研发和生产。组织区企业参加“科技项目申报和管理”和“自贡市高新技术产业”培训。生产力促进中心按照“组织社会科技力量，为中小企业服务，推动中小企业技术进步”的宗旨，围绕科技项目申报，技术项目中介等，面向中小企业积极开展信息、技术、管理、人才等方面的服务工作，推动企业技术创新，促进企业技术进步。2011年，为阳光农业、民天养殖场、第二中压阀门厂等5家企业完成科技项目申报书的编写和项目申报工作。

【科技进步考核】 完成科技部对区2009—2010年科技进步考核工作，成绩名列全市第一，被科技部评为全国科技进步先进区县。

【帮村帮户活动】 开展“领导挂点、部门帮村、干部帮户”活动规划，慰问尖山村帮扶对象每人现金200元，棉被1床。

【科普宣传】 开展“科技之春”、“科普宣传月”、“全国科普日”、“科技活动周”等大型科普宣传活动，通过强化统筹协调，加强部门联合，实行区、乡联动，采取广大群众喜闻乐见的各种形式，普及科技知识，全区共开展科普宣传活动26次，出动宣传车辆9辆，参加科普活动工作人员273人次，开展集中科普宣传8次，发放技术资料1.44万份，服务群众1.08万人次。

【社区科普】 积极推进社区科普工作。省科协副主席刘劲、市科协党组书记罗庆全以及攀枝花市科协科普考察团等先后到自流井区调研、指导社区科普工作，认为社区科普工作扎实有主次，特色鲜明，做到针对性和时效性。区新街办事处科协被中国科协评为“全国先进基层科协组织”。

【科技创新大赛】 召开区青少年科技教育工作会，命名东方小学、荣边中心学校为“自流井区科技示范学校”，东方小学等10所学校被授予“中国数字科技馆观测点示范学校”，聘任27名教师为区级科技辅导员，对2011年的青少年科普和科技教育工作进行安排部署，对青少年科技创新大赛进行动员。与教育局联合组织自流井区2011年科学教师实验操作竞赛。在第二十六届青少年科技创新大赛获得全国二等奖1项；省一等奖2项、二等奖1项、三等奖13项；市一等奖21项、二等奖17项、三等奖40项、优秀组织奖2项、自贡市市长奖二等奖1项。

【农业科技普及】 实施“科普惠农兴村”工程，加强农村科普服务体系建设，增强基层科普服务能力。在辖区内10个村开展“一站、一栏、一员”（“一站、一栏、一员”即建立科普惠农兴村服务站、建设科普惠农兴村宣传栏、配备科普惠农兴村宣传员）建设。为农民提供科技、卫生、法律等服务。针对农业生产、生活需要，面向农村，广泛传播科学技术知识，推广先进、实用技术，促进农业增产、农民增收和农村发展。

（区科协　郑　雅、刘光锐）

城乡扶贫开发协会

【机构更名】 4月18日，四川省扶贫基金会自贡市分会下发批复，“四川省扶贫基金会自贡市自流井区联络组”更名为“四川省扶贫基金会自贡市自流井区支会”。

【募集资金】 全区多层次、多渠道、多途径募集社会扶贫资金390万元,其中争取上级项目资金330余万元。另外,区及乡镇、街道安排扶贫协会工作经费10余万元。

【技能培训】 各级社会扶贫组织全年举办杂交水稻高产栽培、水果种植、生猪养殖、蔬菜种植等种养殖技术培训和机械加工、电子技术、厨师、电脑、剪纸、旅游、家政服务、外出务工等就业技能培训54期,培训5300余人次。结对或重点帮扶贫困户2300余户。

【社区扶贫】 各街道扶贫分会、社区扶贫工作组根据城市特点,开展社会扶贫。新街在扶贫过程中,以思想教育为主,以关心生活、推荐就业为突破口,广泛开展了助学、助教、助困、助残“四助”活动。以街道、社区爱心超市为依托,通过解决最低生活保障、发放困难补助、捐资助学等多种形式,在思想、生活、工作和感情上给予最大的帮助,努力解决贫困户实际困难。

【示范项目】 团体会员——自贡市阳光农业发展有限公司全年养殖生态林中鸡达50万只,其中公司自己养殖3万只作为示范点,农户养殖47万只,带动养殖农户800余户,户均增收近2000元。

【助学活动】 配合开展“栋梁工程·家乡助你上大学”活动,并拓宽教育扶贫助学对象。资助贫困学生561人(小学生126人、中学生182人、大学生253人)、金额近54万元。

【医疗扶贫】 自贡新区医院作为团体会员单位,积极发挥医疗扶贫作用,全年投入医疗扶贫救助资金27.73万元,医疗救助3861人次。

(区扶贫协会 刘兆贵)

社会科学界联合会

【科普宣传】 2011年“科技之春”科普活动月,围绕“情满盐都科技支撑增产增收”活动主题,精心组织,周密部署,参与组织开展科普宣传活动8次,出动宣传车辆17辆,参加科普活动工作人员140人次,开办柑橘栽培技术培训班1期,推广适用技术7项,现场技术服务300多人次,发放技术资料6000多份,服务群众7000人次。

【理论成果】 组织参加全市庆祝建党90周年理论研讨会征文活动,收到征文50多篇,其中6篇文章获奖,包括二等奖1篇。

【课题研究】 围绕自流井区“打造三大中心,再造一座新城”的课题,参与组织全区副科级以上领导干部深入学习研究,撰写学习心得体会文章320多篇,共评出一等奖3篇,二等奖6篇,三等奖10篇。

(区委宣传部 易仕源)

红十字会

开展基层红十字会组织创建活动,巩固省级红十字服务示范区活动,规范组织管理和制度职责,进一步加强两个博爱医院和两个博爱卫生站的基础设施建设。开展“5·8”红十字日、红十字周、红十字月活动,15家医疗卫生单位100余人参加义诊活动,免费体检1000余人,全年组织自愿无偿献血428人次,义务献血12.75万毫升。接受自贡红十字会慰问物资(大米、食用油)总价共计5450元,日本红十字慰问物资(大米、食用油、棉被)总价共计6.31万元,分配给4个街道和6个乡镇,受益群众500余人。

(区红十字会 颜淑芬)

经济 JING JI

综　述

【计划报告】 在总结全区经济社会发展基础上，深入分析宏观经济环境和全区经济社会发展存在的问题，科学定位发展目标，调研制订2011年度全区国民经济和社会发展计划报告和上半年全区国民经济和社会发展计划执行情况报告，提交人大会议审议通过。

【目标分解】 认真细化分解主要经济目标，协同区目标办印发《自流井区2011年一季度经济发展“开门红”目标任务》、《自流井区2011年一季度固定资产投资责任目标》和《自流井区2011年固定资产投资责任目标》并逐一落实到各乡镇、区有关部门及各街道。坚持对固定资产完成情况进行按月督查，力争确保完成全区固定资产任务。

【经济分析】 坚持全区经济运行形势季度分析联席会议制度，定期对全区经济工作目标完成情况进行分析，排查问题，寻求对策建议，提交区委、区政府决策参考。

【规划编制】 《自贡市自流井区国民经济和社会发展第十二个五年规划纲要》已经区第十六届人代会第五次会议审议通过。2011年4月完成“十二五”重点行业和重点领域专项规划编修工作，并对所有专项规划进行修订。年底，启动《自贡市自流井区国民经济和社会发展第十二个五年规划纲要》和重点行业、重点领域专项规划的调修工作。

【项目推进】 在汇总2010年全区“十二五”重大项目储备库的基础上，新储备包装100个重点项目，主要涉及全区产业发展、基础设施建设和民生改善等，项目总投资超10亿元。全区116个重大项目完成投资12.68亿元，其中11个市级重大项目完成投资7.02亿元。二中压阀门精密铸造技改等26个项目开工建设，千业环保双机絮凝剂、大业高容CNG移动加气站等22个项目建成并投入使用，财富水岸、东方尚城等房地产项目全面竣工。

【争取资金】 区廉租住房建设三期工程、工业园区基础设施建设项目、狸狐洞水库建设等22个项目争取到中央和省级预算内建设项目资金补助，补助金额达1.05亿元，争取到市级预算内建设项目资金补助1270万元。

【循环经济】 坚持规划引导与制度完善并重的方针，不断完善规章制度。制定《自流井区“十二五”循环经济发展规划》，启动《自贡市固定资产投资节能审查办法》，严格控制新建高能耗、高污染、资源型项目，加快淘汰落后产能。积极培育扶持节能环保产业，促进循环经济发展。新审批、备案节能环保产业项目5个，其中污泥甲烷化成套设备产业化、有机废渣及废液资源化利用设备制造、澍昇废弃物综合利用三个项目已实现开工建设。

【价格投诉】 受理群众举报、投诉、咨询36件，不属于受理范围解释退还22件、回复5件、处理9件，退还金额2600余元、处罚金额1120元。通过价格投诉举报处理工作，畅通了群众价格利益诉求渠道，及时掌握市场价格动态变化，快速打击价格违法行为，维护群众正当利益。

【价格监测】 圆满完成辖区内的农副产品常规价格监测、节假日和重要时期的临时价格监测以及农资、建材、生猪、化肥的价格监测、价格预测预警等各项监测工作任务。

【收费管理】 审验收费单位118个，其中行政事业性“收费许可证”正本79个，副本79个；经营性“收费许可证”正本51个，副本51个；审结率100%，合格率98%。审验中，注销两个单位“收费许可证”，并按国家、省、市规定要求所有收费单位陆续换发“收费许可证”。按收费性质划分，审验行政性、事业性收费1.03亿元，经营性收费670万元。换发收费许可证126个，其中行政事业性80个，经营性46个。全年批准办班单位5个，办理行政性收费许可证5个。12月14日接受市检查得到好评。

【涉案财物鉴证】 开展涉案财物价格鉴证130件，

总标的230余万元，为公、检、法办案提供了有效依据；开展价格评估一件，标的6万余元，为机关行政单位办理相关事宜提供参考依据，为单位创收近2万元。全年为区内行政事业单位、社会团体、企业等提供价格政策咨询服务、价格行政调解等50余次。

【粮食供需调查】 为掌握区社会粮食供需情况及发展趋势，1月11日至2月20日，采取全面调查与随机抽样调查相结合的方式，抽取辖区内8户粮食经营企业(含国有、非国有及粮食转化企业)、10户农户、7个街道30个社区中的44户城镇居民、40户餐饮食堂为抽样样本，组织人员对其2010年度的粮食收支存情况进行调查、推算和分析，总的情况是自流井区是粮食主销区，年口粮消费需7.39万吨，由于区耕地面积少，粮食产量低，城镇居民口粮主要是从县外购进粮食供应；在消费品种上仍以稻谷为主，其他品种较上年略有增加，农户自给自足，粮食商品率低，非国有粮企、转化企业存粮水平较低，通过抽样调查，基本掌握自流井区粮食产供需状况。

【粮食清仓查库】 按属地原则，对全区的粮食库存进行全面清查，摸清所有粮食库存品种、数量和质量，对仓储设施、保管能力有了更为准确的掌握，为各级政府确保粮食安全提供全面翔尽的第一手资料，到2011年3月25日24时，辖区粮食总库存为3.91万吨，其中，小麦1.48万吨、稻谷1.73万吨、玉米7007吨(中央级储备粮2.68万吨，地方储备粮1.2万吨，商品粮366吨)。经过核对、会统，保证三账账面数量一致。

【科学安全储粮】 实施“农户科学储粮工程”，帮助和指导农民朋友掌握科学储粮技术、减少粮食产后损失、保证粮食安全是区委、区政府为民办的实事好事，通过努力争取到首批小粮仓2000套，分别落实到仲权、舒坪、荣边、农团、漆树、高峰6个乡(镇)。产品发放到乡镇35个村组的2000户农户手中。

【行政效能建设】 完善推行首问责任制，及时传达省、市、区加强机关行政效能建设会议精神，从思想行动上切实加强行政效能，加强政务公开，加强作风纪律；严格按照“两集中、两到位”原则，派遣专人入驻政务中心综合窗口，落实网上并联审批制度，建立项目审批“绿色通道”，减少审批环节，降低报批成本，提高工作效率，办结率100%，对转报国家和省、市审核、审批的项目，特事特办，及时转报；严格奖惩制度，坚持考勤制度与评先推优等挂钩。围绕全局工作目标，切实加强行政效能落实，制订计划，责任到人。

(区发改局　应　春)

工　业

【首季“开门红”】 按照市下达的“开门红”目标任务，进行分解下达，加强预警预测和网报监管，协调服务等一系列工作措施，实现工业经济首季“开门红”。一季度，全区规模工业完成总产值17亿元，占“开门红”任务的106.2%；完成规模工业增加值5.11亿元，占“开门红”任务的106.5%，同比增长33.2%；实现销售收入15.74亿元，占“开门红”任务的104.9%；利润总额5141万元，占“开门红”任务的131.8%；工业类投资2.72亿元，占“开门红”任务的102.7%。其中，完成工业总产值占目标全市区、县排名第一，完成工业增加值占目标全市区、县排名第二。

【规模工业通过全省统计交叉检查】 根据国家统计局关于开展“三上”企业基本情况和主要数据核查工作的安排，省统计局采取全面自查和集中交叉核查的形式，对“三上”企业基本情况和主要数据进行核查。在4月18日至19日检查中，自流井区被省统计局抽中的东方综合材料有限公司、刀刀爽食品有限公司、兆强密封制品实业有限公司等22户规模以上工业企业接受泸州市统计局检查组的全面核查。整个迎检工作得到泸州市统计局认可。

【煤炭经营资格年检工作】 按照省、市统一安排，1至4月开展辖区内煤炭经营企业的煤炭经营资格及型煤加工年检工作。对11户原取得《煤炭经营资格证》企业和16户型煤加工企业进行年检。依据《煤炭法》、《煤炭经营监管办法》和《四川省煤炭经营监管办法实施细则》及有关年检规定和要求,在对相关企业2010年煤炭经营、型煤加工情况和有关报审资料进行初审、转报后,经自贡市经济和信息化委员会、自贡市煤炭市场清理整顿办公室审批,27户煤炭经营及型煤加工企业年检合格。

【规模工业指标】 1至6月,全区规模工业完成工业总产值35.39亿元,占上半年目标任务的104.01%,同比增长49.35%;完成工业增加值11.01亿元,占上半年目标任务的107.57%,同比增长35%;利润总额完成1.16亿元,占上半年目标任务的139.54%;工业类投资完成5.46亿元,占上半年目标任务的103.02%。其中,工业总产值和工业增加值两项指标增幅区县排名第一。

【争取省上资金支持】 指导企业包装项目,对符合国家产业政策的技术改造项目和技术创新项目组织企业积极申报,大业高容等四户企业获得省经济和信息化委员会2011年项目资金支持215万元。其中,自贡福星饲料有限公司的农产品深加工项目"沉型鱼饲料生产线技术改造"获四川省中小企业发展专项资金30万元;成长型中小企业四川蓝光伟业高新技术有限公司的"低压水轮机和太阳能驱动冷却风机的循环冷却水装置研究"获四川省中小企业发展专项资金35万元;自贡市东方综合材料有限公司的"核电部件生产线技术改造项目"获四川省"小巨人"企业专项资金30万元;自贡大业高压容器有限公司的"CNG移动加气站成套设备产业化项目"获四川省2011年第一批重点技术改造项目资金支持120万元。

【信息服务平台建设】 9月9日,召开信息服务平台建设工作会,参加会议的有各乡镇、街道以及规模企业负责人50余人。有11家单位与中国电信股份有限公司自贡分公司签订中国电信天翼终端补贴担保协议。

【创建企业名牌产品】 11月23日,第十四届四川名牌产品专家组分三条线对照争取四川名牌产品的要求对自贡大业高压容器有限公司大业牌车用气瓶争创四川名牌产品情况进行审查。给予较好评价:对整个争创工作企业领导重视、职工齐心、全员行动,职工对产品质量的重视程度高,责任意识强。企业争创名牌规划到位、方针具体、资料完善达到要求,体现国有企业管理的规范。大业牌车用气瓶规模在全国第二、四川第一,产品供不应求,一次性合格达99%以上,具备争创四川名牌条件。希望地方政府积极支持、鼓励企业开展争创四川名牌产品工作。

【社会信用体系建设】 依据《四川省企业质量信用管理办法》,经企业自愿申请、资格审查、组织专家现场评审、征求相关方面意见以及社会公示等程序,自贡市仁吉制粉有限公司获得"四川省质量信用AAA级企业"的称号。获得"四川省质量信用AA级企业"的有刀爽爽食品有限公司、四川省运输机械有限公司、自贡大业高压容器有限公司、自贡市第二中压阀门厂、自贡百味斋食品有限公司、自贡市阳光饮品有限公司、自贡市川南复合化肥厂。获得"四川省质量信用A级企业"的有自贡市长友汽车配件制造有限公司。

(区经信局　陈祥毅)

工业园区

【编制园区规划】 自流井工业集中区分区规划经市规划委员会审定,2006年9月市政府正式批准实施。2011年控制性详规已经市规委会审定和市政府审批,正式批复。集中区规划面积约4.3平方公里,中长期预留用地2.5平方公里;分为A(物流专业市场)、B(制盐及配套机械加工区)、C(盐业深加工及仓储区)、D(配套服务区)四个功能区。产业布局定位为"以井矿盐生产加工、节能环保产业、仓储物流为主的特色产业园区";"十二五"期间总体发展目标是:力争经济总量超200亿元,利税超10亿元;建成"省级重点工业园区"和"百亿工业园区"。土地利用总规的编制调修已报省政府,"两规"编制工作基本完成。集中区产业发展规划、区域环境影响评价报告也已多次修改完善并即将批复。经过认真研究，明确把集中区建设成“以制盐业为主的特色园区”、“省级重点工业园区”和“百亿园区”的发展定位。根据项目建设需要，对园区控制性详细规划进行多次修改完善。对土地利用总规进行修编。至“十二五”期末，完成集中区4.3平方公里开发建设任务，启动2.5平方公里预留用地开发建设，新增承载能力3平方公里。

【征地拆迁】 根据项目进展，抽调各乡镇主要负责人及职能部门人员先后组建拆迁，杆管线搬迁小组，有序推进征地拆迁、杆管线搬迁工作。集中区累计征地2600余亩，累计拆迁各类房屋约32万平方米，建成安置房444套。新征730亩用地目标任务涉及的用地范围和项目进行研究，完成征地启动的相关资料准备工作，等待省政府审批。完成大西洋项目、川南粮食物流批发市场项目用地范围内的青苗及附着物补偿及农户的拆迁工作，完成大西洋530亩交地工作。新修建安置房144套，已完成主体工程。

【基础设施】 贡舒路南段1.4公里及马舒路厂前800米改造全面竣工，自宜路舒坪经仲权至榆冲改造全线贯通，集中区内部支道B区玛瑙路A线全面完工，C区东一路设计与筹资方案已形成、力争近期启动。火车南站改扩建工程竣工验收。集中区杆管线搬迁累计完成水、电、汽、通信等各类杆、管、线搬迁及重新铺设约25公里。

【项目建设】 通过内引外联，招商引进、征地拆迁、土地勘界、挂牌出让、规划设计条件下达、水电气保障、优惠政策落实、相关证照办理等各个方面强化对各项目的协调服务，努力满足项目入驻的需要。截至年底，累计入驻项目30个. 其中，竣工投产项目13个（华信伟业、华瑞特复合肥、大业CNG气瓶扩能、大业CNG移动加气站、久大60万吨真空制盐、久大卤水净化、久大包装配送中心、二中压电站阀门、二中压阀精密铸造、裕丰化肥10万吨复合肥、富丽金属、长友汽配重型汽车配套件生产线、福星饲料扩能生产线），在建项目10个（川南钢材市场、千业环保双机絮凝剂、大业高容生物制能源项目、久大100万吨真空制盐项目、九信重工仿生自动掘进装备制造、东脑电气有害气体治理工艺及设备开发与应用、科润锅炉配件、宏远密封包装筒密封件生产线、光大橡胶车用复合管生产线、天马屠宰生产线），待进场施工项目7个。全年，集中区（含久大）实现规模以上工业主营业务收入26.2亿元。

（工基办　何　艳）

农　业

【粮油生产】 全年农作物播种面积16.4565万亩，全年粮食总产量达3.8355万吨，为目标任务3.6万吨的106.54%，比上年增长0.79%。其中，小春粮食总产量0.5324万吨，大春粮食总产量3.3031万吨。全年蔬菜播种面积达3.9285万吨，产量达6.1649万吨，比上年有所增长。

【粮油高产攻关创建活动】 按照省上“百亩攻关、千亩展示、万亩示范”开展五大作物高产协作攻关的要求，在全区重点实施水稻、玉米万亩高产攻关创建活动，在漆树乡星星村，仲权镇朱山村建立中稻+再生稻高产攻关田100亩，带动漆树乡星星村、丁香村、仲权镇朱山村建立高产展示片1500亩，辐射漆树乡、仲权镇建立高产示范片10000亩；在荣边镇建立玉米高产攻关田100亩，带动荣边镇建立高产展示片1000亩，辐射仲权镇、荣边镇、漆树乡建立高产示范片10000亩。各乡镇也因地制宜建立了粮油高产创建示范片，全区实施大豆高产创建示范片10100亩。

【农业实用技术推广】 在仲权镇朱山村，漆树乡星星村和丁香村3个村共实施中稻+再生稻科技示范片1500亩；在高峰乡双院村开展膜侧玉米栽培技术示范片200亩，积极推广膜侧玉米栽培技术，全区推广栽培示范面积2000余亩；全区大力推广省级育土工程测土配方施肥技术面积2.5万亩，取得明显成效。

【植保植检】 采取系统监测与面上调查相结合，对大小春农作物主要病虫草害进行预测预报，发布植保情报4期,预报准确率达90%以上;小春病虫害中等偏轻程度发生面积1.1万亩次,防治面积为0.99万亩;水稻螟虫发生面积3.2万亩次,防治面积为3.1万亩,防效达92%;开展稻水象甲等农业检疫性有害生物的普查工作。

【民生工程】 为实施省级农村户用沼气池建设项目,落实省、市、区八大民生工程任务,各乡镇广大干部职工和沼气技术人员经过精心组织,分别召开动员会、现场会和技术培训会,落实各项措施,全区新建农村户用沼气池202口;为进一步提高农民工的就业能力,增加农民收入,积极配合区劳动就业局开展农民实用技术培训,培训人员达2万人以上。在全区开展新型农民培训,培训人员1190人。

【落实惠农政策】 落实粮食直补和农资综合补贴面积46565.618亩,共计资金548.8万元;落实水稻、玉米、小麦良种推广补贴面积7.71万亩,补贴资金共计95.92万元;落实水稻、玉米、马铃薯、油菜保险投保面积6.59万亩,兑现农业政策性保险资金共计16.5万元;兑现农机购置补贴资金19.96万元,受益农户265户,机具数量316台。

【农村经营管理】 切实加强对农民负担的监督管理,进一步规范涉农收费行为,未发现乱收费现象;认真做好全区"一事一议"筹资筹劳工作;积极做好村社集体财务"双代管"后续管理和农村集体资产管理工作;积极开展农村土地承包及土地经营权流转管理工作,切实维护农民利益。全面推进全区土地承包经营权确权登记及换证工作;全面了解农民专业合作组织发展情况,认真做好全面统计监测分析及上报工作;认真搞好农业综合统计服务,开展行业涉嫌非法集资案统计工作。

【农业执法】 严格种子准入,把好种子经营委托管理关,严格审查后登记备案;突出重点,抓住有利时节,开展种子、农药、化肥为重点的农资市场专项检查,打击制售假劣违法行为,净化农资市场。

(区农牧局 丁 惠)

林 业

【天然林保护】 落实天然林资源管护责任,保护全区4.58万亩天然林资源,巩固退耕还林面积9235.5亩;开展退耕还林工程自查整改工作,顺利迎接国家、省检查组对自流井区天保工程和2003年实施的退耕地还生态林的阶段检查验收。加强巩固退耕还林成果专项建设,完成种植项目6020亩,培植食用菌23.40万棒。做好2011年度巩固退耕还林成果建设,兑现补助资金125.10万元。

【森林防火】 落实森林防火双重责任制、首长负责制、森林防火值班等各项制度。加大宣传和教育力度,发放宣传年画1.20万份,防火资料3000份,标语25幅,山间巡回广播宣传6次,与区教育局联合在学校上防火课,受教育面达4万人以上。加强火源和重点人口管理,严禁林区野炊和上坟祭祖,严禁痴呆和未成年人因玩火引发森林火灾。加大投入和扑火工具的维护保养,为农团乡新购4万多元防火设备,实行专室专人保管。加大森林防火检查力度,累计出动车辆19台次,出动人数63人,排除隐患4起。全区未发生特重大森林火灾,达到火灾损失率控制在0.1‰以内的目标。

【森林植物检疫】 积极开展植物检疫专项行动,开展种子、苗木专项检查和整治行动;对全区5.5万亩现有林加强预测预报,监测马尾松毛虫等森林病虫害。竹蝗发生面积620亩,积极组织乡镇开展统防统治,防治竹蝗570亩,防治率92%。其中,仲权镇190亩,荣边镇80亩,农团乡250亩,漆树乡50亩;组织开展林业植物检疫登记和种苗产地检疫及调运检疫工作,产地检疫苗木620万株,木材复检1816立方米,开具调运检疫证320份,共开展植物检疫登记36家。

【林业执法】 坚决打击林政违法行为,严厉查处无证运输案,滥伐林木情况;严格林木采伐限额制度,对农民自用材实行委托乡镇办理,全年共采伐林木320立方米。

【义务植树】 组织全区33个机关事业单位在高峰乡双院村参加"3·12"义务植树活动。积极联系协调和参加川西南矿区在荣边镇白果村的"3·12"义务植树活动,并以此为契机狠抓全民义务植树。全年累计完成义务植树65万株,栽植品种主要为榕树、杨树、香椿、竹子、银杏等,森林覆盖率达28.5%。

(区农牧局 丁 惠)

畜牧业

【生猪产业化基地建设】 1月15日,自贡特驱生猪养殖有限公司正式成立。华西希望·特驱集团分别与市、区政府签订《自贡市100万头生猪产业化基地战略合作协议书》和《自流井区美系曾祖代种猪基地建设项目投资协议书》。

【动物春防工作】 3月10日至4月25日,组织开展春季动物防疫工作。全区免疫猪瘟1.43万头,占应免数的100%,免疫大中牲畜口蹄疫免疫1.62万头,占应免数的100%;鸡新城疫免疫20.49万羽,占应免数的100%;禽流感免疫20.49万羽,占应免数的100%;其中规模养殖场禽流感、鸡新城疫免疫率为100%;圈舍消毒30.12万平方米;免疫标示张贴1.50万份。同时,宣传健康养殖"十"坚持"十"严禁为主要内容的养殖科普知识,进一步提高人民群众的养殖素质。

【畜产品质量安全检查监测】 5月25日,为确保全区畜产品质量安全,历时一周,出动执法人员192人次,对全区406户养殖大户、43户饲料兽药经营户和两家饲料生产企业进行拉网式全覆盖排查。重点对养殖大户投入品使用情况、饲料兽药生产经营企业购销台账等进行逐一检查,并签订畜产品安全承诺书。组织购买"瘦肉精"快速检测试剂,对全区65户生猪养殖大户、4户肉羊养殖大户、1户肉牛养殖大户、8个屠宰场进行全面监测,未发现违规情况。

【动物秋防工作】 9月15日至10月30日集中45天时间,全区统一组织开展秋季动物防疫工作。全区存栏生猪1.63万头,存栏牛0.81万头,存栏羊0.12万只,存栏鸡34.31万羽,存栏水禽3.87万只。免疫猪瘟1.52万头,占应免数的93%;免疫猪口蹄疫免疫1.52万头,占应免数的93%;牛口蹄疫免疫788头,占应免数的97%;羊口蹄疫免疫1.11万只,占应免数的96%;禽流感免疫34.29万羽,占应免数的99.9%;猪蓝耳病免疫1.50万头,占应免数的92%。圈舍消毒33.42万平方米;同时,进一步宣传以"四不一处理"为主要内容的防疫科普知识,进一步提高群众的防范意识。

【引进种猪基地建设】 10月30日,在成都第九届中国国际农交会上,自流井区代表自贡市作为全省十二家签约市之一的地市与华西希望四川特驱投资有限公司就"自贡市美系曾祖代种猪基地建设项目"成功签约。

【畜牧系统所、站长名录】

动物防疫监督所所长:王 刚
荣边镇畜牧兽医站站长:张 宗
农团乡畜牧兽医站站长:张 琴(女)
畜禽检疫站站长:郭永丽(女)
舒坪镇畜牧兽医站站长:黄长明
仲权镇畜牧兽医站站长:邓 斌
高峰乡畜牧兽医站站长:江建平
漆树乡畜牧兽医站站长:张 勇
红旗乡畜牧兽医站站长:黄明才

(区畜牧局 杨华贵、谢全胜、程 琰)

水 务

【水利工程建设项目】 狸狐洞(飞龙峡)水库建设工程。前期工作进展顺利,完成项目建议书和《坝址(渠线)选择专题报告》、《正常蓄水位选择专题报告》、《施工总布置规划专题报告》三个报告的编制,并上报省厅。

【病险水库整治】 完成高峰、土洪沟两座病险水库整治，做好主要河道水环境治理相关工作任务。完成民生工程目标任务，解决5个乡镇8所学校5068名师生饮水安全问题，总投资152.4万元。

【水产养殖】 建成荣边镇金汇科技特种水产养殖基地500亩，2011年完成投资250万元。全年水产品产量2625吨，产值5500万元；名特优水产品1050吨。

【水利普查】 成立专门机构，全面开展水利普查工作。河湖治理与开发清查：共计取水口39个，其中需建立台账个数为4处，治理保护河段2处，排污口9处，地表水水源地3处。1.社会经济用水清查，确定223个调查对象，其中居民生活典型用水户100户，灌区10个，规模养殖场3个，城镇公共供水企业两个，工业企业58个，建筑业及第三产业50个。2.地下取水井专项清查，主要对象为规模以上的供水机井、规模以下机电井、人力井，全区现有地下水取水井1.10万眼，其中供水机电井1.05万眼（规模以上的供水机井1眼，规模以下的供水机电井1.05万眼），人力井428眼。3.水利工程专项清查，完成水库工程清查对象20座，属县级水利部门管理14座，泵站工程36处，农村供水工程4处，设计供水人口2.74万人；堤防工程数量两条，长4.12公里。4.灌区专项清查，以村为统计单位灌区25处，为单一水源。总灌溉面积2.96万亩，耕地有效灌溉面积2.75万亩，园林草地等灌溉有效面积0.21万亩。5.行业能力建设专项清查，行业能力建设对象38个。按从事活动类型分，从事水利活动的32个，非从事水利活动的6个；按机构类型分有水利行政机关两个，事业单位20个，企业9个，社团6个，非法人1个；按所属系统分，系统内22个，系统外16个；按管理职能分，乡镇水利管理单位7个，非乡镇水利管理单位31个。普查对象33个，其中发普查表28个，不发普查表5个。水土保持专项完成土地利用、土壤等基础资料数据收集工作。河湖基本情况，共清查出4条规模以上的河流。

【水土流失治理】 以小流域治理为单元，按经济效益、社会效益、生态效益相统一的原则，采取有效措施，加大水土流失治理。全年完成小流域综合治理10平方公里，新增有效灌溉面积1000亩，发展节水灌溉面积1000亩。

【防汛工作】 防洪安全重点抓坚持汛前大检查，消除隐患，坚持汛期24小时值班制度，认真分析雨情，准确预测汛情，做好水的调度工作，未发生任何安全事故。

（区水务局　曾安定）

商业·贸易

商务管理

【推进重大项目建设】 培育专业大市场作为工作重点，促进各专业市场向规模化、规范化、专业化、品牌化方向发展。重大商贸项目进展顺利。编写再生资源基地项目可行性研究报告，项目审报省厅；川南粮食批发市场建设，年底完成入驻工业园区的前期准备工作；实现农团蘑菇与九鼎超市的对接。建立农产品从基地到超市的直接流通。协调解决企业在发展工程中所遇到的问题。如大商新玛特正式入驻浙江商城受阻问题。浙江商城项目六号居民楼建设与市建二司发生经济纠纷，避免工程延误。促进川南钢材物流市场投产营运。为市场及场商家提供经营有关手续、证照办理、咨询等方面的服务；积极培育市场，增强人气，吸引商家。至年底，市场共签订合同139份，出租商铺152间，商铺出租面积2.54万平方米，堆场出租面积4.09万平方米，超额完成全年出租3万平方米目标任务。

【家电"以旧换新"】 宣传家电以旧换新工作的重大意义和补贴政策；简化备案审核程序，实行现场审核、"一站式"备案办法，加快备案工作进度；强化工作制度，制定《家电以旧换新管理制度》，定期召开工作例会；加强监管，成立家电以旧换新专业协会，定期检查和不定期抽查相结合，杜绝工作中出现违规操作等问题。全年累计销售五大类家电8.48万台(件),销售额2.90亿元,销售补贴7.14万台(件),补贴金额2046.75万元。家电以旧换新销量和销售金额在全市四区两县排名第一。

【商贸促销】 组织元旦、五一、中秋、十一等重要节假日的重大经贸活动,激励商家积极参与。同时,认真做好市场运行监测和监管工作,全力保障节日市场供应和消费安全。全年节日期间,商场、超市接待游客和消费者90余万人次,实现销售8亿元。各大市场、商场、超市没有发生大的消费纠纷,顾客满意度较高。

【打造全省最美街道】 参与东方广场商业步行街评选"全省最美街道"活动。通过各种平台发动各商家、企事业单位,积极为东方广场商业步行街投票。通过全区上下的广泛参与和努力,自流井区"东方广场"商业步行街入选"四川十大最美街道",位居第八名。东方广场的成功入选,将极大提升"大东方"城市商业核心圈的知名度和辐射力,成为自贡一张重要的城市商业名片。

【重点行业监管】 指导成立行业协会。成立五星街品牌服饰协会 ,筹备同兴路餐饮协会、家电行业协会、休闲商务区协会(自贡RBD)。加强生猪屠宰管理。对屠宰场实行目标管理和硬件设施,建立健全检验、检疫、屠宰加工、台账登记和服务管理等各项制度,确保出场肉品质量安全。坚持日常稽查,严厉打击私屠滥宰行为。牵头开展非法屠宰点取缔工作。制定完备的工作方案,开展调查摸底和专项行动。建立完善长效工作机制。

【强化安全生产工作】 加大安全生产的宣传力度,认真贯彻落实安全生产责任制度。强化安全生产检查督促,加大隐患排查、整改力度。

(区商务局 冯路平)

烟 草

【销售网络建设】 探索现代物流企业新途径,网上订货、网上配货、电子结算工作再上新台阶。2011年持续推进网上订货工作,通过现场指导,优先劝导有电脑的客户加入网上订货,带动有条件的客户购买电脑实施网上订货,全市网上订货覆盖率达到85.2%。以客户服务为中心,努力提高客户满意度。切实加强客户经理职能转换,延伸服务内涵,创新服务方式,建立体系、健全机制,促进常规服务向营销服务转变;建立客我互动模式,对客户进行培训,宣传法律法规、关注客户诉求、指导客户经营,客户盈利水平持续提升,满意度达到94.12%。围绕开源节流,勇于改革创新,现代物流管理水平明显提升。坚持以"高效、优质、低成本"为目标,不断提高"6S"管理水平和从业人员综合素质,不断提升内部精细化管理水平,努力为卷烟经营提供优质高效的配送保障服务,致力于探索企业管理降本节流的有效途径,寻求新的经济增长点。

【专卖管理】 强化由市委政法委牵头的"四家"联合打假协作机制,经常性召开联席会议,调配各方资源,凝聚各方力量,集中各方权限,形成立体网络,达成打假共识,深化案件经营,先后开展"天府之剑"、打击制售假冒伪劣卷烟和规范烟草市场等一系列专项整治行动,持续保持专卖管理高压态势。2011年,全市行业共查处各类涉烟违法案件801起;查获各类违规卷烟588.92万支,捣毁制假窝点两个。拘留27人,逮捕18人,判刑25人。破获制售假烟网络案件3起,其中100万元以上制售假烟网络案件两起,50万元以上1起。

【企业管理】 大力开展机关效能建设,抓实机关效能建设,全员参与,营造氛围,激发动力,凝聚智慧,办事效率逐步提升、服务基层意识明显增强、干部作风进一步转变、机关管理水平不断提升。深入开展"争先创优"活动,强化党建带团建工作,完善团组织机构。团委围绕核心工作助力品牌培育和QC小组活动,彰显青年活力。强力推进"文化兴企",开展各种形式的主题实践活动,充分发挥企业文化的导向和凝聚功能。坚持安全管理不放松,切实强化安全保障,实行安全"一岗双责"值班制度,增强全体员工的责任感和紧迫感。大力弘扬"以责任奉献社会"的四川烟草企业精神,积极参与"送温暖”、“慈善一日捐”活动，组织职工义务献血、对口扶贫捐赠等。

（地区单位·自贡市烟草专卖局　郭丹琳）

供销社工作

【节日检查】 元旦春节期间区供销社系统围绕整顿和规范市场经济秩序，重点对全区农村农资经营、烟花爆竹、农副产品、日用杂品、医药等经营商品质量进行拉网式检查，共出动检查人员40人次，检查网点75个。

【完成经济指标】 完成经营服务总额5430万元，完成目标任务的100%；消费品零售额完成1980万元，完成目标任务的103.8%；农资供应总额完成1350万元，完成目标任务的103.3%；农副产品收购总额完成1050万元，完成目标任务的108.4%；实现利润总额61万元，完成目标任务的101.7%。完成固定资产投资1000万元。全年销售各类化肥5500吨（其中，尿素1500吨、氯化铵1200吨、碳铵1000吨、磷肥1100吨、复合肥695吨、钾肥5吨），农膜45吨，农药22吨，种子36吨。

【新增项目建设】 年初争取到四川省供销合作社“2011年农业综合开发新型合作示范项目”——四川省自贡市自流井区优质生态肉鸡养殖基地新建项目，总投资260万元（其中，中央财政资金55万元，省级财政配套资金22万元，自筹资金183万元）。项目选址荣边镇干塘村，计划建标准化鸡舍1200平方米，育雏室450平方米，生产能力达到年出栏生态肉鸡10万羽，带动周边养鸡大户30余户。

【新农村示范片建设】 荣边镇发展水产300亩（荣边水果专合社，友谊养鸡专业合作社共同发展），友谊养鸡专合社发展肉鸡年出栏50万羽，建设农村超市1个，社区综合服务社8个，庄稼医院5个，推进农产品“四进”各1个，培训新型农民50人次。

【发展专业合作社】 发展荣边水果专业合作社（法人杨福贤，地址荣边干塘村1组），另外一户水产养殖专合社正在发展中（友谊专合社引荐），规范发展友谊养鸡专合社，牧天专合社，两户专合社。

【建再生资源回收站】 仲权镇建再生资源回收点7个，其中乡镇回收站1个，村级回收点6个，培训基层回收人员50人，建立了农村再生资源回收体系建设档案，通过市供销社验收合格，获得三等奖。

（区供销社　郭　立）

集市贸易

【城乡环境整治】 完成城乡环境综合治理的各项任务。完成创建“五十百千”的迎检工作；完成“文明城市创建”、“爱国卫生运动”、“五乱治理”、巩固“三乱”治理工作；集中治理市场“六乱”工作；完成“食品安全”、“省卫复审迎检”工作，组织清洁卫生大扫除1800人/80次；清理垃圾1200余吨；组织对摊点的划行归市450余个；取缔流动摊点近700个；清理牛皮癣及乱张乱贴2500余处；疏通市场阴阳沟、排洪沟近2500米；铲除千脚泥25吨；拆除乱搭乱建摊点267个；清理私拉乱接的电源、电话线2400余米。清理施工现场卫生死角垃圾20吨；清扫市场屋顶墙面蛛网吊尘2200平方米；新增垃圾箱、果皮箱（桶）80个；配合整治占道停车乱停乱放323（车）次；集中投放灭鼠、灭蝇药146次，投放蟑螂药2400包、鼠药4500包，建立市场卫生秩序考核办法，初步形成市场卫生保洁长效机制。

【市场升级改造】 根据市政府《关于加快推进我市菜市场（农贸市场）升级改造的实施意见》的要求，完成2011年市场升级改造工作。完成仲权市场升级改造工作，共完成投资28万元，改造面积2660.3平方米，拆除新建交易大棚720平方米，改造摊位114个、店面9间，地面硬化3000平方米，安装市场导购图、分区牌，消防和环卫设施；完成灯杆坝菜市场升级改造工作，共完成投资80万元，新建家禽店面16间、摊位4间、库房3间；改造肉食不锈钢摊位60个、不锈钢防尘罩15个，改建干货店面6间；完成蔬菜及临街店面水网改造工作，新铺设水管700米;新装水表47个。

【综合政务】 完成各类目标任务分解、检查、考核、统计和材料报送工作。全年向区委、区政府报送信息50条(已采用2条);向市中心报送政务信息50期,调研文章5篇。完成各类文件资料报送400余份;完成城乡环境综合治理,巩固"三乱","六乱"治理,创建"五十百千"迎检、"食品安全"、"省卫复审迎检",市场升级改造等相关工作的文字资料工作,全年完成文件起草、发文、报送74份;政务信息56期;各类市场专项治理行动报告50余份,其他资料文件100余份;完成分中心文件、资料收文、整理、传阅、存档工作,全年完成各类文件资料收存490份。

【经营管理】 加强收费管理工作。围绕年初市中心下达的经济目标考核任务,加强收费管理,分解落实各市场的经济目标任务,市场收费做到有章可查,有据可依。加强租赁管理工作,建立健全并规范台账、合同,按照中心"四合一"的要求,做到不重、不漏、栏目清楚、明确、账实相符。加强维修的监督管理工作。严格执行维修项目的上报审批制度,对每一个项目精打细算,严格把关,降低了维修费用。

【市场安全责任书】 调整分中心及市管所两级安全工作领导小组和安全联络员及消防员。与所属各市管所签订《安全生产责任书》,各市管所与场内经营户签订《市场安全责任书》、《食品安全责任书》,明确安全职责和任务,分片区、分段落实到人。建立和完善相关制度和管理办法,即《自贡市市场开发服务中心自流井分中心安全生产管理暂行办法》、《自贡市市场开发服务中心自流井分中心安全生产考核办法》及《安全生产考核细则》。

【安全知识宣传】 利用电子显示屏、广播、宣传栏和散发宣传单等形式向经营户宣传集贸市场安全相关法规等内容。印发安全知识宣传单2000余份。安全生产"三个一"活动。6月10日安全知识竞赛;6月17日"富台山商场火灾应急疏散演练"和消防安全的专题培训;6月28日安全生产知识培训。开展安全检查,积极整改安全隐患,参加区政府和市中心组织开展的2011年元旦、春节、五一、国庆的安全生产大检查和专项整治活动;参加"安全生产月"活动和"百日安全生产活动"及防汛、防火、防地质自然灾害等安全专项整治活动。全年进行安全检查60余次,检查市场140余场次,参加检查人员200余人次。全年整改安全隐患60余处,当场处理50处,限期整改10处。

【市场安全检查】 坚持安全生产检查"日巡查"、"周检查"、"月抽查"、"季督查"和明察、暗访的方式。对检查的重点、查出的问题、整改的措施和时间,整改的责任人员、验收人员等应有做出明确要求,凡能立即整改的必须立即整改,如不能立即整改的,要制定防范措施,并加强监控,落实监管责任,限期予以整改。加强在建工程安全管理和监督检查。市场改造、维修施工做到手续齐全,施工方案完善,安全责任明确,管理制度健全,防范措施到位,坚持特种作业人员持证上岗,确保在建工程施工现场安全。构筑"防火墙"工程,提高市管所和职工的"四个能力"建设,即提高检查消除火灾隐患能力、提高组织扑救初起火灾能力、提高组织人员疏散逃生能力、提高消防宣传教育培训能力。提升火灾防控水平。

【严格市场安全考核】 将安全工作纳入全年目标考核。严格按照"谁主管、谁负责"、"一岗双责"和"四不放过"的原则,凡工作不负责任,管理不到位,隐患整改不及时,以及虚报、瞒报和迟报事故等,对相关责任人员将依法、依规进行严肃处理,对认真履责,工作成效显著的予以表彰和奖励。

(区市场分中心　吴　涛)

招商引资

【完善工作制度】 年初完善招商引资目标考核制度,将市政府下达的目标任务,分解下达到全区相关部门和乡镇、街道。同时完善县级领导定点联系重点企业(项目)制度、跟踪推进和督查督办工作制度。

【项目包装】 加大项目包装工作力度,全年包装和更新项目62个,重点包装50个工业、商贸、房地产、城乡统筹和旅游项目;同时注重新行业、新领域项目的挖掘和包装。围绕优势产业,深度包装20个能够延伸产业链、对整体经济具有带动作用的招商项目。

【驻外招商】 是年,外派干部先后拜访四川省驻浙江办事处、宁波市经委、经协办、重大办、温州杭州商会、温州宁波商会、浙江省企业家联合会、宁波市绍兴商会等单位共计12个;拜访客商100余人次,搜集客户资源142个;考察企业28家,获得项目线索12个;报送工作动态8期,工作信息8期;撰写调查报告一份。招商引资工作得到稳步有序的推进。

【重点项目督察】 对重点项目跟踪督促和协调服务,确保区的省上重点督察项目进展顺利。美系曾祖代种猪养殖项目总投资约2亿元,进展顺利;20万吨纯净水剂和铝酸钙项目总投资2.7亿元,到位8500万,到位率39%,该工程完成厂区路面路基工程施工,进入厂房建设阶段;自贡市第二中压阀门厂搬迁扩建项目,投资4000万,到位资金1700万,主体工程完工,设备已安装调试;檀木林国宾府二期项目投资6亿元,到位2亿元,其中五星级酒店正式营业;新玛特购物广场项目投资3.5亿元,到位资金1.3亿元,项目进展顺利。省上督查项目履约率、开工率100%,资金到位率40%,完成省市下达任务。

【企业招商】 开展小分队外出招商活动7次,共发展新的招商线索50个,在谈项目24个,成功签订6个招商协议,协议资金达53亿元。

【专题调研】 撰写《浅析自流井区旧城改造工作存在的问题及对策》、《自流井区旧城改造重在联动机制发挥作用》两篇调研文章,为推动招商引资工作提供理论参考。利用内容全面、特色突出的自流井区招商宣传册,形成宣传推介自流井区的一个载体。

(区投资促进局 朱碧仙)

财政·税务

财 政

【加强财税征管】 完成财政收入目标任务,地方级一般预算收入完成5037万元,比去年增长35.3%。建立税收目标责任制和财、税联系机制,千方百计组织财政收入,确保财政收入稳定增长;依法加强税收征管,加强税源调查和分析,通过清缴欠税,强化重点税源管理,狠抓零星税收征管等多种有效措施来弥补收入缺口;加强非税收入监管,强化“收支两条线”管理,加大非税收入“银行代收”力度,财政纳入预算内管理的非税收入完成2842万元,比去年同期增长36.2%。

【保障民生】 完善城乡社会救助体系建设,城乡低保应保尽保,安排城市和农村最低生活保障补助资金3312万元,惠及低保对象达1.75万人。狠抓下岗失业人员就业和再就业工作,筹集再就业专项资金1130万元;及时足额发放养老保险金和失业人员基本生活费。坚持教育优先原则,全区教育支出1.01亿元,同比增长17.5%,高于财政经常性收入增幅;全面兑现教师绩效工资1500万元,保持教师队伍的稳定。大力推进安居工程建设。筹措资金4540万元支持廉租房、棚户区改造、农村危房改造等保障性安居工程建设,新建城区保障性住房面积2.08万平方米。积极推进医药卫生体制改革。全区安排医疗卫生支出8303万元,同比增长21%,提高了新型农村合作医疗、城镇居民基本医疗保险补助标准,落实了城乡医疗救助政策。

【财政支农】 全区一般预算用于农业支出4989万元,同比增长37%。主要用于:及时拨付粮食直补、退耕还林、农业保险等各项惠农助农补贴资金1744万元,惠及农户2.05万户,受益农民达7.95万人;安排失地农民养老补助奖金和失地农民失业保险金832万元,2133名失地无业农民享受社保待遇;

落实惠农政策，通过“一折通”方式向农户兑现粮食直补资金65万元和粮食综合补贴资金483万元，受益农户2.075万户，受益农民7.28万人，农民因粮补政策人均增收267.69元。扩大农村消费，全面贯彻落实国家汽车、摩托车、家电下乡惠农补贴政策，兑付补贴资金1021万元，受益农户2.66万户。

【推进项目建设】 争取一般性转移支付42935万元，比上年增加13680万元；为区重大项目——川南钢材市场拆迁筹集资金2000万元。通过争取投资、融资、整合等多种方式筹集资金5250万元，支持工业集中区基础设施建设，完成530亩新征用地的拆迁工作。

【财政改革与监督】 深化部门预算改革，完善国库集中支付改革，推行大平台系统，坚持“公平、公正、公开、合理、节约、效率”原则，实行“阳光采购”，初步建立规范、高效的财政运行新机制，确保政府采购资金节约率、财政资金审减率和集中支付率分别达9%、21%和100%。推进依法理财，制定并完善现金管理办法、国库集中支付管理办法、预算管理办法、银行账户管理办法，积极推动公务卡试点工作，把抓收支与抓管理相结合，抓业务与抓廉政建设相结合，采取有效措施，确保资金安全。打造绩效财政，围绕用于公共服务领域的专项资金使用情况、部门预算编制执行情况等社会关注、群众关心的问题开展监督检查，规范收费行为、强化专项资金管理。通过财政资金安全检查回头看和“小金库”全面复查活动，认真分析内部管理薄弱环节，研究制定和完善治理“小金库”和财政资金安全的长效机制。

【创先争优活动】 开展创先争优活动领导点评和群众评议工作。把创先争优活动与巩固扩大学习实践科学发展观活动成果紧密结合起来，在全局掀起“创先争优当先锋，为国理财树形象”活动热潮。开展换位思考，教育职工自觉规范自己言行、切实为人民群众服好务；开展互动服务，带头采取多种形式与预算单位、代理银行进行双向交流，建立起与服务对象之间沟通的桥梁；大力倡导创新服务，不断创新服务方式，更新服务理念，为预算单位提供高效优质、人性化的服务。通过创先争优活动的开展使全局党员永葆共产党员的先进性，把创先争优活动与加强财政干部队伍自身建设和财政业务工作紧密结合起来，推动各项工作的开展。

【干部队伍建设】 制定《财政局2011年党风廉政建设和反腐败工作实施意见》和《党风廉政建设和反腐败工作责任分工的通知》，逐项分解落实全局反腐败牵头、协办的各项工作任务和目标绩效考核任务。编辑印发《自贡市自流井区财政局惩防体系基本框架》一书。制定财政局工作目标绩效考核制度，并把党员创先争优活动与完善财政内部管理、提升服务水平相结合。坚持一把手不分管财务、人事制度，坚持领导班子集体议事规则，以开展“廉洁财政”主题活动为载体，加强廉政教育，落实规范廉洁从政行为，用财政人一身正气的形象取信社会，服务全区。

（区财政局　金　旗）

国　税

【税收收入】 完成计划口径税收收入12.25亿元（不含海关代征税收），同比增长23.6%，增收2.34亿元（其中增值税完成8.80亿元，同比增长31.75%，增收2.12亿元；消费税完成6962万元，同比增长13.5%，增收939万元；企业所得税完成2.75亿元，同比增长5%，增收1309万元；个人所得税完成28万元，同比下降5.6%，减收36万元）。计划口径税收收入首次突破10亿元大关。

【创先争优活动】 以提高党的执政能力建设和先进性建设为主线，围绕税收中心工作，开展创先争优活动推动税收管理科学发展。分别获自流井区区委、自贡市国税系统“优秀基层党组织”称号，两名同志分别被市委、区委表彰为“优秀共产党员”，4名同志被市国税系统表彰为“优秀共产党员”，1名同志被市国税系统表彰为“优秀党务工作者”。

【落实税收优惠政策】 共计90户所辖企业享受企

业所得税相关优惠政策，减免所得税面达35.43%，享受优惠的企业涉及农林牧渔、制造业、批发和零售业、居民服务等10个行业，其中免税收入1111.58万元，加计扣除额1.22亿元，减免应纳税所得额169.63万元，减免企业所得税1.14亿元。

【全员培训】 继续开展“领导带头讲、骨干主要讲、全员参与讲”的业务讲学模式，针对全局职工个体需求、业务水平差异，坚持以人为本、立足岗位、按需施教。全年举办8期全员在岗培训，选送25人次参加市局、省局组织的各类培训班，进行不同类别的更新知识、工作能力、领导艺术等培训。

【干部队伍建设】 坚持以队伍建设为重点，以骨干培养为核心，以教育培训为基础，全面提高干部职工的思想政治素质和业务素质。深入开展以“学习创新、民主团结、勤政为民、清正廉洁”为主要内容的创建“四好”班子活动。扎实抓好职工日常思想政治工作，结合实际扎实开展谈心谈话65人次，其中班子成员5人次，中层干部17人次，一般干部43人次。围绕“三个一”活动，在全局弘扬爱岗敬业、奋发有为、力争向上的良好风气，进一步激发队伍工作活力。

【党风廉政建设】 全面落实党风廉政建设责任制，加强廉政教育，干部作风明显好转。严格执行各项纪律，做好领导干部廉洁自律工作，做到送礼不要，请吃不到，依法行政，不谋私利，实现“三个确保”、“三个安全”、“五个无”目标。通过对自流井区国税局2005年至2010年制定的相关办法、制度、规定进行清理，在教育防腐、监控纠腐、纠风治腐、依法惩腐、保障防腐等五个方面共有十三类79个办法、制度文件作为保障支撑，圆满完成惩防体系框架建设工作。

【夯实征管基础】 强化重点税源监控力度。大力抓好税源监控和分析预测，深入开展税源调查，定期对企业进行政策业务辅导。认真做好月度、年度收入预测和分析工作。每月征期后，召开税收分析会，就当月税收的预计完成情况、税源增减变化情况进行全面分析，做到心中有数。对当月实现税收变化大的企业，分析其原因，同时认真清理因各项政策变化和金融危机影响的税源。开展纳税评估，提高征管质量。区局坚持“以评促管、以评促查、以评促收”，扎实开展纳税评估专项工作。在日常评估的基础上，2010年，区局根据省局和市局的安排部署对汽车行业及超级市场零售业重点开展纳税评估工作，通过评估对所辖汽车维修行业实际税负由1.66%提高到1.97%，超级市场零售业实际税负由1.38%提高到1.73%，汽车、摩托车配件销售行业实际税负由0.92%提高到0.95%，汽车配件制造行业实际税负由7.18%提高到7.23%。四是清查欠税情况，严格控制新欠。进一步清理欠税，加强对待核销欠税账户分户和分类的管理，确保欠税数字的准确；严格以票控税，抑制新欠产生。加强个体税收管理。集中人员、精力按照“三个结合”的要求对辖区内(包括乡镇)的个体工商户进行一次大规模拉网式清理整治行动，新增双定户127户，新增定额46万元。

【依法治税】 做好“六五”普法工作的组织实施，做到有步骤、有计划地开展普法工作。年初制定全年“六五”普法学习计划，购置普法书籍，为干部职工学习法律提供条件。落实“六五”普法考核登记制度，即单位和个人建有学法笔记本、个人建有学法登记卡。同时，以税法宣传月为契机，结合“六五”普法，深化“法律六进”活动。送温暖、送税法进学校，送税法下乡，送税法到社区。积极参与区政府法制办组织的法制宣传活动。加强执法考核，积极推进税收执法管理信息系统的应用，深入推行执法责任制，强化对税收执法权的监督制约，实现执法考核及其管理的科学化、规范化、信息化。全年，对税收执法管理信息系统2008年至2011年存在的数据进行清理，共清理数据1万余条。

【为纳税户服务】 全面开展“一窗通办”，推行面80%以上，减轻纳税人的负担，减少纳税人的排队现象。向A类纳税企业免费推出税宣小册子，让纳税人及时了解国税政策变动、解答他们遇到的实际问题。组织干部职工参与全区第24次法制宣传月活动，接待13位咨询人员，指导办理具体涉税事宜7人次，提供税收政策咨询19人次，发放各种宣传资料500余份。利用现代通讯技术,建立短信发送平台,集中统一将催报催缴、纳税提醒、最新税收政策、税收优惠政策、涉税培训通知等短信发送给纳税人。已有1807户纳税人纳入短信服务平台,其中企业902户,个体工商户905户。继续推行税库银横向联网,共纳入861户企业和1412户个体工商户。

(区国税局 陈朝霞)

地 税

【落实惠民政策】 全年减免企业所得税2139万元,惠及企业161户。其中审批享受西部大开发政策8户,减免税241万元;纳入申报类财产损失7户,减少税34万元;弥补以前年度亏损83户,影响所得税1658万元;备案类税收优惠管理企业63户(享受小型微利企业48户,减免12万元;高新技术企业1户,减免35万元;研发费加计扣除2户,减免53万;资源综合利用2户,减免205万元;残疾人加计扣除9户,减免54万元;农产品初加工1户,减免1.5万元)。同时从9月份开始,调高个人所得税和个体工商户营业税起征点,营业税一项实惠全区2490户个体工商户,优惠面达91.5%。

【征管方法改革】 根据市政府出台《自贡市税收征管保障办法》,率先在全市建立税收征管保障机制,全年获保障资金530万元。加大信息化建设,启动税库银横向联网试点工作,9月底完成签约1936户,其中认证成功1866户。实行专业化税收管理,全区重大工程建设项目53个,实现税收收入2588万元。实施分级分类稽查,撤销检查大队恢复稽查局,率先在全地税稽查系统推行稽查预先制度。

【依法治税】 截至6月,全区工商纳税4595户,其中纳税企业2515户、行政事业单位150户、个体工商业1930户;年纳税规模1000万元以上企业5户、100万元以上企业73户。制定出台《个体运输税收代征协议》、《家庭装修税收委托代征协议》和《自流井区个体零散税收管理办法》,加强与国税、工商、国土、房管协作,全年部门交流信息56条(次),新增税务登记户14户。继续推行纳税评估加强核定征收,核定征收企业89户,个体双定2396户(含未达起征点1085户)。加强企业所得税管理,全年入库税收突破7000万元,个人所得税介质申报达99%,使用个税软件户296户。充分发挥稽查作用,全年检查22户,结案20户,查补各税费977.44多万元。

【纳税服务】 开通"税信通"平台,推行税管员QQ群,为纳税人提供"一对一"服务,组织开展第20个税收宣传月活动,启动"三进"(进企业、进社区和进农村)宣传咨询服务活动,设立宣传专栏举办书画展览,举办各类税收政策培训7场,受教育2100人次。

【廉政建设】 深入开展"四好班子"建设,制定完善重大事项决策、党组议事规则和局长办公会议办法,坚持中心组学习。全面推进创先争优和学习型地税机关建设,分类举办各种培训6期,参训人数300多人次,开展知识竞赛、书画摄影比赛、万人红歌会等纪念建党90周年系列活动。积极推进"领导挂点、部门包村、干部帮户",帮助舒坪镇金华村两委会完成办公场所建设,资助困难党员、贫困村民18户,全年累计支援各类扶贫、慰问金等3.49万元。落实党风廉政建设责任机制,层层签订《党风廉政责任书》和《履职承诺书》,积极推进廉政文化建设,党风廉政建设连续11年获区一等次。

(区地税局 丁沿平)

经济管理

统 计

【人口普查】 组织开展第六次全国人口普查,查清十年来中国人口在数量、结构、分布和居住环境等方面的变化情况,为科学制定国民经济和社会发展规划,统筹安排人民的物质和文化生活,实现可持续发展战略，构建社会主义和谐社会，提供科学准确的统计信息支持。认真组织成立人口普查领导小组，积极开展人口普查宣传、培训、试点、入户登记等阶段性工作。

【抽样调查】 完成限额以下工业企业抽样调查、小型批发零售贸易业、餐饮业抽样调查、劳动力抽样调查。

【统计服务】 坚持每月为区领导和有关部门提供统计数字资料及各项指标进度情况。开展统计分析，定期为区委、区政府和市统计局提供统计分析预测报告。

【统计培训】 开展统计培训，对辖区国家机关、企事业单位、社会团体专兼职统计人员进行上岗培训，全年共举办统计培训班两期，参培人员达100余人次。

（区统计局　胡永洪、罗　燕）

审　计

【审计前移】 确定全区审计工作的指导思想和总体思路，全面贯彻落实中央经济工作会议和省市审计工作会议精神，围绕区委、区政府的决策部署，继续以扩大内需和灾后恢复重建资金筹集、分配、使用效果审计为中心，对政府性的投资建设项目进行全过程跟踪，充分发挥审计"免疫系统"功能，继续前移审计关口，进一步推动全区经济工作的蓬勃发展。

【目标任务】 全面完成审计项目72项，其中，财政税务审计3个、行政事业审计两个、专项资金审计两个、审计调查3个、固定资产投资审计62个。涉及对区财政局、教育局、仲全镇、市政工程管理处的25个单位实施审计或审计延伸调查，查处违纪违规和管理不规范资金800万元，政府投资建设项目审计62个，审减工程投资1200万元，向被审计单位提出整改意见、建议105条，已整改48条。向区委、区政府和上级审计机关提交审计信息11篇。

【收支审计】 根据《审计法》、《人大监督》的规定要求，上半年，对财政预算执行情况的审计作为首要任务来抓。5月5日开始，集中开展对区2010年度财政预算执行情况及其他财政收支情况进行就地审计，并按照审计实施方案对区教育局、区农牧林业局、区执法局、荣边镇人民政府、东街办事处、区国有资产投资旅游责任公司等11个单位2010年预算执行、专项资金和其他财政资金收支情况进行延伸审计调查。完成2010年区税务征管情况审计，进一步规范管理。针对存在的欠税问题，提出整改意见。

【建设项目审计】 按照自井府办发〔2008〕20号文件转发市政府（关于加强和改进国家建设项目审计工作的通知）确保国家建设项目由"招标定价，审计定钱"的原则、要求，将政府建设项目一律纳入审计监督。上半年，围绕区重点工程，如城区绿化、园林风貌整治工程、消防大队办公室、305线拆迁成本，社区卫生服务中心建设等，基建项目审计62个，审减金额1200万元，审减率达到8%，审计执行率100%。

【专项资金审计】 完成区司法局、区工商行政管理局2010年财政财务收支审计；2010年区疾病控制中心结核病防治全球基金开展专项审计；对甘肃舟曲洪灾专项资金进行审计；对红十字学会，慈善总会按收捐款资金进行审计；加强区拉动内需项目及灾后重建项目的审计检查；开展区教育"两基"迎国检，中小学校校安工程项目的跟踪审计。通过审计规范了单位的财务管理，收缴入库0.7万元。

【灾后恢复重建审计】 继续开展汶川地震灾后恢复重建跟踪审计。截至2011年9月，区灾后恢复重建规划投资679万元，到位资金679万元，拨付资金582万元。完成灾后恢复重建项目6个，累计投资693.44万元。对灾后恢复重建的6个项目实行跟踪审计，发现并纠正52.03万元违规违法资金，规范了6个项目的建设管理，促使有关部门、地方和单位建立健全规章制度两项，帮助改进6个项目的工程质量管理，为国家节约灾后重建资金52.

03 万元。出具灾后重建跟踪审计报告6篇,提出审计意见建议10条。

【资源环境审计】 根据国家审计署《关于加强资源环境审计工作的意见》(审农发〔2009〕147号)文件精神及报送2010-2011年资源审计工程情况的要求,2011年完成漆树乡集中供水工程决算审计;区园管所风貌整治园林绿化造价工程审计;区绿化队风貌整治园林绿化工程造价审计;仲权镇墙沟、石塔上水库震损出现加固结算审计;王岩水库除险加固工程竣工决算审计;仰天涡危岩治理工程财务收支审计,仲权镇土地整理项目工程竣工决算审计等7个审计。涉及资源环境审计项目送审金额3468.41万元,审减金额276.83万元,审定金额3191.58万元,审减率7.9%。

【依法行政】 围绕法制建设工作目标,以《2011年度推进依法行政工作安排的通知》为依据,坚持依法行政,严格审计程序,做到现场审计相互监督,交叉复核把关,集体研究处理,文明治法,提高执法水平。推行政务公开,加快电子政务建设,拓展政务公开渠道,规范政务公开内容。组织学习和宣传新审计法,全年征订完成现代审计书刊30多份扩大审计宣传面。

【地方政府性债务审计】 地方政府性债务审计工作是署定项目,根据《中华人民共和国审计法》规定,市审计局派出审计组由副局长江鸿担任组长,投资科副科长杨成刚担任副组长,组员由市审计局投资科审计人员云琴、邓雯婷,区审计局副局长周焰,办公室主任曹伟和何霞、梁晌骊两名审计人员组成。从3月1日至4月10日,对区人民政府的债务(即1997年、1998年、2002年和2007年至2010年等7个年度政府性债务情况)进行审计,提出区人民政府性债务审计的成因及总体评价报告,并针对审计发现的问题,着眼于促进地方经济社会发展,有效防范和化解地方政府性债务风险,维护财政和金融安全,从妥善处理存量债务,有效控制增量,健全完善地方政府性债务管理制度,建立规范的地方举债融资机制等方面提出审计建议。

【自身建设】 提出2011年《关于构建惩防体系的基本框架的实施方案》,明确构建要求、工作步骤、构建方法。开展《中国共产党党员领导干部廉洁从政若干准则》贯彻情况的自查自纠工作,对领导干部进行集中培训一次,中层以上党员干部每人购买一本《廉政准则》,审计局党支部深入开展“创先争优”活动重温入党誓言,用实际行动践行“政治上的坚定性,品德上的纯洁性、行为上的先进性”。11月完成了《自贡市自流井区审计局惩防体系基本框架》一书。

(区审计局 尤国荣)

质量技术监督

【标准化工作】 标准化工作在服务经济社会发展中起到了基础性和关键性作用。加强对辖区生产性企业执行国家标准的监督检查,做好企业采标的备案工作,督促企业按标准进行生产,及时更新标准,自觉采用先进标准。组织辖区生产企业分管负责人和具体经办人进行标准法律法规的宣传培训两次,帮助企业管理者提高思想认识,紧紧依靠标准组织生产,提高企业现代化水平。

【计量工作】 计量工作与人民群众生活密切相关,本着人民质监为人民的宗旨,一方面着力民生计量,在维护群众利益上有新发展。通过规范市场计量秩序,营造公平、公正的市场氛围,保护消费者的合法权益,最终让人民群众得到实惠。加强对生产、贸易、医疗等单位在用计量器具检定情况的监督检查。另一方面着力能源计量,在服务地方经济方面有新作为。加强对企业能源计量器具的监管,指导企业配齐、管好、用好能源计量器具,帮助企业在生产过程中实现节能降耗。

【认证认可工作】 认证认可工作对于规范经济秩序,保障市场体制有效运转,提高经济发展质量,维护社会和谐稳定发挥着十分重要的作用。它是各类组织提高管理和服务水平、保证产品和服务质量、提高竞争力的重要途径,也是消费者识别产品和服务质量、保护自身利益的有效工具。基于此种认识,我们全面落实认证区域监管责任制度,加大3C企业巡查次数,以及对管理体系认证获证企业的抽查力度。

【食品监管工作】 为贯彻落实国务院、质检总局和省、市、县关于严厉打击食品非法添加剂和滥用食品添加剂专项工作要求,确保专项工作成效。质监局成立了食品生产环节"打非治滥"专项工作领导小组,向社会宣传国家相关法律法规以及国务院相关会议精神,并组织食品生产企业就GB2760-2011新标准要求的食品添加剂使用原则、食品中允许使用的添加剂品种、适用范围及最大使用量和残留量进行了翔实的学习,确保新标准落到实处,正确施行。同时,严格按照新标准加强日常监管,规范食品标签,落实食品添加剂使用报告制度,要求生产企业落实专人负责制度。针对重点食品行业、会节期间食品安全工作布置专项检查,确保不发生食品安全事故。

【特种设备工作】 对辖区内特种设备生产、使用单位进行巡查,完善特种设备档案资料。加大对起重机械、电梯等特种设备的监督检查,加强节假日对游乐设施的检查,确保人民群众生命财产安全。加大对特种作业人员持证上岗的检查力度,指导企业建立健全特种设备安全操作规范,组织持证人员参加继续教育培训。帮助企业建立健全特种设备应急救援预案,及时有效处理各类安全事故。

【依法行政工作】 质监作为市场经济管理部门,具有执法权,严格依法行政,建设法治质监,有利于树立质监形象、维护政府权威。加强干部职工法治教育,每个月组织一次业务学习,掌握最新法律法规,及时更新知识,不断提高自身素质。要求干部职工树立以人为本,科学管理,温情执法的理念,努力避免在执法行为中乱作为、执法不公和随意行政处罚。

(区质监局 李 锐)

工商行政管理

【整顿规范市场秩序】 整顿和规范市场经济秩序,严厉打击各类违法违章行为,营造规范有序的市场环境,查处经济违法违章案件406件,其中立案59件,结案52件,当场处罚347件,结案率88%,对处罚过的企业回访率达72%,对规定上报备案的案件回访率达100%。

【个私经济管理】 新发展个体工商户819户,各类企业153户;重大项目招商引资2户,引进资金6800万元;通过绿色通道为返乡农民工、高校毕业生、下岗职工办理个体及私营企业59户,免收注册登记费0.13万元;开展网上企业年检1894户。

【消费者权益保护】 3月15日,区工商局在东方广场设立大型咨询服务点,开展"消费与服务、消费与民生"年主题宣传活动,积极倡导科学、健康、文明的消费观念,进一步建立社会各界共同参与的维权体系,形成工商牵头、部门协作、企业自律、消费者自警多方联动的维权机制;推进"12315"行政执法网络建设,提高消费维权效能。全区"12315"维权网络全年共接到各类咨询申(投)诉125件,办结率99.8%,为消费者挽回经济损失9.8万元。区工商局已在4个工商所、6个乡镇、1个街道建立消费者协会分会,在45个行政村建立"12315"申(投)诉举报站,明确相应职责,配齐配强工作人员,初步实现乡镇、村、街道消费维权人民调解网络的全面覆盖。抓工作规范。确保"一会两站"建成一个、规范一个、作用发挥一个。抓信息汇总分析。充分利用"一会两站"及申诉举报数据按月报告辖区范围内的消费安全和消费维权信息,全年发布消费警示48期,上报"12315"简报14期。

【合同管理】 开展市场信用体系建设工作,引导东方广场380余家商户诚信经营,形成以商业文明为引领,经营户信用分类监管和商品分级监管为基础,知识产权保护、消费维权、合同履约、经营者自律四大机制为保障的市场信用分类监管体系。同东方公司联合举办“颂歌献党、唱响东方”东方广场信用分类授牌仪式。对场内经营户评选出的“AAA”级信用等级经营户6户，“AA”信用等级18户，进行授牌。开展合同信用建设加强格式条款的监督和合同违法行为查处等工作。重点开展中介服务、抵押合同等行业合同格式条款备案监督，共办理10件合同备案，查处银行格式合同案件1件。做好市场主体注册登记信息采集工作，为全区企业信用信息的标准体系建设、奖惩体系建设、服务体系建设等工作奠定坚实基础。开展“守合同重信用”企业复查及申报工作。全年共有31户企业被评为区级“守合同重信用”企业。在深入开展合同解忧工程的基础上，监管合同2200余份，金额862余万元。全面推行“四化两提高”工作方案，开通三个绿色通道，推行首办责任制、“一审一核”制、预约制、服务承诺制、当场办结制，提高服务效能。开展股权出质登记和股权出资登记，牵线搭桥解决中小企业融资难问题。全年办理动产抵押登记15件，担保债权2031.3万元，抵押物价值5880.63万元。与邮政储蓄银行联手，解决融资2320万元。

【红盾护农】 全年新发展农民专业合作社8户，出资总额1689万元。开展“红盾护农保春耕”专项执法行动，重点加强对种子、化肥、农药、农机器械及零配件这四类农资商品的监管。检查农资经营户308户次，检查农资市场13个次，组织对农资化肥进行抽检3个批次，查处农资化肥案件1件，受理投诉31件，为农民挽回经济损失5.2万元，净化农资市场经营行为。发展“订单农业”，壮大农村经纪人队伍，促进农民专业合作组织发展，全区登记农村专业合作户24户，社员168人，出资金额3174万元。建立和完善合同帮农制度，推进农村合同指导服务站建设。全年农民专业合作社与农户签订书面合同1200余份，金额600万元，其中现场指导专业合作社与农户签订收购、农资合同7份。

【商标管理】 围绕保护注册商标专用权开展商标法规宣传活动。开展“商标服务进企业”、“商标服务进农村”活动，全年帮助指导自然人、企业、有关组织申请商标注册10件，其中涉农商标1件。围绕“工业强镇，商标兴镇”，积极助推舒坪工业园区知名商标发展。仁吉制粉的“仁吉”被评为“四川省著名商标”，福星饲料厂的“福众”、自贡市钢锹厂“双箭”被评为“自贡市知名商标”。实施梯度培育发展，按照知名商标、著名商标、驰名商标三个层级，培育指导四川巴人治灶餐饮有限公司、自贡市牧天种养殖专业合作社、自贡市第二中压阀门厂3家企业申报知名商标。向20家农产品、服务、家具等企业发放商标注册建议书、商标续展提醒建议书，帮助企业成功申报注册“诚柯宇”、“马道子人”、“都节牛仔风情”等商标。开展“贴心助农送商标，真情服务谋发展”活动。申请将“生态林中”赠送给自贡市阳光农业发展有限公司。指导企业做好商标质押工作，联系银行和中介与企业洽谈用公司商标进行质押。四川自贡百味斋食品有限公司的“家旅”、“百味斋”通过质押评估1.5亿元。评选出荣边镇为商标示范镇、四川自贡百味斋食品有限公司为商标示范企业。

（区工商局 喻 珩）

国土资源管理

【国土资源管理工作会】 6月1日，召开2011年全区国土资源管理工作会，总结2010年全区国土资源管理工作，部署2011年全区国土资源管理工作任务，与各乡镇签订2011年国土资源管理目标责任书。

【培训学习】 5月31日，举办各乡（镇）、街道、区级相关部门及列入区2011年地质灾害隐患点、矿山企业地质灾害等80余人参加的地质灾害防治知识培训会，邀请市地质专家对地质灾害防治的相关法律法规和地质灾害监测、预防知识进行专题讲座。通过此次培训，提高全区地质灾害监测人员应急反应能力，为建立健全地质灾害网络体系，发挥地质灾害“群测群防”作用。

【基本农田保护责任制】 9月1日，市国土资源局在自流井区召开耕地保护迎接中央、省检查的现场经验交流会。自流井区基本农田保护面积、地块、位置已全面落实到农户，共计完成标志牌34块，与

34个村,299个小组2.18万农户签订基本农田保护卡,截至12月31日区国土资源全面落实耕地和基本农田保护责任制。确保自流井区耕地保有量7.51万亩,基本农田面积4.76万亩不减少。

【重点工程征地工作】 市2011年涉及自流井区重大项目共50个,其中"一票否决"项目4个、不涉及用地项目22个、选址不清且当年不涉及用地项目4个。完成辖区内22宗共2800亩国有土地使用权出让权属调查、勘测定界工作。完成征地补偿面积770.4亩,房屋拆迁279户,安置被征地农民439人,支付各项征地补偿费用4679.16万元。

【土地整理】 完成仲权镇黄家、全胜土地开发整理项目扫尾工作,项目预算总投资629.79万元,工程中标价412万元,项目区建设规模4343.4亩。通过整理后可新增耕地501.9亩,该项目已接受市和省厅检查验收。仲权镇宏伟等3个村土地整理项目的申报工作(已报省厅),项目预算总投资1368.40万元,项目区建设规模9437.22亩。通过整理后可新增耕地968.90亩,新增耕地率为10.46%。

【地质灾害治理】 完成全区35个地质灾害隐患点防御预案,发放警示牌42张、工作明白卡35份、避险卡187份,落实监测责任人11个、监测人35个。在汛期组织全局职工参与,坚持24小时值班制度,确保人民群众生命财产安全。

【规划修编】 完成区级及乡镇级2006-2020年土地利用总体规划,并经省政府川府函〔2011〕4号,市政府自府地函〔2011〕114号文件批准实施。

【增减挂钩试点项目】 启动自流井区高峰乡河山村、荣边镇雨潭村城乡建设用地增减挂钩试点项目,拆旧地块43块,涉及拆迁农户132户,679人,拟整理农村建设用地190.9亩,通过整理复垦可新增耕地190.9亩。建新地块总计占地面积275.35亩,使用挂钩周转指标189.4亩,实际增加有效耕地面积1.5亩。

【登记发证】 完成6个乡镇,50个村,495个村民小组自流井区农村集体土地所有权确权登记发证工作。发证3074宗,其中完成集体建设用地使用权登记发证579宗,宅基地使用权登记发证95宗,国有土地使用权确权登记发证2400宗。

【信访工作】 贯彻落实《信访条例》和《国土资源信访规定》做好人民群众来信来访工作,参加群众工作月活动,全年受理来信来访7件,其中市国土资源局信访办转5件,区信访办交办两件,均做到件件有着落,事事有结果,信访办结率100%。

【执法监察】 加大国土资源执法监察力度,制定2011年《自流井区国土资源执法监察动态巡查责任制度》和巡查路线,分片负责,责任到人,与区检察院、区公安分局联合发文加强国土资源违法案件信息共享联动机制。完成涉及区监测图斑37个,约113.7亩卫片执法检查调查核实上报工作。全年查处违法用地3宗,面积9940.78平方米。实现违法行为发现率99%,发现违法行为制止、报告率100%,案件查处结案率100%,执法监管共同责任机制建设率100%。

【矿政管理】 巩固矿产资源秩序整顿规范工作成果,推进矿产资源开发利用新模式,完成7个矿山企业界桩定界、标识牌设立,储量动态监督管理工作,截至12月31日完成矿产资源补偿费0.7万元。

【征地工作】 农用地转用及征地报件工作,上报5个批次项目的征地方案,即自贡市2011年第1、2批乡镇建设用地和自贡市2011年第2、3、10批城市建设用地,自贡市第10批城市建设用地已组件上报省国土资源厅(区拟征土地255亩,其中耕地108.15亩)。上述5个项目拟征收集体土地共计636.9亩,其中城市批次项目586.2亩,乡镇批次项目50.7亩。自贡市2011年第1批乡镇建设用地和第2批、第3批城市建设用地已经省政府批准,自贡市2011年第3批城市建设用地、自贡市2011年第2批乡镇建设用地已上报省国土资源厅。完成2010年农房建设、舒坪镇金鱼社区等5个村委会办公用地涉及农用地转用的报件工作，农用地转用已经市人民政府批准，批准农用地转用共9.15亩。征地补偿安置工作，2011年实施征地拆迁项目5个，征地补偿总面积770.4亩，拆迁房屋279户，安置被征地农民439人，支付各项征地补偿费用4679.16万元。

（区国土局　赵志刚、张明修、谢　静、邓胜利、宋冬梅、王　进）

食品药品监督管理

【食品安全目标管理】　根据市政府下达的《2011年食品安全责任书》组织召开全区食品安全工作会，与各食品安全责任单位签订《2011年食品安全责任书》。将各项目标任务细化落实到责任单位和责任人，实现食品安全任务落实、责任落实。

【食品安全专项整治】　上半年先后组织开展元旦、春节、灯会、桃花会期间等重点时段进行清缴"问题乳粉"、"含罗丹明B火锅底料"、"辣椒含苏丹红"以及"鲜销猪（牛）肉来源调查"等重点品种、重点领域的食品安全专项整治行动。出动执法人员1.22万人次，检查食品生产加工、经营使用单位7629户次，取缔无证照生产经营79户，查获案件13件，案值金额2.39万元，挽回经济损失20万元，抽送检产品20批次，农村群体宴席报告252户，4988桌，确保辖区食品安全。

【食品安全监管职责移交】　区食品药品监管局分别与区卫生局和高新区管委会进行监管职责移交。6月14日，区食品药品监管局与区卫生局在区政府进行食品安全监管职责正式移交，区食品药品监管局将食品安全综合监督、组织协调、牵头查处食品安全重大事故职责移交给区卫生局。区卫生局将餐饮服务许可，餐饮服务食品安全监管、保健食品和化妆品监督管理职责移交给区食品药品监管局。6月28日，区食品药品监管局与高新区社事局在高新区管委会进行食品安全监管职责正式移交，区食品药品监管局将食品安全综合监督、组织协调、牵头查处食品安全重大事故职责移交给高新区社事局。

【食品安全宣传教育】　7月，先后组织辖区内40余户大中型餐饮、20户农家乐、49个学校、10余个幼儿园负责人共计200人进行食品安全专题讲座；执法人员走进东方外国语学校、塘坎上小学、檀木林小学等学校张贴海报，给学生们上公开课等形式进行宣传，使5000余名师生受到教育。9月，分别在五星街九鼎广场、汇东春华路广场广泛宣传，设立咨询台，散发宣传资料800余份。在东方广场设立宣传点，共展出假劣食品20余种，展出食品药品监管知识展板6块，设置展示咨询台两个，发放食品药品安全知识宣传资料共600余份。

【药品生产企业安全监管】　对辖区1家基本药物生产厂家，1家中药饮片生产厂家进行重点监管。落实驻厂监督员，将企业贯彻执行新版GMP情况，原辅料来源、管理和实际投料情况、执行药品标准、生产工艺规程、中药炮制规范及产品检验等关键环节作为重点，实施全面检查，与3家药品生产企业签订安全生产承诺书。并督促其提交药品生产企业信用等级评定档案。

【基本药物质量安全检查】　按照分组分片的原则，3个监管组对辖区承担基本药物配送的6家药品批发企业，使用基本药物的7家乡镇卫生院、4家社区卫生服务中心进行拉网式的检查，及时帮助经营、使用单位完善制度、落实人员，规范基本药物的购进、验收、储存、使用等环节的管理，并通过省检查组的评审检查。

【疫苗特殊药品安全监管】　建立辖区内疫苗流通、接种单位信用档案，完善月报制度，对市、区疾控中心、19家接种点的疫苗流通、使用情况进行全面检查。召开全区疫苗接种工作会，组织19家流通接种单位签订安全承诺书，确保辖区不发生疫苗接种事故。监督销毁了过期麻醉药品和一、二类精神药品枸橼酸芬太尼注射液等33个品种，140盒，价值2900余元。

【药品医疗器械打假治劣行动】　开展药品生产安

全检查、严厉打击违法违规生产行为、打击侵犯知识产权和假劣药品专项行动、基本药物质量清查、疫苗流通和接种检查、处方药品和药师在岗情况检查、盐酸克伦特罗等特殊药品以及终止妊娠类药品、特殊管理药品、抗菌药物、药品广告、打击非药品冒充药品、节假日市场整治等12次专项检查。专项整治中出动执法人员705人次，检查药品器械生产、经营、使用509家次。抽检药品65批次，发现假劣药品8批，查获案件14件，发责令改正通知书20份。

【食品药品安全宣传进社区】 11月11日，在五星街三台寺社区开展“饮食用药安全进社区宣传活动”。执法人员向社区群众详细讲解安全用药、合理用药相关知识。并组织一心堂药业和天王眼镜有限公司开展了便民服务和健康知识有奖问答。这次活动共展出展板8块，悬挂宣传画20幅，发放宣传资料2000余份，免费维修镜架50多副，接受群众咨询500余人次。

【帮扶食品药品产业发展】 指派专人现场对新申办的企业进行技术指导，强化对现有企业进行跟踪督导，提高企业规范化管理水平和市场竞争能力。全年帮助指导19家药械经营企业开张经营，检查指导28家零售药店通过GSP认证，289家餐饮业核发《餐饮服务许可证》，完成1800万元的招商引资任务。

【诚信档案建设】 新建保健食品、化妆品、餐饮服务企业电子诚信档案系统，结合原有的药械企业、卫生机构电子诚信档案系统，形成覆盖所有监管服务对象的电子诚信档案系统和配套的纸质诚信档案系统。将辖区内3家药品生产企业、299家药品经营企业、41家医疗器械经营企业、328家卫生机构的基本信息与日常监管情况记录在案。并已登记123家餐饮服务企业、141家保健食品经营企业、115家化妆品经营企业电子诚信档案。实现全部监管服务对象的网络信息化管理。

（区药监局　谷春江）

安全生产监督管理

【安全工作会】 2月28日，召开全区安全工作会，总结2010年全区安全生产工作，表彰奖励乡镇（街道）规范化建设先进单位，部署2011年全区安全生产工作，与各安全目标责任单位分类签订2011年《自流井安全生产目标责任书》。

【安全生产控制目标】 市政府下达各类事故死亡指标执行情况。2011年市政府下达全区各类事故死亡控制目标为8人，截至11月底，全区各类生产安全事故死亡6人，占市政府下达控制目标75%。全区未发生重特大安全事故。

【安全监管治理隐患】 坚持企业自查，行业（乡、街）复查，区安全专业部门联合检查的三级检查制度。同时，针对节假日和季节性安全生产的特点，组织开展全区性大检查7次、督促检查大型活动场所10次、检查生产经营单位167个次，查处各类隐患624件，督促整改612件，整改率达98%。严格实行重大隐患月报告制度和政府令限期整改重大隐患制度，重大隐患均制定了整改方案，落实了整改资金、整改责任单位和责任人。整治完成市政府安委会挂牌督办中信实业有限公司重大火灾隐患。

【校园校车专项治理】 针对社会高度关注、市民反映强烈、媒体曝光的民办幼儿园校车违规严重超载接送幼儿引发的安全问题，开展校园校车管理专项治理。采用明察暗访相结合的形式，重点检查各学校接送登记、超员超载、车辆检测等环节安全管理情况，并督促各校建立了校车管理台账，确保校车行车安全。

【“安全宣传月”活动】 以“安全宣传月”活动为主线，组织开展了一次在校学生安全知识演讲比赛，一次企事业单位员工安全教育，一次村、居委会安全图片巡回展览，一次非煤矿山应急演练为主要内容“四个一”活动，提升全员安全防范能力。以提高企业安全管理人员安全监管水平和企业班组员工安全意识和安全技能为重点，分别组织开展了181名生产经营单位负责人和64名企业班组人员安全培训。

【建立联合执法机制】 理顺安全监管机制，资源整合凸显效能。充分发挥安委会协调职能，整合安全监管部门的行政资源，建立部门联动的联合执法机制，提高安全监管效能。第一，联合执法治理社会公共安全隐患。由区政府安委会牵头，在国土、交通、建设等相关部门的密切配合下，协调整治滑坡、漏气、消防通道不畅等公共安全隐患。第二，联合行动解决社会难点问题。由区教育局牵头，安监、交通、交警等部门配合，开展校园校车专项整治，切实加强校车安全管理。第三，联合行动严格市场准入条件。由工商部门牵头，安监、卫生、文化、建设等部门联合行动，开展无证无照专项检查，严格市场准入。

【事故应急演练】 强化应急演练，努力提高事故灾难应对处置能力。为提高非煤矿山企业事故救援技能以及在紧急情况下的应急反应能力，6月29日，在煜东机砖厂举行非煤矿山事故应急救援演练，全区6家非煤矿山企业及区安监局等12家单位联合参加演练，各区县安监局及市安监局领导来到现场进行观摩。

【加大安全执法力度】 委托乡镇人民政府生产安全执法和乡镇道路交通安全办公室协助交警执法，加大乡镇安全执法力度。实施乡镇道路交通安全委托乡镇派出所执法，解决乡镇道路监管执法力量不足的现状。加强爆竹安全监管，区建立派驻监督员定期联席会制度；乡镇政府派驻安全监督员到企业，督促落实各项安全管理措施，并每季度召开一次联席会议，专题研究解决爆竹生产活动中的安全问题，保障爆竹生产安全。

（区安监局　李　琦）

城乡建设与环境保护

城乡建设

【基础设施建设】 完成村镇公共基础设施投资1.03亿元，主要包括村道建设、乡道建设、场镇建设等。完成城市基础设施建设1.82亿元，主要包括城区市政道路维护改造、社区小广场建设、南国灯城亮化整治工程、背街小巷及支道整治等。

【新农村建设规划】 完成漆树乡丁香村，荣边镇尖山村，仲权镇百胜村、朱山村、竹元村、永胜村，农团乡东风村等8个现代农业示范园区新农村村庄规划编制。完成仲权镇镇域新村总体规划编制工作。

【市政设施维护管理】 道路维护管理。主街大道及背街小巷道路的日常管护，全年车行道、人行道正常维修7000平方米，疏通下水道3750米，维修车行道及填补坑凼、沥青铺筑5050平方米，更换水窗板71块，新安人行道彩板3600平方米，对辖区内的人行道护栏、隔离带确保每月清洗1至2次，落实檀木林大街沿线地下通道的每日清洁工作。确保道路及人行道平整、牢固无破损、无坑凼，道路完好率达95%以上，下水道沟通无阻塞漫溢，护栏清洁完好。照明设施维护管理。加强对城区景观灯、照明灯的维护管理，维修熄灯1866盏，维修及增补亮化灯具840盏，维修路灯及亮化地埋电缆4650米，检修配电箱310个/次，清洗灯具电杆7500余盏，清洗配电箱310个/次、油漆电杆2000余根、油漆配电箱55个，恢复S305线被盗路灯电缆2300米和被撞路灯4柱，完成重大节日及重大接待活动，确保城区景观灯、亮化灯、照明灯亮灯率达到98%。

【城市防洪】 加强城区防洪抢险工作力度，做好防洪预案，组织抢险队伍，对辖区危死树进行砍伐，及时排除隐患，对重点地区及危岩危坎落实专人监护，确保城区安全度汛。

【建筑行业管理】 初审建筑装饰企业安全业绩手册48家，开展建筑安装装饰企业经济普查62家，开展建筑安全检查12次，共查企业两家，施工现场35个，在建工程面积37.46平万米，查处各类隐患、不文明施工行为874起，发出整改通知书41份，整改率81%以上，组织资质网上报审62家。

【园林绿化】 全区有省级园林式单位两个，市级园林式单位20个（其中新创建市级园林式单位两个），区级园林式单位15个；组织开展城区义务植树，完成义务植树5.5万株；投资53万元，修建高峰乡社区小广场、路边井社区小广场。是年，全区绿化覆盖率为36.08%，较2009年提高6.87个百分点。加强对辖区园林绿化管理，严格执行“五必建”、“五不准”城市绿地管理规定，及时清理行道树及花台绿带内干枯枝，定期对主街大道的行道树进行修枝整形，对临街所有花台植物进行补栽、修剪、治虫、冲洗，保证各类花台绿带的整洁、美观和无裸露地面。

【农村D级危房改造】 实施农村D级危房改造中，完成80户农户危房改造；完成新农村农民集中居住区建设20户。

【人民防空】 完成南华宫干道人防工程安全隐患加固改造；全面完成辖区已建人防工程测绘及普查工作；做好辖区内警报器维护管理工作，采取多种形式开展“9·18”试鸣《人民防空法》宣传日活动。做好辖区内防空警报设备、设施日常维护管理工作，15台警报器参加全市统一试音，鸣响率达100%。

【直管公房管理】 抓好直管公房公租工作，超出目标任务500万元的20%；按照市上要求，2011年完成1780户廉租住房租赁金补贴发放工作，实际完成廉租住房补贴2176户，发放补贴金额194.92万元，实行社会化租赁房屋转化133户，年租赁金额31.92万元，年收取廉租住房租金16.04万元。共保障困难家庭2309户；搞好直管公房的维修工作。大修面积1015平方米，中修面积2815平方米，小修面积1625户次；提供廉租住房房源429套（其中新建296套），公共租赁住房250套（其中新建100套）。

【拆迁工作】 1月23日，完成东锅油压机扩建工程的房屋拆迁工作。5月27日，完成大同路西一段道路建设165户被拆迁户房屋安置补偿协议签订工作。推进张家沱完成张家沱棚户区改造、东延线建设项目及二中压阀拆迁工作；张家沱1742户被拆迁户已签订拆迁安置补偿协议1715户，余27户；东延线918户被拆迁户已签订拆迁安置补偿协议898户，余20户；二中压阀72户被拆迁户已签订拆迁安置补偿协议54户，余18户。2011年12月15日启动檀香蓝天工程项目；已经做好中华路西段拆迁准备工作。

（区城乡建设和住房保障局　吕红星）

城市管理

【经营秩序专项治理】 全年共计出动执法队员2万人次，规范占道（越门）经营6000起，取缔游摊、野摊300余个，光大街、中华路、檀木林街等一批新创建的示范街道，基本实现经营秩序常态管理，毛家坝、东兴寺、火车站等基础薄弱的街道市容秩序得到改善。

【违法建设专项治理】 重点针对城区主街道、城乡结合部、背街巷道违章搭设伸缩棚、PVC棚、房屋等现象开展专项整治工作。违建案件按照执法程序上报市案审委8件，通过教育劝导工作实现违法行为人实施自行拆除约7000平方米，组织专业工人对违章建（构）筑物实施强制拆除50余起，拆除面积约2500平方米。

【城乡结合部专项治理】 以城乡结合部专项治理工作为重点，牵头开展S305线违法建（构）筑物拆除工作，共计拆除S305线自井段违章搭棚7副（面积1610平方米）、违章设置店招19副。

【校园周边环境专项治理】 组织或配合相关部门、街道开展校园周边环境大型整治行动3次;协助清理、整顿、规范各大校园周边网吧、电子游戏厅的经营秩序;牵头开展教育学院师专段秩序整治,拆除违章建(构)筑物40处;按照两考禁噪要求,实施校园周边禁噪整治工作,涉及经营业主100余户。

【监督投诉处理机制建立】 充分发挥"12319"服务热线平台作用,认真办理群众投诉,发挥好群众的监督作用,构建起群众监督、媒体监督和行政监督有机结合的全方位、多层次的动态监督体系。全年共计受理群众"12319"热线投诉314件,办结率100%,群众满意率95%。

【督查奖惩机制建立】 实施"五定"管理制度,加强地段岗位责任制和纪律落实情况的督查,严格落实奖惩。全年评选表彰奖励35名2010年度优秀协管员,发内部督查通报16期,对涉及违反内部制度、履职不到位的20名执法队员予以内部通报处理。

【环卫常态管理机制】 继续保持省"五十百千环境优美示范工程创建"工作期间良好态势,城区主街道坚持两次大扫、4次洒水降尘,同兴路、五星街等重点地段延时保洁,垃圾日产日清,环卫工作实现常态管理。市容方面,继续落实"五定"管理责任制、错时上下班制度和24小时值班制度。

(区执法分局　王　燏)

房地产管理

【固定资产投资】 完成固定资产投资1.90亿元。

【公房经营管理】 完成房屋租金收缴超出目标任务的20%。直管公房大修面积1015平方米,中修面积2815平方米,小修面积1625户次,各类隐患整治40余处。

【廉租住房租金补贴】 设立专门机构、组织专门人员开展廉租住房租金补贴发放工作,公开透明,接受社会监督。自流井区发放廉租住房补贴2176户,发放补贴金额194.92万元,实行社会化租赁房屋转化133户,年租赁金额31.92万元,年收取廉租住房租金16.04万元。共保障家庭2309户,12月15日发放到补贴的双困家庭。

【保障性住房安置】 新增解决低收入家庭住房困难房源650套(后调整为679套)。廉租住房房源400套,其中新建267套(后经省发改委调整,追加为296套);公租房房源250套,其中新建100套。

【城市房屋拆迁】 实施市、区重大项目拆迁工作。完成东锅厂2000吨油压机厂房扩建项目、大同路西一段道路建设项目、东方小学运动场建设项目拆迁工作。张家沱棚户区改造项目1742户,被拆迁户签订拆迁安置补偿协议1715户,余27户;东延线918户被拆迁户签订拆迁安置补偿协议898户,余20户;二中压阀72户被拆迁户签订拆迁安置补偿协议54户,余18户。

【城市房屋征收】 自流井沙湾片区市政设施改造建设项目于7月22日在征收范围发布《征收公告》、《征收补偿方案征求意见有关情况的公告》及《征收决定》,房地产评估机构已出具预评估结果;釜溪东路南段道路建设项目于是年9月5日在征收范围发布《征收公告》及《征收补偿方案(征求意见稿)》,达成征收安置补偿协议3户,余4户;檀木林街"檀香蓝天"商住楼建设项目房屋征收工作于是年12月15日正式启动,30日召开宣传动员会议,31日签订协议64户,仅余1户。

【安置房建设】 凤鸣苑三组团安置房3号房138套已竣工验收;凤凰村三组60套(1栋)安置房正实施平基土石方。

【物业管理】 规范前期物业管理工作,全年抽查13家物业服务企业,办理前期物业备案登记3家,物业管理企业三级资质备案登记两家,物业承接查验协议登记一家。建立物业管理预警排查机制,与物业服务企业、物业小区业主委员会和社区联系,协调处理有关问题并做好回复。全年出现场40余次，发出整改通知3份，制止违章装修3起；召开协调会1次（盐都物业管理公司与同心苑小区业主）。办理业主委员会备案登记3家。规范辖区13家物业服务企业和两家异地物业服务企业经营行为，提升了物业服务企业综合素质。

【房屋安全】 接待房屋安全鉴定咨询40余次。接收辖区内房屋安全鉴定申报5件，完成5件。落实安全生产责任制和领导“一岗双责”制度；加强节、假日安全检查，对各类安全隐患予以及时整治；制订防洪抢险、防火、维稳等各类应急预案，发挥防洪抢险指挥部、突击队及维稳工作领导小组作用；完善群众信访回复和上访接待处理机制，回复各类信访40余件、人大代表建议两件，接待群众来访100余人次。

（区房管局　李跃团）

环境保护

【基本情况】 着重开展总量减排、煤改气工作，釜溪河流域“河长制”试行，生态细胞建设工程，乡镇集中式饮用水源保护与监测、巡察，审核发放排污许可证，新改扩建项目“环评”审查，加强核与辐射污染源监管，调查处理群众来信来访等工作。开展高污染高排放企业、危废处置及违法排污企业、保障群众健康专项行动等检查工作。

【环保宣传教育】 联合四川理工学院，建立面向社会宣传的队伍，推进低碳产品的使用和宣传。“4·22”世界地球日，四川理工学院“生工人”青年志愿者服务队和自流井区环保局合作，在东方广场一带开展“4·22”世界地球日环保宣传活动，向自贡市民宣传环保知识，呼吁人们保护环境，保护地球。38人的宣传队伍兵分两路：一路是“温室效应”和“碘盐问题”宣传的志愿者（穿绿色和黄色的衣服）；一路是“防止水污染”和“市民公共素质”的志愿者（穿黄色和绿色的衣服）。进入活动路线，分别顺时针和逆时针流动，并在五个地点各演出一场，活动取得较好效果。2011年开展“共建生态文明，共享绿色未来”为主题的世界环境日宣传。“6·5”世界环境日，联合区政府14个部门及3个绿色学校在市人大广场宣传，张贴挂图34幅，悬挂宣传标语两幅，摆设环保知识和法制宣传展板25块，散发各类宣传资料4000余份，接待群众咨询18人（次），解答疑难问题8件，现场受理投诉4件，增强人民群众环境保护意识。发挥电视、广播、报刊等主流媒体的引导作用，报导环境污染治理、饮用水源保护与监测，餐饮业油烟治理，娱乐业噪声整治等工作内容。《自贡日报》采纳刊登3篇、自贡电台播送3篇信息，区府办政务信息刊登7篇信息。订阅相关学习资料19种27份，订阅经费达4200元，购买《环保知与行》40本，局机关人手一册，并送发到有关部门、企业及学校。

【编制完善“十二五”环保规划】 编制《自流井区环境保护“十二五”规划》不断加快融入自流井区城市建设的综合配套改革的建设步伐。本着严谨缜密的工作态度，成立专班、精心组织、严格考察，在完成《十一五环保规划》的基础上，结合区的实际情况，编制完成《自流井区环境保护“十二五”规划》，对区工业发展，环境环境保护工作提出中长期发展及污染治理规划，为区可持续化科学发展提供有效依据。《规划》由区政府签批后付诸实施。

【整治煤烟和油烟排放】 根据《自贡市人民政府关于进一步加强空气和水环境污染治理工作有关问题的通知》精神，起草《关于加强城区包含娱乐服务业煤改气工作的通知》，推进“煤改气”工程。针对餐饮业灶房油烟污染问题，监督餐饮业主采取专用烟道高空排放，安装油烟净化装置和使用清洁燃料等措施，解决无组织排放油烟造成的污染，改善和提高城市居民的大气环境质量状况。是年安装油烟净化装置8户，整治餐饮油烟扰民30余家。

【生态细胞工程建设】 建成市级人居活动生态小区1个（桐梓坳社区）；市级生态家园25户（漆树乡）；市级生态村3个（舒坪镇上阳村、漆树乡丁香村、仲权镇黄家村）。建成市级优美乡镇两个（荣边镇、漆树乡）。获得四川省环保局生态建设补助资金7.55万元。

【饮用水源保护与监测】 对辖区内荣边胜利(一、二库)、王岩、陡沟子、高峰、周家冲等6个饮用水源水库水质监测两次(4月枯水期、7月丰水期各1次),监测29个项目,对照Ⅲ类水质标准基本达标。同时,督促各乡镇制定《饮用水源地突发环境事件应急预案》,做到"一源一案"。加大乡镇饮用水源巡查力度,由原来每月巡察1次增至两次。整治水库周边餐馆排污口,尖山旅游风景区18个农家乐餐馆集中安装生活废水排污管道,消除水源的污染隐患。

【总量控制】 核发排污许可证120个,其中企业36个,辐射安全许可证17个,餐饮业17个,娱乐业50个。

【建设项目环境管理】 贯彻执行《环境影响评价法》、《建设项目环境保护管理条例》,落实环境保护第一审批权和"三同时"制度。继续推行环保预审制,把环保审查把关的程序前移,规定建设项目在立项之前,必须经过环保部门批准,有效防止重污染项目的开工建设。根据建设项目名录,及时掌握新、扩、改建项目动态,积极主动参与管理工作,建立项目审批责任追究制,完善建设项目查勘、调查笔录登记制,建立"三同时"项目档案。工作中做到"三不一跟踪",即不环评不准立项,不办理手续不准开工,不达标不准验收,对建设项目环保措施、环保设施落实情况全程跟踪检查,确保"三同时"制度的落实执行。2011年新申办的26个建设项目,做到污染防治设施与建设项目主体工程同时设计,同时施工,同时投入使用,"三同时"执行率达100%,环境影响评价率达100%。

【巩固环境噪声达标区】 区环保局开展辖区噪声环境专项整治,巩固环境噪声达标区工作,开展中、高考期间噪声污染控制和建筑工地现场管理工作,建立部门全天候值班制度。先后5次会同区执法局、区文化旅游局定期或不定期对辖区娱乐场所、建筑工地、夜市摊点进行检查,发现问题立即处理,为考生和市民创造一个安静、舒适的生活环境。

【征收超标排污费】 征收企业超标排污费42万元,超额完成目标任务的162.5%。按照依法、全面、足额征收的要求,扎实推进排污申报和排污收费的稽查工作。2011年6月9日,市环境保护监察支队代表四川省环境保护稽查总队稽查自流井区排污费征收情况,补征了2010年10家企业漏征排污费12万元,其中有剑鑫石材厂、长友汽车配件制造有限公司、自贡市第四人民医院、华信伟业纸箱包装有限公司、自贡市科尔贸易有限公司、自贡工业阀门制造有限公司、成都励志自贡化学分公司、大西南电力器材制造有限公司、自贡市华诺模具配套加工厂、自贡雄飞假日酒店。

【危险废物环境监管】 加强危险废物的环境监管,遏制危险废物非法转移倾倒多发势头,确保区环境安全,遵照四川省环境厅《关于开展危险废物污染防治专项检查的通知》精神,结合区实际,开展重金属行业,医疗行业危险废物检查。加大对涉及电镀、医疗行业的专项检查,对铅、镉、汞、铬、铜等重金属渣和医疗危险废物的排查,重点对区富丽金属制品厂、自贡市银丰金属化学制品厂、自贡市华诺模具配套加工厂等3家电镀企业进行全面排查,摸清3家企业的排放种类是否按环保要求运行外,对企业重金属排放台账、执行环境影响评价、"三同时"制度情况、污染物全面达标排放、重金属污染突发事件应急预案等情况进行检查,3家电镀企业只有两家在生产,年排电镀铬渣249公斤,由具有处理资格证的攀枝花市兴辰钢铸有限责任公司处置。其中银丰金属制品厂已停产1年,该厂没有剩余化工原料。同时,对区18家医院医疗废物处置情况进行检查,查看转移联单,产生和排放台账,处置合同等,区18家医院所排医疗废弃物全部与有处理资格证的泸州宝康医疗废物处置有限公司签订了处置合同。该公司每15天集中收集处理1次,截至2011年9月共处置医疗废物6774.88公斤。此次检查为期15天,出动执法人员50人(次),执法车辆15车(次),共检查电镀业、医疗单位共21个。

【处理投诉和污染纠纷信访】 加大信访工作力度,坚持群众利益无小事的原则,认真办理每一件信访。确保每一件信访落到实处,维护人民群众的合法权益,维护社会稳定。2011年共受理信访48件,办结46件，办结率达95.8%。

【釜溪河水质污染调查】 按照市政府要求，从2011年开始，实行釜溪河“河长制”管理模式，对釜溪河水质进行分段考核。自流井区的入境考核断面为“双河口断面”，出境考核断面为“碳研院断面”。区对釜溪河(自流井段)污染物排放现状进行调查：1. 城区三产业及生活污水排放情况，城市区域三产业废水及生活污水已大部分接入城市截污管网，尚未接入的有光大街片区。目前，市污水处理厂二期工程建设正在实施，随着工程的完工及对釜溪河沿岸排污口进行查漏补缺后，区城市区域三产业废水及居民生活污水可实现全部接入城市污水管网。2. 企业污染物排放情况，随着“退二进三”的推进，城区内区管辖企业已基本外迁，对釜溪河水质影响很小。但市管辖的鸿化厂、碳研院、市污水处理厂等几户企业，仍处在自流井区范围内，且正好位于区出境考核断面“碳研院断面”上游，其污水的排放对釜溪河水质有较大影响。区进一步加大与市对口部门协作配合力度，推进市污水处理厂二期截污管网建设，将尚未接入污水截污管网的光大街等片区尽快接入城市污水处理系统，改善釜溪河水质。

【污染源普查】 按照国务院安排部署，对全区三产业、工业和农业污染源946户进行认真梳理，动态更新，装订成册，圆满完成工作任务。

【业务培训】 安排干部职工参加国家、省、市环保法律知识、业务技能培训，到省环保厅学习的8人(次)，通过轮训和短期学习，提高了环保人员业务技能，提高了行政效能。

【廉政建设】 构建惩防体系框架，制定完善56个制度，其中拒腐防变机制、有权力运行监控机制纠风治乱长效机制、从严治腐惩戒机制、执行力保障机制等。全年无违法违纪事件发生，经党廉办考核获二等奖。

(区环保局　王庭福)

公用事业

供　电
(自井篇)

【概述】 自流井供电局地处自贡市中心城区，承担自流井区、高新开发区和红旗、和平、凤凰、高峰4个乡镇及仙市镇姚坝片区的供电任务。该局认真贯彻“安全第一、预防为主、综合治理”的方针，加大安全教育培训的力度，切实增强员工安全责任意识。严格执行到岗到位制度，大型操作、施工现场除管理人员外，局领导均按规定到现场，较大的故障处理局领导均及时赶到现场把关。对管理人员进行分工，落实到班组，从班前会开始，对整个施工进行全过程的参与、管理，有效夯实了安全基础，截至2011年11月11日，实现连续安全生产10周年。

【完善电网结构】 不断完善电网结构，提高设备的健康水平，针对配电网络的实际运行情况，加大台区改造力度，优化配电网络，开展变电和配网线路的红外线测温工作。通过改造接地装置、加装线路避雷器和故障指示器等工作，有效地减少了雷击跳闸次数和雷击对线路设备损坏，提高了查找故障的效率。

【智能电表换装】 进行智能电表换装工作，成立智能电表推广应用领导小组及工作组，倒排工期、精心施工，领导班子成员亲自靠前指挥，在工作中大力推广智能电表的应用，到居民社区、农村集市、院坝和学校等场所设立宣传点，摆放宣传图册，播放宣传资料，宣传智能表的使用方法以及优点。使智能电表换装工作进展顺利，全年换装智能电表四万余户。

【安全稳定供电】 全局秉承“服务社会、奉献光明”的服务理念，继续坚持24小时生产事故值班制度，坚持局领导、专责技术人员每天和员工一起值班的制度。迎峰度夏期间,加强设备巡视,在高温和负荷重的时候增加设备特巡,特别是在早晚高峰负荷、高温时期增加巡视次数,对重载、过载设备进行红外测温。暴风雷雨过后,及时对设备巡视检查,确保设备健康运行。增强值班力量,及时协调解决值班中遇到的问题,克服种种困难,确保了安全稳定供电。

(自流井供电局　刘继铭)

给排水
(自井篇)

【基础设施建设】　改造新建城市供水管道37公里,为保障城市供水安全,投入技术更新及改造资金3200万元,用于改造、新建城市供水设施。

【城市供水安全】　自贡市受干旱少雨天气影响,城市水源来量不足,在夏季供水高峰期,备用调节水源枯竭,30余万人正常生产、生活秩序受到影响。公司启动《高峰期供水应急预案》,加强供水设施、设备安全检查,加强生产运行调度管理,采取分区保压、设立集中取水点、应急送水车送水等方式缓解市民用水难问题,最大限度降低了水源来量不足对城市供水影响。是年供水5000万立方米,较上年4550万立方米增长450万立方米,增长率9.89%。

(地区单位·自贡水务集团有限公司　缪箫媚)

天然气
(自井篇)

【概况】　自贡市天然气公司负责全市工业、商业和民用天然气的输配、储存、供应及用监管理,同时兼营天然气安装,燃气器具检定校修和燃气器具销售等多种经营业务。2011年公司资产总额2.77亿元,拥有储气量8万立方米的加压储气球罐站1座,配气站16座,维修服务站6座,CNG加气站3座,形成了适应工业生产和城市生活供气的高、中压环状输配管网620多公里,供气范围覆盖自流井、大安、贡井、沿滩和汇东高新开发区。公司具有自贡市规建局颁发的《准予延续建设行政许可决定书》、二级《施工企业资质等级证书》和丙级《市政工程设计证书》,并通过ISO9001:2008质量管理体系认证。至年底,公司在岗在职职工602人,拥有各类专业技术人员126人,其中高级职称17人,中级职称64人,初级职称45人;专业人员占在岗职工的20.9%;拥有大专以上学历的人员305人,占在岗职工的50.7%;持职业资格证的技术工人430人,占在岗职工的71.5%;特种作业人员持证上岗率达100%。

【接收自贡西部燃气公司】　3月3日,公司召开董事会会议,审议《关于接受自贡西部燃气公司民用气供气区域及民用气资产的议案》,经投票表决,到会董事一致同意公司接受西部燃气公司经四川省建设厅批复的汇川路以南民用气供气区域和该公司现供气管理的民用、商业气用户,并按建设成本和资产原值收购西部燃气公司南湖配气站、民用气主干管和民用气安装工程储备材料等民用气资产。同时发文《关于接受自贡西部燃气公司民用供气区域及民用气资产的决议》。

【管网建设】　主要工程项目完成情况:东环线(卫坪至北环路)PE100dn200计划1.0万米,已完工3251米;丹桂街南延线PE100dn160完工816米;露水湾气站至邓家坝加气站管道安装Φ219完工1441米;沿滩新城岱山路PE100dn110完工782米;沿滩至刘山天然气管道安装PE100dn160完工1.50万米;沿滩至刘山天然气管道安装PE100dn90完工2664米;沿滩工业开发区至犀牛口管线PE100dn160已完工1300米;贡井工业开发区B线安装工程PEdn110已完工435米;汇东气站撤站并网工艺改造完工。

【供气用户发展】　2011年公司供气区域内天然气销售量为1.32亿立方米,同比减少4.2%。全年新发展民用户1.41万户,与去年同比增加3.74%。积极配合市政府"煤改气"工作部署,加强与各区环保、城管等部门的合作,完成"煤改气"以及新发展商业用户344户。全年共投入资金1013万元,新建和改造天然气主干管线30.6公里，同时投资669.5万元改造民用附属设施，完成成栋楼房改造5579户，更换维修庭院管网12.2公里，保证了用户安全平稳供气。

【安全生产】 2011年燃气公司实现1000人负伤率为零，企业内重伤、死亡事故为零，重大设备事故为零，重大安全、火灾事故为零，重大环保事故为零的安全生产目标。

【燃气价格调整】 自贡市发改委发文《自贡市发展和改革委员会关于调整自贡市燃气有限责任公司非居民用天然气销售价格的通知》，将全市非居民用天然气销售价格由原来的2.10元/立方米调整为2.53元/立方米。

（地区单位·自贡市燃气有限责任公司）

交　通

【重点工程建设】 1.自贡火车南站扩能建设项目。成都铁路局对辖区自贡火车南站进行扩能改造，新建货运线两条，货运能力300万吨。2011年全面开展动迁工作。2.火车南站连接线建设项目。火车南站连接线完成初步设计，开展拆迁工作。3.东一线至乐自高速仲权连接口快速通道建设项目，已纳入全市交通枢纽建设总体规划。4.大件路（宜宾至乐山）的规划建设项目，市交通部门领导初步同意将大件路经过舒坪镇，并将此快速通道纳入市交通局规划。5.S305至尖山飞龙峡风景区的快速通道建设项目，正在进行初步规划选址及初步设计的前期工作。已将此项目纳入全市"一枢纽"交通项目主体规划实施。6.自贡汽车货运枢纽站建设（舒坪一级货运站）。自贡汽车货运枢纽站从2010年开工建设以来，进展顺利，该项目总投资8000万元，其中一期工程投资5000万元，现一期工程进入扫尾阶段。

【断头公路建设】 年初区下达断头公路项目建设两个，建设里程11.31公里。至年底，实际完成农村断头公路建设项目7个，里程31.6公里，超额完成项目建设任务。

【安保设施建设】 完成伍富路、自宜路安保工程，投资46.84万元。主要是伍富路、自宜路沿线路段增设波形护栏、减速带、标志标识86套块，消除安全隐患，确保道路安全。

【编修"十二五"交通规划】 按照交通部、交通厅实施通畅通达工程、配套完善工程、重要延伸工程、城乡交通一体化工程的要求，构建安全、快捷、可靠、经济的交通运输系统，发挥交通运输的基础性和先导性作用，促进区农村经济发展，通过实地考察，研究编修完善了自流井区十二五交通规划，重点是以打通断头路为主，改建提升干线公路技术等级，县道伍富路、自宜路升级为省道；现有三级公路伍富路、自宜路改建为二级公路；乡道永荣路升级为县道；部分重要村道升级为乡道。力争使区农村公路在数量和质量上都有较大提高，形成四通八达的公路路网结构，提高公路的整体效益。

【交通环境综合治理】 开展城乡综合治理工作：一是根据省、市关于城乡综合治理及省级卫生城市的要求及省、市、区迎检领导小组要求，抓好管辖范围内道路、码头的保洁和环境治理工作，完成省级卫生城市的复检工作。二是按市交通局和区政府关于S305沿线的20家修车洗车（加水）点的经营户的经营秩序规范整治的任务要求，对20家维修经营户逐户按照市交通运输局、市城乡综合治理办关于维修企业环境综合治理标准进行现场规范，并制作表格签字、照相后归档。并对其中6家维修业户安装81个隔离桩。修洗车场点环境卫生得到改善。

【公路养护和路政管理】 按照年初安排的养护计划，农村公路养护管理工作实行分线分段管理，全区列养县级公路42.38公里，列养乡道43.71公里，列养村道105公里，养护工人包干分段作业，责任到人，全年完成路肩边坡标准化整修18.4公里，修补路面4000余平方米，处理沉陷16处，填补水毁两处，清除塌方1000余方，护坡8处，排水沟3000余米，路沿石260米。全年区路政中队上路巡查185余人次，共清排路障103处，整改隐患103处。

【道路和水上交通安全】 坚持“安全第一，预防为主，综合治理”的安全工作方针，以“强基础、抓规范、严管理、重服务”为主线，开展“安全生产年”活动，促进交通运输安全发展。开展安全生产宣传活动，广泛宣传道路交通、水上交通、危险化学品运输等安全生产法律法规，张贴开展交通安全整治通知91份，发放宣传材料698余份，接受群众咨询200余人次，全年出动巡查人员300余人次。检查各类船舶1450余次，确保水上交通安全。同时围绕交通基础设施安全、交通行业监管，着力抓好隐患排查治理，及时掌握气候变化、路况等动态信息，及早部署和落实防范措施。全年共投入隐患整治资金140万元，重点治理伍富路、自宜路、贡芝路、叶桥路高边坡及危险路段，组织实施自宜路舒坪至漆树乡安全保障工程（总投资46.84万元）、伍富路幸福桥危桥加固工程（总投资70.4万元），全面完成市政府办《关于2011年道路交通安全危险路段整治意见的请示》的交办件。共计增设波形钢板护栏1572米、钢筋砼护栏120米、公路标线13.5平方米、铝合金标志牌42块、示警墩512块/102.4立方米、示警桩120根、标志标牌46块、修补坑槽1500平方、挡土墙160米、3立方米，全年未发生一起安全事故。

【党风廉政建设】 加强党风廉政建设，严格实行招投标管理制度。学习贯彻《中国共产党党员领导干部廉洁从政若干准则》，落实党风廉政建设责任制，开展工程建设领域突出问题专项治理，健全预防教育、管理、监督并重的惩治和预防腐败体系。对县、乡道建设工程全部实行公开招投标制、业主负责制、合同管理制和社会中介监理制，杜绝一切违法、违纪行为，确保所有建设工程都能成为“廉政工程”。在施工中按照党风廉政建设的各项要求办事，做到廉洁从交，清正为民。

【队伍建设】 制定和完善《机关学习制度》、《安全管理及责任制度》、《党风廉政建设制度》、《交通局首问负责制度》、《限时办结制度》、《行政效能建设投诉处理制度》、《责任追究制度》、《一次告知制度》、《机关劳动纪律管理制度》等各项制度。截至年底，共送培10余人次参加省、市、区农村公路建设、质量管理、资金管理、路政管理、养护管理等培训。全年免费举办“船员年审培训班”，培训人员20余人次，考试合格率达98%。

（区交通局 杨秀新）

城市交通
（自井篇）

【概 况】 集团公司以谋划“十二五”开局为切入点，以促进公交优先政策落实及建设优秀公交为着力点，以大力推进项目建设为突破口，创新管理、优化结构、提升服务，公交客运稳步发展，卡车、CNG、驾培业保持良好发展势头，轿车业和市民卡工程取得重大突破，项目建设快速推进。全年，集团公司完成总收入4.37亿元，完成投资1870万元，实现税利1000万元；杜绝了较大以上的交通安全事故、机械事故、工伤事故和火灾事故；车厢服务合格率98.80%，车辆整洁合格率98.89%；员工人均年收入达到2.83万元，同比人均增加2000元。实现“十二五”的良好开局。

【强化安全管理】 坚持“安全优先、安全发展”的理念，采取严管、重奖、重罚和“三铁”管理手段，抓好人、车、路、管理四大要素，重点抓好“基层、基础、基点”管理，加强安全制度和安全文化建设，逐级落实岗位安全责任，以“安全大讨论”活动为载体，狠抓安全薄弱环节的整改。突出违章和事故预防工作，全年共组织路查路检近6000人次，查处违法（章）驾驶员193人次，首次实现5公里以上超速零记录；加强安全制度建设，新增安全制度及规定15个，修订制度、规定及实施办法10个。

【车容车貌整治】 借鉴省内外公交企业先进经验，实施运营组织模式的调整，建立更加科学合理的现代运营组织模式，提高人员和车辆的利用率，运营成本得到大幅度降低，1000车公里收入较大幅度提高，人车比明显降低。全年完成客运收入1.69亿元，完成年计划的100.05%；较上年同期1.63亿元，增长3.38%。配合全市城乡环境综合治理、省级卫生城市复查等工作，对全市746台公交车实施车容车貌整治，消除“花猫车”356台；按照市委、市政府及市交通局的要求，大力整治车身广告。更新车辆15台，修建港湾车站16个，优化调整线路19条。开展优质服务活动，树立了一大批优质服务标兵，文明线路、文明车组建设稳步推进，好人好事不断涌现，受到各类表扬20余起，公交窗口形象得到提升。

【增强企业整体实力】 飞驰公司努力克服政策调整及市场疲软带来的困难，加强销售基地建设，积极开展“感动服务”活动，提升客户满意度；力争一汽集团支持，争取销售资源，继续保持西南地区的领先地位；完成南环路修理厂的改造建设，进一步打造了集团公司车业在南环路的区位优势和集聚优势。2011年完成总收入1.56亿元，实现利润110万元。和众公司高位起步，以满分的成绩通过一汽大众的验收，投入经营以来，积极导入一汽大众4S店先进经营理念和管理模式，快速构建了轿车的现代经销平台，服务满意度和销售满意度均达到行业领先水平；努力争取并认真把握新宝来、速腾作为市出租车升级指定车型的良好机遇，拓展市场占有率，全年完成总收入7170万元，实现利润100万元。

【CNG业止滑回升】 蓝天公司切实抓好CNG汽车改装及气瓶检测的市场推广和优质服务工作，加强内部管理，实现恢复性增长。同时，CNG加气站取得重大突破，落实了气源指标，正抓紧实施建设；汽车检测站项目通过省质监局组织的安检现场评审，并取得《计量认证证书》，为检测业务的扩展打下良好基础。全年完成收入956万元，实现利润70万元。

【驾培业创佳绩】 公交驾校充分依托市区驾培市场的中心作用，快速进驻荣县驾培市场，不断巩固富顺驾培市场，主动适应小客、大货、增驾培训市场的竞争，打造公交驾校的竞争优势；努力拓展从业资格证培训、再就业培训、大专班招生培训业务，保持了公交驾校在全市驾校中的领先地位；主动开展员工作风整顿，突出优质服务活动，打造公交驾校品牌，增强驾校竞争力。2011年完成培训收入1100万元，实现利润165万元。

【电子商务】 市民卡工程得到市委、市政府、人行成都分行的高度重视，纳入自贡市“十二五”规划、“五个自贡”的重点内容；《自贡市市民卡项目建设方案》经市政府常务会审议通过，市府办出台《关于推广应用自贡市民卡的实施意见》；市委、市政府隆重举行了市民卡工程启动大会。一卡通公司积极把握现代电子商务及城市一卡通发展机遇，搭建现代团队，攻坚克难争取政府支持，获得“自贡市民卡服务中心”的牌子，确立了市民卡工程建设运营的主体地位，并与工行、农行、中行、建行、交行、农信社、邮储银行、省银联及银联商务达成市民卡工程建设运营协议；通过公开转让形式，顺利收购了公交IC卡业务，奠定坚实的发展基础。一卡通公司呈现良好的发展局面。

【优先发展公交】 自贡市《关于优先发展城市公共交通的实施意见》（送审稿），已由交通局研究同意，拟提交市政府常务会审议。筹划高级车投放工作，根据国家的相关政策及其他城市的发展经验，按国家优质优价，建立多层次、差异化票价体系的指导意见，积极协助政府相关部门制定与高级车运营发展相适应的新票制，为城市公交的持续健康发展奠定坚实基础。优先发展公交得到市委、市政府、市人大、市政协及市级有关部门、社会各界的进一步理解和支持，促进了燃油补贴、地方天然气调节金、61路经营补贴、老年人乘车补贴政策进一步落实。

【强化企业管理】 提高维修服务质量，加强维修服务质量考核，促进停场车日、返修率不断降低、保修工服务意识进一步增强；立足成本节约，加强维修成本管理，较好控制维修成本费用。抓好能源保障，积极争取输气队等供气单位的理解和支持，充分发挥集团公司现有CNG加气站的作用，保障公交车生产用气；同时，积极强化在用车能耗管理，重点整治能源单耗偏高问题，降低客运成本。抓好人才储备。根据驾驶员、保修工减员数量较多，社会储备资源少等实际，把技能型人才储备作为重点工作抓。按照公平、公正、公开和竞争择优的原则，面向社会选聘两批次共155名驾驶员；面向基层公开选拔30名一般及中级后备管理人员，为集团公司未来发展做积极的人才准备。抓好信息管理。技术保障水平进一步提高，智能调度系统、维修ERP系统、办公自动化系统、金蝶财务系统、加气系统、收银系统管理效应越来越突出；金蝶人力资源系统研发基本完成并投入使用；3G车载视频系统进入测试阶段。全面谋划企业长远发展，精心组织集团公司“十二五”规划的编制工作；凝聚领导、专家、员工智慧，广泛征求和听取各方面意见和建议，反复研究讨论，形成指导公司未来五年发展的纲领性文件。

【公司荣誉】 突出建党90周年活动，开展“创先争优”系列活动，充分发挥党组织的战斗堡垒作用和党员的先锋模范作用。开展爱心帮扶工作，把关心、关爱员工及奉献爱心工作落到实处，切实解决员工实际困难和后顾之忧；开展迎春文艺演出、羽毛球比赛、岗位技术练兵等员工文体活动及劳动竞赛，丰富员工文化生活，凝聚员工队伍，展现公交团队精神。2011年，集团公司获“全国模范劳动关系和谐企业”、“省安全文化建设示范单位”、“市国资委先进党委”称号；16路线获“全国五一巾帼标兵岗”称号、11路线获全国交通建设系统“工人先锋号”称号、61路线获市“工人先锋号”称号。

（地区单位·市公交集团有限责任公司 魏正宁）

电 信
（自井篇）

【概述】 中国电信股份有限公司自贡分公司地处自贡市汇东高新开发区，辖大安、沿滩、贡井、富顺、荣县五个区县分公司。现有员工1000余人，用户数100万户。公司以向广大用户提供最优质的通信服务为己任，紧紧围绕自贡市委、市政府提出的“五个自贡”战略规划，以“智慧城市·光网自贡”项目为牵引，不断提升城市信息化水平。随着光纤接入能力的不断提升，公司面向不同客户群体，提供基于光速网络的更高层次、更个性化的综合信息服务，并形成一个由卫星通信、光纤宽带、移动网络共同构成，覆盖全市的优质信息网络，使全市人民享受无地域、无缝隙的高品质宽带接入服务和丰富的互联网应用，成为“领先一步、掌握未来”的信息时代先锋。

【业务收入】 完成经营收入3.4亿元，同比增长7%，市场份额居全省第一。

【业务发展】 移动业务坚持3G引领发展，突出天翼3G网络领先、绿色健康和智能手机领先优势，开展品牌传播，客户对天翼品牌感知稳定提升，全年3G用户增幅314%，其中智能机发展增幅500%。宽带业务方面，启动宽带竞争力提升项目，营销、服务、支撑三条线整体联动，开展光纤提质提速、FTTH及iTV体验营销、校园账号激活、农村建设拉动、装宽带打10000号等活动，全市有线宽带用户净增4万户。

【信息化建设】 签订“智慧城市战略合作协议”，推动智慧城市16个重点项目全面突破。召开“全省数字企业巡展自贡片区工作会”，与市经信委签订“数字企业推广合作协议”，成功打造新东方物业、东安金厦2家标杆数字企业；信息化小区方面，全年共签约光网小区59个；农村信息化方面，规模推广宽带信息镇（村），打造农村信息服务差异优势。全年完成70个自然村通电话、400个行政村通宽带、38个信息化乡镇建设。

【提升服务水平】 公司建立基于客户感知的服务管控和评价考核体系、完善服务监督机制等，全年客户投诉率下降52%，客户满意率上升。建立客户售前、售中、售后全生命周期关怀机制，优化调整服务流程和规则；开展客户俱乐部活动，签订俱乐部联盟商户16家，开展运动、影迷、旅友、车友、丽人、爱心等主题俱乐部活动16次，常态化俱乐部活动260余次，为高值客户提供更加尊享的服务。公司获2011年度“服务诚信”行业示范单位称号。

【网络技术创新】 进一步强化网络技术创新，打造智能管道支撑新兴业务发展。一是加快推进FTTH建设。完成5万个宽带端口建设、85个小区7万FTTH用户覆盖，支撑客户自助测速。二是实现iTV等高带宽产品加载，形成宽带差异化竞争能力，截至年底，60个小区具备iTV放装能力。三是持续优化移动网络，实现多种手段灵活接入，使CDMA1x、EVDO、WIFI以及将来的LTE有机融为一体。新建、扩容、搬迁53个基站，新建35个深度覆盖站点。开通自贡一中、职业技术学院、锦江大酒店等28个热点区域的WIFI建设。

（地区单位·中国电信自贡分公司　万　静）

移动通讯
（自井篇）

【主体业务情况】 完成运营收入6.3亿元，同比增长6.5%，累计上缴地税2148万元；公司客户规模130万，同比增长13.18%；城乡服务网点1800余个，乡镇覆盖率100%，解决就业岗位8000余个；全年新建宏站298个，小区覆盖50个，实现全市所有行政村和94%以上自然村的网络全覆盖。

【客户服务】 公司对外开展以“十项服务举措”为主要内容的系列服务提升活动，规范经营行为，提升服务质量，保证客户利益；对内开展五条禁令，落实《未经许可投诉考核办法》，严格规范客户信息管理。通过开展“总经理服务日”、“岗位大练兵”“服务明星团队服务”等活动，提升客户满意度。2011年自贡移动综合满意度86.83%，客户投诉占比低至0.16%，总计外呼关怀16万户，为客户解决6.8万件问题，并通过积分回馈25万位品牌客户。

【重点工程建设】 公司TD－SCDMA（第三代移动通信）新建工程、卓越128网络提升项目、基础传输网络建设工程及信息化带动工业信息化项目等共17个项目纳入市2011年重大项目计划。通信基础设施建设项目投资9550万元，新建TD基站150个，升级2G基站180个，新建基础管道162KM，解决党政机关、重要集团、主要商业区、数据业务热点区域的TD覆盖问题，确保各项网络指标达到标准。便民信息化及工业信息化项目投资1.45亿元，陆续建设完成市民手机缴费信息化工程、中小学校园信息化项目、全市中小企业信息化工程、为民“纵向”满意100服务工程及无线信息化“自贡鹰”安全系统工程等项目。

【履行社会责任】 积极参与地方经济建设，启动了数字城管、水电气代收、理工一卡通等民生信息化工程，同时开展无偿献血、“盐都巾帼杯”、慰问敬老院、福利院等活动。在市十五届人大七次会议、市政协十三届五次会议期间，协助政府进行信息发送，确保会议顺利召开。成功完成万人红歌会、温暖你我交响乐大型公益晚会、张学友和张惠妹个人演唱会、理工学院2011招聘会等通信保障工作。公司在支持地方建设、助力文明活动、支持教育事业、关爱弱势群体、鼎力体育事业、志愿服务活动、助力政府拓展民生工程等七个大的方面履行了国有企业的社会责任。

【荣誉与奖励】 获“省级模范劳动关系和谐企业称号”；公司关注公共服务事业，构建市民便利生活，成功获得“四川公司2011年度CSR十佳实践奖”；“2011年诚信服务行业示范单位”；获四川省“安康杯”竞赛优胜单位；2011年10月公司成为全省第一批“烟销通”试点城市。2011年经自贡市国资委党风廉政建设考核为优秀等级。

（地区单位·自贡移动分公司）

联通通讯
（自井篇）

【概述】 公司主营收入完成1.51亿元，同比增长20.9%，全省排名第11位。拥有2G（GSM网）、3G（WCDMA网）、宽带、固定电话等客户36.28万户。全年投资总额6800万元，新建小区接入32个、互联网专线及数字电路230条、视频监控950个点、GSM网新建基站28个、WCDMA网新建基站26个，形成四区两县重要乡镇90%以上网络覆盖。缴纳税金545.9万元，同比增长45.8%，被授予市级

"纳税信用 A 级企业"称号。

【客户服务】 建立完善的网络服务模式,提升 VIP 客户经理的服务能力,强化专属服务功能。推进 3G 服务创新,持续开展 3G 服务起点计划工程,不断探索基于网络、手机终端和互联网的服务模式。持续开展零容忍行动,有效整治浅表性服务问题,全力解决"停开机、移动网络质量、宽带网络质量、自有业务体验规范、移动数据业务流量提示、资费争议"等短板。提升客户接触点的服务能力。推广 10018 全国 VIP 客户专线,实现 VIP 客户经理和坐席的服务协同,增强高端服务能力,成为客户信赖的顾问式专家转变。截至 2011 年 12 月,客服工作综合考核全省并列第一名。

【信息化建设】 发挥 3G 高速网络带宽和强大多媒体业务支撑能力的优势,推动政府信息化、产业信息化和社会信息化建设。开展移动办公:市政府电子政务办、市消防支队消防专网等党政企业移动办公。开展物联网业务:监测监控,娱乐场所、企业生产经营场所视频监控等业务;定位服务、华西能源等单位使用外勤通业务;汽车信息化,采用 GPS 定位数据及油耗等车辆运行数据信息业务等。

【打造精品网络】 加强工程建设管理,打造精品网络。对应急预案、流程等进行梳理,加强基础数据的真实可靠性,降低故障率、提高工作效率。在确保新的工程建设同时,充分挖掘现有网络潜力,优化资源配置,满足重点地区的网络覆盖,为经营工作提供强有力的网络支持。推进宽带网络及基础建设。在高端商务楼、政企,校园、写字楼等区域有效益的开展 WLAN 工程,缓解移动网络在热点区域的数据业务承载压力。推进新技术系统推广应用,促进宽带数据业务的快速发展。推进"宽带提速"工程,进一步增强网络覆盖,切实保障宽带业务发展需要。逐步完善语音、数据和支撑网络,加大基础传送网和宽带互联网的建设力度,满足公司业务发展需要。

(地区单位·中国联通自贡市分公司 王 玮)

金融·保险

中国人民银行自贡市中心支行(自井篇)

【存贷业务】 全市金融机构本外币存款余额 677.61 亿元,增长 21.9%,当年新增 117.48 亿元;本外币贷款余额 307.28 亿元,增长 22.51%,当年新增 56.45 亿元。其中人民币存款余额 676.80 亿元,增长 20.99%;人民币贷款余额 303.33 亿元,增长 22.72%。银行承兑汇票余额 31.19 亿元,增长 53.19%,当年新增 10.83 亿元。金融机构存款呈现恢复性增长,增势趋稳,全年新增存款 117.43 亿元,同比多增 47.96 亿元。储蓄存款余额 443.95 亿元,当年新增 60.38 亿元,比去年同期多增 9.62 亿元;增速保持平稳,月度平均维持在 16% 左右,年末为 15.7%,与上年同期基本持平。企业存款逐步结束 2010 年低速下滑趋势,呈现平稳增长态势。年末余额 105.78 亿元,增长 14.59%,当年新增 13.47 亿元,而 2010 年同期为减少 6.5 亿元。财政、机关团体及社会保障基金存款较快增长。12 月末,全市财政存款余额 25.0 亿元,增长 46.79%,全年新增 7.49 亿元,同比多增 [illegible].63 亿元。机关团体存款余额 84.64 亿元,增长 45.65%,全年新增 26.53 亿元,同比多增 [illegible].87 亿元;社保基金存款余额 10.33 亿元,增长 4.6 倍,全年新增 8.1 亿元。信贷增长与宏观调控相适应,增量创历史新高。年末全市贷款余额 303.33 亿元,当年新增 56.15 亿元,创辖区年度增量历史新高,比去年同期多增 8.51 亿元。短期贷款保持较快增长势头,中长期贷款增速明显回落。年末,全市金融机构短期贷款余额 138.95 亿元,增长 19.03%;当年新增 24.46 亿元,占全市贷款增量比重为 43.55%,比去年同期提高 5.4 个百分点。信贷增量主要投向个人贷款、制造业、建筑业、批发和零售业、交通运输仓储及邮政业五大行业(个人贷款 109.73 亿元、制造业 80.41 亿元、批发和零售业 26.91 亿元、建筑业 15.8 亿元、交通运输仓储及邮政业15.1亿元),共获得银行信贷支持247.95亿元,占全市银行贷款余额的81.74%。各类银行信贷市场份额保持稳定。2011年,辖区全国性银行贷款余额189.7亿元,增长22.76%,占全市贷款比重为62.54%,比上年末提高0.3个百分点;当年新增额37.42亿元,占全市新增额比重为66.64%,比上年末减少0.5个百分点。地方性金融机构(市商行、农信社、村镇银行)贷款余额113.63亿元,增长21.25%,当年新增贷款18.73亿元。

【货币政策贯彻执行】 按照"在调控中求发展,在发展中落实调控要求"的适度平衡原则,推进信贷调控工作。年末,辖区法人金融机构信贷新增额18.7亿元,占全年控制数的105%,符合调控要求。落实差别准备金动态调整措施,开展信贷调控的"四项工作机制建设",成立货币信贷调控工作领导小组,把货币信贷调控工作作为首要重点工作。召开地方法人金融机构主要负责人会议16次,及时通报宏观经济金融形势和政策导向,并提出信贷调控工作要求。加强监测分析和核查,对地方金融机构信贷投放情况进行专题调研,规范农村信用社社团贷款管理和运作流程,对地方法人金融机构超放、超贷现象,采取专题会议、约见谈话、发出信贷调控要求通知书和调控警示通知书等多项措施进行控制,确保信贷投放的总量、进度符合调控要求,信贷投放主要集中于"三农"、中小企业等领域,货币政策执行情况正常。实施专项监测报告制度,开展政策实施效应评估,推动涉农和中小企业信贷政策的贯彻落实,引导金融机构调整优化信贷结构。采取历史纵向摸底和横向经验比较有效结合的评估方式,开展涉农和中小企业信贷政策导向效果评估;建立季度农村金融产品和服务方式创新专项监测报告制度,有效掌握辖区农村金融创新工作情况。加强货币政策工具管理,促进信贷结构调整。开展农行三农金融事业部差别化存款准备金率的调查、数据核查和上报工作;强化存款准备金管理;完善再贴现业务的申报审批制度,建立再贴现投向类型、行业和企业情况监测分析制度,发挥支农再贷款和再贴现在引导金融机构优化信贷结构中的杠杆作用,三农、中小企业信贷政策落到实处。全年累计发放支农再贷款8000万元、办理再贴现3.6亿元。

【支付结算】 推广金融IC卡应用试点,提升支付结算服务能力。2011年6月,自贡市被中国人民银行总行确立为金融IC卡推广全国试点城市之一。8月22日,市政府常务会审议通过市民卡工程建设方案,中国人民银行成都分行周晓强行长等省级金融机构负责人莅市参加启动大会,年内首批市民卡开始定向(测试)发行,发卡97张,市民卡已具备银行借记卡、公交付费和商场消费功能。探索金融支付惠民新途径,拓展支付清算系统业务运用。"省级银行卡刷卡无障碍示范区"和"市级银行卡刷卡无障碍示范区"正式揭牌。农村支付结算"迅通工程"暨银行卡助农取款业务顺利启动,改善农村支付服务环境,设立助农取款服务点3390个,全市乡镇覆盖率达到100%,行政村覆盖率达到93.66%。有效推进金融服务惠民支农工作,得到民众好评。督促自贡市商业银行加入柜面业务合作机制,推进支票影像系统交换业务运用,提出笔数31笔,金额190.18万元;提入笔数9笔,金额88.13万元。推广新型支付工具,支付体系得到进一步完善。

【外汇管理】 加强对跨境资金流动的监测分析,坚持监管与服务并重,有效履行外汇管理职责。全年自贡市涉外收支(含跨境人民币结算,下同)共计9237笔,金额折合7.87亿美元,同比增加1.91亿美元,涉外收支同比增长32%。其中,涉外收入6993笔,金额折合4.67亿美元,同比增加1.63亿美元,增长53.38%;涉外支出2244笔,金额折合3.20亿美元,同比增加2828万美元,增长11.8%;涉外收支顺差1.47亿美元,同比增加1.34亿美元。提升国际收支统计监测和预警水平,强化对异常跨境资金的流入流出监管。推进国际收支网上申报工作,国际收支网上申报推广到第二批试点的22家企业。开展4家样本企业换汇成本调查和15家样本企业贸易信贷调查。推进货物贸易外汇管理改革,促进贸易投资便利化。全年发放核销单5047份,办理出口收汇网上核销688个批次,金额4.00亿美元;办理出口收汇远期备案10笔,金额815.5万美元,满足了进出口企业的合理用汇需求。继续做好进口付汇核销改革推广工作,清理2010

年12月1日以前进口未核销数据。开展非现场和现场核查,实施对企业的动态分类管理。开展出口收入存放境外政策宣传,推广实施出口退税无纸化,简化企业核销及办理退税业务流程。加强资本项目外汇管理,办理境外投资企业登记1笔,金额7.71万美元,办理验资询证1笔,金额6.8万美元;办理外债提款登记1笔,金额1000万美元,办理外债转贷款合同登记1笔,金额399.2万欧元;审核外债及外债转贷款还本付息20笔,金额532万美元。贯彻落实贸易信贷新政策。进一步简化审核环节,提高审批效率,有效地满足企业正常的收付汇需求。全年共为辖内企业办理临时预收货款确认20笔,金额5190万美元;预付货款确认2笔,金额140.4万美元。做好外商投资企业和境外投资企业外汇年检工作,积极引导企业通过会计师事务所报送年检数据,参加外汇年检的20家企业全部通过外汇年检,其中通过会计师事务所代申报19家。自贡市外汇年检参检率和通过率均达到100%,会计师事务所代申报率达到95%。

【金融市场】 自贡货币市场和票据业务迅猛发展,资金价格总体水平较快上涨,贴现价格创历史新高。年末,辖区加入货币市场的金融机构已达4家。全年金融机构参与货币市场(拆借市场和债券市场)业务交易53笔,累计成交金额32.4亿元,成交量同比增加23.7亿元。全年累计办理拆放业务41笔21.9亿元,比上年增加23笔13.5亿元;全年办理债券业务12笔10.5亿元,比上年增加11笔10.2亿元。12月末,货币市场余额3.1亿元,全部为债券市场现券。票据市场方面,全市2011年票据业务累计发生额129.74亿元,同比上升51.71%。其中,银行承兑汇票累计签发72.19亿元,同比上升47.98%;票据贴现累计发生额53.94亿元,同比上升63.41%;再贴现累计发生额3.60亿元,同比下降3.19%。从业务存量看,截至12月末,票据余额42.84亿元,同比上升55.24%,其中,银行承兑汇票余额31.19亿元,同比上升53.19%;票据贴现余额11.65亿元,同比上升105.92%;再贴现年末无余额。受货币市场利率、票据市场供求变化及合意贷款规模等多种因素影响,全市票据市场资金价格变动较大,呈现不断攀升态势。2011年各季度票据贴现利率分别为7.16%、6.91%、10.15%,10.87%,其中第四季度贴现加权平均利率同比上升5.66个百分点。2011年全市累计贴现金额53.94亿元,较上年同期增加了20.92亿元,增长63.41%。再贴现业务以买断式为主,下半年再贴现新政落地,业务基本停止。2011年初,辖区再贴现业务限额3.5亿元,全年累计办理再贴现3.60亿元,同比下降3.19%,笔数共计266笔,均为7月10日前办理的买断式再贴现业务。7月中旬再贴现新政策实施,买断式再贴现业务办理停止,回购式再贴现业务无法满足金融机构释放贷款规模的需求,再贴现发放业务骤然停止。

(地区单位·中国人民银行自贡市中心支行 张扬)

建设银行自贡市分行
(自井篇)

【概况】 分行贷款新增超额完成年度计划,一般性存款增速缓慢,中间业务收入和实现利润都低于计划进度。一般性存款和中间业务收入市场份额不同程度下降。截至12月31日,全行一般性存款余额58.93亿元,增幅1.47%,比年初下降1.97个百分点。其中,企业存款余额占22.25%,比年初下降2.55个百分点;储蓄存款余额占16.84%,比年初下降1.79个百分点。各项贷款增幅33.54%,比年初增加1.57个百分点。其中,公司贷款余额市场占15.27%,比年初增加1.1个百分点;个人类贷款市场占16.05%,比年初增加2.79个百分点。全行实现中间业务收入3699万元,同比增加225万元,增幅6.5%。其中,公司类中间业务收入1521万元,同比增速42.9%,完成年度收入计划的105%;个人类中间业务收入2178万元,比去年下降230万元,完成年度收入计划的68%。

【贷款新增超额完成计划】 截至12月末,各项贷款余额22亿元,比年初新增5.53亿元,增幅33.54%。其中,公司类贷款余额15.45亿元,比年初新增3.15亿元,增幅25.57%;小企业贷款余额3.47亿元,比年初新增1.69亿元,增幅111%,新增计划完成率105%;个人类贷款余额6.56亿元,比年初新增2.38亿元，增幅57%，新增计划完成率265%。

【资产质量提高】 资产质量提高，不良贷款额、率双降，截至12月末。不良贷款压缩较好，不良贷款余额从年初的318万元下降为62.69万元，不良率从0.19%下降为0.03%。超额完成省分行年度控制计划。

【盈利能力增强】 2011年12月末，分行实现账面利润6308万元，比去年同期增长1734万元；利润同比增幅37.91%，比同期的管理费用增幅快16.46个百分点，盈利能力明显提高。

【个贷业务发展】 截至12月末。已经投放贷款3.06亿元，较上年同期多投放1.86亿元。余额新增2.40亿，增速为57%，在当地同业中排名第一，余额占比较年初上升2.79个百分点。楼盘储备情况较好，分行积极加强营销，并与多家开发公司签订合作协议，拓展了合作范围。合作开发公司23家，是历年来合作单位最多的一年。

【保理业务发展】 办理业务量在省分行处于领先地位，为全省二级分行排位第一，并在50个分支机构中排位第三。该业务综合贡献度较高，对分行的盈利水平的提高起较大的促进作用。2011年全年累计发放保理预付款3.14亿元，实现利息收入2300万元，中间业务收入300万元，其中中间业务收入在对公中间业务收入中占比第一，为分行对公条线中间业务收入的20%。

【信用证业务发展】 截至2011年末，分行营销国内信用证客户5户，完成省分行下达任务的83.33%，其开证议付金额2111万元，完成省分行计划任务的140.8%，实现中间业务收入27.50万元，完成省分行计划任务的546.8%，在省分行开展的资金结算业务“百日营销竞赛”活动中，信用证单项得分在全省二级分行中排位第四和单位整体排位由三季度末的16位上升到12位。

【重点可疑交易报送】 三季度，分行营业网点向分行提出有两户个人客户和1户对公客户交易行为较符合重点可疑交易特征，在人民银行的大力指导和帮助下，确定将1户个人客户的交易情况按照重点可疑交易报送人民银行，并按照重点可疑交易报送要求撰写了报告，填制有关表格，整理相关资料，成功的向人民银行报送了一笔重点可疑交易，实现重点可疑交易报送“零”的突破。

【风险内控管理】 分行对业务经营管理和风险内控管理等进行全面深入地分析，并对相关制度建设情况进行认真梳理，先后制定和完善了各条线管理相关制度共40余个，强化了全行内部管理，规范了经营操作。实现无案件、无重大违法违纪事件、无重大责任事故发生的“三无”目标任务；差错率降低，全省平均差错率万分之0.6，分行差错率万分之0.58，低于全省平均差错率万分之0.02；对账率提高，重点账户回收率100%，非重点账户回收率100%，非重点账户回收率比上年末提高1个百分点；整改率提高，内外部审计、监管检查发现问题的整改率为100%；“平安建行”达标率100%，外部侵害“零案件”，重特大安全责任“零事故”；分支行所在办公大楼消防100%达标，安全检查完成率达到100%，安全隐患整改率达到100%，物防、技防设施全部达到公安、银监部门规定的标准，安全评估验收达标率达到100%。

【营业网点改造】 对自井支行、高新支行等区县支行进行装修改造。对新建的汇东支行进行装修并于2011年12月30日实现试营业，是年底全行有22个网点对外营业，网点布局进一步优化，网点服务环境和对外的企业形象有显著改观。分行渠道建设走在四川建行二级分行前列。

【绩效管理】 利用绩效管理项目试点工作，理顺部门管理工作职责、员工岗位工作职责；重新明确城区支行的职责定位，奠定了城区行发展壮大的基础；进行分行组织架构的重大调整，重新梳理公司业务条线组织结构、人员配置及工作职责等。明晰公司条线的公司集团业务、机构业务职能，新组建小企业经营中心。对个贷中心增加存款营销工作职能，公司条线有4个业务部门同时对外营销服务。同时将分行财务会计部分成计划财务条线和会计(资金运营)条线两个考核主体,内部组织架构进一步优化,达到专业、专注、专心的要求。

【银政银企合作】 注重加强与地方党委、政府及人行、银监局等相关部门的工作报告制度,地方党委政府部门重新认识自贡建行,重视和支持自贡建行发展的局面开始形成。加强与对公企业客户的交流和沟通,深化银企互利互惠的合作,赢得企业客户的信赖与支持,客户开始感受到自贡建行的变化,进一步增强与自贡建行深度合作的信心。

(地区单位·建行自贡分行　杨再勇)

农发行自贡市分行(自流井篇)

【服务三农】 全年发放贷款11.88亿元,同比增加8.39亿元。年末贷款余额20.12亿元,较年初增加6.15亿元,剔除消化新增粮食财务挂账贷款因素,贷款比年初实际增加8.63亿元,农发行在农村金融中的骨干和支柱作用更加明显。大力支持中央和地方政府充实粮油储备,增强宏观调控能力。全年累计投放粮油储备、轮换及收购贷款2.34亿元,帮助粮食企业"勤进快销、多购多销",搞活经营,实现销售收入3.07亿元,净利润136万元,同比扭亏增赢577万元,全市10户国有和国有控股粮食企业全部实现盈利。以支持重大项目建设为抓手,助推"五个自贡"建设实现新突破。积极支持小井沟水利工程、成自泸赤高速公路自贡连接线等一批重大项目,累计投放贷款9.43亿元,对全市重大项目的贷款支持位列全市各大银行之首。支持农业小企业发展和商业性储备成效突出。全年累计发放小企业贷款1850万元,缓解了小企业融资难问题;支持新星源食品有限公司及时增储猪肉2500吨,平抑自贡地区猪肉价格,被市银监局评为小企业金融服务优秀单位。办贷效率和客户服务水平得到有效提升。农发行自贡市分行开通重大项目贷款绿色通道,从项目资料的收集、整理、调查上报到省分行批复在30个工作日内全面完成,高出全省农发行办贷水平的30%。

【业务发展】 全行实现各项收入1.01亿元、支出6681万元,利润3453万元,剔除去年挂账贷款息转本因素,同比增盈1642万元,创历史新高。大力拓展业务,有效增加信贷投放,贷款月均余额15.62亿元,同比增加3.53亿元,相应增加贷款利息收入2350万元;强化收息工作。全年财政补贴资金到位收息率为100%,商业性贷款利息做到应收尽收,各项贷款综合收息率99.02%,累计收回利息9202万元,同比增收811万元。规范收支行为。加强对租金收入、营业外收入等的管理,及时纳入账内核算。严格费用支出审批程序,严控支出用途,无擅自扩大列支范围和提高列支标准的现象。

【提高资产质量】 与法院、企业和有关部门沟通、协调,完成旺林堂药业有限公司920万元抵债资产过户和抵债资产入账,全面化解了不良贷款,实现农发行自贡市分行不良贷款额和占比双结零目标。时刻保持风险控制的高压态势,建立和落实新增不良贷款问责制,逐笔审计,尽职免责,失职问责,防范新的不良贷款产生,全行无新增不良贷款。

【加强信贷资金管理】 强化信贷关键环节管理。加强贷前调查,提高甄别能力,掌握客户真实信息,严防以虚假信息骗贷;改进贷款调查评估和信贷审查审议工作,提高调查评估质量和审贷质量;加强发放管理,严格落实贷款批复条件;认真执行"三法一指引",确保支付方式合规;加强贷后管理,密切关注企业运营情况,盯紧抓牢第一还款来源。加强对融资平台公司经营管理、财务状况和项目建设运营的日常监测,督促承贷主体和地方政府落实资金来源。加强资金计划和利率管理。合理调度资金,提高资金使用效率,全年审批下拨和归还资金127笔、金额12.4亿元,资金运用率达104.5%。加强财务会计管理。调整绩效考评办法,深化财务资源分配改革,优化财务资源配置,全面开展固定资产清理,顺利推进营业办公用房重建。加大会计监督检查和辅导力度。实施坐班主任定期异地上岗。组织财会检查辅导5次,检查面100%,发出整改通知书16份,提出整改意见34条,涉及会计核算、内控管理、账户管理、反洗钱等7个方面的问题。严控操作风险。扎实开展“合规管理年”活动，开展集中教育18次，参加人数达980人次，组织各专业规章制度贯彻落实情况考试，参考率100%，平均分为99.3分，撰写合规管理调研文章10篇。全面开展风险排查，涉及企业34户、贷款金额15.5亿元；加强专业条线检查力度，全年共组织检查8次；对县级支行财务收支真实性、固定资产完整性、内控制度健全性和5个小企业贷款进行审计，对1名县支行行领导进行任期经济责任审计。加强科技支撑体系建设。顺利完成CM2006升级一期工作；完成市分行核心路由器替换、三级广域网广电线路运营商变更和全辖核心网络设备标准化配置修改工作。

【加强自身建设】 提高员工队伍素质。加强“学习型银行”建设，制订培训计划，开展各类培训16期，培训683人(次)，培训面达100%。开展结“对子”、传帮带活动，帮助新员工尽早熟悉分行业务的基本知识、规章制度、操作流程、操作技能等。开展银政双挂学习交流活动，为业务合作搭桥铺路。推荐有关人员参加省分行举办的各类培训，鼓励员工参加各类学历学位学习和银行从业资格考试。深入开展创先争优活动。积极开展“青年文明号”、“红旗文明单位”等创建活动，以庆祝建党90周年为契机，通过“读党史、唱红歌、谈体会”等活动的开展和表彰先进、评选优秀等方式，开展创先争优活动，分行机关获得“红旗文明单位”称号，分行营业室顺利通过总行级“青年文明号”检查验收，并获得市首届“文明诚信示范单位”称号。落实案防和安全保卫责任制。签订党风廉政建设责任书和《四防二保及消防责任书》，严格落实各项规章制度，开展经常性安全教育和安全检查，全行实现“四无”。

(地区单位·农发行自贡市分行)

农业银行自贡市分行
(自井篇)

【概述】 中国农业银行股份有限公司自贡分行辖有3个县级支行，44个对外营业网点，816名在职员工。2011年，自贡分行认真贯彻上级行工作方针政策，按照总行关于“夯实基础管理，突出价值创造”的总体部署，支持地方经济建设，通过全行努力，各项业务工作取得新发展。

【各项存款】 截至12月末，人民币各项存款余额为116亿元，比年初增加12.7亿元，比去年同期多增加2亿元。存款余额在全市国有商业银行排名第一。其中，储蓄存款8.9亿元，比年初增加10.5亿元；对公存款余额26.6亿元，比年初增加2.3亿元。

【信贷投放】 截至年末，人民币各项贷款余额为55亿元，余额在全市国有商业银行排名第一，比年初增加6.5亿元。其中，法人贷款余额38.8亿元，比年初增加3.5亿元；个人贷款余额16亿元，比年初增加3亿元。

【中间业务】 截至年末，实现中间业务收入9215万元，比上年增加2626万元，增幅达39.9%，全市同业排名保持第一。

【经营效益】 截至年末，实现拨备前利润2.3亿元，同比多增5105万元，同比增幅29.02%，全市同业排名保持第一。

【资产质量】 加大到期贷款清收力度，截至2011年末，到期贷款现金收回率99.90%，不良贷款余额和不良率实现双降，贷款不良率控制在1.17%。

【三农工作】 以服务农业现代化、新农村建设、农村特色资源开发、县域中小企业和农民生产生活等为重点，持续深化三农金融事业部改革，加强市场综合营销、加强服务管理创新，加快业务结构优化、加快发展方式转变，促进三农业务再上新台阶。截至2011年末，三农各项存款余额55亿元，比年初增加6亿元；三农各项贷款余额20.4亿元，比年初增加2亿元。三农服务领域不断拓宽，惠农卡覆盖率提升，全年新发放惠农卡5.78万张，实现对县域村镇全覆盖。在全市四区两县布放助农取款点1911个，对两县的57个乡镇和708个行政村覆盖率达100%。新农保等代理项目营销有新突破。代发1.38万户超龄社保养老金。

【自助服务区网点建设】 提升自助设备的使用率，自助渠道分流率由去年同期的35.75%上升44.12%，提升了8.37个百分点。加大机具布放力度，新增存ATM机具20台、一体机5台，在行式自助设备网点1个，离行式自助机具网点4个，离行式自助银行1个，实现43网点全部配套自助设备服务区，自助服务区网点覆盖率达到100%。

（地区单位·农业银行自贡市分行）

自贡市商业银行（自井篇）

【概述】 截至2011年12月末，资产总额71.81亿元，各项存款余额63.65亿元，各项贷款余额（含贴现）40.05亿元，利润总额1.54亿元，上缴税金5500万元，不良贷款和不良贷款率实现双降。年末，资本净额6.23亿元，资本充足率15.14%，拨备覆盖率258.49%，贷款损失充足率247.17%，贷款集中度指标均达标。增加注册资本1亿元，总额至3.57亿元。由自贡市商业银行控股组建的金堂汇金村镇银行开业一年，实现资产总额3.09亿元，存款余额2.07亿元，贷款余额1.05万元。各项管理逐步规范，并启动金堂汇金村镇银行淮口支行筹建工作。

【立足地方 服务民生】 自贡市商业银行立足自贡实际，铭记市场定位，始终坚持"理念国际化、经营本土化"经营理念不动摇。出台好银行建设的相关文件，从前台业务、环境打造、服务规范等方面细化规则，强化监督检查和考核。坚持在市区人口流动较大的支行实施延时服务，提升服务质量。独家承办全市小额担保贷款，全年累计投放3239万元，年末余额达5185.5万元，支持劳动密集型企业和青年创业人员资金需要。出台《自贡市商业银行自贡市城镇"超龄人员"养老保险贷款管理办法（暂行）》，为社会稳定和民生工程建设做出了地方商业银行应有的努力。

【支持重大项目建设】 以自贡市实施"项目建设年"、"加快千亿产业、千亿园区、双百城市建设"为契机，加大信贷投放，支持重大项目的建设。全年向市重点项目授信5.74亿元，实际投放贷款5.03亿元，涵盖机械、化工、商贸、城市基础设施、园区基础设施、卫生、教育、旅游、重大民生等18个项目。

【加大支持中小企业力度】 积极落实"四单管理"，完善"六项机制"，优化审批流程，改进利率定价管理。实行以综合贡献率为核心的"一篮子"产品营销、综合评估定价的服务新机制。年末，小企业授信客户361户，贷款余额（不含贴现）23.46亿元，占全行贷款总额的58.58%，实现"两个不低于"的监管要求

【增强机构辐射力】 8月，中小企业金融服务专营支行——高新工业园支行顺利开业；2011年7月，龙汇支行迁址更名南湖支行，顺利开业。支付宝快捷支付（卡通）系统正式上线运行，深受客户欢迎。银银柜面通平台系统开通，银银资产业务合作机制进一步拓展。主要网点均增设排号机和客户等候区，新增存取款一体机6台，全行自助设备达到40台。

【年度荣誉】 自贡市商业银行被自贡市委授予最佳文明单位称号，市文明办授予"自贡市2006－2010年群众性精神文明建设工作先进集体"称号；被市地税局、市国税局授予"2011－2012年纳税A级信用企业"。汇东支行被省银行业协会授予"2011年度四川银行业百家文明规范服务示范单位"。

（地区单位·自贡市商业银行 何丽娜）

交通银行自贡分行（自井篇）

【业务增长】 人民币各项存款余额24.76亿元，较年初增加3.47亿元。人民币各项贷款余额20.16亿元，较年初增加2.31亿元。实现经营利润4295万元。

【业务发展】 稳定存款来源，负债业务发展基础得到夯实。将存款大户的维护稳定和新增作为重点

工作来抓。公司业务条线围绕企业资金稳定和增长目标,全力以赴抓存款。同时个金条线加大对中高端客户维护工作,先后组织沃德客户新春联谊会、贵金属巡展等客户活动,对加强与中高端客户的沟通交流,提高客户对分行的认知度、忠诚度和贡献度起到积极作用。

【信贷投放】 在对公资产业务上认真贯彻省分行"以价补量"策略,信贷资产收益水平明显提升。个贷投放实现较大增长,带来明显的综合回报。积极营销大项目、加大业务储存,取得一定效果。小企业信贷方面,进一步转变业务增长点,充分发挥企业、担保机构、银行、政府的联合作用,促进小企业信贷业务发展。

【业务转型】 转型业务指标完成获得进展。公司业务方面,企业网银业务方面早谋划、早营销,制定促进业务发展相关措施办法,为企业网银后续发展打下较好基础。个金业务方面,中高端客户不断拓展,客户结构继续优化。中高端客户在总客户群中占比进一步提升。代发工资有效户取得突破。三方存管快速增长,源头业务逐步夯实。加大与证券公司合作力度,取得一定成效。

【风险防控】 强化内控建设,为全行业务稳步发展提供有力保障。狠抓不良贷款清收,夯实资产质量基础;持续深入开展授信基础管理质量提升工作,贯彻执行银监会"三个办法一个指引"新规,切实抓好各项风险排查、案件防控工作,坚持合规经营;实行会计结算精细化管理,积极推进会计示范行创建工作,落实会计主管"双委派",加强风险预警监控,全面提高基层营业机构风险控制能力;四是加强信息技术、安全保卫和纪检监察工作,实现全行安全稳定运营。

（地区单位·交通银行自贡分行）

自贡农商村镇银行
（自井篇）

【经营指标】 全行资产总额6.13亿元,各项存款余额4.89亿元,各项贷款余额2.85亿元,实现净利润31万元。资本充足率为41.18%,不良贷款为零。对公存款余额3.98亿元,占比81.37%;储蓄存款余额0.91亿元,占比18.63%。

【法人治理】 按照《公司法》等法律法规和监管部门的相关要求,设立了股东大会、董事会、监事会和高级管理层,明确了"三会一层"的职责权限、管理架构、运行方式和问责机制,建立议事规则,规范决策程序。高级管理层按照促进业务发展和有利风险控制的原则进行部门设置和职责分工,确定部门负责人和部门专业岗位人员配置,搭建全行业务管理组织架构。

【坚持支农方向】 坚持"扎根自贡、服务三农、面向小微"和统筹城乡发展的方向不动摇,积极围绕农村金融服务打造经营特色。在信贷产品上,推出"农商通"系列产品,产品涵盖个人、农业专合组织、农产品加工企业等主体的生产、经营和消费等领域的绝大部分信贷服务。在信贷服务上,客户经理走村进户、上山下田,充分发扬"背包下乡"和"扫街"精神,深入开展调查和营销。在服务效率上,根据涉农贷款和小微企业贷款"短、频、急、小"的特点,按照客户需求随时安排信审会,一般3至5天即完成贷款审批,充分体现"小、快、灵"的特点。截至2011年12月末,贷款2.85亿元中,涉农贷款余额2.49亿元,占比87.37%;小企业贷款1.84亿元,占比64.56%,其中涉农中小企业贷款余额1.92亿元;支持个体工商户22户,贷款金额1608.2万元;支持养殖专业户248户,金额2537.15万元;支持农村专合组织2户,金额230万元;支持农副产品加工经营企业4户,金额880万元。涉农贷款和小企业贷款同比增速均不低于各项贷款平均增速,实现了"两个不低于"目标。

【网点布局】 2011年7月、10月、11月分别设立富顺、自流井和荣县3家一级支行,8月实现总行搬迁。沿滩支行和贡井支行正在筹建中。该行将进一步做好机构网点的规划布局,积极向乡、镇延伸营业网点,逐渐形成对区县、乡镇的服务网络。

【风险防控】 建立各项经营管理制度。在董事会制定五个基本制度的基础上,按业务条线制定和完善相关操作规程和细则。严控信贷风险。落实调查、审查、审批责任,加强岗位制约,加强贷后检查和管理,严格执行贷款新规,受托支付比例达到99.81 %。加强操作风险管理。认真执行银监会防范操作风险"十三条"、四川银监局案件防控"五十个严禁"和客户经理"十个严禁",认真开展"三项整治"活动和存款风险滚动排查工作。加强柜面操作、现金、重空、寄库、印章、自助设备等的管理,支付密码器推广率达到98.97%。严守资本充足率、拨备覆盖率、杠杆率和大额贷款集中度四条风险底线。截至12月末,农行资本充足率为41.18%,杠杆率为19.63%,不良贷款为零。

【安全防范】 抓好员工思想教育、警示教育、日常行为教育和法制教育,有效提高全行员工的法律意识和安全防范意识,全年开展法律、警示、行为教育等培训200余人次。加大检查监督,全年累计检查机构12个(次),参与人数42人(次)。全年未发生案件和安全责任事故。

【队伍建设】 招聘本地金融机构7名执行层人员和包括应届毕业生在内的52名操作层人员,实现员工的本土化。针对新聘操作层员工没有银行从业经验的实际,制定详细的培训计划,通过集中学习、信贷例会、以老带新等方式全方位进行培训,行领导亲自担当培训讲师,同时还选派部分员工到发起行进行集训。积极参加"四川城市商业银行、村镇银行第二届小企业客户经理技能竞赛",加强经验交流,提升客户经理业务素质。强化员工激励约束,建立员工管理、薪酬管理等新机制。

【加强宣传】 采取"点面结合"的方式,制定整体宣传方案。利用公交车身、广播电台、视频传媒等方式,提升公众认知度;通过人员招聘、新设机构开业、冠名体育赛事等契机,扩大影响力;在"银行业公众教育服务月"活动中,有针对性地向公众普及金融知识,提升大众金融安全意识,树立了有社会责任感的银行形象,被四川银监局及自贡银监分局评为"优秀单位"。

(地区单位·自贡农商村镇银行)

自贡农村信用社
(自井篇)

【概述】 围绕省联社和自贡"十二五"规划的总体部署,以"加快发展,抓住机遇,猛上台阶"为工作重点,以服务"三农"、服务县域经济和中小微企业为主要方向,各项业务发展取得历史最好成绩,成为全市营业网点分布最广、资金实力最强,服务领域最广泛、服务地方经济作用最明显的金融机构。全市5家县级联社,174个营业网点,职工1529名。截至2011年末,存款余额111亿元,贷款余额71亿元,实现拨备前利润2.50亿元,存贷款规模连续4年居全市金融机构第一。是年,全市系统实现各项收入7.98亿元,同比增加2.53亿元,增幅达46.40%;各项支出7.36亿元,同比增加2.37亿元,增幅47.64 %;实现拨备前利润2.50亿元,同比增加1.14亿元,增幅84.49%。

【存款业务发展】 各项存款余额110.94亿元,比年初净增21.79亿元,增幅为24.44 %,比上年多增6.71亿元,增幅比上年提高4.08个百分点,完成省联社下达全年存款必成数的105.04 %,争取数的103.06 %。存款余额排名全市各金融机构第三,净增额排名全市各金融机构第二,增速排名全市各金融机构第二。

【贷款业务发展】 各项贷款余额70.73亿元,比年初净增10.57亿元,增幅17.57%,比上年多增加2.09亿元,增幅比上年提高1.16个百分点,完成省联社下达的全年贷款必成数的121.49%,争取数的103.62%。全年累计投放各项贷款77.38亿元,比上年多投放31.29亿元,累计投放"三农"贷款63.81亿元,比上年多投放29.55万元,各项贷款中:涉农贷款余额59.41亿元,占比83.98 %;中小企业贷款余额23.41亿元,占比33.09%;信贷投向趋向于"三农"和中小型企业。

【中间业务发展】 实现中间业务收入1645万元,

同比增加1121万元，增幅达213.93%，中间业务收入实现历史性突破。全年布放电子支付终端（e迅通）1513台、POS机390台、ATM机33台，企业网银86户、个人网银534户，开通企业短信平台178户、个人短信平台1.54万户，推广发行支付密码器3450台、捆绑支付密码器账户2569户，整体推广率90.57%，促进中间业务发展，增强市场竞争力。

【"不良"贷款双降】 不良贷款余额5.54亿元，比年初下降1.16亿元，占比为7.84%，比年初下降3.3个百分点。其中次级类贷款2.25亿元，占比为3.18%，可疑类贷款2.96亿元，占比为4.18%，损失类贷款3420万元。同时，抵债资产余额逐步减少。年末，抵债资产余额9764万元，占资产总额的0.79%，同比降低0.4个百分点。全年为降低非生息资金占用，充分发挥资金运营效益，按规定处置抵债资产47宗，金额2139万元，超额完成上级下达的年度目标任务。

【抗风险能力增强】 全年提取贷款呆账准备1.67亿元，同比增提9443万元，呆账准备金年末余额4.32亿元，贷款损失准备充足率达170.99%；资本充足率达到8.57%，比上年提高4.76个百分点，超额完成省联社及银监部门下达的抗风险规划目标。

【产权改革】 全市农村信用社股金余额4.21亿元，较年初净增1.73亿元。其中，投资股4.21亿元，占股本总额的100%，股权改造工作取得明显进展。辖内中新联社作为打造"标杆行社"试点社，改革工作顺利进行，各项指标已经全部达到组建农村商业银行的条件。

（地区单位·自贡农村信用社）

自贡华西证券
（自井篇）

【概述】 华西证券自贡五星街营业部代管贡井长征大道营业部。营业部现有证券从业人员44人，其中管理服务人员24人，营销人员17人，辅助工3人。2011年，按照"规范发展，做大做强"的指导思想，面对证券业日益严峻的市场竞争，营业部上下一心，迎难而上，以必胜的信心和有效的准备积极应对挑战。经过不懈的追求，营业部取得一定的成绩。

【主要经营指标】 证券交易总额175.87亿元，新增证券账户开户数3727户，证券账户累计开户数7.53万户，新增资金账户2117户，资金账户总数5.43万户。实现营业收入4506.68万元，实现利润2887.59万元，营业税金218.36万元，年末客户保证金余额2.06亿元。金融产品销售1018.84万元（其中，长城中小盘基金116.94万元，融诚二号703.9万元，博时深证200ETF基金90.8万元，鹏华新兴产业基金107.2万元）。

【客户服务】 建立营业部4008呼叫中心，回访业务有效呼出2.24万人/次，新客户回访3987次，客户关怀、活动通知、身份过期通知等2.19万次。形成具有竞争力的营业部客户服务体系。提高客户服务覆盖率。手机短信覆盖4443户。短信发送107万条。从2008年仅覆盖30万以上客户逐步扩大到覆盖10万以上的客户。组织大型投资报告会3次，小型客户沙龙20次。开展投资者教育培训30次，培训1289人次，制作各类培训课件20个，发放各类宣传品6615余册。

【业务培训】 加强培训，提高员工综合素质和业务能力。先后开展了合规知识、反洗钱、商务礼仪和普通话培训；组织20人次到公司标杆营业部、新设营业部学习经验，增强竞争意识；此外还开支职工教育经费购置员工感兴趣的书籍。加快打造学习型组织的步伐，促进员工与公司共同成长，利用基于E－LEARNING平台的华西证券网络学院学习相关课程，提升员工的职业素养、职业技能和综合管理能力。加强安全管理，完善安防设施。进行应急预案演练和消防设施、110联动系统、监控系统、电力系统、信息系统的检查，更换使用年限到期的灭火器。

【内部管理】 制定《华西证券自贡五星街营业部2011年度消防工作计划》、《华西证券自贡五星街营业部2011年度投资者教育工作计划》等管理制度20个，形成管理制度体系。并对《关于加强证券公司经纪业务管理规定》涉及营业部的11个方面的工作进行自查，针对营业部存在问题进行整改。营业部未发生重大突发事件，信息系统符合有关规范和监管要求。

【反洗钱工作】 发布《营业部2011年反洗钱工作计划》，制订反洗钱制度及具体反洗钱细则和流程，对所有客户账户进行洗钱风险等级分类，对客户进行身份识别和持续识别并保存反洗钱档案。对身份证明过期的客户进行电话联系和公告。按照人民银行自贡市中心支行的要求，营业部对履行反洗钱义务的情况进行自律评估，自律打分97.5分。人民银行自贡市中心支行通过对全市38家金融机构采取调阅资料，部分实地走访，最终营业部被评为2011年全市4家反洗钱"A"级机构之一，证券业唯一一家"A"级机构的最高荣誉。

（地区单位·华西证券五星街证券营业部 曾利萍）

自贡中投证券
（自井篇）

【概述】 自贡解放路营业部（以下简称"营业部"）营业面积2726.58平方米，设有交易大厅、大中户交易区和办公区域。根据业务发展要求目前设置计财部、电脑部、交易部、客户服务部、渠道营销部五大部门，员工55名。2011年末资金账户4.09万户，客户资产15.69亿元。

【诚信经营】 秉承"以专业精神和卓越服务，提升客户价值"的理念，以"服务、人本、创新"为核心价值观，各项业务稳步发展。开展客户身份识别，进行风险提示，引导客户树立风险意识。加强营业部内部管理，开展员工培训，提高员工合规意识和综合素质，规范运作、稳健经营。2011年，获市国税、地税联合评定的纳税信用A级单位。

【拓展业务】 公司不断丰富和完善交易品种，股指期货、融资融券、私募、信托等产品不断丰富。2011年营业部融资融券业务全面开展，卖空机制的引入改变原来市场单边市的局面，为投资者提供新的盈利模式。在巩固原有银行驻点营销的基础上，不断尝试新的营销模式，通过户外营销、社区驻点、走进高校、公司营销等方式，吸引新的客户群体。

【服务质量】 营业部通过户外宣传、现场交流、电话回访、股民学校、座谈、报告会等多种形式推广公司及营业部服务内容。针对不同客户类型进行电话回访，内容包括业务提示、风险揭示、资讯服务介绍等，根据业务发展调整回访内容和话术，了解客户需求和建议，协助客户办理业务，上门为客户解决疑难，增强了客户对公司业务和服务的了解，加强与客户的沟通、交流。2011年新开客户回访率达到100%，存量客户回访量超公司预定计划。营业部定期开展股民沙龙、投资报告会等活动，向客户进行新业务推广、政策解读、市场热点、风险揭示，受到投资者好评。2011年共举办投资报告会等活动42期，累计参与活动投资者1100人次。开展"反洗钱宣传"、"证券风险教育业务宣传"等大型户外宣传，参与活动投资者2600人次。

（地区单位·中投证券自贡解放路营业部 戚巧云）

自贡市保险行业协会
（自井篇）

【概述】 自贡市保险行业有19家保险公司，其中产险10家、寿险9家、代理公司3家。从业人员4874名（不含代理公司），同比下降0.3%。147个机构网点分布自流井区及其他区县。全年实现保费收入20.06亿元，同比增长1.1%。其中，财产保险实现保费收入4.67亿元，同比增长17.3%；人寿保险实现保费收入15.39亿元，同比下降3.0%。为全市提供保险保障2858.34亿元。人均保险保障8.79万元；上缴营业税金及附加和营销员所得税2997.31万元，同比增长16.8%。累计处理各种赔（给）付案件10.28万件，支付赔（给）付款4.65亿元，同比增长17.13%；代收代缴车船税2882.86万元，较上年同期增长33.35%，收缴率达100%。保险深度达2.57%，较上年减少0.47个百分点，保险密度达617.23元，较上年增加11.08元。农村小额人身保险经过一年的试点，其保障功能初步显现。在城镇职工补充医疗保险、学生平安保险、企业年金保险、新农合保险等方面均有一定成效，有效补充了社会保险体系。承保品种不断增加，如水稻、玉米、油菜、马铃薯、奶牛、育肥猪、能繁母猪、森林等均有一定比例参加保险，保险行业积极致力公益事业，看望孤寡老人儿童、义务献血、捐资助困等爱心活动不断涌现，服务地方经济社会发展的作用进一步凸显。

【交通事故快处快赔】 年初，协会与市交警支队自磋商共同建立自贡市轻微道路交通事故快处快赔服务中心事宜，以缓解城区交通拥堵状况，实现更高效优质的便民服务。3月中旬和8月初，赴成都、乐山考察获取两地经验。4月初，协会起草工作方案（讨论稿）和实施意见，制定了实施暂行办法。8月，联合下发文件。10月10日正式启动。中心成立后，平均每天受理事故5至14件，得到及时处理。

【车险自律带动行业自律】 车险自律的成功为行业协会实施更多领域自律积累了宝贵经验，行业的自律行为已深入到机动车辆保险以外的企业财产保险、学生平安保险、保险代理人流动、机动车辆手续费、银邮代理等各个方面。协会针对法律法规要求对现行的自律公约进行清理，中止了与相关法规相违背的自律项目，同时根据市场情况和公司反馈对自律公约进行了补充完善，对实施《企业财产保险自律公约》进一步完善。是年，召开各类涉及自律的会议9次，受理自律举报1件，并组织对举报案件的检查。

【开展“3·15”诚信明星表彰】 发文部署考评工作，各会员单位对营销业务人员进行考评，2月完成考评数据的收集。推选出2010年度“诚信明星”人选。对50名“诚信明星”在全行业进行通报表扬，在“3·15”日《自贡晚报》上刊登“诚信明星”照片的整版广告。“诚信促发展、典范带行风”十个字体现自贡保险业长期开展此项活动的主旨。

【受理信访投诉】 全年处理群众上门和电话咨询81件。咨询内容主要为保险承保、理赔疑问及保险代理从业资格证办理相关手续等。受理信访投诉案件28件，同比增长3.7%。其中，来电17件，来访10件，3件由市信访办、市金融办转办。投诉案件中涉及产险7件，寿险20件。主要内容为理赔纠纷5件，承保及续保纠纷11件，对公司服务态度不满两件，业务员内部投诉10件。按照四川保监局信访工作会的要求和协会《来信来访处理办法》对投诉客户做到热情接待、详尽记录、认真协调，及时制作《投诉处理单》发被投诉单位，追踪保险公司处理情况和回复，使投诉案件做到100%处理率，100%客户对投诉受理情况感到满意。

【保险代理人资格考试】 组织保险代理人基本资格电子化考试，考点安装远程监控系统，发现问题及时协调处理，确保考试工作质量和有序开展。全年组织考试130场，3512人报名考试，3208人实际参考，1865人通过考试，及格率为58.1%。

【灾害急救知识讲座】 为普及办公安全知识，防患火灾等灾害事故的发生，7月18日，与成都消安防火技术咨询服务中心联合在中国人寿联合举办火灾防灾急救知识公益讲座，普及防灾防损知识，宣传用电安全，介绍急救逃生办法，15家保险机构派员参会。成都消安防火技术咨询服务中心的主任级讲师张国定对检查消除火灾隐患、扑救初期火灾、组织疏散逃生、用电安全等方面进行了深入浅出的讲解，听众深受教益。

（地区单位·自贡市保险行业协会）

平安寿险自贡中心支公司
（自井篇）

【概述】 中国平安人寿保险股份有限公司自贡中心支公司秉承“诚信第一、效率第一、客户至上、服务至上”的公司宗旨，认真履行“为客户、为社会、为员工、为股东”的使命和职责，执行“差异、专业、领先、长远”经营理念，为广大客户提供专业化、标准化、全方位的保险、金融理财服务。公司现有正式内勤员工70余人，保险代理人800余人，公司有本部及沿滩、贡井、富顺、荣县共5个网点。

【保费收入】 全年实现总保费收入1.48亿元，其中个人业务保费收入9237.8万元，银邮业务保费收入5530.5万元。保费收入大幅上升。

【理赔给付】 全年办理1501件，支付赔款622.21万元。其中疾病死亡支付204.99万元，意外死亡支付49.09万元，重大疾病支付107.29万元。标准案件3日结案率99.9%，10万元以上的赔付案件有11件。

【献爱心活动】 继续推行"主动、简单、及时、方便、可靠"的五星服务，坚持每年开展3个月的"客户服务节"活动，客户服务节举办系列客户回馈活动，如"客户大回访"、"少儿才艺及安全知识竞赛"、"专家讲座"、"VIP客户沙龙"、"5·12地震灾害客户慰问"、"义务献血"等活动。是年公司员工61人义务献血2.23万cc。每月固定为客户送《客户服务报》，让客户及时了解公司的经营和资讯。

（地区单位·平安寿险自贡中心支公司）

人保财险公司自贡市分公司（自井篇）

【概述】 人保财险公司下设市公司本部、市公司营业部和6个支公司、10个营销服务部，服务网点遍布全市城乡。拥有强大的展业团队和经验丰富的理赔队伍，配备有承保、查勘车辆40余台。2011年，公司实现保费收入2.10亿元，保费增幅为24.12%，超市场增速6.6%。市场份额45%，同比上升2.4%。赔款支出1.25亿元，同比增加1885万元，上升18.67%。实现报表利润437万元，同比减少56.48%。全年为6.68万台机动车辆，220户企业，208万余万亩农作物以及广大家庭提供451.02亿元的风险保障，处理各类赔案2.54万件。代收代缴车船税1045万元，成为全市代收代缴车船税最高的财产保险公司。上缴营业税金及其他税金共计935万元。

【加强管理】 为有效提高承保质量，提升公司经营业绩，公司拟定《自贡市分公司核保出单集中实施方案》，在市公司成立出单中心，下设两个分中心，全面实施车险集中出单，非车险部分出单。拟定考核制度，对签单人员，前台打单员进行成绩晾晒和考核，达到运行风险可控的目标。强化管控，在系统内开展巡视工作、执法检查、财务业务数据真实性检查、治理商业贿赂等专项工作；严格落实党风廉政责任制，纳入年度计划和考核内容；健全机制，构筑内控合规三道防线，促进业务健康发展。

【提升"三农"服务质量】 为提升保险服务"三农"的质量和能力，加强农村服务体系网络建设，下发《自贡市农村保险业务网络建设方案》。全年建成营销服务部7个，重点乡镇农村保险服务站97个，村级保险服务站1135个，农村保险服务网络建设得到规范和完善。2011年，全市遭受大面积夏旱和伏旱，给保险玉米造成损失。公司和有关部门密切配合，共同查勘，圆满完成玉米保险的理赔工作，支付赔款900万元。

【献爱心活动】 组织员工为困难职工送"温暖献爱心"活动、捐款5000余元。捐助公司一位患重病员工。所属富顺支公司参与富顺县2011年"栋梁工程——家乡助你上大学"扶助贫困优秀大学新生爱心助学活动，向贫困优秀大学新生捐款5000元。市公司通过"省级文明单位"复查，所辖自流井及其他区县支公司通过"市级文明单位验收"。

（地区单位·人保财险公司自贡市分公司）

太平洋产险自贡中心支公司（自井篇）

【概述】 全年实现保费收入5981.97万元，比上年同期增长20.81%，处理各类赔案6165件、支付赔款2917.36万元，实现利润342.08万元。2011年公司在"变革驱动、转型发展"的思想指导下，狠抓销售转型，重点开辟电话销售、交叉销售、车商代理、银行代理、专业代理等新的销售途径，由传统的直销模式向多渠道销售转型，促进业务拓展。先后与58家保险兼业务代理合作单位开展业务合作，新渠道业务占保费收入的62.95%，其中电销业务完成年计划的167%，列全省第一名。公司加强赔案过程管控，加快结案速度，全年结案率90.86%。公司切实履行会计监督职责，提高会计基础工作的质量，堵塞财务管理漏洞，构筑财务风险“防火墙”，多举措严防死守假发票的流入，同时与税务部门建立“普通发票信息查询”平台，直接录入发票代码和发票号码就能查询到发票信息及真伪，防范和规避假发票的流入。是年为国家代收车船税385.47万元，代扣代缴车船税1.93万辆，实现代征率达100%。保险金额达190.41亿元，同比增长20.57%。

（地区单位·太平洋产险自贡中心支公司）

华安财险司自贡中心支公司（自井篇）

【概述】 全年实现保费收入277万元，在自贡保险市场保费增长率排名第一。员工从2010年年末的5人增长至10人。公司按照保监会《关于进一步规范财产保险市场秩序工作方案》文件精神和行业协会自律规定，全面开展自查自纠，加大稽核检查力度，把规范经营作为一项必须工作常抓不懈，规范经营理念深入人心，并作为公司日常经营的重要准绳。是年自贡华安实现客户零投诉，监管零处罚。

（地区单位·华安财险司自贡中心支公司）

大地财险自贡中心支公司（自井篇）

【概述】 坚持“诚信为先、稳健经营、价值为上、服务社会”的经营理念和“立足大地、携手创业、共享未来”的企业精神，业务步入良性发展轨道。全年实现保费收入2538万元，较去年同期增长10.48%，处理各类赔案4136件，支付赔款2054.20万元，结案率95.72%，截至年末公司市场份额占比为5.7%，列第5位。公司在理赔服务上加快赔案的结案速度，通过对赔案过程全面、适时的监控，尽一切可能缩短赔案滞留时间，并充分发挥www.95590.cn赔案查询系统的功能，让客户参与赔案监控，使赔案速度和质量得到全面提升。同时建立快速理赔通道，对3000元以下、不涉及人伤案件的赔案，公司派专人同客户联系，并上门收取相关理赔资料，尽快结案，支付赔款给客户。

【提升服务质量】 加大客户服务的硬件配置，提升服务质量。配置RAS定损系统及现场定损打印设备、查勘定损员手机GPS定位以方便对现场查勘时效的监控。并对定损配件价格适时查询系统升级，提升客户服务水平。

【打击保险犯罪】 通过与公安、司法部门的合作，成功打击了一些不法分子，利用不正当手段骗保、诈保的行为，全年破获骗保、诈保案件6起，成功降赔或追回保险赔款20余万元。

（地区单位·大地财险自贡中心支公司）

安邦保险自贡中心支公司（自井篇）

【概述】 全年完成保费收入887.79万元，其中富顺机构完成签单保费实收300万元，占保费收入的34%；本级完成签单保费实收587.79万元，占比66%。赔付支出633.17万元。年初公司采用无线技术对车险进行手机查勘，无线技术让安邦保险理赔迅速化，借助3G优势，以天翼手机为载体，查勘员采集现场信息后直接通过手机将查勘图片及数据上传到理赔系统，后台服务器对上传照片进行即时核实，同时也会跟踪查勘员对案件处理的每一个环节，切实起到了实时监督及理赔提速的作用。9月，公司快速高效的理赔查勘服务受到媒体关注，《金融投资报》保险周刊刊发了对四川分公司理赔查勘的采访报道，该报记者通过对公司理赔查勘人员一天工作的跟踪体验，展现了公司高效快速的理赔查勘服务。自贡公司以此提出“一切以客户为中心”的理赔服务要求，多次开展客服人员综合素质培训,加强客户服务力度,获得社会认可和好评。

(地区单位·安邦保险自贡中心支公司)

平安产险公司自贡中心支公司（自井篇）

【保费收入】 全年实现总保费收入7498.44万,同比增长22.70%,所占市场份额16.07%,同比增长4.6%,其中车险6707.82万,同比增长22.29%;财产险551.32万,同比增长18.14%;意健险239.32万,同比增长50.73%,缴纳各类利税991.21万元。

【服务质量】 树立"以人为本"的服务理念,明确岗位职责与要求,合理分工,定人定岗,为客户提供专业的指导和咨询,制定最优化的购保方案。同时,将"道路救援"扩大到全体客户、涵盖中心城区100公里范围内地域,为客户的平安出行提供双重安全保障。实现车险理赔"一袋式服务"。平安车险对赔款金额1万元以下、纯车损案件的直赔客户提供"一袋式服务"。即每位查勘定损员根据公司要求将快递袋发放给符合条件的直赔客户,一次性告知客户需要提供的资料,并在快递袋上准确勾选,客户准备好索赔资料后可拨打公司服务电话由公司派人上门收取理赔资料。简化赔付流程,方便客户操作。按照总部决定,坚持万元以下,手续齐全,一天赔付的承诺,得到客户认可。2011年,中国平安财产保险自贡中心支公司被市工商行政管理局授予"诚信、重合同、守信用"单位荣誉称号,获市保护消费者权益委员会授予2011年度"诚信服务"行业示范单位荣誉证书。被市国税局评为"纳税信用A类企业",成为市保险行业唯一获此殊荣的企业。

(地区单位·平安产险公司自贡中心支公司)

中国人寿自贡市分公司（自井篇）

【概述】 在全市设有县(区)支公司六个,有农村营销服务部66个,服务网络齐全。2011年,坚持"积极进取、调整结构、增进效益"的发展总体思路,启动农村小额保险及小额信贷保险,明确三大销售渠道不同的职责定位和工作重点,加强基础管理,加强服务,推动公司持续健康发展,实现保费总收入4.07亿元,市场份额27.3%。

【提升理赔服务质量】 认真受理理赔案件,沿滩区联络镇海涛村村民明某,在村里投保农村小额人身保险两份。5月14日做完农活后到池塘洗脚时,不慎落水溺水身故,在其家属提交理赔资料后的第三天,便获得4万元赔款。5月20日,越南发生游船沉没事故,造成4名中国乘客遇难,其中两人是自贡富顺人。由于姜某曾在中国人寿投保了人寿保险,其受益人获得4.4万元赔款。是年5月22日,荣县新胜煤矿发生瓦斯爆炸,造成6人意外身亡,多人受伤。有3名遇难者投保农村小额人身保险和人身意外伤害卡式保险,其家属及时获得保险赔款2.9万元。

(地区单位·中国人寿自贡市分公司)

新华保险自贡市中心支公司（自井篇）

【概述】 全年实现保费收入1.48亿元,其中期缴保费4419.2万元。短期险保费收入160.8万元,其中中介渠道保费收入56.57万元。个险期交保费2423万元,银邮渠道保费1.22亿元,团险渠道160.8万元。是年,新华保险给付理赔款152.61万元,其中身故赔付124.25万元,医疗赔付28.36万元。

(地区单位·新华保险自贡市中心支公司)

中宏人寿自贡市自流井营销服务部（自井篇）

【概述】 全年实现总保费收入733.19万元,同比增长41%,其中个险期交保费716.85万元,同比增长41% ,团险保费16.34万元,同比增长41%;理赔方面,全年已决赔案914件,赔款总额163.83万元，综合赔付率23%，同比增长2个百分点；提存各类准备金178.51万元，同比增长49%。上缴税金32.06万元，同比增长88.19%，净增15.02万元；代收代缴入库税金20.79万元，同比增长61.12%，净增7.89万元。公司一直热心致力社会公益。通过摆摊设点等销售120余盏共筹善款3600多元，为四川贫困地区白内障患者老人送去了光明。为140个下岗、待业人员提供了再就业的机会。

（地区单位·中宏人寿自贡市自流井营销服务部）

合众人寿自贡中心支公司（自井篇）

【概述】 全年实现总保费收入3057万元，其中个险业务保费收入760万元，同比增长81%；银代业务保费收入2308万元。公司致力于为广大群众提供人文关怀的寿险产品和优质服务，并拥有业内领先的集中后援运营系统，每一份保单可以在24小时内经总部核保，保障了客户权益。2011年自贡中支共理赔案件111件，其中3日结案率达到99%以上。高于同年全国合众5日结案率98%。自贡合众严格执行总公司“合众保险 理赔不难”服务理念，秉承“急客户所急、想客户所想”开展工作，无1起理赔投诉。

（地区单位·合众人寿自贡中心支公司）

民生人寿自贡中心支公司（自井篇）

【概述】 全年实现总保费收入935.16万元，同比增长30.98% 。其中，个险期交保费收入913.74万元，同比增长29.47% ；团险渠道实现短期保费收入22.60万元 ，同比增长175.37%。截至年底，公司市场份额为0.6%。4月，开展“强管理、树形象、促发展，向党献礼”主题实践活动。4月7日至5月31日，开展关于“二季度通货膨胀环境下的民生客户大调查”活动。以“刮刮卡”抽奖等环节激发客户参与活动的积极性。以调查问卷的形式，加强客户对“通货膨胀危害性”以及“对其防范抵御的必要性”的认识；8月初，开展“第六届客户服务嘉年华活动”，以上门发放防灾减灾及急难自救知识资料、客户答谢会等形式。答谢长期以来支持和关心民生发展的新老客户，拉进与客户间的距离，积累更多地准客户。10月30日，在公司司庆之际以“迎司庆，为民生服务礼品大派送”为主题，携腰鼓队在自贡及区县发放社区邀请函和精美的小礼品等宣传活动，受到客户好评。

（地区单位·民生人寿自贡中心支公司）

天安保险自贡中心支公司（自井篇）

【概述】 2011年，实现保费收入546.72万元，同比减少223.80万元，减幅29.05%。车险与非车险占比为89%∶11%。赔款支出723.71万元，同比减少88.10万元，幅度为10.85%，赔款中历年起保赔款638.31万元，利润－129.66万元，同比增亏14.29万元。

（地区单位·天安保险自贡中心支公司）

华泰财险自贡中心支公司（自井篇）

【概述】 全年实现总保费收入541.62万元，其中车险完成518.07万元（含电话销售12万元），非车险完成23.55万；综合赔付率52.61%，同比下降25.56%；综合费用率37.30%；综合成本率89.91%，同比下降21.35%；实现扭亏为盈工作目标，全年实现承保利润61.28万元。全年接报案432件，缮制处理赔案486件，赔款金额79.7万元，案均赔款1640元。未决赔案101件，未决金额47.4万元，案均未决赔款4693元。

（地区单位·华泰财险自贡中心支公司）

泰康人寿自贡中心支公司
（自井篇）

【概述】 保持稳健发展的势头，个险、银行保险、团险等各业务线全面发展，全年实现保费规模3.11亿元。其中，个险实现规模保费3652万元；团险实现规模保费118万元；银行保险实现规模保费2.73亿元。赔款和死伤给付761.75万元，比2010年1353万元减少43.7%。市场地位稳固，截至年底，泰康人寿自贡中心支公司总保费在自贡寿险行业排名第二。

【公益活动】 在全市范围内共计开展健康义诊及健康大讲堂等公益活动共计8次。

【重大赔案】 泰康人寿自贡中心支公司在7个工作日周到快捷的向客户赔付31万大额银行保险理赔款。

（地区单位·泰康人寿自贡中心支公司）

军 事 JUN SHI

人民武装

【思想政治建设】 学习贯彻党的十七届五、六中全会精神、胡主席"七一"和建党90周年重要讲话和省军区、军分区党代会精神，区人武部政委李宗镶以"深刻理解主题主线重大战略思想，努力推动军分区人武部建设创新发展"为题，为分区系统机关干部、职工作理论辅导。从坚定理想信念、牢记服务宗旨、弘扬务实精神、保持政治本色、履行使命任务5个方面进行专题辅导，开展"坚定理想信念、忠实履行使命"主题教育。深入开展"三责"、"三互"活动，落实谈心交心制度。利用民兵训练、整组时机，开展民兵思想政治教育。"七一"期间，组织参加唱革命歌曲、参观江姐故居、重温入党誓词、党史军史竞赛、"我在党旗下成长"征文活动，庆祝建党90周年。"八一"期间，组织近100名民兵参加"我们的队伍向太阳"全市驻军部队军歌赛，完成分区赋予的组织驻军部队参加市"万人红歌会"任务。成立区民兵预备役工作新闻报道小组，在《解放军报》、《中国军网》等中央级媒体上发表稿件6篇，在成都军区和省级媒体上发表稿件15篇，在《国防时报》重点宣扬我部"一对好主官"事迹。

【队伍建设】 参加省军区师团职领导干部理论集训、军分区共同条令暨《政工条例》集训。坚持人武部党委中心组和机关理论学习制度。认真开展"加强党性修养，锤炼思想作风"专题教育整顿和倾向性问题专项整治活动，人人参与讨论、写出对照检查，层层签订责任书。深化"学习型人武部"建设。支持干部换岗锻炼和职工参加四川省技术工人晋升技术等级考试。区人武部政委李宗镶、部长郝泽祥分别就《机关公文写作应注意的几个问题》和《野外军事作业和警戒封控行动》给分区机关干部和专武干部进行授课，相关活动经验被省军区转发。继续推进"争先创优"活动，对2010年度武装工作和征兵工作的先进单位和个人，以及"军训后备之星"、"党管武装好书记"进行表彰。开展"优秀片长"、"优秀职工"、"优秀驾驶员"、"五好家庭"评选活动。区人武部被成都军区表彰为"征兵工作先进单位"，政委李宗镶被省军区表彰为"优秀党务工作者"。

【军事斗争准备】 落实战备制度，修订完善6类作战预案和抢险救灾方案。坚持重大节日战备教育，首长、机关和基层民兵应急分队战备值班制度。规范民兵整组工作，完善分片区、分专业集中竞赛性点验做法，促进民兵工作"三落实"，做法被军分区推广。完成红旗乡、仲权镇、五星街三个试点单位武装部的规范化建设，在东街钟云山社区和仲权镇百胜村建起"青年民兵之家"。强化民兵军事训练，以应急特勤排和8支应急专业救援分队为重点，分三批组织690名民兵骨干开展基础科目和专业科目训练。先后组织民兵参加市民兵"军事三项"比武竞赛和民兵应急分队竞赛考核。组织干部职工、专武干部、民兵骨干开展野战炊事车使用、冲锋舟驾驶技能培训。参加省军区高炮骨干集训和森林灭火分队骨干集训，参加军分区抗洪抢险业务骨干培训、专武干部集训。民兵应急分队被省军区评为"民兵应急分队建设先进单位"。结合庆祝《国防教育法》颁布10周年，通过开设国防教育讲座、军训，组织基层领导干部过"军事日"，为基层订购国防教育报刊，广泛开展国防教育。通过深入搞好征兵宣传发动、严密组织体检政审、出台《自流井区廉洁征兵措施》并抓好落实，完成177名新兵征集任务。完成拥军支前潜力信息调查、核生化数据登记上报和复转军人登统计工作。

【参建参治】 立足经济建设的主战场，发挥民兵预备役队伍特有优势，先后组织出动民兵近1000人次完成灯会开幕执勤，天花井菜市场和蜀光中学外围路段清理整治等任务。开展"领导挂点、部门保户、干部帮户"活动，协调落实仲权镇百胜村村委会4万元办公楼修建经费。在春节、端午、"七一"期间，开展"关爱老武装"、"送温暖"、"慈善一日捐"活动，走访慰问17名贫困"老武装"人员和贫困老党员，赠送现金、粮油、米面等累计价值3000元。接待来访16人次，帮助解决军人小孩就学、军属维权等困难问题4件。"两会"和国庆等敏感时期，做好辖区22户复转军人老上访户稳控工作。

【正规化建设】 以正规化建设和国防动员“五个一”达标建设为抓手,配齐全套值班管理信息化设备;扩建并重新规整民兵装备器材库,制作人员标签标识牌,落实“定人定装定号”管理;改建作战室、党委会议室、职工食堂,对营区外300米进出道路进行硬化,粉刷营区内外墙面,对大门值班室外道路进行平整,在营区外修建“大力弘扬党管武装优良传统,全面推动国防后备力量建设”宣传墙;确定区高炮库建设方案,进一步实现人武部硬件建设一流的目标。针对倾向性整治活动查出的问题,采取定期开展内务卫生检查,实行各科职责和相关制度上墙,复印留存干部职工家庭车辆证照和保险手续等措施,进一步规范机关工作和生活秩序。组织乡镇、街道党(工)委书记进行党管武装工作述职,首次按照《自流井区党管武装工作目标考核实施细则》和《自流井区征兵工作目标考核细则》对基层各单位武装工作及征兵工作进行考核和奖惩,进一步促进武装工作制度落实。

【开展全民国防教育】 二、三季度,结合庆祝《国防教育法》颁布10周年,人武部广泛开展“国防教育进万家”活动,相继在区委党校、区委中心组学习会上、自贡公交集团、六中、二十二中、丹桂街开设《中国南海战略思考》、《中国周边安全形势》、《增强忧患意识,坚定报国之志》等国防教育讲座8场次,组织党政领导干部过“军事日”,组织专武干部和民兵骨干学习党史军史、参观江姐故居,组织学生军训、参观区国防教育室,给乡镇、街道下发《国防动员法导读》材料,在春华广场、各农村场镇散发《国防法》、《兵役法》传单,拉设国防教育标语、横幅,向群众发送国防知识短信、国防教育彩铃和手机报,让国防教育走进机关、单位、学校、乡镇、社区,覆盖领导干部、青少年学生、民兵、群众,进一步增强全民国防观念。

【专武干部集训】 10月初,人武部着眼提高专武干部队伍能力素质,以民兵预备役工作知识、炊事车使用、冲锋舟驾驶和识图用图技能培训为主要内容,通过领导授课、观看录像、实践操作等方式,组织为期一周的集训,进一步促进专武干部队伍战斗力生成。

(区人武部 陈 兵)

消防大队

【工作概况】 全年共接警出动280余次,出动车辆330余台次,出动消防官兵1800余人次,抢救被困人员100余人,保护财产价值200余万元,灭火成功率100%。同比,全区火灾事故下降22.22%,死亡人数下降100%,伤人数下降100%,直接财产损失上升51.64%,无一例重特大火灾事故发生。消防队官兵饱含对辖区人民的真挚深情积极践行“服务人民”宗旨,全年为民服务186次,先后8次组织看望孤寡老人、慰问革命烈士家属、资助贫困大学生等活动。9月,全市持续干旱,群众饮水困难,中队累计出动155人次、连续10天为辖区单位、乡镇、社区送水248吨。

【“防火墙”工程】 推进“防火墙”工程建设实现新突破,开展“大排查、大整治、大宣传、大培训”活动,预防和遏制重特大火灾事故发生,全力确保火灾形势稳定,筑牢社会消防安全“防火墙”。组织开展以“消防于心,生命于行”为主题内容的119消防宣传活动;开展飓风行动,全面打响“清剿火患”战役。全年检查单位1529家,查处火灾隐患1613起。

【班子建设】 全年大队、中队主官参加支队和地方党委中心组的理论学习16人次,本级班子组织集体学习12次,特别是多次组织了“两会精神”、“十七届六中全会精神”、国家及地方“十二五”规划学习,2人参加了支队政工大比武竞赛。开展廉政教育。4月开展集中警示教育,党委班子积极开展自查互查、剖析整改相关问题9条。5月,开展“送法进军营”的专题讲座。5月16日,大队党委召开“反对不良作风、查找不廉行为”为主题的民主生活会,通过相互谈心交心,开展批评和自我批评,共收集到教育、管理、执法等各方面建议5条,促进了班子的良性发展。增强了党员党性、严肃了全队纪律、纯洁了部队作风。

【基础建设】 为保证人员素质和装备建设同步提

升、协调发展，真正打造一支铁军队伍。大队积极向政府汇报工作，多措并举，多方争取，受到政府的高度重视，落实专项经费为中队购买一台大功率消防车，缓解了中队执勤车辆老化落后的问题。同时大队还为中队购置一批常规器材装备，并添购了液压破拆工具组、混凝土切割机等地震救援器材，提高了部队的作战实力。

【行政处罚】 全年办理消防行政处罚案件88件，其中警告个人1人次，罚款单位或场所59个、个人26人次，罚款金额共计7.59万元；对单位或场所实施临时查封82个。这88起消防行政处罚案件，大队严格做到程序合法、引用法律条款正确，处罚公正、公平，均无1件行政复议和行政诉讼。

【严格行政审批】 落实消防执法五项机制和34项工作制度，开展执法质量建设、档案规范化建设，实现消防法律文书制作、上报、审批等环节全部网上运行。严把消防行政审批关，坚持公开、公平、公正的原则进行行政审批。全年办理建筑工程消防设计审核6个、建筑工程消防验收6个、公共聚集场所开业前消防安全检查19个；

【岗位练兵】 按照《大纲》要求和支队下发的训练计划，积极开展执法业务、灭火救援业务训练，狠抓执勤岗位练兵，抓好业务理论学习，对执勤岗位练兵做到每月月初有训练计划、月末有分析总结。使部队整体监督执法、灭火救援战斗实力进一步增强。总队选派了1名同志参加备战全国铁军比武竞赛集训，支队调动4名同志参加备战全省铁军比武竞赛集训，另有1名同志借调担任集训教练。分别为总队取得全国第二名，支队取得全省第二名的优异成绩作出了贡献。

【整治火灾隐患】 开展消防安全“五大”活动，加大火灾隐患整治力度。对达到重大火灾隐患判定标准的，及时报请政府挂牌督办和向社会公告。并责令“三停”以及拘留、罚款、临时查封等处罚手段和强制措施，严厉查处火灾隐患和消防违法行为。9月26日起，开展“清剿火患”战役，大队联合各公安派出所民警全警出动，强化措施，严格落实相关工作要求，突出排查整治重点，集中警力在全区范围内进行全方位的消防安全大排查、大整治。排查单位(场所)4192家、发现火灾隐患3.81万处、整改火灾隐患3.80万处，下发《责令改正通知书》5600余份，临时查封800余家，下发行政处罚决定书64份，责令“三停”40余家。

【建立重点单位台账】 大队对辖区基本信息收集及时、准确、完整。健全更新辖区重点单位台账、高层建筑台账、地下人防工程台账、易燃易爆场所台账，完成了水源手册和消火栓档案，更新了辖区社会资源、联动单位基本信息。中队加强对辖区重点单位、居民棚户区的“六熟悉”、实战演练，确保一旦发生火灾能尽快成功处置。

（区消防大队　李　珊）

法　制 FA ZHI

政法工作

【综合治理】 区委、区政府先后4次召开政府常务会、区委常委会,研究讨论综治、维稳和“大调解”工作。年初,区委、区政府与10个乡镇、街道和235个地区综治维稳责任单位签订综治维稳工作目标责任书。区综治委对10个乡镇、街道、33个成员单位75名主要领导和分管领导建立党政干部实绩考核档案,结果与领导干部晋职晋级和评先受奖直接挂钩。组织部门表彰奖励168人、推选210名党代表、提拔42人书面征求综治、维稳部门意见。

【维护社会稳定】 实行社会稳定风险评估,树立源头治理观念,推进稳定风险关口前移。全年对4件重大事项、重大决策进行风险评估,确保项目有序推进。强化不稳定因素排查,建立健全不稳定因素信息台账,加强维稳分析研判和预警工作,区维稳办全年收到涉稳信息和情况反映350条,列入不稳定因素台账86件,被市上列入不稳定因素台账87件,其中主体化解责任在自流井区的38件,化解32件不稳定因素,确保了全国及省、市、区“两会”等重要、敏感时期辖区内的社会稳定。健全维稳各项专项预案,建立完善领导现场处置群体性事件工作机制,建立健全各类维稳应急队伍,强化群体性事件处置。全年处置各类突发性、群体性事件116起,其中妥善处置医患纠纷23起,没发生一起主体责任在区内的群体性事件。

【平安创建工作】 健全体制机制。坚持定期研究综治工作制度、五部委联席例会制度、成员单位述职制度、联系点制度。进一步落实综治责任制考核工作,全面签订了目标责任书。

基层基础进一步夯实。实现乡、街综治委(办)和村、社区综治维稳工作站全覆盖,基层警务室全覆盖,打造毛家坝社区示范警务室,新组建一支350多人的专职治保队伍。强化对流动人口、刑释解教人员、吸毒艾滋病人、违法犯罪青少年和肇事肇祸精神病等五类重点人员的管理。完善“一站三员两系统”的工作模式,加强对出租房屋、旅店、重点单位、重点场所、重点人员的管控。新接收刑释解教人员121人,帮教率100%,期满解除矫正对象13人。帮教、矫正对象均无重新违法犯罪。健全街面防范网络。创新建立“三联两合”的街面防控模式,新安装“天网”监控摄像头124个。全区无中、省挂牌的重点地区和热点问题,社会治安秩序明显好转。开展校园周边环境综合整治,全力提升校园防范水平,辖区37所学校均配备专职保安。全面启动平安铁道线和平安“九无”村(社区)创建活动,集中整治富台山等路段安全隐患。完成企业、地方“三电”三定工作,开展排查治理和宣传活动,破获“三电”案件4起抓获犯罪嫌疑人5名,确保“三电”设施安全运行。

【严打斗争】 依法严厉打击各类刑事犯罪。实现“命案全破”工作目标,健全和完善命案侦破工作机制,积极完善侦破措施,成功侦破7起命案。加大对街面“两抢”、“两盗”等多发性侵财犯罪的排查整治力度,犯罪高发势头得到遏制。多措并举,追逃工作成效显著。以打击大宗毒品案件,零包贩毒案件、新型毒品案件为工作重点,破获公安部督办的“4·14”、省厅督办的“12·22”两起重特大贩毒案。严肃查处职务犯罪和经济领域违法犯罪。强力整治非法传销、校园安全等突出问题。全区共发案2679起,占全市刑事案件发案1.38万件的20%,侵财类案件2541件,占95%。共破获刑事案件583起,同比上升3.74%;打击处理刑事犯罪分子281人,强制戒毒56人。发现、受理治安案件1943件,查处679件;追回网上逃犯187人,网上逃犯下网率在全市率先达到100%;查处违法人员570人,捣毁传销窝点25个、挡获传销人员580名,抓获、强制隔离艾滋病吸毒人员20人,检察机关共受理移送审查起诉案件286件447人,提起公诉285件446人;立案查办职务犯罪案件10件16人。区法院共审结刑事案件247件,判处犯罪分子401人。

【大调解工作】 组织开展矛盾纠纷“大调解”,向基层延伸“进城镇小区、进农村院落、进车站、进规模性市场、进经济开发区”的“五进”活动,全区新建成“五进”调解室和联系点93个,建成率

90.3%,初步建立常态的矛盾纠纷调解工作“窗口”前置运行机制。集中开展“四川省基层综治暨大调解工作信息管理系统”的安装、使用培训,覆盖全区各类调解组织的“大调解”工作信息平台于10月正式启用。创新医疗纠纷化解机制,成立区医疗纠纷人民调解委员会,建立以区政府分管副区长许力为召集人的联席会议制度,落实运行及个案补贴经费,并于8月正式启动医患纠纷第三方调解工作机制。结合3月综治宣传月活动,组织开展全区“大调解”工作集中宣传,指导乡镇(街道)进一步加强“大调解”工作制度和工作机制建设,完成乡镇(街道)人民调解个案补贴的审核和发放工作。切实加强乡镇(街道)和区级有关部门矛盾纠纷定期排查研判化解工作的指导,全区受理人民调解矛盾纠纷361件,调解成功359件,成功率99.45%;受理行政调解矛盾纠纷513件,调解成功494件,成功率96.29%;受理司法调解可调案件761件,调撤647件,调撤率85.2%。

【执法质量工作】 按照中央、省、市关于在政法系统开展为期两年的集中清理化解涉法涉诉信访积案和为期3年的“百万案件”评查活动统一要求,组织全区政法部门对2010年12月31日前的涉诉涉法案件进行逐一排查,清理出信访积案两件,对该积案实行领导包案制度,落实专人,限期办理;确定评查案件100件(公安分局33件,区检察院21件,区法院46件)。并结合质量倒查月活动认真开展了自查。评查出合格案件56件,良好案件34件,优秀案件10件,无一般质量问题案件、较大质量问题和重大质量问题案件。

【队伍建设】 积极组织“发扬传统、坚定信念、执法为民”主题教育和“警民亲”活动,开展政法干警职业道德培训和理想信念教育,进一步坚定政法干警的理想信念。继续深化政法系统教育培训、技能练兵、作风建设“三项制度”建设,干警素质和执法办案能力不断增强。进一步规范执法流程,健全执法监督制约机制,将执法监督贯穿于执法工作的全过程,区法院成立了审判质量监督管理办公室;区检察院探索改进了刑事案件另案处理、捕后变更强制措施、适用强制性侦查措施及“五同步”职务犯罪侦查活动同级监督新模式;区公安分局落实执法办案三级审核把关机制、错案责任追究制度等。

(区政法委　雷光灿)

公　安

【维护社会政治稳定】 1.预警处置工作。做到情报信息预警及时、重点人员管控到位、现场处置果断有力。全年收集、分析、上报各类维稳信息350条,落实对18名重点人员的管控措施,依法处置各类突发性、群体性事件116起。特别是作为两家大型三甲医院所在地的自流井区,医患纠纷频发,社会影响大、舆情关注度高、处置难度大,成为维稳工作的一个重点和难点。分局以市政府2011年一号法规《自贡市医疗纠纷预防与处理暂行办法》的出台为契机,实施“1345”工程,即“贯彻一个工作《办法》,树立三个处置理念,健全四项工作机制,坚持五种处置策略”,及时预警、提前介入、认真履责、联动处置。全年共妥善处置41起医患纠纷。2.化解矛盾纠纷。社区、驻村民警与街道、乡镇的基层调解组织大力协作,运用多种手段,及时协助化解家庭、邻里、经济等纠纷,促进社会和谐,全年依法调解各类治安纠纷838起。3.健全信访长效机制,实施接访、约访、回访等措施,全年接待群众来信来访37件,处理37件,办结率达到100%。4.狠抓安全保卫工作。围绕建党90周年、市、区两级“党代会”以及春节、灯会、国庆等重大节日和重大活动敏感期的安全保卫工作,精心组织,周密部署,广泛收集情报,积极化解矛盾,稳妥控制重点人员,落实各项安保责任、措施,圆满完成各级保卫、警卫任务81次,实现“确保安全、万无一失”的工作目标。

【加强破案打击】 开展“春季攻势”、“夏季会战”、“秋风行动”,保持对犯罪活动的高压态势,剑指影响群众安全感的“两抢”、入室盗窃、扒窃等侵财类犯罪,不断增强破案打击质效。破获刑事案件689起,摧毁犯罪团伙23个77人,抓获刑事作案成员732人,其中打击处理281人。成功侦破7起命案,实现“命案全破”目标;破获毒品犯罪案件50起,包括“2011.04.14”部督和“2010.12.22”省督等两起重特大贩毒案，摧毁贩毒团伙3个，缴获海洛因339克，新型毒品1.46万克。侦破经济犯罪案件22起，挽回直接经济损失300余万元。

【亮剑“清网行动”】 2011年5月26日，开展网上追逃专项督察“清网行动”。在“清网行动”中，敢于亮剑、亮剑必胜，集全警之力，聚全警之智，以超常规措施高速推进、不断挑战极限，继在全市率先突破下降率70%、90%等重要节点后，最终在全市率先达到下降率100%的目标，行动中本地上网在逃人员49名全部归案，还抓获外省市上网在逃人员15人，取得“清网”战役的完胜，受到省公安厅通令嘉奖。

【完善防范体系】 充分利用天网、企事业单位监控系统、商业网点联网报警系统等科技手段，提高技防能力。以巡控大队和便衣行动队为骨干力量，重点加强对街面的巡逻震慑和架网布控，打击现行，控制发案，提高对社会治安的动态控制能力。全年通过巡防抓获现行违法犯罪人员116人，查破治安刑事案件98件。重点开展“平安楼院建设”。采取多种形式宣传发动、完善巡逻守护制度、巩固改善物防措施。针对部分困难群众家中屡遭小偷“光顾”，又无力完善物防措施的实际，协调区综治、民政、房管、街道等部门出资进行换锁、护窗、固门行动，为群众家中新增金属防盗门382扇，加固门213扇，加固窗281扇，换锁158把，新增监控系统2套、联网报警系统6套、单元电子防盗门24扇，居民区刑事案件发案同比明显下降。9月28日《人民公安报》头版以《入户盗窃案件居各类侵财性案件之首——自贡自流井警方固门护平安》为题，报道了区“平安楼院建设”成效。

【创新社会管理】 以治安整治行动为抓手，全力整治群众反映强烈的治安热点、难点问题，以“民生警务”作为创新社会治安管理的突破口。先后开展反扒集中行动、打击传销专项行动、禁赌集中行动、收枪治爆专项行动等，抓获扒窃犯罪分子32人，捣毁传销窝点25个、赌博窝点16个，收缴枪支7支、弹药499发。强化采集应用、规范工作程序，切实增强流动人口的管理服务能力。全年新采集录入暂住人口信息1324条，出租房屋信息383条。把握行业准入、实名登记、信息研判、监督检查、教育培训等五个环节，对全区73家旅店实行精细化管理，加强这一重要治安阵地的管控工作。

【推进三项重点工作】 推进信息化建设。加快相关硬件和平台建设及应用，公安三四级网、二三级监控指挥平台、联网报警系统、视频会议系统，警综平台、无线集群通信、警务通等系统得到全面应用，信息化采集水平和应用能力得到提升。2011年，通过信息化手段破获案件80起，抓获112人。推进执法规范化建设。开展岗位练兵，强化执法监督，狠抓执法考评，执法质量再上新台阶，完成执法办案场所功能分区8个，安装执法监控设施8套。全局无行政复议被撤销、变更案件，没有出现败诉、国家赔偿案件。构建和谐警民关系。以“警民恳谈会”、“相约警务室”、“警营开放日”等为载体，采取请进来谈、走出去听等方式，报告公安工作，倾听群众呼声，加强警民交流。2011年“警民亲”活动开展以来，分局共上门走访企业门店100余家，走访群众2000余人次，开展主题宣传活动18次，召开“警民恳谈会”30余场次，收集群众意见建议五大类343条，促进了公安工作。

【加强队伍建设】 开展先进典型学习活动，加强职业道德教育，坚决贯彻落实《公安机关人民警察纪律条令》和《五条禁令》，进一步落实车辆、枪支、内务、涉案财物等管理工作，强化各种倾向、苗头性问题的排查预警，杜绝违法违纪问题发生。坚持文化育警、增强队伍凝聚力。全年有133人次民警受到各级表彰奖励，开展警营文体活动，加强民警职业健康保护和权益维护，落实慰问抚恤救助，全面建设和谐警营。同时强化舆论宣传引导，在各级各类媒体上宣传公安工作和民警事迹，采稿193篇，树立了良好的社会形象。坚持科学评警、保持队伍活力。制定《绩效管理考核方案》、《社区民警考核办法》、《执法过错追究办法》等，通过制定科学的指标体系、严格公正公开考评、尊重考核兑现奖惩等措施，发挥警务评价机制的积极导向作用，提升工作效能。

（区公安分局　刘昌都）

检 察

【刑事检察】 受理提请批准逮捕案件 236 件 374 人，审查后批准逮捕 186 件 282 人，不批准逮捕 51 件 93 人；共受理移送审查起诉案件 285 件 446 人，不起诉 2 件 9 人。

【查办职务犯罪】 立案查办贪污贿赂案件 9 件 14 人，渎职案件 5 件 5 人，其中大要案 12 件，占立案总数的 92.3%，已侦查终结、提起公诉 10 件 14 人（含上年积存），为国家挽回经济损失 80 余万元。

【预防职务犯罪】 开展预防调查 4 件，深入区人大、区消防中队等单位开展预防宣传教育活动 6 次，受教育干部 300 余人。建立健全预防职务犯罪年度报告制度，为党委、政府决策提供参考；充分运用预防咨询、警示教育、文艺演出等多种预防手段对食品卫生安全领域、重大工程和换届选举进行专项预防；着力防控政府投资、商品采购中的职务犯罪，在全市率先开通行贿档案查询系统，并提供行贿犯罪档案查询服务 4 次。

【诉讼监督】 在立案监督和侦查活动监督方面，探索改进刑事立案和侦查监督模式，采取刑事案件另案处理、捕后变更强制措施、适用强制性侦查措施的监督和对派出所的监督，监督立案 11 件，纠正漏捕 16 人，追诉漏犯 5 人。在刑事审判监督方面，开展对适用简易程序审理公诉案件刑事审判审判监督等制度，列席同级法院审委会会议工作。抗诉 1 件，抗诉意见采纳率 100%。在民事审判和行政诉讼监督方面，提请抗诉、发出再审检察建议 4 件，改判 1 件。在刑罚执行监督方面，纠正各种违法 25 人次。

（区检察院　岳　康）

审 判

【简况】 围绕“为大局服务、为人民司法”工作主题，以审判工作为中心，以司法能力建设为主线，推进“三项工程”建设，以维护社会稳定和服务经济建设为首要任务，狠抓队伍建设，扎实推进基层建设，充分发挥审判职能，为打造美丽、繁荣、和谐的城市中心区保驾护航。全年受理各类案件 5287 件，审（执）结 5146 件，结案率为 97.33%，收案数和结案数与上一年度同比分别上升 59.63%、58.05%。

【刑事审判】 共受理各类刑事案件 252 件，审结 247 件，判处犯罪分子 401 人，结案率 98.02%。坚持“严打”方针，及时惩处抢劫、抢夺、盗窃等严重危害公民人身权和财产权的多发性犯罪，审结 93 件 138 人；加大对贪污贿赂和渎职侵权等职务犯罪的打击力度，审结 9 件 14 人；严格执行《刑法修正案（八）》，审结新增设修订的危险驾驶罪等案件 10 件 10 人。贯彻“宽严相济”的刑事审判政策，对符合从轻、减轻或者免除处罚条件的 101 名罪犯，特别是对未成年罪犯，依法予以从轻处罚，积极做好教育感化工作。做好刑附民调解工作，成功调结附带民事诉讼案件 8 件，并积极促成被告人及时兑现赔偿金，较好地解决了因被告人的犯罪行为给被害人及其家庭造成的经济困难，缓和了社会矛盾。

【民商事审判】 受理各类民商事案件 2063 件，已审结 1962 件，结案率达 95.1%。其中，受理再审案件 6 件，结案 5 件；受理申诉申请再审案件 2 件，结案 2 件。调撤结案 1189 件，调撤率达 66.72 %。稳妥处理婚姻家庭、民间借贷、损害赔偿等民事纠纷，审理 855 件案件，促进婚姻家庭、社区邻里关系和睦。依法调节经济关系，审理各类合同、建设工程、破产等商事案件 385 件。如王某某等 26 名 60 岁以上的老人诉冯某某、李某某等委托合同纠纷案，经院领导、庭长、承办法官多次协调，终于协调到位 40 余万元救助款，减少了 26 名原告的经济损失。妥善处理农村土地承包经营权出租流转纠纷等涉农经济类案件 11 件，为新农村建设保驾护航。

【行政审判】 受理各类行政案件 32 件，审结 32 件，结案率达 100%，依法对行政机关申请强制执行的 229 件非诉行政案件及时审查，结案率 100%。主要做了三方面工作：1. 坚持对行政机关支持与监督并重，主动延伸服务职能，提供法律咨询、提出司法建议、规范行政执法行为，切实维护行政相对人的合法权益；2. 认真研究《国有土地上房屋征收与补偿条例》施行后出现的新情况，妥善化解东延线片区等拆迁纠纷；3. 协调力度进一步加大，收案后逐案做好协调工作。通过努力，双方纠纷得到圆满解决，有7件行政诉讼案件原告自动撤诉，撤诉率24%。

【执行工作】 依托全省法院执行"110"平台，深入开展"百日执行会战"等活动，凝聚执行合力，发挥威慑作用，彻底化解了邵某某两亲兄弟执行案等一批十余年的执行积案、难案，最大限度地兑现了当事人实体权利。创新执行工作方法，提高执行工作效率，促进执行工作良性循环。如在自贡某公司申请执行贵州遵义某公司其他合同纠纷一案中，执行法官坚持"生道执行"理念，巧用"放水养鱼"执行手段，三进贵州向被执行人和第三方投资人深刻分析执行和解的优势和强制执行的缺陷，经多次调解，达成了由被执行人先行支付一部分货款、投资人对剩余货款以其财产提供担保的和解协议，实现了申请人债权利益保障、被执行人履行判决、投资人企业正常运行的三方共赢局面。通过公布规避执行行为人的名单、强制申报财产、限制高消费等强制措施，督促其尽快履行法律义务，让恶意赖债的被执行人"有钱不敢花、有钱不敢藏、有财不能瞒、有钱花不了"，最大限度地实现债权人的合法权益，对9名被执行人发出"限高令"，对51人决定司法拘留。2011年，受理906件执行案件，执结872件，结案率96.25%；执行和解679件，和解率77.87%，标的到位率69%。

【审判管理】 1. 建立管理机构。7月，在全市基层法院中率先成立有独立编制的审判管理办公室，将分散在几个部门的8项审判管理职能整合在一起，由专门机构负责对全院案件质量的监督管理。全年受理评查案件1797件，结案1797件，结案率100%。2. 加强信息化建设，全力推进网上办案，对案件实行信息化动态管理，将所有案件从立案到结案全过程纳入网上流程管理，根据各类案件的诉讼过程，细分了立案、结案、归档三大冻结节点以及扣减审限、中止审理、恢复审理等预警节点，杜绝了因承办人懈怠导致的案件久拖不结。抽调10名具有丰富办案经验的法官组成5个案件质量评查组，对全院已结案件及时逐案评查，实行审判管理主体全覆盖、过程全覆盖、内容全覆盖、时段全覆盖的"四全管理模式"。2011年5月，市中院与区政法委检查组对2010年度所办理的3228件进行评查，并随机抽查40件案件，其中评查为优秀案件1件，良好案件3件，合格案件36件，无一般质量问题案件，较大质量问题和重大质量问题案件。3. 全面提升干警司法能力。在一线办案法官中继续开展了"三赛六比争当三个能手"办案竞赛活动，经过三年的不断完善，"363"工作法得到了省、市、区委政法委和省、市法院的高度评价，并荣获自贡法院系统首个司法品牌。2011年，自流井区人民法院又被四川省高级人民法院表彰为"全省信息化建设优秀法院"、"全省网上办案优秀法院"。

【司法为民】 完善立案窗口工作。在审查立案工作中，继续坚持"立案四承诺"，细化便民措施，切实为民服务，提倡立案法官"争做四大员"，实行了民事案件在立案时由当事人填写"送达地址确认通知书"，对起诉是否是当事人的真实意思表示进行规范审查，依法保护当事人合理诉求，避免代理人代为起诉而当事人又不知情的案件的产生；对经审查确不属于区院管辖的或不属于法院受案范围的案件，及时依法作出裁定，保障当事人诉权。2011年，裁定不予受理的案件18件，无一件上级法院指令受理案件。加强司法为民工作。对涉及残疾人、老年人、军人军属等群体的62件民生案件，畅通"绿色通道"，做到快立、快调、快审、快结、快执，及时保护其合法权益。同时，积极实施司法救助，对确有经济困难的当事人依法减、免、缓缴诉讼费97万余元，真正让人民群众感受到司法人文关怀。做好涉诉信访案件排查。以排查越级上访、缠访、非正常访的案件为重点，对涉诉上访老户案件和有可能产生不稳定因素的案件，从上级交办、民商事个案、行政个案、刑事个案、执行个案、信访等六个渠道，开展"拉网式"排查工作，共排查出矛盾纠纷案件5件。始终坚持"三优先"及"四个件件"原则。即对初信初访要优先受理、优先接谈、优先办理；对初信初访要做到件件有登记、件件有审查、件件有处理、件件有回复,所有来信均由院长签署意见后反馈给相关部门开展具体工作。全年处理来信来访 901 件次,同比减少 115 件次,从源头上减少了涉诉信访案件的发生,确保了全国、省、市"两会",建党 90 周年期间零进京、零上省。

【发挥人民陪审员作用】 区人民法院结合工作实际,充分发挥人民陪审员作用,加强人民陪审员法律知识和业务知识的培训,组织学习,请专家授课,增强人民陪审员责任感和使命感。2011 年,人民陪审员参审案件 294 件,人民陪审员参审率进一步提高。

【深化"大调解"工作】 进一步加大与行政调解和人民调解的工作衔接,推动"大调解"工作体系的构建。在区第八届村(居)干部培训班上,派出专人对 100 多名基层干部进行人民调解知识的授课培训,为基层大调解工作的更有效开展打下坚实的基础。完善联席会议制度,加强与区政府法制办、区群工局、区司法局等单位的定期沟通,通报调处情况,共同研究制订调解处置方案。运用"大调解"工作机制成功将一些社会矛盾大、涉及面广的群体性案件化解在基层,使"大调解"工作取得实效。全年区人民法院调解中心新收调解案件 182 件,立案调解成功 182 件,立案调解率 100%,使一批矛盾纠纷得到及时有效地化解。

【队伍建设】 完善制度机制。通过开展"公正办案、干净做人"、"发扬传统、坚定信念、执法为民"、创先争优等一系列主题教育活动,加强班子建设,从严带好队伍,针对具有审判权、执行权、管理权的重点部门、关键岗位的监督,建立具有法院工作特点的廉政风险防控体系。以效率和质量为中心,加强案件质量评查,坚持权力制约,继续推进立审、审执、审监分立;规范对外委托评估、拍卖、鉴定工作,防止暗箱操作;完善人事目标考核制度,细化廉政责任制,坚持平时考核和年终考核、量化考核和综合考核相结合,考核结果作为评先选优、晋职晋级的重要依据;落实"一岗双责",完善中层干部考核制度。加强教育培训,提升干警政治、业务素质,采取集中学、自学、走出去学、请进来学等形式学习,严格执行学习考勤制度、通报制度、经验交流制度和考试、考核制度,并注重完善干部学习档案,有计划地选派各层次干警参加专门业务培训,提高干警素质。先后组织 24 次集中学习、领导讲课、专家授课,近 300 人次法官和其他工作人员参加培训。

【自觉接受监督】 2011 年,邀请代表、委员走进法院视察和座谈 9 次 125 人次,旁听案件审理 4 次 32 人次。"一对一"走访省人大代表、省政协委员 6 人次。通过广泛听取和收集代表、委员对法院工作的意见和建议,不断加强和改进法院工作,形成了接受监督与推动法院发展良性互动的态势。

（区法院　虞　婧、刘　萍）

交警大队

【概况】 全年,辖区共发生各类道路交通事故 464 起,死亡 6 人,伤 439 人,直接经济损失 35.08 万元。同比事故件数下降 6.62%,死亡人数上升 20%,伤人数持平,经济损失上升 169.51%。其核心指标(死亡控制人数)均未超过区政府和市交警支队下达的年度控制目标任务,未发生一次死亡 2 人以上的道路交通事故。

【班子建设】 2011 年,队伍无违法、违纪行为发生,获得全省公安交警系统"五无交警大队"称号,7 人次受市级以上表彰。加强班子建设,提高组织领导能力。围绕贯彻落实科学发展观、"大走访"开门评警、"警民亲"等活动,以构建和谐交通为主题,坚持每月开展一次民主生活会,认真分析交通安全形势,紧紧围绕服务经济建设这个中心,把交通管理工作置于安全稳定与和谐发展中来谋划,科学决策,靠前指挥。狠抓班子责任机制建设。健全和完善了班子内部议事规则和决策机制,班子成员分工明确、配合密切,紧紧围绕工作目标,积极转变作风,坚持深入一线解决问题,班子议事决策能力显著提高。狠抓干部表率示范作用。积极发挥班子成员的带头作用,敢于面对困难和问题,率领全体干警,通过不懈努力,顺利实现全年各项目标任务。

【队伍建设】 加强教育培训，激发民警的爱岗奉献精神。年初，制定《2011年民警教育训练计划》，大力开展各类教育培训活动，全面提高队伍整体素质。以“发扬传统、坚定信念、执法为民”为主题，开展理想信念、群众观念、法治意识、职业道德专题教育，切实增强民警的集体荣誉感和自豪感，大力弘扬求真务实精神，在队伍中树立正气，确立良好的工作氛围和导向，提升干警的责任意识和精神状态，增强队伍执行力。采取邀请专家讲评、集中辅导、互动交流等形式，进行业务培训。先后举办各类培训班79场次。提高了民警的理论水平和业务素质。建立采取绩效考核机制，将考核与履行职责、纪律作风相结合，强化年度综合应用，兑现奖惩，激发了民警工作热情。

【完善管理长效机制】 强化队伍管理，建立并完善警车管理、请销假、值班备勤等规章制度，健全绩效考核措施，加强日常监督考核，激发队伍工作活力，切实提高民警规范执法和管事率；坚持逢会必开展警示教育，重温重申“五条禁令”、“八条严禁”、“六个一律不准”等警令禁令，通报全国各地违反禁令、纪律的典型案例，时刻敲响警钟，巩固民警遵章守纪的思想防线。努力营造平等、团结、积极向上的氛围，坚持民警、职工、协警员生病探望慰问制度，坚持同民警定期谈心制度，始终做到政治上关心，人格上尊重，精神上鼓励，工作上爱护，生活上体贴，让全体民警、职工及协警员有一个良好的工作、生活环境，树立大家的荣誉感和归属感。

【保安全促畅通】 落实交通事故预防工作机制。完善交通安全联席会议、隐患排查整治、交通安全预警、农村交通协管等工作机制；牵头组织召开全区公路客运监管、校车安全管理等专题会议；联合安监、交通、教育等部门开展安全隐患检查27次，督促责任单位整改隐患14处。加强事故分析和预警研判。坚持每周分析一次交通安全形势，每半个月会商一次事故预防对策，每月通报一次道路交通事故预防工作情况，全面分析路面行车态势，锁定突出交通违法行为及其规律，及时调整管理重点，保持动、静态管理的高压态势。强化车辆、驾驶人源头管理。组织民警深入19个客货运企业、23个多车单位、25个学校、6个乡镇、5个社区，通报典型事故案例，发放法规手册和宣传资料，开展面对面的交通安全宣传和警示教育。贯彻落实中央、省、市事故预防会议精神，开展重特大交通事故预防专项行动。以省道S305线、尖山农团旅游线路、乡镇道路为事故防控主战场，启用交通安全服务站点，坚持“交警赶场”勤务机制，创新“交警驻乡”管理模式，落实公路客运车辆“六必查”，切实消除交通安全隐患。五是交通秩序专项整治，科学规划城乡机动车停车(场)点，缓解“停车难”矛盾，规范停车场管理“六统一”，初步形成“停车乱”长效治理机制。开展酒后驾驶、涉牌涉证、三超一疲劳等专项整治取得成效，受到支队通报表彰，被评为全市城乡环境综合治理工作一等奖。全年，查处各类交通违法行为6.32万起，实施警告并发放安全警示卡6582起。其中，查处醉酒驾驶14起，饮酒驾驶61起，无证驾驶16起，涉牌涉证290起，行政拘留13人。投入警力5420人次、警车2135台次，圆满完成元旦迎春万人长跑、第十七届国际恐龙灯贸交易会、“1112”一级警卫、市党代会、明星演唱会等各类各级交通安全保障工作158次，均做到万无一失。

【加强基础设施建设】 加强智能交通管理系统建设，为交通管理提供科技化手段。工程建设于2011年12月31日竣工，现处于试运行阶段。建设内容包括十字口、建委路口、五星街路口3处智能交通灯控系统和解放桥、龙井、新桥等13处智能交通监控系统以及后台监控中心。系统“缓堵保畅、事故预防、路面监控”三大功能逐步显现。推进执法办案场所功能分区建设，为执法办案提供安全保障。按照支队《执法办案场所功能分区建设的实施意见》要求，推进执法办案场所功能分区建设。执法场所功能区主要划分接待区、办案区、办公区和生活区四大块，根据功能合理分区并物理隔离，按照候问室、讯问室、询问室、调解室、信息采集室、物证室标准进行设置。通过执法功能区改造，执法区域的功能更加明晰化、独立化，促进执法办案更加统一有序，筑牢执法安全第一道防线，做到防患于未然。开展内务秩序规范化管理，营造和谐警营秩序，按照支队《内务秩序管理图解》找准薄弱环节和急需整改的项目，全力投入内务秩序整治。先后对民警值班室、备勤室、阅览室进行改造维护，新建民警职工健身房，增添电视、空调、计算机等办公设备，努力改善办公条件和规范办公秩序，为民警提供良好的后勤保障。

（区交警大队 郝 亮）

司法行政

【人民调解】 深入宣传贯彻《人民调解法》，筑牢化解社会矛盾纠纷“第一道防线”，加大人民调解员培训力度，深化人民调解“五进”活动，发挥工业园区、物业管理小区、农贸市场等行业性、专业性、区域性的矛盾纠纷化解前置“窗口”作用，全面推行“三三”调解制度，实现“三案”攻坚常态化，着力医患纠纷化解。8月以来，受理医疗纠纷7件，正式调解4件，调解成功3件，和解1件，成功率100%。全年排查矛盾纠纷357件；受理纠纷1083件，调解纠纷1083件，调解成功1050件，成功率97%；防止上访案件3件，16人次；“三无”案件为零。

【普法依法治理】 全面启动“六五”普法，积极推进“党委领导、人大监督、政府实施、政协支持、各部门配合和全社会共同参与的”普法工作机制；深入开展“法律六进”和主题宣传活动，广泛开展“3·15”消费者权益保护日、“6·5”世界环保日、“11·9”消防安全日、“12·4”法制宣传日、食品安全宣传周、安全生产月等等宣传教育活动，举办法制讲座和培训60多场次，开展“法律赶场”宣传活动20余次，数万人受到教育；加大领导干部、公务员等重点人群的法制宣传教育力度，推进青少年法制宣传教育，在各中小学幼儿园举办各类讲座、讲课、辅导等达100余场次；举办预防未成年人犯罪、学法懂法守法等法制讲座达10余场次，受教育5000人次；充分发挥青少年法制教育基地的作用，区看守所等基地接受青少年法制教育16批次1000余人次。深入开展普法依法治理，推进民主法治村(社区)创建工作，加快依法治理进程。“五五”普法荣获全国法制宣传教育先进县(市、区)。

【法律援助】 狠抓法律援助民生工程，深化“法律援助便民服务”活动，着力构建“一小时法律援助服务圈”，在全区7个乡镇4个街道设立法律援助工作站并配备工作人员，向符合条件的申请者提供“一站式服务”；建立法律援助调解前置机制，全年开展诉前调解140件，调解成功率100%，当事人满意率100%；受理法律援助案件197件，办结195件，解答法律咨询1459人次，代写法律文书165份，受援群众2018人次，完成民生工程目标任务的115%，为受援人避免或挽回经济损失481万元。

【法律服务】 加强律师、公证、基层法律服务人员职业道德、执业纪律教育，不断增强政治意识、大局意识和责任意识，强化对法律服务机构和人员的监督管理，规范执业行为，推进“公证信息化建设”，规范公证流程，严格公证质量，抓好基层法律服务工作者职业道德、执业纪律的教育、培训和法律服务所的年检注册工作。建立重大工程、项目和涉稳案件法律服务绿色通道，对重大经济建设项目和涉及社会和谐稳定的重大案件，坚持指派公证员、律师及时提供专项法律服务，全年提供14起法律服务。公证处办结各类公证2597件，其中民事类公证233件，经济类公证2364件，接待法律咨询2560余人次；提供预约服务138件次，为老弱病残等特殊群众提供服务15件次，预约上门公证7起，减免公证服务收费48件，减免公证费用2.4万元。宜意律师事务所，担任法律顾问30家，办理刑事辩护5件，民事代理49件，非诉代理7件，咨询代书224人次。6个基层法律服务所担任法律顾问45家，代理民事案件396件，代理经济案件83件，主持调解纠纷475件，协办公证16件，代写法律文书495份，解答咨询3169人次。

【安置帮教】 建全刑释解教人员和社区服刑人员危险性评估体系，强化分类管理，实施网上核查和衔接登记制度，实现无缝衔接；实施亲情帮教，开展结对帮扶，组织“送安置进高墙”活动，组成关爱探视团进行探视帮教；筹建农村过渡性安置帮教基地，解决农村刑释解教人员的安置问题。全年接收刑释解教人员123人，衔接帮教117人，衔接率、帮教率为95%，安置110人，安置率为90%，重点对象列管率100%，重新违法犯罪率为零。

【社区矫正】 全面推进社区矫正，实现7个乡镇、四个街道全覆盖，切实掌握社区矫正对象底数，加强教育监管，严防脱管、漏管。整合社会力量参与社区矫正工作，提高矫正效果和质量。接收社区矫正对象15名，解除14名，累计接收73人，累计期满解除46人，现有继续矫正对象27名。没有发生脱管、漏管现象，无一人重新违法犯罪。

（区司法局　黄晓岚）

文教卫生 WEN JIAO WEI SHENG

文 化

【**经济指标**】 全年文化产业社会商品零售总额545万元,招商引资600万元。

【**创作演出**】 创作舞蹈《在水边》、《快乐日子》、《阳光社区》,小品《看病》等30多个文艺作品,全年组织街道社区送文化下乡30余场,开展群众性文化活动132场。

【**文物保护管理**】 全区共有各级文物保护单位(以下简称"文保单位")15处。其中,省级文保单位1处,市级文保单位12处,区级文保单位两处。开展全国第三次文物普查工作,完成"三普"数据整理登录和上报,加强文保单位的维修保护工作。本着"保护为主,抢救第一"的原则,完善文物保护规章制度,加强对文保单位的安全隐患大检查,为区所辖的所有市级文保单位安装文物保护单位标识碑。启动卢德铭故居维修工程;启动"桓侯宫"保护规划的编制工作以及桓侯宫排危及电路改造工程;继续开展非物质遗产保护和传承工作,完成区两项非物质文化遗产项目的编撰工作。5月,组织扎染、自贡剪纸两个项目参加第三届中国成都国际非物质文化遗产节的展演活动。

【**文化设施建设**】 挂牌成立自流井区图书馆,结束无图书馆的历史,为建立和完善区一级文化信息资源共享工程提供条件。积极向上争取项目,区4个街道文化活动站、12个社区文化活动室接受了市文化系统首批配送的设施设备16套,总价值超过100万元,配送数码办公设备和音响设备,为区文化活动不断普及和提升发挥良好作用。继续推行惠民工程,为4个乡镇的农家书屋各送去5套书架,为26个行政村送去投影仪。

【**群众文化**】 坚持以文化惠民、文化乐民作为群众文化的落脚点和根本,积极开展形式多样的群众文化活动,不断满足人民群众日益增长的精神文化需求。以"纪念中国共产党成立90周年"为主线,开展"与太阳同行"系列群众文化活动,承办"自贡市第十二届飞龙峡桃花会"开幕式文艺演出、自驾游启动仪式及徒步游等三项活动;举办"永远跟党走——自流井区第四届秧歌比赛",为庆祝建党九十周年增添了气氛。加大对乡镇、社区文化活动的辅导。以区文化馆为骨干,积极组织声乐、摄影和舞蹈培训班5期,范围覆盖全区所有社区和乡镇。舞蹈干部深入基层辅导培训100余人次。

【**新闻出版市场管理**】 严格审批,依法监管,营造良好文化环境,促进文化娱乐产业快速健康发展。年初完成文化新闻出版经营单位年审换证工作;开展经营户的培训,举办培训班6期,提高了经营户的法律意识。推进文化产业发展,改扩建歌城、网吧、电玩城5家,继续打造石缸井歌舞娱乐一条街。开展"保护知识产权,促进民族创新"文化市场专项整治行动。对全区文化娱乐场所进行全面检查,发放宣传资料300多份,张贴标语20多幅。坚持把安全生产放在第一位,完善安全制度,签订责任书,组织安全培训,加大安全检查力度。开展安全检查10次,检查经营单位200余家次。全年全区文化娱乐经营场所无重大火灾、打架斗殴等安全事故和治安案件发生。

【**扫黄打非**】 重新调整区"扫黄打非"领导小组成员,继续开展"扫黄打非"进社区和集中专项整治工作。联合公安、工商、执法、环保等部门,开展网吧、歌舞娱乐、音像制品、出版物等专项整治行动,组织专项检查10次,日常巡查70次,出动执法人员210人次,出动车辆46台次,检查网吧46家、歌舞娱乐65家、音像制品35家、出版物14家,处罚违规经营网吧2家,查处歌舞娱乐场所超时经营3家、取缔无证电子游戏场所3家,查缴非法音像制品8000余张,非法出版物1000多册(本)。同时,对改扩建的娱乐场所审批召开听证会,组织居民代表、经营业主、街道社区及环保局等相关人员进行听证,提高文化市场行政许可工作的透明度。

【**加强广电管理**】 组织广电部门和街道、社区干部走街串巷,开展扎实有效、耐心细致的法律法规宣传,逐步得到违规安装户的理解和支持,不少用户主动拆除违规安装的卫星电视地面接收设施。与职能部门密切配合，多次组织执法人员查处非法销售的卫星电视地面接收设施的经销商，依法查扣一批卫星电视地面接收设施。

【电影下乡】 制定电影放映规划，把公共电影放映工程送到千家万户，送到中小学和农村院坝。全年完成农村公益电影放映542场，圆满完成每村每月放映一场电影的工作任务。

【学校体育】 开展“阳光体育”活动，做到“四全”，即全员参与、全过程贯彻、全身心投入、全方位推进，组织开展乒乓球、篮球、往返跑、“三跳”以及学校体育教师编创的韵律操、武术操等项目比赛，举办全区中小学生田径运动会、“三跳”比赛。自贡六中、塘坎上小学、檀木林小学、鸿鹤小学足球队坚持课余训练；育英小学获得自贡市中小学生游泳比赛第一名，获得自贡市中小学生棋类比赛象棋6－7岁女子组团体第一名，获得市中小学生棋类比赛象棋8－9岁女子组团体第一名，获得市中小学生棋类比赛象棋10岁以上男子组团体第一名；自贡六中获市第27届田径运动会第三名，自贡22中获初中组第三名；一幼荣获全市首届幼儿健美体操比赛一等奖及“优秀组织奖”。全区初三年级3500名毕业生全部参加体育测试，全面推行《国家学生体质健康标准》测试及数据上报工作。檀木林幼儿园被四川省体育局评为“儿童快乐体育园”。

【群众体育】 机关干部100人参加2011年元旦自贡市“移动通信杯”万众健身跑活动；在市体育场举办“迎三八趣味运动会”，全区机关女干部160人参加拔河、背靠背等趣味体育活动。元宵佳节，组织“2011龙腾狮跃闹元宵”活动，全区各乡镇、街道300名演员在舒平镇文化广场进行大型体育表演展示活动，吸引千名群众观看。5月28日，在妙观寺广场举办“自贡和谐武术杯传统武术比赛”。

（区文体新闻广电局　杨华球）

教　育

【“两基”迎国检】 按照宣传发动、自查自纠、督查整改、重点督查和接受国检及工作总结六个阶段，推进“两基”迎国检工作。有步骤、有重点地开展专题培训，搞好摸底调查，印发迎接检查资料目录。做到硬件、软件两手抓，相关软件资料归档规范齐备，加强学校教育设施设备、图书以及校园文化建设等方面的硬件投入，全区各校校园面貌一新。加强过程督查，及时总结，着力整改。区先后接受省教育厅、市教育局专项调研及检查，受到好评。12月，圆满完成迎国检工作。

【项目建设】 投入资金3250万元，实施中西部特教学校建设项目1个、中西部农村学前教育推进工程试点项目8个、校舍安全工程项目6个、澳门红十字会援建项目1个、区级重大项目两个、学校维修加固项目（含门窗更换、线路改造等）11个、塑胶运动场建设项目3个，总面积达3.57万平方米。投入70万元，对4所学校进行校园文化硬件建设和绿化工作；投入资金270余万元，购置学生课桌椅3000套，添置学校电子白板、投影仪、体考设备等教仪设备，城乡学校办学条件改善，校际综合差距缩小，区域教育均衡化有力推进。

【校园安全】 学校安全教育与管理工作得到加强，校园安全事故和学生死亡人数得到有效遏制。全年组织召开安全工作专题会议10次，制发安全工作意见、通知23个。落实“责任追究制”和“一票否决制”，学校安全管理工作长效机制进一步健全。开展校园安全全面检查6次，联合区相关部门和各乡镇、街道，开展校园周边环境综合排查和整治。投入经费30余万元整改安全隐患120处。通过“校校通”工程实现全区学校视频监控全覆盖。安全教育全面进入课堂，各校开设安全教育专栏110余期。集中开展全区学校地震、消防应急疏散安全演练两次，各校开展各类应急演练50余次。

【师资培训】 贯彻落实《中小学教师职业道德规

范》，以活动为载体，通过教师论坛、读书交流会、师德演讲比赛等形式，深入开展“树高尚师德 做文明教师”活动，各学校无不良师德事件发生。开展教师教育“三万工程”和“三五一”活动，“强业务、增技能”教师技能大赛等竞赛、交流活动引领全区教师专业技能提高。“聚焦课堂、有效教学”教师论坛引起广泛反响，18 篇优秀论文汇编成集。辖区教师继续教育检测优秀率达到 53.3%，总体水平全市领先。落实开展“校长双新行动计划”和“创新理念、增强能力”校长培训计划、后备干部培养及培训工作。加强学前教育教师队伍建设。全年公招教师 32 人，其中幼儿教师 5 人。全区学前教育教师参加省级骨干培训 7 人、市级培训 45 人、国培项目培训 27 人，1 人被评为四川省优秀幼儿教师。

【教学改革】 加强中小学教学常规管理，开展高中新课程改革工作。贯彻执行省级以上示范性普通高中统招公费生招生计划，50% 均衡分配到区域内初中学校。深化义务教育课程改革，落实教学常规三项基本要求，创建市常规管理示范学校，重点针对质量薄弱学校加强教学管理和巡回指导。在教育科研方面，形成以“整体互动、分片研讨”为特点的区域性教研模式。8 个市级教育科研课题顺利开题，德铭中学课题获市一等奖。城乡学校共同体建设全面推进。檀木林小学顺利通过省“现代教育技术示范校”评估验收，塘坎上小学被评为市“新成长型学校”。中、高考取得优异成绩，中考国家级示范高中上线 104 人，超过预期目标。高考本科上线人数 57 人（均为应届生），其中，六中 44 人，超目标任务 14 人，继 2010 年之后再创新高；二十二中 13 人，超目标任务 7 人。二十二中受到区政府嘉奖。

【艺体教育】 加强学校体育和艺术教育，关注和促进学生全面成长，提高学生综合素质。按规定开足体育、艺术课程。因地制宜，丰富内容，开展“阳光体育”活动，做到“四全”，即全员参与、全过程贯彻、全身心投入、全方位推进。乒乓球、篮球、往返跑、“三跳”以及学校体育教师编创的韵律操、武术操等。举办全区中小学生田径运动会、“三跳”比赛。全区初三年级 3500 名毕业生全部参加体育考试，总体成绩好于 2010 年。推行《国家学生体质健康标准》测试及数据上报工作，全区购置设备 2 套，上报率达到 100%。六中、塘坎上小学、檀木林小学、鸿鹤小学足球队坚持开展课余训练，参加各级比赛成绩喜人；省青少年棋类培训基地育英小学组织学生参加省、市棋类比赛再获佳绩；檀木林幼儿园被四川省体育局评为“儿童快乐体育园”；一幼获全市首届幼儿健美体操比赛一等奖及“优秀组织奖”。省第七届艺术人才大赛全区 157 名学生获奖；檀木林小学、六中等校艺术节目参加市、区演出获奖；东方小学学生科幻画获全国一等奖。落实开展城乡环境综合整治进校园活动，围绕“美丽校园我们创建”、“美丽家园我们守护”主题，全面开展“校园洁美周”、“六十日攻坚行动”等活动，师生齐行动，共创好环境，并以“洁美校园 喜迎国庆”等行动为契机，校园环境面貌得到极大改善。

【“爱心帮扶”活动】 开展送温暖活动 38 次，慰问生病职工、学生 50 余人次。开展“爱心帮扶”、“党员与贫困学生结对”180 余人次。补助寄宿生生活费 435 人，资助中等职业学校 1－2 年级农村学生和城市家庭经济困难学生 9130 人，资助普通高中学生 2262 人，免除义务教育段 3.2 万名学生学杂费，免费为 7536 名学生提供教科书，办理生源地信用助学贷款 166 人。牵头开展全区“家乡助你上大学”爱心助学活动，募集资金 29.5 万元，资助贫困大学新生 165 名。

【普通高考录取】 全年高考考生 2888 人，其中文科考生 1162 人，理科考生 1711 人，职教考生 15 人。考点分别设在自贡市蜀光中学（理科考点）、自贡市第一中学（文科考点、职教考点）。对 2888 名普通高考考生进行资格审查、报名、摄像、体检、考试、志愿填报和数据采集，并组建高考上线考生档案 2600 余份，高考志愿征集工作前后进行了 15 次。录取 2210 人，录取率 76.52%，其中，提前批录取：文科 23 人、理科 38 人，录取率为 2.11%；重本录取：文科 49 人、理科 168 人，录取率为 7.89%；一般本科录取：文科 303 人、理科 423 人，录取率为 25.14%；专科录取：文科 581 人、理科 669 人，录取率为 43.66%；职教录取 11 人，录取率为 73.33%。

【初中升学考试】 全年初三毕业升学考试考生3490人,初二生物、地理结业考试3937人。对所有考生进行资格审查、报名、考试和志愿填报指导工作。选派中考阅卷教师118人承担全市中考试卷的质检、查卷工作。中考初三考点设6个,分别是:汇东实验学校、二十八中学、解放路中学、自贡第六中学、二十二中学、德铭中学校。初二考点设13个,辖区内共有14所中学。

【成人高考】 全年区成高考生3532人,其中高中起点文科405人,理科2573人,专升本554人。考生人数比2010年3480人增加52人,增长率为1.49%。考点设置4个,分别是檀木林小学考点、塘坎上小学考点、光大街小学考点和东方小学考点。此外还承担沿滩区成高考生的考试工作。成人高考录取率47%。

【自学考试】 全年组织报名、考试各四次。合计报考8440科次,为5033名自考考生办理报名、摄像、考试、数据采集等工作。与2010年相比,报考人数增加253人,增长率为5.3%,报考科次增加597科,增长率为7.61%。报考人数、报考科次继续保持稳中有升。此外上半年为33名考生办理专、本科毕业证。

【专业考生选拔】 组织民航飞行员、空军飞行员的体检选拔,参检37人、合格4人;普通高考考生的外语口试、普通高考艺术体育专业考试报名、高水平运动员专业测试报名、艺术特长生考试报名共计700名,全国公共英语等级考试报名、外语全国计算机等级考试,参考2800名。

(区教育局 黄千红,区招生办 李敬康)

科 技

【科技项目】 实施国家级科技项目两项(中国科协“科普惠农兴村计划”项目、科技部中小型企业科技创新基金),省级科技项目3项,市级科技项目6项,争取上级项目资金305万元,同比增加50万元。

【知识产权保护】 组织企业参加由自贡市科技和知识产权领导小组办公室主办的“2011年自贡知识产权宣传周暨世界知识产权日活动”启动仪式,同时举行“保护知识产权、拒绝盗版,做诚信公民”签字活动和“侵权盗版及非法出版物集中销毁”活动和咨询、有奖知识问答等活动,发放了专利、商标、版权、技术标准和海关知识产权保护等相关宣传资料并接受企事业单位和群众的咨询。对百盛、沃尔玛等卖场、超市,开展流通环节知识产权执法专项行动,检查小家电、副食品、洗化用品、酒类等各类商品700余件,对10余种商品专利号进行法律状态检索,并向企业传授知识产权登记、法律状态查询的方法,向周围群众讲解了专利、商标等知识产权知识,增强商家和群众知识产权保护意识。

【科技富民强县】 以百味斋食品有限公司为主体,以四川理工学院为主要技术依托单位,由自流井区生产力促进中心牵头,市级农业技术部门、科研机构及自流井区农林局等业务单位参与共同实施。项目根据区域调味品产业发展需要,采取“公司+高等院校+专业合作社+农户”的产业化运作模式,将新型调味品原料生产基地同龙头企业调味品生产、市场开发紧密结合起来,延长产业链、做大做强调味品产业,促农增收、促企增效,推进富民强区。

【科技“示范村”活动】 在荣边镇干塘村开展自贡市统筹城乡发展科技兴村示范村活动。实施“小红椒无公害栽培技术集成与示范推广”项目和“优质杂柑爱媛22号引进试验”,并以此为载体加强科技成果转化,培育特色辣椒产业;强化技术集成应用;建立农村科技服务平台,提升科技服务能力;运用现代信息技术,提高农村信息化水平;培育新型农民,提高农村劳动者素质。

【科技服务】 邀请市科技局领导及专家到区千叶环保、第二中压阀门厂、民天养殖场等企业考察、调研、指导项目工作。组织区百味斋、大业高容、华气等企业参加科技贷款贴息会议,拓宽企业融资渠道,支持中小科技型企业进行产品研发和生产。组织区企业参加"科技项目申报和管理"和"自贡市高新技术产业"培训。生产力促进中心按照"组织社会科技力量,为中小企业服务,推动中小企业技术进步"的宗旨,围绕科技项目申报,技术项目中介等,面向中小企业积极开展信息、技术、管理、人才等方面的服务工作,推动企业技术创新,促进企业技术进步。2011 年,为阳光农业、民天养殖场、第二中压阀门厂等 5 家企业完成科技项目申报书编写和项目申报工作。

【科技进步考核】 完成科技部对区 2009—2010 年科技进步考核工作,成绩名列全市第一,被科技部评为全国科技进步先进区县。

（区科技局　郑　雅、刘光锐）

卫　生

【基本情况】 年末,辖区有各级各类医疗卫生机构 226 个,区注册 204 个,市注册 22 个。其中,市级"三甲"综合医院两家,区卫生局直属医院两家,区疾控中心 1 个,区妇幼保健院 1 所,社区卫生服务机构 13 个,医务室(所)40 个,乡镇卫生院 6 个,村卫生室 45 个,民营医院 7 家,企业医院 5 家,个体诊所 96 家。医疗病床 3351 张,其中公立卫生机构床位 2440 张,平均每千人拥有医疗床位 9 张,固定资产总值 13.37 亿元。专业技术人员 4023 人,其中执业医师 1259 人,执业助理医师 375 人,注册护士 1750 人,其他专业技术人员 639 人,平均每千人拥有卫生技术人员 11 人,平均每千人拥有执业(助理)医师 5 人,平均每千人拥有注册护士 5 人。完成门诊诊疗 162.75 万人次,住院手术 2.69 万台次,出院病人 11.89 万人次。法定报告传染病发病率为 383.89/100000,农村安全饮用水普及率 100%,农村卫生厕所普及率 55%,新型农村合作医疗参保人数 6.95 万人,参保率 95.19%;居民人口平均期望寿命 74 岁,其中男性 72 岁,女性 76 岁;孕产妇死亡率为 0,5 岁以下儿童死亡率、婴儿死亡率、新生儿死亡率分别为 1.34‰、3.63‰、4.05‰。

【医改工作】 截至 2011 年 12 月底,城镇职工和城镇居民参保人数 11.93 万人,其中城镇职工基本医疗保险参保人数 2 万人,参保率 94%;城镇居民参保人数 9.93 万人,参保率 98%。(其中,大学生参保 2.3 万人,参保率为 92%)。新农合参合人数 6.95 万人,参合率 95.19%,超额完成 95% 的目标任务。门诊费用补偿不设置起付线,统筹基金总额按照本年度新农合基金提取风险金 20%,其中提取基金总量的 5% 作为门诊统筹调剂金。2011 年门诊统筹补偿比例设定为村级 50%,比 2010 年提高 20%;乡镇级 40%(比上年提高 20%),全年封顶线为 50 元/人(比上年提高 20 元/人),家庭成员可共用。乡、村两级定点医疗机构全年人均门诊费用分别不超过 65 元和 50 元。灵活就业人员自愿选择参加城镇职工医保和城镇居民医保,有困难的农民工在参加城镇职工医保的同时可自愿选择参加城镇居民医保或户籍所在地的新农合,启动农民工等流动就业人员基本医保关系跨地区转移接续工作。6 月 30 日起,辖区内政府举办的基层医疗卫生机构、非政府办社区卫生服务站及村卫生站全部配备使用国家基本药物和省补充药物,并实行零差率销售。进一步规范基本药物网上采购,逐步扩大基本药物制度实施范围,基药补助及时到位。截至 12 月,全区已划拨基药补助 225.17 万元,人均补助 7.27 元,基药实际销售价格明显下降,下降比例 46.67%,城区门诊和住院人均费用分别同比下降 6.43%、4.52%,乡镇门诊和住院人均费用分别同比下降 1.33% 和 23.71%。规范网上采购,对网上采购、阳光积分上报、是否规范选择配送企业等情况进行定期通报,确保各基层医疗机构上网采购率 100%。

【医政管理】 开展"以病人为中心、以提高医疗服务质量为主题"的医院管理年活动。加大医疗质量与医疗安全督导检查力度。开展"优质护理服务示范工程"、"三好一满意活动"、"对口支援活动"、"进村入户送健康活动"、"基本公共卫生项目督导检查"、"中医药文化宣传"、"医保基金和医疗服务行为专项检查"等工作取得良好效果。强化医疗废弃物管理,按规定进行安全科学的流程操作处理。开展继续医学教育,组织 9 次相关知识讲座,提高医务人员整体素质。全年接待投诉和医疗纠纷 48

起(重大纠纷16起),办结42起,占87.5%,正在办理6起。严格医疗机构准入,进一步规范医疗服务市场,依法管理、依法行政、依法行医、依法执业,1至12月份无新准入医疗机构,清理注销医疗机构1家。开展检验室、院感、放射装置等专项检查,完成“医疗机构执业许可证”效验工作;规范医疗广告,加大监管力度,加强医师、护士的注册管理,1至12月份办理医师执业注册501人次、变更注册8人次,办理护士首次注册302人次、变更注册19人次。

【重大项目建设】 推进卫生重大项目建设,启动修建630平方米区急救中心业务用房、区人民医院南湖分院1.40万平方米的建设项目和修建1150平方米的卫生监督大队业务用房等3个项目。配备相应设备,完善基本医疗和公共卫生功能;完成45个村卫生室的标准化建设,筹建村卫生室的信息平台网络。做好项目储备,争取区疾控中心4000平方米和区妇幼保健院3000平方米的建设项目。完成中央补助农村改厕项目800户的任务,分别通过省、市专家组评估验收。高峰乡高峰村被确定为四川省CES(儿童环境与环境卫生项目)项目暨农村改厕示范村,6月通过省、市专家组的评估验收。五星街社区卫生服务中心230万元的建设项目11月竣工投入使用。

【民生工程】 进一步巩固完善新型农村合作医疗制度,新合医疗覆盖7个乡镇。1至12月份,新合补偿门诊42.7万元,住院543万元。加强对定点医疗机构的监管,完成新合信息平台建设。5月1日起新合补偿正式进入自动化管理,将尿毒症肾透析、恶性肿瘤、白血病、重症精神病等10种特殊病种确定为新农合大额门诊补偿特殊病种,起付线300元,补偿比例70%,封顶线1800元。农村住院分娩产妇总数683人,实际补助917人(其中234人为2010年补助人数),共计补助金额36.68万元。完善社区卫生服务体系建设,调整社区卫生服务规划,健全社区卫生服务网络。全区的13个社区卫生服务机构(5个中心、8个站),覆盖城区39个社区22万余人,实现社区卫生服务全覆盖。实施医疗救助,全区定点医疗机构配合民政开展事前救助,对城乡各类特困群众在门诊、住院、用血、特殊检查、治疗、手术以及材料费等项目上进行减免,为74例贫困白内障患者减免复明手术,全年共计减免20余万元。

【卫生监督】 推行卫生监督信息化建设,使用国家卫生监督信息报告系统和四川省卫生监督管理系统开展和管理卫生监督工作。实施监督职能调整,成立食品安全委员会(简称“食安委”),明确食安委成员单位职责,开展以违法添加非食用物质和滥用食品添加剂专项整治为重点的一系列食品安全专项整治活动,食品安全总体稳定。强化医疗机构监管,依法严厉打击非法行医,对非法行医保持高压态势,共出动执法人员457人次,执法车辆54台次,进一步净化医疗市场。开展放射诊疗个人剂量监测,个人剂量监测率达100%;9家医疗机构制定放射事故应急预案;全区放射卫生档案和放射工作人员健康档案建档率100%。全面落实职业卫生监督网格化管理达100%,对用人单位负责人、劳动职业卫生宣传培训率达100%,从事接触职业病危害作业劳动者的职业健康体检率达76%;联合区疾控中心对全区10家城市二次供水和农村生活饮用水开展卫生监督监测,督促水厂对存在问题进行整改,监督检查率100%。

【疾病预防控制】 以乡镇为单位DOTS(现代结核病控制策略)覆盖率保持100%;发现涂阳病人82例,登记病人密切接触者82人,筛查82人,筛查率为100%。接诊可疑肺结核病人1016例,发现活动性肺结核病人162例,医疗机构病人报告率100%。接受上级实验室的室间质量评估工作,质量评价覆盖率为100%。全年医疗机构报告艾滋病感染者/病人82例,流调完成率为100%。坚持常年门诊接种,儿童“六苗”(卡介苗、糖丸、百白破、麻疹、乙肝、白破二联)接种率为95%。开展“接种疫苗,宝宝健康”为主题的“4·25”全国儿童预防接种日的宣传活动,发放宣传资料4000份。开展并实施扩大免疫规划工作,扩免疫苗接种11000人。开展疾病预防控制示范、规范门诊建设。组织实施“防治碘缺乏病日”宣传活动,完成居民户碘盐监测任务。3月份,省、市疾控中心随机抽查区两所学校240名学生甲状腺触诊检查、智力测验和尿碘检测，检查结果显示，全区碘缺乏病防治工作效果明显。加强传染病防治工作，法定传染病发病率控制在383.89/100000以内，低于国家规定600/100000以内的指标。

【妇幼保健】 加强增补叶酸的健康教育宣传，制作宣传资料两种1万余份，统一为各乡镇制作宣传横幅两种48条，利用节假日、乡镇赶场日上街进行宣传。组织专业人员对叶酸的服用进行检查督导，全年共发放叶酸710人，发放叶酸3550瓶，增补叶酸知识调查1300人次。继续加强两系管理（孕产妇系统、婴幼儿系统），促进妇幼保健工作可持续发展。辖区内的9所助产单位全部统一使用《自贡市围产保健手册》，产前检查率为100%。认真贯彻落实“一法两纲”，农村孕产妇住院分娩率达到99%，孕产妇死亡为0，婴儿死亡率降低至3.63‰。开展常规性妇女病普查，普查率为82.6%，规范出生医学证明的使用管理，新生儿疾病筛查率95%，儿童系统管理率85%。

【爱国卫生】 爱国卫生工作以改厕为主，以创建卫生村（镇）为重点，以迎接省级卫生城市第三轮复查为契机，结合城乡环境综合整治，全面深入开展爱国卫生各项活动。制定和印发2011年爱国卫生及各种专项工作意见。组织开展元旦、春节、五一等重大节前卫生突击活动和卫生月活动，结合城乡环境综合整治，重点搞好单位、居民区环境卫生。组织开展除四害活动，全区共投放灭鼠毒饵4.1万包、鼠药敌敌畏20公斤、奋斗呐5018包。固定使用的喷涂健康教育专栏200个；开展医疗卫生单位定点帮扶改厕项目村和亿万农民健康教育促进行动；开展世界卫生日和世界无烟日宣传活动；开展医疗单位全面禁烟活动，实现全区医疗卫生系统范围内全面禁烟。结合卫生月活动，开展城乡环境综合整治，组织开展6次全区卫生大突击活动，集中整治城乡环境卫生，参加整治行动3万人次，清扫面积31万平方米，清除垃圾500吨，清除卫生死角200多处。11月2至4日，接受省创建卫生城市检查团的复查，各项指标符合卫生城市标准。

【队伍建设】 加强卫生人才队伍建设，按乡镇卫生院机构编制管理暂行办法，重新核定乡镇卫生院人员编制99名。按社区卫生人员配备标准上报社区卫生服务中心人员编制，市编办已核定社区卫生服务编制180名。全年卫生系统公招4人，调入3人，招录应届毕业生2人，三支一扶招录人员3人、续签2人，大学生定向培养1人。新增高级职称1人、中级2人；加强继续医学教育，继教合格率稳定在90%以上；培养农村健康守门人，达到每个乡镇1名健康守门人；加大乡村医生培训力度，培训率达到90%。开展继续医学教育，培训180人，培训覆盖率95.24%，继续医学教育对象学分达标96%；完成全科医学转岗培训2人，完成率100%，培训合格率100%。根据医药卫生体制改革中乡镇卫生院院长、副院长实行聘任制的要求，5月份按干部聘任要求对各乡镇卫生院领导干部作相应调整，优化乡镇卫生院领导班子结构，充实基层的领导力量。

【创先争优】 紧密结合服务行业、服务窗口创先争优活动的开展，围绕“把群众装在心上，把责任担在肩上，把奉献捧在手上”的活动主题，加强基层党组织建设，规范党员的公开承诺，全系统197名党员，承诺事项466项次，兑现承诺466项次。在建党90周年之际，举办纪念汶川大地震3周年“感恩奋进”红歌比赛。开展惩防体系建设，形成以五大机制为重点的自流井区卫生局惩防体系基本框架，修改各项制度职责72条，新建制度5个。组织开展向“十佳健康卫士”、“五大名中医”、“市、区优秀共产党员”学习教育活动，创建共产党员示范岗17个，评选出市、区先进基层党组织3个，优秀共产党员7名。

（区卫生局　颜淑芬）

旅　游

【旅游收入】 第十二届飞龙峡桃花会旅游综合收入创历史新高，突破2000万元大关，综合收入2136万元，接待游客26万余人次。全年区的旅游总收入23.03亿元，同比增长23.6%，旅游总人数460

万人,同比增长20.4%。固定资产投资1.8亿元,招商引资1.3亿元,超额完成0.3亿元。

【特色旅游业】 区内有阳光农业、林下鸡养殖、食用菌种植、花卉种植等独具特色且规模较大的特色农业,林下鸡养殖、食用菌种植、花卉种植均成立了专业合作社,食用菌合作社被评为省级农民示范专业合作社和市级优秀专业合作社,合作社积极引导农户,把休闲农业与旅游紧密结合,建成游客蘑菇自摘园、花卉蔬菜自摘及种植园、鸡蛋自捡园等。休闲农业与乡村旅游相结合,有效地带动四个乡镇的农户9200户从事休闲农业,促进农民增收,农产品年销售收入3200万元,农民年人均收入达到9100余元。目前,景区从业人数达6000余人,其中90%来自当地农民,从业农民人均年收入1.6万元。

【自贡灯会灯组制作】 按照市南国灯城建设领导小组办公室要求,实施2011年自贡灯会园外灯组制作安装、灯饰亮化工作任务,全区园外灯组共有21个,其中新增15个园外灯组制作,维修灯组3个,恢复制作灯组2个、观灯快速通道指示牌6组,灯组安装制作提前5天完成。

【生态旅游】 按照星级农家乐的评选标准,对景区内的农家乐进行扶持改造,投入改造资金200万元,改造后农家乐的面积达3万平方米,新增客房60间,床位300个,户外活动面积3000平方米以上,农家乐日接待游客就餐能力2万人次以上。达到星级农家乐标准20户,其中三星级农家乐8户。全年接待游客10万人次,经营收入80多万元。

【侨情调查】 根据区委、区政府要求,历时3个月,圆满完成全区侨情普查工作。据普查了解,全区共有归侨1人;侨眷179人;侨资企业2家。并建立侨情统计数据报表,为凝聚侨心、聚集侨力,整合侨务资源工作打下坚实的基础。

【侨民救治】 2011年9月30日,接外交部驻阿根廷大使馆转发电函,阿根廷华侨难民李某某护照国籍属于中国、四川自贡人士。由于在国外突发疾病,无钱医治,大使馆要求将难民李某某接回国内休养医治。接到通知后,当天下午及时联系到李某某在自贡的亲属和家人。区政府召开专题会议,确定详细的接待方案。11月3日上午,区外事侨务旅游局派专人、专车前往成都双流机场,及时安全地把难民李某某护送回家乡自贡,并安置在区社会福利院进行休养医治。

(区外事侨务旅游局　幸荣杰)

社　会

SHE HUI

劳动和社会保障

【基金征缴】 全年累计征收基本养老保险基金2.61亿元，完成全年目标任务9000万元的290.16%(其中，征收个体基本养老保险费7022.7万元，占全年征收基本养老保险费的26.89%；征收单位基本养老保险费2213.35万元，占全年征收基本养老保险费的8.48%；征收被征地农民基本养老保险费1024.51万元，占全年征收基本养老保险费的3.92%；征收原集体企业未参加养老保险退休人员基本养老保险费1.56亿元，占全年征收基本养老保险费的59.72%；清理回收以前年度欠费258.23万元，占全年征收基本养老保险费的0.99%)，与2010年累计征收基本养老保险基金7959.96万元相比，增加1.82亿元，提高228.07%。全年累计征收工伤保险基金145万元，完成全年目标任务115万元的126.09%，与2010年累计征收工伤保险基金100.27万元相比，增加44.73万元，提高44.61%。全年累计征收生育保险基金47.25万元，完成全年目标任务42万元的112.5%，与2010年累计征收生育保险基金29.14万元相比，增加18.11万元，提高62.15%。

【参保扩面】 期末基本养老保险累计参保人数2.18万人(其中，单位参保6880人；个体参保1.60万人)，完成全年目标任务2.07万人的105.34%，与期初基本养老保险参保人数1.96万人相比，新增基本养老保险参保人员2280人。期末工伤保险累计参保人数9373人，完成全年目标任务7418人的126.35%，与期初工伤保险参保人数7651人相比，新增工伤保险参保人员1722人。期末生育保险累计参保人数6185人，完成全年目标任务4790人的129.12%，与期初生育保险参保人数4804人相比，新增参保人员1381人。

【基金支出】 全年企业离退休人员累计人数1.37万人，与期初企业离退休人员人数9291人相比，新增退休人员4402人(其中，新增失地农民超龄人员160人；新增未参加集体企业养老保险退休人员3407人)；全年养老保险基金累计支出1.41亿元(其中，失地农民超龄人员养老保险基金支出570万元；未参加集体企业养老保险退休人员养老保险基金支出237万元)，与2010年养老保险基金累计支出1.14亿元相比，增加支出2738.72万元，增加24.01%。全年企业职工累计发生工伤事故47人/次，与2010年全年企业职工发生工伤事故42人/次相比，增加5人/次；全年工伤保险基金累计支出82.95万元，与2010年全年工伤保险基金累计支出51.25万元相比，增加支出31.7万元，增加61.85%。全年企业女职工累计生育77人/次，与2010年企业女职工累计生育82人/次相比，减少5人/次；全年生育保险基金累计支出58.15万元，与2010年全年生育保险基金累计支出45.75万元相比，增加支出12.4万元，提高27.1%。

【社会保险法宣传】 成立学习宣传贯彻《中华人民共和国社会保险法》领导小组，制定学习贯彻《中华人民共和国社会保险法》的实施方案，印发宣传提纲，层层召开动员会；组织全局干部职工认真学习《中华人民共和国社会保险法》，强化干部职工的执法意识；举办《中华人民共和国社会保险法》培训班，邀请市社保局领导授课，各乡镇(街道)分管领导、劳动保障所所长、社区分管主任、部分参保企业负责人共计105人参加培训学习；组织全局干部职工参加市社保局举办的培训讲座以及参加《中华人民共和国社会保险法》知识竞赛。通过多种形式、渠道的宣传，使企业经营者、职工、个体工商户和自由职业者等社会各界人士充分认识社会保险，意识到社会保险的重要性，从而主动积极地参加社会保险。

【社会保险费征缴】 对全区范围内的重点企业进行社会保险扩面征缴情况的检查，督促未参保或未全员参保的90家企业1190人全面参加社会保险。仅上半年就提前完成全年养老保险、工伤保险、生育保险参保人员的扩面工作。强力清欠，加大基金征收力度。采取电话催缴和实地稽核的形式，并以社会保险信用等级评定为载体，推进企业诚信建设，促进企业参保缴费。全年共催促160户企业缴纳欠费258.22万元，对缴费确有困难的6户企业签订还款协议,涉及金额354.10万元。

【养老金发放】 确保企业离退休人员基本养老金按时足额发放,做到当期无拖欠。截至12月底,全区企业离退休人员1.37万人;实行社会化管理100%;全年共支付基本养老金1.41亿元;支付丧葬抚恤金303.7万元。精心组织调整待遇工作。2011年调整退休职工待遇,涉及退休职工9776人,人均增资140元以上,一次性补发工资165万元。

【社会化管理】 按照"六个到位"要求,开展标准化社区的创建工作,加强社区软硬件建设,完善各项制度,发挥标准化社区的示范作用,提升社会化管理水平,推动社会保险服务工作的改进和完善。全年创建市级标准化社区6个(大湾井社区、三台寺社区、富台山社区、解放桥社区、钟云山社区、珍珠寺社区)、区级标准化社区3个(路边井社区、盐店街社区、大来井社区),占全区社区总数的20%。通过创建标准化社区建设,以点带面,促进全区企业离退休人员社会化管理工作。全区纳入社会化管理的企业离退休人员4.02万人,实现社会化管理100%,社区管理覆盖面100%。

【农村社会养老保险】 10月份启动老年农村居民最低生活保障对象参加新型农村社会养老保险工作。制定实施方案;对老年农村居民最低生活保障对象进行摸底排查;开展老年农村居民最低生活保障对象基本养老金的待遇发放工作,两次深入到全区6个乡镇,为60岁以上的老年农村居民最低生活保障对象发放养老金待遇存折/储蓄卡4498本/张,发放养老金待遇287.9万元。

【被征地农转非人员参加基本养老保险】 全区开展被征地农转非人员有4批次共414人参加基本养老保险工作,实际参保360人。其中,第1、2批农转非超龄人员65人参加基本养老保险工作全面完成;第3批大西洋项目农转非超龄人员94人、适龄77人和第4批粮油批发市场项目农转非超龄人员66人办理了参保手续。

【未参保集体企业退休人员参加基本养老保险】 根据川人社文件精神,为解决未参保集体企业退休人员参加基本养老保险保障等遗留问题,10月20日召开宣传动员会,10月21日即开始办理业务,截至12月31日,为3430名未参保集体企业退休人员办理超龄养老保险,累计征收养老保险基金1.56亿元,发放未参保集体企业退休人员养老金待遇237万元。

(区社保局 刘橙子)

医疗保险

【城镇职工医疗保险】 截至12月底,城镇职工参保单位330户,参保职工达2.14万人。

【城镇居民医疗保险】 全区城镇居民基本医疗保险试点工作(含高新区),共覆盖7个乡镇8个街道81个社区(包括高新区1个乡镇3个街道36个社区)以及74所学校。截至年底,全区参保居民总人数为11.2万人,参保率110%。

【大学生医疗保险】 截至12月底,已有参保大学生2.1万人(其中新生参保率为100%)。

【门诊特殊疾病申报鉴定】 开展门诊特殊疾病患者申报工作,坚持标准、严格筛选、层层把关,经检查鉴定确定门诊特殊疾病患者110人,已全部核发门诊特殊疾病医疗证,5月1日起按规定享受有关待遇。

【城镇居民医保门诊统筹】 城镇居民医保门诊统筹计划于2011年11月正式启动,区与社区卫生服务中心(站)、乡镇卫生院签订了城镇居民医保门诊医疗费统筹定点医疗机构服务协议》。截至年底,城镇居民门诊统筹共报销2.12万人次,报销金额98.5万元。

【定点医疗机构药店管理】 出台对全区定点医疗机构和定点药店的相关管理指标和考核标准,强化监督检查。全年对79家次定点医疗机构和零售药店明察暗访,查处违规医院53家次、药店3家,暂停与4家定点医院和21家定点药店的服务协议，拒付定点医院违规费用38.6万元，收取违约金21.5万元，暂扣超标医药费用60万元，“两定点”监管工作取得成效。

（区医保中心　熊开淑）

劳动就业

【就业服务体系建设】　围绕“就业促进工程”主线，完善失业保险管理服务体系，公共就业服务体系和统筹城乡就业体系。抓好四个方面工作，即技能培训、基层劳动保障平台建设、失业保险和政策落实。

【就业培训】　全年开展农村劳动力技能培训1557人，完成目标任务1500人的103%，合格率达90%以上，培训后就业率达60%以上；创业培训500人，占年计划400人的125%，合格率达80%以上，创业成功率50%以上；促进就业和再就业8271人，占年计划7100人的116%。建立就业见习基地23个，吸纳高校毕业生参加就业见习31人，完成目标任务20人的155%，促进14名高校毕业生实现创业，完成目标任务14人的100%。

【促进就业活动】　在全区6个乡镇举办家乡温暖专场招聘活动。有62个用工单位进行招聘，提供就业岗位1000余个，涉及操作工、管理人员、技术工、营销、服务、搬运、驾驶、车工、钳工等几十个行业，现场达成意向性就业238人。为迎接“三八”妇女节，促进女性就业，3月3日在区人力资源市场举办迎妇女就业专场招聘洽谈会，吸引29家用人单位入场招聘，并提供百货零售、餐馆、厂矿企业、保险和美容健身、家政、保洁员等适合女性就业岗位400余个，入场人数达到500余人，其中女性占到80%以上。有126人与用人单位达成就业意向，其中女性88人。为农民工等弱势群体就业提供帮助，5月举办“就业在家乡”专场招聘会。参加招聘会的主要是高校毕业生、农民工及下岗职工群体，遴选20余家当地企业100余个岗位，实现“家门口”就业。在一月开展为期一周的以“送政策、送岗位、送服务、送温暖”为主题的“2011年就业援助月活动”。为生活困难的城乡失业人员共发慰问品2万元。

【创建“充分就业社区”】　推进村级就业服务平台建设。建立村级劳动保障服务站35个，占全区45个行政村的77%。将就业管理服务从城市延伸到农村，形成了“区有人力资源市场，镇有劳动就业服务机构，村有劳动保障服务网点”的三级就业服务网络。开展充分就业社区创建活动，重点打造充分就业街道，发挥“充分就业社区”的示范带动作用，积极组织开展社区就业服务基础设施建设。截至年底，全区创建充分就业社区35个（其中省级1个、省级充分就业示范社区1个、市级35个），占全区45个社区的77.78%；指导10个未达到充分就业社区标准的社区开展创建申报工作。“就业失业登记证”换发工作全面启动。建立健全就业失业登记制度，规范就失业登记办证程序，组织开展就业再就业政策业务知识培训。办理就失业登记证1767本。

【小额担保贷款】　鼓励下岗失业人员自主创业，以创业带动就业。全区小额担保贷款共计发放462万元（其中个人小额担保贷款62万元，劳动密集型小企业贷款400万元），带动吸纳156名下岗失业人员就业。

【信息化建设】　加强失业保险基础工作，加快失业保险信息化步伐。根据市局要求的进度确保启用失业保险信息管理系统软件，全区失业保险参保登记、申报、基金征收、待遇审核、待遇发放、财务管理等业务基础数据全部进入系统，建立失业保险单位和个人缴费记录，实现失业保险参保缴费实名制管理。

【失业保险费稽核检查】　加强稽核检查，对已参与失业保险的单位和个人申报缴纳失业保险费、申请享受失业保险待遇进行稽核检查，稽核面达参保职工人数30%以上，失业保险稽核资金到账率100%。保证失业保险待遇100%按时足额发放。全年失业保险费收入173.75万元。及时筹集失业保险金,争取市级调剂资金2272.5万元,确保失业保险待遇按时足额发放。全年共计发放失业保险待遇3.57万人次,支出1947.71万元,发放率100%,门诊医疗费支出199.8万元。做好失地无业农民参保工作,舒坪镇白阳村、金鱼村失地无业农民符合条件且自愿参加失业保险121人,并按月发放失业保险金166.73万元。

【失业保险金发放】 截至12月31日,在失业保险方面:保证失业保险待遇100%按时足额发放;及时筹集失业保险金,积极争取市级调剂资金2272.9万元,确保失业保险待遇按时足额发放。发放失业保险待遇为3.92万人次,共计支出2113.48万元,发放率100%。全区小额担保贷款共计发放462万元(其中个人小额担保贷款62万元,劳动密集型小企业贷款400万元),完成目标任务430万元的107%。

【富士康成都项目招募】 推进富士康招募工作,按省、市要求,根据《富士康成都项目群康科技人力资源自贡市招募工作小组关于下达招募工作目标任务的通知》精神,积极为富士康招募工作人员。将目标任务分解落实到各乡镇、街道,全年成功输送员工890人,完成全年社会招募目标任务的100%。

(区就业局 邹小峰)

民政工作

【最低生活保障】 城乡低保实现应保尽保,按月及时足额发放城乡低保金。全年城市最低生活保障累计救助13.41万人次,发放低保金2656.93万元,人均补差达到198.2元;农村最低生活保障累计保障7.93万人次,发放低保金609.6万元,人均补助水平76.9元。完善并实施城市低收入家庭认定工作和城乡社会临时生活救助制度。

【医疗救助】 完善城乡医疗救助实施办法,规范医疗救助对象核定和资金发放程序,城市医疗救助累计救助4833人,发放救助金493.06万元,人均救助水平达441.3元;农村医疗救助累计救助2619人次,发放救助金260.01万元,按低保人口计算,人均救助水平达370元。全面启动特困家庭狂躁型精神病人医疗救助工作,资助城乡三无对象、低保人员参加医疗保险,支付参保金68.51万元。

【"五保"供养】 敬老院建设工作稳步推进,新建仲权镇敬老院1所,新增床位80张,全区五保集中供养床位利用率达65%;按月及时足额发放五保金,新建爱心超市4个。做好敬老院规范化管理工作,积极创建省级达标敬老院,区中心敬老院通过上级检查验收,被省民政厅评为省一级敬老院。

【救灾救济工作】 妥善安排灾民生活,切实做好冬春困难群众生活救济工作,及时划拨救灾资金,使全区困难群众生活得到切实保障。做好防汛救灾准备工作,落实值班制度,建立从村、乡(镇)、区民政部门到市民政部门的逐级报灾体系,实行灾情零报告制度,在灾害发生的第一时间内逐级上报灾情。发动社会各界和广大人民群众捐献过冬棉衣棉被,确保受灾群众和困难群众温暖过冬。做好防灾减灾项目建设工作,积极推进减灾救灾指挥体系建设,完成区政府救灾指挥大厅建设。积极创建全国综合减灾示范社区,完成全区16个避难场所建设前期准备工作,全面启动区避难场所建设。组织开展"5·12"防灾减灾日宣传活动。

【双拥与优抚安置】 落实优待抚恤政策,维护优抚对象合法权益,按规定时限上报评残材料和评(调)残公示结果。规范和完善优抚政务公开,公开面达到100%。完善重点优抚对象医疗补助"一站式"即时结算服务。加强优抚资金管理,按时、足额兑现抚恤补助金。对1至4级残疾军人住房情况进行普查,建立信息档案。加强光荣院、烈士纪念建筑物的管理,完成仲权革命烈士陵园建设前期调研工作和申报工作。贯彻落实省双拥模范城县区命名大会精神,创新做好双拥工作,认真开展第十届省双拥模范城创建活动,引导非公组织参与拥军优属活动。开展"春节"和"八一"慰问活动,区四大班子领导带队,走访慰问辖区内各驻军部队,同时对伤残军人、军烈属、在乡复员军人、特困下岗志愿兵、"两参"人员等进行慰问。做好转业退伍军人的档案接收工作，落实退役士兵安置政策。全年接收退役士兵、士官159人，其中城镇104人，农村26人，全面开展退役士兵教育和技能培训，培训率达80%以上。落实军队离退休干部政治、生活待遇，组织老干部外出参观、学习、活动20余次，加快军休干部住房改革政策落实进度，完成军休干部的房改工作。做好复员退伍军人信访工作和涉军维稳工作。

【社会福利】 进一步完善养老服务体系建设。逐步建立"以居家养老为基础，社区服务为依托，机构养老为补充"的养老服务体系。开展养老服务社会化示范社区创建活动，在社区养老服务方面实现新突破。区龙凤山社区和交通路社区通过省民政厅验收被评定为四川省养老服务社会化示范社区（Ⅱ类）。落实老年优待政策，出台《自流井区老年人优待规定》和《自流井区进一步推进社区养老服务工作实施方案》。加强福利企业的指导和管理工作，强化对企业的服务和协调工作。

【社会事务】 依法做好社会组织登记备案工作，支持社会组织发展，引导社会组织参与社会管理和服务。对全区54个社会团体和29个民办非企业，根据性质类别进行年度检验工作，年检率95%以上，对违法社会组织查处率达100%、非法社会组织取缔率100%。推进行业协会商会改革和发展，做好行业协会商会与业务主管单位在职能、职责和人、财、物等方面的分离工作。贯彻落实《四川省社会组织行为失信惩戒制度》和开展自律诚信建设活动，建立内部规章制度，完善法人治理结构。认真贯彻执行《社会组织评估管理办法》，组织开展社会组织评估管理工作。开展社会组织创先争优活动，进一步加强社会组织党的建设，新建民间组织和民办非企业党组织7个。做好"小金库"治理"回头看"工作，建立健全防治"小金库"的长效机制，坚持将"小金库"治理工作常态化。

【殡葬管理】 查处违法土葬，严禁"以罚代法"，加大对违法土葬的处罚力度，对殡葬执法工作开展全面检查，对区各乡镇在殡葬执法工作中执法文书填写和档案保存等方面进行统一规范。按照分级负责属地管理的原则，搞好对流浪乞讨人员的救助管理工作。

【婚姻登记管理】 巩固婚姻登记规范化建设成果，为婚姻登记机关等级评定工作做好准备，依法开展婚姻登记和收养工作，实现收养登记信息化管理，婚姻登记、收养登记合格率达100%，违法登记查处率达100%。全年办理结婚登记3836对，离婚登记1432对，补办1816对，出具婚姻登记证明3802个。办理收养登记1例，解除收养登记1例。

【地名公共服务】 完善舒坪工业集中区地名命名后后续工作，将新命名的地名使用起来；对新开发的楼盘和新建筑物进行门牌编码完成新编门牌5处；做好农村地名标志的设置任务，完善地名数据库，做好农村镇村牌的维护和油漆刷新工作。

【基层基础工作】 圆满完成第八届村居换届选举工作，新选出村委会干部135人、居委会干部229人，对他们进行了为期一周的业务培训。宣传贯彻实施新修订的《村民委员会组织法》，组织乡镇、村干部进行专门的培训。认真宣传贯彻《中共中央办公厅关于加强和改进城市社区居民委员会建设工作的意见》。开展"廉政文化进社区"和"社区创先争优"活动，评选出市表彰的社区六个（大湾井社区、富台山社区、盐店街社区为市和谐社区建设先进单位，钟云山社区、龙凤山社区为市城乡环境综合治理进社区先进单位，三台寺社区为市廉政文化进社区先进单位）。开展城乡环境综合治理进社区工作，按照已形成的机制全面进行社区城乡环境综合治理。加大农村社区建设推进力度，新建农村社区8个。继续开展村务公开工作，严格按照四川省村务公开条例以及区民政局规范的公开方法，村务公开工作又上新台阶，村务公开面达100%，规范率达98%；搞好村民自治模范乡镇、村务公开民主管理示范乡镇工作。

【老龄工作】 认真贯彻《中华人民共和国老年人权益保障》，全面落实老年优待政策。继续开展敬老模范区创建活动，做好"春节"和"重阳节"的敬老宣传和慰问工作，抓好农村和社区老龄工作，完成基层老龄工作干部和老年人协会负责人的培训工作。

（区民政局 周一丹）

人口与计划生育

【人口增长】 全年出生2576人，自然增长率为1.48‰，符合政策生育率为89.05%，出生人口性别比为104.77。

【目标管理】 召开全区人口和计划生育工作会，总结、部署人口计生工作，表彰年度人口和计划生育党政、业务目标考核获奖单位，地区示范单位和先进社区（村）；逐级签订《人口和计划生育目标考核责任书》，将考核结果纳入区政府综合目标考核，执行人口和计划生育工作"一票否决"和"告诫"制度，严格奖励和惩处措施。

【经费保障】 将人口计生工作的各项经费纳入财政预算内统筹安排，按照投入比例，逐年提高人口和计划生育事业公用支出的总体水平，确保向农村育龄妇女提供基本项目的计划生育免费服务，确保对计划生育家庭各项奖励优惠政策的全面落实，确保基层计生工作人员的工作报酬。同时，对工作质量高、成效好的乡镇、街道进行奖励。加大对技术服务体系的投入力度，为区指导站购置新的业务用房，改善区指导站的工作环境。

【宣传教育】 把生育文化建设工作与协会阵地建设紧密结合，巩固和完善原有阵地，做到户有宣传品两种以上，组有中心户3户以上。每个村有人口文化大院、图书角，镇有人口文化中心1个，路有人口计生公益性广告牌，并投入10万余元打造自流井老街"人口文化一条街"、川西南矿区企业人口文化展厅及文化广场、明珠社区人口文化长廊和全胜人口文化村、农家乐、书屋等宣传阵地，拍摄1部人口和计划生育专题片《齐心浇开幸福花——自流井区人口和计划生育工作纪实》。依托生育文化小区、生育文化大院、生育文化中心户、新家庭文化屋等生育文化阵地，开展计划生育院坝文艺表演、有奖竞猜、读书会等贴近群众的经常性宣传教育活动。依托婚育新风进万家等活动载体，把宣传教育作为推动人口计生工作的切入点来抓，采取多种形式，全方位多层面的开展宣传教育活动。依托计划生育协会活动，营造浓厚的生育文化氛围。区计生协会在全区各级协会组织开展经常性活动的基础上，以"会员联系千万家、关怀关爱你我他"为主题，开展"5·29"会员活动周活动。与市计生协会联合开展计划生育政策法规咨询、免费义诊、人口计生知识有奖猜迷等活动，发放宣传资料和避孕药具。全面完成计划生育宣传品进村入户工作和宣传品征订入户工作。

【优质服务】 全区计生服务站室进行统一标志、统一处方、统一着装的"三统一"工作，完善依法执业相关制度，确保服务机构和人员无违规执业情况发生。强化计划生育质量管理规范，开展技术服务规范管理专项检查和技术服务机构依法服务专项整治工作，针对检查出的问题逐一整改落实。完善医疗文书、并发症防治及抢救预案等各项规章制度，坚持术后回访工作，术后随访率达95%以上，全年无手术责任事故发生。建立培训制度。提高人员素质，加强继续医学教育，完成培训送培任务，提高技术水平。组织技术人员参加继续医学教育培训104人次，区服务站自费送培3人到省、市级医院进修。提高服务水平，公招3名有资质的专业技术人员补充到两个乡镇中心服务站，并开展基层技术服务人员业务培训3次，为群众提供更加安全、有效、适宜的计划生育技术服务。全年为育龄妇女上门咨询5289人次，门诊咨询1027人次，门诊人次561人次，查环1.3万人次，查孕9414人次，随访1.3万人次，妇女病检查4326人次，发放避孕药具1.2万人次。

【计划生育奖励】 继续深化和拓展计划生育"三结合"帮扶工作，与区委、区政府"领导挂点、部门包村、干部帮户"工作相结合，确定19个"三结合"帮扶部门，建设帮扶基地7个，落实新增户200户，帮带户250户，联系户450户。深入实施独生子女父母奖励制度。按照省政府185号令的规定，区出台《关于进一步落实独生子女父母奖励金的通知》实现0－18周岁独生子女父母奖励全覆盖。全面落实农村计划生育家庭奖励扶助和计划生育家庭特别扶助两项制度，全年全区落实“两项制度”，有1298户计生家庭受益、扶助金113.23万元。长效节育措施奖励。农村符合奖励人群536人，享受长效节育奖励的育龄妇女共计161人，占符合奖励政策人群的30.04%，发放奖金4.83万元。独生子女平安保险。继续开展独生子女平安保险工作。2011年，将城镇低保家庭中0－18周岁的独生子女纳入保险范围。投入2.46万元为全区4861名符合条件的独生子女办理了平安保险。将计划生育家庭“关怀关爱”行动和“关爱女孩”行动融入到全区“家乡助我上大学”扶贫助学活动中，重点对贫困大学生中的独生子女和女学生进行资助，投入1万余元，资助10名新考入大学的贫困独生子女大学生就学。

【依法行政】 贯彻实施人口计生法律法规，严格依法行政，文明执法，坚持执行人口计生行政执法“七不准”和“十禁止”规定，取消一孩审批。加强对基层行政执法的监督检查，进一步规范计划生育行政执法主体、执法程序和执法文书。规范社会抚养费征收行为，违法生育个案处理合法、及时，严格按照立案、调查取证、作出征收决定、送达、申请法院强制执行等程序进行，做到程序合法、依据合法、文书规范。全面规范再生育审批程序，严格执行再生育审批的规定，严格审批程序和条件，无行政诉讼败诉案件。加大对违法生育的处理和社会抚养费的征收力度，形成强制征收的长效机制，全年征收社会抚养费412.73万余元，创历史最高水平。占当年应征收的81.23%。建立《计划生育行政执法岗位责任制》、《行政执法过错责任追究暂行办法》、《行政执法责任制评议考核暂行办法》、《行政执法公示制度》、《社会抚养费征收、行政处罚备案制度》、《行政管理规范性文件备案审查制度》等制度，进一步规范执法行为。

【人口信息数据库建设】 全面推进计划生育奖励扶助和特别扶助两项制度资格确认全面质量管理工作。按照全面质量管理工作的要求，严格有关报审程序，确保对象资格确认工作“零差错”。高度重视全员人口数据清理工作。6月27日，根据上级要求，区人口计生领导小组印发《关于全面开展全员人口信息清理核查工作的通知》，开展为期3个月的全员人口信息清理、核查工作。至2011年8月，全区2600余名工作人员两次采集、核实、修正、补充个案信息600万余条，PIP系统的数据完整性和数据逻辑性均达到数据质量综合评估指标要求。截至8月22日，区PIP系统个案数据项目完整率达99.74%、逻辑准确率达98.26%、数据库人口覆盖率达99.32%、数据更新及时率达91.12%、联合国综合指数达31.39、迈尔指数达2.63、惠普指数达97.97。

【人口计生示范村(居)创建】 开展村(居)民自治合格村的评估、表彰工作。9月，省人口计生委政法处副处长张地恩、省人口计生协会宣教法规部部长付康一行到高峰乡罗冲村检查评估“2011年度人口计生基层群众自治示范村”创建工作，对全区基层群众计划生育自治工作给予充分肯定。

（区计生局　张代娉、李　洁）

人民生活

【城镇居民收入】 区城镇居民人均可支配收入1.81万元，同比增长2421元。

【农民收入】 区农民人均纯收入7269元，同比增长1392元。

（区统计局　胡永洪、罗　燕）

民族宗教

【概述】 自流井区有常住少数民族31个900户1236人，其中农村36户50人，城市864户1186人。全年下基层23天，开展对全区少数民族贫困户的调研，撰写调研文章6篇。建立健全民宗工作联系体系，研究制定了少数民族帮扶规划。

【少数民族补助发放】 清真饮食习惯少数民族补

助发放对象 244 人,标准为每人 80 元,共计发放 1.95 万元。

【发展民族企业】 加强清真食品生产经营企业的管理,对清真食品生产经营企业的认定、审批环节加强把控,指导“百味斋”、“跃进食品加工公司”等企业填报清真食品经营企业申报材料,并帮助企业完成初步申报工作。

【帮助少数民族致富】 实施完成“少数民族生态肉鸡养殖扶贫项目”、“少数民族优质肉兔发展项目”两个少数民族发展项目,目前肉鸡项目已产出肉鸡两批,肉兔项目产出肉兔 1 批,经济收益良好,户均增收 2.5 万元以上。通过多次到农团乡、荣边镇进行实地调研,征求少数民族群众意见,依托农团乡食用菌合作社建立少数民族食用菌种植培训示范基地,占地 10 余亩,主要以种植平菇、姬菇、金针菇为主。截至 8 月,省少数民族发展资金 10 万元全额拨付到位,进行基础设施建设,同时组织专业技术人员举办两次少数民族群众食用菌种植技术培训班,向少数民族群众传授食用菌种植、采摘、防病虫害、渠道销售等知识。新申报“自流井区城市散杂居少数民族联络服务站”项目,少数民族发展项目库进一步完善,项目实施有规划、有监管、有效益,专项资金管理规范有序。通过少数民族发展项目的深入实施,切实帮助少数民族群众致富增收。

【突发事件处置】 健全涉及民族方面群体性事件应急预案,把联系人落实到村组及社区。定期深入了解情况、排查隐患,并与公安、信访、城乡管理执法、外事侨务旅游等部门建立协作机制,妥善处理 6 月 24 日新疆人占道贩卖哈密瓜事件、藏族群众陈某某上访事件,10 月阿坝州藏羌少数民族群众摆摊设点事件等不稳定因素,全年无一例较大责任事件及不稳定因素。

【创建“和谐寺观教堂”活动】 全面开展创建“和谐寺观教堂”活动。对辖区内 5 个宗教场所负责人进行宣传培训,由区民宗办主要负责人详细解读创建“和谐寺观教堂”活动的根本目的和主要意义,并细化分解达标任务和申报程序,年底 70% 的场所达到创建标准。

【宗教教职人员管理】 制定详细的教职人员备案工作实施方案,耐心细致地做好教职人员认定备案工作的宣传解释,从政策理论、八荣八耻、法律法规、爱国爱教、社会责任诸多方面对教职人员进行教育引导,树立正确的政治方向。并组织全区教职人员集中学习培训两次,提前半年全面完成基督教教职人员备案申报工作,并以宗教教职人员认定备案工作为契机,狠抓宗教教职人员管理,在基督教组织开展教职人员民主评议工作,由民宗办负责人和教职人员开展一对一谈话每人不低于 1 个小时。全区各场所管理组织呈现出和谐、团结、稳定的良好局面。

【宗教场所教风整顿】 强化现场指导,实地督查辖区内 5 个宗教场所教风整顿活动的开展情况,并提出指导意见,协助宗教场所做好宣传上墙等工作。注重日常监督,建立全区教风整顿活动联系网,确定各宗教场所联系人,采取听取汇报、信息反馈等形式,掌握各宗教场所开展道风整顿活动的进展情况,各场所教风整顿活动进展顺利。

【内部管理制度】 全区 5 个宗教场所修订和完善内部各项管理制度,加大宗教场所财务管理制度的规范力度。辖区内 5 个宗教场所除长恩寺外财务均已建立相应管理制度,达到规范化管理标准。

【解决困难教职人员生活】 法藏寺因地势偏远,香火不旺,教职人员生活困难。与新街办事处、区民政局多次协调,最终为法藏寺 3 名教职人员办理了低保,解决了教职人员的实际困难,促进社会和谐稳定。

【健全突发事件应急预案】 辖区各宗教场所、乡镇(街道)明确宗教突发事件责任人及联系人。定期深入了解情况、排查隐患,并与公安、信访等部门建立协作机制,全年无一例较大责任事件及不稳定事件的发生。

【自身建设】 坚持对民宗干部和乡镇街道民宗经办人进行相关法律知识培训。3月份全区6名民宗办工作人员参加《通用法律》知识的培训和考试，取得全员90分以上的成绩。同时组织专业法律知识考试。相关执法证照正在办理中。佛教"两乱"和"基督教私设聚会点"及其他非法传教得到有效遏制，并上报辖区内基督教无序发展的调研报告。

【信息化建设】 建立健全宗教部门、宗教团体、宗教教职人员、宗教活动场所的数据库，达到100%掌握情况。强化信息报送工作，信众数据库建立正在探索中。对辖区内互联网等媒体涉及宗教的内容进行监管。

【贯彻落实宗教】 认真督查党的宗教政策和上级关于宗教工作的部署、决议、决定在全区的贯彻落实。创新工作举措，全面完成上级宗教工作部门交办的各项工作任务。配合市民宗局，狠抓基督教三自爱国会换届工作。监督各堂点代表的选举，严格审核代表资格，切实对代表大会的各项工作提供支持，保证换届工作的顺利完成。

（区民宗办　李　婷）

乡镇、街道 XIANG ZHEN JIE DAO

红旗乡

【党建廉政工作】 贯彻落实党的十七届五中、六中全会精神，紧紧围绕建党九十周年和党委政府工作中心，深入开展创先争优活动。细化党建及党风廉政建设目标考核办法，贯彻落实《廉政准则》，扎实开展“三级联创”和全面推进“四好班子”及“四强”创建活动，班子及班子成员民主测评“满意”和“基本满意”率达100%。乡党委被高新区表彰为“四好”班子 。

【征地拆迁】 完成盐卤浴、总部经济区、城市综合体以及南湖开发建设等重点工程建设用地房屋拆迁500户、征地3900余亩，为自贡市南湖新城开发建设提供要素保障。

【安全生产】 落实安全生产“一岗双责”制，狠抓汛期安全，强化值班制度，重点加大危坎、危岩、危房、水库和低洼地带监控。加大隐患排查整治，投资7万余元对查出的19处安全隐患及时整治，确保辖区无重大伤亡事故及突发公共卫生事件。

【城乡统筹】 协调市、区相关业务部门，及时将惠农补贴资金发放到村民手中。兑付家电、摩托车、汽车下乡补贴资金128余万元。规范农转非居民集中安置房物业管理，打造优美、和谐居民小区。

【最低生活保障】 全面落实最低生活保障制度，做到应保尽保，城镇居民累计保障5814人次，人均补差155.99元/月；农村累计保障1047人次，人均补差64.47元/月，超额完成目标任务。

【医疗保险】 城镇居民医疗保险有序推进，居民积极参保，新参保1804户3581人，续保1222户3168人，参保率提高。开展农村新合医疗宣传、经费收缴，全乡有5383名农民参保，参合率达96.3%，超额完成目标任务。资助全乡202名低保及五保户参加新合医疗。

【社会保险】 加快落实失地农转非人员的社会保险。共办理被征地农民养老保险2771人，医疗保险3271人，失业保险1850人。全乡被征地农民参保率达96%。

【就业再就业】 新增城镇就业人数546人，完成目标任务的109%；持证人员再就业128人，完成目标任务的128%。完成各类培训700人次，完成目标任务的101%；创业培训45人，完成目标任务。

【社会事业】 协助完成西湖社区规划，完善社区管理服务功能，增添大岩社区文体娱乐设施，完成河山村200平方米办公用房，并配备办公桌椅、电脑、空调等设施，积极为景湖社区、东湖社区协调办公用房945平方米。贯彻落实《中华人民共和国人口与计划生育法》，积极开展计划生育“三结合”，加强流动人口管理，2011年计生率88%，农村奖励扶助30人，特别扶助6人，发放独生子女父母奖励1859人金额4.78万元；育龄妇女生殖健康检查2466人，免费节育手术72人，合计经费2.32万元。获征兵工作先进单位。与高新国税、汇东消防、交警大队开展“共驻共建”活动3次，开展献爱心活动。不断丰富辖区群众文化生活，开展大众健身运动1次，开展“三下乡”活动3次。

【城乡环境整治】 投资46.7万元，对“枣考路”、“五土路”和“大罗路”进行修建和改造。积极开展“五乱”整治行动和“六乱”专项整治活动，深化城乡环境整治“七进”活动，加大城乡结合部和背街小巷的整治力度，基本实现“净化、绿化、亮化和美化”。协助相关职能部门加大对辖区内违章建筑的查处，重点对已征未用土地违章建筑的查处，确保辖区内重点工程建设顺利进行。推广龙神村“五十百千”示范村先进经验，打造景湖、大湾等示范社区，在市区受到好评。大湾社区被评为全市城乡环境整治先进单位。

（红旗乡人民政府　白国新）

高峰乡

【经济发展】 完成规模工业总产值1.3亿元，农业增加值4000万元，企业利润1300万元，完成固定资产投资1亿元，完成招商引资4650万元，实现农民人均增收618元，粮食总产量165吨，生猪出栏5820头，牛出栏125头，羊出栏2200只，完成水产产量85吨；地区生产总值（GDP）1.38亿元，同比增长9.87%。

【乡镇建设】 农田水利基础设施建设，维修电灌站1座，修复渠道4.6公里，新建堵水田30口，硬化田埂、塘坝600米；新建生产便民道19.6公里；完善环卫设施，新增临时垃圾点151个，对生活垃圾等废弃物进行集中处理；完善交通标识、标线等交通管理设施和照明设施，合理设置车辆停发区域。通过“乡村整治”工程，进行农房配套的“两建”（建庭院经济、建沼气池）和“四改”（改厨、改厕、改圈、改危房）工作。全年建庭院20户，建沼气池10个，改厨130户，改厕200口，改圈70户，改危房9户。房前屋后绿化、新建花坛抬1000余米，栽植各类树木2000株，绿化3万平方米，绿化覆盖率45%。

【社会事业】 全年城镇居民参保431人，新合参合人数6023人（其中五保户56人，特困户225人），参合率93%。新合医疗补助费19万元，其中门诊480人次，住院640人次。新批低保10户、金额2400元。低保调增3户，调减2户，停止发放15户，停发金额3260元。完成城乡低保普查工作，入户率100%。全乡有低保282户，保障人口431人，月发放保障金4.1万元，其中，城市118户203人、金额2.85万元/月；农村164户228人、金额1.25万元/月。实施网上救助20人，救助困难群众52人。发放事前医疗救助卡149张，共计7.45万元。小学适龄儿童入学率100%，巩固率100%；初中阶段入学率100%，巩固率98.83%。全年输出劳动力2532人，其中为富士康招募工作人员32名，困难对象再就业50人；协助区就业培训中心培训家政、月嫂、美容学员4人。新生婴儿85人，计生率86%，征收社会抚养费25万元，三查对象2270人，实查1950人，实查比85%，在家对象1950人，实查1940人，实查比99%。

（高峰乡人民政府　赵冬晶）

农团乡

【基本情况】 全乡总面积23.5平方公里，辖5个行政村46个村民小组、1个社区居民委员会3个居民小组，共计5264人。其中农业人口5025人、社区常住人口239人，常年外出务工人员1200人。耕地面积6961.6亩，人均占有耕地1.3亩。有林地2.9万亩，森林蓄积达50万立方米，森林覆盖率达到80%以上。

【经济发展】 全年粮食总产量达832吨，同比增长4.7%；农业增加值完成3253万元，同比增长21%。生猪出栏4553头，牛出栏135头。企业增加值实现3907万元，比上年增长6%。固定资产投入实现1.41亿万元，完成目标任务的120%。完成招商引资7500万元，其中省外资金5700万元。接待游客29万人次，实现旅游综合收入1450万元。农民人均纯收入达6451元，人均增加800元。

【乡镇建设】 维修提灌站4座，整治山平塘25口。新建三格式化粪池80户，改造沼气池卫生厕80个。投入30万元，修建东升村水泥路700米，完成集中供水管网改造工程，更换管网800米，解决场镇周边1000多人饮水问题。实施农网改造5个组，惠及群众400余人；安装天然气管道9000多米，安装天然气78户。加快土地流转工作，流转土地1510亩。

【社会事业】 享受农村低保846人、城镇低保33人、34名五保户入住敬老院，集中供养率73%。大病救助304人次，救助金额32万元。计生率82%，人口出生率10.5‰，自然增长率2.1‰。小学适龄儿童入学率100%，巩固率100%；全面落实“两免一补”政策。新型农村合作医疗参合人数4979人，参合率98%。改造贫困户危房13户，建房补助

3.6万元。

【惠农政策】 足额兑付农机具购置补贴、油菜补贴、退耕还林等惠农政策，发放农机综合补贴0.6万元，发放油菜补贴资金1.5万元、发放水稻补贴资金1.35万元，发放小麦补贴资金0.49万元，发放退耕还林补助资金46万元，发放家电下乡补贴12万元，发放汽车、摩托车补贴资金3.08万元。实施农业、畜牧业保险，全年参保生猪715头，全面落实母猪补贴政策，全乡发放母猪补贴资金1.28万元，受益农户128户。

【林业管理】 加强森林资源保护力度，管护森林2.7万亩，抚育退耕还林2969.5亩，新增328亩，全年无一起森林火情。林权制度改革全面完成，涉及森林2.7万亩，惠及群众4967人。

【特色产业】 发展特色养殖，全乡132户农户发展林中鸡养殖，其中年养殖500只以上的养殖大户有44户，年出栏商品鸡40余万只，养殖户平均增收近4300元；新增水产养殖户两户90余亩；发展食用菌种植大户37户，成立食用菌产业专业合作社，年产食用菌150万袋，年产值1300万元，占全市70%以上的市场份额；发展花卉苗圃产业，发展花卉种植户32户、苗圃种植大户1户，年产值320万元；发展休闲度假游，8家农家乐通过三星级农家乐认证，引资1500万元完成农团度假山庄升级改造一期工程，实施五一、十一等旅游套餐活动，吸引游客30万人次，实现旅游综合收入1500万元。

（农团乡人民政府　唐仁贵）

漆树乡

【主要经济指标】 完成国民生产总值2.8亿元，同比增加9000万元；农业总产值完成9000万元，农业增加值完成2800万元，增幅5%，完成目标任务的100%；工业总产值完成1100万元，工业增加值完成265万元。固定资产投资完成1.06亿元，完成目标的106%；招商引资完成4710万元，完成目标任务的100.2%。粮食播种面积6200亩，粮食产量2800吨。蔬菜种植面积450亩，果树种植面积1200亩，水产养殖面积1500亩，生猪年出栏6200头，蛋鸡年存栏6万只，肉兔年出栏10万只以上。建成1000亩的水产养殖基地，水产品年产量500吨以上。农民人均纯收入实现6065元，同比增加805元，同比增长15%，力争目标的100%；劳务输出2000人，劳务收入1200万元。

【“金土地”工程】 实施“金土地”工程，完成旱地平整1659亩，农用地整理1787亩，水田平整1061亩，田坎硬化93根932立方米。

【田间道路改造】 新建、改建田间道22条18.5公里，其中改建水泥田间道3条3.4公里，改建泥结碎石田间道14条10.6公里，新建5条4.5公里。实施道路改造工程，现已实现乡村公路100%硬化率。

【水利设施建设】 改建提灌渠5条7.5公里，新建排灌渠和排水沟4条1.2公里，新建囤水田65口，新建蓄水池15口，整治山平塘6口，改建提灌站4座。开展陡沟子病险水库除险加固工程。实施全乡农排管网延伸工程建设，总长约11公里，耗资60余万元。

【养殖业】 全乡有养猪、养鸡、养鱼、养兔大户40户，其中有蛋鸡养殖户15家，规模达8万只，年产蛋400万吨，产值4000万元。全乡鸡、鸭、鹅、兔主要家养，年存栏7万只，出栏1万只，肉产量10万公斤。建造养鱼池25个，养鱼水面240亩，产成鱼561吨。

【民生工程】 完成困难户危房改造21户62人。按照坚持标准、严格程序、群众评议、民主公开、社会监督的原则，对贫困户做到应保尽保，全年对全乡575户715名农村低保户发放低保金65万余元，对城镇低保户48户56人发放低保金19.12万元。完善乡敬老院各项设施，改水改厕，现入住“三无人员”28人，农村五保户10人。全乡优抚对象37人，发放优抚金13.8万元。实施大病医疗救助：其中事前医疗救助525人次9.2万元，网上救助

101 人次 1 万元，事后医疗救助 233 人，补助金额 23 万元。开展临时救济工作，全年救济 194 人次，发放救济资金 3.6 万元、大米 500 斤、棉被 25 床。

【综治维稳】 推进"平安创建"活动，维护社会稳定，增强群众安全感。全乡实现"无刑事案件、无影响社会稳定的群体性事件、无进京非法上访人员、无邪教活动、无突出治安问题"的"五无"环境。开展普法宣传工作，广泛宣传《四川省社会治安综合治理条例》、《水利水产保护法》、《人口与计划生育法》等法律法规，增强了群众的法制意识。建立和运行大调解工作机构，认真开展矛盾纠纷排查调处工作，坚持把矛盾化解在基层，全年无一例"民转刑"案件。狠抓安全生产管理，落实安全生产管理的各项责任，加强日常安全检查和监管，全乡无重大安全生产事故发生。

【劳务输出】 推进劳动力输出培训工作，全年劳务输出 1930 人，实现劳务收入 3800 万元，培训农民工 350 人，安排公益性岗位 19 人，解决公益性岗位人员养老保险 16 人。

【科技工作】 实施"科技兴乡"发展战略，乡每年的科技经费占本级财政支出 3%，举办各种科技培训班 32 次，带动群众生产积极性，形成以科技兴农的理念。

【教育事业】 适龄儿童入学率、普及率、毕业率均 100%，初中入学率、毕业率 100%，九年制义务教育率 100%。加强对教育工作的领导和投入，学校基础设施建设得到改善，全面完成教育"普三"、"双基"迎检准备工作，全乡教育教学质量稳步提高。

【卫生事业】 继续推进新型农村合作医疗，新农合作参合率 95.5%，全年报销医疗费用 3.7 万元；大病医疗救助 600 人次，发放救助金 56 万元。各项疾病预防控制和儿童接种工作成效显著，重点开展流感疫苗接种工作和全面防控工作，落实防控措施，全乡无疫情发生。

【计划生育】 利用计生宣传车、村务公开栏、成立计生宣传队等方式，把计生知识计生法规进村入户。开展"社抚费突击征收月"活动。全乡当年共计征收社抚费 49.22 万元，同比增长 24.6 倍。以《计划生育村民自治条例》为契机，建立计生村级管理长效机制，落实长效节育措施 20 人。新建三结合基地一个，新增三结合户 20 户。坚持"三结合、三为主"的计划生育工作方针，完善计划生育软件建设，实施信息化管理，PIP 系统录入工作全面完成。独生子女及父母奖励扶助政策落实率 100%，全乡计划生育率 88.6%，人口自然增长率控制在 3.19‰以下。11 月，乡计生工作受到省检查组好评。

（漆树乡人民政府　黄　凯）

舒坪镇

【主要经济指标】 全镇国民生产总值 6.85 亿元。农业结构调整稳步推进，农业总产值 1.99 亿元，农民人均纯收入达 7779 元；工业整体规模和水平大幅提升，2011 年工业总产值达 28.4 亿元。全镇经济综合实力显著提升。

【物流园区建设】 新征地 656 亩，拆迁农户房屋 160 户，拆迁面积达 3.68 万平方米，确保园区建设用地。将招商引资作为经济工作的总抓手，全面助推项目落地。有在建项目 7 个，其中包括英祥集团川南钢材物流城项目、千业环保等项目建设。英祥川南钢材物流城前期工程已建成并投入使用。

【农业农村工作】 全镇粮食总产量保持稳定，畜牧业和小家禽养殖稳步发展，粮食生产稳中有增。全镇播种水稻面积 6100 亩、玉米 3900 亩，其他粮食作物红薯 4260 亩、蔬菜 5400 亩，粮食总产量稳定在 7000 余吨；生猪出栏 2.55 万头，山羊出栏 8150 只，牛出栏 1800 头，小家禽家畜出栏 39 万只，水产品 350 吨；全年发放退耕还林补贴 12 万元，家电下乡补助 170.8 万元，汽车下乡补助 14 万元。全镇新增沼气 30 户，新安装天然气 40 户。完成 9.3 公里渠道清淤、勾缝，维修四处提灌站。聘请理工学院规划设计专家对狮湾新农村示范带进行科学规划。通过土地流转做大花卉产业400亩，水产养殖200亩。按照川南民居风格对农房实施改貌，完成改貌农户158户，完成核心区4公里生产主干道加宽，并在花圃苗木区完成3公里长生产便道建设。引进刘德明、范勇等7家业主大力发展花卉种植、水产养殖和星级农家乐打造。开工建设敬老院、幼儿园。

【环境治理】 完成舒坪镇2011年至2015年城乡环境综合治理五年规划体系。持续治理“七乱”，巩固“三乱”治理成果。规范占道经营1200余起，越门经营1000余起，乱搭棚伞54处，取缔户外广告152幅，清除“牛皮癣”1.5万处，规范店面流动牌匾2400处，规范车辆乱停乱放3000辆，规范摊位53个。开展S305舒坪段综合治理专项活动12次，S305第二批违法建设拆迁6户，共计3500平方米，规范治理洗车、修车、占道经营12次，废品收购点经营12次，完成S305舒坪段绿化1.18万平方米；清理违规废旧物品回收点5个，规范建设工地3个；舒坪文化广场公厕竣工验收；全镇新增绿化面积2500平方米，植树2500棵；落实农村“五级”生活垃圾收集处理机制，即户定点，组分类，镇（乡）、村收集，区转运，市处理。新建垃圾池278个，收集运输垃圾5475吨；完成自贡市省级卫生城市验收，完成“五十百千”示范工程、“二二一”工程示范村创建考核验收，举办城乡环境综合治理宣传2次，发放宣传单1000张，宣传手册2000本，张贴宣传画10幅；处理12319热线回复2件。城乡环境达到“洁、齐、美”的效果。

【社会事业】 舒坪中心小学被评为全国“留守儿童之家”示范学校，二十二中升学率连续3年名列全区前茅，2011年高考质量受市教育局表彰并获区委区政府通令嘉奖。开展计生优质服务活动，推进“奖优免补”政策，全镇计划生育率80%，人口自然增长率控制在3.63‰以内，征收社会抚养费50.6万元，完成率101.2%，完善PIP系统信息，通过省计划生育检查。农村新合医疗参合率98%，城镇居民医疗保险覆盖人数2755人；药品全面实行“零差价”。为199名失地农民办理失业保险，为415名失地农民办理医疗保险，为237名失地农民办理养老保险。全年，新增城镇就业301人，下岗失业人员再就业271人，组织培训各类技术人员95人次，完成富士康招工25人。

【行政效能建设】 开展机关行政效能建设，落实首问负责、限时办结、责任追究三项制度，便民服务室各类申请现场办结率、按时办结率100%，群众满意率100%。

【村（社区）廉勤督报制度】 强化行政监察和审计监督，惩治和预防腐败体系建设进一步完善，在9村1社区中全面推行村（社区）廉勤督报制度，严格对村（社区）换届选举任期财务进行审计，防止腐败现象和不正之风的滋生蔓延。

（舒坪镇人民政府　李恺位）

仲权镇

【基本情况】 全镇总人口2.54万人，其中农业人口2.36万人，非农业人口1853人。全镇耕地面积1.63万亩，其中水田1.07万亩，旱地5556亩，各类中小企业25户，个体私营企业740户，其中私营企业19户，个体工商户721户，规模以上企业7个。

【主要经济指标】 工业总产值7.2亿元，工业增加值2.27亿元；固定资产投资3亿元；招商引资4560万元。粮食产量1.17万吨，人均粮食461公斤，农业生产总值1.4亿元，农业增加值9326万元，农民人均纯收入6639元。

【水利建设】 完成红层找水打井1400口，新建、维修提灌站12座，整治病险水库1座、整治永胜旱山村建蓄水池80口，新建、改造排灌渠6.1公里，新建囤水田埂4.4公里，改造山坪塘23口，改建石河堰两座。

【特色农业】 全镇发展稻田综合水产养殖面积1200亩、水果3000亩、花卉苗木1000亩，初步形成无公害蔬菜、优质水果、优质花椒、畜禽水产等4大特色农业产业带，“一村一品”特色初具规模。群光村优质柑橘种植面积80%,全胜村水产养殖面积500亩,黄家村大棚蔬菜规范种植面积500亩,宏伟村“稻稻鱼”立体种养面积500亩,建设村存栏1000只以上蛋鸡养殖17户,仲权村肉鸭养殖加工初具规模,扶持各类种养大户120余户,实现销售收入6000万元,辐射带动农户800余户,助农增收1000万元。

【新农村示范村建设】 新农村建设稳步推进,实施全胜村新农村示范村建设和黄家村新农村示范片建设。全胜村和黄家村“金土地”以及“村村通”工程等项目全面开展。新建村道水泥路25.8公里、泥结碎石路9公里,新建便民路26公里,生产路6公里,建成贯穿仲权村、宏伟村和竹元村沥青混凝土道路11公里。推进双龙湖农业生态观光园建设,高标准完成全胜村新农村示范片“水·花园”项目详细规划设计,全镇调修新增建设用地57.6公顷,新增旅游用地5公顷。各项建设稳步推进,景观大道初具雏形,建成休闲停车场1个,湖心桥、环湖游道等项目有序推进,农房改貌30户,建成沼气池868口。黄家村新农村示范片建设道路加宽工程1.83公里,完成农房改貌120户;建成标准化蔬菜大棚生产示范基地100亩,生产道路、沿河便道、渠系配套等工程建设基本完成。全镇深入开展城乡环境整治,投入资金200余万元,清理集镇卫生死角垃圾110余吨,拆除违章户外广告牌匾140幅,清除街面“牛皮癣”6000余张,新建规范化垃圾池40个,背街小巷道路硬化760米,栽植行道树近100株,实现路平、沟通、灯亮。集镇卫生、停车秩序和商铺占道经营得到有效治理,医疗卫生、文化体育公共服务体系进一步健全,集镇形象明显提升,人居环境明显改善,发展环境明显优化。成功创建全市“二二一环境优美示范镇”,在全市率先创建“全胜村统筹城乡社会事务一体化”模式。

【水土保持】 切实加强水土流失治理,退耕还林补植补造苗木4万余株,新造林1200亩,封山育林1500亩,累计整理土地4343亩。

【教育事业】 完成仲权中心校逸夫楼建设和操场、食堂改造,德铭中学综合楼建设、中心幼儿园建设。“双高”普九通过省级教育督导评估工作验收。教育教学质量显著提升,2011年德铭中学中考升学率在全区农村学校名列榜首。全面实施“栋梁工程——家乡助你上大学”爱心助学活动,资助贫困大学新生60余名。实施生活困难寄宿生补助,义务教育阶段学杂费免除率达100%。

【民政事业】 落实各项强农惠农政策,累计发放粮食直补、综合直补751.34万元。城乡低保应保尽保,累计发放城镇低保金371.1万元、农村低保金667.5万元;五保户集中供养112人,集中供养率55%。累计发放冬令春荒救助资金37.1万元。全面完成“5·12”灾后重建农户427户,补助资金794.9万元;加固维修补助75户、22.5万元;投入45万元资金,完成贫困户建房150户;补助资金30.9万元,实施特困户、残疾家庭户安居改造工程20户。投入60万元实施农村医疗救助,解决400余人的困难救助。农村新合医疗参合率96%;城镇居民医疗保险参保率42.3%。完成村级劳动服务平台建设12个,培训农民工2340人次,年均劳务输出4500余人,实现劳务收入6000余万元。医药卫生体制改革稳步推进,全面实行基本公共卫生服务和基本药物零差价制度,全面实施医疗救助、事前救助、大病事后救助。改扩建中心卫生院1370平方米,增加设备30台件,基本实现村级卫生服务机构全覆盖。全面提升农村养老服务,完成宏伟村敬老院建设。争取资金200万元,扩建全胜村敬老院,全胜村敬老院成功创省级农村二级敬老院。

【文化事业】 农家书屋建设全覆盖,建成文化服务活动中心200平方米、文化广场1000平方米,积极组建社区文化服务队和竹元村老体协,群众文化生活更加丰富。

【计划生育】 人口自然增长率为0.63‰。投入24万元,改建计生中心服务站,各村建立标准化服务室。累计发放独生子女父母奖励金34.66万元,发放奖励扶助金37.92万元,征收社会抚养费238万元。

(仲权镇人民政府　刘家平)

荣边镇

【基本情况】 全镇面积28.31平方公里，12个行政村，104个村民小组、1个社区居民委员会(灵官殿)。2011年，人口总户数5055户，总人口约1.6万人，其中，城镇人口610人，农业人口1.54万人，外出务工人员6576人。现有耕地1.48万亩，其中，田8839亩，土5937亩。

【主要经济指标】 全年实现农业总产值4404万元，同比增长3.57%；现价总收入实现2.04亿元，同比增长11.98%；农业增加值实现6112万元，同比增长6%；全镇农民全年实现纯收入1亿元，同比增长9.98%；农民人均年纯收入实现6536元，同比增收610元。全社会固定资产投资实现1.82亿元。粮食总产实现9647吨，同比增长0.85%；油料总产实现607吨，同比增长17.41%。经济作物实现产值1031万元，畜牧业实现产值2042万元，水果总产量1198吨。新增水产养殖面积3217.44亩，水产品总产实现1478吨。加快农业产业结构调整，新增流转土地1391亩，促进农业专合组织发展壮大。全年劳务输出6576人，实现劳务收入4567.8万元。巩固退耕还林成果3230亩，林改工作省级验收合格。落实各项支农惠农政策，完成粮食直补和综合直补面积1.19万亩，良种补贴面积2.46万亩，种植业保险2.07万亩，完成小粮仓购买户400户。民营企业总产值实现9.22亿元，同比增长71.58%，规模以上工业总产值实现7.1亿元，同比增长71.58%。

【招商引资】 引进宇顺美系曾祖代种猪场建设项目和珍惜树种集中发展培育基地建设、拱桥鸡场建设项目，华西集团特区公司、四川蜀水阳光农林开发有限公司和自贡市田野农业开发有限公司成功入驻荣边，规模以上工业6个。

【乡村旅游】 抓好节会旅游经济，发展乡村旅游。加大投入，进一步完善飞龙峡风景区基础设施，提升服务功能和水平，举办第十二届桃花会、第五届石榴花会和第四届金秋旅游节等活动，全年接待游客50万人次，直接旅游收入100万元。推进雨潭观光度假休闲项目建设，为尖山旅游副中心打造打下基础。

【“优美示范乡镇”创建】 开展全省城乡环境综合治理“五十百千”示范镇、示范村创建工作。全年投入500万元，对伍富路沿线紧邻公路185户农房进行川南民居风格改造，在伍富路沿线、场镇、村道、景区新建垃圾池60个，新建100立方米化粪池2个，新建沼气池150口，改厕2700口，新建2.8公里公路和5公里便民道，新建场镇人行道1500平方米，新增环保垃圾箱15个，设置车辆停放标识标牌10个、两轮车辆停放架6个，完成场镇立面建筑装饰工程以及店招店牌规范化制作，农民生产生活环境得到改善。在“五十百千”示范工程创建中被评为“四川省优美示范乡镇”、“自贡市十大最美乡镇”，雨潭村、干塘村被评为“全省优美示范村”，雨潭村被评为“自贡十大最美村庄”。

【特色农业】 新建李子基地420亩，新扩建种兔场400平方米，巩固提升柑橘300亩、葡萄20亩、五彩观赏鱼200亩，定植玫瑰红李2.08万株。

【水利工程建设】 水利工程投入资金14.2万元，提灌站投入资金1.8万元，完成渠道整治1290米、渠道清淤59公里，清理水池和沉砂23个，完成桂花村、中咀村和白果村提灌站维修。投资184万元，完成荣边水厂改造，新建雨潭村自来水厂管网建设，新增自来水用户300余户，确保人畜饮水安全。

【乡村文化】 完成12个“农村书屋”建设，实现制度上墙，书册入目录，开展文物保护工作，发展农村民间文艺，多次参加区级部门的文艺演出，在全区红歌汇演中，获集体二等奖。全年在村、社区放映公益性电影148场，观众达5000人次，丰富活跃了广大群众业余文化生活。

(荣边镇人民政府　李紫明)

东兴寺街

【主要经济指标】 实现规模以上工业总产值9556万元,超目标任务20.3%;社会商品零售总额3360万元,超目标任务27.85%;完成固定资产投资1375万元,超目标任务71.8%。

【创先争优】 把创先争优作为抓党建、激活力的重要载体。细化"三步走"公开承诺、"三注重"定点联系、"三挂钩"述职评议、"三结合"评选表彰、"三及时"总结推广的方法步骤。推行党组织和街道社区党员干部具体实事承诺、在职党员设岗定责许诺、离退休党员优势许诺、下岗失业党员"五个一"许诺、流动党员"三比"许诺制度,承诺事项达4162项。推行"党员奉献积分卡"制度,采取"项目化承诺+学分制考评"方式,实时反映记录党员履诺践诺、日常履行义务和发挥先锋模范作用的情况,承诺兑现率达100%。经验做法在中央、省、市创先争优活动简报中专题刊发。推行"双评双述"领导班子分析评议制度,街道、社区领导班子既接受组织评价又接受群众评价,并将评价结果与干部考核等次、工资补贴和奖励、选拔任用和评先评优"三挂钩",促进党员干部合理交流、结构优化、互动提高。注重示范带头、典型引路,设立"示范党组织"6个、"党员示范岗"24个、党员示范楼栋20个,表彰先进党组织4个、优秀党员10个。

【社区党员会客厅】 推行"三零工作模式",实行领导在一线指导,干部在一线工作,政策在一线落实,问题在一线解决,作风在一线转变,经验在一线推广的"一线工作法",做到听民意"零接触";实行首问负责制、AB角无缺位工作制、一次性告知制等,对老弱病残、行动不便的居民实行上门服务,对工作繁忙的居民开展预约服务,做到解民忧"零推诿";落实好低保、救助等各项扶贫帮困措施和优抚政策,拓展"爱心超市"救助模式,常态化、多元化地开展好面向特困群众的社会救助和福利服务,做到保民生"零死角"。拓展"党员会客厅"功能,建立"民情交流日",发放"民情速递卡",14个社区全部建成社区党员会客厅,由社区党员干部和党员骨干轮流坐班接待群众,每月15日、25日由社区两委会成员集体与居民群众交流,搭建与群众面对面交流的桥梁。

【居务公开】 全面推行"四公开"制度,日常事务定期公开,办事指南、热点问题动态公开,重要工作、重大事项全程公开,党员群众关心的急事、敏感事点题公开,真正把知情权给予党员群众、参与权授予党员群众、监督权赋予党员群众。全面推行"四员两卡两日记"制度,由社区党员群众推选设立纪检委员、纪检督导员、党员监督员和群众监督员"四大员",建立社区廉勤督报站,实行社区干部建廉勤承诺卡、记"廉勤日记"和廉勤督报站成员发廉勤速递卡,记"助勤促廉日记"的"两卡两日记"制度,有效加强自治监督。2011年发放廉勤速递卡420余张,记写廉勤日记860余条。全面推行"四会"审议论证制度,以"重大事项党员群众先知道,重大问题党员群众先讨论,重大决策党员先行动"为前提,推行"社情发布会"、"居务评议会"、"党员议事会"、"居民听证会"制度,使参与对象全员化、审议论证常态化、决策事项公开化。2011年召开党员议事会、居民听证会等64次,征求党员群众代表意见8500余人次。

【队伍建设】 全街14个社区开办"流动党校",设立党校课堂、假日课堂、流动课堂、露天课堂、远程课堂,在党员中推选部分具有一定专业知识、技能特长或事迹突出的党员,组成法律宣讲、技能培训、政策咨询、事迹报告等工作组,轮流到各个社区"讲课",形成立体化、全方位、多功能学习教育阵地。全年开展宣讲、培训、咨询7430余人次。充分发挥现代通讯、网络等优势,开设"党情民情直通车"短信平台,建立"党员QQ群"网络平台,及时将有关法律法规、方针政策、决策部署、工作动态以及居民群众反映的热点难点问题办理情况等信息予以发布,并通过QQ群交流听取各方意见,实现党组织和党员、群众的经常性、亲密性互动。

【便民服务站】 完善综合服务功能,提升服务水平。依托项目建设、城市建设、驻区单位支持、盘活现有房产等方式，14 个社区全部建成标准化社区便民服务站，新增社区服务网点 14 个，搭建起为群众办事全方位无障碍的绿色通道。

【民政事业】 进一步推进社会救助工作，落实好廉租房补贴政策，公开配租廉租住房 11 套。落实困难群众医疗救助、孤寡老人和残疾人慰问等各项扶贫帮困措施和优抚政策，落实低保“应保尽保”政策，全年低保发放 2.8 万人次，328.14 万元，人均补差 176.42 元。落实贫困救助政策，全年累计救助 319 人次，发放救助资金 31.42 万元；扶贫 376 户次，脱贫 135 户。办理城市居民医保 4560 人，续保 3810 人，新参保 750 人，签审失业保险 9673 人次，发放金额 571.37 万元；办理小额保险 1630 份，共计金额 4.89 万元，发放少数民族清真饮食补助 5600 元。集中培训下岗失业人员 270 人次，实现再就业 2200 人次，实现零就业家庭再就业 100%，8 至 12 月完成富士康招募 95 人，14 个社区全部建成充分就业社区。加强计划生育服务管理工作，流动人口计划生育持证率达 98.5%，辖区计划生育率达 98.2%。

【环境治理】 按照“五十百千环境优美示范工程”创建工作要求，开展“三乱”专项治理、环境“三清”行动和背街小巷“三化”建设，针对钟云山、豆芽湾、鸿鹤坝、伍家坝等占道经营、破棚伞架、乱停乱放多的“老大难”问题，采取友情疏导、依法取缔和督促规范“三步走三到位”的方法，成功取缔钟云山、二中等重点路段的游摊和占道经营摊点，拆除三八路、檀木林、鸿鹤坝等破棚伞架，规范火车站、钟云山等重点区域的停车秩序。全年清理规范占道经营、乱堆乱放 800 户，拆除破棚伞架 250 户，拆除面积 3000 平方米，规范停车位 600 个。加强日常清扫保洁，深化包片、定点、划段的片长、点长、段长“三长”工作责任制，推行“1234”、“两结合”巡查工作制、“周通报、月评分、季表彰、年考核”考评督查制、目标责任保证金、限期整改保证金的“年度两保”奖惩制，强化督查，严格考评，确保环境整治工作取得明显成效。

【维护稳定】 健全信访工作制度，实行目标责任制、包案制、定期排查制、工作登记、24 小时值班等制度。坚持每周五信访接待日制度，在街道社区设立专门调解室，开通信访受理和服务监督电话，并采取民情夜谈、民情访谈、民情约谈等多种方式经常走家入户，悉心倾听群众呼声、真心关怀困难群体、耐心疏导矛盾纠纷，搭建群众多渠道反映诉求的平台，把问题解决在基层，把矛盾化解在萌芽状态，促进了和谐。2011 年成功化解信访积案 2 件，调处各类矛盾纠纷 249 件次，确保了辖区社会和谐稳定，圆满完成全国“两会”、市区党代会等特殊敏感时期维稳工作任务。

【社区文化】 成立巾帼礼仪宣传队、儿童劝导宣传队等文明倡导队伍，组建“老朋友”艺术团、秧歌队、舞蹈队、合唱队、武术队等文艺队伍，积极参加市、区文艺汇演，倡导党员群众自主创作漫画《创先争优四部曲》、小品《社区是我家》、快板《党员个个是亲人》、诗歌《和谐之美》、歌曲《党员“心”字歌》等积极向上的文艺作品 184 个，并通过举行有奖知识问答、院坝展示会、巡游宣传、书法漫画展、文艺展演等 36 场次，以生动形式倡导文明新风、弘扬先进文化、引领健康生活。成功举行“庆重阳”趣味运动会、书画联谊等活动 15 场次，出板报、悬挂、摆放标语、图片、展板等 300 余条(块)，为国庆 62 周年、建党 90 周年营造出热烈欢乐的社会气氛。

（东兴寺街办事处　游雪梅、胡大江、喻　阳）

新　街

【主要经济指标】 完成社会消费品零售总额 3001.3 万元，占目标任务 2076 万元的 145%；完成规模以上工业产值 9800 万元，全面完成目标任务；固定资产投资完成 800 万元。引进企业 7 户，到位资金 7500 万元，其中省外资金 4500 万元，完成目标任务 7400 万元的 101%。

【共驻共建】 开展共驻共建活动，实行街道领导包片、机关干部联系社区制度，与辖区 45 个机关企事业单位签订共驻共建目标责任书，采取“城市 + 农村”、“城市 + 城市”对口帮扶联系方式，与富顺县富世镇、荣边镇(12 个村)、筱溪街(11 个社区)进行了结对帮扶,加强经验交流,促进相互学习,支持工作发展。

【打造品牌社区】 针对各社区的不同特点,打造平安社区、绿色社区、就业型社区、养老服务社区等社区品牌。富台山、小桥井、骑坳井、龙凤山社区通过国债项目相继建成面积 250 平方米以上的社区便民服务站,其余社区也分别通过“星光项目”、租赁等形式解决办公用房问题,配置电脑、打印机、数码相机等设施,社区的办公条件、服务水平都得到极大改善。

【社区文体活动】 各社区建立社区“青少年服务中心”、图书阅览室,精心打造富台山、大缺口社区文体广场,基本上实现文艺表演有舞台、社区活动有广场、居民休闲有场地。组建秧歌队、舞蹈队、京剧座唱队、腰鼓队、门球队等众多群众性文体队伍 20 余支。

【计划生育】 全年新出生人口 127 人,计划生育率 99.21%;死亡 132 人,自然增长率 -0.26‰。落实避孕节育措施及时率 98%,药具有效率 98%。流动人口 2590 人,办证率 99%,持证率 98%,验证率 98%。落实独生子女父母奖励 178 户 371 人;落实困难家庭特别扶助 45 人;落实社区单位法定代表人责任制达 100%。节假日、计划生育纪念日、元旦、春节、“三八”妇女节、“六一”儿童节、“5·29”协会纪念日、“7·11”世界人口日,“9·25”等节日计划生育开展宣传服务活动,广场演出 3 次、上街宣传 4 次、出宣传专栏 32 期,开座谈会 66 次,广播宣传两个单位。慰问独生子女 1882 人 8414 元,为 182 户独生子女困难家庭户送大米、衣物、食油。

【民政事业】 城市低保做到“应保尽保”,全街有低保户 627 户 1189 人,街道民政干部每季度组织低保联审组对 8 个社区低保新户进行入户核查,对老户进行走访了解,全年为低保对象办理事前医疗救助 250 户 125 万元,事后医疗救助 180 人 36 万元,助学 16 人 3200 元,助医 430 户 161 万元,助老 180 户 1800 元,关爱困难老人 16 人 4.8 万元,发放临时救助 60 人 1.2 万元;做好廉租房租金补贴和实物配租工作,全年共受理廉租房租金补贴 105 户 15 万元,廉租房实物配租 6 户,极大地缓解了弱势群体生活困难;开展救灾救济工作,扶贫济困。组织 8 个社区开展福利彩票促销活动,共销售彩票 4.5 万元,组织慈善一日捐 2800 元;社区居家养老工作有序开展,建立各具特色的居家养老服务站,为老年人提供医疗保健、法律维权、文体娱乐等敬老助老服务。

【社会保障】 就业和再就业工作做好“六清”,即失业人员家底清、失业人员家庭情况清、失业人员安置去向清、领取失业救济金人员清、失业人员就业意向清、退休人员情况清;建立“十本账”,即下岗失业人员动态管理台账、“40、50”人员情况台账、“零就业”家庭人员台账、小额担保贷款台账、有就业愿望的失业人员台账、高校毕业生再就业台账、三产业实体安置人员台账、灵活就业人员台账、退休人员管理台账、再就业优惠证办理和年检台账;做到“六到位”,即劳动保障所和社区劳动保障站均做到了机构、人员、经费、场地、制度和工作到位。全年签审失业救济金 8750 人 525 万元,新办就业失业登记证 368 个,办理就业失业登记证 274 人,再就业援助对象 153 人,困难人员认定 157 人,失业人员再就业 1492 人,公益性岗位安置 153 人,为下岗失业人员免费提供职业介绍成功 320 人。开展失业人员技能培训,家政培训 20 人,创业培训 56 人。

【医疗保险】 全街医疗保险续保 2738 人,超额完成 30 人,新参保 557 人,超额完成 55 人,合计参保 3295 人,超额完成 85 人,名列自流井区前茅。

【退休人员管理】 全街现有退休人员 4017 人,退休人员互助组 100 个,互助组为年迈体弱多病住院的退休人员提供帮扶 635 次。全年街道、社区慰问退休困难人员 300 余次 3.03 万元,为退休人员办理联系卡率达 100%。

【创“充分就业型社区”】 按照区《比较充分就业型社区和社区劳动保障平台建设工作意见》,组织

8个社区开展社区劳动保障平台建设和创比较充分就业型社区工作。2011年度顺利通过市区主管部门对创建比较充分就业型社区和劳动保障平台建设工作检查,新街桐梓坳社区、大岩洞社区、富台山社区圆满通过市区检查;后山坡社区创市级充分就业型社区创建成功。

【城管工作机制】 理顺城管工作体制。明确一名街道办事处副主任兼任城管办主任,原城管办主任任副主任,加强城管工作的领导。工作人员按"四不变"、"三统一"原则进行管理。新建8个社区城管工作站,负责组织开展本社区城管工作,新增城管协管人员4名,进驻社区工作站。全街成立清扫保洁队8支85人,城管巡查队8支36人,城管志愿者队伍36支320人。解决社区城管工作"看得到管不到,管得到看不到"的弊端。

完善城管工作责任网络。实行街道领导干部包片、机关干部定点和社区干部包段负责"城管进社区"工作联系制度,每个社区确定一名包片领导、两名机关干部作为专项工作联系人,机关干部实行AB角无缺位联系制,形成"主要领导靠前抓,分管领导亲自抓,机关干部到一线"工作责任体制。每名包片领导每周至少下社区1次,每名联系社区干部每周至少下社区两次。

建立"三级"联动机制。即定期联席会议制度,每月召开1次社区城管工作联席会议,通报"城管进社区"工作进展情况,研究解决工作中的困难和问题。区定点联系部门,派员参与社区环境卫生集中整治,协助、指导社区开展城管工作。通过区级部门、街道、社区城管工作联动,使各项工作在全街迅速贯彻落实到位,实现区、街、社区三级城管工作无缝衔接。

落实"三定"责任管理体制。全街清扫保洁人员严格实行"定人、定岗、定责"管理,明确作业时间及作业标准,实行巡回保洁,做好重点区域、重点地段的日常清扫保洁,形成"层层有人抓、户户有人管、处处有人扫"工作机制,解决了城市环境卫生"老大难"问题。

【城乡环境综合整治】 全街1.2万余人次参加环境综合整治,清除垃圾120余吨,整治卫生死角16处,疏通下水道2200米,清除违章张贴6万余张,拆除过街横幅11幅,整理违章乱搭乱建15起,规范摊点120余次,规范越门经营65户,取缔占道经营55户,拆除棚伞97处,排除危树16株,全年迎接国家、省、市、区检查30余次,确保辖区街巷院落环境整洁有序。

【安全工作】 坚持安全隐患月排查报告制度,每周社区主任会上汇报安全排查情况,重点针对消防安全、水上安全、食品安全、四危情况和其他公共安全隐患,不断加强安全隐患督促整改力度,检查、督促、整改安全隐患40余起,辖区内未发生一起重大安全事故、交通事故、火灾事故。做好中小学校、幼儿园校园及周边安全工作,全年社区巡逻队伍对中小学校、幼儿园及周边治安巡逻144次,在辖区设立安全宣传点9个,悬挂宣传横幅10幅,粘贴宣传标语300余张,出黑板报16期,开展文艺宣传4场,发放宣传资料6000余份,接受群众咨询700余人次。净化了校园周边环境。

【便民服务中心建设】 推行"一站式"服务。通过国债建设项目,争取资金200余万元,建成面积为1000余平方米,功能齐全的新街社区(便民)服务中心,中心建有"一站式"服务大厅、爱心互助超市、图书阅览室、党员活动室、健身康复室、综治工作室和矛盾纠纷调解室。设立综合服务、民政优抚、计划生育、劳动保障、党员服务5个窗口36个服务项目,实行服务AB角和限时办结制,简化办事程序,减少办事环节,为居民群众带来了方便。富台山、小桥井、骑坳井、龙凤山社区通过国债项目相继建成面积250平方米以上的社区便民服务站,其余社区也分别通过"星光项目"、租赁等形式解决办公用房问题,配置电脑、打印机、数码相机等设施,社区的办公条件、服务水平都得到极大改善。

【党建工作】 坚持开展"四好班子"创建活动,制定了班子及班子成员创建规划,每月坚持一次中心组学习,建立社区总支书记列席二级中心组学习制度。认真贯彻落实《廉政准则》和区委《党风廉政建设和反腐败工作意见》,全面开展"四评四问"活动,坚持领导干部上廉政党课、"廉政三谈"制度,认真落实“三书告知”制度，积极开展廉政风险排查工作，不断完善惩防体系建设，开展廉政文化“七进”活动，对社区实行廉政风险抵押金制度，加强社区财务监督、检查工作，有力推动全街党风廉政建设工作。开展创先争优活动。以“扬旗帜，优服务，创品牌，共建美丽和谐新街”为主题，深入开展“创先争优”活动。紧密围绕城市管理、安全维稳、民生工程三大工作重点，重点实施了洁美工程、旗帜工程、和谐工程、平安工程、民心工程“五大工程”，开展“一名党员一面旗帜、向优秀党员看齐”活动，纪念建党90周年期间举行“七个一”活动，即一次党课、一次宣传、一次演讲、一次慰问、一次座谈、一次演出、一次表彰。设立区、街党员示范岗35个，设立党员志愿者服务队8支240余人，通过基层走访、设立“心连心”意见箱，开展“党员奉献日”、“走千户、访千人”活动，记写民情日记等形式，收集意见和建议50余条，全街11个基层党组织公开承诺事项31条，700余名党员公开承诺事项2000余条，为困难党员、群众办好事实事200余件，在活动中还涌现出富台山社区罗焕琪、骑坳井社区张仕衡、桐梓坳社区辜忠华等的先进事迹，在全街党员广泛进行宣传学习。强化党员服务管理。培养入党积极分子6名，发展党员8名，转正7人。建立流动党员管理服务网络，探索构建流出地、流入地党组织双向服务管理机制，完善党员信息管理网络建设。加强了流动党员的办证、管理、服务。建立社区党员会客厅8个，接待社区居民来信（电）、来访1000余人次。

【综治维稳】 全街建立群防群治队伍6支，治安力量达547人；加强了“一点”、“一员”、“一室”建设，增设治安报警点19个，组建治安协管员57人，建警务室8个。以新街大调解协调中心建立为抓手，开展“大调解”工作。全街排查调处各类矛盾纠纷60余件，调解成功率100%，信访办结率100%。排查不稳定因素和重点信访人员，做到情况清、底细明，稳定工作实现“四个为零”。加强“三电”整治和“五无”平安铁路示范社区创建活动。街道与社区签订“三电”整治目标责任书，层层落实“三电”整治工作目标和责任，遏制盗窃、破坏“三电”设施犯罪，未发生在全省有重大影响的“三电”案件。

【党风廉政建设】 建立制度，开展“四评四问”活动，坚持领导干部上廉政党课、“廉政三谈”制度，落实“三书告知”制度，下发《党风廉政任务要求告知书》46份。编撰完成《新街惩防体系基本框架》，开展廉政风险排查活动，廉政文化“七进”活动，推进廉政文化进社区工作，建成8个社区廉勤督报站，设立举报箱8个，对社区实行廉政风险抵押金制度，加强社区财务监督检查工作，全年组织社区财务检查两次。推行党务公开，制定《新街党工委关于实行党务公开的实施方案》，公布党工委、社区党组织、非公有制企业党组织三级党务公开目录。公布内容主要涉及党组织决议、决定及执行情况，党的思想建设情况等八大类，增强基层党的工作和党内事务的开放和透明度。

【宣传思想工作】 街道党工委制定学习型党组织建设实施意见，积极争创学习型党组织、学习型领导班子和学习型干部。坚持学习考勤、档案、通报、经验交流、考核等制度。认真参加科级领导干部理论考试和述职述学考核工作。二级中心组全年集中学习12次，出勤率达到100%。二级中心组成员人均学习笔记6000余字，积极开展调查研究，科级干部每人撰写调研报告1篇以上，认真组织科级领导干部参加培训会、报告会。明确各单位新闻通讯员，认真参加新闻通讯培训。认真贯彻执行《中共自贡市自流井区委新闻发言人制度》和《突发公共事件新闻应急工作制度》等制度。全年上报信息37条。超额完成年度党报党刊发行征订任务。认真开展舆情信息和网络评论工作，上报网络舆情60余条。积极组织开展推动科学发展、社会主义核心价值体系和贯彻党的十七大、十七届五中全会精神的主题宣传教育活动，在全街集中学习十七届五中全会。主动与荣边镇开展结对帮扶，积极组织开展“文化进村”、“文化进社区”等多项文化交流活动，并举办20多场文艺演出，对各项工作起到很好的辅助宣传作用。

（新街办事处　邹小锋）

五星街

【概述】 总面积3.96平方公里。辖区居民1.57万户，户籍人口4.9万人。全街下设9个社区居委会，有336个居民小组。街党工委下设社区党委1个，党总支7个，直属党支部3个，党员2311人。办事处设三办一所，即党政办、社会事务管理办、城市综合管理办、劳动和社会保障服务所。区编办核定行政编制13人，事业编制4人。办事处机关有工作人员25人。

【经济指标】 完成招商引资7600万元，完成固定投资800万元，全年完成社会消费品零售总额2271万元，完成目标任务100.48%。完成工业总产值3750，主营业务收入3590万元，利润240万元。

【党建工作】 围绕区委中心工作，紧密结合五星街工作实际，继续深化“创先争优”活动。3月，开展新一轮“创先争优承诺”，街道、社区共召开“创先争优”动员大会11次，参加党员达到1746人。编写信息、简报50余篇，制作标语27副，发放资料1300余份，制作宣传专栏24期。开展“三级联创”活动，深入推进“四强”党组织创建活动。5月，党工委在新民街社区试点，开展区域化“大党建、大共建、大结对”党建创建活动，12个共建单位开展一系列创建活动，“双定双争”活动，措施具体、载体丰富、效果明显。6月30日，在东锅体育馆组织“迎建党90周年把赞歌献给党”大型红歌会，演出大合唱节目20余个，现场观众达2000余人。全年共缴党费6.70万元。全面完成2011年党员信息录入工作，全年共新发展党员6名，预备党员转正15名。

【基层自治组织建设】 1月，选举产生第八届社区居委会班子。3月，对55名社区班子成员开展公文处理写作、民政、计生、劳动和社区保障等业务培训。颁布《五星街社区干部管理办法》，明确了管理范围、社区干部职责、权利、义务等。8月，完成香炉寺社区办公用房建设项目的竣工验收改。投资30万元为天花井社区改造社区办公室，并已于8月投入使用，五星街9个社区办公用房基本达标。

【城市管理】 建立城市管理长效机制，制定《清扫制度》、《保洁制度》、《巡查制度》、《社区清扫保洁人员考核办法》、《门前五包考核办法》、《协管员五定制度》等制度，同时对现行的《清扫制度》、《保洁制度》、《巡查制度》、《信息报告制度》、《责任追究制度》、《考核奖励制度》等进行补充完善。开展城乡环境综合整治，对铁路、公路、河道沿线环境卫生、户外广告、占道经营、违法建设、车辆乱停乱放、集贸市场、城市园林风貌，强化工作责任，加大工作力度，落实工作实施，稳步推进城市管理工作，改善了城市环境面貌。处理违法建筑8起，拆除石缸井路、教育学院路、师专路、珍珠寺路、不规范雨棚等60余处。处理危坎1处、堡坎排水沟2000米、清洗天花井7组墙面1000平方米。背街安装10个果皮箱、清掏化粪池30套次、治理阴阳沟17处、砍伐危树46株、撤除摊点20个、拆除乱搭乱建12户、清除各类乱张贴的广告标语等1.2万余张，顺利通过省级卫生城市复检。

【计划生育】 全街育龄妇女1.22万人，已婚育妇女8775人，全年出生294人，其中一孩259人，二孩34人，多孩1人，出生办证率98.97%。出生率6.62‰，计生率98.97%，人口自然增长率-0.22‰，死亡率6.85‰；全街流出人口办证率95%以上，其中签订育龄妇女合同899人。有流入人员1211人，验证率98%。全年发一孩生育服务证232人、办理二孩生育证的调查审核上报28人，办理独生子女证388人。宣传计生法律法规两次，为群众提供服务2040人次，发放避孕药具480多盒，发放五期教育、计生知识资料1000份。

【最低生活保障】 全街纳入最低生活保障家庭1531户，享受低保人口3048人，发放最低生活保障金598.9万元，月人均补差186.8元。发放临时生活救助65人次，临救金额总计1.29万元。办理事前救助医疗612人次，救助金额30.6万元；办理医疗事后救助124人次，发放医疗救助资金19.28万元。

【社会就业】 城镇劳动力资源2.65万人,其中从业人员2.62万人,失业302人。高校毕业生登记186人,其中就业149人,失业37人,就业率达到80.1%。全年失业金签审5188人,金额为302.69万元。劳务输出144人。办理小额意外保险1845人。公益性岗位人数共216人,其中劳动保障协管员12人,安全协管员1人,社区治保巡逻队员56人,社区及其他57人,城管保洁90人。新增就业和再就业1635人,其中困难人员648人。职业介绍312人。城镇居民医保新参保人数894人,续保人数4311人。富士康招募报名180人,体检145人,送走112人。

【文化建设】 完善街道文化站及磨子井、天花井、黄桷坪、高山井等四个社区文化站建设,争取市新闻出版局支持配备价值4-10万余元的电脑、电视、音响等多媒体设备。

【法治建设】 全面完成“五五”普法任务,并针对当前青少年犯罪率居高不下的现状,街道、社区积极配合政法、教育部门举办青少年法制专题讲座10余场次。

【优抚工作】 “八一”节,召开退伍军人、优抚对象代表座谈会,并对辖区的退伍军人、优抚对象、驻地官兵进行慰问。是年冬季征兵,组织报名38人,入伍19人。召开新兵入伍欢送会,新兵和家属40余名参加。

【安全生产】 与辖区主要单位签订了《2011年安全生产工作责任书》。6月,开展“安全宣传月”活动,全街共设立安全宣传点9个,张贴宣传标语18副,出黑板报11期。开展安全生产专项整治工作,突出抓好了消防安全、水上交通、汛期安全、食品安全等隐患排查专项整治。全年无重大安全事故和人员伤亡,完成全年安全目标任务。

【信 访】 全年接来访、来信、来电信访案件185件,回复185件,解决178件。开展矛盾纠纷排查387次,调处矛盾纠纷78件,成功78件,成功率100%。

(五星街办事处 王 旭)

郭家坳街

【基本情况】 办事处为3个职能股室。即党政办公室(挂群众工作办公室牌子)、社会事务管理办公室、城市综合管理办公室。街道行政、事业编制人员16名(行政编制12名,事业编制4名)。实有行政、事业编制人员14名(行政编制8名、事业编制人员2名),行政缺编4名,事业缺编2名。目前,街道办事处有退休干部12人,在职中共党员11人。

【主要经济指标】 完成社会消费品零售总额5360万元,占目标任务4183万元的128.1%,超目标任务28.1%;完成固定资产投资任务。

【党建工作】 新发展党员9人,全街有1194名党员,流动党员101人,其中省内流动党员92人,省外流动党员9人。加强街道党工委和社区党组织建设,完善制度,进一步加强党风廉政建设。认真执行流动党员梳理登记制度,健全完善党组织和党员公开承诺制度、无职党员设岗定责制度,充分发挥党员先锋模范作用。加强党费管理,做到收支明细,票据规范,全年收缴党费5.45万元。深入开展创先争优活动,树党组织新形象促工作落实,展示党员新风采促作用发挥,全年,召开党员大会8次、座谈会9次、专项推进会8次、学习讨论21场、典型宣传和事迹报告6场、领导讲党课13场、制订实施意见8条;25个党组织承诺事项61项,兑现56项;1194名党员承诺事项1352项,兑现1285项;编发简报信息12期。

【民政工作】 狠抓低保的调查、审核、发放、信访工作,切实做到“应保尽保”。全年,接待信访140件,处理率100%;累计发放低保金483.72万元,计1482户2546人次。切实抓好扶贫济困工作,全年,共发放医疗救助金33.30万元、224人;发放事前救助金24.45万元,共14.15人次;发放临时救济金

1.91 万元、116 人。完成扶贫脱贫任务。

【优抚工作】 全年征兵工作，入伍 18 人；开展拥军优属活动，发放退伍军人生活费 5.6 万元 316 人次；发放家属优待金 4860 元 14 人次；发放优秀士兵奖 1000 元 13 人次；走访辖区军烈属 97 户，发放慰问金 1560 元。做好退伍志愿兵的安抚工作，全年无上访事件。

【计划生育】 做好计划生育日常工作的规范与管理，建立健全各种基础材料，把 PIP 系统录入与修改作为全年的工作重点，计划生育工作更加规范化。全年，办理流动人员婚育证明 56 个，持证率达 100%；外出已婚育妇女 12 人，孕情协定书签定率 100%；符合一孩生育人员 92 人，符合二孩生育人员 13 人，办证率 100%；办理独生子女证 204 个，办理生育服务证 92 个；发放计生家庭特别扶助金 16.08 万元 158 人；发放低保人员独生子女奖励金 2.75 万元，计 515 户 1004 人；开展各类宣传活动 8 次，咨询 320 人次，发放宣传资料 2500 余份，免费发放避孕药 1600 余份。

【社会保障】 全年办理就业失业登记证 250 个，签审失业救济金 2990 人次 179.58 万元，再就业安置 2025 人，完成职业介绍 266 人，实现零就业家庭再就业 100%。组织 100 余名失业人员参加专场招聘会两次，开展两期免费再就业培训班，培训下岗失业人员 110 名；开展退休人员社会化管理，完成认证 1.1 万人次；慰问就业困难对象 20 户，发放慰问金 2000 余元。

【环境整治】 全年清除乱张贴及喷涂广告 3 万张；整治流动摊点 1200 个，规范坐商及占道经营 64 起，拆除蒙古包棚 15 个，灶 7 个(10 平方米)，店招 2 个，软体广告 7 幅，广告灯箱 2 个，隔离木柱 5 米，隔离墙 8 平方米；清除卫生隐患 5 处，清运垃圾 108 吨，清除违章 10 处，疏通阴沟 42 条，125 米。设宣传栏 28 个，发放宣传单 3000 张，群众受教育面达 90%，取得了较好的效果。对校园周边市容环境进行重点整治，全街共出动 174 人次，车辆 2 台次，整治学校 6 所(次)，取缔乱设摊 288 处，责令跨门营业、乱堆物违法行为整改 812 起。对郭家坳过渡性市场进行综合性整治，改善了郭家坳菜市场周边市容环境面貌，全面完成城乡环境综合整治及省卫生城市复查迎检各项工作。

【稳定工作】 深化平安社区、平安街道创建工作，与辖内各社区签订了社会治安综合治理目标责任书，每月组织 1 次综合治理整改行动。抓好信访、化解矛盾，积极做好不稳定因素的分析、排查、上报和“法轮功”稳控工作。未发生影响社会和单位稳定的群访事件，未发生刑事案件和重大治安案件。全街民间纠纷调解率 100%，成功率 100%。

【安全工作】 2011 年，制定防汛抢险预案和地质灾害防治预案，开展节假日安全检查、防汛防洪检查和安全示范社区活动；加强渡口码头安全管理，建立渡船码头安全管理制度，同责任人签订渡船安全目标责任书。

【学雷锋活动】 3 月 5 日，联合六中、恒博医院开展形式多样、内容丰富的学雷锋志愿服务宣传实践活动。端午节，大来井社区举行“我为群众包粽子，我为群众送温暖”活动，对弱势群体、孤寡老人进行慰问。6 月 30 日，部分社区组织“坝坝电影”，为群众放映革命传统教育电影，宣传党的知识，进行革命传统教育；7 月份，迎接建党 90 周年，组织社区、地区单位举行各类文艺演出和多种形式的庆祝活动 10 起，28 日，由郭街民政办、郭街团委共同对武警二中队驻地、市看守所进行慰问，9 月 20 日，组织志愿者对市社区革命老干部进行慰问，并送去 200 个月饼祝愿他们中秋快乐，身体健康，老有所乐、生活甜甜美美。

（郭家坳街办事处　叶　茜、田　园）

丹桂街

【党的建设】 以开展“四好”活动为载体，提高领导班子战斗力；坚持中心组学习制度，开展“强化管理，务实执行”大讨论活动，提高干部管理水平及执行能力；坚持党务政务公开，设立公开栏，领导接待日,全年接待来访群众260余人次。加强基层党建工作,发挥两级班子作用。按时收缴党费,及时转接党员组织关系,更新党内信息库有关数据,建立党建工作基础台账。坚持党内"三会一课"制度。对流动党员实施动态管理。"七一"有7个基层党组织,24人受到省、市、区的表彰,其中方冲社区党委被省、市委组织部表彰为优秀基层党组织。组织建党90周年庆祝活动,组织党员参观板仓工业园、南湖生态城的建设发展成就。举办庆祝建党90周年党史知识竞赛,征文、书画、摄影比赛,春华广场文艺演出。街道、社区党员重温入党誓词,召开新老党员、老干部座谈会,慰问看望生病困难党员,组织党员进行革命传统教育。

【城乡环境综合治理】 制定《城乡环境综合治理长效管理机制》,对辖区街、路按其功能、景观、影响力等不同,实行分类管理,落实责任领导及责任人,做到了主干道严禁、次干道严控、街巷严管,示范街道治理取得明显成效。开展卫生突击活动,对背街小巷、小区暴露垃圾、乱张贴、乱喷涂进行整治,市容市貌发生了巨大变化。利用各种媒体开展宣传活动,使城乡环境治理工作深入人心。顺利通过省城乡环境整治"五十百千"工程检查。汇东公园前期广场、汇兴路人行道改造工程、灯会亮化工程等市政设施项目协调全面完成,背街小巷路平、沟通、灯亮、卫生保洁实现全覆盖。市老干部丹桂门球场、梨园丝绸公司安置房变压器和线路老化、桂花1组危岩、白果苑入口危岩、川云中路毛家坝段公路下沉等26处安全隐患全面整改完成,全年无安全事故发生。方冲、明珠社区完成市、区"二二一城乡环境治理示范社区"验收。配合全市完成省卫生城市复审工作。4月27日,市委雷洪金书记带队到方冲社区调研城乡环境整治工作,获得领导好评。《城乡环境综合治理长效管理机制》在高新区和全市推广。

【拆迁安置补偿】 全年拆迁有证房27户、无证房3户,其中农校用地6户,长堰塘锦苑用地9户,李家湾B区两户,川矿10户。拆迁有证房面积2227.94平方米,安置人口50人,安置房屋25套、面积3196.28平方米。涉及货币补偿两户,赔偿金额215.67万元。无证房拆迁面积210平方米,涉及赔偿金额6.16万元。

【促进就业】 大力推进就业再就业工作,通过就业援助、岗位开发等措施,全面完成上级下达的各项就业目标任务。全年新增城镇就业人员394人,其中农转非81人,持证人员再就业55人,困难人员再就业33人,分别完成目标任务的109.4%、101.2%、110%、110%;城镇登记失业率控制在4%以内;职业介绍82人,完成目标任务的164%;自主培训473人,创业培训33人,分别完成目标任务的118.25%和110%;就业型企业新吸纳就业人员171,其中社区就业171人,完成目标任务的100.6%和190%。通过市人社局初查,新创建3个充分就业社区。低保户684户1455人,人均补差162.14元。

【民政工作】 对年满16周岁并停发生活费的农转非高中学生发放补助共计593人次,补助资金6.64万元。实施临时救助78人次,落实资金3.04万元。实施医疗救助130人次,落实救助资金3.04万元。实施贫困大学生助学救助47人次,发放救助资金5.35万元。慰问困难家庭、困难党员、百岁老人、孤寡老人、参战人员、老复退、义务兵家属等共计282户,发放慰问金5.64万元。兑现7名老复退、2名伤残军人、33名参战人员的优抚优待抚恤金。辖区内5名残疾人接受了轮椅捐赠。对36户贫困独生子女家庭进行慰问,发放慰问金7200元,发放低保户中独生子女父母奖励233户377人,发放奖励金共计1.07万元。兑现计划生育特别扶助22户39人,兑现资金4.25万元。"六一"期间,为辖区62户困难独生子女家庭送慰问金6200元。组织辖区1708名育龄妇女进行了为期两周的集中生殖健康检查。

(丹桂街办事处 陶永寿)

学苑街

【党建工作】 开展学习型组织建设活动,以"六个一"为目标,以"四个坚持"为基本原则,深入开展了学习型党组织创建活动。开展“创先争优”活动，紧紧围绕承诺践诺、领导点评、双向述职、群众评议、评先表彰等五个关键环节，深化“创先争优”活动，在庆祝建党90周年之际，全街有1名党员被自贡市委授予“优秀共产党员”称号，1名党员被自贡市宣传部授予“学习之星”称号，3个党组织、3名党组织书记、2名党务工作者和11名党员受到高新区党工委表彰，有4个基层党组织、2名党务工作者、12名党员受到街道党工委表彰。加强基层组织建设，开展“四好”班子创建活动，做到有规划、有目标、有措施、有检查、有考评。健全集体领导与个人分工负责相结合的制度，促进了各级班子内部团结和创造力、凝聚力、战斗力的提升，街道领导班子被高新区评为“四好班子”。强化党员教育管理，落实市委《思想政治工作实施细则》，坚持定期分析党员的思想状况，广泛开展党内帮扶活动，春节、“七一”期间，开展慰问走访活动。做好党员发展工作，加强入党积极分子培养，新发展党员3名。突出党风廉政建设，进一步落实党风廉政建设责任制，认真学习贯彻《廉政准则》，积极构建惩治和预防腐败体系，初步形成惩治和预防腐败体系基本框架。

【安全工作】 牢固树立“安全重于泰山”的工作理念，健全完善重大食品安全事故应急机制，强化安全生产检查监督，全年开展集中安全检查30多次，及时查出并整治安全隐患10起，辖区无安全责任事故发生。

【普法工作】 全面启动“六五”普法规划，坚持干部和中心组学法制度，强化法制宣传和教育，广泛开展培养“法律明白人”和“法律六进”活动，举办法制教育骨干培训班21期，培训骨干1372人次，举行设点宣传和咨询讲座16场次，发放宣传资料4.5万多册(份)，群众法律观念普遍增强。

【调解工作】 建立大调解工作中心，积极开展“大调解”活动，全年成功调解各类纠纷49件，成功率98%。

【创建“和谐社区”】 新建成新汇、龙城社区。完成社区居委会换届，对新当选的社区干部进行为期一周的业务培训；将新建成的“荣光汇西苑”300户和正在建设中的“天骄国际”964户居民住宅纳入社区管理；筹措配套资金27.4万元，完成谢家坝社区和邓家坝社区办公用房的改造；为宏发、谢家坝、邓家坝、新汇四个社区新添置办公用品，改善了办公条件。以“自治好、管理好、服务好、治安好、环境好、风尚好”为标准，进一步深化和谐社区创建活动，促进创建活动向纵深发展，新汇、南苑社区通过区级和谐社区检查验收，全街80%的社区已建成和谐社区。

【计划生育】 开展计生优质服务，突出“三情”普查，已婚育龄妇女普查率达98%上。强化流动人口计划生育管理与服务，计划生育率100%。

【就业再就业】 以保障和改善民生为目标，全面落实城市居民最低生活保障制度，全年最低生活保障达2.79万人次，积累发放最低生活保障金361.35万元，实现“应保尽保、应得尽得”。进一步加强了劳动就业服务指导，办理“就业失业登记证”533本；认定就业援助对象178人；组织家政培训16人，创业培训34人，完成计划113.33%，自主培训465人，完成计划116.25%；实现就业再就业人数360人，完成计划的109.09%，；职业介绍219人次，职介成功105人；社区就业实体安置吸纳191人，完成计划的112.35%；完成了富士康招募48人，新增城镇就业人数309人，较好地促进了居民就业增收。

【社会救助】 实施医疗、教育、临时救助行动，救济金额达69.79万元。开展“帮困送温暖”活动，慰问贫困党员、居民638人次，慰问金额达10.8万元。抓好城镇居民基本医疗保险参保、续保和被征地农民养老保险办理工作。

【城乡环境综合整治】 建立健全城市秩序管理、城市卫生保洁、城市卫生监督、城市卫生责任等工作运行长效机制，城乡环境综合整治做到全方位、全覆盖、无缝隙，走上制度化、规范化、常态化轨道。坚持以实施专项整治为抓手，开展“持续治‘五乱’、整洁迎五一”攻坚月、城乡结合部和“牛皮癣”治理专项和志愿者行动，城乡环境综合治理形成全民参与的良好局面。全年街道组织、动员4700人次参加开展卫生突击整治、园林绿化活动。处理卫生死角248处、清运垃圾300多吨、清除“牛皮癣”5000多张，绿化裸地达120多平方米，城市面貌得到提升。

【拆迁补偿】 对拆迁户坚持把政策讲透、补偿补够的原则，不厌其烦、耐心细致做工作，完成24户“钉子户”的拆迁、拆迁面积2137.6平方米、安置人口100人、安置房屋面积为3626.45平方米，为狮山公园、汇东公园、汇西小学三期工程建设提供了保障。

【“文明单位”创建】 加强文明街道建设，开展“创建文明城市、争做文明有礼自贡人”为主题的公民道德建设宣传教育月活动，突出未成年人思想道德教育，开展庆“六一”儿童维权关爱周活动和暑期未成年思想道德教育系列活动。大力发展社区文化，成功举办“第五届全民健身运动会”和“第五届学苑之春文艺演出暨道德楷模颁奖晚会”。表彰3名街道道德楷模，有4名获得提名奖，宏发社区创建成市级文明单位。街道通过市级文明单位的复查验收，同时被省社保厅、总工会等部门通报表彰为“和谐街道”、被市体育局授予“2006－2010年度自贡市体育工作先进单位”等称号。

（学苑街办事处　赵午生）

人物 REN WU

组织机构及主要负责人
（截至2011年12月31日）

【中共自流井区委员会】

书　　记:张邦举(9月止)
　　　　龙腾鑫(9月起)
副书记:张　序
　　　　曹友良(10月止)
　　　　许建平(10月起)
常　　委:黄志勇
　　　　黄雪智(10月起)
　　　　钟　淳(女)(9月止)
　　　　赖建辉(女)(9月起)
　　　　黄如贝
　　　　冯道超
　　　　何永海(2月止)
　　　　郭彧楚(10月起)
　　　　刘茂常(10月止)
　　　　熊珍银(10月起)
　　　　李宗辕

区委办公室
主　　任:冯道超(10月止)
　　　　熊珍银(10月起)
副主任:丁小桃
　　　　王　旭
　　　　张永清(6月起)
　　　　　(保留正科级待遇)
　　　　张周林(6月起)
　　　　　(保留正科级待遇)
　　　　王其凯(6月起)
　　　　　(保留正科级待遇)
　　　　范雪松(挂职)(12月起)
党史研究室
主　　任:李　勇
机要局
局　　长:刘　莉(女)(4月起)
"防邪"办公室
主　　任:丁小桃(兼)
保密办公室
主　　任:王　旭

组织部
部　　长:刘茂常(9月止)
　　　　黄如贝(9月起)
副部长:王　俊(女)
　　　　林茂明
　　　　陈　静
　　　　徐金燕(女)
老干局
局　　长:徐金燕(女)
直属机关党委
副书记:廖常平(6月止)
党建办
主　　任:陈　静
副主任:杨　建
人才办公室
主　　任:王　俊(女)
党校
校　　长:刘茂常(兼)(12月止)
　　　　黄如贝(兼)(12月起)
副校长:王　利
　　　　王　斌

宣传部
部　　长:黄如贝(10月止)
　　　　冯道超(10月起)
副部长:卢红彤
　　　　周　怡(女)
精神文明活动委员会办公室
主　　任:卢红彤
副主任:吴　宏(女)
《自流井区》编辑部
总　　编:黄如贝(兼)(10月止)
　　　　冯道超(兼)(10月起)

统一战线工作部
部　　长:郭彧楚(10月止)
　　　　邓　平(10月起)
副部长:丁　萍(女)

台湾事务民族宗教侨务办公室
副 主 任:杨忠宝

政法委
书　　记:郭彧楚(10 月起)
副 书 记:陈秀华(12 月起)
　　　　何代俊
维护社会稳定领导小组办公室
主　　任:何代俊
副 主 任:降贵祥
社会治安综合治理办公室
主　　任:陈秀华(女)
副 主 任:万桂英(女)
　　　　李朝辉

农村工作领导小组办公室
主　　任:张维纲
副 主 任:张　明

区机构编制委员会办公室
主　　任: 林茂明 (12 月止)
　　　　李　勇 (12 月起)
副 主 任: 黄雪花(女)

【自流井区人民代表大会常务委员会】

主　　任:张邦举(10 月止)
党组书记、主任:陈明仲(11 月起)
党组书记、副主任:曾建民(11 月止)
副 主 任:彭学能(11 月止)
　　　　罗　辑(11 月止)
　　　　吴雄飞(11 月止)
　　　　许　力(11 月起)
　　　　张永清(11 月起)
　　　　钟　南(11 月起)
　　　　余晓曼(11 月起)

办公室
主　　任:宗润华
副 主 任:罗　瑛(女)(5 月止)
　　　　陈智秀(女)(5 月起)
　　　　林　竹(女)(11 月起)
　　　　彭　莹
人事任免代表联络工作委员会
主　　任:李荣章(11 月止)
　　　　吴建程(11 月起)
副 主 任:刘慧中(女)(11 月止)
　　　　曹明楠(女)(11 月止)
　　　　刘正祥(11 月起)
　　　　陈智秀(女)(11 月起)
财政经济工作委员会
主　　任:邹玉华(女)(11 月止)
　　　　丁　萍(女)(11 月起)
副 主 任:曾　鹰(11 月止)
城乡建设环境保护工作委员会
主　　任:付正清(1 月止)
　　　　罗　钢(11 月起)
副 主 任:张淑蓉(女)(11 月止)
　　　　邓志君(7 月起)
教科文卫工作委员会
主　　任:张祖坤(11 月起)
副 主 任:卢从琥
　　　　罗　瑛(女)(11 月起)
法制工作委员会
主　　任:廖海良(11 月止)
　　　　李江明(11 月起)
副 主 任:陈渝生(11 月止)
　　　　张淑蓉(女)(11 月起)
农村经济工作委员会
主　　任:周建新
副 主 任:周章富(11 月止)
　　　　罗　瑛(女)(11 月起)

【自流井区人民政府】

区　　长:张　序
常务副区长:许建平(10 月止)
　　　　黄志勇(10 月起)
副 区 长:黄志勇
　　　　黄雪智
　　　　何永海(2 月起)
　　　　古荣华
　　　　曹泽均(10 月起)
　　　　黄　敏(女)(11 月起)

侯晋蜀(10月止)
李佐德(10月止)
许　力(11月止)

办公室
主　　任:黄　敏(女)(12月止)
顾映桥(12月起)
副 主 任:陈秀华(女)(12月止)
范文彬(5月止)
刘意川

发展和改革局
局　　长:邹　宏
副 局 长:尹延川
黄　枫
樊树文
张　微
张永辉(11月止)

财政局
局　　长:熊珍银(12月止)
张周林(12月起)
副 局 长:周　驹
张湧涛
王　婷(女)(5月起)

人力资源和社会保障局
局　　长:黄　激(12月止)
沈成明(12月起)
副 局 长:邓云碧(女)
林泽勤(女)
刘永惠(女)
区劳动监察大队
队　　长:黄　激(兼)
副 队 长:曾　平(兼)
事业单位登记管理局
局　　长:刘永惠(女)
就业局
局　　长:邓云碧(女)
副 局 长:陈　敏(女)
社会保险事业局
局　　长:易红雨(女)(3月止)
林泽琴(女)(兼任)(4月止)
陈　英(女)(5月起)
副 局 长:江深远
医疗保险事业管理局
局　　长:向　莹(女)(5月起)

城乡建设和住房保障局
局　　长:邓　平
副 局 长:彭维高(兼)(5月起)
李慎康(12月止)
黄鹤飞(5月起)
黎　勇(6月起)
建筑工程质量监督站
站　　长:邓　平(兼)
市政设施管理处
处　　长:李慎康(兼)
市政设施管理所
所　　长:向长林
副 所 长:熊　剑
园林管理所
所　　长:王家富
环境卫生管理站
站　　长:王　敏
绿化工程队
队　　长:汪家林

交通局
局　　长:钟　南(12止)
李慎康(12月起)
副 局 长:刘家泉
马　俊
地方海事处
处　　长:王正芳(女)
公路养护段
段　　长:尤国彬
农村公路工程试验(测验)室
主　　任:刘家全(兼)
公路路政管理中队
队　　长:王学英(女)

经济和信息化局(中小企业局)
局　　长:吴家英(女)
书　　记:吴家英(女)
副 局 长:赵守立(女)
　　　　卢三彬(6月止)

教育局
局长、党组书记:甘建平(12月止)
　　　　　　　黄　激(12月起)
副 局 长:张祖坤(女)(11月止)
　　　　李良生
　　　　詹　俐(女)
　　　　曾　攀

科学技术局
局　　长:钟　艺(女)(12月止)
　　　　宋　涛(12月起)
副 局 长:郑　雅(女)

监察局
局　　长:艾世庆
副 局 长:舒承才

民政局
局　　长:沈成明(12月止)
　　　　张承琼(女)(12月起)
副 局 长:王 瑛(女)
　　　　吴国富
　　　　杨　萍(女)
军队离休退休干部休养所
所　　长:朱　玲(女)(兼)
社会福利院
院　　长:李　杰
老龄委员会办公室
主　　任:赵守立(女)

司法局
局　　长:吴建程(12月止)
　　　　丁小桃(12月起)
副 局 长:付超兰(女)
　　　　陈　英(5月止)
法律援助中心
主　　任:朱秀英(女)
精正公证处
主　　任:龚桂容(女)

水务局
局　　长:宋　涛(12止)
　　　　何昌银(12月起)
副 局 长:幸文革
水利水产工程管理站
站　　长:宋思元(兼)
水政执法监察大队
队　　长:曾圆圆(女)
双龙水库管理所
所　　长:宋思元(兼)

农林局
局　　长:何昌银(12止)
　　　　王其凯(12月起)
副 局 长:杨从满
　　　　刘正祥(11月止)
农林技术推广中心
主　　任:唐荣华
农业执法大队
队　　长:陈谋全

文化体育广电和新闻出版局
局　　长:李　庆(9月止)
　　　　甘建平(12月起)
副 局 长:杨元姜(正科级)(12月止)
　　　　周建春(11月止)
　　　　陈　焰(女)(10月止)(挂职锻炼)
文化市场稽查队
队　　长:周建春(兼)

卫生局
局　　长:程永学(12月止)
　　　　王忆章(12月起)
副 局 长:李宏杰
　　　　王　挺(挂职锻炼)
　　　　王润成(兼区中医院院长)

人口和计划生育局
局　　长:余晓曼(女)(12月止)
　　　　汤　琪(12月起)
副 局 长:李国桥
　　　　伍　莉(女)

食品药品监督管理局
局　　长:张承琼(女)(12月止)
　　　　尤国荣(12月起)
副 局 长:魏佳骊
　　　　胡贤刚

审计局
局　　长:尤国荣(12月止)
　　　　陈　静(12月起)
副 局 长:周 焰(女)

环境保护局
局　　长:贾小龙(12月止)
　　　　舒国良(12月起)
副 局 长:李元恩
环境监察大队
队　　长:贾小龙(兼)(12月止)
　　　　舒国良(兼)(12月起)
自流井区环境监测站
站　　长:李元恩(兼)

统计局
局　　长:张　平(12月止)
　　　　钟　艺(女)(12月起)
副 局 长:胡永洪
　　　　罗　燕(女)(5月起)

信访和群众工作局
局　　长:聂　宏(女)
副 局 长:梁长远

安全生产监督管理局
局　　长:舒国良(12月止)
　　　　林茂明(12月起)
副 局 长:涂　勇
安全生产监督执法大队
队　　长:涂　勇(兼)

政务服务中心
主　　任:刘　桥
副 主 任:谢　宜

投资促进局
局　　长:徐　阳(女)

城管行政执法分局
局　　长:王忆章(12月止)
　　　　林应涛(12月起)
副 局 长:陈　涛
　　　　袁　诚

外事侨务旅游局
局　　长:罗　钢(12月止)
　　　　申旭红(12月起)
副 局 长:谭朝霞(6月止)
　　　　何林敏(7月起)

工业经济示范基地管理委员会
主　　任:杨　崎
副 主 任:陈义贵
　　　　华　茂

档案局
局　　长:罗跃年(12月止)
　　　　卢红彤 (12月起)
副 局 长:陈 珍(女)(12月止)

地方志办公室
主　　任:余仲全(12月止)
　　　　杨元姜(12月起)

房地产管理局
局　　长:彭维高
副 局 长:申太兰(女)(正科级)
　　　　缪永忠

城市房屋动迁事务所
所　　长:邹智勇

畜牧局
局　　长:杨华贵(5 月起)
副 局 长:曾圆圆(5 月起)

供销合作社联合社
主　　任:郭　立(女)

【中国人民政治协商会议自流井区委员会】

主　　席:陈明仲(11 月止)
　　　　　刘茂常(11 月起)
副 主 席:明崇荣
　　　　　吴雄飞(11 月起)
　　　　　邓　平(11 月起)
　　　　　张　平(11 月起)
　　　　　崔红黎(女)(11 月止)
　　　　　郭彧楚(11 月止)
　　　　　王　杰(11 月止)
　　　　　徐肇骏(11 月止)
秘 书 长:曹文祥(11 月起)
　　　　　陈有刚(11 月止)
经济科技委员会
主　　任:陈正福(11 月止)
　　　　　徐　阳(12 月起)
副 主 任:赵一萍(11 月止)
　　　　　李显德(12 月起)
学教文卫体委员会
主　　任:罗跃年(12 月起)
副 主 任:曾述林(11 月止)
　　　　　尹延川(12 月起)
提案委
主　　任:邹正荣
副 主 任:李显德(12 月止)
　　　　　陈　珍(12 月起)
法制群团委员会
主　　任:林　竹(11 月止)
　　　　　王　蓉(12 月起)
副 主 任:李少华(1 月至 11 月)
人口资源环境委员会
主　　任:钟　伟(11 月止)
　　　　　余仲全(12 月起)
副 主 任:李　冰(12 月起)
教育科学文化委员会
主　　任:陈有刚(12 月起)
副 主 任:周建春(12 月起)

【中共自流井区纪律检查委员会】

书　　记:钟　淳(女)(9 月止)
　　　　　赖建辉(女)(9 月起)
副 书 记:艾世庆
　　　　　曾　珂
常　　委:陈　康
　　　　　郑　颖(女)
　　　　　李　珊(女)
　　　　　舒承才
信访室
主　　任:陈　康
办公室
主　　任:李　珊(女)
党风室
主　　任:郑　颖(女)(4 月止)
　　　　　郑秀聪(女)(4 月起)
执法室
主　　任:余　唯(6 月止)
审理室
主　　任:袁　芳(女)(4 月起)

【自流井区人民武装部】

政　　委:李宗辕
部　　长:郝泽祥
副部长兼军事科
科　　长:周　利
政工科长:隆元洪
后勤科长:曹　林

【自流井区人民法院】

院长、党组

书　　记:江声华
副 院 长:赵顺泉
　　　　　李江明
　　　　　龚良忠
政治处
主　　任:彭　实
纪检组
组　　长:陈传国
办公室
主　　任:虞　婧(女)
执行局
局　　长:牟高泉

【自流井区人民检察院】

检察长、党组
书　　记:杨熙琳(女)(10 月止)
　　　　　黄卫东(10 月起)
副检察长:曾德培(5 月止)
　　　　　刘　邑(女)
政治处
主　　任:刘守谦(女)
纪检组
组　　长:邹才木
反贪局
局　　长:罗成斌
副 局 长:付云春(女)
反渎局
局　　长:邱光祥

【民主党派和工商联】

民革自流井总支
主　　委:许　力(兼)
副 主 委:吴雄飞(兼)
　　　　　朱晓彤(兼)

民盟自流井总支
主　　委:何德华(兼)
副 主 委:高宗全(兼)
　　　　　陈谋德(兼)
　　　　　伍恒峰(兼)

民建自流井地区支部
主　　任:杨荣春(兼)
副 主 任:张 平(兼)
　　　　　何龙剑(兼)
　　　　　李　珊(女)(兼)
　　　　　杨　枢(兼)

农工自流井总支
主　　委:曾玉清(女)(兼)
副 主 委:曾　林(兼)
　　　　　赵云艳(兼)
　　　　　刘　桥(兼)
　　　　　赖　钊(兼)

“九三”自流井支社
主　　委:曹林中(兼)
副 主 委:聂绪建(兼)
　　　　　梁　勇(兼)
　　　　　张　薇(兼)

自流井区工商业联合会
主　　席:王　杰(10 月止)(兼)
　　　　　吴雄飞(10 月起)(兼)
副 主 席:申旭红(10 月止驻会)
　　　　　张永辉(10 月起驻会)
　　　　　李　冰(10 月止驻会)
　　　　　牟贵英(10 月起驻会)
　　　　　余中全(10 月止)
　　　　　邵家明(10 月起)
　　　　　李敏修
　　　　　胡　勇(10 月止)
　　　　　肖颖超(10 月起)
　　　　　余智国(10 月止)
　　　　　谢　静(10 月起)
　　　　　李显勋(10 月止)
　　　　　郑云林
　　　　　章　平
　　　　　胡海波(10 月止)
　　　　　胡　勇
　　　　　王仕联(10 月止)
　　　　　周步正(10 月起)

简传红(10月止)
郑　杰(10月起)
武洛川(10月止)
杨林森(10月止)

【社会团体】

自流井区总工会
主　　席:曹友良(兼)(12月止)
　　　　赖建辉(兼)(12月起)
副 主 席:曹文祥(12月止)
　　　　程永学(12月起)

共青团自流井区委
书　　记:邹晓薇(女)
副 书 记:高　程

自流井区妇女联合会
主　　席:朱俊英(女)
副 主 席:张淑莲(女)

自流井区科学技术协会
主　　席:钟　艺(女)
副 主 席:郑　雅(女)

自流井区残疾人联合会
理 事 长:王　蓉(女)(12月止)
　　　　曾凡开(12月起)
副理事长:赵　杨

社会科学界联合会
主　　席:黄如贝(10月止)
　　　　冯道超(10起)
副 主 席:许　力
　　　　崔红黎(女)
　　　　曾　珂
　　　　周　怡(女)
秘 书 长:周　怡(女)

红十字会
会　　长:许　力(兼)
副 会 长:周良金

【乡镇、街道】

红旗乡
党委书记:舒诚芳(女)
副 书 记:刘思东
　　　　邹咏梅(女)
人大主席:舒诚芳(女)(11月止)
　　　　黄树明(11月起)
副 主 席:黄树明(11月止)
乡　　长:刘思东
副 乡 长:谢　麒
　　　　黄树明(5月止)
　　　　明　理(5月起)

高峰乡
党委书记:王其凯(6月止)
　　　　彭光全(6月起)
副 书 记:周端武(6月止)
　　　　刘国华(6月起)
人大主席:罗念华(10月止)
　　　　周端武(10月起)
乡　　长:晏　珠(女)
副 乡 长:刘国华(10月止)
　　　　缪　璐(女)
　　　　王吉颖(10月起)

农团乡
党委书记:彭光全(6月止)
　　　　赵义全(6月起)
副 书 记:兰宗保(6月止)
　　　　宋司元(6月起)
人大主席:兰宗保(11月起)
乡　　长:黄　刚
副 乡 长:张刚荣
　　　　何林敏(女)(6月止)
　　　　王吉颖(女)(6月止)
　　　　温　燕(女)(6月起)
　　　　陈昌彬(6月起)

漆树乡
党委书记:郑彬尚(6月止)
　　　　陶　钢(7月起)
副 书 记:陶　钢(6月止)
　　　　胡　凡(7月起)
　　　　张昭赢(6月止)
　　　　黄　凯(7月起)
人大主席:郑彬尚(6月止)
　　　　张昭赢(10月起)
副 主 席:张昭赢(9月止)
乡　　长:陶　钢(9月止)
　　　　胡　凡(10月起)
副 乡 长:黄　凯(6月止)
　　　　付光其
　　　　杨红英(女)

舒坪镇
党委书记:张永清(6月止)
　　　　王世华(6月起)
副 书 记:王世华(6月止)
　　　　卢三彬(6月起)
　　　　陈相明
人大主席:邓志君(10月止)
　　　　曾学明(10月起)
镇　　长:王世华(6月止)
　　　　卢三彬(6月起)
副 镇 长:张洪太
　　　　李　成(6月止)
　　　　曾圆圆(6月止)
　　　　余　唯(6月起)
　　　　廖秋月(6月起)

仲权镇
党委书记:吕 泉
副 书 记:陈秀华(女)(6月止)
　　　　谭朝霞(女)(6月起)
　　　　张　淇
人大主席:杨小珉
镇　　长:陈秀华(女)(6月止)
　　　　谭朝霞(女)(6月起)
副 镇 长:李显德(6月止)(兼)
　　　　聂小平(10月起)(兼)
　　　　王　刚
　　　　梅　勇(6月止)
　　　　王　旭(10月起)

荣边镇
党委书记:张周林(6月止)
　　　　郑彬尚(6月起)
副 书 记:廖　东
　　　　晏晓东(6月止)
　　　　王光柱(6月止)
　　　　廖常平(6月起)
人大主席:张周林(11月止)
　　　　晏晓东(11月起)
副 主 席:晏晓东(11月止)
镇　　长:廖　东
副 镇 长:伍　莉(女)(6月止)
　　　　胡　凡(6月止)
　　　　林　杉(11月起)
　　　　贾　玲(女)(11月起)

新　街
党委书记:梅鸿围(12月止)
副 书 记:罗兴艳(女)
主　　任:罗兴艳(女)(5月起)
副 主 任:兰　鹏
　　　　邹小锋
　　　　姚栋良

五星街
党委书记:林应涛(12月止)
　　　　梅鸿围(12月起)
副 书 记:王　珍(女)(12月止)
　　　　谢　华
主　　任:王　珍(女)
副 主 任:郑俊杰
　　　　张德春

东兴寺街
党委书记:罗开平(1月止)
　　　　每桂英(女)(1月起)

副 书 记:游雪梅(女)
主　　任:每桂英(女)(5月止)
　　　　范文彬(5月起)
副 主 任:吴光霞(女)(4月止)
　　　　胡大江

郭家坳街
党委书记:李　进
副 书 记:陈　嵩
　　　　潘浩波
主　　任:陈　嵩
副 主 任:牟贵英(女)(10月止)
　　　　陈　英(女)
　　　　梁　丽(女)

学苑街
党委书记:崔岩峰
副 书 记:钟劲松(兼)
主　　任:崔岩峰
副 主 任:舒　坦
　　　　邓文勤(女)
　　　　黄信贵
　　　　胡玉仙(女)(5月起)

丹桂街
党委书记:缪小玲(女)
副 书 记:袁润明
主　　任:袁润明
副 主 任:陈孝贤
　　　　刘　勇
　　　　廖　晟

【自流井区垂直管理单位】

公安局自流井区分局
局　　长:何永海
政　　委:张　弘
副 局 长:林　春
　　　　王卫东(6月止)
　　　　陈　坚
　　　　张　伟
　　　　刘　涛
　　　　陈　春(挂职)(6月起)
　　　　顾　雨(12月起)

国家税务局
局　　长:杨小刚
副 局 长:施茂林
　　　　曾　健
　　　　李　涛(女)(3月起)
　　　　曹国红

地方税务局
局　　长:曹卓伟
副 局 长:谭守刚(3月止)
　　　　黄文奇
　　　　陈明玉(女)
　　　　刘　勇(3月起)

工商行政管理局
局　　长:王　勇
副 局 长:戴立新
　　　　邵家明
纪检组长:华　薇

国土资源局
局　　长:邱述文
副 局 长:赵志刚

质量技术监督局自流井分局
局　　长:杨家明
副 局 长:孙　峰
纪检组长:万　松

市场开发服务中心自流井分中心
主　　任:杨　宏
副 主 任:罗　乔(女)
　　　　程　钊
　　　　邹民祥

交警大队
大 队 长:付应茂

副大队长:孔繁强
副教导员:刘亚非

消防大队
大 队 长:肖春秋(5月止)
敬克先(5月起)
教 导 员:杨军成

【自流井区部门事业单位】
大、中专招生委员会办公室
主　　任:陈　岚(女)(4月起)

财政国库集中支付中心
主　　任:赵　敏(女)
副 主 任:杨元金

人才交流服务中心
主　　任:范文彬(兼)
法人代表:林茂明(兼)

旧城改造开发指挥部
指 挥 长:黄志勇(兼)
副指挥长:邹　宏(常务)

棚户区改造办
主　　任:黄志勇(兼)
副 主 任:邹　宏(兼)
邓　平(兼)
张　明(兼)

【自流井区卫生系统】
区中医院
院　　长:王润成
党支部书记:江明伟
副 院 长:刘远强
陈　凯
王武成
区妇幼保健院
党支部书记、院长:刘黎芬(女)
副 院 长:罗大鸣
袁永书(女)
惠康医院
党支部书记、院长:魏　平(女)
副 院 长:宋运湘(女)
精华医院
副 院 长:丁聪华(女)(9月止)
钟　波(10月起)
区疾控中心
党支部书记 、主任:熊端萍
副 主 任:王　进
曾知柳(女)
卫生执法监督大队
队　　长:张　庆(女)
仲权卫生院
院　　长:张东来
副 院 长:林华英(女)(5月止)
周玉清(女)(5月起)
漆树乡卫生院
院　　长:车泗祥(4月止)
林华英(女)(5月起)
农团乡卫生院
院　　长:李国华(4月止)
副 院 长:张红梅(女)(5月起)
舒坪卫生院
院　　长:林帮勇
副 院 长:陈　星
高峰卫生院
院　　长:郭泰谦(女)
荣边卫生院
院　　长:林华谦(4月止)
车泗祥(5月起)
副 院 长:周玉清(女)(4月止)
新型农村合作医疗服务中心
副 主 任:刘　惠(女)

【自流井区教育系统】
自贡市第六中学
校　　长:陈树鹏
党总支书记:陈国亮
副 校 长:赵建华
陈永琼(女)

新鹤中学
校　　长:江邦跃(女)
党支部副书记:黄纯彬
副 校 长:黄纯彬
　　　　邓炳华
自贡市第二十二中学
校　　长:牟高琴(女)
党支部书记:牟高琴(女)(7月止)
　　　　吴万文(7月起)
副 校 长:吴万文(7月止)
　　　　李雪涛
德铭中学
校　　长:叶长贵
党支部书记:叶长贵
副 校 长:黄康文
　　　　梁　杰
英杰希望学校
校　　长:谭大东
党支部书记:陈富良
副 校 长:杨琼芳(女)
　　　　蒋承良
　　　　濮　俐
自贡市第二十三中学
校　　长:李德辉
党支部书记:李德辉
副 校 长:刘学成
　　　　江　燕(女)
自贡市第三十五中学
校　　长:杨天才
党支部书记:杨天才
副 校 长:邹国权
　　　　李　涛
檀木林小学
校　　长:付难波(5月起)
党支部书记:付难波
副 校 长:陆　林
　　　　龚　梅(女)
塘坎上小学
校　　长:尹　萍(女)
党支部书记:李民齐
副 校 长:何志忠
　　　　彭维娜(女)
东方小学
校　　长:许静红(女)
党支部书记:许静红(女)
副 校 长:胡新鸣
　　　　黄建仙(女)
　　　　刘一兵(女)
育英小学
校　　长:舒　林
党支部书记:郑叙怀
副 校 长:廖红英(女)
　　　　虞　英(女)
　　　　谢永红(女)
光大街小学
校　　长:杨孝伟
党支部书记:杨白薇(女)
副校长:胡雪梅(女)
　　　　杨洪丽(女)
　　　　宋治明
鸿鹤小学
校　　长:涂万莲(女)
党支部书记:涂万莲(女)
副 校 长:王典平(女)
　　　　李和英(女)
　　　　邓仁禄
曾家岩小学
校　　长:李英明(女)
党支部书记:李英明(女)
副 校 长:何　莉(女)
　　　　黄　粱
大湾井小学
校　　长:邓其昌
党支部书记:邓其昌
副 校 长:缪雪梅(女)
　　　　郭　莉(女)(7月起)
自贡市盲聋哑人学校
校　　长:张 莉(女)(7月起)
副 校 长:张　莉(女)(7月止)
　　　　卢洪彬
　　　　彭为军(7月起)
舒坪镇中心校

校　　长:李雍权(7月起)
党支部书记:李雍权
副 校 长:李雍权(7月止)
　　　　杨怀常
　　　　申冬梅(女)
　　　　陈　琪(女)(7月起)
仲权镇中心校
校　　长:胡新鸣(7月止)(代理)
　　　　万　波(7月起)
党支部书记:胡新鸣(7月止)(代理)
　　　　万　波(7月起)
副 校 长:周玉平
　　　　熊永萍(女)
　　　　杨可平(7月起)
荣边镇中心校
校　　长:方玉才
党支部书记:方玉才
副 校 长:赵亚非
农团乡中心校
校　　长:万　波(7月止)
副 校 长:夏　勇(7月止)
漆树乡中心校
校　　长:李　波
党支部书记:李　波
副校长:龚建华
自流井区基础教育中心
主　　任:肖　容(女)
支部书记:肖　容(女)
副 主 任:甘　奎
文化馆
馆　　长:王世泽
自流井区少年宫
主　　任:黄昌旭
支部书记:林泽君
副 主 任:范　敏(女)
自流井区后勤产业办公室
主　　任:何　伟
副 主 任:杨华春
自流井区职业教育中心
主　　任:赵　戎
自流井区第一幼儿园
园　　长:魏冬梅(女)(11月止)
副 园 长:潘建军(女)(11月止)
　　　　谢伟涛(女)(12月起)
　　　　张裕梅(女)(12月起)
自流井区檀木林幼儿园
园　　长:杨桂芳(女)(8月止)
　　　　杨　瑞(女)(8月起)
党支部书记:杨桂芳(女)
副 园 长:杨　瑞(女)(8月止)
　　　　潘建军(女)(12月起)
自贡市机关幼儿园
园　　长:熊　莉(女)
党支部书记:熊　莉(女)
副 园 长:江新群(女)
　　　　胡　彬(女)

人物风采

社区的好书记 居民的贴心人

——记新街富台山社区党支部书记 宋纯木

宋纯木，女，汉族，55 岁，大专文化，1989 年 4 月入党，现任自流井区新街富台山社区党支部书记、社区主任。

自担任社区党支部书记以来，宋纯木围绕支部班子、党员队伍、工作制度、工作机制、社区环境等“五个好”的社区建设工作目标，将群众的呼声作为“第一信号”，群众的需求作为“第一选择”，群众的满意作为“第一标准”，着力打造管理有序、服务完善、环境整洁、治安良好、生活便利、人际关系和谐的新型文明社区。近年来，她先后荣获“全国群众体育工作先进个人”、“四川省优秀社区党组织书记”、“市劳动模范”、“市优秀共产党员”等称号，是市第十次党代会代表、连续 2 届的区党代表、人大代表，并作为全市唯一的社区党代表参加了省第九次党代会，作为“北京奥运会火炬手”赴乐山参加了 2008 年奥运圣火传递。在她的带领下，富台山社区先后荣获全国和谐社区建设“示范社区”，全国平安家庭创建“示范社区”，自贡市“优秀先进党组织”等荣誉称号。

抓落实 做社区党建的“领路人”

作为基层党组织的书记，宋纯木誓当好群众的“领路人”。创先争优活动开展之初，她就确定了要用创先争优活动贯彻整个社区中心工作的目标方向。她给自己定了“三要”标准：一要民主理事，二要公正处事，三要干净办事，并代表党支部公开承诺：要求群众做到的党员必须先做到，要求党员做到的党支部领导班子必须先做好。通过党员组织生活、干部群众会，以电教、宣讲、授课等多种形式组织党员干部学习“三个代表”重要思想和省、市、区党代会精神，增强社区党员干部践行“三个代表”的自觉性、坚定性；制定完善了党支部书记、社区党建、居委会工作、接待社区群众来访、首问负责等 10 余项社区干部管理制度，制作了社区便民服务站服务指南、社区党务、居务公开栏、综治维稳公示栏并全部上墙，社区干部全日制挂牌上岗，实行“一把椅子、一张笑脸、一个满意答复”的“三个一”微笑服务；坚持“三会一课”及党员活动日制度，坚持每周一次的支部学习、每月 15 号社区党员学习，每月民主生活会，大胆展开批评与自我批评；针对离退休党员的特点，建立了党员兴趣小组、帮扶小组，鼓励离退休党员发挥余热，参与社区建设，开展“我为社区发展献一计”，党员公开承诺等活动；广泛开展“双定双争”活动，通过设岗定责、领岗服务，使无职党员在维护社会稳定、群防群治、环境保护、违青帮教等方面发挥着积极作用。在她的带领下，成立了党员志愿者服务队，社区党支部涌现出一批优秀的党员，既有社区干部，也有积极发挥自己专长为居民服务的退休党员等等。“创先争优”活动中，社区党支部收集党员、群众的意见 12 余条，收到群众表扬信 2 封，为群众办好事办实事 10 余件。

针对群众反映强烈的社区文体广场狭小，居民经常因争锻炼场地问题引发纠纷的情况，宋纯木同志急群众所急，四处跑项目要资金，在多方支持下使社区文体广场扩建工程如期开工。宋纯木不顾自己生病，积极发动社区党员、群众参加文体广场扩建义务劳动，带头挥舞锄头铁锹，挑沙抬土，工地上到处都有她挥汗如雨的身影。“不分上班下班，24 小时都是工作时间！”说起宋纯木，与她并肩工作的社区干部都非常感动。

抓阵地　创社区和谐氛围

“拓展社区服务，创新服务载体，用科学发展的理念建设文明、整洁、安宁的新型和谐社区”，这是宋纯木多年来社区工作的奋斗目标。宋纯木充分利用和发挥各方资源，先后开辟了社区文化工作站、多功能活动室、青少年服务中心等活动阵地。2007年，成立了300余人的富台山社区艺术团，下设舞蹈1队、2队，民乐队，合唱队，腰鼓队等多支文艺队伍，创作歌曲“我的家乡富台山”、三句半“社区是我家”、锣鼓快板“创先争优我做起”、诗歌“迎省运、自贡吉祥”等一大批优秀社区文化作品多次参加市、区文艺演出获得一等奖、二等奖；2008年，社区多方筹资新建了400多平方米的社区文体广场，增添了羽毛球场、乒乓球台等设施，去年成功举办了第27届“社区居民运动会”，社区成为了凝聚民心、促进和谐的一大载体；社区通过改扩建办公室246平方米，建立多功能一站式便民服务站，健全了退休人员社会化管理服务站、矛盾纠纷联动排查调处中心、综治工作站等社区居民服务机构，社区服务功能日趋完善，成为了全市社区建设的一大亮点，各级领导多次到社区调研，给予充分肯定。

抓服务　做群众“暖心人”

怀着为政府分忧，为社会解难，为居民服务的情感，宋纯木一心扑在群众身上，将群众当做亲人，被群众称为“暖心人”。

自担任社区主任以来，宋纯木几年如一日地关心着富台山社区老年公寓38名老人们。现年75岁的孤寡老人罗婆婆更是宋纯木心中的牵挂。宋纯木不仅替老人申请办理了低保，还经常到家中同罗婆婆聊家常，逢年过节还给老人送去“烧白、杂烩”等传统的过年菜，罗婆婆逢人便说：“我没有儿女，宋主任对我像亲人一样，她就是我的女儿。”前年，罗婆婆主动立下了遗嘱：自己去世后，把属于自己名下的房屋，赠送给富台山社区。

“群众安全大于天”是宋纯木心中坚守的神圣职责。受2008年“5.12”地震影响，两栋修建于60年代末的公房出现险情，区政府决定立即疏散所有住户。由于事情来得急，居民没有思想准备，宋纯木立即组织班子成员深入挨家挨户做思想工作，耐心细致地劝说，在当晚十一点半完成了疏散工作，随后又为暂无去处的居民安排住宿，为确保群众生命财产有险无灾，宋纯木坚持带领协警员连续十多天实行24小时守候，保证了无一人返回危房居住。

宋纯木以自强不息的奋斗精神和爱岗敬业的工作热情，献爱于社区，服务于居民，情系社区，情暖居民，充分展示了新时期基层党组织书记的高尚精神风貌。

2011年，宋纯木被省委表彰为“四川省优秀基层党组织书记”；2012年当选为省第十次党代会代表

（区委组织部　杨　建、陈　祥）

心系群众　服务村民

——记高峰乡高峰村党支部书记　雷雪锋

雷雪锋，男，36岁，2005年1月起任高峰乡高峰村党支部委员，村秘书；2007年12月担任高峰村党支部书记以来，始终把如何发展全村经济，改善全村农民群众生活环境，解决群众疾苦及反映的重点问题，化解矛盾纠纷，切实增加收入当做头等大事来抓，他通过狠抓党员干部队伍的管理教育使高峰村的基层党建工作得到进一步加强。他不断拓展思路，充分结合高峰村的地理优势，走服务城市的道路，使全村产业结构得到进一步调整，村民收入不断提高，他带领全体党员充分发挥党支部在农

村的战斗堡垒作用和党员的先锋模范作用，用实际行动诠释着优秀党员的深刻含义。

一、狠抓党建工作，为全村的发展奠定基础

雷雪锋同志自从担任村党支部书记以来，一直高度重视党建工作，始终把党建工作与全村的发展同部署、同安排，做到年初有计划、半年有总结，及时找出差距，增添措施，在工作中他和支委成员一起进一步建立健全支部的各项规章制度。在深入学习实践科学发展观活动中，他带领全村党员认真学习贯彻党的十七大和第十七届三中、四中、五中全会精神，学习《毛泽东、邓小平、江泽民论科学发展观》，深入贯彻落实科学发展观，积极开展创先争优活动。

作为村干部，他深入群众，向群众学习，着力提高教育群众、组织群众、团结群众、服务群众的能力，带领并认真组织党员干部学习贯彻中央关于保持共产党员先进性长效机制的四个文件，积极开展各项组织生活，使村党支部的“三会一课”制度得到落实，保证了党员干部学习的常态化和制度化。他始终坚持党员队伍建设，使党员更好地发挥作用。党支部按照坚持标准、保证质量、改善结构、慎重发展的方针，抓好党员发展工作，充分发挥无岗党员的作用。他在2007年12月换届演讲时提出的“支部心中有党员，党员心中有支部”的理念，得到全体党员及群众好评。他关心党员，在这4年时间里，高峰村支部对党员住院、病故等慰问18人次，他始终坚持开展民主生活会，带头查找自身存在的问题，不敷衍了事，开展批评与自我批评，和党员干部广泛开展交心、谈心活动。同时还结合全村实际，有针对性地开展思想教育，及时清除村组干部的思想障碍，不断化解村组干部与群众、群众与群众之间的矛盾，坚持把解决涉及人民群众利益的问题放在突出位置。凡是涉及人民群众利益，易引发群众性事件的不稳定因素，他坚持做到早发现、早报告、早预控、早处理，切实加强和创新基层人民调节、司法调节和行政调节等工作。他还为大学生村官创造好的工作环境，专门负责对其帮助指导，使其尽快熟悉农村工作，发挥其自身的特长和优势、努力工作，重点发挥其政策宣传、科技普及、信息调研、档案管理、村务村管、文化教育活动组织等方面的作用。

雷雪锋同志领导高峰村党支部始终坚持完善财务公开、财务监督制度、村干部岗位审计制度等，进一步推进了两委工作的规范运作，在村财务管理上执行了“双代管”。他自担任村支部书记以来，成立了村理财小组，村的每一分钱开支必须由村主任、理财小组组长签字后方可付款。2009年9月15日在舒坪金鱼社区由区委、区纪委组织的“廉勤督报站”成立授牌仪式后，他立即组织群众召开村民代表大会，选举出高峰村“廉勤督报站”站长一名，成员两名。在今年换届时通过换届选举又选出了本村的“廉勤督报站”成员，受到群众好评。

在工作中，雷雪锋同志和两委委员分工负责，相互协调，遇事相互商量，解决问题不推诿，敢于承担责任，既有分工又有合作，既改进了工作作风又为其他党员干部树立了榜样，有力地提高了两委班子的凝聚力、战斗力。在工作中与实际相结合，立足本职工作，尊重群众的主体地位，更好的服务群众，顺应民意，集中民智，切实解决好群众关心的实际问题，调动了广大人民群众的积极性，实现好、维护好、发展好群众的根本利益。

二、积极调整产业结构，增加农民收入

雷雪锋同志积极拓展自己的思路和视野，利用到其他村、乡考察学习的机会，以及从报纸、杂志、电视媒体上学习到的知识，结合高峰村实际情况，不断探索高峰村的发展之路。

一是努力抓好种植业。作为城郊村，雷雪锋同志结合高峰村毗邻城市的区位优势，从服务城市的思路出发，积极引导全村村民学习先进的蔬菜栽培技术以及西瓜种植的科技知识，带动全村发展西瓜、蔬菜和秋豇豆的种植。2009年在高峰村7组、11组发展西瓜近50亩，年产值80余万元，引进业主在高峰村1、5、6、7、10、11组共流转418亩用于花椒种植。

二是积极发展养殖业。通过抓好土地流转工作，大力扶持养殖大户的发展，使其上规模，从而带动周边农户进而辐射全村共同致富。高峰村村民宋正奎、杨林通过土地流转在高峰村1、7、10、11组发展淡水养鱼80亩，年产值60万元。

三是努力调整产业结构。高峰村支部考虑到

自身地处城郊的区位优势，决定积极引进业主，发展农家乐、药卉观光等乡村旅游业。目前已发展农家乐一户，药卉种植三户，面积50多亩，年收入50多万元。

三、切实为群众办实事、办好事

雷雪锋同志始终坚持把为民办实事，办好事，让人民得实惠作为各项工作的落脚点。他结合实际力所能及的为群众办实事、好事，进一步密切与群众的血肉联系。在雷雪锋同志的领导下，村两委与西部天然气公司多次协商，让全村226户村民用上了天然气，在一些没有条件安装天然气的地方，发动群众进行沼气池建设，全村建成沼气池50口，并投入使用。他还同乡农技站联系，落实自来水管网安装，使全村200余户村民用上了高峰的自来水，他发动全村广大干部和群众齐心协力，依托通达工程多方筹资，投资42万元，建成高峰村至舒坪的阳村的泥结碎石公路4公里，又发动群众投资投劳20万元，在全村范围内修建便民道14.5公里。在深入学习实际科学发展观活动中，他多方筹资，通过向上级部门争取，修建了高峰寺场镇到水库的水泥公路640米；投入资金32万元，依托扶贫新村项目，修建高峰村三组的2公里的泥结碎石路，解决了群众出行难问题。为了改善群众的生活条件，雷雪锋同志积极协调解决全村的闭路电视和卫星电视，覆盖率达100%。动员群众参加新合医疗保险，参保率达91.5%。他经常深入困难党员和贫困户家中，积极为他们排忧解难，关心留守儿童和老人，为他们解决实际困难，赢得了村民的一致好评。

（高峰乡人民政府　赵冬晶）

自贡六中的魅力教师

——记自贡市第六中学高中语文教师　彭　英

彭英老师是自贡市第六中学的一名普通高中语文教师，研究生学历，今年39岁，教龄20年。担任自贡六中语文教研组长，兼任自贡市自流井区高中语文教研员。曾获自贡市名教师、自贡市优秀教师称号。另外，被四川理工学院人文学院聘为兼职教师（主讲《中学语文教学研究》），被自贡市人才交流中心聘请，主讲《教育学》《心理学》。近几年来，发表近20万字的教育教学文章，出版了《教育学心理学基础知识》一书。在市内外举办了几十次专题讲座，引起较大反响。

打造魅力课堂，展现诗意语文

从彭英老师走上讲台的第一天，她就认定不做就不做，要做就要做最出色的教师。仰望语文教学园地，当代名师无不是才思敏捷，妙语如珠，激情四射，朝气蓬勃的，于是，她把他们作为了追随学习的目标。久而久之，她也成熟了，形成了自己的教学风格。即“教师人格魅力吸引法”。即用渊博的知识，甜美的微笑，娴熟的教学艺术，富有感染力的语言征服学生。彭英老师经常在课堂上一字不错的给学生背诵诗词古文，让学生很佩服。课堂又是那么的有激情，尽情演绎语文课堂的摇曳多姿，引导学生欣赏大师先贤的睿智思辨，感受文人骚客的激情四溢，体会市井小民的喜怒哀乐。在语文课堂上学生总是如痴如醉。歌声，笑声，读书声，是她的课堂上的一道亮丽的风景。彭英老师的教学理念是“高效学语文，快乐学语文，诗意学语文”。学生下来评价，彭老师的语文课，上起来又快乐，作业又很少，但考出来的成绩又是最好的。彭英老师的誓言是：把普通中学的学生教来达到市内最好的国家级重点中学的学生的水平。彭英老师塑造学生良好的精神面貌，使他们终身受益。几届学生的高考成绩已说明我的成功。02级，05级，09级她所教的班级学生高考语文平均分均超过了蜀光中学的平均成绩，为自贡市普通中学的第一名。05级的学生陶玲以128分的高分获得当年全市语文单科成绩第三名，这是当年各学科单科成绩进入前十名的唯一的普通中学的学生。在德育方面，彭老师的“班主任人格魅力教育法”也大放光芒。她致力于用教师的人格魅力来感染教育学生，追求“润物细无声”的教育效果。无论带什么班级，彭老师的学生的精神面貌都是全校最好的。她带的班级，具有如下特点：学生行为习惯好，特别宽容豁达，参与活动的热情很高，班干部特别能干，学生很团结，对老师特别尊敬，每到毕业时每个科任老师都特别留恋。所带出来的学生具有如下特点：有远大的理想，积极上进，为人豁达，待人诚恳，集体荣誉感强，爱思考，善于表现自己，做事讲究方法。总之，班级各方面都表现很好，但彭老师担任班主任工作又是最轻松的。

给力教学科研，演绎多姿教学

教学科研，很多老师认为无足轻重，或是望而却步，彭老师却对它情有独钟。感受是累并快乐着。近五年来，彭老师负责了两个科研课题，一个已结题，一个在研究中。《网络平台上的高中语文专题型自主学习的研究》，这个课题，彭老师担任这个课题的负责人，并担任主研，负责了开题、结题报告的撰写，这一课题已于 2008 年 12 月结题，并获得四川省第四届教学研究成果三等奖，自贡市第四届教学研究成果一等奖。《普通高中利用校本课程开发培养学生良好国学素养的研究》，此课题已通过市级课题立项，目前校本教材已经编写好，研究正在进行当中。因为开展课题实验，彭老师的教学就不只局限在老师的讲授，学习地方也不只是停留在教室里。彭老师的教学方式多姿多彩，比如，学习毛泽东诗词，安排学生在电脑室开展自主学习，教材要求学生学两首，彭老师的学生学了几十首，最后每个学生完成了 5000 字以上的毛泽东诗词鉴赏的论文，还举行了一个毛泽东诗词朗诵会。又如唐诗宋词的学习，彭老师的学生的学习成果是一张张自制的诗词 PPT，是自己谱曲的流行歌曲。给力教学科研，课堂教学多姿多彩，学生语文兴趣高涨。

信守自强不息，书写美丽人生

彭老师始终认为，教师是学生最好的榜样。要求学生怎样，老师就要达到更高的高度。“天行健，君子以自强不息”是彭老师的座右铭，彭老师把它作为人生的奋进的源泉，并以自己的实际行动来践行。1990 年彭老师从荣县师范中师毕业，1992 年至 1999 年，通过自学考试获得汉语言文学专科和本科的毕业证书。2006 年考上四川师范大学的在职研究生，攻读教育硕士学位，2008 年 12 月已顺利通过论文答辩，获得硕士学位。彭老师的毕业论文《网络平台上的高中语文专题型自主学习的研究》获四川师范大学优秀研究生论文，并入选“中国研究生博硕论文库”。彭老师要求自己无论在哪个方面都要做好，知识的储备，教学艺术的锤炼，考试的研究，著书立说等样样都要做好。从 1990 年师范毕业，彭老师教过小学，初中，高中，每一阶段都完成得不错。同时，也在实现不断地超越。前年又受聘于四川理工学院担任本科段的教学工作，彭老师开设的“中学语文教学研究”这门课，既需要介绍从古至今的国内外语文教学理论，同时还需要剖析大量典型生动的教学案例，这对任课教师提出了很高的要求。彭老师充分发挥自己读研究生时打下的深厚的理论功底和自己丰富的教学实际，自己编写讲义，并给他们上示范课，这种教学让这些即将走上讲台的大学生们非常受益。同时，很注意反思自己的教学，并结合教学理论，写下了大量质量较高的教学论文，论文多次获国家级，省级，市级一等奖，并有多篇发表在中文核心期刊上。近几年，发表了二三十万字的论文。2009 年受市人事局的委托，为方便教师公招，编写了《教育学心理学基础知识》一书。

热心传授培训，散发桃李芬芳

彭老师看到好多老师尤其是年轻教师教学困难，成长较慢，她主动帮助他们，给他们传授一些成长提高的方法。另外，她还把自己的教学经验总结出来，通过专题讲座的形式，培训大面积的老师。连续几年，彭老师都参加了市里组织的新教师培训，彭老师的“做一个具有人格魅力的阳光教师”和“中小学生主要心理问题及对策”的专题讲座很受新教师的喜欢，他们觉得彭老师的教学理念和教学方法很实用，是给他们送去的及时雨，让他们能迅速提高。同时，彭老师还在区里、学校的班主任培训活动中举办了大量讲座。2009 年，彭老师随自流井区教师讲师团赴凉山州盐源县举办了数场专题讲座，讲座受欢迎的程度是她始料不及的。那些老师们说以前在电视里书上看到的方法理念传授虽然好，但总觉得可望而不可即，而她的讲座完全贴近教学，同时这些做法又能使他们茅塞顿开，产生举一反三的效果。这次盐源之行让彭老师明白了自己的价值，原来她所做的这些能给那么多老师带来这么多收获。彭老师觉得很快乐，并愿意在这条路上乐此不疲。赠人玫瑰，手有余香，彭老师将继续努力，散发一路桃李芬芳。

（区教育局　黄千红）

幼儿教育一枝花

——记檀木林幼儿园老师　王　薇

良好的师德

王薇，女，1971 年出生，1990 年 11 月走上幼儿教育岗位，檀木林幼儿园优秀教师。

王薇老师对于中国共产党有着深厚的思想感情，热爱社会主义祖国，拥护党的各项方针、政策，坚持四项基本原则，关心国家大事。但凡参加政治学习，她总忘不了认真地做好笔记，写出自己的心得。生活中的王薇，喜欢自觉收听收看新闻，及时了解政治时事，以提高自己的思想觉悟。在工作中忠诚党的教育事业，热爱本职工作，全面贯彻党的教育方针。能用教师职业道德的标准严格要求自己，有很好的职业道德。坚持保教并重，在了解和掌握教育规律的同时，认真学习教育改革的文件精神。勇于创新，能树立正确的教育思想。坚持正确的教育方法，做到热爱每一位幼儿，尊重幼儿，关心幼儿。在生活和学习中对幼儿都一视同仁，从不偏爱、训斥幼儿。幼儿的年龄小缺乏分辨是非的能力，而他们的可塑性强，在教育幼儿时，王薇老师注意自身的表率作用，对孩子总是和蔼可亲，行为文明，从不体罚和变相体罚幼儿。在工作中关心集体，关心同事，能遵守国家法律和社会公德，遵守幼儿园的规章制度，并能出色完成领导交给的各项任务。

过硬的业务

教学中，王薇老师能运用所学的理论知识指导自己的实践工作，并在实际工作中培养和锻炼自己的教育教学教研能力。认真钻研业务，系统的学习幼儿园各科教学法。对幼儿园各年龄班的教学内容、目的、要求能熟练地掌握，认真选择教材，学习和钻研教材，并能独立地、合理地制定出幼儿园各年龄班的班务工作计划和教学进度计划，能根据幼儿的实际年龄选择教材和创编教材。并认真钻研教材教法，精心设计教学的各个环节。坚持提前一周备好下周的课，认真准备教具。上课时尽量用游戏化、趣味化的方式组织教学活动。如 1999 年王薇老师上的优质课语言领域的儿歌《手指谣》，让幼儿在玩手指的同时不知不觉地就学会了这首非常有趣的儿歌。这样既让幼儿动手、动脑，又让幼儿口语表达能力得到了充分发挥。在社会领域的教学活动中能运用直观形象的教学方法引起幼儿的学习兴趣。如《节约用水》王老师让幼儿想象如果没有水人会怎么样，动物、植物又会怎么样。然后请幼儿观察图片，并告诉幼儿要节约用水，因为地球上的水资源是有限的。再用启发性的语言让幼儿知道怎样节约用水，这样一节课既发展了思维又开发了幼儿的语言表达能力和想象力，在幼儿获得新知识的同时，也让幼儿成为了有爱心的 。王老师采用了把故事设计成游戏，让幼儿成为游戏的主角，以“我”的身份积极主动地思考、想象，使他们有身临其境的感受，并更好地理解故事的内容。经过多年的工作实践和事实证明，填鸭式的教学方式是幼儿最不容易接受和最不科学的教学方法，所以

2006年王老师上的一节市级观摩课《神奇的泡泡》就打破了以往的课堂式教学模式，儿时采取了让幼儿在玩玩耍耍中去发现问题，解决问题，并借助“你发现吹出来的泡泡有什么秘密”这一开放性的问题。激发幼儿的探究热情，使他们从小就善于观察和发现，并让他们感到“科学并不遥远，科学就在身边”让幼儿通过一步一步的质疑，激发幼儿尝试探索的欲望，体验发现的乐趣和成功的快乐。这节课的成功就在于改变了以往课堂的教学方法，其教学效果远远胜于教师的灌输，孩子们在愉快的玩耍中积极参与探究。

在搞好教学工作的同时，王老师根据教育规律和全面发展的方针，科学地安排和组织幼儿的一日活动。注重保教并重，认真做好保育工作，在多年的工作实践中王老师发现每一位幼儿都有自己的优点和可爱之处，成了小朋友的好朋友。

硕果累累

王老师在搞好本职工作的同时，积极参加幼儿园的教研活动和业务学习，连续8年担任班长和教研组组长工作。利用自己美术方面的特长为幼儿园设计创设环境，如：画大壁画，布置教室，设计班牌，制作家园栏等，均获得好评。为了提高自己的业务水平，她利用业余时间撰写的文章《发展幼儿美术活动中的创造力》获得自流井区首届教改科研文章评比一等奖。多次参加区里、市里的教师绘画比赛，均获得优异的成绩。多次担任幼儿园、区级、市级的公开课、观摩课、优质课的教学任务。在教学实践中勇于探索，大胆创新、实验，取得了显著成绩。1999年获澳门回归区优质课《手指谣》获证书。2003年，获区优秀教案评选《有趣的绳子》三等奖、全国语文新教育优秀论文比赛《培养幼儿的创造力》二等奖、全国语文新教育优秀论文比赛《浅谈幼儿自信心的培养》三等奖、区首届教改科研论文《幼儿园教育中培养幼儿的创造力——浅谈美术活动中幼儿的创造力的开发》一等奖、区首届教改科研论文《培养幼儿的心理健康》三等奖、区幼儿教师优质课比赛《小鸟的家》二等奖。2004年，获自贡市幼儿教师五项基本功比赛单项(绘画)一等奖、自贡市幼儿教师优秀教案评选《小鸡过河》一等奖、自贡市幼儿教师优质课比赛《小鸡过河》二等奖。2005年，获区第20个教师节绘画作品《小女孩和天空的倒影》二等奖、与杨瑞训练的幼儿参加区自理能力比赛一等奖。2006年，获区幼儿教师现场设计教案比赛《春节的蔬菜》二等奖、自贡市青少年书法美术大赛初赛优秀指导教师奖、自贡市教科所科研成果推广活动中展示课《整合课程内容，培养幼儿创新意识》获得表彰、辅导的学生参加自贡市青少年书画大赛初赛金奖一名，银奖一名，铜奖三名。2007年，获得第三届《金星杯》全国少年儿童书画摄影作品竞赛优秀园丁奖、区幼儿教师优秀教案比赛三等奖、撰写的案例分析《神奇的泡泡》获得省级三等奖。2009年，获区教师技能比赛简笔画三等奖、自贡市中小学万名教师技能大赛简笔画一等奖。2010年，获区教师素质能力“三五一”活动技能大赛简笔画三等奖、自贡市中小学教师“迎新年展才艺”技能大赛——简笔画比赛一等奖。

（区教育局　黄千红）

光 荣 榜

先进个人名录

获区级表彰先进个人

自流井区 2011 年年度考核优秀等次人员

（自井委〔2011〕39 号）

曾建民	黄如贝	李　珊	周　怡	万桂英	张维纲
梁长远	宗润华	张淑蓉	陈有刚	邹正荣	林　竹
曹文祥	朱俊英	李江明	龚良忠	刘　邑	彭　莉
温　艳	蔡　锐	易仕源	赖　斌	周友芬	尹　航
王　勇	何　嘉	李辛玉	刘　萍	何文井	黄雪桃
虞　婧	邱　琳	岳　康	张　旭	杨声勇	倪巧琳
许建平	黄志勇	李佐德(挂职)	范文彬	邹　宏	李良生
郑　雅	王　瑛	吴建程	彭维高	何昌银	陈某华
周建春	李宏杰	李国桥	周　焰	贾小龙	张　平
罗　钢	张承琼	谢　宜	马　骏	王　挺	张永辉
陈顺治	傅　煜	应　春	刘翠英	喻曼丽	谢遵义
傅　丽	龚桂容	张明洪	马　昕	龚朝文	周红平
江深远	罗文丽	熊利萍	杨小慧	周成美	张科中
王　刚	曾雪萍	沈楚婷	钟　姝	曹　伟	谷春江
余金良	王　熵	每桂英	梅鸿围	李　进	吕　泉
何林敏	陶　钢	王光柱	饶晓昱	万　洪	黄德丰
曾圆圆	彭俊贵	贾　玲	黄鹤飞	李鹏程	张泽良
王声良					

自流井区2011年度办理人大代表建议、政协委员提案先进个人

（自井人办〔2012〕23号）

曹明楠（女）	自流井区人大人代工委
熊　剑	自流井区政府办
邹正荣	自流井区政协提案委
卢华英	自流井区教育局
朱曼玲（女）	自流井区政府法制办
金　旗	自流井区财政局
吕红星（女）	自流井区城乡建设住房保障局
周一丹（女）	自流井区民政局
罗选财	自流井区农办
杨　涛	自流井区商务局
江　黎	自流井区文体广电出版局
陈　轲	自流井区交警大队
李玉兰	自流井区交通运输局
何　艳（女）	自流井区工管委
王　熻	自流井区城管执法分局

2011年度武装工作先进个人

（自井委发〔2011〕8号）

舒坪镇人民武装部部长	余　唯
农团乡人民武装部部长	张刚荣
漆树乡人民武装部部长	付光淇
东兴寺街道办事处人民武装部部长	胡大江
五星街道办事处人民武装部部长	张德春
新街街道办事处人民武装部部长	兰　鹏
郭家坳街道办事处人民武装部部长	潘浩波
板仓街道办事处人民武装部部长	周结荣
昊华西南化工有限责任公司人民武装部长	刘　平
川西南矿区人民武装部部长	高贵友
自贡市卫生局人民武装部部长	郭　宁
红旗乡武装干事	毛　剑
高峰乡武装干事	高建云
丹桂街办事处武装干事	袁　玥
学苑街办事处武装干事	王　霞
四川理工学院武装干事	江麟曦
中国移动自贡分公司武装干事	种绥军
东方锅炉（集团）股份有限公司武装干事	杨仁义
四川玻璃股份有限公司武装干事	肖志强

四川盐业地质钻井大队武装干事	杨　凯
四川省汽车运输公司自贡公司武装干事	罗宇明
自贡市公交集团有限责任公司武装干事	陈仁礼
自贡电业局武装干事	林　锐
自贡市中医院武装干事	王明兴
自贡市疾控中心武装干事	许　寒
自贡市海事局武装干事	周　鹏

2011年度武装工作“后备训练之星”

（自井委发〔2011〕8号）

五星街民兵	毛　望
学苑街民兵	吴　椽
板仓街民兵	毛建昆
东方锅炉（集团）股份有限公司民兵	胡世轩
昊华西南化工有限责任公司民兵	陈　刚
四川盐业地质钻井大队公司民兵	陈远翔
四川玻璃股份有限公司民兵	黄　鹏
自贡水务集团公司民兵	曾　品
四川省汽车运输公司自贡公司民兵	朱茂川

2008－2010连续3年年度考核优秀等次

（记三等功）

（自井委〔2011〕40号）

何　毅　　自贡市自流井区人民法院司法警察大队

自流井区“创先争优”活动优秀党务工作者

（自井委〔2011〕29号）

易仕源　　中共自流井区委宣传部

区委九届四次会议代表意见建议和承办单位先进单位（个人）的通报

（自井委办〔2011〕35号）

吕红星　　自流井区城乡建设和住房保障局

自流井区2010年年度征兵工作先进个人

（自井府发〔2011〕101号）

艾世庆　　自流井区纪律检查委员会

自流井区记三等功公务员

（自井委〔2011〕40号）

袁　芳（女）　自流井区纪律检查委员会

自流井区2010年度先进种养殖大户

（自井农领〔2011〕3号）

张清明、张翔铵、黄永良、张　旭、周俊德、杨　莉

自流井区优秀党务工作者

（自井委〔2011〕29号）

蔡　锐　中共自流井区委组织部

自流井区2011年度办理人大代表建议、政协委员提案先进个人

（自井人办〔2011〕23号）

熊　剑　自流井区人民政府办公室

自流井区2011年度办理人大代表建议、政协委员提案先进个人

（自井人办〔2011〕23号）

朱曼玲　自流井区人民政府办公室

自流井区2010～2011年度政法系统先进个人

（区委政法委表彰）

张　颖、邹才木、岳　康、李　科、黄星语、虞　芳、明独林、樊玉娟

2011年度政法系统“创先争优”活动先进个人

（区委政法委表彰）

岳　康、倪巧林、张　颖、邓云霞

获市级表彰先进个人

获奖人姓名	所在单位	获奖名称	文号	颁发单位
安利	自流井区人民法院	2009年度执法质量优秀办案能手	自政法〔2011〕2号	自贡市政法委员会
卞林		2010年度"大调解"工作先进个人	自调解组〔2011〕1号	
张剑英 何毅		2010年度全市法院工作标兵、记三等功一次	自中法〔2011〕11号	自贡市中级人民法院
卞林 董新国		2010年度全市法院调解能手		
王钟霞		2010年度全市法院办案能手		
李辛玉		2010年度全市法院执行能手 2010年度全市法院精品案件		
刘萍 虞倩 冯万超		2010年度全市法院宣传工作先进个人		
杨学君		2010年度全市法院优秀裁判文书		
巫继良		2010年度全市法院调解(含执行和解)经典案例		
冯万超		2010年度全市法院优秀调研成果		
黄雪桃		2010年度全市法院优秀宣传稿件		
陈敏		2010年度全市法院优秀信息稿件		
陈敏		2009年度调解工作先进个人		
刘恒 赵惟		全市法院"优秀书记员"	自中法〔2011〕150号	
杨建	中共自流井区委组织部	全市组织系统"讲党性、重品行、作表率"活动优秀个人	自委组通〔2011〕11号	中共自贡市委组织部
蔡锐 何嘉		2010年组工干部"三关注"调研文稿二等奖	自委组通〔2011〕45号	中共自贡市委组织部
陈有刚	自流井区政协	"华西能源杯"2011年度宣传人民政协好新闻三等奖		

获奖人姓 名	所在单位	获奖名称	文 号	颁发单位
陈有刚	自流井区政协	“华西能源杯”2011年度宣传人民政协好新闻三等奖		
唐建志 郭晓华	自流井区公安分局	第六次人口普查先进个人	自公发〔2011〕207号	自贡市公安局
张鲁宁	自流井区公安分局	2010年度自贡市征兵工作先进个人	自府函〔2011〕121号	自贡市人民政府
陈硕被 刘 越	自流井区人民检察院	“全国检察机关惩治和预防渎职侵权犯罪展览巡展”活动先进个人		自贡市人民法院
杨声勇 张 媛 李 平 明兴平	自流井区人民检察院	2010年度先进个人		自贡市人民法院

获省级表彰先进个人

获奖人姓 名	所在单位	获奖名称	文 号	颁发单位
王 宇	自流井区人民法院	2011年度信息化工作先进个人	川高法〔2011〕907号	四川省高级人民法院
冯万超	自流井区人民法院	《四川审判》2010年“利州杯”有奖征文活动优秀奖		四川省高级人民法院
杨 兰	自流井区人民法院	2010年度全省法院调解标兵	川高法〔2010〕847号	四川省高级人民法院
王 勇 陈传国 骆 铁 林文清	自流井区人民法院	全省法院系统第十三届学术讨论会论文优秀奖	川高法〔2011〕126号	四川省高级人民法院
朱俊英	自流井区妇女联合会	荣获省三八红旗手称号	川妇字〔2011〕5号	四川省妇女联合会
何代俊	自流井区委政法委	2011年度全省政法系统网络建设“先进个人”		四川省委政法委
王石磊	自流井区公安分局	“大走访”开门评警先进个人	公治明发〔2011〕361号 公厅治发〔2011〕34号	公安部、公安厅
邹晓薇	共青团自流井区委员会	四川省优秀共青团干部		共青团四川省委员会
杨黎鹤	共青团自流井区委员会	四川省优秀共青团员		共青团四川省委员会

先进单位名录

获区级表彰先进单位

自流井区2011年度办理人大代表建议、政协委员提案先进单位

（自井人办〔2012〕23号）

自流井区人大人代工委
自流井区政府办
自流井区政协提案委
自流井区文体广电出版局
自流井区城乡建设住房保障局
自流井区民政局
自流井区交警大队
自流井区工业经济示范基地管理委员会

“四好”领导班子

（高党工委发〔2011〕62号）

学苑街道党工委

2010年度人口和计划生育党政目标考核一等奖

（自井计生领字〔2011〕4号）

自流井区学苑街道办事处

2010年度人口和计划生育工作示范单位

（自井计生领字〔2011〕15号）

自流井区学苑街道办事处

2010年度党报党刊征订工作先进单位

（高新区党政办〔2011〕19号）

自流井区学苑街道办事处

2010年度人口和计划生育业务目标考核一等奖

（高新区党政办〔2011〕16号）

自流井区学苑街道办事处

2011年度武装工作先进单位

（自井委发〔2011〕8号）

红旗乡人民武装部
荣边镇人民武装部
仲权镇人民武装部
农团乡人民武装部
东兴寺街道办事处人民武装部
学苑街道办事处人民武装部
东方锅炉（集团）股份有限公司人民武装部
川西南矿区人民武装部
四川盐业地质钻井大队人民武装部
自贡市公交集团有限责任公司人民武装部

落实党风廉政建设责任制和惩防体系建设考核一等次

（自井委〔2011〕10号）

自流井区国家税务局

优秀基层党组织

（自井委〔2011〕29号）

自流井区国家税务局

普法工作示范单位

（自井法治办〔2011〕03号）

自流井区国家税务局

2010年度落实党风廉政建设责任制和惩防体系建设考核一等次单位的通报

(自井委〔2011〕10号)

自流井区工商行政管理局

2010年度食品安全工作目标责任考核情况的通报

(自井食安委办〔2011〕5号)

自流井区工商行政管理局

2010年度卫生先进单位的通知

(自井东处发〔2011〕25号)

自流井区工商行政管理局

2010年度省(市)级卫生单位的通知

(自井爱卫发〔2011〕22号)

自流井区工商行政管理局

2010年度普法依法治理工作优秀单位

(自流井区委、区法治办表彰)
自井目督办〔2011〕4号

自流井区人民法院

2010年度考评一等奖

(自井团发〔2011〕2号)

自流井区人民法院团支部

2010年度党风廉政建设责任制和惩防体系建设考核一等次

(自井委〔2011〕10号)

自流井区人民法院

先进基层党组织

(自井委〔2011〕29号)

自流井区人民法院

2011 年度市级无吸烟单位

（自井爱卫发〔2011〕11 号）

自流井区人民法院

2011 年度省级卫生先进单位

（自井爱卫发〔2011〕12 号）

自流井区人民法院

2010 年度社会治安综合治理全优单位

（自井委〔2011〕19 号）

自流井区国土资源局

2010 年度自流井区农业农村工作先进单位一等次

（自井委〔2011〕15 号）

自流井区国土资源局

2010 年地方志工作考核一等次

（自井方志办发〔2011〕1 号）

自流井区国土资源局

2010 年度市级卫生单位

（自井爱卫发〔2011〕12 号）

自流井区国土资源局

2010 年度落实党风廉政建设责任制和惩防体系建设考核

（自井委〔2011〕10 号）

一等奖　自流井区审计局

2010 年地方志工作目标管理考核结果的通报

（自井方志办发〔2011〕1 号）

一等奖　自流井区审计局

2010 年财政决算先进单位的通知

（自井财发〔2011〕158 号）

一等奖　自流井区审计局

党委机关报刊发行工作先进单位

（自井委〔2011〕13 号）

自流井区舒坪镇人民政府

安全生产监管规范化建设先进单位

（自井安委〔2011〕4 号）

优秀奖　舒坪镇人民政府

2010 年度农业农村工作先进部门

（自井委〔2011〕15 号）

二等奖　自流井区环保局

2010 年城乡环境综合治理先进集体三等奖

（自井委〔2011〕33 号）

自流井区环保局

区委九届四次会议代表意见建议和承办单位先进单位（个人）的通报

（自井委办〔2011〕35 号）

城乡建设和住房保障局

2010 年度科级领导班子落实党风廉政建设责任制和惩防体系建设情况考核结果

（自井党廉办〔2011〕1 号）

一等次

自流井区委办公室

自流井区人大机关

自流井区人民政府办公室（法制办）

自流井区政协机关

自流井区纪委（监察局）

自流井区人民法院

自流井区人民检察院

自流井区委组织部（直属机关党委）

自流井区委宣传部

自流井区委统战部

自流井区委政法委（综治办）

自流井区财政局（支付中心）

自流井区审计局
自流井区工商局
自流井区国税局
自流井区地税局
自流井区舒坪镇人民政府
自流井区东兴寺街道办事处

二等次

自流井区委群工局
自流井区委党校
自流井区委农办
自流井区委编办
自流井区公安分局
自流井区农牧林业局
自流井区人力资源社会保障局
自流井区环保局
自流井区食品药品监管局
自流井区交通运输局
自流井区司法局
自流井区民政局
自流井区科技产权局
自流井区水务局
自流井区安全生产监督局
自流井区政务服务中心
自流井区计划生育局
自流井区文体广电出版局
自流井区城乡建设住房保障局
自流井区教育局(招办)
自流井区统计局
自流井区发改局(粮食局、物价局)
自流井区卫生局
自流井区供销社
自流井区质监分局
自流井区档案局
自流井区经济和信息化局
自流井区投资促进局
自流井区外事侨务旅游局
自流井区商务局
自流井区地方志办公室
自流井区城乡管理执法分局
自流井区工管委
自流井农团乡人民政府
自流井高峰乡人民政府
自流井区漆树乡人民政府
自流井区荣边镇人民政府
自流井区仲权镇人民政府
自流井区郭家坳街道办事处
自流井区新街办事处
自流井区五星街道办事处
自流井区妇女联合会
共青团自流井区委
自流井区工商联
自流井区残疾人联合会
自流井区总工会
自流井区畜牧局
自流井区就业局
自流井区医保中心
自流井区社保局
自流井区房管局

2010年度自流井区农业农村工作先进部门一等奖

(自井委〔2011〕15号)

自流井区农办

2010年度先进龙头企业

（自井农领〔2011〕3号）

自贡市阳光农业发展有限公司
自贡金汇科技有限公司
四川自贡百味斋食品有限公司
自贡市刀刀爽食品有限公司
自贡市牧天食品有限公司

自流井区2010年度先进农民专业合作社

（自井农领〔2011〕3号）

自贡市牧天种养殖专业合作社
自流井区荣边水果专业合作社
自流井区友谊养鸡专业合作社
自流井区农团食用菌农民专业合作社
自流井区仲权镇肉鸭养殖协会

2010年度落实党风廉政建设责任制和惩防体系建设考核一等次

（自井委〔2011〕10号）

中共自流井区委组织部

2010年地方志工作目标管理一等奖

（自井方志办发〔2011〕1号）

自流井区荣边镇人民政府

2010年度工会工作目标绩效考核一等奖

（自井工发〔2011〕05号）

自流井区荣边镇人民政府

2010年度安全生产工作目标责任优胜单位

（自井安委〔2011〕3号）

自流井区荣边镇人民政府

乡镇(街道)安全生产监管规范化建设先进单位达标奖

(自井安委〔2011〕4号)

自流井区荣边镇人民政府

2011年度自流井区党委机关报刊发行工作先进单位

(自井委〔2011〕13号)

自流井区荣边镇人民政府

2010年度自流井区农业农村工作先进乡镇一等次

(自井委〔2011〕15号)

自流井区荣边镇人民政府

2010年度人口和计划生育业务目标乡镇二等奖

(自井人口发〔2011〕16号)

自流井区荣边镇人民政府

2010年度人口和计划生育党政目标乡镇二等奖

(自井计生领字〔2011〕04号)

自流井区荣边镇人民政府

2010年度民政目标管理考核先进单位

(自井民发〔2011〕16号)

自流井区荣边镇人民政府

2010年度乡镇街道履行教育职责考核一等奖

(自井府教督〔2011〕02号)

自流井区荣边镇人民政府

2010 年度农业产业化经营优秀龙头企业

（自井委农领〔2011〕3 号）

自贡市金汇科技有限公司
优秀农民专业合作组织荣边镇水果专业合作社
牧天种养殖专业合作社
友谊养鸡专业合作社

2011 年度党委机关报刊发行工作先进单位

（中共自贡市自流井区委表彰）

自流井区政协办公室

2010 年度科级领导班子落实党风廉政建设责任制和惩防体系建设情况考核一等次

（中共自流井区党风廉政建设领导小组办公室表彰）

自流井区政协办公室

2010 年度普法依法治理工作优秀单位

（中共自流井区委、自流井区人民政府目标管理督查办公室表彰）

自流井区政协办公室

2010 年民政工作目标考核优秀单位

（区民政局表彰）

自流井区新街办事处

2010 年乡镇（街道）安全生产监管规范化建设优秀奖

（区政府安全生产委员会表彰）

自流井区新街办事处

自流井区庆“五一”、迎建党 90 周年红歌会一等奖

（区委、区政府表彰）

自流井区新街办事处

2010 年度人口和计划生育党政目标考核获奖单位三等奖

（区计生局表彰）

自流井区新街办事处

2010 年度市级卫生单位

（自井爱卫会表彰）

自流井区新街办事处

2010 年度市级无烟单位

（自井爱卫会表彰）

自流井区新街办事处

2011 年度交通安全生产工作优胜单位

（自流井区交通运输局表彰）

自流井区新街办事处

2010 年度人口和计划生育党政目标考核二等奖

（自井计生领字〔2011〕4 号）

自流井区丹桂街道办事处

2010 年度人口和计划生育业务目标考核一等奖

（自井人口发〔2011〕16 号）

自流井区丹桂街道办事处

2011 年度党委机关报刊发行工作先进单位

（自井委〔2011〕13 号）

自流井区人民政府办公室

先进基层党组织

（自井委〔2011〕29 号）

新街派出所

城乡综合治理先进单位二等奖

（自井委〔2011〕33号）

自流井区公安分局

2010年度城乡环境综合治理先进集体一等奖

（自井委〔2011〕33号）

自流井区人民政府东兴寺街办事处

2011年党风廉政建设责任制考核一等奖

（自流井区委、区政府表彰）

中共自流井区东兴寺街工作委员会

2011年自贡市武装工作先进单位

（自流井区委、区政府表彰）

自流井区东兴寺街人民武装部

征兵工作先进单位

（自井府发〔2011〕101号）

自流井区东兴寺街道办事处征兵办公室

2011年安全生产工作先进单位

（自井安委〔2011〕3号）

自流井区人民政府东兴寺街办事处

2011年城市管理工作先进单位二等奖

（自流井区委、区政府表彰）

自流井区人民政府东兴寺街办事处

2011年度党报发行先进单位

（自流井区委表彰）

中共自流井区东兴寺街工作委员会

2011 年落实惩防体系建设暨党风廉政建设责任制考核一等奖

（自井委〔2011〕10 号）

中共自流井区东兴寺街工作委员会

2011 年先进基层党组织

（自井委发〔2011〕29 号）

中共自流井区东兴寺街工作委员会

2011 年市级示范党组织

（自流井区委创先争优领导小组表彰）

中共自流井区东兴寺街工作委员会
自流井区东兴寺街盐店街社区、解放桥社区

2011 年三八红旗集体

（自流井区妇联表彰）

自流井区东兴寺街办事处便民服务室

2011 年党政目标考核获二等奖

（自流井区计生局表彰）

自流井区人民政府东兴寺街办事处

2011 年计划生育示范单位

（自流井区人口和计划生育领导小组表彰）

自流井区人民政府东兴寺街办事处

2011 年业务目标考核获二等奖

（自流井区计生局表彰）

自流井区人民政府东兴寺街办事处

2011 年计划生育基层群众自治示范社区

（自流井区计划生育领导小组表彰）

自流井区东兴寺街解放桥社区、盐店街社区、钟云山社区、火车站社区

2011 年计划生育协会基层群众自治先进社区

（自流井区计划生育协会表彰）

自流井区东兴寺街新华路社区

自贡市二十一届康乐杯桥牌赛乙级队“二等奖”

（自流井区委授予）

五星街道生灏社区

第四届秧歌比赛（街道组）二等奖

（自流井区文体广电和新闻出版局颁发）

五星街三台寺社区

卫生保健工作特等奖

（自流井区卫生局、自流井区教育局颁发）

檀木林幼儿园

优秀党组织

（自流井区教育局颁发）

檀木林幼儿园

全区消防安全检查一等奖

（自流井区教育局颁发）

檀木林幼儿园

迎接建党 90 周年红歌会一等奖

（中共自流井区委宣传部颁发）

东方小学

2010 年度督导评估一等奖

（自流井区教育局颁发）

东方小学

“创先争优”活动先进基层党组织

（自流井区教育局颁发）

东方小学

教学质量三等奖

（自流井区教育局颁发）

曾家岩小学

小学生三跳比赛二等奖

（自流井区教育局颁发）

曾家岩小学

小学生田径运动会三等奖

（自流井区教育局颁发）

曾家岩小学

财政决算二等奖

（自流井区教育局颁发）

曾家岩小学

中小学生田径运动会小学 B 组第四名

（自流井区教育局颁发）

大湾井小学

教学质量考核一等奖

（自流井区教育局颁发）

英杰学校

科研成果二等奖

（自流井区教育局颁发）

自贡市第二十三中学

年度考核一等奖

（自流井区教育局颁发）

自贡市第二十三中学

自流井区中小学生田径运动会第三名(中学团体)

（自流井区教育局颁发）

自贡市第六中学

自流井区“我们的队伍向太阳”文艺汇演《东方红》获金奖

（中共自流井区委宣传部颁发）

自贡市第六中学

自流井区田径运动会一等奖(中学团体)

（自流井区教育局颁发）

自贡市第二十二中学

自流井区高考质量特别嘉奖

（自流井区人民政府颁发）

自贡市第二十二中学

获市级表彰先进单位

获奖单位	获奖名称	文 号	颁发单位
自流井区文化体育局	自贡市第十二届艺术节“优秀演出奖”和“优秀组织奖”		自贡市第十二届艺术节组委会
自流井区安全生产监督管理局	2010 年度安全工作先进单位	自安委〔2011〕2 号	自贡市安全生产监督管理局
学苑街办事处	妇联系统“创先争优”示范妇女组织	自妇发〔2011〕37 号	自贡市妇女联合会
红旗乡人民政府	创先争优活动示范妇女组织	自妇发〔2011〕37 号	自贡市妇女联合会
	大调解工作先进集体	自调解组〔2011〕1 号	
	市“巾帼文明岗”	自巾领发〔2011〕4 号	
自流井区国家税务局	先进基层党组织	自国税党〔2011〕18 号	自贡市国家税务局
自流井区人民法院	2010 年度全市法院先进集体	自中法〔2011〕11 号	自贡市中级人民法院
	记三等功单位	自中法〔2011〕11 号	
	全市法院执行先进集体	自中法〔2011〕11 号	
自流井区舒坪人民法庭	全市法院调解先进法庭	自中法〔2011〕11 号	自贡市中级人民法院
自流井区人民法院	“363”工作法荣获司法品牌	自中法〔2011〕11 号	自贡市中级人民法院
自流井区人民法院	2010 年度自贡市文明单位复查合格单位	自文明办〔2011〕9 号	
自流井区妇女联合会	市妇联业务目标考核特等奖	自妇党〔2011〕35 号	自贡市妇女联合会
自流井区国土资源局	2010 年度部门决算工作先进单位一等奖	自财库〔2011〕29 号	自贡市财政局
	市国土资源系统党风廉政责任制考核一等次	自国土资党委〔2011〕6 号	自贡市国土局
自流井区农牧林业局	2010 年度粮油高产创建工作一等次	自农牧业〔2011〕10 号	自贡市农牧林业局
自流井区人口和计划生育局	2011 年度自贡市人口和计划生育党政目标考核一等奖	自人口领组〔2012〕1 号	自贡市人口和计划生育局
	2011 年度自贡市人口和计划生育业务目标考核一等奖	自人口〔2012〕1 号	
	2011 年度自贡市计划生育药具目标考核一等奖	自人口〔2011〕42 号	
自流井区人口和计划生育协会	2011 年度自贡市人口和计划生育协会工作一等奖	自人口协〔2012〕3 号	自贡市人口和计划生育协会
自流井区审计局	区县审计机关审计业务综合考核结果通报“优良”单位	自审发〔2011〕22 号	自贡市审计局
自流井区就业服务管理局	2011 年度自贡市政务服务示范窗口	自政发〔2012〕04 号	

获奖单位	获奖名称	文号	颁发单位
自流井区环境保护局	2010年度主要污染物问题减排工作先进集体二等奖	自环发〔2010〕59号	自贡市环境保护局
自流井区财政局	2010年度全市财政总决算工作三等奖	自财库〔2011〕28号	自贡市财政局
	2010年度全市部门决算报表工作三等奖	自财库〔2011〕28号	
	2010年度企业会计(决算)报表工作三等奖	自财企〔2011〕34号	
	2011年债务、财政供养人员信息管理工作优胜单位	自财预〔2011〕125号	
中共自流井区委组织部	2010年度全市组织工作创新提名奖	自委组通〔2011〕10号	中共自贡市委组织部
	全市组织系统“讲党性、重品行、作表率”活动先进集体	自委组通〔2011〕11号	
	2009－2010年组织工作调研课题一等奖	自委组通〔2011〕45号	
	2009－2010年组织工作调研课题三等奖	自委组通〔2011〕45号	
荣边镇人民政府 雨潭村、干塘村	命名荣边镇“四川省优美示范乡镇”、“自贡十大最美乡镇” 雨潭村“自贡十大最美村庄”、“全省优美示范村” 干塘村“全省优美示范村”称号	自城乡治办〔2011〕151号	
自流井区统计局	2011年度统计业务工作先进单位三等奖	自统发〔2011〕76号	自贡市统计局
中共自流井区委员会 自流井区人民政府	2011年度社会治安综合治理“优秀单位”		中共自贡市委员会 自流井区人民政府
	2011年维护社会稳定工作“优秀单位”		
自流井区政协	政协工作优胜单位		自贡市政协
新街办事处	自贡市科协系统先进集体		自贡市科技协会委员会
	自贡市纪念中国共产党成立90周年理论研讨会理论文章优秀奖		中共自贡市委宣传部
丹桂街道办事处	2011年度市城乡环境综合治理先进单位	自城乡治〔2011〕14号	
	市妇联系统创先争优活动示范妇女组织	自妇发〔2011〕37号	自贡市妇女联合会
	2010年消防工作先进单位	自安防〔2011〕2号	自贡市高新区党工委
	2010年度防邪良好单位	自高党工委发〔2011〕3号	
	2010年度安全生产工作先进单位二等奖	自高党工委发〔2011〕4号	
	“五五”普法工作先进单位二等奖	自高党工委发〔2011〕5号	
	2010年度高新区社会治安综合治理优秀单位	自高党工委发〔2011〕6号	
	2010年度维护社会稳定良好单位	自高党工委发〔2011〕7号	
	2011年度城乡环境综合治理先进单位	自高城乡治〔2011〕4号	

获奖单位	获奖名称	文 号	颁发单位
自流井区人民政府	2011年度全市维护社会稳定工作目标优秀单位 2011年度全市社会治安综合治理工作目标优秀单位	自委办〔2011〕9号	中共自贡市委办公室
	2011年度全面推进依法行政工作先进单位	自府法制〔2012〕1号	
	2011年度全市工业经济责任目标综合奖区县组一等奖	自府函〔2012〕15号	自贡市人民政府
	2011年度全市城乡环境综合治理先进单位	自城乡治〔2011〕14号	
	2011年度安全生产目标任务考核先进单位	自府函〔2012〕23号	自贡市人民政府
自流井区人民政府办公室	2011年全市接待工作先进单位	自接发〔2012〕2号	
自流井区公安分局	迎春歌咏大赛一等奖		自贡市公安局
东街党工委	先进基层党组织	自委发〔2011〕17号	中共自贡市委员会
东兴寺派出所	集体三等功	自公发〔2011〕239号	自贡市公安局
自流井区公安分局	流动人口、出租房屋清理整顿工作先进集体	自流管字〔2011〕2号	
唐建志、彭　为 李晓叶、吴晓琳	流动人口、出租房屋清理整顿工作先进集体	自流管字〔2011〕2号	
共青团自流井区委员会	自贡市未成年人思想道德建设工作“先进单位”		自贡市未成年人思想道德建设领导小组
	“学党史·知党情·跟党走”自贡共青团“邮储银行杯”党史知识现场大赛一等奖		共青团自贡市委
东街盐店街社区	示范妇女组织	自妇发〔2011〕37号	自贡市妇女联合会
东兴寺街办事处	2011年自贡市平安街道		中共自贡市委员会 自贡市人民政府
东兴寺街三八路社区 东兴寺社区	2011年自贡市充分就业社区	自人社发〔2011〕55号	自贡市人力资源和社会保障局
东兴寺街“大调解”中心	自贡市大调解工作先进集体		自贡市矛盾纠纷“大调解”工作领导小组
农团乡人民政府	2011年度市级“十大最美乡镇”		自贡市城乡环境综合治理办公室
五星街三台寺社区	廉政文化进社区先进单位		自贡市社区建设工作领导小组
自流井区第一幼儿园	市级首届幼儿健美体操比赛优秀组织奖、一等奖		自贡市体育局 自贡市教育局
檀木林幼儿园	幼儿围棋六岁组团体二等奖		自贡市体育局 自贡市教育局
	“党在我心中”庆“六一”文艺汇演优秀组织奖		自贡市教育局

获奖单位	获奖名称	文 号	颁发单位
鸿鹤小学校	市“萌芽杯”足球赛第二名		自贡市教育局 自贡市体育局
自贡市第六中学	市级绿化单位		自贡市绿化委员会
自贡市第二十二中学	高考完成目标任务奖		自贡市教育局

获省级表彰先进单位

获奖单位	获奖名称	文 号	颁发单位
学苑街道办事处	“和谐街道”单位	川人社发〔2011〕35 号	四川省人力资源和社会保障局
自流井区工商行政管理局	2010 年度行政执法案件评查结果的通知	川工商自办〔2011〕22 号	四川省工商行政管理局
自流井区人民法院	2010 年全省信息化工作先进集体	川高法〔2011〕105 号	四川省高级人民法院
	全省法院“网上办案”优秀基层法院	川高法〔2011〕797 号	
自流井区妇女联合会	荣获“实施妇女儿童发展纲要”先进单位称号	川妇儿工委办〔2011〕28 号	四川省妇女联合会
自流井区农牧林业局	省农村经营管理全面工作突出单位	川农业函〔2011〕750 号	四川省农牧业林业局
自流井区科技技术协会	2011 年“社区科普益民行动”工作先进集体	川科协函〔2011〕104 号	四川省科技技术协会
中共自流井区委宣传部	“历史的选择——纪念中国共产党成立 90 周年”青少年爱国主义读书教育活动全国组委会组织优秀奖	川宣〔2011〕93 号	中共四川省委宣传部
自流井区财政局	档案工作规范化管理达省二级标准	川档规〔2011〕0245 号	四川省档案局
中共自流井区委员会	全省城乡环境综合治理 2010 年度环境优美示范区	川委〔2011〕174 号	中共四川省委员会
自流井区“扫黄打非”工作领导小组办公室	2011 度全省“扫黄打非”工作先进集体	“扫黄”办发〔2011〕4 号	
自流井区公安分局	通令嘉奖		四川省公安厅

获奖单位	获奖名称	文 号	颁发单位
五星街派出所	基层执法示范单位	公厅法发〔2011〕46 号	四川省公安厅
自流井区公安分局	集体二等功		四川省公安厅
自流井区机关团总支	四川省优秀团支部		共青团四川省委员会
东兴寺街办事处	第四届四川省记一等功公务员集体	川委〔2011〕164 号	中共四川省委员会
	四川省三八红旗集体	川妇字〔2011〕5 号	四川省妇女联合会
东兴寺街交通路社区	2011 年四川省养老服务社会化“示范社区”	川民发〔2011〕172 号	四川省民政厅
农团食用菌农民专业合作社	2011 年度省级农民专业合作社示范社		四川省农业厅
农团乡红岩村	2011 年度省城乡环境综合治理环境优美示范村庄		中共四川省委员会
四川省人民政府农团乡人民政府	2011 年度省级森林防火示范单位		四川省护林防火指挥部
东方小学	省青少年科技创新大赛基层优秀组织奖		四川省科技技术协会

获国家级表彰先进单位

获奖单位	获奖名称	文 号	颁发单位
自流井区人民政府	全国县市科技进步考核先进集体	国科发农〔2011〕599 号	
自流井区新街办事处	全国科协系统先进集体	人社部发〔2011〕61 号	人社部
自流井区生态立体农业科技示范基地	2011 年全国科普惠农兴村先进单位	科协发普字〔2011〕25 号	
中共自流井区委员会	全国科技进步考核先进区	国科发〔2011〕599 号	
自流井区新街办事处	全国科协系统先进集体		人社部

附　录 FU LU

文件选编

中共自贡市自流井区委
关于印发《中共自贡市自流井区委2011年工作要点》的
通　　知

自井委〔2011〕2号

各乡镇党委,区级各部门党组(党委、总支、支部),各街道党工委:

《中共自贡市自流井区委2011年工作要点》已经中共自贡市自流井区第九届委员会第74次常委会议审议通过,现予印发,望认真贯彻落实。

中共自贡市自流井区委
2011年2月16日

中共自贡市自流井区委2011年工作要点

2011年是"十二五"规划的开局之年,做好2011年工作对于克服各种困难,把握历史机遇,推动经济社会持续快速健康发展,全面完成"十二五"规划,建设美丽繁荣和谐自流井,具有十分重要的意义。今年区委工作总体要求是:以党的十七大和十七届五中全会精神为指针,深入贯彻落实科学发展观,以发展为第一要务,以民生为第一目标,以稳定为第一责任,以和谐为第一追求,努力转变经济发展方式,加快经济结构战略性调整,突出工业园区建设、新农村示范片打造、"大东方"核心商圈升级、城乡建设管理等重点工作,全力以赴推进项目建设,凝心聚力,攻坚破难,开拓进取,扎实工作,全面完成今年各项目标任务,为顺利实现"十二五"规划起好步、开好局,为中国共产党建党90周年献礼。主要经济指标预期是:生产总值增长力超12%;地方级财政一般预算收入增长力争12%;农业增加值增长力争5%;区属规模以上工业增加值增长力争25%;区属固定资产投资增长力争25%;服务业增加值增长力超12%;社会消费品零售总额增长力超16%;城镇居民人均可支配收入增长力争15%;农民人均纯收入增长力争15%。

围绕上述目标,今年要着力抓好以下八项工作:

一、全力以赴推进项目建设,努力增强经济发展后劲

加大项目建设力度。要进一步完善重大项目县级领导联系推进制度、跟踪服务制度、督查督办制度,

全力以赴推进重大项目建设，确保在建项目进度快、签约项目动工早、洽谈项目能落实。全年计划实施重大项目116个、年度计划投资12.68亿元，其中市级重大项目10个、年度计划投资6.54亿元。加快大业高容CNG移动加气站、福星饲料技改扩建、廉租住房二期建设、财富水岸房地产开发等38个重大续建项目建设进度，完成投资7.8亿元。力争早日启动二中压5000吨精密阀门铸造技改、火车站路安置房建设项目等31个新建项目，完成投资3.8亿元。

千方百计引进项目。认真把握国家产业政策和项目资金的主要投向，大力向上争取一批发展后劲较强的大项目、好项目。抓住新一轮产业转移和西部大开发的历史机遇，延伸优势产业链，推动产业结构调整升级，重点引进一批对经济发展具有较强支撑和带动作用的产业项目。力争把第三期廉租住房建设、社会福利救助中心二期工程等项目纳入国家和省市投资计划盘子。抓好农团集中居住区、农团度假山庄改扩建二期工程等一批重大项目的储备包装，确保全年引进项目40个，引进资金25亿元，其中5亿元以上项目1个，1亿元以上项目6个，3000万元以上项目12个，推动项目建设有序衔接、投资持续增长。

二、加快建设工业集中区，促进工业经济快速发展

加强基础设施建设。进一步完善舒坪工业集中区规划，完成530亩新征土地的拆迁工作，完成玛瑙路B线及东一路北段2公里道路建设，打通大业高容公司及久大扩能项目出行通道，完善水、电、气、通信管网等配套设施，新增承载能力500亩。

促进产业集聚发展。延伸久大盐业、千业环保、大业高容等骨干企业产业链，着力打造以制盐及含盐日化为龙头，节能环保、装备制造、仓储物流为配套的特色产业。加快实施千业环保双机絮凝剂、九信钻机仿生自动掘进装备制造等在建及待建项目，力争实现投产项目8个、新开工项目6个。充分发挥集中区平台和载体作用，推进产业链条和产业集群招商，着力引进一批科技含量高、资源消耗少、持续发展能力强的新型工业项目和高新技术企业入驻园区，力争实现新储备项目5个，促进全区工业结构优化升级。

优化政策服务环境。继续实行县级领导联系重点企业制度，加快建立工业经济信息化服务平台，及时解决企业生产经营中的矛盾和问题。争取更多政策、资金，大力支持企业发展。协调金融机构加大对企业的支持力度，帮助企业解决融资难、流动资金缺乏的问题。鼓励现有企业实施技术改造，重点实施千业环保、福星饲料等一批技改项目。加快"调二进三"步伐，力促工业阀门等企业迁建，力争新增规模以上工业企业8户、主营业收入超亿元企业20户。

三、大力发展现代服务业，巩固提升第三产业主体地位

改造提升传统服务业。实施黄桷坪地块改造，建设大型城市综合体，推动五星街、东方广场、檀木林街、自由路、同兴路商业配套设施改造，积极整合"名人·世代春天"、浙江商城等大型商贸设施资源，提升以"大东方"为中心的自贡老城区精品核心商圈规模档次，促进传统商贸服务业持续繁荣和优化升级，进一步巩固我区在全市商贸业中的主体地位。

大力发展现代服务业。加快物流中心和专业市场建设步伐，实施舒坪仓储物流区建设，大力推进川南钢材市场、川南现代粮食物流中心建设，积极发展连锁经营、特许经营、物流配送、电子商务等现代商贸。加快推进传统服务业升级改造，促进金融、信息、法律、咨询等现代服务业健康发展。鼓励大型连锁商贸企业向社区和农村扩展经营服务网点，继续实施"万村千乡"、"家电下乡"等工程，努力构建功能完备的城乡一体化流通网络服务体系。

做大做优特色旅游业。以飞龙峡风景区为中心，整合开发旅游资源，完善旅游配套设施，丰富旅游文化活动，尽快启动S305至飞龙峡快速通道建设，办好桃花会、石榴花会、金秋旅游节等特色旅游活动，着力打造一批星级农家乐，大力发展城郊观光休闲旅游业；深入挖掘"盐、灯"文化底蕴，整合"盐、灯"旅游资源，大力发展城市休闲游，促进旅游业发展繁荣。

四、加快城乡统筹步伐，推动农村经济社会全面发展

大力培育特色产业。围绕“三带一园”（乡村旅游带、畜禽水产带、果蔬产业带、现代农业科技示范园），壮大肉兔、肉鸭、肉鸡、水产、花卉、食用菌等特色种养基地规模，培育农业龙头企业，发展农民专合组织，带动更多农民增收致富。发展舒坪－仲权－漆树－荣边环形水产产业，新增稻田综合水产养殖800亩，努力打造标准化特色生态水产基地；以加快生猪产业提质增效和肉（蛋）鸡标准化养殖为重点，大力发展畜禽产业；依托百味斋、天味食品等农业产业化龙头企业，重点发展花椒、辣椒等特色种植1000亩；全面建成存栏1000头美系曾祖代种猪基地、200亩观赏鱼养殖、350亩泥鳅苗繁育和泥鳅示范养殖、300亩水果示范种植、30亩大棚葡萄示范种植等产业项目。

改善农村生产生活条件。实施舒坪狮湾村、仲权黄家村、全胜村新农村综合体项目，集中连片推进新农村示范片建设；加快实施城乡建设用地增减挂钩和农房改貌项目，稳步推进荣边镇干塘村和雨潭村、农团乡红岩村、漆树乡杨柳村和老街农民集中居住区建设，农民集中居住率达到18%以上。加强农田、水利、土地、水网、电网、路网等基础建设，全面完成飞龙峡至八斗丘、红肖路、贡芝路等“断头路”建设，完成舒坪供水管网改造，大力实施万亩灌区和“金土地”工程，不断提高农业综合生产能力。不断完善城乡统筹发展的社会保障和公共服务体系，进一步扩大农村低保、新合医疗、就业服务等社会保障覆盖面，全力促进城乡教育、文化、卫生、安全等公共服务均等化，努力实现农村经济和社会事业全面协调发展。

深化农村综合配套改革。全面落实各项强农惠农政策。稳定和完善农村基本经营制度，搞好农村土地承包经营权确权登记及换证工作，保障农民长期土地使用权。推进户籍制度改革，加速形成城乡统一的户籍管理体系。健全农村信用体系和农业保险制度，搭建农村产权交易平台，激活农村生产要素。稳步开展扩权强镇试点，逐步增强基层政府的社会管理和公共服务能力。

五、不断美化人居环境，大力提升城市品位

加快推进棚户区改造。全面完成张家沱片区、东延线自井段拆迁任务，启动粮机厂、黄桷坪等地块拆迁工作，开工建设张家沱片区项目，全面实现三年改造70万平方米的目标。做好新华印刷厂、光大街片区房地产开发等项目的包装推介。

加强城市基础设施建设。力争完成釜溪东路南段改造、光凤路车行道改造、滨江路河堤堡坎整治、龙凤山公园升级改造、路灯监控系统等重点项目建设；继续加强背街小巷整治和社区小广场建设；加大市政设施维护管理力度，确保城区道路完好率达100%，路灯亮灯率达98%，城市排水畅通率达98%，城区绿化覆盖率达32.5%。

深入推进城乡环境综合治理。巩固城乡环境综合治理长效机制，改善城乡环境面貌，提升城市品位。全面实施城市精细化、规范化、长效化管理，持续推进“五乱”治理，把城乡环境综合治理向基层、村庄、盲点、死角延伸，确保全区所有乡镇、60%的村庄达到“四化”标准。强化宣传引导，全面提升城乡居民素质。加强重点地段、重点部位的巡查监管，加强在建工地管理，加大扬尘治理力度。推进城市容貌达标示范街建设，力争将城区所有主街大道建设成“环境优美示范街道”。进一步推进城乡风貌塑造，积极开展“城管示范社区”创建工作，建设环境优美乡镇和城市生态社区。

六、努力改善民生，着力提高人民群众幸福指数

大力实施富民惠民工程。继续实施以就业促进、扶贫解困、教育助学、社会保障、医疗卫生、百姓安居、道路畅通、环境治理为主要内容的“民生工程”。落实积极的就业政策，重点解决困难群众就业问题，大力开展职业培训，不断提高劳动者整体素质；积极发展和谐劳动关系，建立企业和职工利益共享平台，工资集体协商合同制度覆盖率达85%以上。新建经济适用房150套、廉租房200套，改善困难群众住房条件。扩

大养老、工伤、失业、生育等保险覆盖面。完善新型农村合作医疗，提高参合农民受益度。完善城乡社会救助体系，扎实抓好城乡低保、五保供养、贫困救助等扶贫工作。

协调发展社会事业。以区域教育均衡发展为目标，改善城乡办学条件，提高教学质量，完成塘坎上、东方小学运动场及中西部农村学前教育试点项目建设，确保“两基”迎国检顺利达标。实施国家基本药物制度，减轻群众基本用药费用负担；深化健康教育，实施“亿万农民健康促进行动”试点；完善基层医疗卫生服务体系，促进基本公共卫生服务均等化。逐步构建城乡一体的社会救助体系、养老服务体系和适度普惠的社会福利体系，争创“省级敬老模范区”。加强社区建设，夯实基层基础，发挥“五老”作用，争创“全国和谐社会建设示范城区”。加强计划生育服务，加大社会抚养费征收力度，努力稳定低生育水平，提高出生人口素质。大力发展文化体育事业，广泛开展群众性文体活动，促进城乡文化体育服务一体化。强化科普宣传，提高全民科学素质。积极围绕自贡建设全国文明城市的目标，开展全国文明城区创建工作。促进残疾人事业健康发展，努力缩小残疾人生活状况与社会平均水平的差距。

努力维护社会和谐稳定。推进社会管理创新，健全党委领导、政府负责、社会协同、公众参与的社会管理格局，提高社会服务和管理水平。以化解社会矛盾为主线，加大源头治理力度，强化社会联动调处，重点完善人民调解、行政调解、司法调解有机结合的大调解工作格局，建立以第三方调解、第三方理赔为重点的“大调解”工作机制，努力把矛盾纠纷解决在当地、解决在基层、解决在萌芽状态。全面落实社会稳定风险评估机制，严防群体性事件发生。进一步畅通民意表达渠道，依法及时处理群众反映的问题，最大限度地减少不和谐因素。落实社会治安综合治理各项措施，完善社会治安防控体系，深化预防和减少犯罪工作。强化安全生产监督管理，完善应急救援体系建设，提高自然灾害和突发公共事件的预防和处置能力。

七、以民主法制为基础，加快推进依法治区进程

进一步扩大人民民主。支持人大及其常委会依法履行职能，保障人大及其常委会依法行使重大事项决定权、监督权、人事任免权，努力增强人大及其常委会履职实效。加快政府机构改革，全面完成“三定”方案设置和运行。大力加强法治政府建设，促进政府职能转变，提高依法行政能力和行政效率。支持人民政协履行职能，推进政治协商、民主监督、参政议政制度建设。加强与各民主党派和无党派人士的合作，全面贯彻党的民族政策和党的宗教工作基本方针，进一步巩固和壮大爱国统一战线。加强侨务工作。充分发挥工会、共青团、妇联等人民团体的作用，进一步调动各方的积极性。加强城乡基层自治组织建设，完成村(居)委会换届工作，扩大基层民主，保障人民群众依法直接行使参与权、表达权、监督权。深化村(居)务公开、政务公开、厂务公开，扩大基层群众自治范围，发展基层民主。

扎实推进依法治区。开展“六五”普法和法制宣传教育，增强全民法律意识和法制观念，增强各级领导干部依法决策、依法办事的能力。推进司法体制改革，规范司法行为，强化司法保障，保证审判机关、检察机关依法独立公正地行使审判权、检察权。加强政法队伍建设，推进严格、公正、文明、高效执法。改善司法机关办公条件，检察院办公大楼确保年底竣工，法院审批法庭、公安办公大楼力争开工建设。搞好法律服务，推进法律援助和司法救助。加强国防教育和国防动员，搞好新形势下民兵预备役建设，抓好专业应急队伍建设。深入开展双拥共建活动，巩固和发展军政军民团结。

八、以提升执政能力和先进性为主线，全面加强党的建设

加强思想政治建设。以区委中心组为龙头，以县级、科级领导干部为重点，扎实开展学习型机关、学习型党组织建设。大力弘扬理论联系实际的学风，引导党员干部把理论学习与调查研究、破解难题、推动发展紧密结合起来，增强工作的原则性、预见性和创造性，努力提高用中国特色社会主义理论分析研究和解决实际问题的能力。深入开展全方位、多层次、宽领域的对外宣传，着力提高舆论引导水平，为全区科学发展、加快发展鼓劲造势。抓好纪念建党90周年庆祝活动，弘扬党的优良传统和作风，加强对党史的学习和

教育，激发党员荣誉感、责任感和使命感，发挥党员先锋模范作用。

加强干部队伍建设。坚持正确的用人导向，严格干部选任标准和程序，做好领导班子换届相关工作，选好配强科级领导班子，进一步优化班子结构，增强班子效能。认真贯彻实施《2010－2020年深化干部人事制度改革规划纲要》，加大干部人事制度改革力度，坚持和完善干部选任提名制度，推行群众计票员制度，探索建立竞争性选拔干部制度，不断提高干部选任工作的科学化、民主化、制度化水平。全面贯彻“四项监督制度”，深入整治用人上的不正之风，不断提高选人用人公信度。认真落实区委从严管理干部的十二条措施，坚持在基层一线和急难险重工作中发现干部、识别干部、选拔干部。大力实施“人才强区”战略，完善相关政策，吸引留住人才，统筹推进各类人才队伍建设。

加强基层组织建设。深化创先争优活动，创新党建工作载体，树立先进典型，探索构建长效机制，努力把创先争优活动办成群众满意工程。深化“千村党建富民”行动和“春风示范村”建设活动，选拔培养一批“一好双强”村党支部书记。全面推行“开放式培养发展党员”模式。继续开展“领导挂点、部门包村、干部帮户”活动，进一步扩大全区每名干部固定帮扶一户困难户的成果。深入开展城市社区党建“双定双争”活动和非公企业党建“三融入”活动。

加强党内民主建设。积极探索扩大党内基层民主的多种实现形式和途径，全面落实普通党员旁听制度，健全党委新闻发言人制度和党内重要情况通报制度，继续推行农村“四议两公开一监督”、城市社区“一事一议”工作法，进一步畅通党员意见表达渠道，增强党员对党内事务的参与度。不断健全党代表大会常任制，推广“三推两审一陈述”选举产生党代表，完善党代表大会代表提案制度。逐步扩大基层党组织领导班子成员公推直选范围，完善基层党组织书记公推直选办法，全面落实党员的主体地位，充分调动和发挥各级党组织和党员干部在经济社会发展中的引领和带动作用。

加强干部作风建设。以思想教育、制度完善、集中整顿、严肃纪律为抓手，下大力气解决党员干部在思想作风、工作作风、领导作风和生活作风等方面存在的突出问题。既看八小时内工作圈，又看八小时外生活圈，全方位、多角度考察干部作风，以优良的党风促政风带民风。大力弘扬亲民爱民作风，坚持深入基层、深入群众、深入一线，开展调查研究，听取意见建议，掌握真实情况，解决实际问题。大力弘扬求真务实作风，把工作着力点放在研究解决改革发展稳定的重大问题、群众生产生活的紧迫问题、工作推进的困难问题上。大力弘扬艰苦朴素的作风，坚决禁止铺张浪费，把有限的资金和资源更多用在发展经济、改善民生上。

加强党风廉政建设。严格落实党风廉政建设责任制，建立完善具有本地特色的惩治和预防腐败体系。深化对党员干部的党性党风党纪和廉洁从政教育，筑牢拒腐防变思想防线。加强党风廉政制度体系建设，用制度管权、管事、管人，提高反腐倡廉制度化、法制化水平。加强权力运行监督制约，建立健全决策权、执行权、监督权既相互制约又相互协调的权力运行机制。坚决查处违纪违法案件，继续保持惩治腐败高压态势，加强对中央和省、市委重大决策部署执行情况的定期检查和专项督查。着力解决群众反映强烈的突出问题，坚决纠正损害群众利益的不正之风，以反腐倡廉的实际成效取信于民。

中共自贡市自流井区委
自贡市自流井区人民政府
关于加快水利改革发展的实施意见

自井委〔2011〕3号

各乡镇党委、区委各部委、区级各部门党组(党委、总支、支部)、各街道党工委,各乡镇人民政府、区级各部门、各街道办事处:

为深入贯彻落实《中共中央、国务院关于加快水利改革发展的决定》(中发〔2011〕1号)、《中共四川省委、四川省人民政府关于贯彻〈中共中央、国务院关于加快水利改革发展的决定〉的实施意见》(川委发〔2011〕1号)和《中共自贡市委、自贡市人民政府关于加快水利改革发展的意见》(自委发〔2011〕13号)文件精神,现就加快我区水利改革发展提出如下实施意见。

一、认清形势,深化认识,明确水利改革发展新任务

(一)水利改革发展面临形势

区划调整以来,区委、区政府始终高度重视水利工作,带领全区人民奋发创新开展水利建设,取得了显著成就。但必须看到,当前我区水利建设仍然存在许多薄弱环节:一是我区工程型缺水和水质型缺水问题仍然严重,水资源分布不均,供需矛盾突出;二是骨干水利工程不足,农田水利基础设施滞后,城乡供水保障能力不足,农田保灌率低,防洪减灾能力弱;三是水污染治理和水生态环境保护任务艰巨;四是生活、生产、生态用水调配机制和污水处理运行机制不完善。水的问题日益成为制约全区经济社会可持续发展的瓶颈,必须将水利工作摆在全区经济社会发展中更加突出的位置,着力加快农田水利基本建设,推动水利实现跨越式发展。

(二)水利改革发展指导思想

以邓小平理论和"三个代表"重要思想为指导,深入贯彻落实科学发展观,继续实施"治水兴区"战略,坚持政府主导,以规划为龙头、项目为支撑、改革创新为动力、统筹兼顾为手段、改善民生为落脚点,加快水利薄弱环节和水利基础设施体系建设,着力增强水旱灾应对与综合防御能力、水资源合理调配与高效利用能力、水环境保护与修复能力、科学治水与依法管水能力,确保防洪安全、供水安全、粮食安全和水生态安全,为全区经济社会长期平稳较快发展提供强有力的水利支撑。

(三)水利改革发展奋斗目标

通过5至10年的努力,从根本上扭转我区水利基础设施薄弱、农田水利建设滞后的局面,基本建成安全的水资源供给体系、牢固的防洪减灾保障体系、良好的水环境保护体系、强大的产业发展体系、高效的管理服务体系。农村供水得到全面保障,水利防灾能力显著增强,严格的水资源管理制度基本建立,水利投入稳定增长机制进一步完善,有利于水资源节约、合理配置的水价机制和水利工程良性运行机制基本形成。

(四)水利改革发展基本原则

一是坚持民生优先。着力解决群众最关心最直接最现实的水问题,推动民生水利新发展。二是坚持政府主导。发挥公共财政对水利改革发展的保障作用,形成政府、社会共同合力治水、兴水。三是坚持项目为重。抓紧建设一批既解决当前急需又关系长远发展的水务项目,已大抓项目、抓大项目支撑水务事业

的加快发展。四是坚持人水和谐。顺应自然规律和社会发展规律，合理开发、优化配置、全面节约、有效保护水资源。

二、突出重点，加快建设，开创水利改革发展新局面

（一）加快骨干水利工程建设，构建完善的水资源保障体系

加快推进狸狐洞水库建设前期工作，确保2013年开工建设，“十二五”期建成投入使用，并完善相应的输配水工程，与我区小型水源工程连成供水网络，提高水资源利用率和城乡供水保障率，全面保障全区供水安全。到2015年，蓄引提能力从1278万立方米提高到2858万立方米，城乡供水水源保障率提高5%。

（二）加强防汛抗旱工程建设，构建牢固的防洪减灾保障体系

“十二五”期，新建、加固堤防护岸3公里，力争城区达到20年一遇防洪标准。坚持工程措施和非工程监测预报措施相结合，切实抓好洪涝导致次生地质灾害的防范，巩固和完善群测群防、专群结合的监测预报体系，加快实施防灾避让和重大地质灾害项目治理。健全防汛抗旱统一指挥、分级负责、部门协作、反应迅速、协调有序、运转高效的应急管理机制。

（三）大兴农田水利基本建设，构建可靠的粮食生产保障体系

加快已建成灌区续建配套与节水改造步伐，大力实施病险水库除险加固以及渠道配套建设和整治，增加有效灌面，提高灌溉保证率和农业用水效率。支持发展小水窑、小水池、小塘坝、小泵站、小水渠等“五小”水利工程。大力发展节水灌溉，推广渠道防渗、管道输水等节水技术。“十二五”期，完成毛狗洞、龙凼口等4座病险水库除险加固，新建和整治渠道120公里。到2015年，新增有效灌面1.81万亩，新增节水灌溉面积0.98万亩，渠系水利用系数达到0.6以上。

（四）大力推进民生项目建设，构建稳定的惠民保障体系

一是加快农村饮水安全工程建设。通过改造乡镇集中式供水工程和实施分散打井供水工程，确保农村居民饮用水安全。二是加强饮水工程运行管理，明晰工程产权，落实管护主体，加强水源保护和水质监测，确保工程长期发挥效益。对农村饮水安全工程建设用地，可按集体建设用地办理；对建设和运行中的办证、水质检测费按照发改部门核定的成本价收取；税收按规定依法予以减免。三是更新和改造供水管网。到2015年，新建输配供水管网16公里，更新和改造供水管网45公里。农村自来水普及率达到85%，解决3.14万农村人口的饮水安全问题。四是积极发展水产经济，推进现代渔业建设，按照“规模化、生态化、特色化”要求，围绕新农村建设打造观赏鱼养殖、鱼种繁育、名特优养殖基地，建设舒坪镇、仲权镇、荣边镇、漆树乡等万亩水产产业带。到2015年，全区水产品产量达到3200吨。加强水产食品安全监管，建立健全完善的渔业安全体系。

（五）强力推进水资源保护，构建安全的水生态环境保障体系

加强水库水源地监管，落实水源地安全保护措施，保护好自然生态系统，提高水源涵养能力，推进水生态修复工作。大力推进“清水工程”建设，深入开展城乡水环境综合治理，禁止网箱养鱼和施肥养鱼，加强水质监测，加大农村面源污染、工业污染、城镇生活污染防治力度，实施城乡河道整治，大力推进污水处理回用，从严控制河道取水。“十二五”期，新建仲权、荣边污水处理工程以及舒坪污水管道工程。到2015年，全区农村污水处理规模达到5000吨/日，狸狐洞水库、胜利一库、陡沟子水库等重要水源地得到有效保护，农业面源污染基本得到控制，饮用水水源地水质达到国家规定标准，釜溪河、金鱼河污染得到有效控制，水质监测网络和水污染突发事件预警系统基本建立。加强水土流失预防监督和治理。“十二五”期，完成水土流失综合治理20平方公里。严格执行建设项目防洪、水土保持、水生物资源影响评价、水资源论证和入河排污口设置审批制度。对建设项目按照有关规定实行水土保持、占用水利设施和水域等补偿制度。

三、加强领导，强化措施，提供水利改革发展坚强保障

（一）强化水利工作领导

落实加快水利改革发展的主体责任，实行党政一把手负总责和严格的目标责任制，建立健全防汛抗旱、饮水安全保障、水资源管理、水库安全管理行政首长负责制，把加快水利改革发展纳入党委、政府重要议事日程，抓好落实和督查，及时研究和解决水利改革发展中的重大问题和突出矛盾。各级各部门要增强大局意识，加强协作，密切配合。水务部门要认真履行水资源统一管理和监督职能，切实搞好水务发展规划、水务工程建设和工程运行管理，加强水务资金绩效管理。发改部门要把水务发展纳入经济社会发展总体规划，积极推进水务重点工程建设。国土资源部门要认真落实扶持水务发展的土地政策，优先保证重点水务工程项目用地。财政部门要安排好水利资金，加强资金调度和管理。人力资源社会保障、编制、宣传、审计、监察、环保、城乡建设住房保障、农牧林业、工商、税务等部门要抓紧研究和落实加快水务改革发展的具体措施，形成推动水务改革发展强大合力。

（二）落实水利资金保障

一是建立以公共财政投入为主渠道、长期稳定增长的水利投入机制。区财政对水利投入的总量和增幅明显提高，从土地出让收益中提取10%用于农田水利建设，充分发挥新增建设用地土地有偿使用费等土地整治资金的综合效益；从城市建设维护税中划出一定比例，用于城市防洪排涝、管网改造以及水源工程建设。切实加强水利投资项目和资金监督管理，完善水利投资监管和绩效评价体系。对小型农田水利建设项目坚持"农民自愿、农民主体、竞争立项、公开透明"的原则，实行"民办公助、先建后补"。二是加强涉水行政规费的征收和使用管理。严格执行国家水资源征收标准，按照"收支两条线"原则将水利规费列入财政预算管理，专项用于水利项目建设和水利管理。农业水费作为生产性费用，专项用于灌区水利工程设施维修养护和管理。三是完善水行政执法队伍建设和执法所需设施、装备的配备。完善乡镇水利服务机构，将其经费纳入区级财政预算。进一步完善基层水务管理站建设，并落实职工的津补贴政策。四是鼓励和引导农民投资投劳和社会投入。对小型水利工程坚持"谁投资，谁所有，谁管理，谁受益"原则，鼓励农户、联户、用水户协会、龙头企业、农村专业合作经济组织和村集体等经济主体，以多种方式投资投劳开展小型水利工程建设、维护和改造。推广"民办公助、以奖代补、先建后补"的农村水利投入新机制，完善村级"一事一议"筹资投劳政策。本着"自愿互利、注重实效、控制标准、管理规范"的原则，引导农民对直接受益的小型农田水利项目投工投劳。农民筹资筹劳兴建小微水利设施，各级各部门不得收取任何费用。

（三）严格水利管理制度

一是划定水资源开发利用红线，严格控制用水总量。逐步建立取用水总量控制制度和取用水总量控制指标体系，完善水资源调度方案和应急调度计划。二是划定用水效率控制红线，坚决遏制用水浪费。全面推进节水型社会建设，加快制定行业和用水产品的用水效率指标体系，严格限制高耗水型工业项目，全面加强企业节水管理。到2015年，万元GDP耗水量下降到95吨以下，管网漏损率下降到20%。三是划定水功能区限制纳污红线，严格控制排污总量。完善水功能区划，制定入河、入库污染物排放总量控制指标，严格入河（库）排污口设置审查。

（四）健全水价运行机制

充分发挥价格杠杆在促进节能减排和节水型社会建设中的重要作用，兼顾效率和公平，合理调整供水价格，稳步推进阶梯式水价制度。发改部门要会同水务部门做好水价成本测算，提出农村用水、工业用水、污水处理费等水价调整方案。深入推进农业水价综合改革，创新末级渠系投入建管机制，明细小型农田水利工程产权，逐步实现国管水利工程水价加末级渠系水价的农业终端水价制度。农业灌溉工程运行管理费用由财政适当补助，农业用水逐步推行计量收费，建立并完善以供定需、定额灌溉、节约转让、超用加价的激励与约束机制。工业和服务用水要逐步实行超定额累进加价制度，拉开高耗水行业与其他行业的水

价差。加强水费征收工作,禁止擅自加码、搭车收费和平调、挪用水费。

(五)强化水利工作考核

严格实施水资源管理考核制度,水务部门会同区级有关部门对各乡镇水资源开发利用、节约保护主要指标完成情况进行考核。对组织领导到位、群众积极性高、水利改革发展成效显著的,在下年度优先给予项目支持;对表现突出的先进单位、先进个人,按国有有关规定给予表彰奖励;对完不成水利改革发展任务的,按比例扣减下半年水利建设投资计划。各乡镇要制定相应考核办法,调动村组和农户水利建设的积极性。

(六)营造良好氛围

把水情教育作为各级领导和公务员教育培训的重要内容。新闻媒体要把加快水利改革发展纳入公益性宣传范围进行大力宣传,提高全民水患意识、节水意识和水资源保护意识,广泛动员全社会力量积极参与水利建设。要大力弘扬先进事迹、人物和经验,努力营造全社会关心、支持、参与水利改革发展的良好氛围。

2011 年 8 月 22 日

中共自贡市自流井区委员会关于做好乡镇领导班子换届工作的意见

自井委〔2011〕22 号

各乡镇(街道)党(工)委,区委各部委,区政府各部门党组(党委),各人民团体党组,区各直属事业单位党组织:

按照中央、省、市委的统一部署和要求,全区乡镇党委换届工作将在今年二季度进行,人大、政府换届在三季度前结束。根据《中国共产党章程》、《地方组织法》和中央组织部《关于认真做好市、县、乡党委换届工作的通知》(中组发〔2010〕20 号)、《关于加强乡镇党委书记队伍建设的意见》(中组发〔2010〕19 号),省委办公厅《关于转发〈省委组织部关于做好全省乡镇党委换届工作的意见〉的通知》(川委办〔2011〕5 号),市委《关于做好乡镇领导班子换届工作的通知》(自委发〔2011〕10 号)精神,结合我区实际,提出如下意见:

一、乡镇换届工作的指导思想

全区乡镇领导班子换届工作要以党章、宪法和地方组织法为准则,坚持以邓小平理论和“三个代表”重要思想为指导,深入贯彻落实科学发展观,按照中央、省市有关精神,坚持干部队伍“四化”方针和德才兼备、以德为先的用人标准,发扬民主、推进改革、严肃纪律、匡正风气,鲜明崇尚实干的用人导向,大力选拔推动加快发展、实绩突出、群众公认、勤政廉洁的优秀干部,取得组织信任、群众认可、社会满意的实效,努力为实现“十二五”时期目标任务、建设美丽繁荣和谐自流井提供坚强的组织保证。

二、乡镇领导班子换届人事安排政策、规定和要求

(一)领导班子职数设置

本次换届，乡镇领导班子职数，根据人口规模、经济总量、工作任务等实际情况设置，一般为5至7名；乡镇党委委员设7-9名。党委正副书记、人大正副主席、政府正副乡镇长、纪委书记、人武部长等职务，均在职数限额内设置，其中，设书记1名、乡（镇）长1名、人大主席1名、副书记2名（1名主持政府工作，1名分管党务、群团等工作），人武部长兼任副乡镇长，政府班子党员副职均可任党委委员。换届后党委分工时，明确1名党委委员负责组织、宣传等工作，符合干部任用条件的，可按程序确定为副科级领导职务。乡镇纪委设委员3-5名，其中，书记1名，由党委副书记兼任，设专职纪委副书记1名。

（二）乡镇党委书记的选配

坚持把选好书记作为乡镇换届的重中之重，把干部的德放在首位，进一步鲜明用人导向，完善选任方式，严格选拔程序，切实做到好中选优。乡镇党委书记要符合"一好四强"标准（思想政治素质好、贯彻执行政策能力强、推动科学发展能力强、促进社会和谐能力强、联系服务群众能力强）。乡镇党委书记人选一般应具有乡镇、街道工作经历，优先从具有乡镇、街道领导干部任职经历的人员中选拔。全面推行乡镇党委书记履职目标承诺和完不成目标任务辞职承诺的"双诺"制，建立乡镇党委书记定期向基层干部群众和区委专项述职的"双述双评"制度。保持乡镇党委书记任期稳定，一般应任满一届。

（三）领导班子结构要求

优化班子结构。乡镇领导班子特别是乡镇党委书记以35岁至50岁的干部为主体，适当保留一部分基层经验丰富、工作得力的50岁以上的干部，每个乡镇党政班子中应有1名35岁以下的年轻干部和1名女干部。其中，女干部担任乡镇党政主要领导的要有一定数量。现任乡镇班子成员中，继续提名乡镇党政班子成员的，年龄不满52周岁（截至2011年5月31日，下同），继续提名乡镇人大主席的，年龄不满54周岁。新提拔的乡镇党政正职，男不满48周岁，女不满46周岁；新提拔的乡镇人大主席应不超过50周岁；新提拔的乡镇党政副职，男不满45周岁，女不满43周岁。不再继续提名且符合自井委〔2009〕45号文件有关规定的，由区委统筹安排。新提拔的乡镇领导干部应具有大专以上文化程度。乡镇党委中，拟当选后负责组织、宣传等工作的委员，年龄应在45周岁以下、具有大专以上文化程度、有3周年以上乡镇工作经历、具有履行职责所必需的能力素质和身体条件。根据乡镇工作实际需要，注重选配善于领导科学发展、推动跨越发展、善做群众工作的干部和熟悉工业、城镇建设管理、社会管理及现代农业等技术的经营管理人才进入班子。坚持多渠道选人，采取竞争的方式，选拔一定数量的长期在乡镇一线事业单位工作的优秀干部担任乡镇领导干部。

统筹推进干部交流。乡镇党政正职一般不在原籍和成长地任职，乡镇党政副职也应尽可能交流。在同一乡镇的党政领导班子任职满10年的，原则上要交流；在党政领导班子同一职位任职满10年的，必须交流。进一步加大区级机关与乡镇、乡镇与乡镇之间的干部交流力度。保持乡镇领导班子的相对稳定，党政正职一般不同时交流，原则上乡镇领导班子成员应当任满一届。

三、推进方法改革，不断扩大党内基层民主

（一）"两推一选"产生乡镇党代表。全面推行乡镇党代会常任制，建立健全符合乡镇实际的党代表行权运行机制。扩大代表候选人推荐和考察过程中的民主，采取"两推一选"的办法，通过竞选方式产生代表。注重从熟悉农村基层情况、具有较强议事能力和联系党员群众能力、带头创先争优的基层一线党员、外出务工经商的优秀人士中产生代表，优化代表结构比例。通过党员推荐和群众推荐相结合的方式提出代表候选人推荐人选，差额比例不低于30%。选举时，党代表候选人数应多于应选人数的20%，代表候选人要进行竞职演讲。同时要采取有计划地组织候选人实地调研、安排选举人与候选人见面及书面述职、竞职演讲、回答提问等方式，增进选举人对候选人的了解。乡镇党代表人数应比上届有所增加，增加比例应在10%左右。

（二）保障党员群众民主权利。对现任乡镇领导班子成员进行民主测评、民主评议，民主测评不称职票超过三分之一、经组织考察确属不宜继续担任原职务的，不再提名。对新一届乡镇领导班子成员人选进行全额定向推荐，推荐票数未过半数的现班子成员不再提名。乡镇领导班子候选人的推选注重把握目标选人、演讲陈述、承诺上岗等基本要求，把群众公认原则与党管干部的原则贯穿工作的全过程，在深度和广度上更加体现和保障党员群众的民主权利。进一步改进候选人提名方式，考察对象必须经民主推荐、区委研究确定。积极扩大会议选举环节的民主，改进候选人介绍方式，保障选举人的民主权利。党委委员差额比例不低于20%。

（三）注重引入社会评价机制。注重考察干部的群众公认度和在群众中的口碑，坚持把与群众感情深厚、受到群众拥护、干群关系密切的干部选拔进乡镇领导班子。坚持在适当范围及时反馈考察结果，对拟提拔人选考察对象在一定范围内进行公示，确保各个考察环节公开透明，接受群众监督。对拟提拔人选，可根据实际情况，进行延伸考察。积极引入社会评价机制，进一步改进乡镇领导班子和干部的考察、评价办法，进一步落实群众公认的基本要求；提交党代表大会或党员大会的工作报告中涉及本届党委的工作和班子整体评价等内容，应采取适当形式听取党员群众的意见，接受社会的评价。

四、加强组织领导，严肃换届工作纪律

（一）强化领导责任。乡镇领导班子换届工作在区委领导下进行，区委成立乡镇换届工作领导小组（名单附后），加强对乡镇换届工作的领导，每名领导小组成员联系指导一个乡镇换届工作。各乡镇也要成立党委换届工作领导机构，建立换届筹备工作组，明确和落实专人，充实换届工作力量。各乡镇党委书记是本乡镇领导班子换届工作的直接责任人，要综合考虑乡镇党委换届、纪委换届以及选举出席区党代会代表等工作，统筹安排好乡镇人大、政府换届工作。要严格按《中国共产党基层组织选举工作暂行条例》、《地方组织法》、《选举法》等法律法规的有关规定，做好代表产生、人选提名、大会选举等工作。

（二）做实思想工作。各乡镇党委要发挥党的思想政治工作优势，围绕换届选举工作中出现和可能出现的问题，有针对性地把思想政治工作做深、做细、做实、做好。要教育引导广大干部讲政治、顾大局，正确对待个人进退留转，正确对待选举结果，自觉服从组织安排。对调整、落选的干部，要及时把思想工作做实。乡镇换届工作领导小组成员要分别与联系的乡镇领导班子成员开展一次谈心谈话。要坚持正面引导、适度宣传、防止炒作，加强对网络舆情的监控和引导，及时有效做好换届舆情应对，营造良好的舆论氛围。

（三）严明换届纪律。要把匡正换届风气作为换届工作的一项重要任务来抓，严明纪律、警示在前，全程监督、综合治理，惩防并举、严格问责，要坚决执行中央提出的“5个严禁、17个不准和5个一律”以及省上提出的“三个5严禁”的换届纪律要求，用铁的纪律保证换届工作的顺利进行。在整个乡镇换届期间，区委将派出督导组对乡镇换届风气进行督导。凡换届中有违反换届纪律的人和事，区委将坚决查处，追究有关人员的责任，并作出组织处理。全区在区纪委、区委组织部分别设立两部举报电话（区纪委8200731、区委组织部8209091），及时受理反映的问题，保证换届工作的顺利进行。乡镇党委换届结束后，全区将重点围绕发扬民主、推进改革、严肃纪律以及换届风气等方面情况，在党员代表和群众代表范围内，组织对每个乡镇党委换届工作满意度进行测评。

2011年5月24日

中共自贡市自流井区委
关于严肃换届纪律的通知

自井委〔2011〕24 号

各乡镇党委,区级各部门党组(党委、总支、支部),各街道党工委:

今年,我区区、乡领导班子将陆续进行换届。严肃纪律,营造风清气正的换届环境,是保证换届成功的关键。为认真落实中央"5 个严禁、17 个不准和 5 个一律"的换届纪律要求,确保我区换届工作顺利进行,现将相关要求通知如下:

一、严明政治纪律

严格执行党政领导干部选拔任用工作责任追究制度,严格执行"5 个严禁,17 个不准",切实做到严守国家法律和党的纪律。严禁传播影响和干扰换届工作的流言蜚语,严禁公开散布小道消息,把严肃党的政治纪律统一到换届工作上来,狠刹换届中的歪风邪气。要加大查处力度,对换届中的违规违纪行为,要坚决查处、决不姑息。对顶风违纪的,要做到发现一起,从严从快查处一起。对违反换届纪律的典型案件,要及时通报,以儆效尤。对违反换届纪律问题严重的,要按照党风廉政建设责任制和干部选拔任用工作责任追究办法等规定,严肃追究有关责任人的责任。

二、严明组织纪律

坚持教育在先、警示在先、预防在先,通过多种形式,全面提高"5 个严禁、17 个不准、5 个一律"的知晓度。按照中央统一要求,对拉票贿选的,一律排除出考察人选;对买官卖官的,一律先予停职或者免职,再依纪依法处理;对跑官要官的,一律不得提拔重用,并记录在案;对违反规定作出的干部任用决定一律无效,并严肃追究相关人员的责任;对干扰破坏换届选举工作的,一律严肃查处,涉嫌违法犯罪的移送司法机关处理。在本次换届中,对拒不服从组织安排的干部,一律就地免职,不再保留待遇。

三、严明财经纪律

认真遵守党风廉政建设和廉洁自律的各项要求,大力弘扬勤俭节约的良好风尚。换届期间,严禁借干部变动之机,乱发纪念品、馈送礼品;严禁借迎来送往之机,大吃大喝、乱花公款;严禁巧立名目变相发放福利、突击花钱,任何单位和个人不得以任何名义私分公款公物;无特殊情况,不准安排外出学习考察活动;领导干部调离原工作岗位的,要认真做好资产清查登记、处置和财务清算工作,按要求及时做好公物清点交接,严防国有资产流失。

四、加强教育监督

加大换届纪律宣传力度,加强对党员干部的教育管理。各级领导干部要严格遵守换届纪律、带头匡正换届风气,确保换届中思想不散、秩序不乱、工作不断。要通过开展承诺活动、启用短信提示等方式切实加大监督检查力度,把严格监督贯穿干部提名推荐、考察、公示和换届选举等各个环节。要充分发挥廉勤督报站、党风监督员、特邀监察员等机构和人员的作用,前移监督关口、畅通举报渠道、开展民主测评、加强群众监督,采取有效措施加大对执行换届工作政策法规和纪律情况的巡回监督检查力度,及时受理反映的违反换届工作纪律问题。区纪委举报电话:8200731,区委组织部举报电话:8209091。

全区各单位要充分认识严肃换届纪律的重要性和紧迫性,进一步增强党性观念、纪律观念、组织观念,确保换届风清气正落到实处。各单位要及时向区纪委、区委组织部报送加强换届纪律监督的措施以及换届中的突发事件、倾向性苗头性问题等情况,做到重大问题随时报告。领导干部遵守换届纪律承诺书于2011年5月31日前交区纪委、区委组织部备案。

2011年5月24日

中共自贡市自流井区委
关于开展"强化管理,务实执行"大讨论活动的实施意见

自井委〔2011〕26号

各乡镇党委,区级各部门党组(党委、总支、支部),各街道党工委:

为进一步推进学习型党组织建设,切实提高各级机关、企事业单位的管理执行能力,推动自流井区经济社会科学发展,根据市委要求,区委决定在全区开展"强化管理,务实执行"大讨论活动,现将有关事宜通知如下:

一、活动主要内容

学习讨论名仕领袖学院院长、名仕硕学管理顾问有限公司董事长、上海交通大学海外教育学院国际领导力研究所所长余世维博士所作的"强化管理,务实执行"专题报告,联系自流井区和各乡(镇)、各街道、各部门的实际,围绕如何提升执行力、如何提高管理水平、如何增强管理实效等主题展开讨论,并对现有的管理机制和管理过程中的情况进行梳理,查找存在的问题,通过整改提高,建章立制,把学习讨论体会转化为改进管理和推动工作的具体行动。

二、活动安排及步骤

此次大讨论活动自2011年6月3日开始,8月30日结束,时间3个月,分四个阶段进行。

第一阶段:学习讨论(6月3日至20日)

区委中心组和各二级中心组组织观看、学习、讨论余世维博士讲座。通过学习讨论,着力提高认识、转变观念、理清思路。各二级中心组6月10前到区委宣传部领取讲座录像光碟,并于6月20日前将学习讨论情况报送区委宣传部。

第二阶段:查找问题(6月21日至6月30日)

结合本单位实际,认真查找领导班子和班子成员在管理、执行中存在的问题,深入分析形成问题的主客观原因特别是主观原因。针对领导班子存在的问题,要重点把握两个方面:一是如何建立健全工作责任大家担、事业发展合力推的责任机制;二是如何克服行政管理的随意性,建立一套行之有效的工作标准。针对个人存在的问题,要重点抓好工作缺乏创新意识,差不多、还可以、过得去的工作态度等问题。

第三阶段:进行整改、建章立制(7月1日至7月30日)

各单位制定领导班子和领导个人整改措施,并进行整改,建立强化管理、务实执行的相关规章制度。针对管理中的问题,要从研究经济社会发展规律入手,从符合人民群众的需求和期待入手,从把握工作人

员的思想动态入手,勇于创新管理,保持管理工作的生机与活力。

7月1日至15日,制定整改措施和进行整改。

7月16日至7月31日,建立健全规章制度。

第四阶段:总结提高、检查验收(8月1日至30日)

8月1日至14日,总结提高。各单位认真总结本单位学习讨论、查找问题、整改提高、建章立制的整体情况。将强化管理、推动执行的措施办法于8月14日前报区委宣传部。

8月15日至30日,检查验收。区效能办、区目督办、区委宣传部等部门联合组织对各二级中心组开展大讨论活动情况进行检查验收。

三、活动要求

(一)切实加强领导。区委成立以区委书记和区长为组长的中共自贡市自流井区委"强化管理,务实执行"大讨论活动领导小组(名单附后)。领导小组下设办公室,负责日常工作。各二级中心组全面负责本地、本部门(单位、系统)的大讨论活动,要结合实际及时制定开展大讨论的实施方案,成立相应领导机构和工作机构,具体负责本单位大讨论活动的组织实施。

(二)注重结合实际。在坚持大讨论活动基本要求的前提下,尊重基层创新精神,鼓励各部门、各单位根据实际情况、因地制宜探索创新。要结合实际、注重实效,把开展大讨论活动同具体工作结合起来,防止文山会海,杜绝形式主义。

(三)抓好舆论引导。要充分发挥报刊、电视、广播、互联网等媒体平台的作用,推广宣传大讨论活动中涌现出来的好做法、好经验及取得的成效,努力营造开展大讨论活动的浓厚氛围。各二级中心组要及时将活动方案、动态情况、效果反响、经验启示等信息报送区委大讨论活动领导小组办公室。

(四)强化督促检查。区委大讨论活动领导小组将采取召开工作汇报会、座谈会、经常性督查、随机抽查等方式,了解活动进展,通报活动情况,总结交流经验,研究解决问题。区委将把开展大讨论活动情况纳入学习型党组织建设考核的重要内容,适时开展检查验收,严格考核管理。对大讨论活动思想不重视、工作不得力的,及时提出批评,要求限期整改。

2011年6月8日

中共自贡市自流井区委
关于党的基层组织实行党务公开的实施意见

自井委〔2011〕28号

为进一步拓宽党内监督和党员参与党内事务渠道,推进党内民主建设,根据中央和省、市委关于党的基层组织实行党务公开的工作要求,结合实际,制定我区关于党的基层组织实行党务公开的实施意见。

一、指导思想

党的基层组织实行党务公开要以邓小平理论、"三个代表"重要思想为指导,深入贯彻落实科学发展观,坚持围绕中心、服务大局,坚持党要管党、从严治党,尊重党员主体地位,推进党内基层民主建设,不断提高基层党组织的创造力、凝聚力、战斗力,为推动科学发展、促进全区经济社会又好又快发展提供坚强有力保证。

二、基本原则

（一）服务发展，促进和谐。党的基层组织实行党务公开要着眼于全区工作大局，通过及时公开党员、群众关心关注的重点热点问题，使党员、群众更好地了解、支持和促进党内活动的开展，加强党同人民群众的血肉联系，以扩大党内民主带动人民民主，以增进党内和谐促进社会和谐。

（二）发扬民主，广泛参与。以落实党员的知情权、参与权、选举权、表达权、监督权为重点，进一步提高党员对党内事务的参与度，充分发挥党员在党内生活中的主体作用。拓宽党员意见表达渠道，营造党内民主讨论、民主监督环境，调动广大党员的积极性、主动性和创造性。

（三）积极稳妥，注重实效。坚持自上而下的指导和自下而上的探索相结合，坚持先党内后党外，循序渐进，讲求实效，防止形式主义。党内事务除涉及党和国家秘密等依照规定不宜公开或不能公开的外，都应向党员公开。公开内容应真实、具体，公开形式应多样、便捷，并保证党务公开的时效性和经常性。

（四）统筹兼顾，改革创新。把党务公开与政务公开、司法公开、厂务公开、村（居）务公开和公共事业单位办事公开等有机结合起来，相互促进、协调运转。积极适应党内基层民主建设新要求，不断完善公开制度，丰富公开内容，创新公开形式，努力探索党员发挥作用的途径和方式。

（五）区别情况，分类指导。针对不同类型党的基层组织的特点，确定相应的公开内容和形式，提高党务公开的针对性和有效性。

三、主要内容

（一）党组织决议、决定及执行情况。执行中央方针政策，上级党组织决议、决定和工作部署等情况；本地本部门本单位重要决策及执行，任期工作目标、阶段性工作部署、工作任务及落实等情况；涉及群众切身利益的重大决策、政策及贯彻落实情况。

（二）党的思想建设情况。本级党组织思想政治工作、理论学习计划及落实情况；党员干部教育培训计划及落实等情况；年度党建主题活动安排及实施情况；党组织生活会召开情况及问题整改落实情况。

（三）党的组织管理情况。本级党组织的设置、主要职责、机构调整、换届选举、党员发展、民主评议、创先争优，党费收缴、管理和使用，党务工作经费管理和使用，党员权利保障等情况。

（四）制度建设及落实情况。党的基层组织议事规则及执行情况；党内民主决策、民主选举、民主监督、民主管理的相关规定及落实情况；党员旁听基层党委会议制度落实情况；党建工作责任制落实情况等。

（五）领导班子建设情况。领导班子职责分工、议事规则和决策程序，执行民主集中制，召开民主生活会及问题整改落实，年度考核评价等情况。

（六）干部选任和管理情况。干部选拔任用、轮岗交流、考核奖惩、干部监督制度及执行等情况。

（七）联系和服务党员、群众情况。听取、反映和采纳党员、群众意见和建议，帮助党员、群众解决生产生活实际困难，接待来信来访、排查化解矛盾纠纷，办理涉及党员、群众切身利益重要事项等情况。

（八）党风廉政建设情况。执行廉洁自律规定、落实党内监督制度、推进惩治和预防腐败体系建设、落实党风廉政建设责任制情况；领导班子及成员述职述廉和民主测评情况；领导干部任期经济责任审计和离任审计情况；党员、干部违纪违法案件查处情况等。

（九）其他事项。上级党组织要求公开的其他事项；本地本部门本单位根据实际情况和党员的要求，认为有必要公开的其他事项。

四、基本程序

（一）制定目录。在征求党员、群众意见基础上，根据实际情况，分类制定我区所属党的基层组织党务公开目录，规范公开的内容、方式和时限等。

（二）内容审核。党务公开分为例行公开、主动公开、依申请公开。

例行公开。列入党的基层组织党务公开目录的事项，按规定例行公开，由党组织负责人审核把关；暂时不宜公开或不能公开的，报上一级党组织备案。

主动公开。未列入党务公开目录，但事关本地本部门本单位经济社会发展、人民群众生产生活和切身利益的重大事项，经党的基层组织研究决定，报经制定党务公开目录的党组织审核同意后进行公开，公开的时限应与公开的内容和范围相适应，并报上一级党组织备案。

依申请公开。未列入党务公开目录，全区各级党组织未主动公开的事项，党员可以向党组织提出公开申请。对申请的事项，党组织研究认为可以公开的，原则上7日内应向申请人公开或在一定范围内公开；暂时不宜公开或不能公开的，及时向申请人说明情况。申请事项及办理情况应报上一级党组织备案。

（三）实施公开。全区各级党组织在公开目录印发后，要依照目录实施党务公开。适宜在党内公开的，通过党的会议、文件、简报等方式进行公开；可以向党外公开的事项，要按照先党内后党外的原则，通过新闻媒体、党建网站、公开栏等方式公开。

（四）收集反馈。通过公布联系电话、设置意见箱、接待来访、网上征求意见等方式，广泛收集党员、群众对党务公开事项的意见和建议。明确专人负责整理党员、群众提出的意见和建议，并及时将处理或整改情况向党员、群众反馈。

（五）归档管理。坚持规范化管理，党的基层组织应建立健全党务公开档案，及时将公开的信息资料登记归档，并做好管理利用工作。

五、组织保障

（一）加强组织领导。各级党组织要把党的基层组织党务公开工作列入重要议事日程。区委建立党务公开工作领导小组，领导小组办公室设在区纪委。各乡镇党委、区级各部门党组（党委、党总支）、街道党（工）委要成立相应的党务公开工作领导小组和工作机构，组长由书记担任，并明确至少1名工作人员具体负责工作开展。党务公开工作领导小组各成员单位要充分发挥职能作用，加强协调配合，积极开展工作。党的基层组织是本级组织实行党务公开的责任主体，主要负责人是实行党务公开的第一责任人，要按照上级党组织的部署，紧密结合实际，研究制定切实可行的具体实施方案，精心组织实施，确保2011年底前全区机关、农村、街道社区、学校、医院、企业、社会组织和其他党的基层组织全面实行党务公开。

（二）加大宣传力度。要采取多种形式，深入宣传中央和省、市、区委关于党的基层组织实行党务公开的部署和要求，帮助各级党组织和广大党员全面把握党的基层组织实行党务公开的精神实质、主要内容和基本要求，增强推进党的基层组织党务公开工作的责任感和紧迫感；深入宣传党章赋予党员的各项民主权利和义务，引导广大党员正确行使民主权力、切实履行党员义务，积极参与党的基层组织党务公开各项工作，不断提高民主参与的素质和能力；深入宣传党的基层组织实行党务公开取得的成效、经验和涌现出的先进典型，及时回应社会关切，正确引导社会舆论，营造良好社会氛围。

（三）强化工作指导。要坚持因地制宜，根据不同层面、不同类型党的基层组织的特点，加强分类指导。区纪委、区委组织部要牵头抓好全区面上工作，与此同时，区委组织部、区民政局党组要重点加强对乡镇党委、街道党工委所属党的基层组织党务公开工作的督促指导，区直属机关党委要重点加强对区级部门和单位所属党的基层组织党务公开工作的督促指导，区两新组织党工委要重点加强对非公有经济制企业所属的基层组织党务公开工作的督促指导，区教育局党委要重点加强对学校所属党的基层组织党务公开工作的督促指导，区卫生局党委要重点加强对医院所属党的基层组织党务公开工作的督促指导。区级各部门除抓好本部门党的基层组织党务公开工作外，还要切实加强对本行业、本系统党的基层组织党务公开工作的督促指导。全区确定了7个党的基层组织党务公开工作示范点，分别是区委办公室、区委组织部、区法院党总支、舒坪镇党委、东街党工委、塘坎上小学党支部、九鼎集团有限公司党支部，区委党务公开领导小组办公室成员单位要加强对示范点的工作指导，总结推广好的经验和做法；同时，除全区的工作示范点外，区直属机关党委、区教育局党委、区卫生局党委、各乡镇（街道）党（工）委还要建立相应的工作示范点，其比例应不少于所属党的基层组织的20%。

（四）健全制度机制。要建立健全党务公开相关配套制度，进一步完善党内情况通报、党内情况反映、重大决策征求意见、党员定期评议基层党组织领导班子成员等制度，畅通党内信息上下互通和党员意见表达渠道。要建立党务公开经费保障制度，要将党务公开工作经费纳入财政预算，或者列入党费开支计划，加大经费保障力度。要建立健全党务公开有关工作制度，进一步完善审核把关制度、意见收集办理反馈制度、检查督促制度等，使党务公开工作有章可循、有效运转。

（五）严格监督检查。把党的基层组织党务公开工作列入党组织及其主要负责人年度工作考核、党建工作和党风廉政建设责任制考核范围，列入创先争优、三级联创活动考核评价内容，制定考评办法，明确考评标准，定期检查考评，并将考核结果向社会公布。下级党组织每年要向区委报告党务公开工作情况。区委党务公开工作领导小组要通过日常检查、专项督查、聘请党务公开监督员等方式，加强对党的基层组织党务公开工作的监督。要适时组织党员对党的基层组织党务公开情况进行评议，并及时公布评议结果。对不及时公开、不按规定内容公开、拒不实行公开或弄虚作假的，予以严肃批评教育，责成限期整改；对情节严重、造成恶劣影响的，必须严肃追究相关领导和直接责任人的责任。

六、实施步骤

党的基层组织实行党务公开是一项系统性、长期性工作。为切实推动我区党务公开工作顺利有序开展，我区2011年工作主要分四个阶段进行：

（一）宣传发动（2011年6月中旬—7月上旬）

有效运用各种宣传工具，营造良好氛围，使广大党员干部充分认识实行党务公开，是深入贯彻落实科学发展观、提高党的执政能力、保持和发展党的先进性的必然要求，是实践党的宗旨、密切党群关系、促进基层和谐稳定的有效途径，是加强党内监督、规范权力运行、推进基层党风廉政建设的重要举措。

（二）制订方案（2011年7月中旬—8月下旬）

区属各党组织应结合实际，及时制定党务公开实施方案。区委党务公开工作领导小组办公室要牵头做好党的基层组织党务公开指导目录的制定，区委组织部和区民政局党组、区直属机关党委、区教育局党委、区卫生局党委、区两新组织党工委要按分工做好区级部门和单位、学校、医院、乡镇（街道）和村（社区）、企业党的基层组织党务分开指导目录的修改审核。按分级负责原则，各乡镇、区级机关各部门、街道党务公开的实施方案于7月15日前、党务公开目录于8月25日前报区委党务公开领导小组办公室（区纪委）备案；学校、医院、村（社区）、区属各企事业单位党组织实施方案报主管单位备案。

（三）组织实施（2010年9月初—11月底）

区属各基层党组织应于2011年9月按党务公开目录进行党务公开。各基层党组织应制定统一格式的固定党务公开栏，设置《党务公开登记簿》，将党务公开的事项逐次登记，归档备查。党务公开要实现“八有”标准，即：有健全的领导机构，有完善的办公设施，有规范的公开档案，有完整的配套制度，有明确的公开内容，有丰富的公开载体，有扎实的公开活动，有实实在在的公开效果。

（四）检查测评（2011年12月初—12月底）

区党务公开工作领导小组将对基层党组织实行党务公开情况进行检查测评，总结经验，推广典型，推动全区党务公开工作转入经常化、规范化、制度化。

2011年6月20日

中共自贡市自流井区委
自贡市自流井区人民政府
关于加强和改进新形势下工商联工作的实施意见

自井委〔2011〕35 号

各乡镇党委、区委各部委、区级各部门党组(党委、总支、支部)、各街道党工委,各乡镇人民政府、区级各部门、各街道办事处:

工商联工作是党的统一战线工作和经济工作的重要内容。为加强和改进新形势下工商联工作,根据中共中央、国务院《关于加强和改进新形势下工商联工作的意见》(中发〔2010〕16 号文)和省委、省政府《关于加强和改进新形势下工商联工作的实施意见》(川委发〔2010〕19 号文)、市委、市政府《关于加强和改进新形势下工商联工作的实施意见》(自委发〔2011〕7 号文)精神,结合我区实际,提出如下实施意见。

一、深刻认识新形势下工商联工作的基本要求和重大意义,积极为建设美丽繁荣和谐自流井作贡献

(一)新形势下工商联工作的性质任务

工商联是中国共产党领导的以非公有制企业和非公有制经济人士为主体的人民团体和商会组织。其基本任务是:加强思想政治工作,引导非公有制经济人士学习贯彻党的路线方针政策,培养拥护党的领导、走中国特色社会主义道路的非公有制经济人士队伍;参加政治协商、发挥民主监督作用,积极参政议政;推动经贸交流和协作,促进经济社会发展;加强行业协会商会建设,服务非公有制企业发展;参与协调劳动关系,促进社会和谐稳定;反映非公有制企业和非公有制经济人士利益诉求,维护其合法权益。

(二)新形势下工商联工作的基本思路

新形势下工商联工作要坚持党的领导,坚持社会主义基本经济制度,坚持统战性、经济性和民间性相统一,坚持服务科学发展和实现自身科学发展相统一的基本原则,努力实现非公有制经济健康发展,非公有制经济人士健康成长,工商联职能作用充分发挥,工商联自身建设切实加强,工商联领导体制机制完善健全的目标,贯彻团结、服务、引导、教育的方针,全面加强思想、组织、队伍、制度和作风建设,不断增强凝聚力、影响力、执行力,把工商联建设成为政治坚定、特色鲜明、机制健全、服务高效、作风优良的人民团体和商会组织,为建设美丽繁荣和谐自流井贡献力量。

(三)新形势下工商联工作的重大意义

加强和改进工商联工作,是坚持和完善我国基本经济制度、促进非公有制经济科学发展的需要。加强和改进工商联工作,是适应政府职能转变、完善社会主义市场经济体制的需要。加强和改进工商联工作,是坚持对外开放基本国策、不断提高我国开放型经济水平的需要。加强和改进工商联工作,是巩固发展壮大爱国统一战线、加强党在非公有制经济领域领导的需要。

二、切实增强做好工商联工作的责任感和使命感,充分发挥工商联的优势和作用

(四)充分发挥工商联在非公有制经济人士思想政治工作中的引导作用

工商联要积极组织和引导非公有制经济人士学习党的路线方针政策,贯彻“三个代表”重要思想,树立和落实科学发展观,共建社会主义核心价值体系。采取多种形式,深入开展以“争当合格中国特色社会主

义事业建设者”为主题，以“爱国、敬业、诚信、守法、贡献”教育和“致富思源、富而思进”教育为主要内容的思想政治工作，引导非公有制经济人士积极投身“光彩事业”、扶贫开发、安置就业等各项社会事业。大力弘扬“优秀建设者精神”，形成崇尚先进、争当先进的良好氛围。要积极配合有关部门营造有利于非公有制经济发展和非公有制经济人士健康成长的舆论环境。开展相关专项表彰活动和评选劳动模范、优秀民营企业家及授予其他重要社会荣誉时，要积极做好非公有制企业和非公有制经济代表人士的推荐和审核工作。工商联党组要协助党委组织部门抓好非公有制企业的党建工作，引导非公有制经济人士支持所在企业建立党、团、工会组织，并为这些组织开展活动、发挥作用提供必要条件。工商联要配备与协助做好非公有制企业等党建指导工作需要相适应的工作力量，确保各项工作落到实处。

（五）充分发挥工商联在非公有制经济人士参与政治生活和社会事务中的重要作用

引导非公有制经济代表人士增强大局意识和责任意识，积极反映社情民意和提交提案，有序参与政治生活和社会事务，提高参政议政能力和水平。工商联要密切与非公有制经济人士的联系，通过工商联信息、简报、会议等渠道，将党和政府的政策法规和重大工作部署及时准确地传达给非公有制经济人士，组织非公有制经济人士围绕党委政府的中心工作开展调查研究，通过提案、建议等形式建言献策，并将其意见、建议和合理诉求及时反映给党和政府。区委、区政府召开涉及非公有制经济发展的相关会议时，可通过工商联邀请非公有制经济代表人士列席；制定有关政策或作出相关决策前，可通过工商联广泛征求非公有制企业和非公有制经济代表人士的意见建议；与非公有制经济发展直接相关的党政部门年终测评时，可通过工商联组织非公有制企业参加评议。协助推荐非公有制经济代表人士担任党代表、人大代表、政协委员以及人民陪审员、特约监察员、特约检察员、行风评议员等，使其充分发挥民主监督作用。要适应非公有制经济迅速发展的形势，适当增加非公有制经济代表人士在人大、政协和其他人民团体中的比例。对非公有制经济代表人士的政治安排，要充分听取工商联意见。

（六）充分发挥工商联在政府管理和服务非公有制经济中的助手作用

帮助工商联健全商会职能，吸收工商联参与中小企业服务体系建设，发挥工商联的商会服务作用。工商联要积极探索建立服务非公有制企业的载体和平台，为非公有制企业提供信息、培训、经贸、科技、法律、金融、管理、人力资源等方面服务。健全工商联与人民法院、人民检察院和有关行政执法部门的联系机制，切实维护非公有制企业和非公有制人士的合法权益。要保持维权渠道畅通，及时受理投诉举报。

（七）充分发挥工商联在行业商会（协会）改革发展中的促进作用

工商联要认真履行社会团体业务主管单位职责，指导和推动商会组织完善法人治理结构、规范内部管理、依照法律和章程开展活动，使商会真正发挥宣传政策、提供服务、反映诉求、维护权益、加强自律的作用。政府有关部门要支持工商联在行业商会协会改革和发展中发挥积极作用。工商联作为有关社会团体业务主管单位，要参与行业协会（商会）政策、办法等的制定工作。

（八）充分发挥工商联在构建和谐劳动关系中的积极作用

工商联参与协调劳动关系三方会议，同人力资源社会保障部门、工会组织和其他有关企业方代表一道，共同推动劳动关系协调机制建设，共同研究解决劳动关系中的重大问题和调处劳动争议。与人力资源社会保障、扶贫工作部门和工会联合组织非公有制企业开展招工扶贫、安置就业，拓宽就业渠道，缓解就业压力。与人民法院、司法行政机关共同推动劳动争议矛盾化解机制建设，指导商会组织建立调解委员会。引导非公有制企业建立平等协商集体合同制度及适应企业生产经营特点的职工民主管理制度，依法与工会就劳动报酬、保险福利等涉及职工切身利益问题进行平等协商，签订集体合同；引导非公有制企业依法参加养老、失业、医疗、工伤、生育等社会保险和规范工资分配制度，正确协调处理投资者利益和劳动者权益的关系；引导非公有制企业积极创造就业岗位，严格遵守国家相关法律法规和政策措施，改善劳动条件，畅通维权渠道，尊重和维护员工合法权益，构建和谐企业。

三、着力加强和改进对工商联工作的领导，努力开创工商联工作的崭新局面

（九）加强党委对工商联工作的统一领导

落实党委领导班子抓工商联的工作责任，把工商联工作纳入重要议事日程，定期听取工商联的工作汇报，研究涉及工商联和非公有制经济等方面的重大问题，帮助解决工作中的实际困难。把中央、省、市加强和改进新形势下工商联工作的意见及非公有制经济和工商联工作的理论政策作为区委中心组学习和党校、行政学院干部培训的重要内容。安排工商联负责人参加有关重要内、外事活动；工商联党组主要负责人不是同级党委委员的，列席同级党委全委会；党委召开经济、纪检、政法、组织、宣传、统战等重要会议，应视情况安排工商联党组负责人参加。加大对工商联干部工作的领导。在进口上，要通过公务员招考、干部交流、干部轮岗等形式，逐步把一批懂经济、热心商会工作的干部充实到工商联队伍中去。在出口上，要建立能进能出的机制，在干部培训、挂职锻炼、轮岗交流、培养选拔时，把工商联干部纳入计划统筹安排，充分调动广大工商联干部的工作积极性，保持工商联组织的旺盛活力。

（十）加强政府对工商联工作的指导和支持

加强政府对工商联工作的指导和支持，建立非公有制经济工作联席会议制度、座谈会议制度、听取工作汇报制度、建议意见通报制度、约见制度，吸收工商联参与区促进非公有制经济和中小企业发展的领导机构和协调机制，注意发挥工商联的作用。建立政府联系工商联的工作制度，政府领导班子中要有专人负责联系工商联。经济和信息化、商务、工商、地税、国税、统计等与非公有制经济发展相关的职能部门要完善与工商联的对口联系制度，定期开展活动，及时通报情况，听取工商联的意见和建议。政府召开全体组成人员会议和常务会议可根据会议内容需要安排工商联负责人列席，召开经济方面的重要工作会议和有关部门工作会议可视情况安排工商联负责人参加。政府制定涉及非公有制经济发展的政策、文件，应征求工商联的意见。将工商联的办公经费和考察调研、教育培训等专项经费列入区财政预算，切实保障其工作需要的办公条件和工作条件。

（十一）落实党委统战部领导工商联党组和指导工商联工作的职责

区委统战部作为区委主管统战工作的职能部门，受区委委托，领导工商联党组。要经常研究经济领域统战工作和工商联工作，协助区委制定并贯彻落实有关工商联工作的各项方针政策，加强工商联领导班子建设，加强对非公有制经济人士工作和工商联工作的指导和协调。工商联党组书记由区委统战部分管经济领域工作的副部长担任。完善区委统战部领导工商联党组和指导工商联工作的机制，支持工商联依照章程独立负责、创造性地开展工作。

（十二）发挥工商联党组的领导核心作用

工商联党组要按照《中国共产党章程》的规定，切实履行职责，从思想、政治和组织上，保证党的路线方针政策和党委决策部署的贯彻落实，把握工商联工作的正确方向。按照“集体领导、民主集中、个别酝酿、会议决定”的原则，健全党组议事规则和决策程序，提高党组科学决策、民主决策水平。按照干部管理权限，做好工商联干部人事工作。要加强对会员代表大会、执委会工作的指导，支持其按照章程行使职权、开展工作。正确处理党员干部和党外干部的工作关系，支持工商联主席工作，发挥党外干部作用，搞好合作共事。

（十三）加强工商联自身建设

一是加强工商联会员队伍和非公有制经济代表人士队伍建设。要按照“坚持标准、积极发展、确保质量、优化结构、加强服务、规范管理”的要求，面向工商界，以非公有制企业和非公有制经济人士为主体，广泛性和代表性相结合做好工商联会员发展工作，适当提升企业会员和团体会员比重，注重吸收行业协会、行业商会、异地商会等经济类社团加入工商联组织。按照思想品质优、社会贡献大、公众形象好、参政议政能力强的要求，努力建设一支数量充足、素质优良、结构合理的非公有制经济代表人士队伍。加强和完善

非公有制经济代表人士综合评价工作,健全科学有效的培养使用机制。建立党委统战部门、工商联党组领导联系非公有制经济代表人士制度,加强非公有制经济组织人才队伍建设。二是加强工商联领导班子建设。选好配强区工商联领导班子,优化领导班子中党内外、专兼职人员结构,把综合素质好、各方面表现优秀的非公有制经济代表人士选拔到工商联领导班子,积极发挥领导班子中非公有制经济人士的作用。大力加强工商联执委会建设,切实发挥执委的作用。工商联主席一般由党外人士担任,非公有制经济比重较大的区县,可选配非公有制经济人士担任工商联主席。按规定做好工商联秘书长的选配工作。三是加强工商联基层组织建设。区工商联要做好乡镇、街道、社区、市场、园区等基层商会建设,加强对基层商会工作的指导。四是加强工商联机关建设。要逐步建立一套适合工商联自身特点的工作制度体系,形成有利于工商联服务科学发展和实现自身科学发展的工作机制,促进机关工作的科学化、制度化和规范化,提高机关执行能力和工作效能。要配齐配强工商联机关工作人员,适当增加人员编制,加强干部培训,健全干部考评和激励机制,提高干部队伍整体素质和机关工作水平。

2011 年 8 月 24 日

中共自贡市自流井区人大常委会党组
关于做好区、乡两级人民代表大会换届选举工作的意见

自井委〔2011〕36 号

按照中央、省、市有关换届选举工作的要求,我区从今年 7 月开始至 11 月底,进行区、乡(镇)两级人民代表大会换届选举,依法直接选举产生新一届区、乡(镇)两级人民代表大会代表,民主选举产生新一届区、乡(镇)两级国家权力机关的组成人员,以及相应的政府、法院、检察院的领导人员。为做好这次换届选举工作,根据《宪法》、《选举法》、《地方组织法》的规定和有关换届选举工作的文件精神,结合我区实际,现就做好区、乡(镇)两级人民代表大会换届选举工作提出如下意见。

一、换届选举的指导思想和原则

这次人大换届选举,正值“十二五”时期开局之年,是全区政治生活中的一件大事,是发展社会主义民主政治、建设社会主义政治文明的一次重要实践。全区将有 26 万多选民参加选举,把广大选民民主参与的政治热情转化为促进经济社会科学发展的强大力量,对于实现我区“十二五”时期良好开局至关重要。这次区、乡(镇)人大换届选举,是选举法修改后首次实行城乡按相同人口比例选举人大代表,更好地体现人人平等、地区平等、民族平等。依法做好这次换届选举工作,对于巩固党的领导地位、增强党的执政能力,保障人民当家做主,加强国家基层政权建设,推动我区经济社会科学发展,全面建设小康社会,具有十分重要的意义。因此,必须充分认识区、乡(镇)人大换届选举的重要性和面临的新形势,高度重视并切实做好相关工作。

这次区、乡(镇)人大换届选举工作的指导思想是:全面贯彻党的十七大和十七届三中、四中、五中全会精神及省委九届七次、八次全会精神,以邓小平理论和“三个代表”重要思想为指导,深入贯彻落实科学发展观,坚持党的领导、人民当家做主和依法治国有机统一,坚持和完善人民代表大会制度,扩大社会主义民主,进一步巩固国家基层政权,推动科学发展,促进社会和谐。

这次区、乡(镇)人大换届选举工作必须坚持以下原则:一是坚持党的领导。换届选举工作全过程都要

在党委统一领导下进行，善于运用法律实现对换届选举工作的领导权和主动权，保证换届选举的正确方向。二是坚持发扬民主。扩大公民有序政治参与，保障人民的知情权、参与权、表达权、监督权，调动选民积极性，最广泛地动员人民群众参加选举。三是坚持严格依法办事。认真学习贯彻选举法，按照有关法律规定，开展换届选举各项工作，确保换届选举严格依法进行。

二、换届选举工作的组织领导和机构设置

本次区、乡（镇）两级人大代表换届选举涉及面广、政策性强、工作量大、要求高。要始终坚持党的领导，把党的领导贯穿于换届选举工作的全过程，充分发挥各级党委总揽全局、协调各方的作用，充分发挥党员选民、党员代表的作用，确保换届选举顺利实施。

根据《选举法》的规定和中央、省、市对换届选举工作的要求，设立区换届选举领导小组、区选举委员会和7个乡镇选举委员会，抽调工作人员，在区换届选举领导小组和区人大常委会的领导下，主持本级人民代表大会代表的选举工作，在换届选举中发挥重要作用。区换届选举领导小组由区委书记任组长，区委副书记、区政协主席、区人大党组书记任副组长，区委常委、区人大、纪检、组织、宣传、统战、政法等单位负责人为成员。区选举委员会主任由政治立场坚定、威望较高、法律意识强、熟悉选举工作的党员领导干部担任，副主任由区委副书记、区政协主席、区人大副主任担任，委员由区人大、纪检、组织、宣传、统战、民政、财政、公安、工会、共青团、妇联等单位和部门的负责人组成，经区人大常委会任命产生。拟提名推荐的代表候选人一般不作为选举委员会成员，保证选举委员会组成人员的稳定性。区选举委员会设主任1人，副主任5人，委员15人。区选举委员会下设办公室，选举办公室设在区人大办公室，办公室设主任1人，副主任4人。办公室内设秘书组、组织组、宣传组、调研联络组4个组。各乡镇选举委员会由区人大常委会批复。各乡镇、街道办事处设立选举工作指导办公室，指导办公室设主任1人，副主任2人，负责本辖区内各选区选举工作。选举委员会派出机构负责人一般由选区所在地的党员领导干部担任。选民小组组长要注意挑选党性观念强、在当地有一定威望和影响力的党员担任，农村中一般可由村党支部书记或党员村民小组长担任。

区、乡（镇）选举委员会要在同级党委和区人大常委会的领导下，根据换届选举领导小组统一部署，充分发挥组织、协调作用，统筹办理选举事务，依法做好制定选举工作方案和选举办法、选区划分和代表名额分配、选民登记、确定选举日期、组织介绍和确定代表候选人名单、主持投票选举、确定选举结果是否有效并公布当选代表名单等各个环节的工作，切实履行好法律赋予的职责，为选民依法参加选举提供各项服务。

为加强对选举工作的指导，及时掌握情况和解决出现的新问题，保证选举工作顺利进行，建立和落实区、乡（镇）领导班子成员包选区制度，由调研联络组联络员分片联系各选区，分片包干，责任到人，定期向区选举领导小组和区选举委员会汇报工作进展情况。

三、换届选举的时间安排

按照省、市的统一要求，区、乡（镇）新一届人大代表选举安排在2011年10月20日以前完成，具体选举时间由区县自定，选举实行一次投票，同步选举；乡（镇）新一届人代会安排在10月底前召开，区县人代会安排在11月底前召开。根据《组织法》的规定，地方各级人民代表大会每届第一次会议，应在本届人民代表大会选举完成后的两个月内完成。我区本次区、乡（镇）两级人大代表换届选举日定于2011年10月18日，乡（镇）新一届人民代表大会第一次会议定于2011年10月底召开，区十七届人民代表大会第一次会议定于2011年11月底召开。

四、代表的名额和结构

按照省、市的要求，这次区、乡（镇）人大换届选举，代表总名额原则上不再重新确定，我区第十七届人大代表名额仍为189人。这次区、乡（镇）人大代表名额分配工作，是实施修改后的选举法需要首先解决好的问题。由于影响代表名额分配的因素很多，区人大常委会将在区委的统一领导下，按照换届选举领导小组的统一部署开展工作，周密安排，精心组织，加强协调，搞好指导，确保区、乡（镇）人大代表名额分配工作顺利进行。

代表名额的分配要按人口数分配为主，按照每一代表所代表的城乡人口相同的原则，以及保证各地区、各民族、各方面都有适当数量代表的要求进行分配。区、乡（镇）两级人大代表名额由区选举委员会分配到各选区，由选民直接选举产生，各选区每一代表所代表的人口数应大体相等。

进一步优化代表结构，保证代表的广泛性和代表性。人大代表是国家权力机关的组成部分，保证人大代表的合理结构和良好素质，对于区、乡（镇）人民代表大会依法行使职权具有重要意义。要根据实际，提出代表结构的合理比例，通过周密细致的工作，使选举出来的人大代表结构得到进一步优化、具有广泛的代表性。基层代表特别是一线的工人、农民和专业技术人员代表的比例要比上一届有所上升。妇女代表的比例要比上一届有所上升。党政干部担任人大代表的比例要比上一届有所降低。对少数民族代表和归侨代表要按照法律规定予以保证。对非公有制经济代表人士等其他社会阶层人士担任代表，要统筹兼顾，注重质量，比例适当。连任代表要占有一定比例。实行城乡按相同人口比例选举人大代表后，一些选举单位的代表名额可能有所增减。名额增加的，主要用于选举基层一线的代表；名额减少的，不能减少基层一线的代表名额。各选区要根据实际情况，切实做好基层一线和妇女代表候选人的提名推荐和选举工作。要注重代表素质，选出的代表应拥护党的基本路线，模范遵守宪法和法律，自觉遵守社会公德、廉洁自律、公道正派，密切联系人民群众，全面贯彻落实科学发展观，具有较强的履行代表职责的责任感和能力。坚决防止有涉黑涉恶等涉嫌违法行为的人或品行恶劣的人被推荐为代表候选人。

五、依法做好区、乡镇两级人大代表选举工作

（一）依法合理划分选区，切实做好选民登记工作

要依法合理划分选区。实行城乡按相同人口比例选举人大代表，城镇选区和农村选区的数量和大小都会有一定的变化。要按照本行政区域内各选区每一代表所代表的人口数应当大体相等的原则划分好选区。根据《选举法》和《选举法实施办法》的规定，选举区、乡（镇）两级人大代表的选区可以按居住状况划分，也可按生产单位、事业单位、工作单位划分；同时，要综合考虑便于区、乡（镇）两级人大代表同步选举，便于代表联系选民、开展活动、接受监督等方面的因素。在划分选区时，要注意区人大代表选区和乡（镇）人大代表选区的一致性，方便区、乡（镇）两级人大代表候选人在同一时间内分别提名，并同时分别选举；参加区、乡（镇）两级人大选举的省、市、区属单位，在划分选区时也要做到两级协调一致。选区的大小，按照每一选区选举1名至3名代表，统筹兼顾区、乡（镇）两级人大代表选举的原则进行划分。为了方便选民参加选举活动和选区的组织工作，便于选民了解代表候选人和代表联系选民，结合我区实际，选区的划分采取条块结合，以块为主，农村各乡镇，省、市属各企业、事业单位，市级、区级机关单位按地区划分；辖区驻军、政法、文旅、教育、卫生、建设、劳动、工商等各系统按系统划分。选区划分的具体方案由区选举委员会全体会议审定。

各选区建立选举工作领导小组，负责主持本选区的选举工作。领导小组设组长1人，副组长1至3人，成员3至9人。领导小组成员由选区内有关单位和选民代表协商产生。各选区应根据选区大小，由选区领导小组研究，在本选区各单位中抽调相应工作人员，办理选举具体工作。选区领导小组的主要任务是：在选举委员会领导下，组织选民学习有关法律法规和政策；培训选举工作人员；进行选民登记和选民资格的

初步审查;组织选民提名推荐代表候选人,酝酿、协商、确定正式候选人;按照选举委员会的统一部署,公布选民名单、代表候选人名单和组织选民投票选举,并向选举委员会报告选举工作情况和选举结果。

辖区内驻军按照有关法律、政策规定,为独立的选区,并设立选举工作指导办公室,设主任1人,副主任1至2人。

汇东高新区管委会,区政法、文旅、教育、卫生、建设、劳动、工商等系统,设立选举工作指导办公室,负责指导本辖区、本系统各选区的选举工作。指导办公室设主任1人,副主任1至2人,并配备工作人员。

各选区可根据实际情况,建立选举工作指导站,作为选区工作领导小组的派出机构。指导站设站长1人,副站长1至2人。指导站下再划若干个选民小组,选民小组可设组长1人,副组长1至2人,农村一般以村民小组为单位设立小组,城镇街道以居民小组为单位设立小组,机关、企业、事业单位以单位、车间、班组、科室为单位设立小组,配备选民登记员和宣讲员1人,负责选民登记、公布选民名单和宣传法律、政策等具体工作。在选举工作中,要努力做细、做实、做好各项准备工作,特别要注意做好流动人口和困难职工的选民登记、参选的组织工作,切实抓好推荐代表和提出国家机关领导成员候选人的工作。

要依法做好选民登记工作。选举工作机构要加强宣传,改进方法,认真负责地做好选民登记工作。选派并培训好登记员,到选民住所或工作单位对选民进行登记,也可以设立选民登记站,通过电视、广播和网络等现代通信手段,发动选民自行登记。选民登记要做到及时准确,务必按照法律规定限期完成,力求做到不漏登、不错登、不重登。要做到一次登记,区、乡(镇)两级选举同时有效。

(二)依法做好代表候选人的推荐和介绍工作

要依法推荐代表候选人。要把模范遵守宪法和法律、密切联系人民群众、自觉遵守社会公德、廉洁自律、公道正派、具有一定履职能力的人选推荐上来。在推荐过程中,既要充分发扬民主,又要进行正确引导,各政党、人民团体或者选民推荐的代表候选人的人数,均不得超过应选名额数。无论是政党、人民团体推荐的候选人,还是选民联名推荐的候选人,选举委员会和有关部门要对其情况进行深入了解、认真核实,特别是要注重考察代表候选人的政治素质和思想品行,并根据代表候选人的情况,听取相关部门的意见,及时处理存在的问题,切实把好代表推荐关,坚决防止有涉黑涉恶等涉嫌违法行为的人或品行恶劣的人被推荐为代表候选人。接受推荐的代表候选人应当向选举委员会如实提供个人身份、简历等基本情况,包括是否获得国(境)外永久居留权、长期居留许可及是否在其他地方当选为人大代表等。代表候选人提供的基本情况不实的,选举委员会应当向选民通报。

要依法做好介绍代表候选人的工作。选举委员会根据选民的要求,应当组织代表候选人与选民见面,由代表候选人介绍本人的情况,回答选民的问题。与选民见面活动要在选举委员会统一组织下进行。

(三)依法组织好选民投票

投票选举是区、乡(镇)两级人大代表选举的关键环节。要按照选举法的规定,组织好选民投票。选举委员会要充分准备,精心安排。要协调有关部门共同维护选举秩序,营造发扬民主、安定团结的和谐氛围,保证选举依法有序进行。以设立投票站方式为主组织投票选举,在农村选区可以以自然村或者村民小组为单位设立投票站,方便选民就地就近投票。选民居住比较集中的,可以召开选举大会进行选举。要严格按照法律规定使用流动票箱,不得扩大使用范围,使用时至少要有2名以上监票人员负责。委托投票须严格按照法律的有关规定,以尊重委托人的投票意愿,保障其选举权利。

区、乡(镇)两级人大代表进行同步选举,选民名单公布日、代表候选人名单公布日、正式代表候选人名单公布日、选举日等"法定日"应统一,使整个工作都同步进行。正式代表候选人确定后,应在投票地点、选票设计、票箱设置等方面统一安排,可以采取同时、同地进行投票选举,以区、乡(镇)分别计票的方式,顺利完成投票选举工作。

六、认真做好有关群体及区域的选举工作

（一）保障流动人口的选举权利

随着我区城市建设步伐的加快，流动人口数量不断增长，其中绝大部分有选举权和被选举权。要按照有关法律规定，认真组织好流动人口参选。流动人口原则上应在户口所在地参加选举。选民如果在选举期间外出，经选举委员会同意，可以书面委托其他选民代为投票。选民实际上已经迁居外地但是没转出户口的，在取得原选区选民资格证明后，也可以在现居住地的选区参加选举。要采取多种措施为流动人口参选创造便利条件，如户口所在地的选举委员会可以为本地外出在同一居住地的流动人口集体开具选民资格证明，可将传真委托等方式视为书面委托，现居住地的选举机构也可以主动联系户口所在地选举机构确认流动人口的选民资格；对于已在居住地参加过上一届选举的选民，经核对资格后，可以不用再开具选民资格证明，继续在现居住地参加选举。各地认为条件成熟的，可适当放宽流动人口在本居住地参选的条件。

（二）做好工业园区等人员参加选举的相关工作

目前我区设有工业园区，在工业园区行政体制尚为理顺的情况下，区内人员参选仍应由所在乡（镇）组织。工业园区所在乡（镇）应将工业园区纳入本行政区域内，统一划分选区、分配代表名额，保障工业园区人员的选举权和被选举权；要积极主动地做好宣传发动、沟通协调，依法做好有关选举的组织工作。工业园区要积极配合，服从调配和安排，主动协助做好工作。舒坪工业园区由区选举委员会统一划选区进行人大代表选举。四川理工学院黄坡岭校区的选民在四川理工学院汇东校区参加人大代表选举。已托管给高新区管辖的高峰乡神龙、河山、考举三个村的选民在红旗乡参加人大代表选举。

（三）严格执行国家机关领导人员产生和任职的规定

要严格执行宪法和有关法律的规定，由区、乡（镇）两级人民代表大会分别选举产生本级政府领导人员，防止出现各种违反法律规定的选举行为。安排的区、乡（镇）国家机关领导人员人选，一般应能任满一届，依法当选后除特殊情况外，不要在届内调整，以尊重代表的选举权利，保持领导班子在任期内相对稳定。

七、换届选举工作的具体安排

（一）做好准备工作：7月11日至9月18日，共70天（含休息日，下同）。建立区换届选举领导小组、区选举委员会及其办事机构，明确工作职责，组织一支与工作相适应的人员队伍；制定工作计划，拟定日程安排；召开选举工作会议，动员部署选举工作；划分选区，建立基层选举领导机构；培训选举工作人员，明确工作任务；做好各项文件、材料、表册、证件等的编印工作；做好宣传的前期动员工作。

（二）搞好宣传动员：8月28日至9月26日，共30天。各选区各单位分别召开干部、群众大会；充分运用各种宣传工具，广泛深入开展各项宣传活动，调动选民参选的积极性。

（三）抓好选民登记：9月12日至28日，共17天。组织选民学习《选举法》和《选举法实施办法》，明确选民登记的政策界限；开展选民登记，进行资格审查；公布选民榜；填发选民证；召开选区负责人会，协商分配代表名额。

（四）依法推荐和确定代表候选人：9月28日至10月17日，共20天。通过酝酿提名和协商推荐代表候选人；确定正式候选人并予以公布；召开代表候选人座谈会，组织候选人与选民见面，加强沟通。

（五）周密组织投票选举：10月18日为全区选举日，组织选民进行无记名投票选举。要充分准备，精心安排，周密组织，确保选举依法有序进行。在组织投票选举时，区、乡两级投票选举的时间为同一天，乡镇选民一次投入两张选票，然后分别计票。有条件的选区可召开大会进行投票，或设若干投票站以方便选民就近投票。对于老、弱、病、残以及不能离开工作岗位的选民，经选举委员会认可，可采用流动票箱或用

书面委托其他选民代投票的办法解决。投票选举后，公布选举结果。

八、切实加强党对换届选举工作的领导

搞好区、乡（镇）人大换届选举工作，党的领导是关键。各级党委要把换届选举工作列入重要议事日程，成立由党委负责同志任组长的换届选举领导小组，通过领导小组加强对换届选举工作的统筹协调，及时研究解决选举中的重要问题，领导本地换届选举全面工作，为换届选举提供坚强的组织保证和政治保证。

（一）加强组织领导

各级人大要在同级党委的领导下，做好换届选举工作。区人大常委会办公室、区委组织部、区纪委、区委宣传部、区委政法委等相关部门就换届选举工作要建立联系机制，共同研究问题。各级党委要把这次换届选举工作列入重要议事日程，统一领导，统一部署。党委要充分重视代表候选人的推荐工作，切实用好代表候选人的提名推荐权，加强对代表候选人的考察和审查，把好代表的入口关、政治关。区人大常委会要加强对区、乡（镇）两级选举委员会的领导，组织落实好换届选举各项工作。区人大常委会党组要及时向区委请示报告选举中的重要情况和重大问题，要充实力量，组织好选举工作骨干培训班，形成一支能担负选举工作重任的骨干队伍。要挑选一批政治素质和业务素质都比较强的干部进入选举委员会工作机构，并保证他们有足够的时间从事选举工作。组织部门要在代表候选人的推荐、提名，特别是在老代表的去留问题上，注意听取区人大常委会党组的意见。要会同人大选举工作机构，做好人大代表候选人的推荐、考察、介绍工作。

（二）抓好换届选举的宣传工作

本次换届选举的宣传工作，由区委宣传部牵头组织实施，制定工作计划，统筹安排，统一部署，采取多种形式，搞好宣传教育和思想发动工作。要充分运用各种宣传工具，在选举各个阶段有计划、有目的、有针对性地宣传宪法、选举法、地方组织法、代表法，宣传我国的人民代表大会制度，特别是法律赋予选民的各项民主权利以及保证这些民主权利得以实现的重要规定，增强选民的主人翁责任感，充分调动选民参选的积极性，努力营造换届选举的良好舆论环境。

（三）保证换届选举经费

选举经费是换届选举依法顺利进行的重要物质保障。要高度重视做好经费保障工作，把选举经费列入财政预算，及时足额拨付，确保换届选举经费落实到位。必须加强选举经费管理，专款专用，厉行节约，杜绝铺张浪费。

（四）严肃查处干扰破坏选举的违法行为

要认真贯彻执行换届选举的有关法律法规，严肃换届选举纪律，保证换届选举风清气正。要加强对选举情况的研判，注意防止和及时处理各种违法行为，严禁贿选，严防家族、宗教势力干预和操纵选举，严惩黑恶势力干扰破坏选举，尤其是要警惕和防范境内外敌对势力乘我区、乡（镇）人大换届选举之机进行渗透破坏，为换届选举提供良好的社会环境和法治保障。

中共自贡市自流井区委
自贡市自流井区人民政府
关于推进新型工业化新型城镇化互动发展的实施意见

自井委〔2011〕41号

各乡镇党委,区委各部委,区级各部门党组(党委、总支、支部),各街道党工委,各乡镇人民政府,区级各部门,各街道办事处:

为加快推进新型工业化新型城镇化(以下简称两化)互动发展,推动自流井经济社会实现发展新跨越,根据市委、市政府《关于推进新型工业化新型城镇化互动发展的决定》精神,提出如下实施意见:

一、统一思想,深刻认识推动新型工业化新型城镇化互动发展的重大意义

省委、省政府,市委、市政府把加快推进新型工业化新型城镇化作为"十二五"时期的重大任务,是着眼大局和长远发展的战略部署。今年是"十二五"的起始之年,按照"十二五"规划,我们要高位求进、加快发展,倾力打造美丽、繁荣、和谐的城市中心区。要实现这一宏伟目标,工业是主要动力,城镇是主要载体,工业化是城镇化重要的产业支撑,城镇化为工业化提供基本保障,加快发展、科学发展、又好又快发展,只有在加速推进工业化和城镇化进程中才能得以实现。因此,必须把工业强区战略和城镇化带动战略作为加快发展的核心战略抓紧抓好。

经过新中国成立60周年尤其是改革开放30多年的发展,我区工业化和城镇化进程取得了突破性进展,2010年末工业化率达到53.1%,城镇化率达到86.4%。但是,自流井区作为城市中心区,空间狭小,城市基础设施仍然落后,"两化"发展的承载空间十分有限。随着南湖新城、沿滩新城、贡井新城、东部新城等建设步伐的加快以及全市工业布局的调整,板仓、沿滩等地区工业化进程的加快,我区面临的压力和危机将进一步加大,全区上下务必把思想统一到统筹推进两化互动发展是我区推进"十二五"发展的总路径、总引擎这个关键上来,切实增强危机感、使命感和责任感,为强力推动老城区品质提升、工业集中区加快发展和城镇建设,实现"十二五"规划的宏伟目标奠定坚实的思想基础、组织基础和工作基础。要切实按照全区统一部署,把新型工业化新型城镇化互动发展摆上更加突出的位置,以两化互动的新成效促进经济社会跨越发展。

二、理清思路,明确推进新型工业化新型城镇化互动发展的指导思想、基本原则和目标

(一)指导思想

坚持以科学发展观为指导,按照"全域提升城市品质,全面提高服务业档次,全力加快工业园区建设步伐"的基本思路,以加快转变发展方式为主线,大力实施工业强区战略和中心城区建设战略,充分发挥工业的主导作用和城镇的载体功能,促进资源要素合理流动、优化配置,实现新型工业化、新型城镇化与农业现代化联动发展,倾力打造美丽、繁荣、和谐的城市中心区。

(二)基本原则

1.坚持规划引领。始终坚持规划先行、规划统筹、规划控管,注重环境保护、生态建设和节能减排,通过规划整合人口、土地、资源、环境等生产生活要素,搞好产业功能与城市功能的对接,构建连接城镇和农村的产业链条，科学指导两化互动发展，形成产业与城镇共融相生、协调发展的格局。

2. 坚持项目主导。始终坚持把项目作为加快发展的总抓手，实施项目带动战略，结合“十二五”发展总体规划和产业方面的专项规划，把新型工业化、新型城镇化发展的任务落实到具体项目上，以项目的有效推进加速两化互动发展，提升产业发展水平和城市综合承载能力。

3. 坚持产城共融。充分发挥工业发展对城镇建设的促进作用，增强城镇对资源要素的集聚作用，围绕产业发展需求优化城镇空间布局、完善城市功能，做牢基础、做大产业、做优城市、做强事业、做实民生。

4. 坚持创新发展。以资源要素的合理流动和优化配置为导向，创新体制机制，实施充分开放合作战略，提高资源要素配置效率，有序推进产业园区化、园区城镇化，打造产业优势突出、地域特色鲜明、充满生机活力的新型城镇。

5. 坚持利民富民。以加快社会事业发展、改善人民群众生产生活条件、提升群众幸福感和归属感为出发点和落脚点，努力增加就业、改善环境、改进服务，使人民群众从推进两化互动发展成果中得到更多实惠。

（三）发展目标

到 2015 年，全区工业化率达到 55%，城镇化率达到 88%。地区生产总值达到 333 亿元，地方财政一般预算收入突破 7446 万元，人均 GDP 达到 6 万元，人均财力达到 7 万元，城镇居民人均可支配收入达到 31390 元，农民人均纯收入达到 11754 元，非农就业比重达到 70%。主动对接自贡建设成渝经济区西南部区域中心城市目标，充分发挥区位优势，促进特色优势产业、战略新兴产业、现代服务业协调发展，基本形成新型工业化新型城镇化互动发展格局，建设成为商贸物流繁荣、城市功能完善、社会事业发达、城乡一体发展、人民生活殷实的全省丘陵经济强区和美丽繁荣和谐的城市中心区。

三、突出重点，全力以赴加快推进新型工业化新型城镇化互动发展进程

（一）以全域提升中心城区品质为龙头，为两化互动发展提供优美环境

1. 深度挖掘城市历史文化内涵，提升城市品位。按照城市总体规划，深入研究城市文脉和历史遗存，重点对釜溪河两岸城市风貌进行整体设计和改造。邀请国际古建筑设计专业机构对自流井老街进行设计，利用国家投资，全面改造提升。综合改造川主庙、桓侯宫、王爷庙、西秦会馆、法藏寺等周边环境，彰显自贡城市历史文化符号。精心打造釜溪步行街、同兴路美食街、五星街、东方广场、檀木林大街等专业特色街区，继续推进城市风貌塑造，扮靓全部主街大道，体现“一街一景，步移景换”的不同风格，使老城区旧貌换新颜，打造“宜居、宜业、宜品”的历史文化名城。

2. 持之以恒实施旧城改造提升，完善城市功能。按照“减量、留空、增绿、修复”的原则，系统整治、美化老城区。尽快完成老城区控制性详规编制，强化“多规衔接”，加快构建统筹推进两化的规划体系。加快推进张家沱、中华路西段、光大街片区等棚户区改造，“十二五”期内基本完成所有棚户区改造，建设具有现代化水平的城市综合体。全面加强城市基础设施建设，重点推进大同路西一段、釜溪东路南段、光凤路等道路改建，规划建设绿化健身广场等城市公共空间，改造优化供排水、电力、燃气、通信、避险场所等设施，有效缓解老城区交通压力，提高城市运行效率，全面提升城市建设水平，突出城市特色和文化特色。

3. 统筹推进环境治理与城镇建设，促进全域美化。实施全域环境综合治理，创新管理理念，全面推行标准化、网格管理，整合部门资源建立健全治理联动运行机制，提高城市管理的科学化、精细化水平。持续开展“三乱”、“五乱”、城乡结合部专项治理，深入推进城管进社区、进乡镇，以背街小巷、居民社区、城中村、集贸市场和道路、河流沿线、边远乡镇村庄的环境卫生为治理重点，清除卫生死角和治理盲点。开展主题鲜明、形式多样的“七进”活动，不断增强市民的社会公德意识、文明意识、卫生意识、环保意识。

以骨干公路为线，以沿线乡镇为点，加快推进重点城镇建设和环境改善。结合新农村建设，对自宜路、伍富路、红肖路、永荣路沿线农房进行整体风貌改造，高质量实施全线绿化、美化，实施重要节点景观建设。

按照城市规划，结合工业集中区建设，将舒坪镇建设成为城市环境优美、基础设施完善、产业发育充分、产城结合的城市组团；加快推进仲权、荣边城镇建设，到2015年，城镇聚集人口分别达到10000人和3000人规模；突出“山、水、林、幽”特色，高起点规划、高标准建设飞龙峡自然风景区和独具特色风情的农团街镇，打造自贡独有、川南知名的休闲、健身、度假、旅游观光区；利用高峰区位优势，积极推进实施房地产开发和农民集中区建设；建设漆树老街、俞冲和杨柳村农民集中居住区，力争2015年实现2000人集中居住。

（二）以全力加快工业集中区建设为载体，为两化互动发展提供有力支撑

1. 提高新型工业化发展水平。利用中心城区独特的区位优势，加强区属工业间关联互补性，强化既有产业之间横向、纵向配套关联链接，提高产业整体支撑力，扩大中心城区新型工业化的辐射效应。狠抓新兴产业培育，坚定走依托重点企业和关键技术、建设高端项目和提高产品档次的新型工业化路子。整合现有工业资源，优化投资环境，推进以节能环保装备、新材料为主的新兴产业产品标准化、系列化、集群化发展。到“十二五”末，规模工业总产值达到100亿元，规模以上工业增加值率达到35%，高新技术产业增加值占全部工业产值的比重达到25%。

2. 加快建设百亿特色工业集中区。结合城市规划调修，进一步扩大工业集中区规模，突出“井矿盐生产加工、节能环保装备制造、仓储物流”的功能定位，延伸久大盐业、大业高容、千业环保、久信钻机等骨干企业产业链，形成龙头企业带动、关联企业集中、协作配套紧密的链式产业集群。有计划地实施“退二进三”，老城区自贡阀门、天味食品、长电设备等9户区属工业企业在“十二五”期全部搬迁，改造升级，做大做强。加大招商引资力度，力争每年新引进投资2000万元以上的工业项目5至8个，投资5000万元以上项目3至5个，投资1亿元以上项目2个。到“十二五”末，完成工业集中区4.3平方公里开发建设，形成固定资产投资超30亿元，经济总量超200亿元，税收超10亿元，以制盐、节能环保装备制造、仓储物流为产业特色的百亿工业集中区和中国最大的井矿盐生产加工基地、西部最大的CNG设备制造中心和独具特色的仓储物流基地。

3. 扶优壮大企业。落实财政奖励、技改贴息、融资担保等政策措施，协调金融机构加大对企业的支持力度，着力解决企业融资难、流动资金缺乏的问题。支持现有企业实施技术改造，鼓励研发具有自主知识产权的新技术、新产品，提高企业知名度和产品竞争力。加强驻区科研、设计单位、高等院校的联系协调，构建与企业交流沟通的平台，为促进两化互动发展提供人力、智力支持。加大财政对自主创业的支持，多渠道探索建立创业基金，为个人和中小企业创业发展创造条件，扶强做大民营企业。对优秀企业、纳税大户给予大力扶持，积极支持有条件的企业上市。到2015年，规模以上工业企业达到100户，主营业务收入超10亿的企业2至3户、超3亿企业5户、超亿企业25户。

（三）以全面提高服务业水平为重点，为加快两化互动发展提供配套

1. 全面提升传统商贸服务业档次。全力打造区域商贸中心，巩固现有商业业态，围绕“大东方”核心商圈，依托大商千盛购物、五星商城、九鼎商厦、摩尔玛特、温州商城、雄飞假日等固有基础，以浙江商城、名人·世代春天等商业设施为新生动力，突出品牌经营，形成名店与名牌经营格局。鼓励引进一批世界500强和国内100强企业，实现商贸流通业对外开放新突破。

2. 积极发展现代物流。构建区域物流中心，以川南钢材市场、南方凯路物流、自贡公路货物运输中心、川南粮油批发市场等重大物流项目建设为龙头，重点发展火车南站、舒坪物流节点，形成完整的市、区、镇三级发散性物流体系，积极引进发展上海渤海商品交易所等第三方物流。加强外引内联，有效整合资源，全面发展连锁经营、电子商务、总经销等现代流通方式，重点引进一批大型综合批发企业，扩大市场占有份额，增强区域辐射力。

3. 加快发展新型服务业态。积极推进各类市场向规模化、规范化、专业化、品牌化、信息化方向发展。发挥规模效应，建立跨地区的市场集群（集团）和重点要素市场，率先形成一批体制新型、辐射川南、省内一流的现代化大型专业市场。大力发展各种中介服务组织，规范中介机构服务行为，提高服务质量，构建门

类丰富、服务规范、质量优良的中介服务平台。积极为驻区金融、保险、通信、电子信息等单位提供快捷、优质、高效的服务，促进其加快发展。提升、规范宾馆饭店、餐饮娱乐、购物场所服务环境、服务质量和服务行为。

（四）以全面构建平安和谐自流井为目标，为两化互动发展创造良好的社会环境

进一步完善社会保障体系，建立与两化互动发展水平相适应、可持续的城乡社会保障制度，居民最低生活保障覆盖率达100%，尽快实现城乡居民社会养老保险制度并轨。建立健全覆盖城乡的就业服务体系，努力解决两化互动发展中城镇新增劳动力就业和农村富余劳动力转移就业问题。帮助解决好进城农民和流动人口的教育、医疗等社会保障问题和居住、生活、子女入学等实际困难。创新社会管理，增强社区管理和服务能力，以社区管理为平台，充实和整合基层力量，完善社会服务。加强社会治安综合治理，妥善化解和解决各种矛盾纠纷和利益诉求，促进社会和谐，提高人民群众安全感。全面提高市民文明素养，养成全社会文明风尚，树立自流井良好形象，为两化互动发展提供良好社会环境。

四、强化保障，切实形成推进新型工业化新型城镇化互动发展的良好格局

（一）切实强化组织保障

建立以区委书记、区长为组长的领导机构（见附件），配齐配足工作人员，完善工作责任体系，每年度精心组织大规模、高规格的两化互动发展推进工作会议。各成员单位要积极整合各方力量，建立合作机制，定期、不定期的沟通协调，形成全区上下强力推进两化互动发展的强大合力。区委、区政府将把推进两化互动发展情况纳入年度综合目标进行重点督查考核，并作为检验各级各部门执行力的重要内容，实施效能监察和行政问责，切实优化两化互动发展环境。

（二）切实强化要素保障

深化节约集约用地的理念，按照土地利用总规和城乡建设规划，优化产业和城镇发展的空间布局，以规划引领土地的集约化使用。继续做好对上争取工作，优先保证两化互动发展中重点项目、重点企业、重要产业、重要基础设施用地需求，为工业园区发展、城市建设提供用地保障。进一步优化金融生态环境，鼓励金融机构扩大信贷规模；运用BT模式进行基础设施建设和土地整理开发。调整财政支出结构，加大对城乡基础设施建设和公共服务投入力度。进一步拓宽融资渠道，加强投融资平台建设，创新政府性融资平台的管理运行机制，大力吸引民间资金，鼓励社会资本、民间资本投入，为两化互动发展提供资金保障。研究好国家政策，及时掌握国家和省重点支持的产业类型和重点项目，积极对上争取，从制度和政策层面为两化互动发展提供有效保障。

（三）切实强化改革创新

深入推进统筹城乡综合配套改革，加快建立健全城乡统一、开放有序的现代市场体系，发挥市场配置资源的基础性作用，促进资金技术、信息、人才等在城乡、产业间自由流动和优化配置。加速形成城乡统一的户籍管理体系，促进人力资源自由流动。稳步开展扩权强镇试点，逐步增强基层政府的社会管理和公共服务能力。加强社区建设，强化社区自治和服务功能，发挥社区在维护权益、调节矛盾等方面的作用。深化行政审批制度改革，优化政务环境，大力整治“不作为、慢作为、乱作为”。

（四）切实强化人才支撑

在领导班子配备中，注意选拔一批懂工业、城镇规划建设和经济的人才。在干部培训中，重点加强市场经济、工业、城建、投融资知识的培训。加强规划专门人才培训和队伍建设，为全面提升城镇规划水平提供人才保障。围绕产业发展、城市建设，加快引进一批高层次专业人才。重视企业家队伍建设和技能型人才培养，对贡献突出的给予政治荣誉、社会地位和物质奖励。用好各类人才，激励人才在加快两化互动发展中担当重任、发挥作用。

（五）切实强化宣传引导

迅速掀起抓好两化互动发展的舆论热潮，加大舆论宣传力度，多角度、多形式、多层次地宣传两化互动的工作措施、工作重点和典型事例，进一步强化两化互动发展是自流井加快发展的总路径、总引擎这一理念，形成全党抓两化、各级担责任、全民大推进的浓厚氛围。

中共自贡市自流井区委
自贡市自流井区人民政府
关于促进残疾人事业发展的实施意见

自井委〔2011〕50 号

各乡镇党委、人民政府、街道办事处，区级机关各有关部门：

为认真贯彻落实《中共中央国务院关于促进残疾人事业发展的意见》（中发〔2008〕7 号）、《中共四川省委四川省人民政府关于加快推进残疾人事业发展的实施意见》（川委发〔2009〕14 号）和《中共自贡市委自贡市人民政府关于促进残疾人事业发展的实施意见》（自委发〔2010〕6 号）文件精神，为促进我区残疾人事业又好又快发展，特制定如下实施意见。

一、指导思想和总体目标

（一）指导思想。以科学发展观为统领，围绕全面建设小康社会的奋斗目标，着力解决残疾人最关心、最直接、最现实的利益问题，坚持政府主导、社会参与，政策扶持、市场推动，统筹兼顾、分类指导，立足基层、面向群众，健全残疾人社会保障制度，建设残疾人服务体系，营造良好社会环境，缩小残疾人生活状况与社会平均水平的差距，使残疾人事业与全区经济社会协调发展。

（二）总体目标。到 2015 年，建立起残疾人社会保障和服务体系的基本制度框架，残疾人都能享有基本生活保障，得到基本公共服务，生活状况得到根本改善，实现残疾人“学有所教、劳有所得、病有所医、老有所养、住有所居”，使广大残疾人政治上有地位，精神上有尊严，经济上有实惠，生活上有保障，与全区人民共同迈进小康社会。

二、切实加强残疾人医疗康复和残疾预防工作

（三）保障残疾人享有基本医疗卫生服务。要为残疾人提供安全、有效、方便、价廉的基本医疗卫生服务，将残疾人纳入城镇职工基本医疗保险、城镇居民基本医疗保险和新型农村合作医疗制度范围，确保将所有残疾人纳入城乡基本医疗卫生服务体系，落实和完善残疾人医疗保障补贴政策；逐步将残疾人医疗康复费用纳入城镇职工基本医疗保险、城镇居民基本医疗保险和新型农村合作医疗报销范围，保障残疾人的基本医疗康复需求。要将贫困残疾人作为城乡医疗救助制度的重点救助对象。因灾致残人员、无依无靠残疾人和未就业孤残人员的医疗费用在相关规定范围内报销。参加工伤保险的，按工伤保险规定报销，在按规定报销后，仍无力支付医疗费用的贫困残疾人，凡符合城乡医疗救助政策规定的，按照政策予以救助。属于低保对象、丧失劳动能力的重度残疾人参加城镇居民基本医疗保险或新型农村合作医疗所需个人缴费，不足部分按城乡医疗救助政策予以补助。特殊困难的非重度残疾人按照现行城乡医疗救助制度给予适当补助。城镇残疾职工参加职工基本医疗保险个人缴费部分有困难的，由所在单位给予补助。切实解决贫困残疾人看不起病的问题。

（四）保障残疾人享有基本康复服务。继续实施国家重点康复工程，解决孤残人员和农村贫困残疾人

的康复问题。优先开展残疾儿童抢救性治疗和康复,对贫困残疾儿童康复给予医疗救助,建立残疾儿童康复救助制度。推进康复进社区、服务到家庭,逐步实现残疾人人人享有康复服务。充分发挥康复促进会的作用,广泛开展技术指导、培训、宣传等工作,支持开展残疾人康复科学技术研究,提高康复质量和水平。

(五)建立健全残疾预防体系。切实落实国家残疾人预防行动计划,建立健全区、乡镇(街道)、社区综合性、社会化防控网络,形成信息准确、方法科学、管理完善、监控有效的残疾预防机制。区级以上医疗机构要开设心理健康咨询及服务,乡镇卫生院要配备专(兼)职康复医生。全面开展残疾人社区康复,在城市利用卫生、民政、教育、计生服务网和民办康复机构,就地为残疾人提供康复服务;在农村依托乡镇(村)卫生院(所)和农村社会福利服务中心,为残疾人提供康复服务。卫生和人口计生部门要做好出生缺陷干预、精神残疾预防工作,防疫和水务部门要加强补碘和改水等工作,提高人口素质,从源头上控制残疾人口数量。安监、劳动保障、交通等部门要强化安全生产、劳动保护和交通安全等有效措施,切实控制残疾的发生和发展。建立残疾报告制度,加强信息的收集、监测和研究,普及残疾预防知识,提高公众残疾预防能力。

三、全面提高残疾人生活保障水平

(六)做好残疾人生活救助工作。各乡镇、街道和区级相关部门要将贫困残疾人的救助纳入社会保障体系,确保符合城镇和农村低保条件的残疾人家庭全部纳入城乡居民最低生活保障范围。对符合城镇低保条件的残疾人家庭中的残疾人和一户多残、老残一体等特殊困难家庭,依照当地城乡低保对象分类施保管理办法,适当提高其补助水平。对农村"三无"残疾人,凡自愿入院的,要送当地福利机构供养。妥善解决因公致残和见义勇为致残人员的生活救助问题。房管部门要优先将贫困残疾家庭住房纳入城市廉租房和经济适用房保障范围。残联、扶贫办和民政等部门要优先将贫困残疾人家庭住房纳入农村危房改造和安居工程计划。

(七)完善残疾人社会保险政策。卫生、劳动保障、民政、财政等部门要按职责做好残疾职工基本医疗、养老、失业、工伤和生育保险工作。落实城镇贫困残疾人个体户参加基本养老保险补助政策,鼓励自谋职业的残疾人参加社会保险,并予以适当补贴。农村社会养老保险试点地区要帮助农村残疾人参加养老保险。对企业吸纳或公益岗位安置的贫困残疾人给予养老、医疗和失业保险补贴。在推进城镇居民基本医疗保险和新型农村合作医疗工作时,要将重度残疾人作为重点救助对象,落实政府补贴资金。

(八)发展残疾人社会福利和慈善事业。完善残疾人社会福利政策,逐步扩大残疾人社会福利范围,适当提高残疾人社会福利水平。要研究制定孤残人员的社会福利综合性政策,做好残疾老人和残疾儿童的福利服务,鼓励社会捐赠。支持发展残疾人社会福利和慈善事业。

四、促进残疾人教育、就业和脱贫

(九)完善和落实残疾学生的助学政策。积极争取和实施西部地区特殊教育学校建设工程,做好特殊教育学校的改、扩建工作,建设满足特殊教育需要的各类功能室、资料室和必要的康复、无障碍设施。发展残疾儿童学前教育,鼓励各类教育、福利、康复和其他社会力量办学机构开办残疾儿童学前班或接受学前残疾儿童入园(院)。落实免除义务教育阶段残疾学生"两免一补"政策,随物价指数增长适当提高特殊教育学校学生生活补助标准,特殊教育的办学经费拨付标准应明显高于普通中小学。从事特殊教育的教师和从事手语、盲文翻译的人员,享受国家规定的特殊教育津贴。从事特殊教育累计满15年并在特殊教育岗位退休的,其享受的特殊教育津贴计入退休金。切实保障残疾少年儿童接受义务教育,学校不得拒收有能力接受教育的残疾学生。建立贫困残疾大学生及特困残疾人家庭子女大学生助学制度,全面落实市确定的助学补助政策。

(十)促进残疾人就业。依法推进按比例安置残疾人就业,鼓励和扶持兴办福利企业、盲人按摩机构、工(农)疗机构、辅助性工场等残疾人集中就业单位。依法做好残疾人就业保障金征缴工作,机关、团体、企业、事业单位和其他经济组织均应按不低于职工总数的1.5%安置残疾人就业,依法签订劳动合同,并办理社会养老保险、医疗保险、失业保险、生育保险和工伤保险。未达到安置残疾人就业人数的单位,应当依法缴纳残疾人就业保障金。积极落实各项扶持残疾人就业的税收优惠政策。根据《中华人民共和国残疾人就业条例》和财政部、国家发改委《关于对从事个体经营的有关人员实行优惠政策的通知》(财综〔2008〕47号文)以及财政部、国家税务总局《关于促进残疾人就业税收优惠政策的通知》(财税〔2007〕92号文)等政策规定,各类新办安置残疾人就业的单位及残疾人从事个体经营的,免交税务登记证工本费;从事个体经营的残疾人,销售应税货物月销售收入不达5000元及提供应税劳务月收入不达3000元的,免征增值税;残疾人个人(自然人)自身提供加工、修理修配应税劳务的,免征增值税;鼓励企业集中安置残疾人就业,企业月平均实际安置的残疾职工占在职职工总数的比例高于25%(含25%),并且实际安置的残疾人人数多于10人(含10人)的,可按规定减征营业税,同时,符合财税〔2007〕92号等相关文件规定条件的单位,实际安置的残疾人每人每年可退还的增值税的具体限额,为经省政府批准的最低工资标准的6倍,但最高不得超过每人每年3.5万元;企业安置残疾人就业,支付给残疾人的实际工资可在企业所得税前据实扣除,并可按支付给残疾人实际工资的100%加计扣除;对符合条件的残疾人员给予个人所得税应纳税额减征60%至90%的照顾,残疾人个人提供的劳务免征营业税(对营业税未达到月营业额5000元起征点的残疾人个体户免征营业税)。积极扶持残疾人自主择业和自主创业。通过新建彩票投注站、爱心亭(邮亭)等形式开发适合残疾人就业的公益性岗位,在满足经营要求的条件下,优先安置残疾人从事经营。残疾人从事个体经营的,市场管理和城管执法部门应当在经营场地等方面给予照顾,工商部门对从事个体经营的持《残疾人证》的残疾人要免收登记类和证照类的行政事业性收费。加强盲人按摩行业管理,规范盲人按摩市场。党政机关、群众团体公开考试录用国家公务员、机关工作人员和事业单位公开招聘工作人员,除岗位有特殊要求外,不得拒绝符合条件的残疾人报考,不得因其残疾而拒绝录用(聘用)。提供残疾人就业保护、就业援助,加强就业服务机构建设。进一步完善资金扶持、税费减免、贷款贴息、社会保险补贴、岗位补贴和专产专营等残疾人就业保护政策措施。同等条件下,政府及由财政拨款的单位应优先采购残疾人集中就业单位的产品和服务。各乡镇(街道)要将难以实现就业的残疾人列入就业困难人员范围,开发适合残疾人的公益性岗位,用于安置残疾人就业。劳动保障部门免费对持证残疾人提供职业培训和就业服务,农业等部门免费对农村残疾人提供农技培训和各类经济、技术、供销等信息服务。进一步加强各级残疾人就业服务机构建设,搞好残疾人就业培训服务,为有创业意愿和创业能力的城镇及进城创业的农村残疾人提供小额担保贷款支持,增强残疾人的就业和创业能力。逐步加大农村残疾人扶贫开发力度,将农村残疾人纳入各级政府扶贫开发计划,制定、完善和落实特别扶持政策,积极争取市级以上农村残疾人扶贫资金,加大对农村贫困残疾人的对口帮扶力度,实施好农村贫困残疾人危房改造项目,到2015年,我区建立6个规模适度、示范效果明显的农村残疾人扶贫基地,积极扶持农村残疾人从事种养业、手工业和多种经营。

五、促进残疾人文化体育事业发展

(十一)发展残疾人文化体育事业。各级文化体育部门要将残疾人文化体育工作纳入文化体育事业统筹规划,组织残疾人参与各类文化、体育、艺术活动,注重残疾人文化、体育、艺术人才培养,为残疾人参与文化、体育、艺术、娱乐活动提供更加便利的条件;残疾人凭《残疾人证》免费进入政府投资建设的文化馆、体育场(馆)、公园、风景旅游区等公共场所;公共健身场所要配置适合残疾人身心特点的器材,有计划地建设适合残疾人特点的文化、体育、娱乐等活动场所;建立残疾人优秀文艺、体育及其他特殊人才的培养、选拔、输送和激励机制,对获得优异成绩的残疾人员给予表彰和奖励。

六、为残疾人提供公共服务

(十二)加强残疾人服务机构建设。公共服务机构和公共场所应当采取设立服务窗口或者醒目标志等方式，为残疾人提供优先优惠的服务。在残疾人综合服务中心，要做好中心窗口接待、残疾人康复训练、职业培训、残疾人用品用具供应等服务工作。进一步改善条件，完善功能，规范管理，扩大受益面，提高服务水平。

（十三）加大政策优惠力度。因规划建设需拆迁残疾人房屋的，应当本着方便残疾人生活的原则妥善进行安置。发放拆迁临时安置补助费和停业补助费时，对拆迁房屋产权人为持《残疾人证》的残疾人的，在同等条件下应提高标准的30%发放。残疾人安装有线电视、自来水、住宅用电、家用天然气等，安装单位应给予适当优惠。

（十四）加快无障碍设施建设和改造。新建及改、扩建的公共建筑、城市道路、公共设施和场所及残疾人相对集中的单位等，必须建设规范的无障碍设施，已经建成的要加快无障碍改造。公共交通工具和车站要配置无障碍设施，标明残疾人专用座椅；要加快推进与残疾人日常生活密切相关的住宅、社区、学校、福利机构、公共服务场所和设施的无障碍建设和改造，帮助残疾人家庭实施住宅无障碍改造。残联要参与无障碍设施建设规划方案的审查和工程竣工验收。全区交通运输、城市公共交通要逐步完成无障碍设施改造，完成公共交通工具的无障碍设备配置。文明办、旅游部门要将无障碍建设纳入文明城市、旅游城市的考核范畴。公安、交警部门要做好残疾人驾驶机动车的管理、服务工作。公共停车区要优先设置残疾人专用停车泊位，供残疾人免费停放。

（十五）发展残疾人服务业。依托社区开展为重度残疾人、智力残疾人、精神残疾人、老年残疾人等提供生活照料、康复养护、技能培训、文化娱乐、体育健身等公益性、综合性服务项目。推广“阳光之家”经验，逐步建立残疾人居家服务补贴制度。积极培育专门面向残疾人服务的社会组织，通过民办公助、政府补贴、政府购买服务等多种方式，鼓励各类组织、企业和个人建设残疾人服务设施，发展残疾人服务业。鼓励、支持、帮助残疾人服务领域的科技研究、引进、应用和创新。提高信息化水平，扶持残疾人辅助技术和辅助器具的研发、生产和推广，促进相关产业发展。

七、优化残疾人事业发展的社会环境

（十六）健全残疾人法制工作机制。司法行政部门要加强法制宣传教育，增强全社会依法维护残疾人权益的法制观念，提高残疾人依法维权的意识和能力。建立由人大、政法委、法院、检察院、公安、司法、民政、劳动保障、教育、卫生、残联等部门和单位参与的残疾人法律救助工作协调机制，协调解决残疾人在法律保障、法律服务、法律援助、鉴定援助和司法救助方面的困难和问题。各级司法机关和法律援助、法律服务机构要将残疾人列为重点救助对象，做好残疾人法律服务、法律援助、司法救助工作，加大对侵害残疾人合法权益案件的查处力度，严厉打击各种违法犯罪活动。

（十七）建立完善稳定的残疾人事业经费保障机制。各级政府要建立稳定的残疾人事业经费保障机制，逐步加大对残疾人事业经费的投入。残疾人事业经费要按规定项目列入各级财政预算，并随着国民经济发展和财政收入增长逐步增加。要加大对各级残联所属残疾人服务机构建设的财政投入力度，区财政要严格落实好残疾人的各项专项补助资金。各级政府要将残疾人专业服务设施建设、综合服务设施建设、公共服务设施和无障碍设施改造项目等优先纳入为民办实事计划，给予重点扶持。要积极培育扶持为残疾人服务的慈善公益组织，广泛募集残疾人事业发展资金，将送温暖活动经常化、制度化和社会化。创新残疾人慈善募捐的方式和手段，促进为残疾人服务的民间慈善机构的发展。积极争取社会各界对残疾人事业发展的支持。

（十八）增强全社会扶残助残意识。大力弘扬人道主义思想和中华民族传统美德，倡导“平等、参与、共享”的现代文明社会残疾人观，消除对残疾人的歧视和偏见，形成人人理解、尊重、关心、帮助残疾人的良好社会风尚。结合群众性精神文明创建活动，广泛开展“全国助残日”、“国际残疾人日”等形式多样的扶残助残活动，激励广大残疾人自尊、自信、自强、自立，融入社会，参与发展，共享发展成果。宣传、文化、新闻出版等部门和单位要采取有效措施，积极宣传残疾人事业，宣传残疾人自强模范和扶残助残先进事迹。教育部门要结合中小学德育等课程，开展人道主义、自强与助残教育。工会、共青团、妇联等人民团体和老龄协会等社会组织要发挥各自优势，支持残疾人工作，维护残疾人合法权益。红十字会、慈善总会、残疾人福利基金会等慈善团体要积极为残疾人筹集善款，开展爱心捐助活动。企事业单位要增强社会责任感，为残疾人事业发展贡献力量。

（十九）加强残疾人工作信息化建设和调查研究工作。加大投入，逐步将残疾人工作信息化网络向乡镇（街道）、社区（村）延伸，拓宽信息渠道，提高信息反馈速度。从2010年开始，各级财政要加大投入，建立、完善以残疾人基本情况、康复救助与服务、教育培训、就业扶贫、生活保障、社会服务为主要内容的综合信息服务系统和残疾人共享小康工程信息数据库，完善信息网络体系，提高为残疾人服务的质量、效率和水平。围绕残疾人事业发展中的重大问题和热点难点问题，深入开展调查研究，为区委区政府做好残疾人工作当好参谋。

八、切实加强对残疾人工作的领导

（二十）健全残疾人工作领导体制。各级党委、政府要高度重视残疾人事业，把残疾人工作列入重要议事日程，进一步完善党委领导、政府负责的残疾人工作领导体制。把残疾人事业纳入当地国民经济和社会发展总体规划、相关专项规划和年度计划。将残疾人工作纳入年度目标考核，加大督促检查和目标考核力度。各级政府残疾人工作委员会要强化职责，及时研究解决残疾人事业发展中的重大问题，统筹协调有关促进残疾人事业发展的方针、政策、规划的制定和实施，监督检查落实情况。各有关部门和单位要将残疾人工作纳入职责范围，密切配合协作，凡制定出台关系民生的政策措施时，要考虑残疾人的利益，征求残联的意见，切实提高为残疾人提供社会保障和公共服务的水平。各级人大、政协要将残疾人事业发展情况纳入执法监督、检查和视察范围。

（二十一）发挥残疾人组织的作用。残联是党和政府联系广大残疾人的桥梁和纽带，各级党委和政府要加强对残联的领导，重视支持残联依照法律法规和章程开展工作，参与残疾人事业社会管理和公共服务。政府对残联承办的社会事务和专业服务项目要给予相应的政策支持。充分发挥残疾人组织和残疾人代表在经济、政治、文化、社会生活中的民主参与、民主管理和民主监督作用，拓宽残疾人组织的民主参与渠道。

（二十二）加强残疾人工作队伍建设。各级残联要切实履行职能，代表残疾人共同利益，维护残疾人的合法权益，努力为残疾人服务，发展和管理残疾人事业。要加强各级残疾人联合会的建设，努力造就一支恪守“人道、廉洁、服务、奉献”职业道德的高素质残疾人工作干部队伍。进一步加强基层残疾人工作者队伍建设，各乡镇（街道）残联要配1名专（兼）职理事长和1名专（兼）职专干，将基层残疾人工作列入社区居委会、村委会工作职责范围，社区、村基层残疾人组织要配1名专干或兼职专干。抓好残疾人工作的落实，提高为残疾人服务的能力。广泛动员社会力量，发展壮大助残志愿者队伍。

各乡镇党委政府、街道办事处和有关部门要按照自委发〔2010〕6号文件和本实施意见的要求，研究制定具体工作措施。

2011年10月10日

中共自贡市自流井区委办公室
自贡市自流井区人民政府办公室
关于认真开展“走基层·暖民心”群众工作月活动的通知

自井委办〔2011〕30号

各乡镇党委,区级各部门党组(党委、总支、支部),各街道党工委,各乡镇人民政府,区级各部门,各街道办事处:

为深入贯彻落实科学发展观,切实加强和改进群众工作,提高机关干部服务基层、服务群众、服务发展的能力和水平,进一步增进我区党群干群关系,现就组织开展好2011年“走基层·暖民心”群众工作月活动有关事宜通知如下:

一、活动主旨

以邓小平理论、“三个代表”重要思想和科学发展观为指导,全面贯彻落实党的十七大和十七届五中全会精神,坚持以人为本、执政为民的理念,以提升群众工作质量和水平为目的,以“走基层·暖民心”为主题,认真开展群众工作月活动。通过此次活动,进一步畅通社情民意渠道,切实解决人民群众生产生活中的实际困难;进一步强化全区党员干部宗旨意识和服务意识,推动中心工作发展;着力解决信访突出问题,积极化解一批突出信访积案,切实维护群众合法权益,为实现全区“十二五”跨越式发展开好局、起好步。

二、活动内容

广泛宣传落实党中央惠民、富民的各项方针政策,区委、区政府关心群众、改善民生的工作和成效;关心帮扶特殊困难群体,让社会处处洋溢温情,让群众时刻感受温暖;切实转变机关干部工作作风,深入基层、深入实际,认真听取群众意见,真情关心群众疾苦,切实解决好当前人民群众最关心的热点难点问题;积极组织开展送科技、送卫生、送文艺“三下乡”活动,丰富农村群众文化生活;结合“挂包帮”活动开展,帮助解决好环境整治、安全饮水、就医、上学、务工等农村群众期盼的突出困难和问题;认真组织信访下基层活动,深入宣传贯彻《信访条例》,引导群众理性表达合法诉求;进一步强化信访工作责任,把落脚点放在“事要解决”上,努力实现各类信访案件明显下降,人民群众满意度明显提高,非正常、越级、集体信访明显减少,为全区经济社会又好又快发展创造良好的环境。

三、工作要求

(一)高度重视,精心组织。开展“走基层·暖民心”群众工作月活动,是党和政府关注民生、改善民生的集中体现,是密切党群干群关系的重要载体,是促进美丽繁荣和谐自流井建设的有效举措。各级各部门要切实加强对群众工作月活动的组织领导,认真研究部署,合理组织调配力量,提供必要的经费保障,保证活动顺利开展。

(二)突出主题,务求实效。各级各部门要紧紧围绕区委、区政府中心工作和人民群众关心的热点难点问题,积极开展有针对性的下访接访和帮扶援助活动;各级领导干部要发挥表率作用,深入群众工作第一线,以身作则,身体力行,推动活动深入开展;各级党组织要将“走基层·暖民心”活动与创先争优活动、“挂包帮”活动紧密结合,充分发挥党员干部先锋模范作用和甘于奉献的精神,进一步创新活动方式,丰富活动内容,提升活动成效。

（三）强化宣传，营造氛围。各级各部门要加大群众工作宣传力度，认真总结推广关心帮助困难群众的好做法、好经验，进一步提高新时期群众工作水平；宣传部门要加强对群众月活动宣传报道，大力宣传在群众工作活动中涌现出的典型人物和先进事迹，努力营造浓厚的舆论氛围。

各乡镇、街道和区级各相关部门要在6月5日前将开展群众工作月活动的情况书面报区委群工局。

2011年5月18日

中共自贡市自流井区委办公室
自贡市自流井区人民政府办公室
关于实行区级领导干部联系重大项目工作制度的通知

自井委办〔2011〕37号

各乡镇党委，区级各部门党组（党委、总支、支部），各街道党工委，各乡镇人民政府，区级各部门，各街道办事处：

为集中力量狠抓一批事关当前、影响长远的重大项目，区委、区政府从全区重大项目中确定了一批投资额大、支撑力强和推进存在一定困难的项目，作为重点推进的重大项目（详见附件）进行专项管理。为加快项目推进速度，加大项目推进中的协调和服务力度，切实解决项目推进过程中的困难和问题，经区委、区政府研究，决定实行区级领导干部联系重大项目工作制度。现将有关事项通知如下。

一、联系范围

联系重大项目工作的范围包括区委、区人大、区政府、区政协主要领导和区委、区政府其他县级领导，对全区重大项目实行分头负责、分类指导。

二、工作机制

（一）挂钩联系制度。明确相关区级领导干部联系重大项目，联系项目领导从项目前期工作、开工建设直到建成投产实行全过程的联系负责，以确保项目建设顺利推进。

（二）上门服务制度。联系项目领导要主动上门走访，上门服务，掌握动态情况，加强政企联动，确保工作成效。对出现的重大情况或问题要靠前指挥，亲自协调，牵头组织有关职能部门进行现场办公，联合协调攻关。要积极对上争取，疏通关键环节，及时解决推进过程中的疑难问题，确保项目建设顺利推进。

（三）跟踪管理制度。各相关职能部门要对各自职责范围内的重大项目进行跟踪管理，加强协作配合，理顺工作关系。项目责任单位对每个项目要确定一名联络员，负责重大项目的联系工作，及时向联系项目领导汇报项目推进情况。

（四）项目协调例会制度。对项目推进中遇到的问题，要及时进行协调并根据项目进展的实际情况，定期或不定期召开协调会议。联系项目领导听取重大项目推进情况以及存在问题的汇报，开展原因分析，明确下阶段解决问题的办法、对策和措施，对存在问题按照项目业主自身可解决问题、区有关职能部门解决问题和争取市及市以上有关部门解决问题划分为三类，明确责任人进行协调处理。

三、工作要求

（一）加强领导，明确职责。联系项目领导的具体职责是：帮助协调解决项目实施过程中的各种困难，尤其是建设资金不到位、建设物资调运困难、征地拆迁难度大等较为突出的问题，督促加快项目建设和工作进度，确保续建项目按进度完成投资量，新开工项目按时开工，按进度完成投资量，确保建设项目施工安全和工程质量。各项目单位的职责是：切实发挥职能作用，积极主动协助、配合联系项目的领导抓紧抓好各个项目工作的落实，做到思想认识到位、组织领导到位、责任措施到位，确保重大续建项目完成投资计划，重大新开工项目前期工作按时完成并早日开工，完成当年投资计划。各项目配合单位的职责是：积极支持配合联系项目领导、项目单位，及时妥善解决重大项目实施中出现的各种困难和问题。各项目单位和配合单位要明确职责、各司其职，在政府分管领导和联系领导共同指挥下，密切配合，通力协作，积极争取有关部门支持，搞好服务，在征地拆迁、设备材料供应、交通运输、电力供应、供气、用水等方面给予优先安排和大力支持，保证重大项目顺利实施。

（二）强化协调，跟踪服务。联系项目领导要深入基层开展调查研究，广泛听取各有关单位关于项目建设的意见和建议，督促检查重大项目建设进度。各项目责任单位要定期向联系项目领导报告项目进展情况，每月向区重大项目推进办公室报送重大项目进展信息。

（三）严格考核，务求实效。联系项目领导要同项目责任单位和项目业主按建设时限要求制定工作具体方案，包括倒排工期、分解任务、细化措施等，并抓好落实。区目督办将制定考核奖惩办法（另行文），加大检查、督查和考核力度，奖惩逗硬，确保工作落实，措施落实，任务完成。

附件：自流井区2011年区级领导干部联系重大项目一览表

自流井区2011年区级领导干部联系重大项目一览表

联系领导	序号	项目名称	建设地址	批次	项目类别	建设内容及规模	建设年限	总投资	截至2010年完成投资	2011年投资计划	截至目前完成投资	占年计划	存在的问题	2011年进度要求	责任人		联络员
															业主	责任单位	
张邦举	1	川南钢材物流城项目	自流井区工业集中区	续建	第三产业	新建市场交易用房10万平方米，投资3亿元，建成后实现年交易额10亿元，远期达30亿元/年，实现税收上亿元/年，可解决就业岗位上千人次/年	2010—2012	50000	18000	12000	5000	41.67%	与S305接道存在问题	8月底前一期工程全面投入运行，二期工程年底完成基础设施建设和50%主体工程建设	英祥集团	工管委	杨　崎
	2	久大真空制盐项目	自流井区工业集中区	开工	第二产业	100万吨/年盐硝联产装置1座，6000平方米主厂房，配套干燥系统，循环水系统；5000平方米精品包装车间1个，20000平方米仓储系统1座（配铁路专线1条）；配套矿山建设及卤水处理	2011—2013	348000	700	15000				完成厂房建设及部分设备购置，完成部分配套干燥系统，循环水系统，矿山建设及卤水处理	四川久大制盐有限公司	工管委	杨　崎

联系领导	序号	项目名称	建设地址	批次	项目类别	建设内容及规模	建设年限	总投资	截至2010年完成投资	2011年投资计划	截至目前完成投资	占年计划	存在的问题	2011年进度要求	责任人		联络员
															业主	责任单位	
张序	3	双机絮凝剂项目	自流井区工业集中区	续建	第二产业	20万吨双机絮凝剂、20万吨铝酸钙技改扩建：新征土地38.76亩；新建厂房16581.4平方米，办公用房2296.01平方米	2010—2012	26800	8500	12000	4400	36.67%	生产用气没有落实，资金短缺	6月底前一期絮凝剂液体部分投入试生产，其余工程8月底前竣工投产	自贡市千业环保产业有限公司	工管委	杨崎
	4	CNG移动加气站产业化项目	自流井区工业集中区	续建	第二产业	新建CNG移动加气站设备制造车间6000平方米及配套设施，新购钢管成型机、中频感应加热设备、钢管调质设备、探伤设备、起重设备等110台套。达到年产CNG移动加气站设备300台套的能力	2010—2011	16980	11980	5000	2173	43.46%		8月底前建成投产	自贡大业高压容器有限责任公司	工管委	杨崎
陈明仲	5	锅炉配件及金加工项目	自流井区工业集中区	开工	第二产业	建设1200吨锅炉配件及精加工	2011	800		800	180	22.5%	资金短缺	6月底前主体开工，年底前竣工投产	自贡科润锅炉配件厂	工管委	杨崎
	6	密封件生产线项目	自流井区工业集中区	开工	第二产业	建设350万套钢桶密封件生产线	2011	600		600	40	6.67%	资金短缺	6月10日前主体工程开工，9月底前厂房、办公楼等全面竣工并投入使用	自贡宏远密封件厂	工管委	杨崎

联系领导	序号	项目名称	建设地址	批次	项目类别	建设内容及规模	建设年限	总投资	截至2010年完成投资	2011年投资计划	截至目前完成投资	占年计划	存在的问题	2011年进度要求	责任人		联络员
															业主	责任单位	
曾建民	7	橡胶管线生产项目	自流井区工业集中区	续建	第二产业	年产500万件车用橡胶	2011	1200	200	1000	20	2.00%	施工图未设计，资金存在问题	6月10日前完成施工图制作并报审，6月底前确保主体工程开工，年底建成投产	自贡光大橡胶有限公司	工管委	杨崎
	8	舒坪镇敬老院建设项目	舒坪镇	开工	社会事业	新建舒坪敬老院	2011	200		200	20	10.00%		竣工	舒坪镇	民政局	沈成明
曹友良	9	新农村示范片项目	待定	开工	基础设施	新农村示范片建设	2010－2012	14960		6675	1214.8	18.20%		完成工程总量的80%	农办	农办	张维纲
	10	飞龙峡现代农业科技示范园建设项目	荣边镇雨潭村、干塘村	续建	第一产业	建设200亩观赏鱼养殖基地、新品种引进园、泥鳅养殖基地、10万只肉鸡养殖基地	2009－2011	5000	3000	2000	1200	60.00%		竣工	荣边镇	荣边镇	胡凡
	11	农房集中居住区及建设用地增减双挂钩项目	农团乡红岩村	开工	基础设施	农房集中居住区建设120户	2011	1920		1920	0	0.00%		竣工	国土资源局	国土资源局农团乡	赵志刚

联系领导	序号	项目名称	建设地址	批次	项目类别	建设内容及规模	建设年限	总投资	截至2010年完成投资	2011年投资计划	截至目前完成投资	占年计划	存在的问题	2011年进度要求	责任人		联络员
															业主	责任单位	
许建平	12	九信钻机仿生自动掘进装备制造项目	自流井区工业集中区	开工	第二产业	占地150亩,标准厂房11520平方米,库房1512平方米,研发中心及办公附属用房1440平方米,年产各类钻井机及掘进机67台	2011－2012	18000		5000	1500	30.00%	资金短缺	6月底前一期厂房主体工程开工,年底前1号主厂房竣工	自贡九信钻机有限公司	工管委	陈义贵
	13	定点屠宰生产线项目	自流井区工业集中区	续建	第二产业	征地50亩,平基方量20万方,新建三星级定点屠宰厂,新建屠宰生产车间、分割车间、牛屠宰间、羊屠宰间及生产线,500吨冷库,污水处理站和行政生活设施	2009－2012	6000	900	2500	1000	40.00%	设计图纸未通过审查	按照设计规范尽快确定项目方案;力争在7月中旬开始主体工程建设,最迟在7月底前开工	自贡市天马牲畜屠宰有限公司	工管委	杨 崎
	14	区检察院办案用房和专业技术用房及业务用房项目	南湖生态城	续建	社会事业	办案用房和专业技术用房及业务用房8400平方米	2010－2012	1390	580	810	740	91.36%		11月份工程完工	检察院	检察院	刘 邑
	15	动迁安置房建设项目	自流井区工业集中区	开工	基础设施	新建住宅14000平方米	2011－2012	2000		1000	50	5.00%		竣工	四川巨木有限责任公司	四川巨木有限责任公司	华 茂

联系领导	序号	项目名称	建设地址	批次	项目类别	建设内容及规模	建设年限	总投资	截至2010年完成投资	2011年投资计划	截至目前完成投资	占年计划	存在的问题	2011年进度要求	责任人		联络员
															业主	责任单位	
黄志勇	16	黄桷坪1、2号地块房地产开发项目	黄桷坪	开工	第三产业	新建商住楼16万平方米	2010－2013	48000	5000	10000	3000	30.00%		开工	明君投资置地有限公司	城乡建设住房保障局	彭维高
	17	粮机厂地块房地产开发项目	光大街	续建	第三产业	新建商住楼6万平方米	2010－2012	15000	5000	5000	0	0.00%		主体开工	四川仁都置业公司	城乡建设住房保障局	彭维高
	18	火车站路安置房建设项目	东街	开工	第三产业	新建商住楼，用地面积约25.93亩，建设面积43000平方米	2011－2012	13000		6000	1500	25.00%		完成拆迁及部分主体工程	东方广场公司	城乡建设住房保障局	彭维高
	19	区公租房建设项目	市区	开工	民生	建设公租房20000平方米	2011－2013	3600		500	0	0.00%		主体施工	自贡万利房地产开发公司	城乡建设住房保障局	彭维高
	20	区安置房建设项目	凤凰村3组	开工	民生	建设安置房6263平方米	2011	1107		1107	5	0.45%		竣工	自贡万利房地产开发公司	城乡建设住房保障局	彭维高
	21	区廉租住房建设项目（一期）	沟坝凤鸣苑	续建	民生	一期建设廉租房8850平方米	2010－2011	1593	500	1093	505	46.20%		竣工	自贡万利房地产开发公司	城乡建设住房保障局	彭维高
	22	区廉租住房建设项目（二期）	沟坝凤鸣苑	续建	民生	二期建设廉租房11000平方米	2010－2012	1700		1700	60	3.53%		竣工	自贡万利房地产开发公司	城乡建设住房保障局	彭维高

联系领导	序号	项目名称	建设地址	批次	项目类别	建设内容及规模	建设年限	总投资	截至2010年完成投资	2011年投资计划	截至目前完成投资	占年计划	存在的问题	2011年进度要求	责任人		联络员
															业主	责任单位	
钟淳	23	新桥改造及滨江路堡坎病害整治项目	市区	开工	基础设施	新桥排危加宽，滨江路堡坎整治	2011	1680		1680	0	0.00%		竣工	市政设施处	城乡建设住房保障局	黄鹤飞
	24	大通物流建设项目	自流井区工业集中区	开工	第三产业	建设办公楼、物流车场	2011	300		300	100	33.33%		竣工	大通公司	工管委	陈义贵
黄如贝	25	农村学前教育试点项目	各乡镇	续建	社会事业	新建教学、办公、生活用房5484平方米，改建现有园舍870平方米，建设3600平方米及购置设备设施	2010.12－2011.6	1100	100	1000	200	20.00%		竣工	各相关学校	教育局	李良生
	26	东方小学运动场工程项目	东方小学	续建	社会事业	新建运动场、学生食堂5500平方米	2010.1－2011.7	560	110	450	110	24.44%		竣工	教育局	教育局	甘建平
	27	东方小学拆迁房建设项目	东方小学	开工	民生	拆迁房3000平方米	2011.1－2011.12	400		400	0	0.00%		竣工	教育局	教育局	甘建平

联系领导	序号	项目名称	建设地址	批次	项目类别	建设内容及规模	建设年限	总投资	截至2010年完成投资	2011年投资计划	截至目前完成投资	占年计划	存在的问题	2011年进度要求	责任人		联络员
															业主	责任单位	
刘茂常	28	重型汽车球铁后桥生产线项目	自流井区工业集中区	续建	第二产业	征地20亩,新建厂房3000平方米,购设备20台套	2009－2011	3000	1800	1200	450	37.50%	部分厂房产权办理存在问题	6月底前进行试生产;先行办理符合规划所修建房屋的产权登记	长友汽车配件有限公司	工管委	陈义贵
	29	刀刀爽厂房搬迁和技改项目	郭街	开工	第二产业	修建4000平方米厂房和5000吨方便面食品生产线	2011－2013	1000		100	60	60.00%		完成征地和厂房建设	刀刀爽食品有限公司	经济和信息化局	卢三彬
冯道超	30	背街小巷整治项目	市区	开工	基础设施	道路、路灯、下水道等改造	2011	400		400	0	0.00%		竣工	市政设施处	城乡建设住房保障局	黄鹤飞
	31	城市道路路灯改造项目	市区	开工	基础设施	改造汇东路东沿线、三八路至鸿化厂、滨江路、假日广场、火车站、关外至龙井路、中华路东段、富台山隧道、解放路、东兴路、东兴寺至毛家坝等路段路灯	2011	350		350	0	0.00%		竣工	市政设施处	城乡建设住房保障局	黄鹤飞
李宗辕	32	供销社会服务体系建设项目	舒坪镇	续建	第三产业	修建办公场地260平方米,改造农资网点12个	2009－2012	250	150	50	0	0.00%		办公主楼建成投入使用	兴隆供销社	供销社	郭　立
	33	舒坪供水管网改造项目	自流井区工业集中区	开工	基础设施	建设加压站、高位水池及B区管网	2011	1000		1000	600	60.00%		竣　工	自贡水务集团	工管委	华　茂

联系领导	序号	项目名称	建设地址	批次	项目类别	建设内容及规模	建设年限	总投资	截至2010年完成投资	2011年投资计划	截至目前完成投资	占年计划	存在的问题	2011年进度要求	责任人		联络员
															业主	责任单位	
何永海	34	石缸井E组团房地产开发项目	石缸井	续建	第三产业	新建商住楼1.3万平方米	2010－2011	2400	1600	800	80	10.00%		年内主体工程建设，完成投资800万元	自贡大众公司	城乡建设住房保障局	彭维高
	35	行道树改造及节点绿化项目	市区	开工	基础设施	主街行道树及节点绿化	2011	340		340	0	0.00%		竣工	绿化工程队	城乡建设住房保障局	李慎康
	36	伍富路飞龙峡至八斗丘路面改造工程建设项目	仲权镇	开工	基础设施	建设沥青混凝土路面4.5公里	2011	350		350	80	22.86%		竣工	自流井公路养护段	交通运输局	刘家泉
许力	37	中小学校安工程项目	自流井区	续建	社会事业	维修、新建、改造教学综合楼5685平方米	2010－2011	567.5	95	472.5	250	52.91%		竣工	各中小学	教育局	詹俐
	38	塘坎上小学运动场工程建设项目	塘坎上路	开工	社会事业	扩建运动场2000平方米	2011	340		340	0	0.00%		竣工	自流井区塘坎上小学	教育局	张祖坤

联系领导	序号	项目名称	建设地址	批次	项目类别	建设内容及规模	建设年限	总投资	截至2010年完成投资	2011年投资计划	截至目前完成投资	占年计划	存在的问题	2011年进度要求	责任人		联络员
															业主	责任单位	
侯晋蜀	39	救灾指挥信息体系建设项目	自流井区	开工	社会事业	建立区级救灾指挥信息体系	2011	400		400	20	5.00%		竣工	民政局	民政局	吴国富
	40	仲权镇敬老院建设项目	仲权镇	开工	社会事业	新建仲权镇敬老院	2011	100		100	0	0.00%		竣工	仲权镇	民政局	吴国富
黄雪智	41	美系曾祖代种猪基地建设项目	荣边镇	开工	第一产业	建成存栏1000头种猪基地	2011	8000		8000	2050	25.63%		竣工	华西希望特驱集团	畜牧局	杨华贵
	42	自贡市汽车货运枢纽站建设项目	自流井区工业集中区	续建	基础设施	占地40亩,建筑面积5000平方米	2010－2011	5000	1500	3500	1100	31.43%		竣工	英祥集团	交通运输局	钟　南
	43	红肖路路面改造工程	高峰乡	开工	基础设施	建设混凝土路面6.4公里	2011	544		544	0	0.00%		竣工	自流井公路养护段	交通运输局	刘家泉
	44	贡芝路路面改造工程建设项目	荣边镇	开工	基础设施	建设沥青混凝土路面6公里	2011	360		360	0	0.00%		竣工	自流井公路养护段	交通运输局	刘家泉

联系领导	序号	项目名称	建设地址	批次	项目类别	建设内容及规模	建设年限	总投资	截至2010年完成投资	2011年投资计划	截至目前完成投资	占年计划	存在的问题	2011年进度要求	责任人		联络员
															业主	责任单位	
古荣华	45	中小型SO2及Nox有害气体治理工艺及设备开发项目	自流井区工业集中区	续建	第二产业	征地23亩，新建厂房5000平方米，新增设备200台（套）。投产后，年生产能力60台（套），新增加生产能力40台（套）	2010－2011	7300	1800	5500	800	14.55%		主体施工	四川东脑电气工程有限公司	工管委	杨 崎
	46	东一路北段建设项目	自流井区工业集中区	开工	基础设施	建设长约2公里，宽24米的沥青混凝土路面道路	2011	8600		8600	0	0.00%		年底建成并投入使用	四川巨木有限责任公司	工管委	华 茂
	47	沉型鱼饲料、膨化饲料技改扩建项目	自流井区工业集中区	续建	第二产业	征地7亩，技改扩建沉型鱼饲料及膨化饲料生产线	2010－2011	3860	1500	2360	2070	87.71%	供水压力不足	6月底前完成设备安装调试工作，7月份开始试生产	自贡福星饲料有限公司	工管委	缪凯文
	48	自贡市第二中压5000吨精密阀门铸造技改项目	自流井区工业集中区	开工	第二产业	建设规模：1. 建成年产3000吨特种阀门产品生产线。2. 建成年产阀门坯件5000吨的精密铸造生产线。建设内容：1. 建设阀门坯精密铸造车间5200平方米。2. 购置精密铸造所需电炉及配套设备。3. 购置供电、环保设备	2011－2013	4500		2000	1100	55.00%	资金短缺	8月底前竣工投产	自贡市第二中压阀门厂	工管委	缪凯文

中共自贡市自流井区委办公室 自贡市自流井区人民政府办公室 关于转发《区委政法委关于广泛深入持久开展“警民亲”活动的实施意见》的通知

自井委办〔2011〕44 号

各乡、镇党委和人民政府、区级机关各部门、各街道办事处：

区委政法委《关于广泛深入持久开展“警民亲”活动的实施意见》已经区委、区政府同意，现转发给你们，请结合实际认真贯彻执行。

2011 年 8 月 8 日

区委政法委关于广泛深入持久开展“警民亲”活动的实施意见

广泛深入持久开展“警民亲”活动，是省委、省政府从全面贯彻落实科学发展观、构建社会主义和谐社会的高度，向全省政法干警发出的响亮号召，是深入推进创先争优活动和“发扬传统、坚定信念、执法为民”主题教育实践活动的重要举措，是深化为民服务、构建和谐警民关系的迫切要求，是加强和创新社会管理、增进党同人民群众血肉联系、巩固党的执政根基的有效途径。根据省委办公厅、省政府办公厅《关于转发〈省委政法委关于广泛深入持久开展“警民亲”活动的实施意见〉的通知》（川委办〔2011〕15 号）和市委政法委《关于深入扎实推进“警民亲”活动的通知》（自政法〔2011〕60 号）精神，为扎实推进“警民亲”活动，迅速掀起“警民亲”活动热潮，现就在全区政法干警中广泛深入持久开展“警民亲”活动提出如下实施意见：

一、把握总体要求，明确活动目标

广泛深入持久开展“警民亲”活动，要坚持以邓小平理论和“三个代表”重要思想为指导，深入贯彻落实科学发展观，按照创先争优活动和“发扬传统、坚定信念、执法为民”主题教育实践活动的总体部署，以“服务群众、管理创新”为主题，以践行“以人为本、执法为民”为主线，从群众最需要的事情做起，从群众最不满意的问题改起，在贴近民心、维护民利、促进民和、保障民安、改善民生上下功夫、见实效，达到全面覆盖、警民亲近、社会和谐的效果，实现面貌一新、群众满意、社会公认的目标，努力造就一支“作风优良、执法公正、亲民爱民”的政法队伍，力争通过 3 年努力，实现以下 4 个目标：

为民服务意识进一步增强。全体政法干警普遍受到深刻的宗旨意识教育，自觉抵制官僚主义、衙门作风、特权观念，自觉坚持在思想上尊重群众、感情上贴近群众、工作上依靠群众，服务群众、执法为民意识更加牢固，从思想深处解决为谁掌权、为谁执法、为谁服务的问题。群众工作能力进一步提升。把握群众工作新特点，探索群众工作新思路，创新群众工作新方法，使广大政法干警懂群众心理、懂群众语言、懂沟通技巧，会化解矛盾、会调处纠纷、会主动服务、会宣传发动，成为做群众工作的行家里手，争做群众贴心人。政法队伍形象进一步改善。区级政法机关执法办案的质量和效率明显提高，涉法涉诉案件逐年下降，执法司法不公、执法不文明现象得到有效遏制，执法公信力进一步提高；广大政法干警工作作风、执法作风明显转变，有效防止发生对群众冷漠、生硬、蛮横、推诿现象，杜绝发生伤害群众感情和损害群众利益事件，政法队伍形象明显改善。

警民关系进一步密切。广泛开展爱民、亲民、助民活动，人人争当亲民爱民模范，个个争做群众贴心人，构建和谐警民关系，使群众满意度显著提高，社会和谐度明显提升，形成“警爱民、民拥警、警民团结一家亲”的生动局面。

二、明确主要内容，把握活动重点

（一）贴近民心更主动。要通过多种形式和有效途径，教育广大政法干警牢固树立群众观念，始终怀着对群众的深厚感情去工作、去执法。坚持把知民情、解民忧、暖民心作为经常性工作，深化“交朋友、结亲戚”、“结对帮扶”、“大下访”、“大走访”、“大接访”等活动，深入基层，进千家、走万户，主动倾听群众呼声，及时了解群众需求，切实帮助群众解决急事、难事、忧心事。广泛开展“开放月”和各种形式的警民联谊、互动活动，积极借助互联网、手机等新兴媒体，构筑新型警民沟通平台。

（二）维护民利更务实。坚持把实现好、维护好、发展好最广大人民的根本利益作为政法工作的出发点和落脚点，对涉及群众切身利益的重大决策、重要政策、重点工程项目坚持进行经济效益和社会稳定风险“双评估”，切实维护群众合法权益。严肃查办损害群众利益、涉及民生领域的违法犯罪，有效保障群众切身利益。广泛开展“开门评警”、“案件评查”等活动，强化执法监督，完善执法责任和责任追究、执法质量考评机制，切实解决群众最关注的社会公平正义问题。深化干警执法档案建设，建立健全对政法领导班子及政法队伍执法行为的巡视制度，以严明的纪律、优良的作风和公正廉洁的形象取信于民。

（三）促进民和更有效。完善“大调解”工作体系，加强面向群众、扎根基层、覆盖各行各业的调解员队伍建设，加强人民调解、行政调解、司法调解的衔接联动，最大限度把矛盾纠纷解决在基层、化解在萌芽状态。做好对流动人口的服务管理，加强对吸毒人员、精神病人的管理服务。落实刑释解教人员必送必接和有效安置政策，帮助刑释解教人员更好地融入社会；建立社区矫正工作体系，减少重新违法犯罪。组织有严重不良行为的青少年群体学文化、学技术、学法律，使其成长为对社会有用的人。深入开展集中清理涉法涉诉信访专项活动，下大力气化解老案、积案。落实宽严相济刑事政策，慎重处理涉及民生的各类案件，最大限度减少社会对抗。

（四）保障民安更有力。严厉打击欺压百姓、危害一方的黑恶势力犯罪和侵害群众生命安全的严重暴力犯罪，依法打击严重影响群众安全感的多发性侵财犯罪。大力整治“城中村”、城乡结合部等社会治安重点地区，切实解决弱势群体和困难人员的实际问题，把这些地区建设成为安全和谐的地区。深化平安建设，完善社会治安整体联动防控体系，增强人民群众安全感。

（五）改善民生更给力。充分发挥政法机关职能作用，全力保障和服务全区各项民生工程。建立健全政法机关服务群众制度，坚持从事关群众利益的事情入手，从看得见、摸得着的身边事做起，扎扎实实为群众办实事、做好事。不断推出便民利民惠民新举措，在政法部门窗口单位和直接服务群众的基层政法单位广泛推行首问（办）负责制和亲情化服务，让群众感到办事更方便、更快捷、更高效、更温馨。着力解决诉讼难、执行难等问题，加强律师、公证、司法鉴定和基层法律服务等工作，加大对困难群体的司法救助和法律援助，为人民安居乐业提供有力的法治保障和法律服务。

三、突出活动特色，体现分类要求

全区政法各部门要根据各自的实际情况，围绕中心工作，精心设计主题，创新活动载体，细化开展“警民亲"活动的具体要求。

（一）以"四项重点"工作为抓手，增强群众信任度。全面开展"违法犯罪艾滋病人监管、社会闲散青少年教育管理、狂躁型精神病人救治、医患纠纷化解"四项重点工作，狠抓重点人员的教育帮扶，努力从根本上预防和减少吸毒艾滋病人、狂躁型精神病人和有严重不良行为的青少年对社会的危害，从根本上规范医疗纠纷的化解工作，维护好良好的社会秩序。要进一步健全公安派出所、人民法庭和司法所等基层政法组织，将庭、所、队、科、室等基层单位和直接接待群众、服务群众的窗口单位作为开展"警民亲"活动的重点。制订具体方案，完善便民利民惠民措施，使政法基层单位和窗口单位成为知民情、解民忧、暖民心的主要平台，成为政法机关联系群众的桥梁和纽带。

（二）以"四个一"活动为载体，构建警民连心桥。把"警民亲"活动进社区、进乡村、进单位、进学校、进特殊人群和困难群体"五进"作为活动的基本要求，夯实"四个一"活动，即每个政法部门建立一支党员志愿服务队，政法部门每个党支部联系帮扶一个村社基层党组织，每名政法干警结对帮扶一名城乡特困群众，每名政法干警向工作范围、帮扶的村社、联系的群众等广大群体人手发放一张"警民联系卡"，广泛组织政法干警深入基层，听取社会各界和群众意见，了解掌握群众需求和期待，针对不同服务对象制定利民惠民便民措施，把"警民亲"活动落实到基层、覆盖到各个服务对象、惠及到广大人民群众。

（三）以"四百"活动为中心，提高干警服务群众能力硬功夫。政法各部门要立足职能、立足实际广泛开展服务基层、服务群众的各项活动，法院要深化"百案大回访活动"、区检察院要深化"百家单位职务预防教育活动"、公安系统要深化"百警爱民实践大走访活动"、司法系统要深化"百件矛盾纠纷大调处活动"，着力解决人民群众的实际困难。要把提高政法干警群众工作能力和水平作为深化"三项制度"建设的重点，对广大政法干警进行群众工作技能大培训，广泛开展群众工作技能大练兵，实现群众工作作风大转变，使广大政法干警练就"三懂四会"（懂群众心理、懂群众语言、懂沟通技巧和会化解矛盾、会调处纠纷、会主动服务、会宣传发动）的硬功夫，成为做群众工作的行家里手，不断提高政法机关服务群众的能力。

四、加强组织领导，确保取得实效

（一）加强督促指导。政法各部门要加强对"警民亲"活动的组织领导，建立健全领导机构，全区政法系统"警民亲"活动组长由区委常委、区政府常务副区长许建平、区政府副区长、区委政法委书记何永海担任，副组长由区级政法各部门"一把手"和区委政法委分管领导担任，成员由政法各部门政工部门负责人和区委政法委办公室负责人组成，何代俊同志兼办公室主任。同时，政法机关主要负责同志作为本部门开展"警民亲"活动的第一责任人，要亲自研究部署、亲自督导检查、亲自抓好落实，起好带头表率作用。区委政法委将会同区目督办组成联合督导组，对区级政法各部门开展"警民亲"活动组织专项督导和暗访，对存在的突出问题进行通报，限期整改，并及时向区委、区政府汇报。区级政法各部门确定的领导干部"发扬传统、坚定信念、执法为民"主题教育实践活动的联系点一并作为"警民亲"活动的联系点，要加强对联系点的督促、指导和检查，把联系点抓成示范点。

（二）搞好统筹协调。处理好"警民亲"活动与其他活动的关系。要以"警民亲"活动为载体，深入推进"创先争优"活动和"发扬传统、坚定信念、执法为民"主题教育实践活动，深化教育培训、技能练兵、作风建设"三项制度"建设，落实执法巡视、执法公开和作风巡察"三项机制"，促进案件质量评查活动，做到一个载体推进多项活动、落实多项要求，推动政法工作和政法队伍建设跨上新台阶。

（三）健全长效机制。要在总结活动效果的基础上，健全完善亲民爱民的长效机制、完善窗口单位服务行为规范、健全政法干警执法行为规范、健全完善政法干警职业道德规范，切实做到成果上常态化（长效机制），确保活动成为政法干警的自觉行动。

（四）加强考核考评。区级政法各部门要结合本系统实际，按照市直政法对口部门的要求，制定以人民群众为主体的"警民亲"活动考评细则，实行动态考评。年底，区委政法委将组织对区级政法各部门开展

“警民亲”活动情况进行阶段性考核，考核情况将纳入区委、区政府综治、维稳目标考核重要内容。

（五）营造良好氛围。要将宣传发动群众作为“警民亲”活动的重要内容，贯穿于活动全过程，做到同部署、同推进。要充分利用宣传栏、局域网、电子大屏幕等舆论工具，通过张贴悬挂响亮标语、温馨海报、制作专题片等各种群众喜闻乐见、易于接受的方式，使“警民亲”活动家喻户晓。区委政法委将组织文艺演出小分队深入社区、乡村、单位、学校和服务对象，广泛宣传“警民亲”活动，解答群众关注、关心的话题，展现活动中涌现出的“警爱民、民拥警”的典型事例，增强警民互动，拉近与群众的距离，推进“警民亲”活动的深入开展。

（六）加强信息报送。区级政法各部门要及时报送相关信息，并同主题实践教育活动一起实行信息“半月报告、季度统计”制度，区级政法各部门每月 13 日、28 日前将本部门“警民亲”活动主要情况报区委政法委，每季度上报活动阶段性总结和活动开展情况数据统计表，重大情况及时报告。

中共自贡市自流井区委办公室
自贡市自流井区人民政府办公室
关于进一步做好党政机关厉行节约工作的通知

自井委办〔2011〕52 号

各乡镇党委，区委各部委，区级各部门党组（党委、总支、支部），各街道党工委，各乡镇人民政府，区级各部门，各街道办事处：

为贯彻落实中央、省委、市委关于进一步做好党政机关厉行节约工作的要求，进一步弘扬艰苦奋斗的优良作风，带头厉行节约，加大经费减支力度，切实把有限的资金和资源更多地用在发展经济、改善民生上，经区委、区政府领导同意，现就有关事项通知如下：

一、进一步深化财政改革有关工作

继续深化预算管理改革，建立健全预算编制、执行、监督相互协调、相互制衡的机制，细化预算编制，严格审核各项支出预算。因公出国经费、公务用车购置及运行费、公务接待费（以下简称“三公经费”）实行零增长；暂停公务用车采购；今年原则上不自行安排组团外出考察，确需外出由区委常委会审批。今年推行“公务卡”试点工作，2012 年全面推行使用“公务卡”。继续深化国库集中支付制度改革，扩大集中支付范围，强化政府采购，健全区财政评审项目机构、机制，加强项目资金支出管理。健全预算执行动态监控体系，实时掌握各项财政资金支付情况，防止截留、挤占、挪用。强化政府采购计划管理中的资产配置标准审核，严禁配备明显超出机关办公基本需求的高档、高配置产品。继续深化收支两条线管理改革，将各项非税收入纳入预算管理，全面规范党政机关的收支活动。从严控制一般性支出，保障重点支出和法定支出，集中财力办大事、办实事，切实把有限的财力物力用在人民群众最迫切需要解决的问题上、用在特殊困难群体的帮助扶持上、用在推进改革发展稳定工作的关键环节上。认真抓好社会团体和国有及国有控股企业“小金库”专项治理工作，完善防治“小金库”的长效机制，切实从资金来源上堵塞漏洞。推动党政机关行政经费信息公开，将党政机关行政经费和“三公经费”情况纳入财政决算报告，并适时向社会公开。

二、加强机构编制和人员管理

认真贯彻落实中央、省、市关于机构编制管理方面的政策，加强机构设置和编制管理，严格控制机构编制总量。坚决执行机构编制审批程序和制度，严格按照审批权限和程序设置行政机构，继续清理和规范议事协调机构，及时撤销已完成任务的临时性机构。加强和规范事业单位机构编制管理，严格控制事业编制的使用范围，精简撤并职能交叉、任务不饱和的事业单位，不得再批准设立承担行政职能的事业单位和从事生产经营活动的事业单位。全面推行机构编制实名制管理，加强对各级机关事业单位新增工作人员使用空缺编制的审批，切实解决人员超编问题，不得为超编人员办理录（聘）用、调（转）任手续并核拨经费。加强对机构编制执行情况的监督检查，坚决制止和纠正自定行政编制和政法专项编制、超编进人、超职数超规格配备领导干部、超限额设立机构或擅自提高机构规格、以虚报人员等方式占用编制并冒用财政资金、越权审批机构等行为。严肃纪律，严格执行规范津贴补贴工作有关规定，加强监督检查，防止滥发津贴补贴。

三、进一步加强和规范公务用车配备使用管理

认真贯彻落实党政机关和领导干部公务用车配备使用管理办法，加强公务用车编制管理，进一步完善公务用车编制管理制度。认真开展党政机关公务用车治理，重点整治党政机关超编制、超标准配备公务用车，以及违规换车、借车、摊派款项购车、豪华装饰和公车私用等问题。进一步建立健全编制管理、购置审批、经费预算管理、日常管理、执法执勤用车管理五项规章制度。切实加强公务用车日常使用管理，制定公务用车运行费用定额标准。严格执行车辆维修使用管理制度，推行公务用车定点保险和定点加油制度，加大对公务用车“定点保险、定点维修、定点加油”的监督检查力度，纠正和查处违规违纪行为。

四、进一步加强出国（境）管理

继续从严控制因公出国（境）团组数和人数，切实防止公款出国（境）旅游反弹。严格控制招商引资、文体交流等大型因公出国（境）团组中党政干部的比例。严禁以各种名义用公款出国（境）旅游。严格执行因公出国（境）经费预算管理和先行审核制度。原则上暂停安排出国（境）活动。

按照有关规定，领导干部因公出国（境）证照必须上交省外事办保管，领导干部因私出国（境）证照按照干部管理权限必须上交组织部门保管（其中，市管干部上交市委组织部，科级领导干部上交区委组织部）。领导干部因公因私出国（境）情况作为个人重大事项报告，应按干部管理权限，事先向市、区纪委和组织部门报告备案。因私出国（境）期间所有费用一律自理，不得走因公渠道报销，区财政、审计部门要严格审查核实。加强监督检查，按照“谁派出、谁负责”的原则，加大对违反规定组织和参与公款出国（境）旅游案件的查处力度，促进因公出国（境）管理制度落实到位。对违反管理规定出国（境）的，要按照干部管理和党纪政纪相关规定，追究相关人员责任。

五、从严控制和规范各类庆典、节会、论坛等活动

严格审批程序，未经区委、区政府或市级主管部门批准，各级各部门一律不得举办、参与和赞助举办各种庆典、节会、论坛、商业演出等活动。坚决撤销不符合规定的庆典、研讨会、论坛等活动。经批准举办的，从严控制规模和经费支出，严格经费审核，接受审计监督。全区党政机关、人民团体、社会团体及其所属事业单位举办活动，不得向下级单位和企业转嫁费用，所需经费由举办单位承担。严格规范领导干部出席庆典、研讨会、论坛等活动，领导干部原则上不得出席与本职工作无关的活动。举办单位不得以任何名义向出席活动的领导干部送礼金、礼品、昂贵纪念品和各种有价证券、支付凭证。

六、从严控制楼堂馆所建设

继续从严控制党政机关办公楼等楼堂馆所建设。严格审批制度，规范审批程序，从严控制办公楼维修项目，加强党政机关办公用房维修项目监督管理，严禁超预算超标准装修办公用房。严格控制业务用房规模，严禁借建造业务用房之机违规建设办公用房。严禁违反规定为领导干部购买、建造、装修住房。健全党政机关办公楼等楼堂馆所建设的各项管理制度，构建控制党政机关办公楼等楼堂馆所建设的长效机制。

七、进一步规范公务接待工作

严格执行中央、省、市、区关于党政机关国内公务接待的管理规定，严格报批手续，规范接待程序。公务接待严格按标准实行工作餐，提倡自助餐，严格控制接待费用，严禁用公款大吃大喝。严格公务接待经费预算管理，认真落实公务接待经费在财务上单独列项制度，严肃财经纪律，严格预算约束，强化审计监督。严格审核领导干部参加会议、学习、培训期间的费用支出，不得报销同乡会、校友会、战友会等各种联谊活动的费用。严禁以组织或参加会议、学习、培训、联谊活动等名义用公款相互宴请和用公款请客送礼。

八、进一步控制会议、差旅、文件等一般性支出

严格控制会议数量、规模、经费，尽可能利用现代通信和技术手段召开电视电话会议，避免层层开会。严格控制发文数量和范围。大力推广电子政务，尽量利用党委、政府网站发文；凡是法律法规已有明确规定的一律不再发文，已全文公开的不再印发文件。2011 年各级各部门的"庆典、研讨会、论坛费用"、"会议费用"、"通信费用"3 项费用的一般预算支出数不得高于 2010 年的实际支出数。严格按标准核定经费支出，日常公用经费支出原则上按"零增长"控制。除重大招商活动外，不安排考察和学习经费，在差旅费中报销和核算相关支出，手续要齐全，一律不准报销旅游景点游览费用等。严禁滥发岗位津贴、误餐补助和变相的补贴、实物、奖金及代金券。严格控制综合服务性支出发票报销入账，严禁公款报销歌舞厅、洗头、洗面、洗澡、洗脚等娱乐保健消费。大力开展公共机构节能工作，节约水电油费用支出，积极开展节能节水改造，推行资源消耗定额管理。全区党政机关及下属单位要推行节水型单位建设，确保高效照明产品使用率达到 100%，2011 年用电、用水、用油量比 2010 年下降 5%。

九、进一步推进信息工程共建共享

按照《国家信息化建设指导意见》和电子政务发展规划，以"统筹规划、资源共享、业务协同、安全保密、节约资金"为原则，尽快出台《自流井区电子政务建设管理办法》，明确信息共享标准和规范，统筹分步实施信息化工程建设。加快电子政务大厅建设，深化和拓展行政审批和业务协同，努力规划业务系统接口对接，争取实现跨部门、跨业务系统的数据交换和资源共享。降低电子政务建设和运营成本，切实提高财政资金使用效率，防止重复建设和"信息孤岛"。

各级各部门要按照本通知要求，结合实际，狠抓贯彻落实。纪检监察机关和组织人事、发展改革、财政、审计、机构编制、机关事务管理等有关部门要进一步细化各项措施，明确责任，加强监督检查，严肃查处违纪违规行为；对顶风违纪、造成不良影响的，要从严追究主要领导、分管领导和直接责任人的责任。

2011 年 11 月 30 日前，各部门、各单位要将贯彻落实本通知的情况报送区委办公室、区政府办公室、区纪委（区监察局）。

2011 年 10 月 11 日

中共自贡市自流井区委办公室
关于加强自流井区廉政文化建设的实施意见

自井委办〔2011〕64号

为深入贯彻落实中央《建立健全教育、制度、监督并重的惩治和预防腐败体系实施纲要》，根据省、市相关文件要求，现就加强我区廉政文化建设提出如下实施意见。

一、廉政文化建设的指导思想、基本原则和工作目标

（一）指导思想。以邓小平理论和“三个代表”重要思想为指导，全面贯彻落实科学发展观，坚持标本兼治、综合治理、惩防并举、注重预防的方针，把廉政文化融入反腐倡廉思想教育、社会主义荣辱观教育、社会主义道德教育、社会主义法制教育中，为反腐败斗争提供良好的社会基础，为自流井区跨越式发展营造良好氛围。

（二）基本原则。坚持与社会主义市场经济相适应、与党的优良传统和时代精神相统一、与中华民族传统美德相衔接、与社会主义和谐社会相协调；坚持广泛性与针对性相结合、文化建设与制度建设相结合、全面推进与重点突破相结合、当前与长远相结合；坚持发挥现有各类教育文化资源的优势。

（三）工作目标。着力形成以科学的廉政理论为统领，以丰富的廉政文化活动为载体，以健全的廉政制度为保障，具有浓厚历史文化底蕴、鲜明时代特征和地方特色的廉政文化体系。

二、廉政文化建设的主要任务

（一）以“立党为公、执政为民”为主题，深入开展廉政文化进机关活动。把廉政文化建设与党风廉政教育、职业道德教育相结合，与创建服务型、学习型机关相结合，大力倡导廉洁奉公、诚实守信、爱岗敬业、公道正派、服务高效的机关文化，不断规范机关工作人员的从政行为。通过组织党员干部学习反腐倡廉理论、党纪政纪条规和法律法规，开展撰写廉政座右铭、发送廉政短信、实行廉政承诺、宣传廉政典型、开展警示教育、观看廉政影视片、参观监狱等活动，营造机关廉政文化氛围，增强机关工作人员的廉洁从政意识，树立为民、务实、清廉的从政形象。

（二）以创建“文明家园、和谐社区”为主题，深入开展廉政文化进社区活动。把廉政文化建设纳入社区建设的总体规划，与创建文明社区、平安社区、和谐社区结合起来，增强社区群众支持和参与反腐败斗争的自觉性。社区要从实际出发，努力创造条件，积极开展丰富多彩的廉政文化创建活动。通过建立廉政文化角，设立廉政警示栏、宣传橱窗、书报专柜，张贴廉政宣传画，放映廉政电影，举办廉政书画展览、廉政文艺演出等多种形式，营造社区廉政文化氛围。

（三）以“清廉勤俭、和谐家庭”为主题，深入开展廉政文化进家庭活动。把廉政文化建设与“五好”文明家庭创建活动紧密结合，努力推进廉政文化进入家庭。尤其要使干部特别是领导干部的配偶、子女了解领导干部廉洁从政的规定，增强家庭助廉教育的针对性、实效性和前瞻性。通过创建廉洁家庭、宣传表彰廉内助、节庆倡廉教育等形式多样的家庭助廉活动，净化家庭环境，营造良好家风。

（四）以“崇尚廉洁、文明校园”为主题，深入开展廉政文化进校园活动。把廉政文化建设与师德师风教育和职业道德教育结合起来，督促教职员工爱岗敬业，为人师表。将廉洁教育纳入思想品德课程之中，培养学生正确的价值观和高尚的道德情操，使青少年在潜移默化中树立廉洁观念，自觉养成自律、诚信和富有社会责任感的良好品德。充分利用学科教学、主题活动、课外阅读、社会实践等途径，依托校报校刊、校园网站、班组板报等阵地，开设符合形势需要和学生心理特点的专栏、专题、网页，广泛传播廉政知识，弘扬廉政文化。

（五）以“诚信廉洁、依法经营”为主题，深入开展廉政文化进企业活动。把廉政文化融入到企业文化建设中，开展形式多样、丰富多彩的廉政文化宣传教育活动，增强职工的社会公德意识和职业道德意识，为企业发展提供强大的精神动力。把涉及反腐倡廉的音像、报纸、书刊提供员工观看阅读；在企业内部各种宣传媒体上开辟廉政专栏、专题，组织员工结合企业实际开展廉洁、诚信大讨论。尤其要突出重点，加强对企业管理人员的教育，大力倡导诚信、守法、廉洁经营，自觉抵制商业贿赂，维护社会主义市场经济秩序。要把反腐倡廉规定贯穿到企业规章制度之中，规范企业生产经营行为。

（六）以创建“清廉乡风、文明村社”为主题，深入开展廉政文化进农村活动。紧紧围绕建设社会主义新农村这一目标，把廉政文化建设作为加强农村党风廉政建设的重要内容，与创建文明乡镇、文明村、文明户活动紧密结合起来，与反腐倡廉教育、普法教育、“三下乡”、村务公开等活动有机结合起来。注重发挥乡镇文化站的作用，创作具有乡村特色的廉政文艺作品，广泛开展符合农村实际和特点的廉政文艺演出、廉政书报（刊）阅读、廉政影视片观看等活动，弘扬正气，鞭挞丑恶，促进农村基层干部廉洁奉公，增强农村群众崇尚廉洁的意识。

（七）围绕“寓教于乐、体现特色”为主题，深入开展廉政文化进景区活动。充分挖掘辖区内尖山飞龙峡、自流井老街、西秦会馆等景区文化内涵，结合景区自身特点，通过游客中心、标示标牌、旅游手册、解说词、门票等表现载体，把廉洁文化融入旅游文化，做到春风化雨、润物无声。

三、加强廉政文化建设的组织领导

（一）建立廉政文化建设的组织协调机制。要坚持反腐倡廉“大宣教”工作格局。区纪委、区委宣传部、区监察局负责全区廉政文化建设的组织协调工作。区直属机关党委牵头负责廉政文化进机关工作；区民政局牵头、各街道配合负责廉政文化进社区工作；区妇联牵头负责廉政文化进家庭工作；区教育局牵头、团区委协助负责廉政文化进学校工作；区总工会负责廉政文化进企业工作；区农办牵头、各乡镇配合负责廉政文化进农村工作；区外事侨务旅游局牵头负责廉政文化进景区工作；区委宣传部、区文体广电和新闻出版局牵头负责廉政文化理论研究、历史文化发掘、文艺创作等工作。各部门对牵头负责的工作任务要细化措施，并加强协作，密切配合，形成合力，保证落实。

（二）建立廉政文化建设的激励机制。建立健全廉政文化建设的目标管理、考核评价和激励机制，把廉政文化建设纳入反腐倡廉宣传教育的考核内容，对优秀廉政文艺作品和文化项目、活动进行表彰奖励。鼓励和扶持企事业单位、社会团体和个人举办廉政文化项目、开展廉政文化活动。各单位、各部门要培育和树立廉政文化建设的先进典型，组织廉政文化建设现场观摩和经验交流，积极探索和总结廉政文化建设的有效途径和方法，推动廉政文化建设深入开展。

（三）建立廉政文化建设的保障机制。各单位要在加强领导、统一协调、齐抓共管的前提下，多渠道多途径加大人力、物力、财力投入，形成有效工作机制，切实保障廉政文化建设的需要。区委宣传部、区新闻中心、《自流井》编辑部要加强廉政文化的宣传，有关部门要建立健全文化建设的督促检查机制，确保廉政文化建设的各项任务落到实处。

自贡市自流井区人民政府
关于加强个体零星税收征管工作的意见

自井府发〔2011〕56号

各乡、镇人民政府，区政府各部门，各街道办事处：

为进一步加强和规范个体零星税收的征收管理，建立长期、高效的协税护税机制，营造公平、公正、公开的依法治税环境，增加财政收入，推动全区经济社会又好又快发展，根据税收征管相关法律、法规和《自贡市税收征管保障办法》精神，结合我区实际，制定本意见。

一、充分认识加强个体零星税收征管工作的重要性和必要性

个体零星税收具有分布广、零星分散、管理不规范的特点，一直是我区税收征管的薄弱环节，单靠税务部门现有的征管力量、征管手段和方式，很难实现有效控管。加强零星税收征管，能够充分发挥各乡镇政府、街道办事处及村、社区对辖区情况熟悉，对个体工商户生产经营情况掌握及时的信息优势，是及时发现、监控税源，共同管住、管好税源，最大限度地堵塞税收漏洞，发挥综合治税合力，增加税收收入的有效手段。各级各相关部门要充分认识实施加强零星税收征管工作的重要性和必要性，高度重视，把此项工作作为一项长期、经常性的任务抓紧抓好。

二、建立健全征管工作组织体系

整合财政、地税、国税、公安、工商等部门资源，成立全区个体零星税收协税护税工作领导小组，具体负责全区零星税收征管工作。各级各相关部门要将此项工作列入重要议事日程，各负其责，相互支持，密切配合，确保各项工作任务落到实处。

各乡镇政府、街道办事处要成立个体零星税收协税护税办公室，主要领导要亲自抓，分管领导具体抓，并确定1至2名专兼职人员（不使用临时聘用人员），组织开展个体零星税收征管工作。主要工作内容是：建立健全辖区内零星税收的工作档案，定期将零星税收的征管情况反馈到国税、地税部门；在国税、地税部门授权范围内开展税收代征工作，协助完成税务登记管理、税款催缴、漏征漏管户清理、日常税务巡查等工作；负责税务协管员的日常监督管理和工作业绩考核。

三、征管范围

将固定个体工商户、个体临时经营户、个体流动经营户、私有房屋（含店铺）出租、家庭装饰装修、个人医疗服务、个人承包、承租经营所得等个体零散经营活动所涉及的增值税、营业税、城市维护建设税、个人所得税、房产税、城镇土地使用税、印花税、教育费附加、地方教育附加等税费的征收管理纳入全区个体零星税收征管范围。

四、工作步骤及具体措施

（一）工作步骤

前期准备阶段：签订相关的委托代征协议，制定和完善区及各乡镇政府、街道办事处加强个体零星税收征管工作方案。落实办公地点和设备配置等有关工作，对零星税收征管人员进行税收业务、征管流程培训。确定零星税收征管站点数量及分布设置，研究确定纳入零星税收征管的纳税户范围。

正式实施阶段：建立各乡镇、街道个体零星税收协税护税办公室，配合税务部门清查无牌无证户、漏征漏管户，督促其到税务部门办理税务登记和纳税申报。各乡镇、街道个体零星税收协税护税办公室跟踪巡查个体工商业户，建立健全征管档案，做好对各项税费的催报催缴工作，及时将情况反馈到税务部门，开展零星税收普查及征管工作。

（二）具体措施

一是大造声势，广泛宣传动员。在主街大道悬挂、张贴零星税收征管相关税收政策的宣传标语及公告，在电台、报纸、政府网站等发布零星税收征管相关税收政策，逐户发放零星税收征管宣传资料，特别加强背街小巷个体经营户税收宣传。二是摸底调查，收集基础资料。调查辖区内零星税收基本信息，建立相关数据库。扩大零星税收征收面、征收范围，重点对装修、房屋出租、流动经营等方面强化征管。按照核定的计税依据计算应纳税额，对纳税人应纳税额在指定的场所公示，消除纳税人税负不公平的顾虑。三是规范程序，完善相关制度。制定区零星税收征管办法，分类、分行业确定零星税收最低计税依据，在原定额的基础上，按“定额三公开”程序，对部分行业适时进行定额调整，便于个体税收征管办公室核定征收。在调查摸底的基础之上，分街道、分地段核定个人房屋出租最低计税价格，报区政府批准后执行。

五、完善激励保障机制

将超过全年零星税收征管工作目标任务的区本级分成部分全部作为征管工作经费。建立与零星税收征管工作绩效挂钩的经费供给机制，将各乡镇、街道工作经费和日常经费的划拨与工作任务完成考核情况挂钩，采取以奖代补的形式，对征管任务完成好的单位实行奖励，对完成差的单位进行扣减。各乡镇政府、街道办事处在国税、地税部门委托范围内征收的税款，可由税务部门按有关政策规定计提代征手续费。

六、严格考核奖惩

区政府将把零星税收征管工作纳入年终综合目标绩效考核内容，并作为重要政务督查事项，每季度进行考核并通报情况。年终对思想重视、工作得力、成效显著的单位和个人进行表彰。个体零星税收征管工作的监督管理及考评由区个体零星税收协税护税工作领导小组负责，考评对象为各乡镇政府、区级相关部门和街道办事处，采取平时抽查和年底综合考核的方式进行。同时，各乡镇政府、街道办事处要把零星税收协税护税情况纳入村、社区干部绩效考核。

七、加强监督管理

各乡镇政府、街道办事处及村、社区要按照有关管理和考核办法加强对税务协管机构和协管人员的监督管理，督促其在授权范围内认真履行协管职责。对不遵守有关规章制度，涉嫌违规操作的人员要及时作出处理，并责令其承担相应的法律责任。税务、监察等部门对零星税收协管人员利用工作之便收受纳税人利益，导致纳税人不交或少缴税款的行为的，要按照相关规定给予处罚，情节严重的实行清退。主管税务机关依法对各乡镇政府、街道办事处及村、社区委托代征情况进行监督、管理和指导，督促其按时解缴代征税款。

2011年6月17日

人大代表优秀意见建议办理

一、安装钟云山社区 24－28 栋路灯

人大代表王建英:1、安装钟云山社区 24－28 栋路灯 6 盏;2、火车站 15 组、22 组路灯安装 3 盏。自贡市自流井区城乡建设和住房保障局办理回复:您提出的关于安装钟云山社区 24－28 栋路灯的建议悉。感谢您对城市市政公用设施建设工作的关心,现答复如下:

收到您的建议后,我局所属市政设施管理所到现场进行了查勘,确定在该段道路安装路灯 5 盏,我局已经在 6 月 14 日进行安装,共投入资金 1 万余元。

代表意见:满意。

二、尽快修通同兴大桥西段公路,减少新桥压力

人大代表易怀清:同兴大桥已修通 2 年多了,但至今西段公路未修,该桥成了交通的断头路,没有发挥该桥应有的作用。目前自贡的汽车增多,增大了新桥的通车压力。特别是早上、中午、晚上、上下班时,新桥堵车相当严重,人、车混行,给车、人、行走带来了许多不便,有时堵车达半小时以上,特别是两轮乱窜,存在着不安全因素。希有关部门能尽快修通大同桥两段公路,缓解新桥的压力和不安全。

自贡市自流井区城乡建设和住房保障局办理回复:您提出的关于尽快修建同兴大桥西段,减少新桥压力的建议悉。感谢您对城市市政公用设施建设工作的关心,现答复如下:

您提出的建议非常好,目前自流井区已经在开始做方案,一旦方案确定,将实施招商引资,引入开发企业在对这一片区进行开发建设的同时,也将打通大同桥出口,使城区交通压力得到缓解。再次感谢您对我区城市建设工作的关心和支持。代表意见:满意。

三、关于整治石缸井路面问题

人大代表谭剑英:自流井区石缸井是我市有名的歌城一条街,来往行人多。但该地人行道路面破烂不堪,有损市容,也给行人带来不便,请有关部门进行整治。

自贡市自流井区城乡建设和住房保障局办理回复:您提出的整治石缸井道路的建议悉。感谢您对城市市政公用设施建设工作的关心,现答复如下:

石缸井道路是自流井区中心城区的主要支道,该段道路人行道确实不规范,并存在着局部破烂和松动的状况,经预算,要改造这条支道,需资金 105 万元。目前,石缸井道路改造工程已通过立项审批,正在进行招投标的前期准备工作,今年内我区将对该条道路实施改造,彻底改变石缸井道路坑洼不平的现状,确保行人安全,促进整条街第三产业准备,提升城市形象。

代表意见:满意。

四、希尽快修复,完善损坏的坐椅

人大代表易怀清:滨江路、同兴路绿化带和人行道旁原来都有一些坐椅,给市民休息带来了方便,但近来,不少坐椅不见了,有些损坏了,给上行观光的市民,特别是老年人走累了想休息一下,找不到坐椅。

请市政部门能否给该路段安装和修复坐椅,给市民一个休息、休闲的方便。

自贡市自流井区城乡建设和住房保障局办理回复:您提出的关于尽快修复完善损坏座椅的建议悉,感谢您对城市市政公用设施建设工作的关心,现答复如下:

滨江路人行道由于年久失修,设施存在一定的损坏,为此,市政设施管理处已多次向市城乡规划建设和住房保障局报告,目前,市局正在进行勘察和规划设计等工作,准备进行设施损坏治理及改造,座椅的安装是设施改造的内容之一。损坏治理及改造阶段性工作,我们将及时向你通报。再次感谢您对市政公用设施建设的关心。

代表意见:满意。

五、关于背街小巷路面维修的建议

人大代表卢燕:三台寺社区与新民社区两个社区相连共有一条支巷马路,长 100 米、宽 5 米左右,两个社区共有 300 多户近 1000 人在此居住,居民群众进出都要经过此路段。这条支巷马路上有 2 处坑坑洼洼现象,下雨天积水,车子路过将水溅到过路的行人身上,晴天路人要绕着走,由于此路段年久无人维修,来往车辆多,路面越压越坏,造成严重路不平整状况,社区也没有专项维修资金,请有关部门到现场进行察看,进行基本的路面填补维修,为广大居民群众解决实际困难做好事,做实事。

自贡市自流井区城乡建设和住房保障局办理回复:您提出的关于背街小巷路面维修的建议悉。感谢您对城市市政公用设施建设工作的关心,现答复如下:

您提出的三台寺社区与新民街社区相连地段有一条道路,因年久未修,破损严重,有多处坑凼现象,给过往车辆和行人带来不便,为此,我局将把这条道路的维修列入今年背街小巷整治计划,向市城乡规划建设和住房保障局请示,待市上下达整治资金后,进行整治。

代表意见:满意。

六、大湾井社区伍云村大道的隐患

人大代表殷智平:位于自流井区郭街大湾井社区的伍云村大道口,坑坑凼凼、凹凸不平,两轮三轮经常翻车,可以说是现在自流井区最烂的一条路,而且人行道两旁堆满了建筑废土,行人无法下脚。此道大车、小车、两轮、三轮、人流量十分大,而且行路也非常危险,希望有关部门引起高度重视,解决路面行路行车难,并清除人行道多年来的建筑废土。借城乡环境综合治理的东风,将这些问题解决好,避免一些不必要的安全隐患。

自贡市自流井区城乡建设和住房保障局办理回复:您提出的关于整治大湾井社区伍云村大道隐患的建议悉。感谢您对城市市政公用设施建设工作的关心,现答复如下:

收到您的建议后,市政设施管理所到现场进行了查勘,由于该片区已纳入棚户区改造范围,为避免重复投资,该道路的整治待棚户区改造时一并实施。但是在未改造前,市政设施管理所将进行简单的维护。

代表意见:满意。

七、希望这儿的路能硬化

人大代表易怀清:光大街社区有几条路,长期来坑洼不平,给居住在这儿的居民出行带来不便,请相关部门能安排给维修。

1、光大街 2、3 组有一条路,宽 1 米多,长 170 米左右。

2、光大街 16、18 组有一条 1 米多宽长 80 来米。

3、光大街 26 组有一条 1 米多宽约 80 来米。

自贡市自流井区城乡建设和住房保障局办理回复:您提出的光大街有几条路需维护的建议悉。感谢您对城市市政公用设施建设工作的关心，现答复如下：

经市政设施管理所现场查勘，您所提出的几条道路确实需要维护，我局将尽快安排资金进行维护，以确保行人安全。

代表意见：满意。

八、群众盼这条路能硬化

人大代表易怀清：源渊井社区金沟湾7组到市光明食品厂门口有一条长约100米、宽1.3米的泥路，居民盼能硬化。因这条路给金沟湾7组居民和往来这条路上的行人，在出行上带来许多不便，下雨天不好走，泥水一地。目前居住在家的多半是老人、孩子，希有关部门能够解决，以解居民心中之忧。

自贡市自流井区城乡建设和住房保障局办理回复：您提出的关于金钩湾到光明食品厂门口道路硬化建议悉。感谢您对城市市政公用设施建设工作的关心，现答复如下：

经市政设施管理所现场查勘，该段道路属煤渣地面，存在严重的坑洼不平状况。对此，我局已将此段道路列入今年背街小巷整治计划。目前自流井区正在将辖区内需要整治的背街小巷的计划向市城乡规划建设报告，待资金落实即进行整治。

代表意见：满意。

九、关于规范宠物饲养的建议

人大代表廖建华：现在饲养宠物（特别是狗）的居民很多，且无序，狗屎影响环境卫生，伤人等问题常引发矛盾纠纷，居民群众对此意见很大。

希望有关执法部门加大整治力度。建议制定相关制度规范饲养行为。如不按规定饲养的，执法部门可采取强制措施（打狗）。自贡市公安局自流井区分局办理回复：您提出的关于规范宠物饲养的建议悉，感谢您对公安工作的关心，现答复如下：

（一）加强宣传，努力营造依法文明养犬的氛围

1. 要求各派出所以社区为单位，结合打走访“开门评警”活动，按照《自贡市城区限养犬管理办法》进行文明养犬的宣传活动。

2. 派出所社区民警，要深入社区，就群众所关心的“流浪犬”，噪音扰民，犬只隧道大便影响卫生，大型犬只的管理等问题进行有针对性的宣传，倡导居民群众文明养犬，依法养犬。

（二）重点整治，依法查处违规养犬行为

1. 针对廖建华代表提出的建议，分局组织警力开展专项整治，对无证养犬、“流浪犬”进行管理和捕杀；严格按照自贡市城区限制养犬管理办法，依法进行查处，按规定城区每户养犬不得超过1只，所养犬只身高不得超过35厘米，并办理养犬许可证进行拴养或圈养、并联系城管部门对携犬人，犬只在公共场所排泄粪便不及时清理的行为，由城管执法部门处以50元以下的罚款。

2. 自3月24日开始，分局以治安大队牵头将组织10人的警力对全区各个派出所的社区进行清理检查，并建立定期回访回查制度，对群众的举报投诉，我局将及时的依法查处违规养犬行为，捕杀流浪犬后，及时反馈举报人，接收群众的监督。

（三）当前犬只管理中存在的困难

1. 目前我局基层派出所在日常的接处警工作中经常接到群众报案犬只伤人的警情，经调查后多数是“流浪狗”所为，同时存在一部分城市居民养犬没有办理《养犬许可证》，有的办证后没有拴养和圈养造成。

2. 一些城乡结合部的居民，养犬数和犬只种类超过规定。这些部位又是盗窃的多发部位，在我们社区民警要求他们按规定养犬时，他们会说：我家中被盗，是否有你们警察来赔偿损失，所以在管理中存在相当大的难度。

3. 近年来随着社会居民生活质量的提高，城市居民养宠物、养狗的将越来越多，其中有许多养犬户不按规定办理或不愿意办理《养犬许可证》，其原因是：不愿意出给犬只注射犬疫苗和定期检测的费用。

对以上存在困难和问题，我局将会同协调相关部门，加大执法的力度，同时也希望媒体的呼吁，采取多种有效的措施，规范辖区居民群众的养犬行为，力争取得良好的社会效果。

代表意见：基本满意

十、尽快解决龙凤山社区体育器材设施安装

人大代表吴敬华：龙凤山社区体育场修建已久，但由于社区无三产业资金，社区想为居民群众办一件实事好事，丰富老年朋友活动锻炼广场，由于没有资金，一直没有实现。龙凤山社区属老城区的棚户区，老年朋友多，困难人员多，又没有娱乐锻炼的设施，给老年人的文化生活带来不便。所以，我建议政府部门协调资金，尽快解决龙凤山社区体育器材设施的安装。为社区广大居民群众提供一个锻炼身体的活动广场。

自贡市自流井区文体广电和新闻出版局办理回复：您提出的关于《尽快解决龙凤山社区体育器材设施安装》的建议悉，感谢您对我局工作的关心、支持。现将有关意见答复如下：

您带领社区群众在资金困难的情况下，自力更生，建成了社区广场，为社区群众提供了一个很好的体育健身活动场所，非常敬佩，为民办实事，为民办好事是我们共同的目标，我局收到您的提案后，高度重视，积极想办法，经局长办公室会议研究决定，一是以区文体局的名义，向市体育局专题报告，争取安装健身器材。鉴于农民健身器材，按照上级要求，目前主要是以乡镇安装为重点。市区街道安装在乡镇工作完成后，才能在市区开展各项工作，为此难度较大。二是我区将积极实施体育器材的安装工作，力争在今年内完成。区政府分管领导汇报，并向政府争取专项资金，待资金落实后，使龙凤山社区有个良好的健身活动场所，更好地丰富广大群众文化、体育活动开展，促进两个文明建设，为和谐自流井做出积极贡献。

代表意见：满意。

基础数据 JI CHU SHU JU

统计公报

自贡市自流井区2011年
国民经济和社会发展统计公报

自贡市自流井区统计局

（2012年7月25日）

2011年，是“十二五”规划的开局之年，区委、区政府在市委、市政府的正确领导下，区委、区政府团结带领全区人民坚持以邓小平理论和“三个代表”重要思想为指导，深入贯彻落实科学发展观，继续以项目建设为总抓手，全区经济实现了持续较快增长，各项社会事业取得了新的成绩，为自流井区社会经济可持续发展奠定了重要基础。

综　合

经济总量扩大，发展速度稳步增长。自流井区生产总值（GDP）223.8亿元，同比增长14.4%。其中，第一产业增加值3.4亿元，增长5%；第二产业增加值131.3亿元，增长16.6%；第三产业增加值89.1亿元，增长11.7%。产业结构进一步调整，一、二、三次产业增加值占生产总值的比重由上年的1.5∶58.0∶40.5调整为1.4∶58.6∶40.0，继续保持“二、三、一”产业结构。一、二、三产业增加值对经济增长的贡献率分别为0.5%、66.7%、32.8%。

在经济快速发展的同时，非公有制经济进一步壮大。区非公有制经济创造的增加值为99.4亿元，增长16.7%，占GDP的比重为44.4%，比上年提高0.9个百分点。

农　业

农村经济加快发展。中央连续出台了一系列支持农业的政策措施，农业生产特别是粮食生产出现重要转机。农业增效、粮食增产、农民增收，农业结构进一步调整，产业化取得显著效果。全年实现农林牧渔总产值5.76亿元；增加值3.4亿元，增长5.0%。粮食产量实现3.8万吨，畜牧业保持稳定发展势头，涌现了一批产业龙头养殖户，实现产值2.8亿元。

畜牧增长较快。猪牛羊肉产量7926吨；生猪出栏9.7万头；山羊出栏2.6万只。

林业生产持续发展。天然林保护工程继续开展，林业生产得到较好发展。

农业生产条件进一步改善。积极推进小微型水利工程建设，大力发展节水灌溉，努力扩大灌溉面积，有效灌溉面积2630公顷，增长0.8%。

工业和建筑业

工业生产较快增长。全年完成全部工业增加值120.2亿元，同比增长17%。规模以上工业（即国有及年销售收入500万元以上的非国有工业）企业,完成增加值104.6亿元;主营业务收入实现233.1亿元、增长15.4%;实现利润总额11.9亿元,同比增长20.5%。

建筑业较快发展。2011年建筑业实现增加值11.1亿元,同比增长12.4%。全区四级及其以上建筑企业53个,期末从业人员2.7万人;实现建筑业总产值45.7亿元,同比增长32.3%。

固定资产投资

固定资产投资规模扩大。全年辖区固定资产投资完成101.3亿元,增长12.7%;项目投资97.5,其中,房地产开发完成投资47.8亿元,增长27%。

贸　易

消费品市场活跃。宏观调控影响投资需求,居民消费得到进一步的释放,消费需求有所扩大,城乡市场繁荣。全区社会消费品零售总额完成102.5亿元,增长18.2%。

旅　游

旅游经济趋于活跃。全区有星级饭店3个,星级饭店客房466间。全年共接待国内外游客330万人次,比上年增长15.3%;实现旅游总收入331亿元,比上年增长20.2%。

财　政

2011年,实现地方级一般预算收入5037万元,同比增长35.3%;一般预算支出65390万元,同比增长16%。自流井区加大了对农业、教育的投入,对农林水事务投入4989万元,增长60.5%;对医疗卫生投入8303万元,增长38.5%;对教育投入10061万元,增长16.1%。

教育和科技

教育事业继续发展。辖区小学校18所,专任教师1140人,在校生2万人,其中,女生0.97万人。辖区普通中学17所,专任教师1515人,在校学生2.13万人,其中,女生1.07万人。学龄儿童入学率100%,其中,女童入学率100%;初中升学率99.6%,高中升学率86.2%。

科技进步成果丰厚。以实施继续实施《自贡市科技促进经济跨越式发展战略》,以创新为科技发展的主题,促进了经济发展,全年专利申请数188个。

文化和卫生

文化事业继续发展,剧场影剧院2个,体育场馆6个,公共图书馆图书总藏量229.8千册。

辖区医院、卫生院44个,床位3198张;卫生技术人员3323人,其中医生1191人。卫生防疫人员174人,5岁以下儿童死亡率8.1‰,婴儿死亡率6.4‰,产妇住院分娩比例99.9%。

环境保护

环境整治取得新成效。全区环境保护工作围绕跨越式发展和构筑长江上游生态屏障,建设优良城市人居环境的目标,进一步加大生态环境保护和建设力度,继续巩固扩大工业污染源达标排放成果,城市环境综合整治取得新的成效,釜溪河城区段两岸山清水秀,受到省领导的充分肯定。全区森林面积3737.7公顷,当年造林653公顷;工业二氧化硫排放量20163.5吨,城镇生活污水处理率86%,全区污水处理厂2个,垃圾处理站1个。

人　口

2011年人口出生率为7.99‰,人口死亡率为3.76‰,人口自然增长率4.23‰,年末户籍人口为35.3万人,城镇化率为100%。

人民生活和社会保障

居民收入增加,生活水平提高。城市居民人均可支配收入18116元。其中,用于医疗保健支出

411 元，交通通讯费支出 1945 元，居民消费结构进一步优化。

全区农民人均纯收入 7269 元，其中，工资性收入 2579 元，增长 4.9%；家庭经营收入 4153 元，增长 21.6%。

城镇国有、集体和股份制单位在岗职工 11.4 万人。全区 2011 年在岗职工工资总额 36.4 亿元，城镇在岗职工年平均货币工资 31990 元，增长 5.2%。

社会福利稳步发展。社区建设、社会福利事业稳步发展。各种社会福利收养性单位 13 个，各种社会福利收养性单位床位数 1225 张。社会保障工作进一步加强。全区纳入城市“低保”范围的人员 15635 人，实现应保尽保。社会保险覆盖面进一步扩大，征缴率不断提高。辖区范围内参加养老保险职工 149525 人，失业保险人数 84188 人，基本医疗保险参保人数 355919 人，参加农村合作医疗的人数 69450 人。

部门数据

综　合

统计局

自流井区生产总值完成223.8亿元，同比增长14.4%；区属规模以上工业增加值完成25亿元，同比增长36.6%；区属全社会固定资产投资完成76亿元，同比增长25%；社会消费品零售总额完成102.5亿元，同比增长18.2%。城镇居民人均可支配收入1.81万元，增长2421元，农民人均纯收入7269元，增长1392元。

发展和改革局

全区116个重大项目完成投资12.68亿元，其中11个市级重大项目完成投资7.02亿元。受理群众举报、投诉、咨询36件，不属于受理范围解释退还22件、回复5件、处理9件，退还金额2600余元、处罚金额1120元。

农　业

农林局

农作物播种面积16.46万亩，全年粮食总产量达3.84万吨，其中，小春粮食总产量0.53万吨，大春粮食总产量3.30万吨。全年蔬菜播种面积达3.93万吨，产量达6.16万吨。

水务局

完成水产品产量2625吨，产值5500万元，名特优水产品1050吨。小流域综合治理10平方公里，新增有效灌面1000亩，发展节水灌面1000亩。

畜牧局

全区出栏生猪11.02万头，出栏山羊3.05万只，出栏肉牛0.41万头，出栏小家禽畜421.86万只，完成肉类总产量1.4万吨，完成禽蛋产量3700吨，完成牛奶产量2150吨，蜂蜜产量18.2吨，牧业总产值达3.2亿元，比2010年增长28%，占农业总产值50%以上，农民人均增收牧业贡献达到120元以上。

区委农村工作办公室

全区累计龙头企业12户，其中省级重点龙头企业2户，市级重点企业9户；专合组织23户，其中省级专合组织1户，市级4户；种、养殖大户165户，其中重点大户10户。

工　业

经济商务局

全区社会商品零售额完成102.51亿元，完成服务业增加值绝对数89.13亿元，全区外贸出口额完成3411万美元，完成累计进口额937万美元，进出口总值达4348万美元；商业固定资产投资完成8.43万元；完成外派劳务100人，对外承包工程和外派劳务营业额35万美元。完成引进外资额1150万美元。

供销合作社

完成经营服务总额5430万元，消费品零售额完成1980万元，农资供应总额完成1350万元，农副产品收购总额完成1050万元，实现利润总额61万元，完成固定资产投资1000万元。全年销售各类化肥5500吨，农膜45吨，农药22吨，种子36吨。

交　通

交通局

完成农村断头公路项目建设完成7个，建设里程31.6公里，超额完成项目建设任务各数的250%，超额完成建设里程的179%。完成路肩边坡标准化整修18.4公里，修补路面4000余平方米，处理沉陷16处，填补水毁2处，清除塌方1000余方，护坡8处，排水沟3000余米，路沿石260米。全年区路政中队上路巡查185余人次，共清排路障103处，整改隐患103处。

海事处

出动检查人员432人次，出动检查车197辆次，检查各类船舶1972艘，检查客渡码头448道次，播放安全片11次，接受群众咨询166人次，查出隐患1起，整改1起。转发各类安全文件236份，发放安全宣传图片、资料1638余张，发放救生浮具30具。船舶报检率达100%，报废率达100%。

财　税

财政局

地方财政区级一般预算收入完成5037万元，比上年增长35.3 %；基金预算收入完成8671万元，比上年增长-17.4%。2011年全区预算总支出7.51万元，增长13.9%。其中，一般预算支出完成6.63万元，比上年增长19.5% ，上解支出169万元；基金预算支出完成8671万元，比上年增长-17.4%。争取一般性转移支付4.29万元，比上年增加1.37万元。

国家税务局

所辖管户3823户，纳税总额超一百万的企业34户，其中超过千万的企业6户，过亿的企业2户。

地方税务局

全区总收入突破五亿元关口，完成地税总收入5.52亿元，超年计划6.73个百分点，同比增长28.02%，增收1.21亿元。其中，税收收入4.79亿元，超年计划6.36个百分点，同比增长29.22%，增收1.08亿元；省级税收收入1.17亿元，短年计划0.05个百分点，同比增长15.41%，增收1561万元；市本级一般预算收入2.91亿元，超年计划9.01个百分点，同比增长32.56%，增收7142万元；区级收入1703万元，超年计划18.26个百分点，同比增长30.90%，增收402万元；基金附加收入7383万元，超年计划9.22个百分点，同比增长20.78%，增收1270万元。

金　融

地区单位·中国银行自贡分行

全年贷款余额。26.96亿元。其中不良贷款58.09万元，净利润8267.83万元，上缴税收，1127.88万元。

地区单位·自贡市商业银行

截至2011年12月31日，资产总额71.81亿元，各项存款余额63.65亿元，各项贷款余额(含贴现)40.05亿元，利润总额1.54亿元，上缴税金5500万元，不良贷款和不良贷款率实现双降。年末，资本净额6.23亿元，资本充足率15.14%，拨备覆盖率258.49%，贷款损失充足率247.17%，贷款集中度指标均达标。增加注册资本1亿元，总额至3.58万元。

地区单位·建设银行自贡分行

全行一般性存款余额58.93亿元，增幅1.47%，四行占比18.51%，比年初下降1.97个百分点。完成年度收入计划的105%；个人类中间业务收入2178万元，比去年下降230万元，仅完成年度收入计划的68%。

地区单位·中国农业银行自贡分行

各项存款余额为116亿元，比年初增加12.7亿元，比去年同期多增2亿元。

地区单位·交通银行自贡分行

各项存款余额24.76亿元，较年初增加3.47

亿元。

证 券

地区单位·中投证券自贡解放路营业部

年末资金账户为4.09万户，客户资产15.69亿元。

地区单位·华西证券自贡营业部

证券交易总额175.87亿元，新增证券账户开户数3727户，证券账户累计开户数达到7.53万户；新增资金账户2117户，资金账户总数达5.43万户；实现营业收入4506.68万元；实现利润2887.59万元；营业税金218.36万元；年末客户保证金余额2.06亿元。

保 险

地区单位·华泰财产保险股份有限公司自贡中心支公司

全年实现总保费收入541.62万元，实现承保利润61.28万元。

地区单位·人保财险自贡分公司

实现保费收入2.10亿元，保费增幅为24.12%，超市场增速6.6%。市场份额45 %，同比上升了2.4%。赔款支出1.25亿元，同比增加了1885万元，上升了18.67%。

地区单位·中宏人寿自贡自流井区营销服务部

实现总保费收入733.19万元，同比增长41%，其中个险期交保费716.85万元，同比增长41%，团险保费16.34万元，同比增长41%；理赔方面，全年已决赔案914件，赔款总额163.83万元，综合赔付率23%，较2010年同比增长2个百分点；提存各类准备金178.51万元，较上年同比增长49%。

地区单位·安邦保险自贡中心支公司

完成保费收入887.79万元，赔付支出633.17万元。

地区单位·大地财险自贡中心支公司

全年实现保费收入2538万元，较去年同期增长10.48%，处理各类赔案4136件，支付赔款2054.20万元，结案率95.72%。

地区单位·华安财险司自贡中心支公司

全年实现保费收入277万元。

地区单位·太平洋产险自贡中心支公司

全年实现保费收入5981.97万元，比上年同期增长20.81%，支付赔款2917.36万元，实现利润342.08万元。

地区单位·泰康人寿自贡中心支公司

全年实现保费规模3.11亿元。

地区单位·新华保险自贡市中心支公司

实现总保费收入1.48亿元，其中期缴保费4419.2万元。短期险保费收入160.8万元，其中中介渠道保费收入56.57万元。个险期交保费2423万元，银邮渠道保费1.22亿元，团险渠道160.8万元。

地区单位·平安产险公司自贡中心支公司

实现总保费收入7498.44万，同比增长22.70%，所占市场份额16.07%，同比增长4.6%，其中车险6707.82万，同比增长22.29%；财产险551.32万，同比增长18.14%；意健险239.32万，同比增长50.73%。

地区单位·中国人寿自贡市分公司

实现保费总收入4.07亿元，支付赔款1.14亿元，各类给付1.74亿元；缴纳各类税款1197万元。

地区单位·平安寿险自贡中心支公司

实现总保费收入1.48亿元，其中个人业务保费收入9237.8万元，银邮业务保费收入5530.5万元，赔款支出108万元。

地区单位·人保寿险自贡中心支公司

实现保费收入2.05亿元,同比增长172.88%,支付赔付金额121.3万元。

地区单位·太平洋寿险自贡中心支公司

实现规模总保费2.62亿元,同比增长2%。其中营销渠道754万,同比增长15%;银邮渠道1.36亿元,同比增长-13%;团险渠道1047万,同比增长3%;营销续期6414万,同比增长3%;银邮续保4336万,同比增长123%。

地区单位·永安财险自贡中心支公司

实现保费收入1714万元,计划完成率104%,较去年同期保费收入1384万元增长了24%。赔款支出768万元。

地区单位·中华联合自贡中心支公司

完成保费收入5724万元,达成计划指标的92%,较上年同比增长2.5%,保费净增141万元。

地区单位·合众人寿自贡中心支公司

实现总保费收入3057万元,其中个险业务保费收入760万元,同比增长81%;银代业务保费收入2308万元。

地区单位·民生人寿自贡中心支公司

实现总保费收入935.16万元,同比增长30.98%。其中个险期交保费收入913.74万元,同比增长29.47%;团险渠道实现短期保费收入22.60万元,同比增长175.37%。

地区单位·天安保险自贡中心支公司

实现保费收入546.72万元,同比减少223.80万元,减幅29.05%。

教科文卫

教育局

投入资金3250万元,建设教育推进工程试点项目8个、校舍安全工程项目6个、澳门红十字会援建项目1个、区级重大项目2个、学校维修加固项目(含门窗更换、线路改造等)11个、塑胶运动场建设项目3个,总面积达3.57万平方米。

科技局

实施国家级科技项目2项,省级科技项目3项,市级科技项目6项,争取上级项目资金305万元,比2010年增长50万。

文体局

组织专项检查10次,日常巡查70次,出动执法人员210人次,出动车辆46台次,检查网吧46家、歌舞娱乐65家、音像制品35家、出版物14家。处罚违规经营网吧2家,查处歌舞娱乐场所超时经营3家,取缔无证电子游戏场所8家,查缴非法音像制品1.5万余张,非法出版物1000多册(本)。24小时畅通文化市场举报电话,全年共办理举报案件20次,办结率达到100%。

卫生系统

全区内有各级各类医疗卫生机构226个,区注册204个,市注册22个。其中,市级“三甲”综合医院2家,区卫生局直属医院2家,区疾控中心1个,区妇幼保健院1所,社区卫生服务机构13个,医务室(所)40个,乡镇卫生院6个,村卫生室45个,民营医院7家,企业医院5家,个体诊所96家。医疗病床3351张,其中公立卫生机构床位2440张,平均每千人拥有医疗床位9张,固定资产总值13.37亿元。专业技术人员4023人,其中,执业医师1259人,执业助理医师375人,注册护士1750人,其他专业技术人员639人,平均每千人拥有卫生技术人员11人,平均每千人拥有执业(助理)医师5人,平均每千人拥有注册护士5人。完成门诊诊疗162.75万人次,完成住院手术2.69万台次,全年出院病人11.89万人次。法定报告传染病发病率为383.89/100000,农村安全饮用水普及率100%,农村卫生厕所普及率55%,新型农村合作医疗参保人数6.95万人,参保率95.19%;居民人口平均期望寿命74岁,其中,男性72岁,女性76岁;孕产妇死亡率为0,5岁以下儿童死亡率、婴儿死亡率、新生儿死亡率分别为1.34‰、3.63‰、4.05‰。

自流井区中医院 职工总数171人，专业技术人员112人。其中，执业医师59人，助理执业医师8人，注册护士43人，药剂人员18人，医技人员16人，其他技术人员32人。

自流井区疾控中心 职工总数39人（含分流人员11人），专业技术人员33人。其中，执业医师15人，助理执业医师2人，医技人员3人，其他技术人员9人。

自流井区妇幼保健院 职工总数28人，专业技术人员25人。其中，执业医师10人，注册护士8人，药剂人员2人，医技人员3人，其他技术人员2人。

自贡红十字会博爱医院 职工总数80人，其中，执业医师高级5人，中级9人，初级12人；助理执业医师8人；中医执业医师高级1人；执业护士中级6人，初级16人；检验人员4人，药剂人员4人，医学影像人员5人；其他专业技术人员2人；工勤人员6人。

自贡红星医院 职工总数80人，其中，执业医师高级8人，中级13人，初级7人；中医执业医师中级1人，初级1人；执业护士中级1人；检验人员2人，药剂人员6人，医学影像人员1人；工勤人员6人。

中云山社区医院 职工总人数40人，其中执业医师高级2人，中级4人，初级2人；助理执业医师1人；中医执业医师高级1人，中级3人，中西医结合医师1人；执业护士中级3人，初级5人；检验人员2人；药剂人员3人；其他专业技术人员8人；工勤人员11人。

五星街社区卫生服务中心（原惠康医院） 职工总数33人，专业技术人员28人。其中，执业医师6人，助理执业医师2人，注册护士10人，药剂人员3人，医技人员2人，其他技术人员5人。

精华医院 职工总数9人，专业技术人员9人。其中，执业医师1人，助理执业医师1人，注册护士3人，药剂人员1人，医技人员1人，其他技术人员2人。

东碳医院 职工总数44人，其中，执业医师中级6人，初级4人；助理执业医师2人；中医执业医师中级1；执业护士初级14人；检验人员1人；药剂人员1人；医学影像人员1人；其他专业技术人员9人。

自贡同心医院 职工总数34人，其中，执业医师高级2人，中级8人，初级11人；中医执业医师中级1人，初级1人，中西医结合医师2人；执业护士中级2人，初级8人；检验人员2人；药剂人员3人；医学影像1人；其他专业技术人员2人；工勤人员9人。

内江铁路医院自贡分院 职工总数17人，其中，执业医师中级7人；助理执业医师1人；中医执业医师中级1人；执业护士初级6人；检验人员1人；药剂人员1人；工勤人员1人。

自贡市川玻综合发展公司职工医院 职工总数26人，其中，执业医师中级3人，初级2人；助理执业医师3人；执业护士初级8人；检验人员1人；药剂人员2人；医学影像人员1人；其他专业技术人员1人；工勤人员5人。

自贡华西友好医院 职工总数75人，其中，执业医师高级2人，中级14人，初级8人；助理执业医师8人；中医执业医师中级1人；执业护士中级13人，初级5人；检验人员8人；药剂人员3人；医学影像3人；其他专业技术人员5人；工勤人员7人。

自贡公交医院 职工总数20人，其中，执业医师高级1人，中级3人，初级3人；中医执业医师中级1人，初级1人，中西医结合医师1人；执业护士初级3人；检验人员1人；药剂人员3人；其他专业技术人员3人；工勤人员1人。

荣边卫生院 职工总数13人，专业技术人员11人。其中，执业医师2人，助理执业医师2人，注册护士2人，药剂人员1人，医技人员1人，其他技术人员3人。

仲权卫生院 职工总数30人，专业技术人员25人。其中，执业医师6人，助理执业医师4人，注册护士11人，药剂人员2人，医技人员1人，其他技术人员1人。

舒坪卫生院 职工总数13人，专业技术人员11人。其中，执业医师2人，助理执业医师2人，注册护士2人，药剂人员1人，医技人员1人，其他技术人员3人。

农团卫生院 职工总数4人，专业技术人员3人。其中，执业医师2人，注册护士1人。

漆树卫生院 职工总数10人，专业技术人员6

人。其中,执业医师1人,助理执业医师1人,注册护士2人,其他技术人员2人。

高峰卫生院 职工总数8人,其中,执业医师初级3人;助理执业医师初级1人;注册护士初级1人;药剂人员初级1人;其他技术人员初级1人;其他1人。

卫生执法监督大队 职工总数4人。

新合办 职工总数5人,其中,执业医师2人,注册护士1人;医技人员1人。

环境安全

环境保护局

建成区绿地率达33.2%,建成绿化覆盖率达38.1%,人均绿地面积达8.3平方米;生活污水处理率达84.8%,工业污水规范排放率达96%,生活垃圾密闭化运输率达100%,生活垃圾无害化处理率达92.79%,生活垃圾分类收集率达32%;交通干线噪声平均值达66.2Db(A),集中式饮用水水源地水质达标率达92.66%,城区空气可吸入颗粒物浓度年平均值达0.08毫克/立方米,全年城市空气质量优良天数达346天/年,机动车环保定期检测率达83%,"八小"行业排水、排污、排烟规范率达96.6%,工业固体废物处置利用率达99%,医疗废物无害化处理率达100%,新建道路和经综合整治道路各类强弱电线入地埋没率达100%,道路硬化率达100%,社区各类公共设施完好率达100%。

安全生产监督管理局

组织开展全区性大检查7次、督促检查大型活动场所10次、检查生产经营单位167个次,查处各类隐患624件,督促整改612件,整改率达98%,

气象地震

地区单位·自贡市气象局

2011年,自流井区平均气温为17.6℃至18.1℃,年极端最高气温为37.6℃至40.6℃,年极端最低气温为-1.1℃至-1.4℃。年总降水量为587.5~600.1毫米,市区较多年平均值偏少39%。年内≥25.0毫米的日数3天,≥50.0毫米的日数为1天,日最大降水量为71.3毫米。总日照时数为1256.9~1094.4小时,分别较多年平均日照时数偏多28.5、偏少71.1~106.5小时。各地1月份总日照时数创历史同期最少值。

地区单位·自贡市地震局

全年,台网记录地震3392次,分析处理自贡行政区内地震267次,其中,0~0.9级地震172次,1.0~1.9级地震92次,2.0~2.9级地震3次。

城乡建设

建设局

完成建安产值38.5亿,增长28%,村镇公共基础设施投资1.03亿元,城市基础设施建设1.82亿元,整治背街小巷10条。维修熄灯1866盏,增补亮化灯具840盏,维修路灯及亮化地埋电缆4650米,检修配电箱310个/次,清洗灯具电杆7500余盏,清洗配电箱310个/次,油漆电杆2000余根、油漆配电箱55个,恢复S305线被盗路灯电缆2300米和被撞路灯4柱。

房地产管理局

完成固定资产投资1.90亿元。房屋租金收缴超出目标任务20%。直管公房大修面积1015平方米,中修面积2815平方米,小修1625户次,各类隐患整治40余处。发放廉租住房补贴2176户,发放补贴金额195万元,实行社会化租赁房屋转化133户,年租赁金额31.92万元,年收取廉租住房租金16.04万元。新增解决低收入家庭住房困难房源650套(后调整为679套)。廉租住房房源400套,其中新建267套(后经省发改委调整,追加为296套);公租房房源250套,其中新建100套。

城市管理执法分局

查处占道经营6000起,取缔游摊、野摊300余个,清除乱张贴、乱喷涂1万余处,拆除违章建(构)筑物40处,开展校园周边环境大型整治行动3次。

公用事业

地区单位·自贡市水务集团有限公司

供水5000万立方米，较上年4550万立方米增长450万立方米，增长率9.89%。改造新建城市供水管道37公里，为保障城市供水安全投入技术更新及改造资金3200万元。

地区单位·自贡市燃气有限责任公司

公司供气区域内天然气销售量为1.32万立方米，与去年同比减少4.2%。完成"煤改气"以及新发展安装商业用户共计344户。新建和改造天然气主干管线30.6公里，同时投资669.5万元改造民用附属设施，完成成栋楼房改造5579户，更换维修庭院管网12.2公里。

地区单位·市公交集团公司

完成总产值4.37亿元，实现税利1000万元，更新车辆15台，修建港湾车站16个，优化调整线路19条，车厢服务合格率98.80%，车辆整洁合格率98.89%，对全公司746台公交车实施车容车貌整治，彻底消除"花猫车"356台。

经　济

审计局

完成审计项目72个，查处违纪违规和管理不规范金额1159万元，提出整改建议意见105条，整改事项48件。

工商行政管理局

查处经济违法违章案件406件，新办个体工商户819户，发展各类企业153户，招商引资项目2户，引进资金6800万元，接到各类咨询申投诉125件，办结率99.8 %，为消费者挽回经济损失9.8万元。

食品药品监督管理局

组织检查出动执法人员1.22万人次，检查食品生产加工、经营使用单位7629户次，取缔无证照生产经营79户，查获案件13件，案值金额2.39万元，挽回经济损失20万元，专项整治出动执法人员705人次，检查药品器械生产、经营、使用509家次，抽检药品65批次，发现假劣药品8批，查获案件14件，下达责令改正通知书20份。

市场分中心

所辖各市场共有店面716间，出租使用584个，出租率为82%，摊位1092个，出租使用839个，出租率为77%。组织安全专项检查60余次(140场次)，共计整改安全隐患60余处，当场处理50处，限期整改10处。

质量监督分局

共出动车辆保障86台次、执法人员242人次，发现安全隐患8起，向相关企业下达《特种设备安全监察指令书》11份，相关企业现已完成11个隐患的整改。

国土资源局

耕地保有量7.51万亩，基本农田保护面积4.76万亩，完成征地补偿面积770.4亩，房屋拆拆迁房屋279户，安置被征地农民439人，支付各项征地补偿费用4679.16万元，完成土地整理面积4343.4亩，新增耕地501.9亩，完成集体建设用地使用权登记发证579宗，宅基地使用权登记发证95宗、国有土地使用权确权登记发证2400宗，共计完成3074宗，完成矿产资源补偿费0.7万元。

投资促进局

引进项目21个，引进市外资金37.70亿元，占市下达目标任务的108.35%，超计划8.35%，比上年同期增加11.90亿元，同比增长46.14%。其中省外资金33.67亿元，占市下达目标任务的118.57%，超计划18.57%，比去年同期增加14.67亿元，同比增长77.24%。引进3000万元以上、1亿元以下项目13个，1亿元以上、5亿元以下项目6个，5亿以上项目2个。

公检法司

公安分局

破获刑事案件689起，摧毁犯罪团伙23个77人，抓获刑事作案成员732人，打击处理281人。成功侦破7起命案，破获毒品犯罪案件50起，摧毁贩毒团伙3个，缴获海洛因339余克，新型毒品14610克。侦破经济犯罪案件22起，挽回直接经济损失300余万元。抓获扒窃犯罪分子32人、捣毁传销窝点25个、赌博窝点16个、收缴枪支7支、弹药499发。

自流井区公安交通警察大队

发生各类道路交通事故464起，死亡6人，伤439人，直接经济损失35.08万元，查处各类交通违法行为6.32万起，实施警告并发放安全警示卡6582起，其中查处醉酒驾驶14起，饮酒驾驶61起，无证驾驶16起，涉牌涉证290起，行政拘留13人。

自流井区公安消防大队

共检查单位1529家，查处火灾隐患1613起。办理建筑工程消防设计审核6个、建筑工程消防验收6个、公共聚集场所开业前消防安全检查19个，办理消防行政处罚案件88件，其中警告个人1人次，罚款单位或场所59个、个人26人次，罚款金额共计7.59万元；对单位或场所实施临时查封82个。

人民检察院

共受理提请批准逮捕案件236件374人，办理审查起诉案件285件446人，立案查办贪污贿赂案9件14人，渎职侵权案5件5人，受理民事行政申诉案件2千件，受理控告申诉案件24件。

人民法院

共受理各类案件5287件，审（执）结5146件，结案率为97.33%，收案数和结案数与上一年度同比分别上升59.63%、58.05%。受理各类刑事案件252件，已审结247件，判处犯罪分子401人，结案率达98.02%，受理各类民商事案件2063件，已审结1962件，结案率达95.1%，受理各类行政案件32件，审结32件，结案率达100%，受理评查案件1797件，结案1797件，结案率为100%。

司法局

建立区级医疗纠纷人民调解委员会1个，设立医患纠纷调解室10个，受理医疗纠纷7件，正式调解4件，调解成功3件，和解1件，成功率100%。培训人民调解员47名，全年排查矛盾纠纷357件，受理纠纷1083件，调解纠纷1083件，调解成功1050件，成功率97%，防止上访案件3件，16人次，“三无”案件为零。

人口计划生育工作

人口计划生育局

全区出生2576人，自然增长率为1.48‰，符合政策生育率为89.05%，出生人口性别比为104.77；农村符合奖励人群536人，享受长效节育奖励的育龄妇女共计161人，达到当年符合奖励政策人群的30.04%，发放奖金4.83万元。

社会保障

民政局

城市最低生活保障累计救助13.41万人次，发放低保金2656.93万元，人均补差达到198.2元，农村最低生活保障累计保障7.93万人，发放低保金609.6万元，人均补助水平76.9元，城市医疗救助累计救助4833人，发放救助金493.06万元，人均救助水平达441.3元，农村医疗救助累计救助2619人次，发放救助金260.01万元，按低保人口计算，人均救助水平达370元，办理结婚登记3836对，离婚登记1432对，补办1816对，出具婚姻登记证明3802个，办理收养登记1例，解除收养登记1例。

劳动和社会保障局

新增就业7797人，占目标任务6900人的113%，下岗失业人员和失地无业农民再就业4681人，占目标任务3960人的118%，就业困难对象再就业1624人，占目标任务1400人的116%，培训农民工1.36万人，占目标任务1.22万人的111.4%，城镇登记失业率4.2%。

社会保险局

企业养老参保人数2.18万人，工伤保险参保人数9373人，生育保险参保人数6185人。征收养老保险基金2.61亿元，征收工伤保险基金145万元，征收生育保险基金47.25万元，累计为1.37万人发放养老金1.41亿元，工伤保险基金支出82.95万元，生育保险基金支出58.15万元。

就业局

农村劳动力技能培训1557人，创业培训500人，开展现场招聘会24场，进场人数达1万余人次，失业保险参保人数4850人。

城镇职工医疗保险中心

城镇职工参保单位330户，参保职工达到2.1万人，参保率95%，城镇居民基本医疗保险参保人数11.2万人，城镇职工基本医疗保险基金收入2644万元，城镇居民基本医疗保险基金收入3228万元。

武装人防

武装部

完成征兵177名，开展教育讲座8场次，走访慰问17名贫困“老武装”人员和贫困老党员，接待来访16人次，帮助解决军人小孩就学、军属维权等困难问题4件，做好辖区22户复转军人老上访户稳控工作。

人民防空办公室

15台警报器参加全市统一试音，鸣响率达100%。

乡　镇

红旗乡人民政府

城镇低保5814人次，月人均补助155.99元，农村低保1047人次，月人均补助64.47元，城镇居民医疗保险新参保3581人1804户，续保1222户3168人，新增城镇就业人数546人，持证人员再就业128人，创业培训45人。

舒坪镇人民政府

全镇地区生产总值达6.85亿元，固定资产投资2.55亿元，工业总产值达28.4亿元，主营业务收入25.8亿元，利润总和0.82亿元，工业类投资2.2亿元，现有规模以上工业企业20户。农业增加值147万元，生猪出栏2.55万头，山羊出栏8150只，牛出栏1800头，小家禽家畜出栏39万只，水产品350吨；全镇播种水稻面积6100亩、玉米3900亩，其他粮食作物红苕4260亩、蔬菜5400亩，实现粮食产量7000余吨，农民人均纯收入达7779元。人口自然增长率控制在3.63‰以内，征收社会抚养费50.6万元，新增城镇就业301人，下岗失业人员再就业271人，组织培训各类技术人员95人次，完成富士康招工25人。

仲权镇人民政府

全镇总人口2.54万人，其中农业人口2.36万人，非农业人口1853人。耕地面积1.63万亩，水田1.07万亩，旱地5556亩，各类中小企业25户个体私营企业740户，私营企业19户，个体工商户721户，规模以上企业7个。工业总产值达7.2亿元，工业增加值达2.27亿元，固定资产投资达3亿元，招商引资达4560万元，农业生产总值达1.4亿元，农业增加值达9326万元，农民人均纯收入6639元。粮食产量达到1.17万吨，人均粮食461公斤，发展稻田综合水产养殖面积1200亩、水果3000亩、花卉苗木1000亩。

荣边镇人民政府

实现总收入2.05亿元，实现农业总收入1.59亿元，农业增加值6061万元，农民人均纯收入6526元，全年完成粮食播种面积2.86万亩，全年粮食完成9632吨，油料作物完成607吨，油菜种植面积达4100亩。全年完成出栏肉牛157头，出栏肥猪2.55万头，出栏肉羊5708只，出栏家禽50.04万只，出栏兔41.06万只。全年完成肉类总产量

3308.12吨，牛奶总产量542吨，禽蛋产量367吨，水产品完成1478吨，新增加土地流转面积1391亩，水果产量完成1198吨，蔬菜产量完成1.09万吨。外出务工人数6576人，完成全社会固定资产投资1.82亿元，民营企业总产值完成9.22亿元，规模以上工业6个，总产值完成7.10亿元，完成林业产值376.96万元，完成牧业产值7258.48万元，完成渔业产值1375万元，农牧业比值1∶1.52，粮经比值1∶2.09。农村合作医疗参合1.29万人，发放政府补贴349.9万元，发放最低生活保障1034人，参加农村社会养老保险250人。

高峰乡人民政府

规模工业总产值1.30亿元，农业增加值4000万元，企业利润1300万元，固定资产投资1亿元，招商引资4650万元，实现农民人均纯收入6346元，比2010年增长10.8%，粮食总产量165吨，生猪出栏5820头，牛出栏125头，羊出栏2200只，水产产量85吨；巩固退耕还林成果547亩，地区生产总值（GDP）达到1.38亿元，年均增长9.87%。

农团乡人民政府

粮食总产量达832吨，同比增长4.7%；农业增加值完成3253万元，比去年增长21%；生猪出栏4553头；牛出栏135头；企业增加值实现3907万元，比去年增长6%；固定资产投入实现1.41亿万元，完成目标任务的120%；完成招商引资7500万元，其中省外资金5700万元。接待游客29万人次，实现旅游综合收入1450万元。农民人均纯收入达6451元，人均增加800元。

漆树乡人民政府

国民生产总值2.80亿元，比去年增加9000万元，农业总产值9000万元，农业增加值2800万元，增幅5%，完成目标任务的100%；工业总产值1100万元；工业增加值265万元，达到6065元，同比增加805元，增幅15%，力争目标的100%；固定资产投资1.06亿元（其中一季度“开门红”5000万元目标任务），完成目标的106%。完成4710万元，完成目标任务的100.2%。粮食播种面积保持在6200亩，粮食产量稳定在2800吨以上。蔬菜种植面积达到450亩，果树种植面积达到1200亩，水产养殖面积达到1500亩。畜牧业发展迅速，生猪年出栏达到6200头，蛋鸡年存栏稳定在6万只，肉兔年出栏达到10万只以上。建成投产1000亩的水产养殖基地，水产品年产量达500吨以上。农民人均纯收入实现6065元，年均递增15%；全乡劳务输出达到2000人，劳务收入实现1200万元。

街　道

新街办事处

新出生人口127人，计划生育率99.21%，死亡132人，自然增长率-0.26%，落实避孕节育措施及时率98%，药具有效率98%。流动人口总数2590人，办证率99%，持证率98%，验证率98%。落实独生子女父母奖励178户371人，落实困难家庭特别扶助45人，签审失业救济金8750人525万元，新办就业失业登记证368个，办理就业失业登记证274人。再就业援助对象153人，完成困难人员认定157人，失业人员是现在就业1492人，公益性岗位安置153人，为下岗失业人员免费提供职业介绍成功320人。

五星街办事处

招商引资7600万元，固定投资800万元，社会消费品零售总额2271万元，完成目标任务100.48%。工业总产值3750，主营业务收入3590万，利润240万。人口出生率6.62%，人口自然增长率-0.22‰，发放最低生活保障金598.9万元，月人均补差186.8元。开展矛盾纠纷排查387次，调处矛盾纠纷78件，成功78件，成功率100%。接受刑释人员4人，落实帮教4人，帮教率100%。

东兴寺街办事处

工业总产值9556万元，社会商品零售总额3360万元，固定资产投资1375万元，低保发放2.8万人次低保金328.14万元，救助319人次救助金31.42万元，培训下岗失业人员270人次，实现再就业2200人次，实现零就业家庭再就业100%。

郭家坳街办事处

社会消费品零售总额5306万元，办理独生子女证204个；办理生育服务证92个；发放计生家庭特别扶助金16.08万元158人，发放低保人员独生子女奖励金2.75万元515户1004人。开展各类宣传活动8次，咨询320人次，发放宣传资料2500余份，免费发放避孕药1600余份。接待信访140余件，处理率100%，发放低保金483.72万元1482户2546人次，发放医疗救助金33.30万元224人，发放事前救助金24.45万元，489人，发放临时救济金1.91万元116人。

学苑街办事处

最低生活保障达2.79万人次，发放最低生活保障金361.35万元，办理《就业失业登记证》533本；认定就业援助对象178人，组织家政培训16人，创业培训34人，完成计划113.33%，自主培训465人，完成计划116.25%；实现就业再就业人数360人，完成计划的109.09%，职业介绍219人次，职介成功105人，社区就业实体安置吸纳191人，完成计划的112.35%。

丹桂街办事处

实施医疗救助130人次，落实救助资金3.04万元。实施贫困大学生助学救助47人次，发放救助资金5.35万元。发放低保户中独生子女父母奖励233户377人，发放奖励金共计1.07万元。兑现计划生育特别扶助22户39人，兑现资金4.25万元。

政　治

区委办公室

起草各类文稿200余篇，编发《信息与综合》26期，审核办理自井委文件69件、自井委办文件71件、自井目督通文件38个、区委常委会议纪要29件；完成2011年度中央、省委文件清退59件。

人大办公室

全年召开人大常委会议13次，主任会议14次，提出审议意见17条，形成调查报告4篇，编写《人大工作简报》30期。任免国家机关干部65人次，任命53人，免职12人。接受辞职2名。补选2名市人大代表。受理各类来信来访78件次144人次，信访登记率100%，办结率100%。

政府办公室

区政府发文131件，区政府办公室发文115件，上报请示报告类文件183件。制定《督查通报》、《督查专报》等47期，《常务会议纪要》19期。上报信息1107条，占目标任务的276.75%；采用114条，占目标任务的162.86%。办理市人大代表建议3件、市政协委员提案13件，慰问特困群众，发放补助金16人次共3200元，发放物资价值1800元；慰问困难老党员4名共800元。

组织部

全区党委14个、党工委5个、党总支53个、党支部331个，中共党员1.13万人。培训入党积极分子117名，新发展党员107名，预备党员转正158名。提拔科级领导干部25名，交流干部69名。指导7个村完成远程教育站点搬迁工作，送培、自培远教骨干80余人次，拍摄、制作新闻视频12期、党建专题片3个，农科片1个。

宣传部

全年召开新闻发布会3次，发布新闻信息2200余条，其中图片新闻700多条，视频新闻25条，发布并报送网络评论380余篇。宣传先进典型达40余人次。开展“与太阳同行、唱红歌奋进”、“我们的队伍向太阳”、“红色电影伴我行”、“历史的选择”有奖征文、纪念汶川大地震3周年“感恩 奋进”歌咏比赛“社区文化进村”、“三下乡”、“四进社区”等系列活动140余场次。

统战部

民主党派基层组织5个，党外干部副科级以上17人。

纪委(监察局)

开展城乡环境综合治理专项督查36余次，提出整改措施69余条，纠正问题115余个，发放党风廉政任务要求告知书200余份，开展日常廉政谈话120余人次、任前廉政谈话50余人次、廉政诫勉谈话1人次。年立案数与纪检监察年信访数比达37.5%，大案要案率达36%，挽回经济损失30余万元；查处违规收费行为1起，为农民挽回直接经济损失23.9万元。

政务服务中心

收到各类申请6.44万件、受理6.44万件，办结6.44万件，首问岗共接受咨询6000人次，现场办结率100%，承诺提速60.87%，实际办理提速达到97.95%，即办事项比例42.86%，满意率达到100%，按时办结率100%。

群　团

总工会

新建工会组织111个，占市工会下达的任务数70个的158.57%。基层工会661个，职工6.36万人，会员6.31万人，村级工会农民工会员3.11万人。

共青团

建设青年就业创业基地3个，帮助解决青年就业60余人。

妇女联合会

实现全区108个社区（村）“妇女之家”全覆盖和规范化管理。

残疾人联合会

推荐安置75名残疾人就业，召开残疾人就业专场招聘会1次，达成就业协议48余人，举办残疾人实用技术培训200人次。

科技技术协会

开展科普宣传活动26次，集中科普宣传8次，发放技术资料1.44万份，服务群众1.08万人次。